플로어타임 부모교육과정으로

자녀의 건강한 마음 만들기

Stanley I. Greenspan · Nancy Lewis 공저 | 정희승 역

학지사

Building Healthy Minds: The Six Experiences That Create Intelligence And Emotional Growth In Babies And Young Children
by Stanley I. Greenspan and Nancy Lewis

역자 서문

자녀의 건강한 마음이 어떻게 자라나는지 궁금하지 않습니까? 플로어타임은 부모에게 그것에 대한 해답을 줍니다.

사랑하는 자녀에게 부모의 사랑을 전달하고 표현하기 위해서 도움을 주는 이론과 방법은 정말 다양하고 많다.

임상에서 발달지연 · 발달장애 아동의 가족과 치료의 과정에서 애정을 너무 많이 주어서 문제인 경우와 너무 부족해서 문제인 경우를 많이 보았다. 너무 많이 주는 경우에는 아동의 주의력 문제와 학습 능력의 기초가 되는 뇌기능인 사회 정서 발달 신경망 형성의 타이밍이 맞지 않아 발달이 저해되는 경우가 많았고, 너무 부족한 경우에는 전체 성장이 지연될 만큼 관심과 애정의 욕구 조절, 즉 애착 문제로 인해서 성장과 성숙이 지연되는 경우와 낮은 정서적 반응성 때문에 위축 및 발달적 문제가 더 심해지는 경우를 임상적으로 많이 관찰할 수 있었다. 이 책은 부모가 연령별로 아동이 무엇을 해야 하고 무엇을 하지 말아야 하는지 알려 주는 멋진 지침서이다.

제1장에서는 세상에 흥미와 관심을 갖기 위해서 영유아에게 필요한 기능과 상호작용 방법을 설명한다. 제2장에서는 관계 맺기 및 애착을 통한 거울 신경계를 자극하는 상호작용법을 설명한다. 제3장에서는 양방향 의사소통 기능 향상을, 제4장에서는 자아감과 복합적인 의사소통을 통해서 아동이 문제해결자가 되도록 자녀를 양육하는 방법을 설명한다. 제5장에서는 아동이 정신적 표상의 발달에 근거해서 어떻게 사고력과 놀이 기술을 발달시키는지, 제6장에서는 논리적 추론 기능 향상을 위해 아동과 상호작용하는 기술에 대해서 부모에게 필요한 것을 설명한다. 이 책의 여정을 여러분과 함께할 수 있어 큰 영광이다. 이 책을 번역하면서 부족한 문구들은 겸손하게 수정하며 더 좋은 책이 될 수 있도록 노력하였다.

한국에서는 임상 진단을 하는 데 유용하게 사용하는 평가도구가 있는데, 이 플로어타임의 6단계가 베일리 발달 검사의 사회정서 척도이다. 즉, 플로어타임의 기능적 정서 발달 단계는 전 세계 어린이의 사회정서 발달의 기준점이다. 플로어타임 모델을 통해서 자녀를 양육하는 큰 기쁨을 느껴 보는 것을 추천한다. 나는 이 책을 소장하고 플로어타임을 적용, 실시하는 부모님, 임상가, 전문가가 무엇보다도 사랑에 기초한 정동반응으로 가득 찬 시간으로 플로어타임을 만들어 가기를 바란다. 이 마음을 내표하는 성경 구절을 공유하고 싶다.

> 사랑은 오래 참고 사랑은 온유하며 투기하는 자가 되지 아니하며 사랑은 자랑하지 아니하며 교만하지 아니하며 무례히 행치 아니하며 자기의 유익을 구치 아니하며 성내지 아니하며 악한 것을 생각지 아니하며 불의를 기뻐하지 아니하며 진리와 함께 기뻐하고 모든 것을 참으며 모든 것을 믿으며 모든 것을 바라며 모든 것을 견디느니라. 사랑은 언제까지든지 떨어지지 아니하나 예언도 폐하고 방언도 그치고 지식도 폐하리라(고린도전서 13:4-8 KRV).

나는 플로어타임치료가 언제나 사랑과 관용으로 가득 찬 시간이길 진심으로 바란다. 당신과 아동, 당신과 자녀의 시간이 풍성한 관계 맺기를 통해 모든 것을 함께 공유하고, 아동의 리드를 존중하고 따르며, 그들의 흥미와 관심에서 시작하여 사회적 세상을 인도하는 그 길이 언제나 변치 않는 하나님의 말씀처럼 지극한 사랑이 실천되는 장이길 기도하고 싶다.

끝으로, 오랜 시간 책의 출판에 많은 관심과 도움을 주신 학지사 김진환 사장님과 편집부 홍은미 선생님께 진정한 감사의 말씀을 드린다. 또한 한국형 플로어타임 발달치료 모델을 함께 연구하고 늘 학문과 인생의 멘토가 되어 주시는 연세대학교 세브란스병원 소아정신과 신의진 교수님께도 깊은 감사의 마음을 전하고 싶다. 늘 바쁜 엄마를 사랑해 주는 나의 아들 김태인과 무엇보다 인생에서 진정한 사랑과 존중의 의미, 삶의 성장과 관용을 알게 해 준 진실한 친구이자 키다리 아저씨께 존경, 사랑, 감사를 전하고 싶다. 정말 고맙습니다. 나의 키다리 아저씨!

2023년 3월

백석대학교 보건학부 작업치료학과 조형관 연구실에서

한국 최초 국제공인 플로어타임 트레이너 및 전문가

플로어타임클래시스 대표

정희승 교수(KAOT, Ph.D)

소개: 무엇이 마음을 성장하도록 만드는가

당신의 자녀가 사랑하고, 생각하고, 의사소통하고, 창조적일 뿐 아니라, 자제력을 갖고 다른 사람에게 동정심을 느끼는, 그런 기적과도 같은 능력을 어떻게 발달시킬 수 있는가? 많은 아동 발달 이론은 아이들의 유전자, 인지 기술 혹은 새로운 방식으로 아이에게 제한을 거는 이 수수께끼 같은 한 조각의 문제에만 집중한다. 그러나 사실 이 수수께끼의 모든 부분에 의미를 부여하는 것은, 그리고 당신의 자녀를 인도적이며 지적인 사람으로 정의해 주는 것은 바로 당신과의 지속적인 관계이다. 이 책은 당신의 자녀를 위한 바람이 단지 우연이나 직관 혹은 유전적 자질에만 의존할 필요가 없다는 것을 보여 줄 예정이다. 플래시 카드나 교육적인 TV 프로그램이나 특수 컴퓨터를 기반한 학습은 필요하지 않다. 당신은 아이의 지적 · 정서적 성장을 동시다발적으로 촉진하는 여섯 단계를 알게 될 것이다. 이 중 몇 가지는 당신이 이미 일상생활에서 편안하게 즐기고 있는 것일 수도 있다.

많은 부모는 자기 아이가 학업의 어려움을 전부 극복하고 세상에 호기심을 갖기를 바란다. 우리는 아이들이 타인을 향한 따뜻함과 친밀함 그리고 풍족하고 보람 있는 관계를 맺을 수 있는 역량을 발달시키기를 바란다. 또한 아이들이 올바른 행동과 태도가 무엇인지 인지하고, 옳고 그름에 대한 감각을 가지며, 낯선 상황에서도 지혜롭게 판단하기를 바란다. 당연히 자신에 대해 좋게 생각하기를 바라고 끈기, 유연성과 창의성을 보였으면 한다. 수많은 부모와 교육자는 아이가 더 잘 성장할 수 있는 법을 찾고 있으며, 아이의 정서적 활력을 끌어내리지 않은 채 아이의 잠재력을 최대치로 끌어올리는 방법을 모색하고 있다.

우리는 이 훌륭한 목표에 다가가도록 어떻게 아이들과 상호작용해야 하는지를 알고 있다. 부정적인 태도와 감정으로 새는 순산을 최소화하는 방법도 인지하고 있다. 아이들이 관심 없고 과하게 공격적이거나 충동적인 방식으로 행동하지 않도록 가르친다. 이로써 아이들은 미세한 차이에 대한 감각을 알게 되고, 극단적인 흑백논리로만 생각하는 것이 아니라 회색 영역도 인지할 수 있다. 위험을 찾는 태도와 약물, 술과 성관계로 이어지는 아이들의 약한 문제 해결 능력, 미숙한 판단력이나 우울증에 기울지 않도록 도울 수 있다. 문제에 대한 도전을 마주할 때 기회로 바꾸어 지성, 도덕성과 정서적인 건강을 촉진하게 하는 방법을 배울 수 있다.

다음의 상호작용은 건강한 마음을 만들 뿐만 아니라 뇌 속에 있는 신경 연결의 성장을 돕는다. 아이의 뇌는 생후 3~4년 안에 가장 빨리 성장하는데, 이 시기에 성인 뇌의 3분의 2 혹은 4분의 3까지 커진다. 최근 연구에 따르면, 양육자와의 활력 넘치는 상호작용은 아이의 뇌를 연결하고 유전에서 청사진의 넓은 윤곽을 채워 준다. 예를 들어, 애정 어린 미소, 소리와 부드러운 움직임은 아이가 쳐다보고 듣고 사랑하게 만들 뿐 아니라, 지성과 사회성을 지지하는 뇌 내의 뉴런끼리 연결해 준다는 것이다. 당신의 부드러운 접촉은 아이가 당신에게 친밀감을 느끼게 할 뿐 아니라 신체와 뇌가 성장하게 하는 성장 호르몬을 분비하게 해 준다. 초기 뇌 성장의 중요한 단계에 대해 연구한 노벨상 수상자 토르스텐 비셀(Torsten Wiesel)과 데이비드 허블(David Hubel)은 아이가 자신의 세상을 이해하려면 초기에 시각을 이용할 기회를 제공해 주어야 한다고 했다. 이는 시각적인 학습 문제의 발달 가능성을 줄여 준다.

모든 경험이 아이의 뇌를 구성하는 데 이익이 되는 것은 아니다. 예를 들어, 한 연구에서는 나이가 조금 더 있는 아이들이 정서적으로 의미 있는 과제를 수행할 때 뇌의 학습 영역이 크게 활성화되었지만, 반복적이고 지루한 과제를 수행할 때나 지나치게 많은 양의 정보로 과부하되었을 때는 그 학습 영역이 활성화되지 않는다는 것을 밝혔다. 이로써 스트레스를 받은 경험은 건강한 마음과 뇌의 성장을 방해하는 회로를 만들 수 있다는 점을 알 수 있다.

초기의 경험은 명백히 양방향으로 이루어지기 때문에 아이가 가장 바라는 역량을 쌓을 수 있는 경험이 무엇인지 아는 것이 중요하다. 우리는 25년 이상의 관찰과 연구에서 여섯 가지의 필수적인 경험을 확인했다. 이 책에서는 그 경험을 알아보며 경험이 촉진하는 발달적 성취가 무엇인지 볼 예정이다.

생후 3개월 동안, 첫 번째 발달 단계에서 당신은 아이가 자기 자신을 조절하도록 돕고 아이는 관심을 가지며 당신이 주는 시각, 소리, 맛, 접촉을 즐길 것이다. 이 능력은 아이가 자신의 감각과 운동 반응을 조직화하고 아주 깊은 안정감을 형성하게 해 준다.

삶의 두 번째 발달 단계는 아이가 3개월에서 6개월 사이에 나타나는데, 아이는 당신과 친밀하고 애정 어린 관계에 참여하는 능력을 갖게 된다. 아이는 당신과의 참여에서 피어나오는 온기, 즐거움 그리고 그와 관련된 모든 감정을 점점 더 경험하게 될 것이다.

아이가 9개월이 될 즈음에는 세 번째 발달 단계에 들어서게 되는데, 아이는 당신과 의도적인 방식으로 몸짓을 주고받게 된다. 당신의 도움을 받아 점차 정서적인 표현, 소리와 행동을 더 엮어 가게 된다. 당신의 웃긴 표정과 손으로 딸랑이를 가리는 것과 같이 아기를 혹하게 하는 행동은 아기 수준의 논리와 양방향을 숙달하도록 영감을 줄 것이다. 그 어떤 교육적인 장난감이나 그림책보다도 말이다.

아이가 한 살에서 한 살 반 즈음이 되면 복잡한 사회적 문제를 해결하는 법을 배우게 된다. 아이는 당신의 손을 당겨 도움을 요청할 것이다. 네 번째 발달 단계를 거치며 아이는 세상이 어떻게 돌아가는지 이해하기 시작하고, 자신만의 단어 혹은 진짜 단어를 소리 내어 말하기도 하며 자신의 의도를 전달할 것이다. 아이가 원하는 장난감을 갖기 위해 당신의 손을 잡고 수납장을 가리킨다면 아이는 사회적 문제 해결에 대한 첫 시도를 하고 있는 것이다. 당신이 아이를 향해 고개를 끄덕이면, 아이는 안아서 올려 달라는 신호를 주고 자기가 장난감을 잡으려 할 수도 있다. 이로써 그 아이는 기쁘고 스스로가 자랑스러울 뿐만 아니라 과학자의 싹을 틔우게 된 것이다. 아이는 상호 관련된 수많은 단계를 통해 문제가 해결된다는 것을 배우게 되었고, 본인의 물리적인 주변 환경과 자신의 성격, 당신의 성격까지 포함하여 세상은 패턴으로 만들어졌다는 것을 배우게 된다. 그 어떤 형형색색의 팝업 장난이나 빛과 소리가 나는 기계장치도 당신이 아이와 몸짓을 주고받으며 놀고 참여할 때 주는 문제 해결 수업에 비하지 못한다.

당신과 아이가 함께할 다섯 번째 발달 단계에서 중요한 경험은 아이가 창의성에 대해 탐구할 때 아이의 아이디어를 포함하여 사용하는 것이다. 이 능력은 이미 모든 게 정해진 게임이나 인격이 없는 퍼즐 조각을 맞출 때보다 두 사람이 고양이나 개, 왕이나 여왕 등 아이가 선택한 연극놀이를 하면서 생겨난다.

여섯 번째 발달 단계 또는 핵심 경험은 아이디어 사이를 논리적으로 잇는 것 혹은 분석적인 사고이다. 이는 정교한 가상놀이에서 생겨날 뿐 아니라, 잠잘 시간, 쿠키를 먹을 시간, 토론하는 것 그리고 아이의 의견을 물어보는 것에서도 생겨난다. 글자나 숫자를 암기하게 가르치는 것보다 "왜 나가고 싶어?"와 같은 질문은 아이가 자신의 아이디어를 연결하게 도와주고 논리적인 사고를 하도록 해 준다. 미시간 대학교의 아놀드 사메로프(Arnold Sameroff)와 합동하여 진행된 연구에서는 건강한 지지와 정서적 상호작용을 충분히 하는 아이들이 그렇지 못한 아이들보다 정상이거나 우월한 지능을 가질 확률이 20배 높다는 것을 발견했다. 또한 이런 종류의 경험이 아이들에게 지능과 정서적 건강을 더 발달하게 한다는 것도 발견했다. 아이가 상당히 많은 어려움을 안고 있어도 마찬가지이다.

이 6개의 필수 경험과 그 경험에서 뻗어 나오는 여러 정서적 · 지적 성장 단계는 뇌의 주요 영역과 중요한 평행선을 이룬다. 이 중요한 평행선에 대한 이야기는 본문에서 나누며, 부록 2의 도표(여섯 가지 핵심 발달 단계와 뇌의 성장)에도 요약되어 있다. 6개의 주요 경험에 대한 숙달은 상당히 많은 측면에서 중요하기 때문에 이 책에서는 기능적 발달 성장 차트 질문지(functional developmental growth chart questionnaire)와 기능적 발달 성장 차트(functional developmental growth chart)도 만들어 아이가 각 상호주의적 이정표를 지날 때마다 기록하고, 넓게 정의된 예상 진도율을 비교할 수 있게 했다.

이 발달 성장 차트는 단순히 운동, 언어 혹은 인지적 이정표만 보는 다른 발달 차트와는 다르다. 우리의 차트는 아이가 자신의 욕구를 채우고 문제를 해결하기 위해 자신의 모든 지적 · 정서적 역량을 얼마나 잘 꾸리고 사용하는지를 보여 준다. 아이의 '정신 기능 시스템'이 통합된 방식으로 잘 기능하고 있는지를 보고, 또한 이에 기여하는 특정 요소가 어떻게 발달하고 있는지를 본다. 이 성장 차트와 동반된 질문지를 보면, 아이의 성취가 나타나기 시작하면 차트를 보며 예상하는 선을 눈에 띄게 넘는지 혹은 못 미치는지를 체크할 수 있다. 이는 당신뿐만 아니라 아이의 일차적인 의료인과 교육자들에게 아이가 현재 잘하고 있는 발달 영역과 추가 도움이 필요한 영역을 인지하게 해 줄 수 있는 유용한 도구이다.

초기 경험의 중요성에 대한 많은 증거에도 불구하고 일부는 나중의 경험도 동등하게 중요하다고 주장한다. 하지만 그들의 주장은 살면서 지속적으로 필요한 태도, 가치관과 학업부터 공감하고, 사회적 신호를 읽고 사고하게 하는 6개의 초기 필수 경험을 고려하지 않는다. 다른 이들은 경험보다 유전이 비교했을 때 더 중요하다고 주장한다. 그러나 태도는 유전적으로 정의된다는 일란성 쌍둥이에 대한 대부분의 연구는 결함이 있다. 일란성 쌍둥이는 비슷한 신체적 · 기질적 특징을 갖고 있기 때문에 일란성 쌍둥이 양육자는 이란성 쌍둥이 부모보다 자신의 두 아이에게 비슷하게 반응하는 경향이 있다. 그래서 일반적인 부모는 신체적 · 기질적 특성에 대해 유사하게 반응하는 경향이 있고, 이는 각각 다른 가정에서 양육한 일란성 쌍둥이에게도 관찰되는 경향이 있다. 그렇기에 동일한 유전자보다는 거의 동일한 상호작용 패턴이 쌍둥이에게서 보이는 공통점의 원인이 될 수 있다는 것이다. 이 가능성은 행동에 대한 유전적 영향을 탐구한 연구에서는 거의 고려되고 있지 않다.

사실 우리의 임상 연구는 아동의 생물학적 어려움이 더 많은 도전을 제시할수록 환경이 발달에 더 큰 영향을 미칠 수 있다는 것을 보여 준다. 예를 들어, 한 친구가 낮은 근긴장도를 갖고 있으며 소리와 촉감에 과소 반응을 하는 경향이 있다면, 자신만의 세계에 빠지는 경향이 있다. 양육자를 보는 것, 그들의 소리와 정서적 제스처는 양육자의 관심을 쉽게 끌지 못하고 상호작용에 빠지게 하지 못하기 때문에 사회적 · 인지적 도전을 안고 있을 수 있다. 우리가 이런 아이를 초기에 생기 넘치고 활달하게 회유하고 애정 어린 관계를 맺게 한다면 튼튼한 사회적 상호작용과 지적 성장을 유도할 수 있다.

이와 유사하게 우리는 아동의 기질적 특성이 종종 특정 접촉이나 소리에 대한 민감성과 같은 신체적 자질과 관련이 있다는 것을 알아냈다. 예를 들어, 어린 아동이 소리에 유난히 민감하다면 고양이 울음소리가 사자의 포효 소리처럼 크게 들릴 수 있다. 그런 친구들이 보통의 소리를 듣는 아이들보다 더 두려운 모습을 보이는 것은 어쩌면 당연할 수도 있다. 그럼에도 우리는 소리에 민감한 아이가 넓은 범위의 소리에 점차 노출되게 하고, 충분한 온기를 제공하고 안심하도록 해 줄 수 있다. 또한 동시에 아이가 자기주장을 할 수 있도록 해 주고, 한 걸음 더 나아가 높이 있는 장난감에 손을 뻗도록 혹은 우리와 장난스럽게 몸을 이용한 놀이를 하도록 격려해 줄 수 있다. 몸으로 놀 때 아이가 수동적으로 손과 다리를 움직이게 하는 것 대신에 말이다. 아이가 이런 경험을 천천히 숙달해 가는 동안 스스로 주장할 수 있는 분위기를 키워 나가며 충분한 안정감을 제공해 준다면, 아이는 언젠가는 외향적이고 자신감 있는 동시에 자신의 민감함의 긍정적인 측면을 유지할 수 있을 것이다. 예를 들어, 공감과 돌봄에 대한 어마어마한 역량과 같이 말이다.

우리는 자폐 패턴으로 진단받은 아이들을 포함해 심각한 언어, 운동, 인지와 사회적 문제가 있는 아이들과 일할 때 이와 같은 원칙을 적용해 보았다. 아이의 신경계가 경험을 받아들이고 조직하고 반응하는 방식에 기반해 학습 상호작용을 만들어 주는 것이 아이들, 심지어 상당한 도전을 안고 있는 아이들을 우리가 상상했던 어느 것보다도 더 진전하게 했다. 대다수의 어린아이가 따뜻한 성정을 지녔고, 애정이 많았으며, 소통을 하면서 매우 명석해졌다.

물론 모든 패턴이 특정한 환경적 상호작용으로 인해 상쇄될 수 있는 것은 아니다. 그러나 우리의 경험상 아이의 행동에서 보이는 상당수의 부정적인 변형은 눈에 띄게 개선될 수 있으며, 아이 고유의 물리적 특성을 고려한 알맞은 상호주의적 경험을 제공하면 긍정적인 변형이 강화된다. 이는 비록 아이 고유의 생물학적 특성(본성)은 초기 부모와 아이 간의 상호작용을 특정 방식으로 하게 할 수 있으나, 부모의 방식(양육)을 조정하는 것으로 아이의 환경을 바꾸는 것은 결과에 상당히 큰 영향을 미친다는 것이다. 결국 유전자는 친밀한 짝인 환경 없이는 발현할 수 없고, 영향을 끼칠 수 없다. 이에 더해 유전자가 신체 내에서 어떻게 작용하는지에 대한 가장 최근의 연구에서는 유전자 발현 혹은 영향은 다양한 환경과의 상호작용에 달려 있다고 제안한다. 이 다양한 환경에는 세포 속, 신체와 사회적 그리고 물리적 세상의 환경 또한 포함되며, 이런 상호작용은 우리가 기능하는 방식을 부분적으로 결정한다. 본성과 양육은 발달적인 이중창으로 서로 원활히 상호작용하는 것으로 보인다.

'모든 것은 유전이 결정한다.' '나쁜 종자' '아이들에게 필요한 건 더한 훈육이다.' 혹은 '생물학적 천성은 운명이다.'와 같은 일차원적이며 한눈에 보이는 설명은 명료해 보이기 때문에 매혹적이지만 양육에 잘못된 해결책과 문제점 악화로 자주 이어진다. 최근 매체에서 부모관계보다 또래관계가 아이의 성격에 더 영향을 끼친다는 놀라움은 그런 좁은 시야에 대한 사고의 예시 중 하나이다. 또래관계는 중요하지만, 이 관계는 아이가 부모와 맺은 관계를 기반으로 쌓아 올리는 것이다. 아이는 타인에게 공감과 소통과 사고하는 방법에 대한 기본을 부모와의 초기 상호작용을 통해 배운다. 우리는 임상을 통해 양육자와 초기에 따뜻한 상호작용의 이익을 갖지 못했던 대다수의 아이가 또래관계에서 당연히 예상할 수 있는 우여곡절에 절충하기는커녕 친구관계를 형성하는 것조차 어려워한다는 것을 발견했다.

다중지능이나 정서지능 혹은 도덕성 발달에 집중하는 최근의 서적은 부모가 아이들의 다양한 학습 강점과 방식을 어떻게 활용할지 밝히는 데 가치가 있다. 그러나 우리는 아이 정신의 다양한 특성을 강조하는 것을 넘어 부모가 아이의 건강한 지적, 도덕적 그리고 사회적 성장을 활발하고도 **통합된 방식**으로 촉진하도록 도울 수 있다. 아이의 정신기능 시스템을 활성화하게 만들면 아이의 능력을 최대화할 수 있다. 이로써 통합되지 못한 강점의 효과를 보게 된다. 아이들은 체스, 피아노나 수학에는 경이로운 능력을 갖고 있으나, 다른 영역에서는 깊이 사고하지 못하거나 정서적으로 미숙해 어려움을 겪는다.

또한 우리는 창의력과 추상적 사고 능력을 포함한 아이의 다양한 지적 · 사회적 재능이 서로 연결되었을 뿐 아니라 놀랍게도 감정과 관련된 공동의 블록 쌓기라는 것을 이해하게 되었다. 자기 인식과 성찰적 사고가 잘되는 아이들을 연구할 때 이에 대한 우리의 인식이 더 명확해졌다. 그리고 이런 아이들은 긍정적인 자존감을 보이며 도덕적 판단에 대한 역량을 보여 주었고, 본인의 추론에 분석적이었으며 학교와 또래관계에서도 잘 지냈다. 이 아이들이 이렇게 될 수 있었던 것에 기여한 요소가 무엇인지 이해하고자 연구에 참여한 아이들, 반대의 성향을 가진 아이들과 대화했다. 우리가 일반적으로 지능, 사회성 그리고 도덕이라고 말하는 것에는 여섯 종류의 정서적 상호작용이 뒷받침하고 있다는 것을 알게 되었는데, 이 상호작용은 주로 삶의 초기에 만들어진다. 예를 들어, 무작위로 선출한 8세 아이들의 집단에 정의와 공정성에 대해 어떻게 생각하는지 물어봤을 때 일부 아이들은 특정 부모나 선생님, TV 캐릭터와 같이 본인이 기억하는 '공정하게' 행동한 사람들의 목록으로 의견을 주었다. 하지만 어떤 아이들은 그보다 훨씬 성찰적인 대답을 했다. "음, 동생이 나를 때려서 나도 동생을 때렸을 때 내가 혼나는 건 불공평해요. 하지만 내가 먼저 때려서 혼나는 거라면 공평해요. 내가 실수로 부딪쳤다면 혼나는 건 공정하지 않지만, 일부러 그랬다면 혼나는 게 공정해요."

놀랄 것도 없이 우리가 이 두 그룹을 더 자세히 살펴보았을 때, 암기한 듯 본인이 기억하는 사람들의 목록을 말했던 아이들은 인간관계와 학업에서 더 어려움을 겪고 있었다. 더 창의적이며 성찰적인 반응을 해 준 아이들은 사회적, 지적 영역에서 더 잘 해냈다.

그다음으로, 우리는 아이들의 성찰적인 반응을 살펴보며 두 가지 요소가 존재한다는 것을 발견했다. 우리가 물어본 질문은 공정성이나 정직함, 친구관계나 자유와 같이 다른 그 어떠한 추상적 자질에 대한 것이든 상관없이 모두에게 적용되었다. 첫 번째 요소는 아이의 반응은 늘 개인의 일화, 즉 **살아 있는 감정적 경험**의 설명에서 시작된다는 것이다. 두 번째 요소는 아이가 추상적 개념과 연관하여 이런 경험을 일종의 **분석적 틀과 문맥에 대입**한다는 것이다.

나중에 청소년에게 같은 질문을 했을 때, 그들은 더 많은 종류를 나열할 수 있었고(예를 들면, 다섯 종류의 공정성을 이야기해 주었다.) 더 세상에 맞는 분석적 틀을 공급했다. 하지만 매 순간 모든 나이대에서는 이 두 요소가 더 정교한 대답에서 명백히 보였다. 살아 있는 정서적 경험과 틀 혹은 문맥 말이다. 양육 혹은 언어 문제와 같이 생물학적 어려움이 있어 살아 있는 정서적 경험을 많이 하지 못한 아이들이 일화보다는 틀에 박힌 목록을 이야기하는 경향이 있었다. 흥미롭게도 우리는 아이들에게 분석적 추론이나 사고하기를 가르치는 가장 효과적인 방법은 더 많은 '살아 있는 정서적 경험'을 가질 기회를 제공해 주고 그에 내해 추론하세 해야 한다는 것을 발견했다. 사폐 패턴을 포함하여 심각한 발달 문제를 갖고 있는 아이들조차도 양육자와 일대일 상호작용에 보다 많이 노출되면 더 창의적이고 성찰적으로 변할 수 있다는 것을 관찰했다.

그렇기에 특정 종류의 정서적 경험은 추상적 견해나 사고의 형성이 필요하다는 점이 점점 더 분명해졌다. 당황스러울 정도로 단순한 이 개념은 수백 년간 서양 문화에서는 정서와 지능은 분리된 것이라고 믿어 왔기 때문에 간과되었다. 대다수의 감정은 신체적 반응으로 경험하거나 비합리적인 결단을 내리게 만드는 열정이라고 생각되어 왔고, 더 비교적 최근에는 감정을 사회적으로 기능하도록 돕는 신호로 보이기 시작했다. 감정은 우리가 하워드 가드너(Howard Gardner)의 각자 분리된 다중지능을 넘어, 혹은 감정은 판단력에 있어 중요하지만 학업적 역량이나 전체적 지능과는 서로 별개인 듯한 안토니오 다마지오(Antonio Damasio)의 뇌 연구를 넘어설 수 있도록 해 줄 수 있다. 심지어 인지심리학의 선구자인 장 피아제(Jean Piaget) 또한 이 연결점을 간과했다. 피아제는 8개월 된 아이가 종에 있는 줄을 잡아당겨 종소리가 울리는 것에 익숙해진 후에는 줄이 붙어 있지 않을 때 잡아당기지 않게 된다는 것을 관찰했다. 피아제에게 이런 행동은 아이가 인과관계를 생각할 수 있다는 것을 밝힐 수 있게 된 것이다. 아이가 종소리를 들을 수 있을 때만 줄을 잡아당기니 말이다. 비록 피아제의 관찰이 명확했지만, 이는 아이에게 인과관계를 배울 수 있는 첫 기회는 이때가 아니라는 것을 몰랐을 것이다. 인과관계에 대한 첫 수업은 수개월 전, 자신이 미소를 짓는 것으로 엄마 아빠의 마음의 줄을 잡아당길 수 있다고 배운다. 자신의 미소에 대한 반응으로 미소나 기쁨 혹은 다른 종류의 행복한 반응을 부모에게서 이끌어 내기 때문이다. 그런 뒤 아이는 이 정서적인 레슨을 줄을 잡아당기고 물건을 치는 것과 같은 물리적인 세계에 적용한다.

발달의 각 성공적인 단계에서 우리는 아기의 미소가 포옹을 이끌어 내는 것과 같은 정서적인 상호작용이 아이에게 세상이 어떻게 움직이는지를 이해하게 하고, 결론적으로는 아이가 언젠가 사고하고 문제를 해결하고 학업적 도전을 숙달하게 한다. 감정과 정서는 실제로 우리의 마음과 정신의 내면적 건축가, 지휘자 혹은 조직자인 것이다. 그들은 무엇을 어떻게 생각할지 말해 주고, 무엇을 언제 말할지, 무엇을 해야 하는지를 알려 준다. 우리는 정서적 상호작용을 통해 다양한 것을 '알게' 되고 그 지식을 인지적인 세상에 적용하게 된다.

이에 대한 예시를 보도록 하자. 어린아이가 다른 사람을 만날 때 처음으로 "안녕하세요."라고 말하는 법을 배우는 과정을 생각해 보자. 이 작은 아이는 인사를 주고받아야 하는 사람이 누구인지 외우지 않는다. 다만 감각 속에서 느끼는 따뜻하고 친근함 마음에서 인사를 엮기 때문에 타인의 반갑다는 얼굴을 보면 음성으로 "안녕하세요!"라고 하는 것이다. 아이가 사람을 보고 내면에서 다른 정서적 기분이 든다면, 일종의 경계심이 든다면 아이는 고개를 돌리거나 당신의 뒤에 가서 숨을 확률이 더 높다.

모르는 사람에게 인사를 할지 말지에 대한 아이의 결단은 아이의 감정 혹은 정서에서 비롯되는 것이다. 우리는 이런 식의 '차별'을 격려한다. 아이가 어느 골목에서 위협적인 사람에게 인사하기를 바라지 않으니 말이다. 우리는 아이가 할머니와 같이 좋은 사람들에게 인사하기를 바란다. 만약 할머니에게 인사를 하지 않는다면 그건 아이가 내면에서 따뜻한 감정을 느끼지 않기 때문이다. 아이에게서 할머니에 대한 그 따뜻하고 포근한 기분을 이끌어 내도록 가르친다면 언젠가는 아이가 그에 대한 반응으로 인사를 할 것이다. 이와 비슷하게 만일 아이가 내면을 따뜻하게 만들어 주는 사람에게 인사하는 법을 배운다면, 아이는 친숙한 선생님이나 새로운 놀이 상대에게 금방 인사하기 시작할 것이다. 아이는 본인 안에 그 감정을 함께 갖고 있으며, 이 감정은 익숙한 상황에서 새로운 상황까지 일반화하게 해 주어 차이를 두고, 또한 언제 무엇을 말할지를 결정하게 도와준다.

초기의 정서적 상호작용에서 사고가 자라날 뿐만 아니라, 옳고 그름의 도덕적인 감각 또한 자라난다. 타인의 감정을 이해하고 그 사람이 어떤 기분일지 관심을 갖는 것은 이다음 설명될 본문의 양육적인 일련의 상호작용을 통해서만 나올 수 있는 것이다. 수학이나 수량에 대한 개념과 같이 순수하게 학업적이고 인지적인 것조차 초기의 정서적 경험에 기반한다. 세 살이 된 아이에게 '많다'는 자신이 원하는 것보다 더한 것이고, '적다'는 자신이 예상한 것보다 적은 것이다. 나중에는 숫자가 수량에 대한 이런 감정을 표현하게 해 준다. 수학을 어려워하는 아이들은 수량에 대해 배울 수 있는 초기의 정서적 뿌리로 돌아감으로써 기반이 더 탄탄한 학생이 될 수 있다. 이와 비슷하게 시간과 공간에 대한 개념 또한 엄마를 기다리는 경험 혹은 엄마를 찾으러 다른 방으로 가는 정서적 경험에서 배우게 된다.

어휘도 정서적 상호작용에서 의미가 파생된다. 공정성에 대한 예시처럼 말이다. '정의'와 같은 단어는 공정성과 공평하지 못한 각 새로운 정서적 경험에서 문맥과 의미를 습득한다. '사과'와 같은 단어에 대한 이해는 직접 사과를 먹어 보고, 던져 보고, 누군가에게 줘 보고 그에 더해 명백히 보이는 빨간 색감과 둥근 모양의 물리적 특징에 대한 여러 정서적 경험에 기반한다. 문법 화용에서도 언어학자인 노엄 촘스키(Noam Chomsky)와 다른 이들은 언어는 상당히 타고나는 것이라 믿었다. 언어를 끌어내기 위해서는 단지 몇 가지 아주 일반적인 종류의 사회적 자극만 필요하다고 믿었는데, 문법 화용 또한 초기의 아주 특정한 정서적 상호작용에 기반하고 있다. 예를 들어, 우리는 올바른 문법 화용을 못 하며 '문' '책상' '우유'와 같이 명사만 반복하는 자폐아도 먼저 정서적으로 참여하고 의도적이 되도록 돕는다면 올바른 문법을 배울 수 있다는 것을 발견했다. 아이들이 자신의 욕망이나 소망을 경험하고 표출할 수 있는 법을 배우게 되는 순간(예를 들어, 아이가 문을 열어 달라고 하면서 우리를 문 앞으로 데리고 가는 것), 아이들은 명사와 동사를 바르게 나열할 수 있었다("문 열어 줘.").

우리는 '의도적인' 상호작용에 대한 기회가 거의 없던 특정 동유럽의 고아나 이런 국가 내 상당히 어려운 가정환경에서 자란 아이를 보았을 때도 같은 패턴이 존재한다는 것을 발견했다. 또한 보통의 정상 조건에서 자라나는 아이가 동사와 명사 사이의 문법적 연결점을 배우기 위해서는 양육자와 의도적인 방식으로 자신의 욕구나 소망을 표현할 수많은 기회가 필요하다는 것을 보았다(예를 들면, 미소를 주고받고 어딘가를 가리키는 것 등 말이다). 이를 통해 과거에 문법과 경험 사이의 이 연결고리를 놓친 이유를 일상적인 정서적 상호작용을 당연하다고 여기기 쉬워서라고 여긴다. 동시에 일어나는 더 긴박한 상황을 함께 살펴보지 않는 한 말이다.

안타깝게도 탈공업 사회의 구획화는 우리의 마음과 정신이 서로 비슷하게 구획되었다고 생각하도록 만들었다. 우리는 아이에게 어떤 지식을 알려 주고 싶을 때 사실을 제공한다. 사랑을 가르치고 싶을 때 우리는 단순히 "사랑해."라고 하거나 안아 준다. 대다수의 사람이 상점에 가서 셔츠를 살 때 이 섬유를 기르고 따고 실로 만들어 린넨 천으로 만들고 하나의 큰 천으로 만드는 방법을 더 이상 기억하지 않듯이, 우리는 아이의 창의적이고 건강한 마음을 구축하는 과정은 과하게 비싼 '교육적' 경험을 한 번에 구매하는 과정이 아니라는 것을 잊는다. 지금 입고 있는 셔츠의 뿌리가 땅에 심어진 섬유의 씨앗인 것처럼, 아이의 성격 또한 당신과 아이 사이에 상호작용의 양육적 모체에서 성장한다.

아이의 마음과 뇌의 통합된 성장을 격려할수록 아이가 똑똑하고 논리적인, 사회적으로 적응하고 공감을 잘하는 성인이 될 기반을 더 성공적으로 다져 주게 될 것이다. 이 중요한 자질은 당신의 지속적인 상호작용이라는 비옥한 땅에서 자라날 것이다. 당신이 이 책을 쭉 읽어 갈 때는 안심해도 된다. 우리는 이미 바쁜 당신의 하루에 점점 더 많은 외부 활동이나 '인지적 자극이 되는' 활동을 강요하지 않을 것이다. 그보다는 당신이 아이와 참여하도록 영감을 주기를 바라며, 함께 건강한 마음의 성장에 필수적인 여섯 가지 경험을 만들어 가기를 바랄 뿐이다.

아이가 숙달해야 하는 이런 주요 경험은 먼 진화적 과거에 뿌리를 두고 있다. 인간이 아닌 영장류와 동물의 세계의 다른 동물 일원들과 비교했을 때, 인간은 비교적 긴 의존의 시기를 거친다. 예를 들어, 우리는 우리의 동물 사촌 대부분보다 더 늦은 시기에 걷기 시작한다. 이 긴 의존의 시기는 뇌와 마음이 복잡하게 성장하는 기회를 제공해 주지만, 이 기회는 책임도 지게 만든다. 우리는 더 긴 시간 동안 다른 양육자의 도움을 바탕으로 우리 자식을 알맞게 양육해야 한다.

그렇기에 아이가 우리에게 의존하는 동안 스스로의 인생을 살기 위해 떠날 때까지 아이의 사고와 감정의 깊이와 범위를 풍족하게 만들어 줄 멋진 기회와 의무가 있는 것이다. 어린아이는 하루의 대부분 동안, 그리고 필요한 순간에는 밤에도(양육자가 바뀌는 것보다는) 일관적인 양육자와의 돌봄과 상호작용이 필요하다. 우리는 아이가 깨어 있는 하루 중 최소 반나절 동안 주 양육자와 상호작용했을 때 가장 잘된다고 믿고 있다. 그러나 사회적으로 대다수는 욕구 채워 주기에 실패하고 있다.

왜 이렇게 많은 사람이 아이에게 필요한 필수적인 돌봄의 상호작용을 제공하는 것에서 멀어지고 있을까? 부분적인 답은 우리의 문화가 전도에 시선을 맞추고 있다는 것에 있을 것이다. 우리는 우리 본성의 경쟁적인 혹은 고집스러운 면모에 집중한다. 이는 우리의 환경을 조절하고, 경제 성장과 개인의 생존에 너무나 중요하게 여겨 온 것이다. 하지만 한 가지의 진화적 적합성에 몰입하는 이런 강조는 진화 유산의 부드럽고 돌보는 측면을 소홀히 하게 했다. 이 측면이 숙달에 대한 도구를 **생성**하는 것임에도 말이다.

우리가 점차 직장과 가정의 삶에 적합성의 개인주의적이고 독단적인 정의를 점점 수용할수록 친밀감과 돌봄, 상호주의적 경험에 대한 아이의 욕구를 놓쳐서는 안 된다. 아이러니하게도 숙달을 도울 도구나 경쟁력을 발달시켜 줄 가장 좋은 방법은 돌봄의 정서적 상호작용을 지속적으로 제공하는 것이다. 이런 돌봄의 경험은 복잡하고 협동적인 사회를 만들 수 있는 개인을 만들어 왔다. 이는 우리를 따르고자 하는 이들이 21세기의 문제를 숙달하기 위해 필요한 추론, 자기성찰 그리고 협동의 도구를 개발하게 해 줄 것이다.

만약 후세대가 수동적이거나 자기에게만 빠져 있거나 극단적 혹은 공격적이거나 자신의 삶을 성찰할 능력이 부족하거나 새로운 아이디어를 자신 있게 실험하지 못한다면, 우리는 예이츠(Yeats)가 말한 것처럼 "모든 게 무너지고 중심은 잡아 주지 못한다(Things fall apart, the center cannot hold)."라는 세상에서 살아야 할 것이다. 아이가 성공적으로 건강한 마음을 갖고 자라게 할 때마다 매끄럽게 기능하고 민주적인, 낙천적인 그리고 경제적으로 성공적인 사회에 기여하는 것이다. 우리는 새로운 밀레니엄의 세상이 타인을 향한 공감 능력과 연민이 있고 다른 사람들과 함께 일할 수 있는 사람들, 또한 새로운 돌파구를 만들 수 있고 지적으로 탄탄하며 심지어는 그들 또한 직접 아이들을 건강한 마음으로 이끌 수 있는 사람들을 늘리는 것이다.

차례

제3장 3단계: 양방향 의사소통하기 • 97

제5장 5단계: 아이디어 세계 발견하기 • 211

제6장 6단계: 아이디어 연결하기 • 265

제1장

1단계: 차분해지기, 주의 기울이기, 세상에 대한 흥미를 갖게 되기

이 단계에 관한 모든 것

당신의 아기가 자궁에 있는 동안에 당신의 대부분의 관심은 아마도 건강한 신생아를 출산하는 데 초점이 맞추어져 있었을 것이다. 하지만 지금 아기가 당신의 품에 안겨 있는 순간에는 완전히 새로운 여러 질문이 제기된다. '이떻게 이기기 시려 깊고 친절한 아기로 발전하게 할 수 있을까?' '아기의 지적 호기심을 자극하는 가장 좋은 방법은 무엇일까?' '어떻게 아기에게 통찰력이 있도록 할 수 있을까?'

생후 첫 2, 3개월인 이 발달 단계에서의 답은 아이가 차분해지고 조절되었으며 자기 주변의 세상에 대해 안정을 느끼고 관심을 갖도록 돕는다. 아이는 자신을 둘러싼 흥미로운 광경, 소리, 냄새, 촉감과 움직임을 받아들이면서 이미 능숙한 학습자가 될 가능성을 갖게 되는 것이다. 때로는 이 감각이 아이를 흥분하게 할 것이다. 아이의 눈이 즐거움으로 커지는 모습을 볼 수도 있고, 무슨 일이 일어나는지 보고 들으려고 고개를 돌리려 노력하는 모습을 보게 될 수도 있다. 다른 순간에 이런 감각은 아이를 속상하게 하거나 정도가 과해 압도당하게 되어 울지도 모른다. 이런 일이 일어나면 아이와 당신의 지속적인 관계와 친숙한 당신의 얼굴, 달래 주는 당신의 목소리와 당신의 부드러운 스킨십과 움직임이 아이에게 안정감을 느끼게 해 주어 평정심을 되찾게 해 준다.

아이가 태어나기 전의 열 달 동안 아이는 어둡고 소리가 둔하게 들리는 자궁 속에서 보호받고 있었고 특정 감각을 천천히 인지하게 되었다. 아이는 엄마의 일정한 심장 소리, 동맥의 피가 순환하는 소리와 소화되는 구르륵 소리에 위안을 느꼈다. 소리의 한 범위와 그 패턴이 아이에게 인지된 것이다. 아이가 둥둥 떠다니는 어둠 속에서는 볼 것이 많지 않았지만, 아이는 엄마의 배가 아주 밝은 빛에 노출될 때 감각적으로 그걸 알았을 것이다. 엄마가 먹은 달고 쓰고 신 음식이 태반에서 양수로 전달될 때 이를 종종 삼킨 아이에게 미각이 다가가기 시작했다. 아이는 어느 정도 움직임을 느꼈지만, 아이의 임신의 마지막 몇 주, 지내는 곳이 비좁아져 움직임이 점차 제한될 때의 거친 부딪침을 빼고는 대부분의 움직임에서 쿠션과 같은 보호를 받았다.

아이가 처음으로 세상 속에 숨을 쉬게 된 순간부터 당신의 작은 모험가는 훨씬 다양한 감각을 받아들이고 조직하기 시작했다. 아이가 자신의 모든 감각 장비를 사용하기 시작했으며, 당신에게 주의를 기울이고 동시에 자기를 침착하게 만들고 조절하는 법을 배우고 있다는 것을 이미 보여 주고 있는데, 이에 대해서는 더 자세히 보도록 하겠다.

밥을 먹이거나 낮잠을 자는 등 침착하고 주의를 기울이는 시기에 아이와 놀면서 두어 달 된 아기가 하는 행동을 전부 관찰하며 즐거워할 수 있는 시간을 내어 보라. 아마 아이는 요람에 누워 명백한 관심을 보이며 주변의 장난감을 쳐다보고 있을 수도 있다. 아이가 방안을 살펴볼 때 부드럽게 들어 올려 크게 뜨고 있는 아이의 눈을 보라. 당신은 아이의 코를 장난스럽게 만지면서 "내 새끼 코도 예쁘네!"와 같은 말을 할지도 모른다. 그 순간 아이의 눈이 흥미로 반짝인다는 것을 발견할지도 모른다. 그럼 당신은 이 놀이를 지속해 이번에는 고개를 한쪽으로 기웃거리며 아이의 작은 귀에 바짝 다가갈 수 있다. 아이의 귀에 얼굴을 비비고 "내 새끼 귀도 보들보들하네!"라고 하면 아이는 마치 당신의 목소리와 얼굴을 포착하려는 듯이 고개를 돌릴 수도 있다.

그다음으로, 아이의 반대쪽 귀에 시선을 주고 살살 만지며 "이게 뭐야? 맛있어 보이는 귀가 하나 더 있네!"라고 한다면, 아기는 고개를 돌리면서 즐거운 소리를 낼 것이다. 팔 하나의 거리를 두고 아이를 안고 있을 때, 환하게 웃으며 아이의 눈을 들여다볼 때, 아이가 마치 당신의 미소를 모방하려는 듯 입술을 벌리는 모습을 지켜보라. 아마 당신은 이 사랑스러운 모습을 반길 것이다. "세상에, 내 새끼 봐. 엄마한테 미소를 지어 주려고 하네!" 그런 다음, 당신은 어디선가 이 나이의 아기들은 모방하는 방식으로 그런 제스처에 반응할 수 있다는 것을 읽었기에 혀를 내밀어 볼 수도 있다. "이것도 할 수 있겠지?"라며 혀를 다시 내밀어 본다면, 아기는 아마 당신이 예상한 대로 입술을 움직이려고 할 것이다. 마치 엄마를 똑같이 따라 하려고 열심인 것 같다. 아이의 세 번째 혹은 네 번째 시도에 혀가 입술 사이로 빼꼼 나올 것이다. 그럼 당신은 아이의 정교한 사회 기술에 감탄을 할 것이다.

둘이서 몇 분간 논 다음, 아이는 이런 얼굴을 맞대는 상호작용에 피로감을 느끼는 듯 보이더니 근처의 선풍기나 천장의 전등에 흥미를 빼앗길 수도 있다. 당신은 그럼 아이를 더 달래며 리듬감 있게 둥기둥기 해 줄 수 있다. 혹은 다른 대안으로는 몇 분간은 아이가 쉬도록 두어 아주 큰 하품을 하는 것을 지켜볼 수도 있다. 아이가 몇 분 쉬고 나면 반짝이는 눈으로 마치 "더 대화할 준비가 되었어요!"라고 말하듯이 당신을 쳐다볼지도 모른다. 그럼 당신은 목소리에 활기를 더해 아이는 당신이 보여 주는 표정과 소리를 흡수하는 듯한 그 활달한 상호주의적 리듬으로 돌아갈 수 있다.

종종 아기와 놀 때 더 오랜 시간의 휴식이 필요한 듯 보이는 순간을 발견할지도 모른다. 아이가 낮잠을 잘 준비가 되었을 때나 두 사람이 바쁘게 상호작용을 어느 정도 나누고 둘 다 피곤할 때 일어날 수 있는 현상이다. 어떤 아이들은 분당 12~15번의 들숨의 속도로 들이쉬고 내쉬는 당신의 숨소리에 맞춰 서서히 좌우로 흔들어 줬을 때 특별히 더 편히 쉬는 경향이 있다. 당신의 아기는 더 느리거나 빠른 리듬을 원할 때 울거나 몸을 꿈틀거리는 것으로 자신의 마음을 표현할 것이다. 어느 정도 시간이 지나면 아마 당신은 아이가 그 일정한 움직임에 당신의 품 안에서 녹아내리듯 근육을 이완하는 것을 느끼게 될 것이다. 그리고 나중엔 아기가 더 해 달라는 듯이 작은 발로 당신의 무릎을 꾹 누르고 있다는 것을 알게 될지도 모른다. 당신이 아이를 계속 부둥켜안아 주고 흔들어 줄 때 아이의 눈이 새로운 흥미를 담은 채 반짝일 수도 있다. 심지어 당신이 고개를 천천히 돌릴 때 아이가 당신의 눈을 좇으려 할 수도 있다. 그럼 당신은 아이가 다시 상호작용을 할 준비가 되었다는 것을 알게 될 것이다.

같은 날, 어느 정도 시간이 지났을 때 아이의 기저귀를 가는 것과 같이 할 수 있는 단순한 활동을 하는 동안 아이가 당신에게 보여 주는 표정, 소리, 촉감과 움직임을 더 자세하게 볼 수 있다. 아이는 당신이 애정 가득한 소리를 낼 때 힘차게 발을 차고 당신의 웃는 얼굴을 더 잘 보기 위해 고개를 한쪽으로 돌리려고 할지도 모른다. 아이의 눈의 반짝임을 당신은 아마 바로 알아볼 것이고, 그 반짝임이 아이가 시각뿐만 아니라 운동 기술을 이용해 자신의 즐거움을 소통하고 있다는 것을 알 것이다. 기저귀를 갈아 주면서 아이는 물티슈의 시원한 감촉을 좋아하지 않아 옹얼거리거나 울지도 모른다. 아이는 이런 식으로도 자신의 안 좋은 감정도 공유할 수 있다는 것을 보여 줄 것이다. 심지어 아이가 울면서 당신의 눈을 빤히 바라볼지도 모른다. 마치 "엄마는 날 사랑하면서 나한테 무슨 짓을 하는 거예요?"라고 하는 것같이 말이다. 아이의 눈물에 뽀뽀를 해 준 후 아이 눈에 즐거운 반짝임이 돌아올 때까지 웃어 주고 장난스럽게 배꼽에 배방구를 해 줄 수도 있다. 그리고 아이의 발가락을 하나하나 잡으며 아빠 발가락, 엄마 발가락 놀이를 하고 아이가 그 간지러운 느낌에 몸을 꼼지락거리는 것을 지켜볼 수도 있다. 아이의 몸의 신호는 아주 정확하게 "다시 해 줘요. 엄마! 더 해 줘요!"라고 말하고 있다.

눈, 귀, 코, 피부와 근육을 통해 정보를 받아들이는 아기의 성장 중인 능력에 대한 증거는 당신의 배우자가 두 사람과 함께할 때 드러날 수 있다. 문에 기대어 아이가 당신의 목에 얼굴을 묻으려고 하고 있는 중일 수 있다. 당신의 배우자가 뒤에 서서 웃긴 표정놀이를 하며 재미있는 목소리를 내고 오른쪽, 왼쪽으로 움직일 수 있다. 아기는 엄마와 아빠와 동시에 상호작용하는 이중 혜택을 누리게 되는 것이다. 한 부모의 따뜻한 안정감을 느끼며 동시에 다른 부모와는 시각놀이와 함께 새로운 소리를 들을 수 있는 것이다.

이러한 모든 사랑스러운 행동은 당신의 아기가 이 세상에 더 주의를 기울이기 시작하며 보고, 듣고, 만지고, 느끼고, 움직이고 정서적 반응을 받아들이는 능력을 사용하기 시작했다는 의미이다. 아기가 차분하고 조절이 되었을 때 아이는 특히 당신과의 상호작용에 흥미를 보일 것이다. 아기는 당신의 목소리가 어디에서 들렸는지 왼쪽 오른쪽으로 고개를 돌려 가며 찾는 것으로 당신의 목소리에 집중할 수 있다는 것을 보여 준다. 아이는 당신 얼굴의 모든 개별 특징을 하나의 이미지로 그려 낼 수는 없지만, 아기는 분명히 당신의 눈빛 혹은 웃는 얼굴을 인지할 수 있고, 당신이 있는 방향으로 자기 얼굴을 움직일 수 있다. 아이는 심지어 당신이 혀를 내미는 것과 같은 몸짓을 관찰할 수 있다. 그리고 따라 할 수도 있다. 이런 종류의 조직화된 반응은 쉬운 성취가 아니다. 당신의 아이는 눈과 귀를 통해 정보를 받아들이는 것뿐만 아니라 당신의 신호를 모방하기 위해 근육을 사용하여 행동으로 따라 하는 것이다. 당신이 아무리 행동을 조심하려고 해도 아이는 당신의 행동을 모방할 것이다. 하지만 아이는 아직 다른 복잡한 모방은 하지 못한다는 걸 기억하라. 아이가 즐거움으로 눈이 반짝일 때마다 혹은 입이 꿈틀거릴 때마다 얼굴을 찡그릴 때마다 당신은 세상에 대해 정서적으로 반응할 수 있는 아이의 새로운 능력을 엿볼 수 있다.

많은 아기는 눈으로 보기에 큰 문제없이 매끄럽게 제 역할을 하는 감각과 운동 능력이 타고난다. 일부 지극히 정상적인 아기들은 자기 감각을 조절하는 것이 무척 힘들다. 특정 소리와 촉감을 받아들이는 것 혹은 특정 빛의 조건에 노출되는 것은 아이를 불편하게 만들거나 눈물 나게 할 수 있다. 이 아이들의 감각은 너무 쉽게 과부하되기 때문에 이들은 세상과 상호작용할 때 더 조심하는 경향이 있으며, 이 친구들의 부모는 아이가 더 집중된 주의 상태가 되도록 달랠 때 더 힘든 시간을 보낼 것이다. 예를 들어, 특정 소리에 민감함이 있는 아이는 엄마의 목소리를 듣지만 그 날카로운 어투에 불편함을 느낄 수 있다. 그러나 아기 엄마가 의도적으로 목소리의 음정을 낮추고 더 부드럽고 가라앉은 어투로 말한다면 아이는 엄마의 목소리에 안정감을 느낄 수 있게 될 것이다.

어떤 아이들은 일련된 순서로 근육을 움직이는 것이 어려운 것처럼 보인다. 그들의 부모는 아이가 무뚝뚝하거나 거리를 둔다고 잘못 생각할 수도 있다. 아이가 엄마나 아빠의 품에 안길 때 본능적으로 근육을 이완하지 않기 때문이다. 자기의 움직임을 순서화하는 것을 어려워하는 아이는 엄마가 빨리 움직인다면 고개를 돌려 엄마의 얼굴 표정을 보는 것을 어려워할 것이다. 그러므로 엄마가 함께하고 있을 때 자신의 인지력을 엄마에게 소통하는 것을 어려워할 것이다. 어떤 아이들은 엄지손가락 빠는 법을 쉽게 터득하는 한편, 어떤 아이들은 손가락으로 입을 찾으려고 할 때 코나 눈을 찌르기도 한다.

아이들이 주변 환경에서 신호를 선택하고 근육을 움직이는 방법에서 예상할 수 있는 그러한 변화는 당신의 아이가 진정하고 세상에 관심을 기울이도록 도울 수 있는 모든 종류의 접근법이 없다는 것을 의미한다. 하지만 아이 특유의 생물학적 구성과 상호작용 방식을 염두에 두면 당신은 의도적으로 아이에게 세상을 안내해 줄 수 있다. 아이의 즐거움을 최대화하고 좌절은 최소화하는 방식으로 말이다. 심지어 고정되어 변하지 않을 거라고 생각되는 여러 생물학적 특성, 예를 들어 강렬한 빛이나 높은 음역대의 소리 혹은 움직임의 갑작스러운 변화에 매번 비정상적으로 놀라는 경향조차도 우리가 양육자로서 어떻게 대하는가에 따라 변화가 가능하다.

우리는 또한 우리 개인의 생물학적 구성이 아이와 매번 통하지 않는다면 다른 사람의 도움을 빌릴 수도 있다. 예를 들면, 당신의 아이는 예민하고 쉽게 짜증을 내는 성격인데 당신은 말이 많은 편이며 폭풍처럼 많은 활동을 하는 삶을 사는 사람이라면, 고른 성정의 배우자나 사랑이 넘치는 아이의 조부모에게 다가가 아기가 침착함을 더할 수 있도록 도와 달라고 요청할 수 있다. 아이의 발달 후반에 자신감 넘치고 호기심 많은 유치원생이 된다면 역동적인 당신이 아기에게 필요한 존재가 될 수 있다. 아기가 성장해 가며 당신은 아이에게 아이 특유의 신체적 특징과 삶에서 놀랄 만한 수많은 일이 아이가 겪게 되는 삶의 회피 불가능한 시련과 상처를 극복할 수 있다는 것 또한 가르치게 될 것이다. 당신의 도움으로 아이는 온전한 영역의 감각과 인간 감정을 경험하게 될 것이다.

하지만 지금으로서는, 우리의 목표는 아이가 주변 환경의 모습과 소리에 주의를 기울이도록 격려하면서 기본적인 안정감을 꽁꽁 싸매어 주는 방법을 찾는 것이다. 이다음에 오는 장들에서는 아이와의 새롭고 아름다운 관계를 어떻게 안정시킬지, 아이가 세상을 느끼고 보고 경청할 능력을 가장 잘 촉진할 수 있는 침착하고 사랑 넘치는 분위기를 어떻게 만들어 갈지에 대한 포인터를 제공해 준다.

1. 생애 첫 몇 달 동안 주의 깊게 보아야 하는 것

모든 어린 아기는 자신을 자분하게 만들고 세상에 주의를 기울이는 방식이 각각 다르다는 것을 인지할 필요가 있다. 어떤 아기들은 첫날부터 엄마의 목소리를 눈으로 좇거나 심지어 고개를 돌릴 것이다. 다른 아이들은 생후 첫 몇 번의 순간 엄마의 얼굴을 관심 있게 보며 소리에 귀를 기울이지만, 곧 자기만의 세상에 빠질 수도 있다. 그런 뒤 두세 달이 지나면 이런 아이들은 점차 부모가 제공하는 멋진 광경과 소리를 받아들이고 집중할 수도 있다. 서로 굉장히 다른 두 부류의 아기는 세상을 향해 건강하게 싹트는 관심을 보여 준다. 감각을 차분하게 처리하는 능력을 타고난 아이가 처리를 하는 데 시간과 격려가 필요한 감각 장비를 타고난 아이보다 대단히 앞서 있는 것은 아니다.

이 생후 첫 몇 개월 동안 당신은 아이 자기만의 관심 나누는 방식을 알게 될 것이다. 어쩌면 당신의 아이는 눈을 움직이는 것에 즐거움을 느껴 당신의 얼굴과 다른 물건을 보는 것을 즐거워할 수도 있다. 하지만 아기가 다른 대상을 향해 똑바로 볼 때까지는 보통 몇 주나 걸릴 것이다. 아이는 이제야 세상에 겨우 익숙해지고 있으며 아직 당신보다는 내면의 물리적 감각에 정신이 팔려 있을 때이다. 아이는 배고픔을 불편하고 텅 빈 감각으로 경험하고, 이에 의해 근육을 수축하며 무슨 일이 일어나는 것인가에 집중하게 될 것이다. 아이에게 밥을 먹이려 들어 올릴 때 아마 아이의 근육이 조금 더 긴장되어 있음을 느끼게 된다. 아기가 배부름을 배 속의 일종의 즐겁고 팽팽한 온기로 경험하기 때문에 밥을 먹고 나서는 근육을 이완할 확률이 높고, 아마 더 침착하고 부드러운 표정을 짓게 되는 것을 볼 수 있을 것이다.

그러나 한 달 혹은 두 달 내에 당신의 아기는 배고픔이 그저 근육을 수축하게 하는 복부의 불편한 감각이 아니라 불쾌하고 심지어는 화가 나는 감정을 일으킨다는 것을 당신에게 적극적으로 표현할 것이다. 아이의 울음소리는 실제로 괴로움을 소통하는 것이다. 한편, 아이는 또한 모유로 가득한 배가 아주 좋은 기분이라는 것 또한 알려 줄 것이다. 아이에게 밥을 먹이는 동안 아마 아이의 몸이 급격한 기대로 몸이 살짝 굳는 것을 관찰할 것이다. 아이는 몸을 꼼지락거리고 팔과 다리를 바둥거리며 입을 벌리고 우물거릴 것이다. 그리고 밥을 열심히 삼키다가도 얼굴을 떼고 귀에 걸릴 듯이 환한 미소로 당신의 마음을 녹일지도 모른다.

이런 행복한 미소는 아이가 생후 한 달 정도로 어릴 때 부모가 받는 일종의 보너스지만, 아이가 생후 두 달에서 네 달일 때 더 전형적으로 나타나는 모습이다. 그 시기에 아기들과 상호작용한다면 아이가 즐겁다고 느끼는 다른 내면의 감각을 발견하게 될 것이다. 다른 강도의 빛에 아이를 노출해 보고 어느 정도에서 아이가 흥미롭게 눈을 반짝이는지 혹은 미소 짓게 되는지 확인해 보라. 아이에게 말을 걸 때 더 생동감을 더해 보라. 눈썹도 들썩여 보고 입술도 극적으로 움직여 보는 것이다. 당신의 활기 넘치는 얼굴에 아이가 기대 가득한 눈으로 반응하는지 확인해 보라. 혹은 당신의 자연스러운 표현을 더 부드럽게 눌러 당신의 얼굴이 더 천천히 움직이는 것을 선호하는지 보라.

아기는 이제 시각적인 집중 능력이 성장하고 있다는 것을 보여 줄 것이다. 아이가 생후 3개월이 되었을 즈음, 아이는 당신의 눈을 10초, 20초 혹은 심지어 30초씩 바라볼 수 있을 것이다. 아이는 점점 당신의 얼굴에 집중하게 된다. 서로의 눈을 바라보고 미소 짓고 옹알거리는 소리를 만들며 두 사람 간 상호작용으로 주고받는 리듬이 생기게 될 것이다.

당신은 아기가 당신이나 배우자의 목소리를 들을 때 무척 신나 한다는 것을 발견했을지도 모른다. 대부분의 아기들은 엄마를 선호하는 경향이 있는데, 엄마의 높은 음역대의 목소리를 더 선호하며 엄마가 자신을 안아 주고 먹여 주기 때문일 것이다. 어른들의 목소리를 구분하는 능력은 아이가 패턴 인지를 하기 시작했다는 하나의 근거다. 이 기술은 삶의 두 번째 해에 더 탄탄하게 발달되며 다음에 이어지는 본문에서 더 자세히 논의할 예정이다.

하지만 어떤 아기들은 아빠의 더 깊은 목소리에 끌리며 엄마보다는 아빠의 얼굴을 시각적으로 좇는 것을 재미있어 한다. 흥미롭게도 이런 아기들은 엄마가 목소리를 의도적으로 낮추면 아기들은 엄마에게도 같은 흥미를 보인다. 아이의 특정 음역대 선호도에 맞춰 목소리를 바꿔 가는 것으로 아이가 당신과 상호작용할 때 관계에 참여하게 도와줄 수 있다.

초기 몇 달간 당신은 당신의 두세 달 된 아기의 흥미를 가장 끌 만한 종류의 리듬이나 운율을 찾을 수 있다. 어떤 아기들은 리듬에 대해 정교한 감각을 갖고 있어 '딴 따 따 딴 딴'과 같은 복잡한 리듬도 몇 번의 반복 끝에 이해하게 된다. 그 작은 몸이 더 긴장되고 눈은 기대로 둥글게 되어 마지막 두 개의 박자를 들으려는 모습을 보일지도 모른다. 다른 아기들은 복잡한 리듬에 노출되었을 때 혼란에 찬 멍한 눈을 할지도 모른다. 하지만 두세 개의 박자로 이루어진 더 단순한 리듬의 패턴을 들을 때는 얼굴이 환해질 수도 있다(예를 들면, '딴 딴…… 딴 딴…… 딴 딴.').

만약 이런 리듬놀이를 소리 패턴을 소화할 수 있는 아이의 능력에 맞춰 준다면 아기가 점차 아주 복잡한 소리의 패턴까지 인지하게 될 수 있다. 현재는 단순한 패턴에만 관심을 보인다고 하더라도 말이다. 아이의 반응을 보기만 한다면, 그리고 당신이 말하는 단어나 소리의 리듬을 따라가고 심지어 기대한다는 느낌을 보여 주기만 한다면 지금으로서는 딱 알맞는 배합을 만들었다는 것을 알 것이다.

아이의 운동 체계를 이용한 상호작용을 시도해 보아도 좋다. 아이의 손발을 움직일 때 어떤 일이 일어나는지 한번 보라. 아이의 표정이 환해지며 새롭게 집중하는 눈으로 당신을 보는가? 아이의 발가락으로 노래를 부르며 놀이할 때 아이는 자신의 발이나 당신의 손을 보는가? 아기의 발가락을 움직일 때 즐거워서 발가락을 오므리는가? 아이에게 서로 다른 강도의 스킨십을 해 주고 더 가볍게 쓰다듬을 때 혹은 배나 등을 조금 더 확고히 만져 줄 때 반응하는지를 보라. 리듬감 있게 둥기둥기 해 주며 부드럽게 달래는 듯이 말을 걸 때 아이의 근육이 더 수축하는지 이완하는지를 살펴보라. 다른 한편으로는 만약 아이가 안겨 있는 자세를 어려워하는 것 같으면 아이의 목과 등을 더 탄탄하게 지지해 주어 당신의 품 안에 더 편하게 안겨 있는지 살펴보라.

또한 당신은 아이를 진정하게 하고 당신과의 공유된 관심 상태에 들어서지 못하게 하는 특정한 냄새가 있다는 것을 발견할 수도 있다. 만약 향이 강한 향수나 면도 후 로션을 바르고 다가섰을 때 아이가 고개를 돌리는가? 만약 당신의 아기가 다양한 냄새에 민감성이나 과소 반응을 보인다는 생각이 든다면, 다양한 음식이나 향을 아이 코 근처에 대서 표정을 살펴보라. 아기가 움츠러드는지 인상을 쓰는지 혹은 그 어떤 반응도 보이지 않는지 말이다. 아이의 후각 반응을 확인해 보는 것은 좋은 생각이다. 냄새와 맛은 아주 가까운 감각 사촌 관계이기 때문이다. 냄새에 과민성을 가진 일부 아이들은 자극적인 냄새의 음식을 먹지 못한다. 또 다른 아이들은 특정 음식 그룹을 먹기 위해 더 강한 향이나 맛이 필요하다.

당신이 당신의 관찰 기술을 날카롭게 하고, 또한 당신의 아기가 진정되고 공유된 주의력을 갖는 데 문제가 많다는 것에 주의를 기울일 때, 당신은 진정한 자녀의 발달 프로파일을 모으기 시작할 것이다. 특정 불쾌한 냄새나 예상치 못한 포옹 혹은 찌르는 듯한 소리가 아이를 감정적으로 벅차게 만든다는 것을 알아보기 시작할 것이다. 하지만 잊지 말아야 할 것은 자주 울고 짜증을 잘 내는 아기도 많은 것을 보고 들을 역량이 있다는 점이다. 세 달 된 아기가 배 속에 가스가 찼을 때 아이는 당신에게 표현력 풍부한 표정을 보여 줄 것이다. 조용히 애정 어린 말을 걸며 아이의 등을 문질러 준다면 아이는 기분이 안 좋은 다른 순간에도 자신의 눈짓과 듣기 기술을 계속 사용하려 할 것이다. 심지어 당신이 달래는 소리와 촉감을 이용해 자신을 진정하게 할 수도 있다. 살짝 스트레스를 주는 조건에서 이런 연습을 한다면 나중에 아이는 더 잘 보고 듣는 사람이 될 수 있다. 자신의 다양한 사고를 가지고 행동하며 세상에 어떻게 초점을 맞추는지에 대해 크게 달라진다는 것을 인식하는 것이 중요하다. 어떤 아기들은 엄마의 목소리나 눈을 따라 소리를 지르거나 머리를 돌린다. 그러고 나서 아기들은 2~3개월 동안 부모가 자기에게 보여 주었던 좋은 시각과 목소리 덕분에 점차 자라나는 것을 알 수 있을 것이다. 이렇게 다른 유형의 다양한 아이들은 이런 식으로 건강을 증명하며 흥미로운 세상에 싹을 틔울 수 있을 것이다. 감각을 예민하게 처리하는 능력을 가지고 태어난 아기는 특별한 능력을 가지고 태어나지 않은 아이보다 편안한 과정을 가질 것이다. 첫 몇 개월 동안, 당신은 아이와 특별히 통하고 있는 무엇인가를 알 것이다. 아마 아이는 기쁨이 담긴 눈으로 표현하거나 열망을 가지고 당신의 얼굴을 바라볼 것이다.

2. 안정감과 차분하게 주의를 기울이는 것이 중요한 이유

초기의 경험이 뇌 속에서 뉴런의 중요한 연결을 만들어 가기 시작했기 때문에 아기가 느끼는 안정감과 자기 환경에 대한 인식은 완전한 뇌의 성장을 위해 무척 중요하다. 우리는 대체로 배움은 학교 혹은 아기에게 책을 읽어 주며 일어난다고 생각하지만, 사실은 배움의 역량, 즉 정보를 흡수하고 패턴을 분별하고 행동을 취하는 것은 생후 첫 몇 개월 내에 시작된다.

초기에는 아기의 전 세상은 당신과 당신의 배우자 그리고 매일 같이 아이와 함께하는 양육자로만 구성되어 있다. 아기가 가까이에 있는 시야, 소리, 촉감, 맛 그리고 소리를 받아들이면서도 침착하게 있을 수 있게 되면, 아이는 자신의 주변 환경을 탐험하고자 하는 데 더더욱 적극적인 흥미를 갖게 될 것이다. 자신의 환경이 만든 경험과 감각 패턴을 받아들이고 심지어 분간할 수 있는 능력은 아이 미래의 모든 학습에 대한 기반을 만들어 줄 것이다.

당신의 아기는 우리 모두가 그렇듯 여러 감각을 동시에 사용한다. 아이는 **동시에 보고 듣고 움직이고 느끼고** 있으며, 때로는 냄새 맡고 맛보고 만져 보기도 한다. 아기가 **자신의 모든 감각**에서 오는 정보를 활용할수록 아이는 더 침착하고 조절할 것이다. 역설적으로, 아이가 자신이 감당할 수 있는 것보다 더 많은 정보를 받으면 이 같은 감각을 이용해서 자신을 진정하게 만들 수도 있다.

예를 들어, 아기가 당신의 얼굴을 볼 때 아기는 이를 주로 풍부하고 재미있는 정보로 본다. 더 나이가 있는 아이처럼 난어를 쓰고 생각할 수 있다면, 아기는 당신의 코를 보며 혼자 생각할지도 모른다. '저 가운데의 특이한 모양은 뭐지?' 아이는 당신을 눈을 '나를 쳐다보는 초록색 눈'이라고 알고 있고 움직이는 당신의 입술과 당신의 목소리를 아주 흥미로운 소리를 만들어 내는 존재로 생각할 것이다. 하지만 지나치게 오래 보고 들었다면, 이 같은 흥미롭고 재미있는 '초록색의 것'은 이제 당신의 도움과 함께 따뜻하고 달래는 듯한 표정을 지어 아이에게 어느 정도의 편안함을 주게 할 수 있다. 아기에게 과하게 생기 넘치게 했던 목소리는 이제 더 낮아지고 진정이 되는 리듬으로 달래 줄 수 있다.

1) 안정감을 느끼는 방법 배우기

이 방법으로 당신의 아기는 자신에게 흥미를 유발하고 또한 자신을 달랠 수 있는 환경에서 오는 감각을 받아들이기 위해 자신의 감각과 운동 시스템을 사용할 수 있다. 아이는 다양한 감각에 관심을 갖고 흥미를 가질 수 있을 뿐만 아니라 동시에 자기 자신을 침착하게 만들고 조절하기 위해 그 감각을 이용할 수 있다. 호기심 있고 침착하며 잘 조절된 아기가 바로 안정감을 느끼는 아이의 정의이다.

성인의 안정감은 이보다 더욱 복잡하지만 양면의 측면을 그대로 갖고 있다. 우리는 세상 속에서 안정감을 느끼기 위해 잘 굴러가는 차, 상태가 좋은 통장, 친근한 가족 관계, 의사에게 받는 좋은 소식 그리고 심지어 우리가 원하는 정치인에게 의존한다. 그리고 우리가 의존하는 것이 잘 풀리지 않는다면 우리는 불안감을 느낀다. 만약 우리의 몸, 예를 들어 기억이나 위장이 평소처럼 기능하지 못한다면 우리는 특히나 더 불안감을 느낄 것이다.

당신의 아기는 가장 간단한 행동에 대한 제어력을 가지며 안정감을 느끼기 시작하는 것이다. 당신의 목소리를 들을 때 아이의 그 예쁜 눈으로 당신의 얼굴을 찾게 되는 것 말이다. 하지만 이는 의미 없는 업적이 아니다. 아이는 우선 당신이 어디 있는지를 알아내야 하고, 그다음에는 자신의 근육을 활성화한 뒤 당신이 있는 방향으로 고개를 돌려야 한다.

엄마의 부드러운 자장가 소리를 받아들이기 어려워하는 아기는 속상해할 때 집중된 관심이 상태로 되돌리기 위해 아마 조금 더한 정도의 흔들거림을 더해 줘야 한다는 것이 이제 이해가 갈 것이다. 이와 비슷하게 다양한 시각에 과부하를 느끼는 아기는 시각 패턴을 인지하는 것을 무척 어려워할 테고 요람을 들여다보는 것이 엄마의 얼굴인지 아빠의 얼굴인지 알아보는 것이 무척 힘들 것이다. 친숙하게 늘 제자리에 있는 것 없이 이 세상에서 안전과 안정감을 느끼는 것은 보다 어렵다. 더 많이 달래 주는 것이 이런 상황에서는 대개 도움이 된다.

과부하된 아기에게 단순하고 달래는 시야와 소리를 제공해 주면 어느 정도 조절을 하는 것에 도움이 된다. 의도적으로 평화로운 표정을 짓고 부드러운 어투로 소리를 내며 너무 가깝지도 너무 멀지도 않은 정도의 거리를 둔다면, 아이를 다시 침착한 흥미의 상태로 데려올 수 있을 것이다. 아이가 자신의 일반적인 주변 환경을 더 인지하게 될수록 아이는 언젠가 당신 목에 걸린 반짝이는 목걸이나 머리에 쓴 모자도 발견한다. 하지만 이런 물건 그 자체는 아이의 관심을 지속할 만큼 그리고 조절된 상태를 지속할 만큼 흥미롭지 않다. 아이는 당신과 정서적 상호작용의 풍요로움에 더 경이로워할 것이다.

이 단계의 중요성은 아이들이 안정감을 되찾기 위해 자신의 감각을 사용할 때에만 드러나는 것이 아니다. 이는 아기들이 주변 세상에 흥미를 느끼고 참여하게 도와줄 일관적이고 애정 어린 양육자가 없어 초기의 안정감을 얻을 수 없는 비극적인 상황에서도 확연하게 보인다. 약물 남용이나 다른 심각한 문제로 인해 부모가 아이를 소홀히 했던 경우의 아기들을 연구해 보았을 때 초기의 돌봄 경험의 중요성이 드러난다. 건강하게 태어난 많은 아기가 거의 그 즉시 양육자를 쳐다보고, 그들의 목소리를 향해 고개를 돌리고 심지어는 미소와 비슷한 모양으로 입술을 움직인다는 것을 관찰했다. 하지만 이 아이들의 부모는 아이들이 주변에 집중하도록 만들어 주는 것에 관심을 보이지 않았기 때문에 며칠 내로 유아들은 그 타고난 능력을 잃었다. 이 아기들은 자기 세계로 빠져 버렸고, 근긴장도를 잃었으며 심지어 몇 아이의 경우는 고개를 돌리는 능력조차 잃었다.

당신의 아기가 감각을 통해 정보를 받아들이고 있을 때, 아이는 당신이 가져다주는 이 시야, 소리, 촉감, 냄새에 대한 정서적 반응을 동시에 겪고 있는 것이다. 아이가 당신의 목소리를 들을 때 아이는 나중에 '엄마' 혹은 '아빠'라는 단어로 이어질 음성 패턴을 당신과 연결 지을 뿐 아니라 모든 가능성에서 자신에게 편안함과 즐거움을 주는 존재로 연결 지을 것이다.

우리는 아기들이 몇 년에 걸쳐 발달하는 것을 지켜보면서 전통적으로 분리되었다고 생각해 온 정서적 · 인지적 (혹은 지적) 반응은 알고 보니 그렇게 분리된 것도 아니라는 것을 알게 되었다. 이전에 존재했던 개념과 대조적으로 우리는 아기가 감각을 통해 정보를 받아들일 때마다 이 경험은 그 감각에 대한 물리적 · 인지적 반응과 정서적 반응이 이중으로 겹쳐 있다고 믿는다. 아이의 정서적 반응은 일종의 육감처럼 기능하여 각 감각 경험에 결과 의미를 부여하는 것이다.

당신 아기의 발달 단계의 초반에 아이는 즐거움, 편안함과 괴로움과 같이 단순한 감정을 느낄 것이다. 이후에 따라오는 수개월 동안 당신은 아이에게 구체적인 감정이 다양하게 표현되는 것을 볼 것이다. 기쁨, 행복, 환희, 호기심, 두려움과 분노와 같이 말이다. 이 감정은 수많은 미세한 차이를 갖고 있을 테고 언젠가 아이가 자신의 세상을 이해하려고 노력하는 동안 거의 무한한 범위의 감정적 변화를 표현하는 것을 보게 될 것이다. 그때가 올 때까지는 환경에서 점점 더 짙어지는 편안함과 즐거움을 느끼고 언젠가는 당신에게 자신의 믿을 만한 상대로 다가와 배고픔과 피로가 반복적으로 일으키는 괴로움을 해결해 달라고 할 것이다.

앞에서 언급한 바와 같이 아이와의 친밀한 '대화'는 아이의 욕구가 채워진다는 것, 그리고 사랑받고 존중받을 뿐 아니라 진정될 수 있다는 것을 확신하게 해 준다. 아이가 보고 듣고 만지고 냄새 맡고 움직이는 역량이 점점 성장하고 있으며, 이 대화는 역량을 이용하는 연습을 하게 해 주기도 하고 뇌 성장 또한 촉진하여 감각에 입력된 정보를 받고 해석하는 것을 더 잘하게 해 줄 것이다. 흥미롭게도 출산 후 아기의 뇌 속은 감각을 통해 경험을 받아들이기 시작하면서 뉴런 사이의 연결이 무척 빠르게 뻗어 나가게 된다. 세상을 보는 아이의 반응은 그렇기에 뇌의 성장을 촉진해 주며, 이는 주변 환경을 경험하고 이해하는 능력을 향상시킨다. 이 상호주의적 과정은 아이가 조금씩 나이 들어 감에 따라 점차 더 복잡해지며 때로는 뇌 성장으로 이어지고 때로는 뇌의 연결고리와 회로를 미세하게 조정하거나 다듬어 나가게 된다.

마법과 같은 신경 영상 기술을 통해 우리는 각자 다른 감각에 대한 노출이 신경의 연결이나 회로에 어떤 영향을 끼치는지 직접 관찰할 수 있다. 아기 동물들이 의도적으로 더 많은 광경에 노출될 때 시각을 이해하는 기능을 하는 대뇌피질의 영역이 실제로 더 많은 뉴런 연결을 하게 되었다. 이와 비슷하게 이 같은 동물들이 소리에 더 노출된다면 소리를 해석하고 이해하는 대뇌피질의 영역이 더 발달하게 되었다.

숲속에 사는 아기 동물이 당장 주변과 관련된 감각에 더 주의를 기울일 수 있다면 신체적으로 성숙하고 새끼를 교배할 확률이 높아진다는 것을 고려할 때, 이는 진화학적으로 모두 이해가 된다. 청각 영역에서 뇌가 잘 발달된 동물은 음식과 안전이 가까이에 있다는 소리와 위험을 신호하는 소리를 보다 잘 구분할 것이다. 당신의 아기가 시각, 청각, 미각, 후각과 촉각을 위한 풍성한 뉴런의 회로가 발달하게 되면, 아이는 맞닥뜨리게 될 그 어떤 환경이든 요구되는 욕구를 충족할 준비가 더 잘될 것이다. 당신의 부드러운 어루만짐, 감정이 가득한 표정과 달래는 목소리는 아이의 뇌의 적응과 성장을 촉진해 주며 언젠가는 더 높은 단계의 학습, 사회적 그리고 사고 기술을 꽃피게 할 것이다.

3. 아기를 차분하게 하고 주의를 기울이도록 하는 방법

당신과 당신의 아기가 새로운 관계에 익숙해지기 시작할 때, 아이가 어떻게 다양한 감각을 다루고 그의 몸 근육을 제어하는지 가까이에서 지켜보자. 당신은 모두가 갖고 태어난 정보 수집 도구, 즉 몸과 오감을 사용할 것이다. 아이의 물리적인 환경(요람, 장난감, 모빌, 옷)이 안전하다는 것을 확인하기에도 좋은 시점이다(자주 간과되는 안전 사항을 보려면 '부록 3' 참조).

1) 다양한 종류의 촉감으로 아기의 즐거움 탐색하기

아이의 삶의 첫 몇 주 동안은 새로운 환경 속 편안함에 대한 욕구에 집중하도록 하자. 당신은 이미 아이가 자궁에서 세상으로의 환경 변화를 용이하게 하는 데 필요한 것을 많이 갖고 있다. 따뜻한 신체, 사랑 넘치는 팔 그리고 일정한 심장 소리 말이다. 당신이 아이를 안아 들 때 혹은 품에 놓을 때 아기가 자궁 속에 있었을 때와 비슷한 체온과 심장의 리듬을 느끼고 있다는 것을 인지하라. 또한 만지는 것과 스킨십은 아이에게 새로운 감각이라는 것을 기억하라. 아이의 피부는 주변에서 감각을 받아들이도록 정교하게 만들어졌기에 당신이 부드럽게 쓰다듬어 주는 느낌은 좋은 느낌으로 남게 해야 한다. 대부분의 아기들은 부드럽지만 확실한 접촉을 좋아하기 때문이다.

당신의 손가락이 주는 단순한 촉감은 아기를 달래 줄 뿐만 아니라 성장까지도 돕는다. 듀크 대학교의 연구원 솔 센버그(Saul Schanberg)와 협력자인 티파니 필드(Tiffany

Field)가 진행한 연구에서는 부드러운 스킨십이 성장 호르몬을 분비하게 한다는 것을 보여 준다. 하지만 대다수 신생아는 하루에 거의 20시간을 자야 하기 때문에 당신의 애정 어린 접촉이 아이의 쉼에 대한 욕구에 방해가 되어서는 안 된다. 그러나 몇 주가 지나도 만약 아이가 오래 잔다면 접촉의 횟수와 정도를 늘릴 뿐만 아니라 아이에게 보여 줄 시각적인 광경과 소리를 늘려 이 아름답고 새로운 세계에 흥미를 갖도록 유도해야 한다. 아이의 손, 팔, 다리와 발을 부드럽게 주물러 보고 당신의 손이 주는 감각에 즐겁게 반응하는지 지켜보는 것도 좋을 것이다.

애정 어린 접촉은 아이가 느끼고 있는 스트레스 또한 감소하는 것으로 보인다. 미네소타 대학교의 메건 군나르(Megan Gunnar)는 아이들의 침 속에 있는 코르티솔이라는 스테로이드 호르몬의 정도를 재 보는 것으로 스트레스에 대한 아이들의 반응을 측정했다. 일주일에 두 번 마사지를 받게 된 6주의 연구가 한 번 끝날 무렵, 코르티솔 정도가 현저하게 줄어 있었다. 또한 아이들은 짜증을 덜 내고 잠도 더 쉽게 들었다.

아이의 손가락이 부드럽고 말랑하고 매끄럽고 오돌토돌한 다양한 촉감을 만지게 해 주고 얼굴이 밝아지는지 확인해 보는 것도 중요하다. (한 초음파 연구에서 아이들이 자궁 속에 있을 때 탯줄을 당기고 쥐면서 이미 촉감 연습을 많이 해 왔다는 것을 밝혀냈다.) 당신의 신생아에게 쥐기 쉬운 장난감을 쥐어 주라. 3개월이 되었을 무렵, 아이는 손을 뻗어 딸랑이를 쥘 수 있을 것이다. 아이가 깨어 있을 때의 4분의 3 동안은 손가락이 움켜쥐지 않은 채 있기 때문에 아기가 주변 세상을 탐험하는 동안 손에 쥐어 볼 수 있는 흥미로운 물건을 주는 것이 좋을 것이다.

2) 안아 올리기, 껴안기, 흔들기 그리고 굴리기

당신이 아기를 안고 있는 방식이 아이의 안정감에 영향을 줄 수 있다. 어떤 아기들은 아이를 품에 안을 때 고양이처럼 몸을 둥글게 말고 어떤 아이들은 손발을 휘두르거나 경직되어 보이거나 긴장한다. 아기를 드는 방법을 다양하게 시도해 보고 어떤 상태가 아이에게 가장 편안한지를 확인해 보자.

아이를 팔에 안고 있을 때 어떻게 움직이는가 또한 아이가 침착하게 집중할 수 있는 능력에 영향을 준다. 대부분 생후 첫 몇 주간 아기들은 너무 활발하거나 빠르게 위아래로 움직이는 것을 감정적으로 벅차게 받아들인다. 천천히 흔들어 보라. 한쪽에서 다른 쪽까지 가는데 4~5초 정도 소요하고 이 움직임이 아이를 달래 주는지 확인해 보라.

아이의 근육이 발달하면서 대부분의 유아들은 당신이 잡아 주며 무릎 위에서 리듬감 있게 통통 튀는 것을 좋아한다. 또한 대부분은 머리 위로 아이를 들어 올려 눈을 마주치며 웃어 줄 때 명백한 기쁨을 보여 준다. 하지만 일부 아기들은 덜 유연하기 때문에 부모는 이 아이에게 어떤 촉감과 움직임이 가장 편한지 배우는 것에 있어 더 독창적이어야 할 것이다. 아이를 안을 때의 위치를 바꿔 보며 어떤 것이 아이의 근육을 가장 이완시키는지 살펴보라. 아이를 수평으로 혹은 수직으로 움직일 때 특별히 즐거움을 보이는가?

대부분의 아기들은 포대기로 감싸 주는 것(아이의 팔과 다리를 모아 큰 담요에 감싸 주는 것)이 그들의 마음을 편하게 한다. 다른 아이들은 팔다리를 부드럽게 이완하고 펴 주는 마사지를 좋아한다. 학교에 다니는 아이들이 쉬는 시간 직후의 수업 시간에 더 집중할 수 있는 것처럼, 이 아기들도 침착하고 집중된 관심 상태에 들어서기 위해서는 조금의 감각적이고 근육을 움직이는 활동이 필요한 듯하다.

만약 당신에게는 자연스러운 포옹에 아기가 불편해하는 듯하더라도 아기가 당신을 거부하는 것은 아니라는 것을 기억하라. 최근까지 과학자들은 모든 인간은 비슷한 방식으로 감각을 경험할 거라고 추정해 왔다. 이제 우리는 개개인이 같은 자극을 무척 다르게 인지한다는 것을 안다. 당신의 깃털 같은 접촉은 신생아의 피부에는 간지럽고 답답하게 느껴질 수도 있고, 다른 아기는 같은 접촉에 기뻐할 수도 있다. 자연스럽게 당신은 당신의 본능적인 접근법이 바로 통하지 않아 조금 실망할 수도 있겠지만, 실험해 가며 당신과 아기 둘 다에게 알맞는 접촉을 찾아가면 된다. 잘 맞는 균형을 찾는 것은 시간이 조금 걸릴 수도 있고 의심할 것 없이 두 사람 모두에게 때때로 좌절하게 만들고 지치게 하는 과정일 수 있을 것이다. 삶의 첫 몇 달, 아기를 달래는 것과 새로운 시각적 광경, 소리와 촉감에 서서히 소개시켜 주는 일은 모두에게 정확하지 않고 하면서 배우는 과정이라는 것을 늘 기억하라.

그럼에도 아이의 몸에 거의 항상 편안함과 안정감을 주는 부분이 있다. 아기들은 입을 사용하는 것을 무척이나 즐거워하며 어떤 아기들은 태어나기 전부터도 엄지를 빨기도 한다. 입술 주위의 조밀한 신경은 입술을 움직이고 빠는 것을 특별히 즐거운 활동으로 만든다. 당신은 곧 당신 아이의 빠는 방식을 알게 될 것이다. 어떤 유아들은 배고플 때나 가스로 인한 고통을 완화하려 할 때만 빠는 동작을 취하고, 어떤 아기들은 더 잦은 상황에서 이 행동을 취한다. 어떤 아기들은 늘 굶은 것처럼 활기차게 빨고, 어떤 아기들은 그보다 덜하다. 만약 당신의 아이가 무언가를 빠는 동안 자세를 잡고 이완하지 않는다면, 혹은 빠는 것을 어려워한다면 소아과 의사에게 알리도록 하자. 때때로 빠는 동작을 어려워하는 것은 잠재적 운동 문제로 볼 수 있는데, 이는 초기에 발견할 때 가장 효과적으로 극복할 수 있다.

3) 아기가 들을 수 있게 돕기

아이가 빠는 행위에서 위안을 찾고 당신이 부드럽게 마사지해 줄 때나 팔에 안아 리듬감 있게 흔들어 줄 때 당신은 아마 직감적으로 낮고 차분한 어조로 아이에게 말을 걸 것이다. 당신의 소리를 듣고 반응하는 아이의 능력은 호흡을 하고, 차분해지고, 당신과 세상에 집중하는 방법을 배울 수 있는 가장 원초적인 방법 중 하나이다.

아기들은 자궁에 있을 때조차 소리에 반응한다. 임신한 세 번째 분기에 실제로 태아는 소리의 방향으로 머리를 돌린다. 임신 후기의 시점이 되면 엄마는 거의 매일 음악이 근처에서 들릴 때 아기가 깨어나서 차는 것 같다고 인지한다. 몇몇 연구에서는 아직 태어나지 않은 아기에게 말하고 심지어 노래를 불러 주는 것은 나중에 언어 습득을 용이하게 해 준다고 주장했다. 하지만 아기의 미래 이해력과 단어 사용이 자궁에 있을 때 어느 정도 차단되어서 소리를 들어 왔다는 것과 연관이 있는지 없는지는 분명하지 않다. 어쩌면 자궁에 있는 아기에게 말을 거는 부모는 아기와 더 이른 정서적 유대감을 형성했기 때문에 아이가 태어난 이후에는 보다 이완된 대면 상호작용으로 연결되는 것일지도 모른다. 지속적인 관찰과 연구가 이런 이슈를 밝혀내겠지만, 중요한 것은 출생 후 부모와 아이의 상호작용은 언어 기술을 포함한 나중에 올 지적 성장을 위한 기반이 된다는 것을 강조한다.

아기가 태어날 때 아기의 청각은 보는 것보다 더 잘 발달되는 것은 분명하다. 시야 또한 빠르게 발달하고 있지만 말이다. 신생아들은 이미 소리가 어느 방향에서 오는지를 구분할 수 있고, 종종 부모는 아기가 부모의 목소리를 향해 머리와 목의 방향을 바꾸려는 시도를 한다고 보고한다. 단지 몇 개월 안에 당신의 아기는 당신이 내는 애정 어린 소리에 반응하듯 입술을 움직일 것이다. 마치 당신이 내는 소리를 모방하려고 하듯 말이다. 어린 아기들은 자궁에 있을 때와 같이 음악 또한 즐기는 것처럼 보인다.

4) 아기가 선호하는 파장으로 조율하기

우리는 모든 아기가 같은 방식으로 듣는다고 추정하는 경향이 있지만, 대부분의 다른 것과 마찬가지로 우리가 듣는 방식은 종종 개인에 따라 다르다. 당신의 아기와 즐겁게 상호작용할 때 아기가 소리에 어떻게 반응하는지 관찰하라. 대개의 경우, 당신은 아이의 방식과 선호도를 알 수 있을 것이다. 그러나 아기가 놀 때 일반적인 소리에 조금이라도 관심을 주지 않거나 가까운 거리에서 나는 큰 소리에 반응하지 않는다면 청각에 신체적인 문제가 있는 것은 아닌지 소아과 의사에게 검진을 요청하라.

첫 3개월 안에 아기가 발달하는 동안 아이가 즐기는 음조와 리듬을 발견해 보라. 대부분의 영유아들은 찢어지지 않는 높은 음조를 선호하기 때문에 선형적으로 아기를 대할 때의 말투로 말하는 것으로 아이의 관심을 유도할 수 있을 것이다. 다른 운율도 실험하며 아기가 당신 쪽으로 돌아서는지 보라. 아기가 만들어 내는 구우 소리나 지저귐을 모방하여 아기가 나름의 대답을 하는지 볼 수 있다. 장난기 넘치게 재미있게 시도해 보고 아이가 당신을 향해 주는 관심을 즐기면서 기억해 두라.

몇몇 아기들은 높은 목소리 패턴에 과민하게 반응하고 낮은 목소리, 심지어 목구멍에서 나는 듯한 후두음의 소리에 더 기쁘게 반응하는 것처럼 보인다. 때때로 아기는 산모의 고음의 목소리를 듣는 것을 정말 힘들어해 몸이 굳고 패닉에 빠져 엄마에게서 돌아설지도 모른다. 마치 엄마의 목소리가 칠판에 손톱을 긁는 것처럼 들리기라도 하는 듯하다. 이런 모습은 당연히 엄마를 속상하게 만든다. 그에 대한 반응으로 엄마는 긴장되어 본인도 모르게 더 빨리, 더 높은 목소리로 말을 하게 될지도 모른다.

그러나 부모들이 알아야 할 것은 소리에 민감한 아기도 다른 아기들처럼 관심 갖고 사랑 넘치고 편히 이완할 수 있다는 것이다. 당신의 음성을 좀 더 느리게 내뱉고 목소리의 강도와 음조를 낮춰 볼 수 있다. 아이를 품에 안아 천천히 둥기둥기 움직여 주면서 조용히 몇 음절을 반복해서 들려주라. 당신이 아기에게 조용히 말을 걸 때 아기가 당신의 가슴에서 나는 진동을 느끼게 하자. 당신의 바뀐 목소리, 부드러운 손길과 얼굴 표정 그리고 천천히 움직여 주는 행동은 모두 아기를 달래게 될 것이다. 시간이 지나면 아이는 이전에 자신을 감정적으로 압도당하게 만들었던 음조, 운율, 음량의 범위에 관심을 가지게 될 수 있다.

반면, 만약 당신의 아기가 소리에 과소 반응을 한다면 아이에게 말을 걸 때 더 극적으로 말해 보자. 아이가 신나서 팔다리를 꼼지락거리지 않거나 소리의 근원을 찾기 위해 눈을 움직이지 않는다면 아이의 관심을 좀 더 끌어내어야 한다. 위엄 있게 대하는 것보다 생동감 넘치게 대하라. 당신이 말하는 모든 문장 끝에 느낌표가 있는 것처럼 말하라! 당신이 내는 목소리의 음조와 리듬에 변화를 주라. 아이를 품 안에서 흔들어 줄 때나 상난스럽게 마사지를 해 줄 때도 말이다. 두 사람 간의 연결을 단단히 하기 위해 활기 넘치는 표정과 몸짓으로 아이에게 인사를 하라. 그런 다음 당신의 목소리의 에너지 정도를 점차 높여 가라.

아기가 듣는 소리를 처리하게 돕는 것이 왜 그렇게 중요할까? 답은 간단하다. 소리를 즐기는 것은 아기가 당신과 다른 사람을 연결하도록 도와주고 의사소통과 생각하는 것을 배우도록 도움을 준다. 또한 당신이 아기에게 지속적으로 정서적 연결을 시도하고 아이의 청각을 유도하려는 의지는 아기에게 자신은 당신에게 중요하다는 감정을 확고히 할 것이다. 이건 무척이나 중요한 부분인데, 듣는 것에 문제가 있는 아기를 가진 부모는 아이가 자신의 목소리를 피하려는 것처럼 행동하면 으레 거절당한 느낌을 받게 되고, 무의식적으로 이런 감정에서 자신을 보호하기 위해 정서적으로 멀어지려 하기 때문이다.

당신의 아이는 지금 본인이 듣고 있는 말이 무슨 뜻인지 모를 테지만, 12개월에서 18개월이 될 즈음에는 점차, 그리고 시각적으로도 당신이 하는 말의 감정적인 어조를 알아채게 될 것이다. 아이가 상자를 열 때 당신이 기쁜 어조로 "내 탐험가를 봐 봐!"라고 한다면, 그걸 들은 아이는 자랑스럽다는 듯이 웃으며 당신이 자신을 자랑스러워한다는 것을 알게 될 것이다. 엄마 아빠의 목소리를 듣고 그 목소리가 긍정의 어조인지 부정의 어조인지 구분하는 것은 거리를 둔 경우에도 부모와 연결되어 있다는 느낌이 들게 해 준다. 그리고 그렇기 때문에 주변 환경을 더 탐험할 자유가 생기고 독립적으로 변한다.

5) 아기가 시각적인 세상을 즐기도록 돕기

첫 몇 개월 동안 점진적으로 아기들은 도형, 패턴 그리고 가장 중요하게, 당신을 보는 것을 더 잘하게 된다. 아기들은 먼 곳을 보는 경향이 있어 시작은 느리지만 시력은 아주 빠르게 향상된다. 보통 출생 후 몇 주 내에 아기들은 수평, 그리고 수직으로 움직이는 물체를 눈으로 좇을 수 있게 된다. 이때 색깔이 있는 물체보다는 흑백의 단단하고 선이 날카로운 물건을 선호한다. 생후 2개월이 되었을 즈음에 유아들은 엄마를 보면 울음을 그치고, 자신을 향해 웃는 얼굴에 답하듯 웃는다. 심지어는 얼굴 그림에 반응할 지도 모른다.

아기들은 본능적으로 사람의 얼굴을 흥미로워하는 듯하다. 어린 아기들은 눈, 코, 입이 무작위로 그려진 얼굴보다는 올바른 위치에 있는 그림을 더 오랫동안 쳐다본다. 3~4개월이 되었을 때 아이의 시력은 완벽함에 가까워지고 있어 주변의 물건을 향해 손을 뻗으려 할 것이다. 이제 아기는 세상을 자신의 눈과 손 안에 두게 된 것이다.

당신의 아기가 시각을 어떻게 사용하는지 확인하는 것은 혀를 내미는 것만큼이나 쉽다. 스스로 웃긴 얼굴을 만들어 보라. 눈썹을 들고 턱을 아래로 내려 보라. 아기가 유독 좋아하는 표정이 있는지 살펴보라. 아이와 함께하는 시각놀이에 변화를 주어 보라. 밝은 물체를 한쪽으로 움직이면서 아이가 눈으로 좇게 하라.

당신의 아기는 다른 어떤 장난감보다 당신의 얼굴을 매혹적이라 생각한다. 아이를 안고 있을 때나 밥을 먹일 때 눈을 깊이 들여다보게 하라. 당신의 얼굴을 보는 것은 아이를 침착하게 하고 조직하게 해 주며 매일 자신을 반기는 새로운 시각 자극에도 감정적으로 압도되지 않은 채 흡수하게 해 준다. 하지만 끊임없이 아이와 놀아 주거나 그와 눈을 계속 마주쳐야 한다고 느낄 필요는 없다. 두 사람 다 서로에게 짧은 휴식이 필요하기 때문에 아기가 쳐다볼 수 있는 다양한 것을 주라. 특히 당신이 없을 때 말이다. 밝고 대비되는 색을 가진 장난감이나 흑백의 강렬한 디자인의 장난감이 아이의 흥미를 북돋워 줄 것이다.

어떤 아기들은 밝거나 평범한 밝기에 과민성을 보이거나 특정 얼굴 표정에 속상해할 수도 있다. 방이 햇빛으로 가득 차는 순간이나 천장의 전등이 아이의 얼굴에 비칠 때 몸을 굳히는 것 같다면 조명을 은은하게 바꾸어 보고 다소 진정되는 것 같은지 확인해 보자. 당신의 열정적인 얼굴 표정에 다소 압도당하는 것처럼 보인다면 당신의 생기를 조금 누그러뜨려라.

반면, 당신의 아기가 당신의 얼굴을 보는 것이나 이동하는 물체를 추적하는 데 흥미를 느끼지 않는 것처럼 보인다면, 그의 환경을 더 시각적으로 흥미 있게 만들어 보자. 머리에 밝은색 모자를 쓰거나 입에 빨간 공을 넣으라. 당신의 얼굴에 빛을 비추어 더욱 시각적으로 흥미를 끄는 것이다. 만약 당신의 아기가 신체적인 접촉을 좋아한다면, 팔과 다리를 마사지할 때 당신의 얼굴을 가까이 놓아 보자. 시간이 지나면 아기는 활동을 통해서 얻는 즐거움을 당신의 얼굴 표정과 일치시킬 것이다.

생후 첫 1년 동안 당신 아기의 시각 능력이 향상될수록 아이가 당신의 손과 얼굴을 눈으로 따라오기 시작하는지 보고, 아이가 좋아하는 딸랑이를 떨어뜨리면 바닥을 보는지 확인해 보자. 8개월 정도 되었을 때 아기가 원하는 것을 당신의 손에 숨기고 아이가 당신의 주먹 쥔 손을 보거나 반응하거나 심지어 만지는지 보라. 아이가 두 살 때 숨겨진 장난감을 찾고 장애물 코스를 따라 탐색하는 보물찾기 게임을 즐기도록 하라. 머지않아 유치원생이 되면 당신은 블록 도시를 함께 지으면서 당신의 주니어 건축가의 창조성을 경이롭게 여기게 될 것이다.

6) 움직임과 근육 통제 격려하기

초기 몇 달 동안 당신의 아기는 천천히 자신의 움직임을 통제하기 시작한다. 아이는 운동신경으로 소리, 시각과 접촉에 반응하는 것보다 청각, 시각과 감정이 더 발달되어 있다. 아이는 명백히 우는 것이나 빠는 것을 할 수 있으며, 이 두 행동만으로도 당신의 삶과 자신의 삶에 영향을 준다. 그러나 아이는 이제 겨우 엄마의 몸에 기대어 껴안는 것과 고개를 돌리고 손발을 움직이는 법을 배우기 시작했다. 시간이 지나 아기의 근육이 발달하면, 아이는 당신의 생기 있고 부드러운 목소리를 따라서 머리를 돌리거나 당신이 아기에게 말을 걸 때 자신의 팔을 리듬감 있게 움직일 것이다. 아기의 손을 잡아당겨 무릎 위에 앉게 하고 머리를 받쳐 주어 앉는 자세를 가르칠 수 있다.

7) 아기의 울음 읽기

시간이 지남에 따라 당신의 영유아가 2개월이 되었을 때, 아기는 자신을 향해 다가오는 발걸음을 들으면 우는 것을 멈출지도 모른다. 만약 그렇다면 아기는 자신의 울음이 당신에게 빠른 응답을 부른다는 것을 이미 배운 것이다. 아이의 현재 발달 단계 동안 당신은 아기의 울음소리의 음색이 변하는 것을 알아챌 것이다. 아기의 폐는 성숙해지고 입술과 입의 근육은 자라고 있으며, 그의 혀는 그의 목소리를 더 사용할수록 형태가 바뀌어 간다. 당신은 곧 아기가 표현하는 행복과 괴로움의 정도를 알아채게 될 것이다. 실제 배고픔과 고통의 울음은 졸릴 때의 비탄한 울음보다 더 강렬하다. 대부분의 부모는 아기가 당장 위안이 필요한지 혹은 그저 짜증을 조금 표출해야 하는지 또한 알아보게 된다.

동시에 당신의 아기는 자신의 울음에 대한 당신의 반응에 더 예민해진다. 아기를 달래는 부드러운 어조는 아기를 편안하게 하는 반면, 불안하거나 화난 목소리는 아기를 놀라게 하고 근육을 긴장하게 할 것이다. (흥미롭게도, 아이는 천둥 소리나 사이렌과 같은 사람이 내지 않는 큰 소리에는 전혀 반응하지 않을지도 모른다.)

아이의 울음은 어떤 것이 자신을 괴롭게 한다는 걸 알리는 신호일 뿐, 당신이 아이를 돌보는 방법에 대한 비판이 아니라는 것을 늘 기억하자. 아이의 울음과 눈물에 반응해 주면 아이는 불쾌한 감정이 들 때 말 그대로 당신을 불러 다시 진정된 상태로 돌아갈 수 있다는 것을 배우는 것이다. 당신은 점차 아이를 과하게 흥분하게 하거나 놀라게 하는 감각에서 아이의 안전한 피난 장소가 되어 주는 것이다. 아이를 달래 준 뒤 외부의 인간 세계에 다시 관심을 기울이도록 격려를 해 줌으로써 당신은 아이의 내면 세계도 기분 좋게 만드는 법을 가르쳐 주고 있는 것이다.

8) 아기의 미각과 후각 확인하기

비록 서로 연관된 미각과 후각은 역사적으로 청각, 시각, 촉각보다 관심을 덜 받아 왔지만 이 두 감각 또한 발달할 때 중요하다. 후각은 출생 후에 온전히 발달하지만, 대부분의 어린 아기들은 레몬향 로션과 같은 과일 향기를 괜찮다 받아들이고 일부는 심지어 반짝거리는 눈으로 즐거움을 표현한다.

아기들은 엄마의 향기를 금방 인지하게 된다. 아이가 생후 10일이 될 때 아기는 엄마의 모유 냄새를 구별할 수 있다. 엄마의 냄새와 모유 맛의 연상이 이루어지게 되면 아이는 자신이 활용할 수 있는 편한 감각에 두 개의 근원을 더하게 된 것이다. 그러나 일반적으로 말하자면 생후 3개월 미만의 아기들과는 미각과 후각에서 미묘한 민감성이나 과소 반응을 보는 것은 쉽지 않다. 이때의 아기들은 우유나 유동식만을 맛보기 때문이다.

만약 당신이 모유수유를 한다면, 당신이 먹는 음식이 아기가 모유를 먹으려 입을 빠는 시간과 힘에 영향을 미친다는 것을 알고 있을지도 모른다. 아기들은 우리가 발견한 것보다도 냄새와 맛에 더 다양한 역량을 갖고 있을 가능성이 높다. 신생아들이 걸음마를 떼고 유치원생이 되면서 맛과 냄새에 강한 선호도를 보인다. 특히 음식 선택에서 그러한 경향이 높다. 당신의 아기가 식성이 까다롭다면, 이 부분은 인지하고 작업해 나가야 하는 중요한 요소가 될 것이다.

4. 기준치 높이기

생후 3개월 된 아기는 몇 분 동안 조용한 상태로 있을 수 있으며 다양한 감각에 짧지만 진정한 흥미를 보이기 시작한다면, 집중하고 관심을 기울이는 능력을 촉진할 수 있는 상호주의적 기회를 만들어 가자. 당신의 목표는 **아기가 깨어 있는 시간의 최소 절반 동안은 함께 상호작용하는 것**이다. 이런 상호작용은 아기를 피곤하게 하지 않을 것이다. 특히 당신이 속도를 천천히, 부드럽게 시작하여 나중에 점차 생동감을 더한다면 말이다. 아이의 기저귀를 갈아 줄 때, 밥 먹여 줄 때와 놀 때뿐 아니라 아기의 앞에서 요리하거나 청소하는 시간도 이에 포함된다.

아기가 흥미로워할 다양한 시각적 광경이나 소리와 접촉과 움직임 패턴을 제공하면, 이는 한 순간이라도 함께 보기와 함께 듣기를 더하게 된다. 어쩌면 당신은 '우우우우' 소리를 내며 노래할 때 아이의 신난 표정을 보고 아기가 높은 음조의 소리를 좋아한다는 것을 발견할지도 모른다. 아이가 즐거워하는 것을 바탕으로 낮은 음조로 콧노래를 부르고 그 뒤에 목구멍 깊숙한 곳부터 '붐, 붐, 붐'이라고 소리를 내 보자. 또한 '두둔'과 같은 단순한 타악기 박자에서 시작해 '두 둠 둠 타!'와 같이 더 복잡한 박자로 확장할 수 있다. 혹은 아이를 보며 단순한 표정, 질문하듯 눈썹을 들어 올리는 것에서 시작해 코를 찡긋거리고 입술을 오므려 보자.

이 활동의 요점은 아이의 감각, 운동 신경과 감정을 하나의 활동에서 함께 사용하도록 돕는 것이다. 아이가 보고 듣고 감촉을 경험하며 정서적으로 관련 있는 방식으로 근육을 움직이고 있다면, 아이는 진정으로 배울 수 있을 것이다. 다음에 아기를 품에 안고 둥기둥기 흔들어 줄 때 당신이 부르는 동요의 박자에 맞춰 고개를 부드럽게 양옆으로 흔들어 보자. 아기가 왼쪽 오른쪽으로 오가는 당신의 고개를 눈으로 좇는지 보자. 당신이 웃긴 단어를 강조하기 위해 그 단어를 쭉 길게 끌었을 때 아이의 얼굴이 즐거움으로 밝아지는지 확인해 보라. 아이를 천천히 흔들 때, 아이의 발을 당신의 손안에 쥐고 장난스럽게 꾹 누를 때 어떤 반응을 하는지 보라. 이런 활동은 아이가 자신이 보고 있는 것을 소리, 접촉과 움직임을 더 조직화된 방식으로 연결하게 해 준다. 이는 당신과 점차 특별한 관계에 들어서면서 되는 것이다.

5. 도전 극복하기: 전화위복

당신 아기가 감각의 범위에 일반적으로 어떻게 반응하는지 알아보고 나면 당신은 아기의 감각과 운동신경에 대한 감이 잡히기 시작할 것이다. 당신은 아마 아이가 다양한 시야, 소리, 접촉과 냄새를 처리할 때의 어려움에 대한 특정 패턴 또한 보일지도 모른다.

어쩌면 아기가 손발을 쉽게 움직이는 것을 어려워한다거나 고개를 열심히 든 채로 두는 것을 힘겨워한다는 것을 발견했을 수도 있다. 비록 당연히 당신이 아기에게 처리와 순서화 차이나 감각 민감성을 일으키게 한 것은 아니지만, 아이와의 지속적인 상호작용은 발달적 숙달에 아주 큰 역할을 하게 될 것이다. 당신의 직감적인 상호작용 방식의 장단점을 더 예민하게 알게 될수록 당신은 아기가 정서적 참여에서 일어난 도전을 극복하도록 도울 수 있다.

아기가 세상을 향한 침착한 관심을 유지하기 위해 할 일과 해서는 안 될 일

- 신나는 모빌, 딸랑이, 음악 나오는 장난감이나 다른 장난감으로 아이를 자극하기만 하지 않는다.
- 오랜 시간 동안 아이 혼자 세상을 멍하게 바라보게 두지 않는다.
- 아이의 감각이 어떻게 작동하는지 발견하라. 어떤 시야, 소리, 접촉과 움직임이 아이에게 즐거움과 기쁨을 부르는가? 어떤 감각이 아이를 진정하게 돕고 관심과 주의를 이끄는가? 아이는 부드러운 소리와 큰 소리 중 어느 것을 선호하는가? 느린 박자와 빠른 박자 중에서는? 밝은 빛의 정도와 복잡한 디자인을 좋아하는가? 은은한 조명과 단순한 패턴을 좋아하는가? 각 감각을 탐구하고 아이의 고유한 신경체계에 맞는 경험을 만들어 간다.
- 아이가 자신의 근육을 이용해 고개를 돌리고, 혀를 내밀고 껴안고 점차 팔과 다리를 당신 목소리의 리듬에 맞춰 움직일 수 있도록 돕는다.

때때로 아기의 개인적인 욕구에 적응할 가족의 노력은 경제적이고 물질적인 문제나 질투하거나 손이 많이 가는 첫째에 의해 저하될 수 있다. 어느 날은 이 노력이 무척 피곤하게 느껴질 수 있다. 하지만 당신의 아기가 세상에 차분한 관심을 갖고 유지하게 돕는 매 순간은 이루 말할 수 없이 중요하다. 나중에 아이에게서 나타날 능력이 모두 여기서 나오기 때문이다.

아기가 삶을 편하게 생각하고 참여하게 하는 문제와 맞서려 노력하는 가족들의 예시를 보도록 하자. 우리는 이 다섯 명의 아이를 따라 여섯 발달 단계를 함께 밟아 볼 예정이다. 이를 함께 보며 당신은 일부 부모는 이미 초기부터 세상과 상호작용하는 아이의 특징적 방식을 관찰하기 시작했으나, 이런 패턴이 문제를 낳을 때 어떻게 해야 할지 방황하는 모습을 볼 것이다. 모든 부모는 재빠르게 자신의 아기들이 이런 예측 가능한 도전을 숙달하게 돕는 방법을 발견하게 될 것이다.

1) 촉각과 청각에 민감한 아기

엘렌(Ellen)이 그들의 세 번째 아이 카라(Kara)를 낳았을 때는 스티브(Steve)와 엘렌은 둘 다 서른 살이었다. 네 살 조이(Joy)와 여섯 살 레이첼(Rachel)을 기르는 가운데 생겨난 자신감으로, 스티브와 엘렌 두 사람 다 또 다른 아이가 생기는 것을 기대했다. 그럼에도 그들은 현실주의자였고, 처음 몇 개월이 약간 불안할 것이라 예상하고 있었다.

카라는 예민한 신생아였다. 엄마 아빠 모두 아기의 몸이 첫째와 둘째가 같은 나이였을 때보다 몸을 껴안는 느낌이 덜하다는 것을 바로 알아챘다. 첫 두 아이는 둘 다 똑바로 세워 안을 때 부모의 가슴에 수월하게 몸통을 유지하는 것처럼 보였다. 한편, 카라는 부모를 잡고 안을 때 무릎과 팔꿈치로 누르고 팔과 다리를 마구 흔들었다.

카라에게 모유수유를 할 때 카라는 굶기라도 한 마냥 크게 몸서리치며 꼴깍꼴깍 삼켰다. 엄마는 아이가 모유수유를 성공하여 기뻤지만, 아기가 보다 긴 간격으로 잠들기를 바라고 있었다. 카라는 배고픔의 문제가 충족되자마자 깊은 잠에 빠졌으나 카라를 아기 침대로 데려다 놓으면 순식간에 일어나서 칭얼거렸다. 셋째가 잠든 순간에 두 아이에게 시간을 내고 싶었던 부모에게는 좌절을 안겨 주기 시작한 상황이었다.

아빠인 스티브는 카라를 안을 때 아내보다 망설임이 없는 편이었고, 주기적으로 기저귀를 갈아 준 다음 포대기에 아이를 단단히 감쌌다. 얼마 후, 부모 둘 다 아빠가 아기를 안았을 때 아이가 더 침착해진다는 것을 발견했다. 마치 자신의 근육에 아빠가 제공하는 더 단단한 제어력이 필요하다는 듯이 말이다. 또한 아빠의 깊은 음조의 목소리에 조용해지는 듯 보였다.

엘렌은 남편이 셋째를 상대적으로 능숙하게 다루는 것에 불안했다. 엄마 경력이 6년인데, 셋째 양육에 어려움을 느끼고 있다니 좌절할 수밖에 없었다. 남편의 성공에 조금 질투 나기는 했지만, 그녀는 그의 더 확고한 접촉을 모방했고 의식적으로 그녀의 목소리도 낮추었다.

시간이 얼마 지나지 않아서 엘렌은 안심하기 시작했다. 셋째는 확실히 낮은 목소리로 말하고 포대기에 싸 주니 진정했다. 카라는 여전히 한 번에 두어 시간 넘게 자는 것을 어려워했으며, 낮잠을 잘 때도 배앓이로 인해 잠에서 깨어 울었다. 소아과 의사는 아기가 공격적일 정도로 적극적으로 모유를 수유하기에 아마 공기 또한 삼켜서 그런 것이라 했다. 비록 만성 피로와 씨름을 해야 했지만, 부부는 셋째 아기에게 심각한 문제가 없다는 것에 안도했다.

셋째의 출생 이후로 3개월, 부부는 아이의 촉감과 높은 음조에 대한 민감성을 돕는 방법은 알고 있었으나, 수유를 할 때 더 천천히 하고 더 깊이 잘 수 있을 만큼 성공적으로 아이를 진정시키려면 아직 멀었다고 생각했다. 셋째가 나은 예상치 못한 도전에 그들은 기가 빨렸지만, 그다음 몇 개월 사이에 좀 나아질 거라고 믿으며 조심스럽게 낙관적으로 생각했다. 첫째와 둘째인 조이와 레이첼 또한 결국 3개월에서 4개월이 되었을 때 갑자기 알아서 크지 않았는가? 두 사람은 그들이 셋째의 욕구에 맞춰 적응하고 있으며, 더 큰 유연성을 위한 기반을 마련해 주고 있는 것 같다고 생각했다.

2) 주변 세상에 반응이 없는 아기

브라이언(Brian)은 태어났을 때 무게가 약 4kg 정도 나갔다. 브라이언의 부모인 스튜어트(Stuart)와 태미(Tammy)는 아기의 튼튼한 사이즈와 눈에 띄는 외형에 만족스러워했다. 브라이언을 보는 사람 모두 아기가 얼마나 동글동글한지에 대해 언급했다. 스튜어트와 태미는 절대 잠을 안 자는 듯한 아기들과의 전쟁을 친구들에게 들어 왔기 때문에 하루의 대부분을 자는 아들을 가진 것이 유달리 축복으로 느껴졌다. 태미는 제왕절개 수술을 하고 여전히 회복 중이었기 때문에 그 사실이 특히나 감사했다.

12주 후, 브라이언의 부모는 자신들이 부모 노릇을 꽤 잘 해냈다고 느꼈다. 아기는 밤마다 8시간씩 주기적으로 잘 뿐만 아니라, 야단스러운 기간도 거의 없었다. 사실 브라이언은 부모에게 큰 관심을 요구하지도 않았고, 본인만의 세상에서 즐거워 보였다. 스튜어트와 태미는 모빌을 회전시킬 때 아기가 긴 시간 동안 회전하는 동물들을 넋을 빼고 본다는 것을 알아차렸다.

브라이언은 사랑스럽고 유순했고 친구들과 지인들에게 과시할 만한 기쁨이었다. 아기는 특별히 자신의 요람 밖의 세상에 흥미를 보이지 않는 듯하긴 했으며 그 밖의 것을 더 잘 보기 위해 목을 빼는 경우가 거의 없었다. 스튜어트와 태미는 단순히 아기의 통통한 몸 때문에 근육을 움직일 가치를 느끼지 못하는 것이라 생각했다. 스튜어트가 말하길, "솔직히 손이 많이 가지 않는 아이를 갖게 되어 감사하다!" 하지만 시간이 어느 정도 지난 후, 이 아기의 부모는 그들의 아기가 자신들의 애정 어린 표정에 그 어떤 반응이나 흥미를 보이기나 하려는지 고민되기 시작했다.

이 시기에 부모는 아이가 세상에 관심을 보일 수 있게 할 다양한 소리, 시야와 감정의 강도(생동감 넘치는 것 혹은 달래 주는 것)를 탐구해 보면 큰 도움이 된다. 이 이후의 장에서 우리는 태미와 스튜어트가 이에 대한 본인들의 재능을 어떻게 발견했는지 살펴볼 예정이다.

3) 감각을 추구하는 아기

에마(Emma)는 본질과 매치되는 풍성한 빨간 곱슬머리를 가지고 태어났다. 에마의 부모인 마이크(Mike)와 로라(Laura)는 늦게 결혼해 40대 초반이었다. 두 사람은 로라가 임신을 한 후로 출산까지 어려움을 겪지 않은 것을 기뻐했다. 그러나 빨간 머리를 가진 신생아를 다루는 것은 부모가 대비한 것보다 어려웠다.

에마는 아빠의 말을 빌리자면 '아주 활동적으로' 세상에 나왔다. 신생아일 때도 에마는 자극을 갈망하는 것처럼 보였다. 에마는 깨어 있을 때마다 팔과 다리가 마치 움직이기를 원하는 것처럼 흔들렸다. 에마는 많이 울었고 부모는 아기의 좌절을 알았으나, 아이의 괴로움의 요인을 찾아내는 것은 정말 어려웠다. 한 가지 확실한 것이 있다면 먹는 것은 에마의 불안의 원천이 아니었다. 에마는 젖병을 효과적으로 다뤘고, 소화불량도 거의 없었다. 그녀의 수면 패턴은 일반적이었다. 생후 3개월 된 아기는 밤에 4시간씩 잠에 들었고, 로라와 마이크는 교대로 4시에 분유를 주었다.

그럼 왜 이들의 아기가 짜증을 내는 것일까? 마이크는 아기와 '자전거'놀이를 할 때 표정이 조금 밝아진다는 걸 알아차렸다. 아기가 등을 대고 누우면 아빠는 손으로 아기의 발을 모아 쥐고 구르는 행동을 취했다. 그는 에마의 미는 힘에 놀랐고, 아기의 소아과 의사에게 그 점을 전했다. 의사는 그에게 특별히 활동적인 몇몇 아기들은 신근을 이용하는 것에 동기를 가지며 미는 감각을 즐긴다고 말했다.

이제 부모는 딸을 즐겁게 해 줄 특정 종류의 활동과 몸 마사지를 알게 되었으니 두 사람은 이를 아기의 일상생활 리듬에 더 통합해 보기로 했다. 기저귀를 가는 시간은 장난스러운 운동 놀이를 자주 할 수 있는 기회가 되었고, 아기는 등을 펴고 다리를 뻗을 때 눈에 띄는 즐거움을 보여 주었다. 하지만 놀이 시간이 끝날 때는 분노 가득히 울었다. 부모는 본인이 아이를 잘못 대하고 있는 것은 아닌지 고민이 되었다. 아이에게 필요한 듯한 활동은 정말 짧은 시간 동안만 아이를 조용하게 했으니 말이다. 부모가 갈망해 온 사랑 넘치는 조용한 순간을 함께 즐길 만큼 아이가 마음 편하게 느낄 날이 오기나 할까?

우리가 논의한 것처럼 일부 아기들은 과한 감각을 좋아하며 로라나 마이크 같은 부모는 적극적으로 아이에게 감각과 조금씩 피어나는 운동과 사회 기술을 즐길 수 있는 기회를 만들어 가는 법을 배울 수 있다. 이다음에 나오는 장들에서 우리는 이 두 사람이 어떻게 딸에게 가장 효과적인 기법을 발견해 가는지의 과정을 보게 될 것이다.

4) 시각적인 입력은 받아들이지만, 소리는 무시하는 아기

비록 댄(Dan)은 직업상 자문 변호사였지만, 그는 뼛속 깊이까지 해소되지 못한 록 음악가였다. 그의 아내 리사(Lisa)가 첫 번째 아기 윌(Will)을 임신했을 때 댄은 자신의 오디오 시스템을 조정했고 아파트를 에디 반 헤일런(Eddie Van Halen)의 음악으로 도배했다. 댄은 아들과 강렬한 음악에 대한 사랑을 공유하길 기대했다(태어나기 전 시험에서 이미 아기의 성별이 밝혀졌다). 댄은 이미 오리올스(Orioles) 경기와 기타 상점에 들락날락하는 등 부자간의 깊은 유대를 나눌 수 있는 상상의 미래를 즉시 그려 냈다. 현재 여행사 직원으로 육아휴직을 한 리사는 자신과 아기가 서로에게 적응하고 사랑해 갈 혼란스러운 다음 몇 개월에 대한 생존에 훨씬 더 걱정이 컸다.

아들인 윌이 12월 31일에 태어났을 때, 댄은 "윌은 신생아실에서 가장 잘 생겼을 뿐만 아니라 가장 사려 깊은 아이이다. 이제 우리는 윌을 부양가족이라고 주장할 수 있고 작년에 낸 세금을 많이 절약할 수 있다!"라고 자랑했다. 이 아기는 댄과 리사의 삶에 열정적으로 기다린 새로운 가족의 일원이었으며, 그들은 부모로서의 새로운 역할을 기대하고 있었다.

처음부터 엄마인 리사는 윌이 본인의 눈으로 그 주변 세상을 최대한 많이 흡수하려는 것처럼 느꼈다. 그녀는 신생아의 시각은 흐리다는 것을 알기에 아기가 보는 모든 것을 이해하지 못한다는 것을 알았다. 그래도 윌이 생후 2개월을 조금 넘겼을 때, 리사는 아기가 유달리 밝은색에 매료되었다는 것을 볼 수 있었다. 심지어 아기는 가까운 바닥

램프의 전등을 향해 가까워지려고도 했다. 몇 주가 지나자 윌은 엄마의 얼굴을 관찰하는 것에 푹 빠졌고, 이는 엄마에게 아주 깊은 기쁨을 안겨 주었다. 엄마의 얼굴 표정은 아이와 상호작용할수록 더 생동감이 넘치게 되었다. 엄마는 놀란 척할 때 눈썹을 들어 올렸는데 아기도 눈썹을 꿈틀거리며 엄마의 표정을 따라 하려고 했다.

아빠인 댄은 본인의 새로운 역할에 힘겹게 정착하고 있었다. 사실 아빠는 아들의 수평선의 작은 점조차 되지 않는 것 같다는 느낌을 받았다. 아빠는 아기를 안고 모타운 사랑 노래 메들리를 열심히 불러 주어도 아들은 아빠를 똑바로 쳐다보지 않았다. 필사적으로 아들의 관심을 받고 싶었던 아빠는 아이를 팔 하나의 거리를 두고 안아 올려 동요를 부르며 한쪽에서 다른 쪽으로 기울여 보기도 했다. 하지만 아기와 춤을 추는 것은 아이를 더 예민하게 만들기만 했다.

아빠는 아들과 교류하지 못하는 자신의 능력을 걱정하기 시작했다. "잘 모르겠어요. 아들이 아내를 볼 줄만 아는 것 같고 저에 대해서는 전혀 신경도 쓰지 않는 것 같아요. 아들과 있을 때 정말 최선을 다해 보지만, 아이는 저를 차단하는 느낌이에요."라고 했다. 아내 리사 또한 남편이 상처받는 것을 알기에 속상했다. 두 사람 모두 이 사태는 그저 아기들이 종종 겪게 된다는 이상하고 설명하기 어려운 상태이기를 바랄 뿐이었다.

윌과 같은 아기들은 보통 자신의 개인 감정으로 선호도를 만드는 것이 아니라 자신에게 더 큰 즐거움과 편안함을 주는 특정 소리에 매료되는 것뿐이라는 것을 기억해야 한다. 부모가 다양한 범위의 소리를 탐구할 때 그들은 아기가 그들의 목소리를 즐거워하게 유도할 수 있는 음성 패턴을 만들 수 있다는 것을 알게 될 것이다. 이후의 여러 장에서 우리는 댄과 리사가 이를 어떻게 해내는지 보게 될 것이다.

5) 소리는 받아들이지만, 시각적으로 이해하는 데 어려움을 겪는 아기

린(Lynn)과 조나단(Jonathan)은 임신한 사실을 알았을 때 결혼한 지 얼마 안 된 신혼부부였다. 그 누구도 이렇게 빨리 가족을 늘릴 계획이 없었기 때문에 그 생각 자체에 익숙해질 시간이 필요했다. 린은 고통스러운 입덧을 앓았고, 심지어 임신 기간에 입원도 했었다. 그런데 아이러니하게도 아기의 출산은 예상외로 수월했다. 3시간의 진통과 몇 번 힘차게 밀어낸 이후에 3.7kg의 맥스(Max)가 세상에 나타났다.

맥스는 처음부터 크고 예쁘고 아주 시끄러운 아기였다. 간호사들이 맥스의 검은 곱슬머리와 통통한 볼에 감탄하면서도 그들은 "아기가 울부짖는 소리를 들어 봐."와 같은 말을 할 정도였다. 그 울음은 집에 가서도 그치지 않았다. 린과 조나단은 특히 맥스가 통곡하며 손과 무릎을 떨 때, 아기의 선명한 괴로움에 속상해했다. 소아과 의사가 흔한 배앓이라고 진단해 주고 몇 주간은 계속될 거라고 했을 때 아이의 부모는 그들이 무슨 '잘못'을 했다거나 문제를 일으킨 것이 아니어서 참 다행이라 생각했다.

그럼에도 아기의 울음은 모두를 피곤하고 지치게 만들었다. 그러나 린은 맥스의 귀에 대고 콧노래를 부르거나 아이를 가슴 쪽으로 둘 때 그가 편해 보인다는 것을 눈치챘다. 린이 흥얼거리며 앞뒤로 흔들어 줄 때 맥스의 작은 손은 천천히 펴지고, 숨소리가 일정해졌다. 가끔 부모 둘이 같이 30분가량 아이를 둥기둥기 흔들어 주었으며, 이때 아기는 배에 있는 가스가 다시 울음을 터트릴 때까지는 잠에 빠져들 것이다.

아빠인 조나단은 아들을 향한 그런 감각이 없었다. 그가 아기 얼굴 앞에서 손가락을 흔들어 움직이거나, 맥스의 코앞에서 밝은 색의 인형으로 춤을 보여 주며 배 아파하는 맥스의 주의를 분산시키려고 시도했을 때 맥스는 눈을 찡그리고 더 크게 울었다. 그러면 린은 아기를 편하게 해 주기 위해 달려가 손을 쓰려고 노력했다. 아들이 다가온 엄마의 얼굴을 피해 고개를 돌릴 때 린도 조금 상처를 받았다. 심지어 린의 흥얼거리는 목소리가 아무런 위로가 되지 않는 상황이 오면, 린이 대학을 다닐 때 공부 자료로 가지고 있던 '백색 소음' 기계를 틀었다. 맥스는 바다 새의 울음소리와 해변가에 충돌하는 파도 소리를 들을 때 울음을 갑자기 멈췄다. 맥스의 눈썹은 여전히 고통에 주름졌지만, 맥스는 누가 봐도 새로운 소리를 듣고 있었고, 이 소리는 강한 흥미를 불러일으키는 것이 분명했다.

이렇게 조용한 시간 동안, 린과 조나단은 아이가 특정 소리에 의해 달래진다는 것, 그리고 가끔은 아기가 그들의 목소리가 나는 곳으로 고개를 돌린다는 것을 깨닫게 되었다. 맥스는 부모의 얼굴을 통해서는 진정되지 않는 듯 보였고, 그는 종종 부모의 얼굴 표정이나 몸짓보다는 다른 사물을 응시했다. 이런 상황에서 맥스의 부모는 두 가지 문제에 직면하게 되었다. 먼저, 맥스가 배앓이로 괴로워할 때 아이가 진정할 수 있도록 돕고 싶었다. 이 책을 읽다 보면, 아기가 얼마 지나지 않아 괴로움의 극치를 벗어나게 된다는 것을 직접 보게 될 것이다. 하지만 이와 연결된 또 하나의 도전이 눈에 띄게 되었다. 아기는 자신을 진정하기 위해서나 즐거움의 원천으로 부모의 얼굴을 보지 않는다는 것이었다.

가끔 맥스 같은 아기들은 흥미로운 얼굴 표정과 편안하고 흥미로운 소리의 리듬을 조합하여 부모의 얼굴을 볼 수 있는 연습을 더 제공해 주어야 한다. 아이가 진정되고 정신이 초롱초롱한 순간에 말이다. 잠깐의 눈 맞춤으로 아이가 당신과의 상호작용에 참여하지 않는 것 같다고 낙심하지 말고, 아이가 어떤 물체에 다시 관심을 기울이게 하고 아기가 쳐다보고 있는 것이 무엇이든지 간에 그 행위를 함께하라. 만약 당신 어깨 너머에 있는 진한 색상의 블록을 보고 있다면, 그 블록을 가져와 당신의 얼굴 앞에 놓고 당신의 행동을 리듬감 있는 소리와 생동감 넘치는 표정을 결합해 보자. 이런 상호작용을 단순히 딱 몇 초 더 유지하게 해 보자.

만약 당신의 아기가 당신도 다른 사물도 쳐다보지 않거나 집중하지 않는다면 의사와 상담하여 시력 검사를 진행해 볼 것을 권한다. 신체적 문제를 확인하고 배제하고 나서도 아기는 당신의 얼굴을 보는 즐거움을 잘 느끼지 못할지도 모른다. 그건 아이가 시각에 과하게, 혹은 지나치게 둔하게 반응하기 때문이거나 자신이 보는 것을 이해하지 못해서일 것이다. 이럴 때 아이에게 생동감 넘치는 표정과 소리로 천천히 다가가 보자. 아이와 특정 거리감이 있을 때 당신에게 더 잘 집중하는지 확인해 보라. 인내심을 갖고 편안하게, 장난스럽게 그리고 꾸준한 것이 도움될 것이다. 부모의 얼굴을 보는 것으로 즐거움을 느끼는 것이 느린 아이들의 대부분은 언젠가 엄마 아빠를 눈에 담게 되는 그 순간에 홀리듯 기뻐하게 된다. 만일 생후 네다섯 개월이 되었을 때 부모의 얼굴을 보는 것에 즐거움을 느끼지 못하는 것 같다면, 발달 전문가와 상담을 해 보는 것도 도움이 된다.

앞으로 우리는 어떻게 초기 부모의 상호작용이 카라, 브라이언, 에마, 윌 그리고 맥스 같은 아기들의 정서적 · 사회적 그리고 지적 발달을 촉진시킬 수 있는지 관찰할 것이다. 여기서 기억해야 할 것은 예상 가능한 선의 감각 차이를 가진 아이만이 아니라 더 큰 어려움을 겪는 아이들까지 모든 아기가 부모와의 관계를 더 깊이 만들 수 있다는 것이다.

6. 초기 몇 달의 흔한 가족 문제

당신 아기가 차분하고 집중된 상태를 유지하도록 도와주는 가장 중요한 단계는 당신 스스로가 먼저 차분해지는 것이다. 세상에 나와 초기 옹알이를 하고 짧은 간격으로 깔끔하게 먹고 잘 준비가 되어 있는 완벽한 아기에 대한 개념 자체를 버리라. 갓 부모가 된 사람들은 대부분 아기에 대한 경험도 없으며, 즉 부모가 된 초기 몇 달, 그 시간이 자신들이 이전에 보냈던 스케줄의 삶을 강제로 버리게 되어 충격을 받기도 한다.

아기의 울음소리가 당신을 깨우는데 당신은 여전히 뼛속까지 피곤할 때, 아무리 창의적인 트림을 시켜도 아기가 진정하지 못할 때, 시어머니가 원치 않은 충고를 하고 심지어 배우자가 "내 말 맞잖아."라고 할 때 '이 또한 지나가리라.'를 기억하도록 하자.

당신이 운 좋게도 처음 아기를 보게 되었을 때 무한한 사랑의 감정을 느꼈을지도 모른다. 하지만 많은 부모에게 사랑과 소속 관계는 만들어지는 데 몇 주, 심지어는 몇 달이 걸린다. 사랑은 당신이 아기와 나누는 수천 번의 포옹과 얼굴을 맞대는 상호작용에서 발생한다. 지금으로서는 상냥한 관심과 보호 본능에 만족하고 아기라는 믿기 힘든 새로움을 즐기라. 이제 갓 부모가 된 사람의 말을 빌리자면 다음과 같다.

> 간호사가 처음으로 내 팔에 아기를 안겼을 때 얼마나 실망했는지 말로 표현할 수가 없다. 솔직히 말해서 첫 번째로 드는 생각은 아기가 덜 익은 생고기 패티 같다는 것이었다. 이것은 내가 기대했던, 광고에서 보던 아기가 확실히 아니었다. (……) 그래도 내가 내 방에 있을 때 간호사들이 아기를 다시 데려왔을 때 내가 제일 먼저 한 것은 영화에서 보듯이 아기의 담요를 벗기고, 손가락과 발가락을 세는 것이었다. 내 손가락으로 아주 천천히 아기의 뺨을 타고, 아기의 귓불 뒤의 피부를 어루만진 걸 기억한다. 이 믿을 수 없는 다정함이 벼락 치듯 나에게 다가왔다. 나는 내 생에서 내 아기의 피부처럼 부드럽고 새로운 것을 느껴 본 적이 없었다. 내가 느낀 것이 사랑이라고 할 수는 없었다. 나는 14시간의 진통으로 인해 녹초가 되어 있었기 때문에 나는 누군가 나를 사랑해 주고 아기처럼 대해 주는 것에 더 관심을 두었다. 하지만 나는 이 웃기게 생긴 작은 아기가 내 아이, 내 아이, 내 아이라는 것을 느꼈다.

> 솔직히 말하도록 하겠다. 나의 아내는 분만실에서 아내의 배 위에 아기를 두었던 그 순간부터 이미 아기를 사랑했다고 말했지만, 나는 달랐다. 내 말은, 아기를 안고 있는 건 정말 즐거웠고, 아내가 아기의 머리를 세우듯이 빗어 털 뭉치 같아 보일 때 정말 좋았다. (……) 지난 몇 달간 집에 작은 아기가 있는 것이 자연스럽게 느껴질 때는 정말 종종 놀라고는 하지만, 내가 아내를 사랑하듯 아기에게 사랑을 느낀다고는 하기 어렵다. 하지만 내게 정말 다가오는 것이 많다. 예를 들어, 내가 요람에 다가가면 아기가 고개를 빼꼼 들어 둥둥 움직일 때 말이다.

> 나에게 특히 크게 다가온 건 아기 냄새와 숨결이었다. 이상하게 들리려나? 남편은 내가 사랑 가득한 사람이라고 했는데 사실인 것 같다. 내가 아는 거라고는 아이에게서 보이는 이 새로움

이 나를 달나라까지 보낸다는 것이다. 아기의 숨결이 너무나 달콤해서, 혹은 피부가 따뜻한 버터 같아서 사랑에 빠진다는 말이 우습게 들릴 수 있겠지만, 나는 그랬다.

그게 말이다. 지금은 내 아들을 정말로 사랑하기 때문에 큰 죄책감 없이 말할 수 있다. 우리 아이는 모든 부모의 악몽과 같은 아기였다. 잠들지 못하는 아이였다는 말이다. 자려고 하지를 않았다. 우리는 안아서 흔들어 주고 데리고 걷고 차에 태워 드라이브도 다녀 봤는데, 그 어떤 것도 효과가 없었다. 아이는 모유수유를 어려워해서 유동식으로 바꾸었다. 아내는 자신이 실패했다고 느껴서 나는 그녀도 돌봐야 했다. 그에 더해 아기는 소음에 무척 예민했으며, 아기 방의 벽은 우리 아파트 정문 바로 앞에 있는 차고와 분리수거대 옆이었다. 누가 와서 캔이나 박스를 쏟아 놓을 때마다 우리 아이는 미쳐 버리고는 했다. 아주 가관이었다. 아기 얼굴은 비트색처럼 붉었고 주먹은 꽉 쥔 채 발을 찼다. 좋은 소식이라면 지난 한 달간 아이가 진정하기 시작했다는 것이다. 밤 12시에 마지막으로 밥을 먹인 이후 밤마다 대여섯 시간씩 자게 되어 우리는 이제 더 사람다운 기분이 든다. 또 이제 우리가 누군지 알아보는 듯하다. 내가 우유병을 아이에게 줄 때 아이는 나를 더 잘 보려고 고개를 뒤로 뻗기도 한다. 때로는 먹다가도 잠깐 멈춰 나에게 미소를 지어 준다. 내가 어찌하겠는가? 우리는 우리 아이에게 아주 홀랑 넘어가 버렸다.

이런 부모들은 많이 볼 필요도 없이 아기의 좋은 특징 한 개 혹은 두 개에 집중하는 것은 다른 실망스럽거나 힘들게 하는 행동을 견디게 해 준다는 것을 배웠다. 서로 친근하게 쳐다보고, 만지고 심지어 함께 킁킁거리는 재미와 다정함은 이 '당신을 알게 되는' 시기의 스트레스와 번잡함을 덜어 줄 수 있다. 당신은 수면이 박탈된 처음 몇 달간 대가를 치렀고, 이제 스스로를 안착시키고 집중할 수 있게 된 아이의 새로운 능력은 곧 아주 크게 되갚아 줄 것이다. 아기는 사랑에 빠질 준비가 된 것이다.

침착함을 유지하고 주의를 기울이기

아이가 진정하고 보고 듣고 움직이기 시작하도록 돕기!

재미있는 놀이

보고 듣기 놀이

아이에게 웃어 주며 아이의 예쁜 입술, 반짝이는 눈과 단추 같은 코에 대해 말해 주는 대면놀이를 즐겨 보자. 생동감 넘치는 얼굴을 오른쪽 왼쪽으로 천천히 움직이면서 아이의 관심을 몇 초간 사로잡아 본다. 이 놀이는 아기를 팔에 안고 있을 때나 차 안의 유아용 좌석에 앉힐 때 혹은 배우자의 팔을 베고 누워 있을 때 진행할 수 있다.

달래 줘 놀이

아기가 칭얼거릴 때나 피곤할 때, 혹은 그저 아이를 안고 있고 싶을 때 편안한 흔들의자에 앉아 느리고 리듬감 있는 흔들림을 즐겨 보자. 아이의 팔, 다리, 배, 등, 다리와 손을 부드럽게 어루만지며 아기의 작은 손가락과 발가락을 움직여 보면서 손가락 놀이를 해 보자. 아이의 팔과 다리를 움직여도 좋고, 기저귀를 갈아 줄 때 손가락과 발가락을 움직여 줘도 좋다.

제2장

2단계: 사랑에 빠지기

이 단계에 관한 모든 것

1. 아기가 당신과 사랑에 빠지고 있다는 것을 아는 방법
2. 사랑에 빠지는 것이 중요한 이유
3. 자녀에게 구애하는 방법
4. 기준치 높이기
5. 도전 극복하기: 전화위복
6. 친밀감을 위한 가정의 흔한 어려움

당신의 아기와 사랑에 빠지는 것은 종종 아이가 태어나기 전부터 시작된 점진적인 과정이다. 아기가 생후 2~4개월이 될 때쯤이면, 당신의 아기는 사랑에 대한 자신의 감정을 더 분명히 드러낼 준비가 된다. 당신은 아기가 당신에게 더 밀접하게 엮일 때 이에 대해 눈치챌 수 있다. 아기가 오랜 시간 눈을 깜빡이지 않고 소망하는 듯이 당신의 눈을 깊이 바라보는 특별한 순간이 생기기 시작한다. 때로는 당신이 아기를 들어 올릴 때 아기가 환하게 미소 짓거나 애정 어린 소리를 낼 수도 있다. 또는 당신의 목소리에 얼굴이 환해진다거나 가까이 오는 것을 알아채고 기대감을 안고 몸을 꼼지락거리는 것을 알아채게 되었을지도 모른다.

이 특별한 미소와 표정을 보고 당신은 아기가 다른 사람, 즉 당신을 사랑하는 즐거움을 발견하기 시작하고 친밀감을 나누는 상대가 되고 싶어 한다는 것을 눈치채면서 당신의 마음속에 부드러운 감정을 넘치게 만들지도 모른다. 이제는 두 사람 간에 경이로운 행복을 함께 나누고 있는 느낌이 생겨난 것이다. 당신의 아기는 더 이상 사랑을 받기만 하는 존재가 아니라 사랑을 나누는 관계의 적극적인 참여자가 된다. 당신과 아기 사이의 정서적인 주고받음은 두 사람을 특별하고 가치 있다고 느끼게 해 줄 것이다. 연애하던 시절 또는 운이 좋으면 당신의 어린 시절에 느꼈던 기분 좋고 깊은 감정을 떠올리게 될 수도 있다.

아기가 처음 미소를 지을 때부터 기어 다니게 되는 기간에 걸쳐 느슨하게 전개되는 이 발달 단계 동안 아기는 점점 더 당신과 다른 사람들 그리고 자신 외에 집중하게 된다. 아기는 삶의 처음 몇 개월 동안 아기는 자신의 몸속에 있는 가스와 배고픔의 진통에 신경을 빼앗겼을 것이다. 그러나 당신과 맺은 수천 번의 상호작용을 통해 아기는 자신의 삶에 당신의 존재감을 즐거운 감각의 범위로 연결 짓게 된다. 당신은 아이를 배부르게 해 주고, 따뜻한 신체적 접촉을 하고 정신이 없을 때 달래 준다. 이제 아이는 당신의 애정 어린 행동에 자신의 애정으로 반응할 준비가 되어 있다.

이 시기에 당신의 즐거운 임무는 당신과 당신 아기 사이의 즐거운 감정을 촉진시키는 것이다. 당신은 아기가 자신의 감정을 전달하기 위한 더 정교한 방법을 개발하면서 아기가 가능한 한 많은 사랑의 메시지를 주고받도록 해 줄 수 있다. 또한 아이가 당신과 친밀한 연관성을 만들면서 올라올 다른 감정을 탐구하게 해 줄 수 있다. 호기심, 분노, 슬픔, 신남과 기쁨은 두 사람이 겪고 있는 사랑을 더 고조시키기 위해 더 자주 나타날 것이다.

앞에 나온 설명에서는 많은 아이와 양육자가 사랑에 빠지는 즐거움과 드라마를 포착하고 있지만, 모든 사람이 사랑을 이런 목가적인 방식으로 발견하게 되는 것은 아니다. 실제로 많은 신생아는 이 단계에도 여전히 까다롭거나 배앓이를 느끼고, 이완된 축복은 아주 순간적으로 겪을 뿐이다. 어떤 아기들은 더 늘어져 상당한 구애를 요구한다. 수많은 엄마 아빠는 아주 많고 정당한 이유로 지치거나 걱정한다. 이런 상황과 다른 상황에 대해서는 이 장의 후반에 논의할 예정이다.

사랑에 빠지는 방법은 여러 가지라는 것을 기억하라. 때로는 사람이 꽃필 때까지 시간이 오래 걸리기도 하고, 때로는 가는 길이 험난하기도 하다. 중요한 것은 함께 나누고 있는 친밀감이 자라나고 있다는 것이다. 아이와 사랑의 관계를 확고히 할 시간은 충분하다. 당신이 아이와 정서적으로 함께하기만 한다면 말이다.

1. 아기가 당신과 사랑에 빠지고 있다는 것을 아는 방법

첫 번째로, 아이가 당신이 표현하는 감정에 **자신의 감정적 반응**으로 공명할 때 아이가 발달 사다리의 새로운 단계에 들어섰다는 것을 알 것이다. 당신을 사랑하고 당신의 감정적인 접근에 다양한 방법으로 반응하는 아기의 능력은 또한 아기가 얼마나 능숙하고 똑똑해지고 있는지를 드러낸다. 만약 당신이 크고 밝은 미소로 아기를 맞이할 때 아기는 기쁨에 활짝 웃을지도 모른다. 만약 당신의 이마를 찡그리면 아기는 당신의 걱정하는 얼굴의 표정을 모방하는 것처럼 난처한 표정을 지을 수도 있다. 당신이 만약 혀로 딸깍 하는 소리를 낸다면, 아이가 당신의 소리를 똑같이 만들 수는 없어도 입을 움직여 비슷한 모양을 만들려고 할 것이다. 함께하는 미소, 찡그림, 다른 얼굴 표정 및 리드감 있는 팔다리의 움직임으로 구성된 두 사람만의 대화를 만들어 갈 수 있다.

두 번째로, 아이가 정서적으로 반응하고 있다는 것을 나타내 주는 부분은 당신이 함께할 때 **눈에 보이는 명백한 즐거움이나 기쁨**이다. 아침에 당신을 봤을 때 아이의 애정 어린 미소나 반가운 외침, 즐거움 가득한 음성이나 당신의 목소리에 대한 대답으로 신나게 소리를 내는 모습이나 팔을 휘두르는 모습이 아이가 사랑을 보여 주는 방식이다.

아이는 5개월 정도 되었을 때 아이는 당신과 다른 양육자들에게 다양한 방식으로 행동하면서 애정 관계를 형성할 수 있는 역량을 보여 주기 시작할 것이다. 다음은 이 중 일부를 포함한다.

- 당신의 미소에 마찬가지로 큰 미소로 응답한다.
- 사랑스러운 표정과 미소로 상호작용을 개시한다.
- 아이와 리듬감 있게 움직일 때 아이는 소리를 내거나 입, 팔, 다리, 몸을 리듬감 있게 움직인다.
- 아이를 안거나 흔들어 줄 때 편안해한다.
- 안겼을 때나 접촉이 있을 때, 쳐다볼 때나 말을 걸 때 옹알이 같은 소리를 낸다.
- 뜨거운 관심을 가지고 당신의 얼굴을 본다.
- 당신의 얼굴과 목소리가 다시 나타날 때 호기심과 흥분으로 기대한다.
- 놀이를 중단할 때 불안하거나 슬퍼 보인다.
- 당신이 하는 일을 마음에 들어 하지 않을 때 찡그린 표정이나 귀를 찌르는 듯한 울

음소리로 화를 낸다.
- 당신의 도움으로 15분 내로 괴로움에서 극복하게 된다.

당신의 아기는 매우 구체적인 선호도를 보일 수도 있고 다음의 행동을 당신이 해 줄 때 즐거운 감정을 한껏 나타내게 된다.

- 높고 낮은, 부드럽고 큰 음조를 이용해 아이에게 말을 걸고 재잘거린다.
- 말을 걸고 재잘거릴 때 다양한 범위의 얼굴 표정을 보여 준다.
- 아이를 만지거나 마사지를 해 주며 현재 무엇을 하고 있는지 설명하면서 아주 부드러운 접촉을 행한다.
- 아이에게 말을 걸고 쳐다보면서 아이의 팔과 다리를 조심스럽게 움직인다.
- 아이를 수평으로 혹은 수직으로, 빠르게 또는 느리게 움직여 주면서 아이를 보고 환하게 미소를 지어 줄 뿐만 아니라 많은 소리와 단어를 소리 내어 준다.

아기가 당신에게 자신을 연관 짓고 애정 어린 감정을 표현할 때 다양한 움직임, 감각, 언어와 인지적 성취감 또한 자리 잡는다. 사랑에 빠지는 단계의 이정표는 보통 이런 기술을 조직화하고 목적을 부여한다. 예를 들어, 아기가 신체적으로 손을 뻗어 무언가를 손에 쥐는 것이 가능하다면, 아이는 관심 있고 즐거움을 느끼는 것을 향해 손을 뻗는 시도를 더 자주 할 것이다. 아이의 세상에는 당신보다 더 흥미로운 것은 없다. 당신에 대한 아이의 사랑은 아이가 손을 뻗고 쥐고 앉고 언젠가는 당신을 향해 기는 동안 지속적으로 아이에게 자극을 줄 것이다. 당신이 아이의 애정 목표이기 때문이다.

이와 비슷하게 아이의 성숙된 감각은 보다 다양한 방식으로 당신을 알아보게 해 줄 것이다. 지난 몇 달 동안, 당신의 아기는 당신의 얼굴 전체를 선명하게 볼 수 있게 되었고 멀리서도 당신을 알아볼 수 있게 되었다. 처음에 아이는 당신의 코, 입 또는 눈을 고립된 특징으로만 인식할 수 있었다. 4개월이 되면, 아이는 당신 얼굴의 특징에 형성된 패턴을 볼 수 있었고 더 많은 소리 패턴도 들을 수 있게 될 것이다. 여러분이 "안녕, 작은 나의 바나나!"라고 쾌활하게 아이를 맞이할 때 아이는 이 소리의 리듬을 당신이 아이의 세계로 다시 들어가는 것과 연관 지을 수 있을지도 모른다.

요약하자면, 아기가 근육과 감각을 더 사용하게 되는 것 그리고 시각 패턴과 언어에 반응할 수 있게 되는 것은 모두 당신을 향한 애정과 점차 함께하는 것에 의해 촉진되고 어느 정도 조직되는 것이다. 이 과정에서 사랑이 하는 중요한 역할은 제도적인 기관에서 애정을 주는 성인과의 탄탄한 일대일 관계없이 자라난 동유럽 고아들과 비교해 보았을 때 비극적으로 명백히 드러난다. 이 아기들의 요람 위에 모빌이 있었지만, 이 환경 속의 아기와 어린이들은 그를 거의 쳐다보지도 않았을 테고 자신의 세계에 점차 빠져들었을 것이다. 시간이 지나며 이 아이들의 일부는 활기차게 움직이는 본연의 능력을 잃어 갔다. 손을 뻗을 상대가 없었기 때문이다. 많은 친구는 인지 · 언어 · 감각 처리와 소근육 운동 기술이 부족했다. 어떤 아이들은 몸무게가 늘지 않았고 일부는 심지어 숨졌다. 사랑의 양분 없이는 굉장히 많은 발달 기술이 꽃피지 못한다. 사랑은 그만큼 중요하다.

다음 표는 당신 아이의 현재 정서적 발달 단계에 나타나는 다양한 운동, 감각, 언어와 인지적 성취를 요약한 것이다. 놀라울 만큼 새로운 기술은 사람과 연관 짓고 사랑을 주고받는 아이의 능력에서 조직되고 의미가 부여되었다는 것을 기억하라.

아기의 발달 기술

- 운동 기술
  - 팔을 뻗어 몸을 밀어 올리기
  - 손과 다리에 무게를 바꿔 싣기
  - 아이를 들어 올릴 때 준비하기
  - 뒤에서 앞으로 구르기
  - 장난감을 향해 손을 뻗기
  - 지지를 받은 채 앉기
  - 앉는 자세로 만들어 줄 때 협동하기
  - 손을 모으기
  - 자원해서 물건 집기
- 감각 기술
  - 얼굴에 얹은 종잇조각에 반응하기
  - 소리가 나는 쪽을 향해 보기
  - 과하지 않은 거친 놀이 안내하기

• 언어 기술

–정확하게 목소리의 근원을 주기적으로 찾기

–두 가지 다른 음성 소리 내기

–음성을 사용해서 당신의 표정과 소리에 반응하기

• 인지 기술

–30초 혹은 그 이상 집중하고 관심 기울이기

–사물과 얼굴을 찾고 스캔한다.

–거울 속 자기 얼굴을 보고 미소를 짓기

–자신의 시야 밖으로 벗어난 사물을 향해 시선 옮기기

–자신의 손 보기

–딸랑이나 키링과 같은 장난감을 조작하고 갖고 놀기

2. 사랑에 빠지는 것이 중요한 이유

우리는 왜 아기의 인지 능력이나 운동 성취보다도 관계를 형성하는 능력을 이렇게까지 강조하는 것일까? 아기가 사랑과 신뢰의 감각을 키울 수 있게 도와야 한다는 것이 충분한 이유가 되는 것처럼 보이지만, 이 외에 고려해야 할 또 다른 강력한 사실이 있다. 또한 정서적인 상호작용은 아기의 지능, 도덕성 그리고 자존감의 근원이다. 당신과 아기 사이에서 서서히 발달하는 사랑스럽고 친밀한 관계는 자녀의 더 높은 사고 단계의 무대가 된다.

부모에게는 다행스럽게도 인지 능력이 '특별' 프로그램을 통해서가 아니라 자녀와의 사랑스러운 일대일 상호작용을 통해서 가장 잘 발달된다는 사실은 부모에게 다행스러운 일이다. 인기 있는 육아 도서는 부모가 플래시 카드, 멋진 모빌, 컴퓨터 소프트웨어 및 교육용 장난감을 구입하여 자녀의 지적 성장기를 자극할 것을 촉구한다. 그러나 이러한 모든 물품은 아기가 당신과의 사랑 가득하고 장난기 넘치는 관계로 유도해야 할 욕구에 비하면 그다지 중요한 요소가 아니다. 아기가 당신을 향해 즐거운 미소를 터뜨릴 때, 아기는 자신에 관한 풍성한 정보를 전달하는 것이다. 자신의 미소로 당신을 녹아내리게 할 때 그녀는 당신을 향한 사랑을 수동적으로 발산하는 것이 아니다. 아기는 당신이 정말 보고 싶어 몸을 틀고 당신에게 더 잘 집중하기 위해 근육을 움직이는 법을 배우고 있다. 아이가 당신의 목소리를 향해 고개를 돌리는 것도 당신의 목소리를 듣게 되어 신이 나고, 소리가 어디서 났는지 보고 싶어서 그런 것이다. 당신의 아이가 자신의 팔로 몸을 받쳐 몸을 들어 올리거나 당신을 더 잘 보기 위해 구르거나 쓰러지지 않고 앉아 있으려 하는 것은 당신에 대한 갈망을 보여 주는 것이다. 아이는 이런 새로운 이정표를 연습해 갈 동력이 있다. 당신과 당신이 보여 주는 세상에 열정적인 관심이 있기 때문이다.

당신을 알아보는 행복한 아이의 미소는 아기가 당신이 말하는 단어의 리듬을 이해한다는 것(인지 혹은 지적 기술), 당신을 찾기 위해 몸을 조정할 수 있다는 것(운동 기술) 그리고 눈으로 당신을 알아볼 수 있다는 것(시공간적 역량)을 보여 준다. 아이의 환한 웃음은 아이가 이 모든 것을 하고 있다는 것을 알려 준다. 이렇게 생각해 보면 된다. 날씨가 좋은지를 알 수 있는 가장 좋은 방법은 밖에 나가 직접 보는 것이다. 기압이나 습도를 재 보거나 바람 자루를 관찰하여 기상 조건이 최상일 것이라는 것을 확인해야 날이 밝고 상쾌하다는 것을 감각적으로 아는 것은 아니다. 아이의 이 발달 단계에서 공유된 기쁨과 상호주의적 미소는 아이의 수많은 인지, 감각 그리고 운동 기술이 함께 잘 작동하고 있다는 증거가 된다. 모두 당신과 당신이 보여 주는 세상을 향한 애정 어린 관심에서 비롯되는 것이다.

흥미롭게도 생후 2개월에서 4개월 사이에는 뉴런 회로의 연결이 성장하는데, 이는 뇌의 영역 중 특히 정서와 연관 짓기, 시각을 다른 감각과 연결하기, 운동 기술 그리고 정서적 표현인 쳐다보기, 듣기, 움직이기, 미소 짓기, 울기와 같은 패턴을 이해하고 마침내 패턴을 만들어 내는 부분에서 일어난다. 이것은 아이가 자신이 느끼는 것과 보는 것을 이해하도록 도와주고 점차 3차원적인 시야를 구축하게 된다. 그렇게 되면 아이는 자신이 사랑하는 사람인 당신을 나타내는 정서적, 시각적 그리고 청각적 패턴을 더 잘 이해할 것이다. 아이가 당신에게 자신의 기쁨과 행복뿐 아니라 서러움과 짜증을 신호로 보낼수록 뇌의 중요한 부분이 활성화된다. 아이의 발화 전 소통 시스템 전체는 뉴런 연결이 발달하는 것에 부분적으로 의존한다.

두 사람 사이의 즐거운 의사소통은 뇌의 영역 중 감정 표현과 신호를 포함하는 영역을 촉진시킬 수 있는데, 그렇게 되면 사랑에 빠지는 능력을 더욱 촉진시키고 당신과 점차적으로 더 복잡해지는 관계를 구축하게 해 준다. 시간이 흐르면서 당신의 애정 어린 관계는 아이의 언어 능력과 문제해결 능력 그리고 추론 기술과 언어를 담당하는 두뇌의 발달을 촉진시킬 것이다. 여기서 우리는 상호관계에 대한 놀라운 증거를 볼 수 있다. 애정 어린 감정적인 상호작용과 연관된 뇌의 성장은 관계와 상호작용으로 이어지고, 이 관계와 상호작용은 소통, 언어 추론 능력, 논리적 사고 측면의 두뇌 발달을 촉진시킨다는 것이다.

이러한 연구 결과는 뇌와 정신 발달에서 초기 경험의 중요성을 뒷받침해 주지만, 우리는 개개인마다 자세한 사항은 다르다는 사실을 기억해야 한다. 각 개인의 뇌는 이러한 경험에 다르게 반응하고 다르게 조직한다. 실제로 같은 기능을 행하기 위해 뇌에서는 다양한 영역을 사용할 수 있다. 이는 뇌의 일부 영역이 손상되었음에도 연관 짓고 소통하고 사고하는 법을 배운 일부 아이들을 관찰하면서 발견한 사실이다.

당신이 아이와 나누는 상호작용은 자녀가 자신의 감정 표현을 할 수 있게 뇌 속의 연결을 만들어 갈 뿐만 아니라 자녀에게 논리적인 사고의 첫 경험을 제공하고 훗날 남을 위하고 배려하는 마음의 토대를 마련한다. 당신의 사랑이 아이를 마치 자석처럼 세상에 끌리게 하면서 아이는 자신의 요람 주위의 시각, 소리, 접촉과 맛에 점점 반응하게 될 것이다. 당신은 말 그대로 자녀의 몸 밖에 있는 사물을 인식하게 유도할 것이다. 당연히 더 많은 감정에 맞춰 공명하게 될수록 세상에 대한 이해가 더 깊어질 것이다. 아이가 당신을 사랑하기 때문에 자신의 세상을 벗어나 당신의 일부인 당신의 목소리, 당신의 표정, 당신의 피부와 숨결 냄새, 당신의 부드러운 손길에 끌린다. 아이의 신뢰와 자신감이 커지게 되면 이 세상에 피어나기 시작한 흥미를 스스로 이루어 내기 시작할 것이다.

마찬가지로 논리적 사고나 자신이 어떤 상황을 일으킬 수 있다는 이해의 첫 수업은(이는 발달의 다음 단계에서 더 깊이 발달될 예정이다.) 아이와 상호작용을 하는 과정에서 일어난다. 아이와 미소를 주고받을 때 아이는 당신과 눈을 맞추고 미소를 지으면 엄마가 미소를 되돌려 준다는 것을 깨닫게 될 것이다. 아기가 당신과 더 깊이 연관을 지을수록 이런 첫 수업을 배울 기회가 더 많아질 것이다. 주변을 이해하고자 하는 욕구와 경이로운 눈과 귀 그리고 작은 손을 사용하는 법을 배우고자 하는 욕구는 당신과 아이의 다른 양육자와의 관계에서 나타난다. 아이가 노래를 할 수 있다면, 아이의 주제곡은 〈사랑이 세상을 돌게 한다(Love Makes the World Go Round)〉일 것이다.

아이의 도덕성이나 '잘못된 것'보다 '옳은 것'을 선택하는 능력은 아직 드러나지 않지만, 이 또한 당신을 향한 사랑에서 비롯된다. 나중에 더 깊이 있게 이에 대해 논의를 하겠지만, 함께 경험하는 상호 간의 돌봄은 아기에게 인간관계는 가치 있다는 것을 느끼게 해 준다. 간략하게 말하자면, 당신의 아기는 당신의 손길, 미소의 온기와 둥기둥기 흔들어 줄 때의 리듬에서 애정 어린 연민과 돌봄을 경험한다. 당신의 돌봄이 아이에게 관심을 가르친다. 아이가 기분이 안 좋을 때, 괴로워서 회피할 때 당신은 아이를 거부하지 않기 때문에 당신의 아이는 당신의 품에서 물리적인 친밀감과 사랑을 찾을 수 있다는 것을 배우게 된다. 화가 날 때나 슬플 때조차 수용된다는 지극히 평범한 경험에서 자신과 같은 인간의 존재는 돌보고 사랑받을 가치가 있다는 것을 느끼게 되는 것이다. 심지어 기분이 좋지 않을 때도 말이다. 시간이 지나면 타인에 대한 깊은 관심과 배려가 뿌리 내리게 된다. '저들'은 '우리'와 비슷하고 '우리'는 '저들'과 비슷하다는 공유된 인간미를 알게 되고 알맞은 추론 기술을 차후에 발달하게 되면 아이는 '저들'이 어떤 기분인지 관심을 기울일 수 있게 된다.

당신과 자녀 사이의 교제(courtship)는 아이가 성인으로 성장해 나가는 데 다양한 방식으로 기여할 것이다. 당신의 인내와 연관 짓는 구애를 통해 아이는 인간의 친밀감에 강력한 매력과 위안을 깨닫도록 돕는다. 아이를 당신과의 애정 가득한 일대일 관계로 끌어들임으로써 당신은 공유된 인간미를 차후에는 다른 가족 구성원, 친구, 선생님 그리고 미래의 애인에게까지 확장할 수 있게 해 준 것이다. 단 한 명이라도 연민 어린 양육자에게 공감과 사랑을 경험하지 못한 아기들은 훗날 자기중심적이고 공격적인 어린이나 성인이 될 가능성이 더 높다. 타인의 감정에 무심하기 때문이다.

또한 당신의 아이는 자아에 대한 감각 또한 싹트고 있다. 이제 아이는 자신이 관계의 일부라는 것을 느끼며, 정서적 관계와 상호작용하는 세상은 사물의 세계와 다르다는 것을 느끼고 있다. 긍정적인 자존감 또한 발달의 현 단계에서 싹트기 시작한다. 아이는 잠투정이나 배앓이가 자신을 칭얼거리게 하거나 울게 할 때 당신이 인내하고 자신을 버리지 않는다는 것을 배운다. 애정 어린 표정과 부드러운 손길로 아이를 진정시킬 때 아이는 자신이 누군가에게 가치 있고 존중받고 있다는 것을 알게 된다. 이 감각을 단어로 표현하지 못할 때에도 말이다. 아이는 자신의 존재, 그 모든 부분에 대한 수용을 감각적으로 느끼게 된다. 당신이 아이를 당신의 심장 가까이로 끌어안아 주는 그 편안함 속에서 말이다.

3. 자녀에게 구애[1]하는 방법

1) 아기의 신호 읽기

만약 당신이 수많은 부모와 같다면, 당신은 아이에게 즐거운 반응을 유도하기 위해 아이에게 미소를 짓고, 재미있는 소리를 내며, 우스꽝스러운 얼굴을 직감적으로 보여주고 있을 것이다. 만약 당신이 이미 자녀의 미소를 화답받고 있다면, 긴장을 풀고 즐기도록 하자. 계속해서 아이의 웃음소리와 미소를 끌어내는 것은 무엇이든 지속하고, 더 긴 기간의 즐거움을 느끼도록 구애를 해 보자.

부모의 접근에 대한 모든 아기의 반응은 아이의 지문만큼이나 개인마다 다르기 때문에 어떤 종류의 행동이 자녀를 가장 즐겁게 해 주는지 알아보도록 하자. 당신이 발랄하고 폭풍처럼 말을 많이 할 때 더 반응을 하는가? 아니면 당신이 더 조용하고 부드러운 몸짓을 사용할 때 더 행복해 보이는가? 아이를 들어 올릴 때 눈에 행복함이 비치는지, 신나서 입술이 부들거리는지 확인해 보자. 어쩌면 당신의 아이는 당신을 가까이 오게 하기 위해 귀여운 소리를 낼 수도 있고, 당신의 품으로 파고들어 서로에게 기쁨을 줄지도 모른다. 아이에게 가장 큰 즐거움을 주는 표정, 어조와 몸짓을 의도적으로 사용하도록 하자.

아이를 사로잡는 것은 당신의 배우자와 사랑에 빠지는 것만큼이나 황홀한 경험이 될 것이다. 어떤 측면에서는 그 연결고리가 더 큰 친밀감을 형성한다. 자고 있는 아이를 보기만 해도 마치 홀린 것처럼 느껴질 때가 자주 있을 것이다. 편하게 둔 손가락과 손바닥이 너무나 예쁘고 여려 당신에게 충격을 줄 수도 있다. 아이가 깨어 있는 시간 동안 아이의 정서적 반응이 커질수록 아이는 당신을 지속적으로 놀라게 할 것이다. 한눈에 드러나는 이러한 개성은 어디서 온 걸까? 순식간에 당신의 아기는 당신이 다가갈 때 즐거움 가득한 귀여운 소리를 내거나 신나서 방방 뛸 수 있게 되었다. 새로 배운 코 고는 듯한 소리나 즐거운 외침에도 새롭고 장난스러운 느낌이 물씬 난다. 아이는 당신에게서 반드시 반응을 끌어낼 수 있는 특정한 소리를 내는 법을 배운 것이다.

처음에 당신은 자녀에게 먼저 접근하며 상호작용을 개시하는 역할을 하겠지만, 이는

1) 여기서 '구애'란 관심을 사로잡는 의미에 가깝다. –역자 주

곧 바뀌게 된다. 당신은 아이와 애정 어린 뽀뽀, 달래 주는 포옹, 부드러운 대화와 사랑 넘치는 시선 교환을 하게 될 것이다. 보상이라도 받듯이 당신을 향해 점점 자라나는 아기의 사랑을 느끼게 될 것이다. 초기 몇 달 동안 아이가 당신의 얼굴에 집중하는 것, 당신을 더 잘 보기 위해 몸을 트는 것, 모방하는 미소는 아이가 당신과 중요한 파트너십을 맺었다는 것을 나타낸다.

주변 세상과의 상호작용 능력이 자기 조절 능력과 함께 키워지면서 이 파트너십은 완전히 꽃핀 사랑을 맺게 된다. 이 시기는 두 사람 사이의 사랑을 굳건히 하기 좋은 때이다. 당신의 아이는 아직 기어 다니거나 자신의 환경을 물리적으로 탐구해야겠다는 욕구에 정신이 분산되어 있지 않기 때문이다. 하루 동안 노는 시간, 먹는 시간과 기저귀 가는 시간과 같이 상호작용할 수 있는 기회를 가지면 당신과 당신 아이 사이에는 사랑의 기반과 신뢰를 구축하게 될 것이다.

2) 아기의 방식으로 상호작용하기

타이밍은 늘 중요하다. 당신의 자녀는 당신과 상호작용하면서 자신만의 특별한 리듬을 만들어 낼 것이다. 아이는 당신을 보고 환한 미소를 짓고 너무나 기쁜 나머지 잠시 몸을 꼼지락한 다음 잠잠해질 수도 있다. 혹은 주먹을 빨면서 허공을 바라보다가 다시 30초간의 상호작용을 하기 위해 당신에게 시선을 돌릴 수도 있다. 이런 행동은 밀물처럼 밀려 들어왔다가 흘러 참여의 정점을 찍고 썰물처럼 다시 사라진다.

당신은 이러한 상호작용을 하면서 아이의 리드를 따를 것이다. 몇 주의 시간이 지나가면 이런 친밀한 상호작용을 확장시킬 수 있도록 도와주자. 어떤 종류의 놀이가 아이에게 특히 즐거움을 주는지 보고 아이가 계속 상호작용에 참여할 수 있게 변화를 주는 것이다. 한 달 전에는 볼 수 없었던 기대에 차고 열렬한 표정을 보게 될 것이다. 만약 까꿍놀이가 잘 통한다면 "꿍!"이라 할 때 매번 다른 곳에서 나타나며 변화를 줘 보는 것이다. 아기는 기대와 놀랄 만한 일에 흥겨워하니 "까꿍!"이라는 말을 들을 때까지 기다리는 시간에 변화를 줘 보자.

놀이 상대인 아기가 지치지 않도록 주의를 기울이자. 아이가 조금 쉬고 싶어 할 때는 따라 주되, 점점 길어지는 당신과의 연결 시간을 즐거워하도록 만들어 주자. 아이가 당신에게서 멀어지려고 할 때를 잘 기억해 두자. 하루 중 일부 혹은 하루 전체 동안 아이와 분리되면 아이가 조금 쌀쌀맞게 대하는가? 다시 마음을 사로잡기 위해서 집중적으로 한 시간가량 구애를 해야 하는가? 혹은 분산되지 않은 관심을 받으면 몇 분 안에 밝아지고 반응을 해 주는가? 아이가 당신과의 관계에 조금 차갑거나 무심해 보이면 함께 시간을 더 보내거나 의도적으로 당신의 상호작용을 더 따뜻하게 해 보자. 당신의 노력이 짧은 순간의 연결만을 이끌어 낼 뿐이라고 낙담할 필요는 없다. 1초라도 더 할 수만 있다면, 오랜 인내심 끝에 결국에는 더 길고 애정 어린 상호작용으로 확장이 될 것이다.

3) 아기를 행복하게 만드는 것 발견하기

자녀와 함께 노는 것을 즐기라! 웃긴 표정을 짓고 자녀가 어떻게 하는지 지켜보라. 당신이 자녀의 몸짓과 표현을 모방하는 시각놀이를 구축할 수 있는지 보고 또한 아이가 어떻게 반응하는지 보라.

당신의 자녀는 단순한 언어 패턴에 사로잡힐 수도 있다. 만약 당신이 웃긴 소리를 강조하거나 단어의 음절에 목소리의 음조를 올려 보면 아이가 놀라고 즐거워할 수 있다. 아기는 스스로 음성을 내고 당신과 함께 소리를 교환하는 놀이를 할 수 있다. 아직 아이는 당신이 하는 말을 이해하지 못하지만, 아이는 당신의 어조에서 들리는 따뜻함에 아주 매료되어 있다. 소리에 대해 점점 커지는 정서적인 관심은 당신이 아이의 관심을 끌어낼 수 있는 새로운 방법을 선사해 준다.

신체 접촉의 즐거움 또한 지속적으로 탐험하자. 아이의 배에 가볍게 배방구를 불면 아이는 좋아하는가? 무릎 뒤를 간지럽히는 것은 어떠한가? 당신이 아이의 팔과 다리를 견고하게 쓰다듬어 줄 때 아이는 이완하는가? 아니면 리듬감 있는 좌우 흔들기에 더 진정되는가? 따뜻한 목욕물이 아이에게 즐거움을 주고 위안이 되는가? 당신의 아이는 아주 넓은 범위의 다양한 행동으로 즐거움을 표할 것이다. 아이는 환한 웃음이나 킥킥 웃는 것으로 반응할 수도 있고, 귀여운 음성이나 동시에 움직이는 팔다리의 동작으로 반응할 수도 있다. 혹은 아주 간절한 표정으로 단순히 당신의 얼굴을 바라볼지도 모른다. 아이는 신선하지만 즐겁고 신체 감각을 즐거워할 것이고 당신의 피부와 맞닿는 접촉에 위안을 느낄 것이다.

아이는 당신이 아이에게 웃긴 표정을 보여 줄 때 적극적으로 당신과의 상호작용에 참여하지만, 말로 재잘거릴 때는 관심이 사라진다는 것을 느낄 수도 있다. 혹은 당신이 부르는 자장가의 모든 음절에 매달리듯 집중하지만 거울놀이에는 전혀 관심을 보이지 않을 수도 있다. 아이의 본능을 따라 강한 관심을 보이는 것에 맞춰 노는 것이 좋다. 아이의 가장 강한 감각으로 아이와 정서적인 연결을 만드는 것이 우선이다. 하지만 아이가 조금 더 연습해야 할 활동을 살짝 끼워 넣도록 하자. 놀이 시간이 재미있기만 하다면 아이는 더 약한 감각을 훈련하는 활동도 즐거워할 것이다.

아이의 시각, 청각과 촉각을 이와 같은 구애하는 관계에 끌어들일 때 아이는 자신의 움직임을 조절하는 능력을 키우게 되는데, 당신은 이를 활용해도 좋다. 아기는 이제 당신의 목소리를 향해 몸을 틀거나 당신의 품에 파고들 수 있고 당신을 향해 손을 뻗을 수 있다. 아이는 당신과 물리적으로 가까워지는 것이 즐거워서 이런 행동을 연습할 수도 있다. 마찬가지로 아이는 이제 당신과 눈을 마주치며 고개를 들고 바라볼 수도 있다. 입과 얼굴 근육을 조직하여 보조개가 패이도록 웃는 미소는 당신과의 정서적 애착을 더 깊이 만들 것이다.

당신이 눈치채기도 전에 아기는 말 그대로 새로운 시각에서 세상을 경험할 준비가 되어 있을 것이다. 생후 5개월 즈음, 당신이 베개로 지지대를 만들어 준다면 꽤 오랜 시간 동안 앉은 자세를 유지할 수 있을 것이다. 이제 앉아 있을 수 있게 되었으니 아이와는 더 정교한 상호작용 놀이를 할 수 있게 되었다. 당신에 대한 사랑과 관심이 아이가 앉고 싶게 만들고, 자신의 손가락으로 당신의 얼굴을 탐험하는 동안 점점 강화되는 근육과 향상된 운동 기술은 당신과 더 따뜻하게 관계를 맺게 도울 것이다.

6개월이 된 대부분의 아이들은 혼자서 완전히 뒤집을 수 있고 두 손을 협응해서 사용할 수 있다. 이 나이대의 아이들은 손을 모으거나 좋아하는 장난감이나 딸랑이를 쥐는 것과 같이 간단한 운동을 할 수 있다. 그다음 한두 달 내에 거의 모든 아기는 처음에 앉도록 도와주면 꽤 오랜 시간 동안 안정적으로 앉아 있을 수 있다. 조금 뒤에는 기어 다니기를 시작할 수도 있다. 어떤 아이들은 8개월에 서 있을 수 있게 되고, 걷는 것을 일찍 시작한 아이들은 9~10개월 즈음에 첫걸음을 내딛게 된다. 당신의 팔로 지탱받으며 천천히 걷는 연습을 할 때 당신의 얼굴에서 보이는 열렬하고 기대에 찬 표정이 아이들로 하여금 근육을 더 사용하도록 격려해 준다. 하지만 대부분의 아이들이 처음으로 비틀거리며 내딛는 걸음은 12개월에서 15개월 사이가 될 것이다. 그리고 건강에 전혀 문제없는 일부 아이들은 한 살 반이 되어야 제대로 걷고 뛰어다닌다.

4) 아기와 친밀감 유지하기

처음 몇 개월 동안 당신 아이의 집중 기간은 몇 초가 한계이지만, 당신과의 상호작용으로 함께 급속히 성장할 것이다. 아이의 새로운 능력인 '멈추고 보고 듣기'는 당신의 미소와 당신이 어루만질 때의 다정함을 알아채게 해 준다. 점점 커지는 내면의 안정감과 신뢰는 친밀감을 구축하고 (심지어는 바라는) 역량의 연료가 되어 두 사람이 가장 좋아하는 상호작용이 지속되게 만들어 준다. 아이와 상호작용하는 동안 잠시라도 시선이 분산되면 아이의 얼굴에서 미소가 사라지고 온몸이 슬픔에 축 처지는 모습을 보게 될 수도 있다. '대화' 시간을 조금씩 늘려 가는 시도를 해 보고 놀이 시간을 갑작스럽게 끝내는 일은 피하라. 아기와 재미있게 노는 동안 전화가 오자마자 받으려고 하지 말자. 전화는 자동응답기로 넘어가게 하고 함께 만들어 가는 행복한 대화가 서서히 끝날 수 있도록 시간을 들이자. 성장하는 아이의 인지 기술을 활용하여 까꿍놀이를 즐겨 보자. 담요 밑에 장난감을 숨기고 아이에게 공개해 보자. 이쪽저쪽으로 움직여 다니면서 '여기 있네' 놀이를 하고 아이의 눈과 미소로 좇도록 해 보자.

5) 아기의 모든 감정 즐기기

이 단계에서 당신과 자녀 사이에서 피어나는 사랑이나 기쁨과 같은 긍정적인 감정에 초점을 맞추는 것도 중요하지만, 당신의 자녀가 부정적인 감정을 견뎌 내는 것을 도와주는 것 또한 그만큼 중요하다. 4~5개월이 되면 대부분의 아동들은 좌절감을 느낄 때 화를 낸다. 예를 들어, 당신의 아이가 몹시 배고플 때 당장 기저귀를 갈아야 한다면, 아이는 당신이 우유병을 주기 전에 기저귀를 갈아 주기 위해 눕히려 한다고 당신에게 분노할지도 모른다. 아이의 뺨과 턱이 분노로 부들부들 떨릴 것이다. 아이는 저항의 의미로 팔다리를 휘두르거나 크게 울지도 모른다.

아이는 일이 본인 뜻대로 이루어지지 않을 때 느끼는 괴로움의 정도가 달라진다. 그래서 우리는 아이를 달래려고 할 때 이를 염두에 두어야 한다. 아이가 화났다는 것을 이해한다고 말해 주고 달래 주며 "배가 꼬르륵거릴 때 가만히 있는 건 너무 힘들지?"라는 말을 건네자. 당신의 침착한 어조는 아이의 공격적인 주장에 기분이 상하지 않았다는 것을 알게 해 줄 것이다. 제1장에서 이야기 나눈 대로 달래 주는 기법을 사용하면 아이가 다시 평정심을 찾도록 도울 수 있을 것이다.

당신의 자녀가 자신만의 뜻대로 무언가를 진행할 수 없을 때 분명 새로운 유형의 투정이 있을 것이다. 당신이 자녀를 달래려고 할 때도 그에 맞춰 새로운 방식으로 다가가야 한다. 당신은 자녀가 화가 난 것을 알고 있음을 자녀에게 표현하라. 당신이 차분한 음색으로 자녀가 말하는 "너무 힘들어요."라는 것을 이해하고 알고 있음을 표현하라. 제1장에서 제시한 상호작용 전략을 사용하여 당신의 아기가 균형 감각을 되찾는 것을 도와줘야 한다. 생동감을 더하고 정서적인 반응을 해 주는 것으로 아이가 기쁘거나 화가 나 있을 때뿐만 아니라 혐오와 같은 더 미세한 감정을 느낄 때도 아이를 사로잡을 수 있다. 생후 4~5개월 즈음이 되면, 아기는 자신에게 썩 유쾌하지 않은 것을 맛보았을 때 코를 찡그리며 몸을 떨 수도 있다. 어쩌면 이 새로운 감각에 당황해서 울지도 모른다. 그 모습을 처음 본 당신은 아기가 너무나 귀여워서 웃음을 참기 어려울 수도 있지만, 아이에게 가능한 한 많은 공감을 해 주라. 당신의 표정을 이용해 아이의 반응을 이해한다는 것을 전달하라. 아이가 진정하고 나서는 기분 나쁜 맛에 대한 인내심을 확장시켜 주기 위해 장난스럽게 당신도 한입 먹는 시늉을 해 보자. 아이가 보는 앞에서 입술을 부딪치고 눈썹을 들어 올려 즐거운 표정을 짓고 아이도 이를 모방하는지 확인하자. 새로운 맛에 대한 아이의 혐오가 지속된다면 그만해도 괜찮다. 아이에게 전해야 하는 중요한 메시지는, 아이에 대한 당신의 사랑과 연결고리는 아이가 세상을 탐험할 때 느낄 수 있는 나쁜 감정에도 끄떡없다는 것이다.

많은 아기는 감정적으로 속상하거나 화가 난 이후에 사랑이 가득하고 달래는 행동으로 관계에 다시 참여할 수 있다. 강한 감정은 사람에게서 멀어지는 것이 아니라 사람과의 관계에 참여하는 것으로 가장 잘 대응할 수 있다는 것을 초기에 배우게 하자. 아주 속상하고 신경질 난 아기조차도 친밀감으로 이끌 수 있게 될 것이다.

6) 아기가 성장하면서 친밀감 기르기

관계에 참여하는 것은 아이가 생후 4개월이 되었을 때 성취하는 일회성 업적이 아니다. 이 기술은 아이가 발달의 다양한 단계로 나아갈 때 점차 강화될 것이며, 이는 이후의 장에서 논의될 것이다. 당신의 아이가 어린이집에 다닐 나이가 되면 당신은 가상놀이를 하며 아이의 관심을 사로잡을 것이다. 아이는 사악한 마녀나 공주나 왕자와 같은 새로운 역할을 해 보며 새로운 발달 기술을 사용하게 되겠지만, 그러는 동시에 아이는 친밀감을 느끼고 즐거워하고 있을 것이다. 아이는 상상놀이가 자신을 과하게 흥분하게 할 때 당신의 도움으로 자신을 진정시킬 것이고, 당신에게 당신과의 친밀한 관계가 아이에게 얼마나 의미 있는지를 보여 주는 미소를 지어 줄 것이다.

4. 기준치 높이기

부모와 아기가 애정 어린 상호작용에 점점 더 많은 시간을 보낼수록 부모는 아이가 자신에게 사랑과 관심을 표현하는 고유한 방법을 알아차리기 시작할 것이다. 어쩌면 당신의 아이는 자신의 시각 사용을 선호하여 당신이 아이의 관심을 끌 때 당신에게서 시선을 떼지 않는 아이일지도 모른다. 혹은 아이가 밝은 색상을 좋아하지만, 당신의 눈을 보는 것은 딱히 좋아하지 않는다는 것을 발견했을지도 모른다. 만약 그렇다면 보라색 숟가락을 당신의 입 안에 넣는 놀이를 무척 좋아할 것이다. 신난 표정으로 당신의 얼굴에 바로 시선을 주지 않을 수가 없을 것이다.

아이는 당신의 목소리에 매번 반응을 하는가? 넓은 범위의 소리, 즉 높은 음조에서 낮은 음조까지 전부 반응하는가? 더 높은 음조에 집중하는 아이라면 미니 마우스 목소리를 이용하자. 반대의 경우라면 아이에게 더 즐거움을 줄 수 있는 낮은 음조로 말을 하자.

아이가 다양한 운동과 몸짓을 하는지 보자. 아이가 당신의 손을 향해 자신의 손을 뻗는가? 당신이 아이에게 말을 걸 때 머리와 목 근육을 사용하여 당신을 향해 몸을 돌리는가? 아이의 신체적 노력의 결과가 얼굴을 마주 보는 것이 되도록 위치를 잡아 보자. 방을 나서는 당신을 더 잘 보기 위해 아이는 고개를 드는가? 당신이 밖으로 나갈 때 오른쪽이나 왼쪽으로 몸을 뒤뚱거리거나 통통 튀면서 걸어 보자. 아이는 당신을 보는 것을 즐거워하면서 동시에 당신을 향해 몸을 조정할 것이다.

아이만의 특징에 집중하기 시작하면 아이 고유의 신체적 프로파일이 더욱 눈에 띄게 될 것이다. 아이가 어떤 감각을 가장 쉽게 이용하고 가장 유연하게 이용하는지 기억해 두자. 여기서 핵심은 아이의 개인에 대한 프로파일에 맞게 부모의 접근을 아이의 강점에 맞추는 것이다.

아이가 좋아하는 몇 개의 감각과 함께 나누는 애정에서 시작해 보자. 그런 다음에는 두 사람의 상호작용에 다른 감각이나 움직임을 조금씩 소개할 수 있는 놀이를 만들어 갈 수 있다. 이제 갓 생겨나는 기술을 함께 활용할 수 있도록 도와주자. 마치 오케스트라 지휘자가 다양한 악기를 조화로운 소리로 엮듯이 말이다.

6개월 된 당신의 아이가 세상을 눈으로 받아들이고 있다는 여러 신호를 보내왔다고 가정해 보자. 아이는 당신을 볼 때마다 기쁨에 반짝인다. 심지어 텔레비전 화면 속에서 말하는 사람들도 아이의 관심을 사로잡은 듯하다. 시각적으로 아이와 연결하는 것은 쉬우며, 당신은 이미 직감적으로 두 사람 다 즐거워할 수 있는 웃긴 얼굴 놀이를 여럿 생각해 내었다. 그런 다음, 아이의 모든 감각이 함께 작용할 수 있게 도와보자. 우리의 뇌는 여러 자원에서 동시에 정보를 흡수할 수 있다는 것을 기억한다. 당신의 아이는 동시에 보고 듣고 움직이고 느낄 수 있다. 실제로 **이 모든 체계를 동시에 활용할 수 있는 능력이야말로 아이의 신경계를 강화하고 조직한다**. 아이가 발달할 때 당신이 이 능력을 끊임없이 격려한다면 아이의 지적, 사회적 그리고 정서적 기능 역량을 크게 향상되도록 돕는 것이다.

얼굴을 맞대며 같이 놀 때 조금씩 재미있는 소리를 소개해 보자. 그러면 당신은 아이의 시각적 강점을 활용하면서 동시에 아이가 덜 사용하는 감각적 영역을 연습하게 돕는 것이다. 표정을 바꿀 때마다 웃긴 소리를 내어 단순한 리듬에서 시작하여 게임이 진행될수록 더 복잡하게 만들어 가도 좋다. 추가로 목소리 크기를 조절하면서 아이의 즐거움에 영향을 주는지 확인해 보자. 당신의 아이는 처음에는 부드러운 손뼉과 같이 더 조용한 소리만 좋아할 수도 있다.

다음으로, 움직임의 즐거움에 반응하도록 기분 좋은 상호작용을 이어 간다. 당신이 손뼉을 치면서 우스꽝스러운 표정으로 얼굴을 찡그릴 때 천천히 반원을 그리며 움직여 보자. 당신이 보여 주는 표정과 소리를 따라 하기 위해 아기가 팔과 다리를 움직이는 것을 보라. 당신은 아이가 신체적으로 자신의 시각, 청각과 운동 신경을 한꺼번에 사용하고 확장할 뿐 아니라 정서적으로, 그리고 지적으로 확장하도록 돕는 것이다.

아이가 더 시도하도록 도와주자. 한 살 후반이 될 때 아이는 우유병이나 장난감을 혼자 드는 등 좀 더 독립적이 된다는 것을 보게 될 것이다. 아이의 시도에 감탄하고 그걸 중심으로 상호작용을 만들어 나가자. 예를 들어, 아기가 먼저 손을 뻗어 장난감을 쥐려고 할 때 그에 대해 코멘트를 할 수 있다. 아이가 당신과 리듬을 만들며 웃긴 표정, 소리, 팔다리 움직임을 스스로 만들어 낼 정도로 아이를 매혹할 수 있는지 확인해 보자.

1) 마법의 순간 인식하기

아기의 자연스러운 수면 일정에 익숙해지면 아이가 가장 할애할 수 있는 시간을 알 수 있다. 이것은 아기의 식사 후, 그리고 아기의 낮잠 시간 중간일지도 모른다. 아기의 가장 긴급한 필요가 충족된 이후 15분에서 20분 정도의 시간 간격은 아기가 당신과 세상이 무엇을 하고 있는지 기꺼이 알고 싶어 하는 아기의 '마법의 순간'이다. 아기와 적극적으로 상호작용할 수 있는 기회를 찾자. 오랜 시간 동안 아기가 침대에서 다른 곳을 멍하게 보게 하지 말자. 아이의 반응을 이끌어 내 보자. 따뜻하고 편안한 표정이든 팔과 다리를 흔드는 것이든 여러 음성을 내는 것이든 다양한 시도를 통해서 말이다.

초기 몇 달 동안 있었던 배앓이의 칭얼거림이 지나갔으니 낮과 저녁 동안 수많은 마법의 순간이 일어날 수 있다. 아이를 위해 저녁의 일부분을 꼭 할애하자. 설거지나 다른 집안일보다 이 시간을 우선순위에 두자. 당신이 일관적인 관심과 아이의 물리적 그리고 감정적 욕구에 대한 반응에 대한 신뢰를 쌓을 수 있는 시간을 준다면 사랑의 친밀감이 꽃피게 될 것이다.

어린이집에 의존하고 있다면 출근하기 전에 보내는 시간과 취침 전에 함께 보내는 시간에 당신과 배우자가 아기와 감정적으로 상호작용할 수 있는 충분한 기회를 제공해야 한다는 것을 인식해야 한다. 아이와의 사랑의 관계를 돈독히 하는 것에 지름길은 없다. 아침에 몇 분 더 일찍 일어나 아기와 여유 있게 놀거나 목욕할 시간을 확보하자.

퇴근 후 집에 돌아왔을 때 아기는 잠시 동안 당신에게 냉담하거나 집착할 수도 있다. 인내심을 갖고 아기가 당신과 완전히 다시 연결할 준비가 되기 전에 구애와 위안이 필요하다는 것을 알아야 한다. 아기를 가까운 안전한 곳에 두고 저녁을 요리하면서 아기에게 말을 걸고 손을 흔들어 주자. 아기가 잠자리에 들기 전 텔레비전은 끄고 껴안으며 보낼 수 있는 상호작용을 많이 할 수 있을 시간을 만들어 놓자. 아기가 짜증 났을 때 구애하고 행복할 때도 구애하자. 당신이 피곤하고 지칠 때 아기와의 친밀한 순간을 위한 에너지를 축적하는 것은 정말 힘들 수도 있지만, 그 어떤 단일 활동도 아이의 정서적, 지적 성장을 보장하는 비결이 되지 못한다.

기본 기준치를 높일 때 할 것과 하지 말 것

- 아이의 관심을 사로잡자.
- 어떤 경험이 아이에게 즐거움과 기쁨을 주는지 찾아보자.
- 아기가 혼자서도 행복해 보이더라도 부드럽게 지속적으로 아이의 관심을 끌자. 아이가 침착하고 집중할 수 있는 마법의 순간을 찾아보자.
- 아이가 울 때나 짜증 낼 때 즐거운 친밀감으로 회복할 수 있게 돕자.
- 아이가 말똥말똥하고 놀 준비가 되었을 때 그 기회를 무시하지 말자.
- 아이가 특정 지시된 행동만 하게 하지 말고 아이의 선호 사항에 맞추자.
- 아이가 조금 차갑거나 거리를 두어도 상처받지 말자. 어떤 아이들은 더 예민하여 더 인내심 있게 관심을 끌어내야 한다. 그럼에도 그럴 가치가 있다.
- 아이가 칭얼거릴 때 아이 탓을 하지 말자. 아이가 진정할 수 있게 돕자.

2) 좋은 순간뿐만 아니라 안 좋은 순간에도 아기의 관심 사로잡기

당신에 대한 아기의 반응은 점점 더 풍부해지고 더 커지고 있을 것이다. 당신의 미소에 대한 응답인 아기의 미소는 따뜻하고 흥미를 보이는 깊은 감정을 표현하고 있을 것이다. 아기의 반응이 즐겁지 않은 것 같으면 가정의 패턴과 구애의 방식을 확인해 보자. 아기가 무관심해 보일 때는 더 생동감을 더하고, 지나치게 열렬한 당신의 표정과 몸짓에서 멀어지려 할 때는 더 달래 주자. 아이와 더 깊은 유대감을 느끼지 않는다면 가족의 관계를 살펴보거나 아기와 상호작용을 할 때 당신이 피곤한 상태인지 정신이 없는 상태인지 살펴보자. 당신과 다른 가족 혹은 양육자와 아기가 함께할 수 있는 시간을 더 확보하여 단순히 함께 시간을 보내고 서로의 존재를 즐거워할 수 있는 기회를 만들자.

이제 당신의 아기는 보다 오랜 시간 동안 애정 어린 상호작용을 유지할 수 있을 것이다. 또한 아기는 재채기나 문이 쾅 닫힌 소리와 같은 방해를 받은 후에도 빠르게 대화에 다시 참여할 수 있을 것이다. 만약에 아기가 방해받은 이후 즐거운 참여에 회복하기 위해 시간이 좀 더 걸린다면, 아기를 가장 진정시키는 기술은 무엇이든, 즉 상냥한 미소, 느긋한 목소리, 견고한 마사지 등을 적극적으로 사용하여 먼저 아기를 진정시키도록 한다. 아이가 평정을 되찾은 뒤에 당신을 모방하거나 당신의 관심을 끌려고 하는지 확인해 보자. 연습을 한다면, 아이는 애정 어린 상호작용에 더 손쉽게 되돌아오는 법을 배워 갈 수 있다.

3) 아기의 자아감을 구축하기

두 번째 발달 단계에서 당신 아기의 자아감은 당신과 아기의 정서적 상호작용과 보다 연관된다. 수천 번의 이러한 상호작용은 아기가 자신의 모든 감각과 운동신경을 활용하면서 당신과 점점 더 넓어지는 범위의 감정을 경험하게 해 준다. 이러한 감정은 아기가 다양한 경험을 조직하는 것에 도움이 되는 일종의 접착제 같은 역할을 한다.

아기의 자아감은 함께하는 기쁨과 행복의 순간과 밀접하게 연관되어 있다. 아기의 가장 강렬한 감정은 아기를 사랑하는 사람들을 위한 것이다. 아기는 명백히 다른 누구보다도 당신의 소리, 시각, 냄새 및 리듬을 선호한다. 아기와 당신이 서로를 향해 느끼는 연민은 타인을 향한 연민을 느끼도록 도울 것이다. 당신의 아이는 함께하는 기쁨과 짜증은 특별한 인간관계의 일부이며, 생동감 없는 물리적 물체의 세상과는 무척 다르다는 것을 배워 가고 있다. 아기의 자아의식은 더 이상 주변 모든 감각의 일부만은 아니지만 아직 완전히 정의되지도 않았다. 아기와 가장 친한 양육자들과 연관 짓는 경험을 하며 공유된 감정에서 올라오는 것이다. 당신의 아기가 언젠가 느끼게 될 옳고 그름에 대한 감각 또한 인류애를 경험할 수 있는 이 역량에 뿌리를 두고 있다.

상당한 시간 동안 보호자와 친밀감과 기쁨을 함께 나누지 못한 아동은 종종 다른 사람에 대한 배려와 공감을 발달시키지 못한다. 당연히 여러 위탁 가정을 떠돌듯이 쫓겨난 영유아는 반사회적이거나 내성적이게 될 수 있다. 그러한 아이들은 한 성인과 따뜻하고 신뢰 가능한 관계를 형성하는 멘토링 프로그램을 통해 도움을 받기도 한다.

이런 모든 함축적 의미를 통해 애정 어린 일대일 상호작용을 키워 가는 것이 왜 중요한지 쉽게 알 수 있다. 어린이 돌보미 선택지를 평가할 때 이를 명심하는 것이 중요하다. 대부분의 보육시설은 영유아와 양육자 간의 장기간 관계를 만들어 갈 때 필요한 돌보미 비율, 훈련 지원이나 급여 구조의 요소를 가지고 있지 않다. 당신의 영유아 발달의 이후 단계에서 집단 보육은 특정 운동 및 인지 능력의 발달을 촉진시킬 수 있지만, '마법의 순간'과 다른 시간 동안 진정하게 지속되는 친밀한 정서적 상호작용은 돌보미가 4명 이상의 아기를 돌봐야 하는 상황에서는 성취하기 무척 어려울 것이다. 또한 낮은 급여와 부족한 교육 지원으로 인해 보육시설 직원의 이직이 많이 일어날 수 있다. 일반적으로 아기는 신생아실에서 유아실로 이동하여 매년 돌보미가 바뀐다. 따뜻함, 애정 그리고 신체적인 돌봄이 존재할지도 모르지만, 이 나이대의 아기들은 낮 동안에 애정 어린 상호작용이 많이 필요하다. 또한 그들은 몇 달이 아닌 몇 년간의 관계가 필요하다. 돌봄으로 바쁘고, 직원이 부족한 주간 보육 환경에서라면 돌보는 사람들은 더 까다로운 아기들에게 더 관심을 기울이기 때문에 차분하고 태평한 아기는 혼자 남겨질 수 있다. 선의를 가진 직원들은 그런 '착한' 아기가 집에서 필요한 친밀감을 잘 받고 있다고 생각할 수도 있다. 한편, 바쁜 일정에 갇힌 부모는 돌보미가 아기와 상호작용의 시간을 잘 채우고 있다고 생각할 수도 있다.

5. 도전 극복하기: 전화위복

일부 영유아들은 부모와의 정서적 관계를 형성하는 데 어려움을 겪는다. 아기가 특정 시각적 경우나 청각 또는 감각에 더 민감하거나 얼굴 표정에 의아해하는 것처럼 보일 수 있다. 아기는 미묘하게 당신에게서 멀어지고 거리를 유지하는 것처럼 보일 수도 있다. 아기는 친밀감을 피하는 것처럼 보이더라도 자신이 당신 세계의 중심이라는 것을 알아야 한다.

모든 아기는 독특한 신경계를 가지고 있으며 당신은 아기의 개인 프로파일과 맞도록 양육 기술을 조정하는 법을 배울 수 있다. 아기를 사랑에 빠지게 하는 것에서 널리 적용되는 획일적인 접근법은 없다. 모든 아기는 맞춤식 상호작용을 받을 자격이 있다. 아이와의 상호작용 방식을 바꿀 준비된 마음가짐과 능력은 아이가 세상을 좀 더 온전하게 경험할 수 있도록 해 줄 수 있다.

1) 높거나 낮은 근긴장도를 가진 아기와 순서화된 움직임에 대한 도전

아이의 몸이 느슨하거나 반대로 다소 긴장되었다고 느낄 수도 있다. 아이의 근긴장도가 더 긴장되거나 유연해질 필요가 있을 수도 있다. 아기의 특정한 근육 프로파일에 초점을 맞춤으로써 당신은 아기가 자신의 몸에 대한 자신감을 얻고 포옹을 되돌려 주는 방법을 배울 수 있다. 아기의 근육이 약간의 훈련이 필요하다고 해서 아기의 정서 발달이 지연될 필요는 없다.

근긴장도란 정확히 무엇일까? 그것은 말 그대로 세포질의 굴근과 신근 근육 사이의 균형이다. 굴근은 우리가 무릎과 허리를 굽힐 때 사용하는 근육이다. 굴근의 근육은 우리의 목을 앞으로 당기게 해 준다. 신장 근육은 우리가 두 발로 설 수 있도록 도와주고 우리가 등을 굽혀 스트레칭할 수 있게 해 준다. 모든 인간은 근육에 특정한 긴장도를 가지고 있고, 우리는 성인으로서 이미 오래전에 움직이는 법을 조절해 왔다. 성인 중 일부는 허리를 구부리는 동안 손가락 끝으로 우리의 발가락 끝을 만질 수 없다. 하지만 당신의 아기는 근육이 약하기 때문에 머리를 들어 당신을 보는 것은 너무나 많은 노력을 요구하여 좌절감을 느끼게 될지도 모른다. 낮은 근긴장도의 아기가 같은 또래의 다른 아기들처럼 당신에게 손을 내밀지 않아서 조바심을 내고 거부감을 느낄 수도 있다. 때때로 머리를 들어 올리는 것, 넘어지지 않고 앉는 것과 같은 신체의 발달 단계를 성취하는 것이 다른 아기들보다 더 오래 걸릴 수 있다. 당신의 애정 어린 상호작용을 통해 아이는 불완전한 근육으로 인해 마주하게 될 좌절감을 견디는 법을 배울 수 있게 된다.

어떻게 하면 아기가 원하는 곳에 갈 수 있도록 자신의 근육을 믿고 사용하는 법을 배우게 할 수 있을까? 먼저, 아기의 몸이 얼마나 '느슨한지' 혹은 '긴장되었는지' 일상적인 조사를 해 보자. 당신의 아기가 분명히 장면과 소리에 반응하지만 안아 줄 때 아기의 근육이 느슨한 것 같다고 가정해 보겠다. 아이는 당신의 몸에 안착하도록 자신의 몸을 움직이지 않는 것이다. 어쩌면 이 상황에서 당신은 기저귀를 갈 때 아이의 다리가 비정상적으로 이완된 것처럼 보이고, 울 때 무릎이 가슴 쪽으로 끌어당겨지지 않는다는 것을 보았을 것이다. 마치 아기의 근육이 약간 늘어진 것 같다. 그렇다면 아기가 얼굴 근육을 제어하여 미소를 짓는 것은 아기에게 무척 어려운 일이라는 것을 이해해야 한다. 아기가 고개를 들고 당신이 보여 주는 재미있는 표정과 웃긴 소리를 보는 것도 상당히 어려운 일인 것이다. 아이는 당신의 존재에 기뻐하지만 반응하기 어려울 것이다. 당신이 움직일 때 눈으로 좇는 일은 시간이 더 걸릴 것이다. 마음으로는 당신을 바로 제대로 쳐다보고 싶어 해도 말이다.

아기의 얼굴을 마주 볼 때 아기의 목을 받쳐 보자. 아기와 장난스럽게 상호작용할 때 생기 있고 사랑 넘치는 표정을 보여 주자. 아기가 목을 제어하도록 도와주면 아기는 당신이 공유하는 사회적 상호작용에서 즐거움을 느끼게 될 가능성이 높아질 것이다. 아기가 왼쪽에서 당신을 충분히 보고 오른쪽에서 볼 시간을 주며 인내심을 갖고 매우 생동감 있게 반응해 주자. 아이에게 달래 주는 노래로 아이의 관심을 끌면서 근육이 가볍게 운동하도록 해 주자. 아기의 목과 등을 지지하면서 아이를 들어 올렸다 내릴 때 아기의 발이 당신의 무릎을 가볍게 밀도록 하자.

만약 아기의 몸이 뻣뻣하게 느껴진다면 어떻게 해야 할까? 높은 근긴장도를 가진 유아는 당신의 부드러운 포옹에 녹아들 수 있을 정도로 긴장을 푸는 것이 어렵다. 아기를 무릎에 앉히고 부드럽게 신체를 구부리는 게임을 하여 아기가 더 유연해질 수 있도록 도와주자. 아기가 등을 대고 누워 있을 때 가슴 쪽으로 무릎을 가져다 대자. 아기는 자신의 머리를 정확한 위치에 놓는 것을 어려워할 수 있다. 만약 아기가 당신을 볼 때 당신의 얼굴 너머 다른 곳을 보는 것처럼 보인다면, 아기의 시선을 사로잡을 수 있을 만한 위치로 당신의 몸을 이동하라. 이 기간에 추가 인내와 열정을 통해 얻을 수 있는 애정 어린 관계는 아기가 몸을 돌리고, 바라보고, 미소 짓고, 소리 내는 것을 연습하도록 동기를 부여해 준다. 아기는 어쨌든 당신을 바라보거나 당신에게 미소를 짓고 있으니 말이다!

낮거나 높은 근긴장도를 갖은 아기들은 행동 순서를 조직하는 것을 어려워할 것이다. 돌아서서 쳐다보거나 품에 파고들고 껴안는 것과 같이 몇 가지 행동을 연달아 하는 것 말이다. 여기서 재미를 느끼며 인내와 연습하는 것이 발달과정의 열쇠이다. 새로운 행동이나 기술을 시도할 때 아기가 좌절하는 것을 지켜보는 것이 때때로 힘들지만, 아기가 닿을 수 있을 것만 같은 거리에 놓인 장난감을 향해 계속해서 손을 뻗도록 한다. 아기가 한계에 가까워지고 있다는 것을 느낄 때만 장난감을 아이 방향으로 밀어주어 아기가 성취감을 느끼게 해 주자. 만약 아기가 당신의 도움과 연습으로도 변화가 없다면 소아과 의사와 상담하고 발달 전문가의 평가받아 볼 것을 고려해 보자. 아마도 아기의 근긴장도는 충분히 튼튼해 보이지만 특정 장면과 소리 또는 접촉에 약간의 민감성을 나타내는 아이일 수도 있다.

이제 제1장에서 소개한 카라, 브라이언, 에마, 윌 그리고 맥스의 사례를 살펴보자. 당신과 마찬가지로 그들의 부모는 아기의 독특한 신체 구조에 더 잘 어울리는 구애 방식을 조정하는 법을 배우고 있다.

2) 촉각과 청각에 민감한 아기

카라의 부모인 엘렌과 스티브는 지난 몇 개월 동안 카라를 진정시키는 데 큰 진전을 이루었다. 그들은 아기를 다룰 때 계속해서 견고한 손길을 사용했고, 아기는 의식적으로 낮춘 느린 목소리를 들을 때 긴장을 풀었다. 7개월 후, 카라는 고음의 소리에 여전히 극도로 예민해졌고, 그녀의 오빠의 친구들이 상상으로 만들어 낸 고속도로를 달리며 부딪칠 때 내는 비명소리에 몸을 경직하고 울었다. 카라는 오빠를 볼 때마다 들뜬 마음과 분명한 애정으로 반겼다. 팔을 흔드며 활짝 웃는 것이다. 하지만 오빠인 조이(Joey)의 격양된 비명이 시작되면 아기는 불안해하며 마음이 찢어져라 울었다. 부모인 스티브와 엘렌은 조이가 스스로의 소리를 낮추고 조정하기를 바라는 마음도 있었지만, 조이에게도 즐거움을 즐길 권리를 가지고 있다는 것을 받아들였다. 그들은 카라의 민감함 때문에 목소리를 기꺼이 바꿨지만, 이제 아이가 시끄러운 아이들의 소리와 휘파람, 형제자매들로 가득 찬 세계에서 일종의 적응을 시작해야 한다고 느꼈다.

엘렌에게 불면증은 계속 문제가 되었다. 카라는 여전히 수유 중이었고 체중은 늘었지만 먹고 자는 것에 대해서는 여전히 까탈스러웠다. 아기가 엘렌의 젖꼭지를 쥐고 수유를 하는 건 마치 며칠 굶기라도 한 것 같았다. 지친 카라는 수유 후 곧 깊은 잠에 빠지지만 밤에는 수면이 5시간을 넘지 못했다.

카라가 휴대용 플라스틱 욕조의 목욕을 졸업하였을 때 새로운 전쟁이 시작됐다. 이제 아기는 오랫동안 지지 없이도 앉아 있을 수 있게 되자 부모님은 그녀를 욕조에 데려갔다. 놀랍게도 아기는 욕조의 이동식 안전 의자에 앉아 있을 때마다 발작적으로 울었다. 아기의 얼굴은 분노로 일그러지고, 아기의 등은 부모님이 재빨리 목욕을 시키려고 할 때 몸을 빼듯 동그랗게 구부렸다. 그러나 엄마는 아이가 분노에 차 있을 때도 부모의 얼굴에서 눈을 떼지 못하는 것을 알아차렸다. 그녀는 마치 "어떻게 나에게 이럴 수가 있어요! 여기서 나가게 해 주세요!"라고 말하는 것 같았다.

카라의 부모는 난감했다. 그들은 첫째 조이와 여섯 살 된 딸 레이첼에게 도움이 되었던 오래된 육아 영상들을 그들의 마음에서 지우기 힘들었다. 레이첼의 가장 행복한 놀이 시간 중 일부는 목욕 시간이었고, 엘렌과 스티브는 셋째에게 이 모든 규칙이 적용되지 않는다는 것을 깨달았다. 그들은 직관적으로 카라의 요구에 맞게 확실한 접촉과 낮은 음조의 목소리로 육아 방식을 바꿔 간 것에 대해 자신들을 칭찬했으며, 아기가 성숙함에 따라 더 규칙적이고 쉬운 방식으로 갈 수 있을 것이라고 생각했다. 그러나 아기의 민감성은 지속되었고 심지어 그들은 당황하게 하는 상황에서도 나타났다. 아니, 따뜻한 물과 다채로운 장난감으로 가득 찬 욕조에 앉아 있는 것이 뭐가 그렇게 무서울까?

부모는 카라가 긴장을 풀고 스스로 더 즐기는 데 도움이 되는 방법에 대해 확신이 서지 않았다. 그들은 아기가 그들의 사랑에 반응해 주기를 원했고, 그들이 무엇을 잘못했는지 궁금해했다. 그들은 좌절감을 느꼈을 뿐만 아니라, 두 명의 큰 아이와 상호작용하는 대신 카라의 민감성에 집중하며 보낸 시간에 점점 죄책감이 커졌다. 그들은 전문적인 조언을 구해야 할 때가 되었다.

여러 회기에 걸쳐 부모와 상호작용하는 아이를 관찰한 발달 전문가는 아이가 특정한 소리의 음조에 쉽게 산만해지고 자신을 진정시키기 위해서는 견고한 접촉이 필요하고, 아이는 세상을 조직되지 못한 부분적인 조각으로 세상을 경험하는 경향이 있다고 설명했다. 그는 카라가 자신에게 입력되는 수많은 소리와 접촉에서 위안을 얻는 것이 얼마나 힘든지 설명했다.

카라의 감정에 대한 새로운 이해를 통해 부모는 더 유연하게 대처하고 불편한 감정에 대응하는 그들의 능력을 재검토할 수 있게 되었다. 치료사에게 몇 가지 제안을 받은 후에, 엘렌과 스티브는 대안적인 목욕 방법을 생각해 냈다. 엄마가 카라의 몸을 잡고 있을 때 아기의 몸을 감싸면서 아기의 등을 단단히 지지했다. 카라의 눈을 바라보며 엄마는 "나는 지금 네가 목욕을 하고 싶지 않다는 것을 알고 있지만, 우리는 너를 매우 깨끗하고 아늑하게 해 줄게. 곧, 너의 부드럽고 포근한 침대에 있을 거야."와 같은 부드러운 말을 이어 나갔다.

그럼에도 때때로 카라는 여전히 물에 들어가는 순간 화가 나 소리를 지르곤 했다. 부모는 곧 아기가 목욕물의 느낌에 쉽게 적응할 수 있도록 하는 방안을 고안해 냈다. 먼저, 그들은 따뜻한 물에 수건을 적셨고 천천히 카라의 발을 마사지했다. 그들은 차츰 아기의 발을 물속에 담갔다. 카라가 욕조의 고정된 아기 좌석으로 부드럽게 내려가 앉을 때, 엘렌은 부드럽게 소곤거리는 소리와 부드러운 포옹으로 그녀 달래기를 지속했다. 두 사람은 카라가 그들의 얼굴에 얼마나 집중했는지 기억하고 있었기 때문에 카라가 화난 상태로 목욕하는 동안에 더 많은 시각적 지원을 제공하려고 노력했다. 스티브는 재미있는 얼굴을 보여 주었고, 아기가 욕조에 앉자마자 밝은 색의 플라스틱 열쇠로 가득 찬 새로운 반지를 건넸다. 열쇠고리는 잡기 쉽고 흔드는 게 재밌었기 때문에 카라는 새로운 장난감을 흥미롭게 여겼다.

목욕 시간은 곧 덜한 시련이 되었다. 카라는 결코 자신의 남매처럼 목욕을 좋아하지 않았지만, 참을 수 있게 있었고 심지어 부모가 우스꽝스러운 얼굴을 보이면 부모에게 한두 번 미소를 지어 주기도 했다.

엄마는 생각을 다른 곳에 분산시키는 유연한 기술을 육아 방식에도 적용하려고 노력했다. 매번 모유를 먹일 때마다 함께하는 시간을 더 지속할 수만 있다면, 아이는 몸이 이완되어 더 천천히 수유하고 진정한 포만감을 느낄 정도로 배를 채울 수 있을 거라고 생각했다. 포만감을 느낀다면 아이가 더 오랜 시간 잠을 잘 수 있는 확률은 커졌다.

카라가 잠시 몇 분간 모유를 꿀꺽꿀꺽 마신 후, 엄마는 젖을 잠시 떼어 내 아이와 몇 초간 얼굴을 마주 보며 상호작용을 했다. 처음에 카라는 이런 루틴의 변화에 혼란스러워하고 엄마의 젖을 필사적으로 찾았다. 시간이 지난 후 엄마는 1분이 넘게 아이의 흥미를 사로잡을 수 있었다. 아이에게 미소를 보이고, 부드러운 소리를 들려주고, 심지어는 장난스럽게 혀를 내밀기도 했다. 카라는 이러한 미소에 종종 화답하고 자신의 혀도 내밀기 시작했다. 그러고는 배고프다는 것을 기억하고 다시 엄마의 젖에 집중했다. 나중에 엄마는 수유 시간을 15분으로 늘릴 수 있었고 아기는 매일 자정부터 7시까지 잠을 잘 수 있었다. 스티브와 엘렌은 모두 셋째 자녀와 관계를 맺는 법을 배우는 데 중요한 고비를 넘은 것처럼 느꼈다.

접촉과 소리에 예민한 카라와 같은 아기들은 새로운 상호주의적 기법에 즉각적으로 마음을 열지 못할 수도 있다. 만약 당신의 아기가 이와 유사하다면, 당신은 아기가 즉시 정서적인 보답을 하지 않더라도 공감하고 관계에 참여하고 인내 가득한 사랑을 주어야 한다. 일상에서 어려움을 겪고 있는 아이 옆에 늘 있어 준다면, 아이는 자신의 괴로움을 덜어 주는 당신의 능력에 의지하기 시작하고 넓은 범위의 감정을 경험할 수 있다는 것을 알게 될 것이다.

3) 주변 세상에 대해 전혀 반응하지 않는 아기

조용하고 지나치게 반응이 없는 아이와 정서적으로 연결하는 것은 매우 도전적이다. 브라이언은 이런 부류에 속하는 아기의 좋은 예이다. 브라이언의 부모는 브라이언에게 사랑을 쏟아 줬음에도 불구하고 7개월 된 브라이언은 부모에게 관심이 없는 것처럼 보였다. 이 일은 브라이언의 첫 4개월 동안 아주 즐거운 시간을 보냈기 때문에, 특히 부모에게 속상했다. 브라이언은 모유수유를 수월하게 해내고 밤에 금방 잠드는 아기였다. 부모에게 요구하는 것도 거의 없었다. 사실 부모의 친구들은 종종 브라이언을 보고 '완벽한' 아기라고 불렀다.

브라이언이 생후 다섯 번째 달에 들어섰을 때 부모는 브라이언이 침대에서 졸린 채로 손을 쳐다보거나 조용히 모빌을 바라보는 것만으로도 만족한다는 것을 알아차렸다. 아기는 때로 부모에게 짧은 미소를 보냈지만, 함께 있고 싶어 하는 것 같지는 않았다. 브라이언의 부모는 아기에게 다가가는 것에 자신감을 잃기 시작했고, 그의 수동적인 성격을 '좋은' 태도라고 동일시했기 때문에 죄책감을 느꼈다. 부모는 아기가 그들을 향해 '정상적인' 애정을 품지 않는 것 같아 두려웠다. 그들의 소아과 의사는 그 지역의 발달 전문가와 상담할 것을 제안했다.

브라이언이 지나칠 정도로 자신의 내면에 빠져 있다는 것이 곧 명백해졌다. 발달 전문가는 부모인 스튜어트와 태미에게 아들이 그들을 거부하는 것은 아니라고 안심시켰다. 브라이언은 단지 그가 말 그대로 앉아서 그의 주위 세상을 주목하기 전에 많은 독려가 필요한 것뿐이었다. 브라이언의 부모는 목소리에 힘을 싣고 신체적인 흥미를 제공하라는 충고를 받았다. 그들은 아기가 그들의 추측보다 다양한 자극에 훨씬 덜 민감하다는 것을 깨닫기 시작했다. 브라이언은 부모를 고의적으로 무시한 것이 아니었다. 그는 아직 그들의 상호작용에 맞춰 지속적으로 그들의 목소리의 높낮이와 리듬을 따라갈 수 없는 것이었다. 브라이언에게는 부모의 미소에 행복하게 반응하는 것이 훨씬 쉬웠다. 그러나 심지어 미소를 짓는 단순한 행동마저 훨씬 더 많은 노력이 요구되었는데, 그 이유는 그의 근긴장도가 낮았기 때문이다.

자신에게만 몰두하는 경향이 있는 아기의 세상을 이해하기 위해 무더운 여름 한낮에 현관 앞 해먹 위에서 흔들거리는 장면을 상상하라. 태양이 너무 강렬하고 그 열기와 습기가 너무 높아서 마치 뭐든 절반의 속도로 기능하는 느낌이다. 브라이언도 그와 비슷하게 반응이 없었고, 해먹에서 흔들거리며 당신이 만족하는 만큼 한가롭게 가만히 있는 데 만족하는 듯했다. 어떤 아기도 자신만의 세상에 스스로 고립되길 원하지 않는다. 압박을 받고 주의를 기울이기 위해 노력하는 것보다 물러나는 것이 훨씬 쉬울 뿐이다.

브라이언의 부모는 점차 브라이언을 자신과 세상과의 관계에 더 적극적으로 끌어들이는 법을 배웠다. 해결책은 브라이언에게 넓은 범위의 흥미로운 시야, 냄새, 촉감 그리고 소리를 제공하는 것이었다. 스튜어트와 태미는 종 세트와 장난감 드럼을 가지고 와 그들 머리 위에 두어 그들의 얼굴과 새로운 소리로 아기의 주의를 끌었다. 이러한 방식으로 세 사람은 재미있는 얼굴과 연결하여 다른 리듬의 소리를 탐색했다. 또한 브라이언의 부모는 확고하지만 부드럽게 그의 팔, 다리, 배 그리고 등을 마사지했고, 입 주변에 아기가 가장 좋아하는 딸랑이를 두고 손을 뻗도록 그를 유인했다. 이러한 활동을 통해 브라이언은 종종 부모와의 관계에 더 참여하게 되었다.

시간이 지나 그들은 인내하기를 배웠다. 그들의 아이는 새로운 감각이나 움직임에 반응하는 데 아마도 몇 초가 아니라 10분 또는 15분이 필요할 수 있기 때문이었다. 또한 스튜어트와 태미는 브라이언에게 더욱 열정적으로 뽀뽀해 주고 더욱 열정적으로 노래하고, 그를 팔로 안고 춤췄다.

브라이언의 부모는 그들의 아기의 정서적 관심을 잡아내기 위해 1인 밴드로 변신하기도 하고, 계속해서 아이에게 많은 미소를 보여 주고 애정 어린 대면의 상호작용을 하는 시간을 만듦으로써 그의 시각적 반응을 이끌어 냈다. 천천히, 조금씩, 진전이 이루어졌고, 브라이언이 걷기 시작하는 한 살 무렵이 되자 아이는 훨씬 더 반응을 하게 되었다. 다양한 전략과 많은 에너지의 변화가 필요했지만, 스튜어트와 태미는 세상을 경험하는 즐거움에 아기를 깨우는 데 성공했다.

4) 감각을 추구하는 아기

브라이언과는 달리, 7개월 된 회오리 같은 성격의 붉은 머리 에마는 항상 움직이려고 했다. 에마가 8개월이 되었을 무렵 그녀는 이미 기어 다녔고, 부모인 로라와 마이크는 아파트 주변을 돌아다니느라 지치며 고생했다. 두 부모는 그들의 삶에서 그녀의 존재를 엄청난 기적으로 여겼다. 두 사람은 중년의 나이에 아기가 찾아와 그들에게 이러한 기쁨을 가져다줄 것이라고는 전혀 예상치 못했다.

그러나 아기를 좇아 이리저리 뛰어다니는 것은 진이 다 빠질 정도였다. 에마는 일단 기는 법을 터득한 순간부터 끊임없이 움직였다. 그녀의 부모는 일찍이 그녀에게 촉각과 근육 운동이 많이 필요하다는 것을 깨달았고, 생후 초기 몇 달 동안 장난스럽게 그녀의 팔다리를 밀고 당기는 시간을 가졌다. 그녀의 반응은 엄청나게 만족스러웠다. 그녀는 흥분하여 'O' 모양으로 입을 벌리고 팔과 다리를 흔들고 찼다.

어느 날, 에마가 그녀의 손과 무릎을 사용할 수 있게 되었을 때 부모는 아이를 에워싸는 순간에 아기가 표출하는 분노를 다스리기 점점 더 어려워진다는 것을 느꼈다. 에마는 부모가 아이를 들어 올릴 때 우는 것이 아니라 울부짖었다. 부모는 에마가 움직이겠다고 마음먹은 순간 아이의 관심을 다른 활동으로 끌기 어려웠다. 부모는 그녀의 분명한 열정과 에너지에 매료되었지만, 그만큼 아기와 함께할 수 있는 더 조용한 시간이 필요했다. 로라는 "나는 아이의 머리를 내 목에 둔 채 내 어깨를 쓰다듬는 모습을 항상 꿈꿔 왔다. 이유는 몰라도 내게는 그것이 완벽한 사랑의 그림처럼 보였어요."라고 말했다.

마이크와 로라는 에마의 발달을 더 잘 이해하기 위해 전문가와 상의하기로 결정했다. 그는 에마와 같은 활동적인 유아가 되는 느낌이 어떤 건지 그들에게 설명했다. 직관에 어긋나는 것처럼 보이지만, 에마와 같은 아기는 자신이 특정 감각에 과소 반응을 하기 때문에 말 그대로 세상에 자신을 던지고자 하는 충동을 느낄 수도 있다고 설명했다. 다시 말하면, 에마는 가벼운 감각을 처리하는 것이 어려웠기 때문에 엄청난 양의 접촉과 움직임을 간절히 추구하는 것이었다. 그녀의 근육은 팽팽하고 탄력적이었고, 대근육 운동 활동을 통해 크나큰 즐거움을 느꼈다. 에마가 움직이며 세상의 감각을 받아들여야 하는 만큼 그녀는 부모와 더욱더 안전한 돌봄 관계로 이끌어야 했다.

로라와 마이크에 대한 전문가의 조언은 간단했다. 에마의 탐색을 격려하고 참여하여 많은 상호작용을 만들어 낼 뿐만 아니라 느린 리듬의 상호작용을 즐기는 법을 배우게 하라는 것이었다. 에마의 적극적인 방식에 합류하는 것은 상대적으로 쉬운 일이었지만 그녀의 속도를 더 늦추게 하는 일은 더 어려웠다.

로라와 마이크는 아기의 움직이고자 하는 욕구와 사랑 넘치는 친밀한 순간을 나누고 싶어 하는 본인들의 욕구 사이에서 균형을 이루는 방법을 찾아냈다. 에마가 낮잠을 자고 깨어났을 때 부모는 기저귀를 갈아 주는 5분을 최대로 활용했다. 그들은 에마의 관심을 사로잡을 얼굴 표정을 짓고 소리를 내며 그녀가 그들과 눈을 맞출 때 큰 미소를 보냈다.

그런 다음에 부모는 아이가 이끄는 대로 뛰어다녔다. 심지어 바닥에 엎드리기도 했다. 아이의 즐거움은 그들에게도 즐겁다는 것을 아이에게 보여 주기 위해서 말이다. 전문가는 잠시 동안이라 할지라도 그들 자신의 에너지 수준을 높이라고 조언했다. 부모는 이에 협조하긴 했으나, 이때 마이크는 "에마를 행복하게 하기 위해 무엇이든 하겠지만, 저는 이제 더 이상 25세가 아님을 기억해 주세요!"라고 말했다.

다른 활동으로 옮기거나 심부름을 하거나 단순히 긴장을 풀 때가 되었을 때, 로라와 마이크는 에마의 눈물을 꾸짖는 것이 아닌 정상 반응으로 보기 시작했다. 이것은 그들이 자신의 정신건강을 위해 필요한 선을 그을 수 있도록 자신감을 갖게 해 주었고 에마와 더 창의적인 놀이 시간을 위해 에너지를 만들어 주었다.

5) 시각적인 입력은 받아들이지만, 소리는 무시하는 아기

아기가 말 그대로 부모에게서 멀어져야 한다는 사실에 좌절했던 에마의 부모와 달리, 일부 부모는 아기가 그들 중 한 명만을 대상으로 신뢰 관계를 발달시킨다는 것을 알게 된다. 이것은 거부당한 부모에게는 당연히 고통스러운 상황이며 부부관계에서 갈등을 일으킬 수도 있다. 윌을 거의 8개월 동안 양육한 리사는 그녀와 아기가 모든 면에서 일치하는 것처럼 느꼈다. 그녀는 아기의 얼굴 표정을 잘 '읽을' 수 있었고 아기의 관심이 언제 표현될지 알고 있었으며, 그를 위로하기 위한 짧은 포옹이 언제 필요한지를 알 수 있었다. 윌은 그녀가 그에게 해 준 뽀뽀를 돌려주고 싶은 듯이 그녀의 얼굴을 향해 입술을 다가가기도 했다. 그의 화답하는 미소와 명백한 애정은 그녀를 행복하게 해 주었다.

그러나 리사는 아빠인 댄과 아들의 관계에 대해 걱정하고 있었다. 댄은 아내보다 더 수다스럽고 사교적인 사람이었고, 이러한 성격은 법률 분야에서 일하는 그에게 도움이 되었다. 그러나 그의 장난기 넘치는 노래, 춤, 격하지 않은 씨름 등의 신체 놀이는 유독 윌에게 즐거움을 안겨 주지 못했다. 댄은 상처받았고 윌의 명백한 무관심에 당황스러웠다. 윌이 너무 대놓고 엄마를 더 좋아해서 리사가 때때로 죄책감을 느낄 정도였다. 사실 리사와 댄이 걱정했던 대로 부부 관계에 새로운 긴장감이 들어왔다. 그들은 외부의 도움을 얻고 윌, 리사, 댄의 삼각관계에 대해 자세히 살펴보기로 결정했다.

치료사가 리사와 댄을 만나 윌과 상호작용하는 것을 지켜보았을 때, 그는 처음에는 아빠에 대한 아기의 무관심에 의아해했다. 댄의 따뜻한 사교성은 리사의 차분한 대화형 스타일과 극명하게 대조되어 매우 매력적이었다. 그러나 치료사가 윌을 주의 깊게 관찰했을 때, 그는 아기가 아버지의 입에서 쏟아져 나오는 진심 어린 소리에 주의를 기울이는 데 어려움을 겪고 있다고 보았다. 반면, 리사의 조용하고 시각적인 접근 방식이 윌의 관심을 사로잡는 것처럼 보였다. 그 둘은 서로의 얼굴을 보며 훈훈한 눈빛을 주고받는 것 같았다. 시각적 신호에 주의를 기울이는 윌의 능력은 복잡한 언어적 단서에 일시적으로 주의를 기울이는 것보다 훨씬 강력했다. 윌은 들었던 소리를 처리하는 데 어려움이 있었기 때문에 단순히 그 소리를 차단하는 것이 더 쉬웠던 것이다.

아들과 상호작용하는 아빠의 정신없고 격한 스타일은 복잡한 청각 자극에 주의를 기울이는 데 어려움을 느끼는 아들과 우연히 부딪친 것이다. 기타를 치며 "나는 소문을 통해 들었습니다."라는 구절을 부르기 좋아했던 아빠는 자신의 아기가 세상의 음악에 주의를 기울일 수 있게 되기 전에 더 작은 단위의 소리를 들어야 하는 아이라는 사실은 꿈도 꾸지 못했다.

치료사는 댄과 리사에게 윌이 말을 듣고 집중하기 위해 청각을 사용하는 것이 얼마나 힘든지를 설명했다. 댄과 같이 많은 사람에게 청각적 관심은 꽤 자동적이다. 댄은 그의 귀를 통해 받은 감각이 강렬했기 때문에 언어 능력과 음악에 대한 사랑에서 많은 즐거움을 얻었다. 그러나 아들 윌의 상황처럼 그 소리를 이해하거나 그 소리에 참여하기 어려울 때, 거기에 주의를 기울이는 것은 보람 없는 분 단위의 투쟁이 된다. 윌에게는 그 소리의 근원에서 마음을 멀리 두는 것이 훨씬 쉬운 것이었다.

치료사는 댄이 윌을 달래면서 '다시 품에 안도록' 할 수 있는 몇 가지 간단한 변화를 제안했다. 먼저, 댄은 아들의 강한 시각과 상호작용할 수 있다. 크고 반짝이는 공을 가지고 게임을 하고, 어둠 속에서 손전등을 사용하고, 바보 같은 얼굴을 보여 주는 것이 윌에게 효과가 컸다. 다음으로, 댄은 7개월 반 된 아기와 함께할 노래와 대화를 단순하게 만드는 것이었다. 윌은 또래의 다른 아이들만큼 복잡한 리듬과 소리에 기쁘게 반응할 준비가 되지 않았다. 댄은 복잡한 가사 대신에 단순하고 단조로운 노래 구절을 제공하려고 노력했다. 아이를 들어 올리며 "내 큰 아기 어디 있어?"라는 리듬감 있는 말을 3~4회 반복하는 것이 노래 하나를 전부 부르는 것보다 윌의 관심을 끌 가능성이 훨씬 컸다.

윌의 운동 시스템을 사용하는 것 또한 무척 중요했는데, 바로 듣는 행위 자체가 조직적이고 목적이 있는 운동 패턴을 포함하기 때문이다. 아기는 소리가 들리는 쪽으로 머리와 몸을 움직인다. 차례로 일련의 동작(기는 것과 관련된 동작 같은 것)을 하는 것이 아기에게 어려울 경우 아이는 쉽게 정신이 산만해진다. 댄은 윌의 옆에 있는 바닥을 구르면서 움직이는 연습을 함께하며 물리적으로 가까이하는 시간을 보냈다. 그는 바닥에 엎드려 아이와 함께 기어 다니는 연습을 하기 시작했다. 그는 그의 아들이 새로운 상태에 흥미를 느끼는 것을 보게 되어 기뻤다.

리사는 이미 윌과 긴밀한 관계를 유지하고 있기 때문에 소리에 더 많은 관심을 기울일 수 있는 또 다른 방법을 제안했다. 이런 유형의 아기들은 많이 듣는 연습이 필요하기 때문에 리사는 매일 10분씩 아이에게 말을 걸고 때로는 노래를 해 주었다. 윌은 그녀가 제공한 단순한 소리와 리듬에 참여할 만큼 충분히 안정감을 느꼈다. 댄과 리사는 아이의 관심과 애정에 참여하는 법을 찾았기 때문에 두 부모 사이에 생겼던 시기심과 자아의식 또한 서서히 사그라지기 시작했다. 두 사람은 함께 그런 감정을 탐색해 볼 좋은 기회를 갖게 된 것이기도 했다.

6) 소리는 받아들이지만, 시각적으로 이해하는 데 어려움을 겪는 아기

맥스가 생후 6개월이 되었을 때, 그의 부모인 린과 조나단은 그를 두 명의 각각 다른 소아 안과 의사에게 데려갔다. 두 의사 모두 젊은 부부에게 아기의 시력이 정상임을 확인시켜 주었으나 맥스의 부모는 뭔가가 잘못됐다는 느낌을 떨칠 수 없었다. 맥스는 그의 부모를 거의 쳐다보지 않았으며, 대부분의 장난감과 침대에 걸어 둔 모빌에 무관심한 것처럼 보였기 때문이다.

그럼에도 맥스는 그를 둘러싼 세상 속에서 분명히 즐거움을 얻고 있었다. 맥스는 그의 엄마가 매일 아침 그에게 시리얼을 먹일 때 행복한 만족감에 입맛을 다셨고, 텔레비전에서 바니 주제가가 들릴 때면 박자에 맞춰 몸을 흔들거렸다. 맥스의 검은 곱슬머리는 코를 비비고 뽀뽀해 주고 싶게 하는 뽀송한 얼굴을 부각시켰고, 린과 조나단은 이런 면에서 어떤 자극도 필요하지 않았다. 그들은 맏아들에게 완전히 푹 빠졌지만, 맥스가 시선 맞추기를 어려워하는 것에 대해 점점 불안해했다.

그들의 소아과 의사는 그들의 불안이 과도하다는 것을 느낌에도 불구하고, 그들에게 발달 전문가에게 가서 문의할 것을 제안했다. 전문가는 여러 회기를 통해 맥스와 그의 부모가 상호작용하는 것을 관찰한 후, 전문가는 맥스가 자신이 본 것을 이해하는 데 약간의 어려움이 있을지도 모른다는 높은 가능성을 언급했다. 그는 시공간 세계를 이해하는 데 어려움을 겪는 아기는 단순하고 움직이지 않는 이미지에 더 쉽게 집중할 수 있다고 부모에게 설명했다. 전문가는 부모가 멀리서부터 서서히 아이에게 얼굴을 가까이 대어 보며 어느 지점에서 아이가 집중하는지 살펴볼 것을 제안했다. 린과 조나단이 맥스에게 말을 걸 때, 그들은 머리를 너무 많이 움직이지 않으려 했고 아기는 그들의 말에 반응하는 것처럼 보였다. 치료사는 맥스와 같은 아기는 미소 지으며 동시에 손을 흔들어 주기보다 단순히 미소를 지었을 때 부모의 얼굴을 더 쉽게 볼 수 있다고 설명했다. 그는 머리에 밝은색의 물건을 올려놓고 아이에게 색에 관해 말을 걸어 볼 것을 제안했다. 린과 조나단은 그 물체를 맥스의 눈 가까이에 놓고, 그다음에는 물체를 다양한 거리에 배치해 보았다. 이를 통해 맥스가 물체에 집중할 수 있는지 아닌지를 살펴볼 수 있었다.

목표는 그들이 제공하는 시각적 광경의 양과 복잡성을 줄이는 것이었다. 아기와 이야기할 때 산만한 몸짓을 사용하지 않는 것 외에도 린과 조나단은 처음에 아기가 청각적으로 먼저 참여하게 하면서 시각에 자극을 받도록 할 수 있었다. 부모에 대한 애정으로 소리와 친밀감을 갖게 되면 맥스는 시력에 대한 감각을 키우는 데 집중할 수 있을 것이다.

린은 맥스를 자신의 품에 안았을 때 맥스에게 바니[2] 주제가를 흥얼거리는 생각을 했

2) 미국 90년대 인기 있었던 어린이 프로그램의 보라색 공룡—역자 주

다. 맥스가 어느 정도 쉬고 나면 린은 처음에는 손전등을 자신의 눈에 비추고, 그다음에는 코 등에 빛을 비춤으로써 맥스가 그녀의 얼굴에 흥미를 가지도록 해 보기로 결정했다. 맥스는 관심을 보였고, 린은 새로운 놀이를 통해 빛을 비춘 자신의 얼굴을 아이가 집중해서 관찰한다는 사실에 흥분했다. 그녀는 바니 주제가를 계속해서 부드럽게 흥얼거리며 음악에 맞춰 그녀의 얼굴 비추기를 계속했다. 맥스의 음악에 대한 선호와 어머니의 팔에서 느끼는 안락함은 린이 맥스의 약한 시각적 감각을 향상되도록 도움을 줄 수 있는 도구였다.

조나단은 으깬 바나나에 대한 아이의 사랑을 활용해 자신과 눈을 맞춰 보도록 할 생각이었다. 그는 맥스에게 숟가락으로 바나나를 떠먹일 때 자신의 미소 짓는 얼굴 근처에 바나나를 두겠다고 생각했다. 어쩌면 맥스는 조나단의 얼굴을 보고 즐거움과 연관지을지도 모른다. 맥스의 음식에 대한 애정을 자석처럼 사용하여 그의 관심을 자신의 얼굴로 끌면서 아빠는 그의 아이와 시각적 연결을 구축하고 있었다. 조나단과 린은 둘 다 맥스가 세계를 시각적으로 해독하는 데 도움을 줄 수 있는 새로운 능력으로 인해 격려받았다.

6. 친밀감을 위한 가정의 흔한 어려움

우리 중 대부분은 타고난 재능과 어려움을 갖고 있으며, 이는 우리가 상호작용하는 방식에 영향을 줄 수 있다. 때로는 육아 방식이나 무의식적인 두려움이 우발적으로 아이의 관심을 사로잡는 것에 방해가 될 수 있다. 부모는 무능하다는 느낌이나 쉽게 거부당한다는 느낌을 받을 수 있다. 문제를 해결하는 첫 번째 단계는 그러한 불편한 감정을 인지하고 인정하는 것이다. 두 번째 단계는 이러한 감정에서 스스로를 보호하기 위해 어떤 행동을 취하는지 주의를 기울이는 것이다. 그러면 두 사람 모두에게 즐거움을 줄 수 있는 방식으로 아기와 친밀감을 형성하는 새로운 방법을 만들 준비가 된 것이다. 자녀와 진정한 친밀감을 형성하기 위한 길 위에서 마주하게 되는 몇 가지 시련을 살펴보자.

1) 분노와 좌절감 견디기

부모는 자신의 아기가 분노와 스트레스를 견디는 것을 효과적으로 돕기 전에 자신의 삶에서 나타나는 새로운 수준의 분노와 스트레스를 견디는 법을 배워야 한다. 아기를 진정시키려는 시도가 실패할 때 분노나 좌절감을 느낄 수 있음을 인정하는 것이 도움이 된다. 새로운 부모가 된 것에 대한 압박감으로 피곤함이나 스트레스를 느끼는 것은 지극히 정상적이며, 때로는 정서를 압도할 수 있다. 아이의 관심을 끄는 것에 지치고, 한 번쯤은 아이가 당신을 향해 먼저 관심을 가져 주기를 바란다고 스스로를 비난하지 마라. 자신의 감정에 주의를 기울이고 다른 가족의 지지를 얻는 것을 무서워하지 마라. 우리는 모두 어떤 기분이든 느낄 자격이 있으며, 감정은 행동과 매우 다르다는 것을 기억하라. 사실 우리가 느끼는 것을 더 잘 인지할수록 대개 우리의 행동을 조절하도록 만들어 준다.

2) 흔한 양육의 두려움

일부 부모들은 아기의 인형과 같은, 미니어처 비율을 가진 아기의 몸에 감탄한다. 다른 부모들은 아기의 작은 크기와 의존성 때문에 긴장한다. 후자에 속하는 경우, 이 느낌을 인정하는 것이 중요하다. 예를 들어, 아이와 시끄럽게 신체 놀이를 하다가 아이가 갑자기 불안함을 느껴 낮잠을 재우려고 할 수도 있다. 당신의 열정이 어떤 방식으로든 아이를 해칠 수 있을 것 같아 두려움을 느낄 수도 있다. 이 감정에 대해 배우자나 친한 친구 및 소아과 의사에게 이야기하는 것은 큰 도움이 될 수 있다. 또한 아기가 자신이 얼마나 건강한지를 보여 주는 수많은 방법에 주의를 기울이는 것도 도움이 될 수 있다. 당신의 아기가 얼마나 당신의 손을 단단히 붙잡는지 또는 얼마나 강하게 등을 굽히는지 어떻게 앉는지를 보라. 아기가 얼마나 고집부리고 있는지도 보자. 아기가 화났을 때 크게 울거나 또는 목마를 때 병을 두드리는 모습처럼 말이다. 시간이 지남에 따라 아기에 대한 이야기를 나누고 배우며 당신의 두려움은 줄어들 것이다. 반대로 두려움이 커지는 것 같다면 소아과 의사나 주치의에게 도움을 요청하고 의논하라.

여느 연애와 마찬가지로 어른들은 그들의 아기와 점점 친밀해질 때 무의식적으로 예전의 방법에 의존해 움직일 수 있다. 사랑에 빠졌을 때 감정적인 경계의 흐려지는 현상은 어떤 이들에게는 들뜨게 하기보다 공포를 느끼게 할 수도 있다. 때때로 엄마들이나 아빠들은 그들의 아기를 사랑하기를 원하면서도 친밀한 관계와 가까워짐으로 인해 두려움을 느끼거나 심지어는 싫증을 느끼기도 한다. 특히 그들이 아기에게 밥을 먹이거나 수유를 할 때 하나가 되는 것 같은 느낌을 무척 불편하게 느껴질 수 있다.

어떤 부모는 아기의 생후 몇 달 안에 새로운 역할에 순조롭게 적응하지만, 4~5개월 된 유아와 '사랑에 빠지기 시작'하면 자아감에 대해서 확신이 없을 수도 있다. 과거에는 친밀한 관계가 그들 스스로가 누구인지 그들의 파트너가 누구인지에 대한 감각을 잃도록 할 수 있었다. 그들은 이러한 결합 의식에 대해 극도로 불편함을 느껴 관계가 깊어짐에 따라 독립을 선언함으로써 관계에 거리를 두기 시작했을 수도 있다. 이런 부모들은 6개월 된 아기가 애정 어린 손길로 그들에게 손을 뻗을 때 불안해할 수 있다. 그래서 부모는 그들의 아기가 강하고 독립적으로 자라도록 가르치는 것이라 합리화하며 갑자기 거리를 두려고 할 수 있다. 만일 부모가 자신이 느끼는 친밀함에 대한 불편함을 파악하고 아기의 작은 크기와 무력함에 초점을 맞출 수 있다면, 조금씩 반응하고 점차 친밀감을 가질 수 있을 것이다.

우리 중 대부분은 삶의 과정 속에서 사랑에 빠지거나 다른 사람과 가까워질 때 이전에 겪었던 예전의 두려움과 주저함을 다시 느낀다. 그러나 자신이 가진 이러한 두려움을 알고 있다면, 두려움은 자신과 자녀의 성장을 촉진하는 유용한 단계가 될 것이다. 당신이 다른 사람과 서로의 마음속에 들어가게 될 때 불안을 느끼거나 심지어 공포를 느끼는 것은 일반적으로 자연스럽고 인간적인 일이다.

사랑에 빠지기

아이가 당신을 쳐다볼 때, 냄새를 맡을 때, 당신의 목소리를 들을 때, 당신의 피부를 느낄 때 그리고 당신이 안아서 양옆으로 흔들어 줄 때 아이가 즐거움과 기쁨을 느낄 수 있게 사로잡아 주자.

재미있는 놀이

웃음놀이

단어나 웃긴 얼굴 혹은 둘 다 사용하여 아이가 환하게 웃거나 눈을 크게 뜨거나 반짝이는 것과 같은 즐거운 표정을 짓도록 유도해 보자. 입 안에 걸린 숟가락이나 머리에 올려 둔 딸랑이에 대해 말을 걸어 줘도 좋고 혹은 단순히 아이의 머리가 얼마나 "아-름-다-운-지" 말해 줘도 좋다![3]

'나와 춤을 춰요' 소리와 움직임 놀이

아이가 소리를 내거나 아이의 팔, 다리나 몸이 당신의 음성과 고개 움직임의 리듬에 맞춰 움직이도록 유도해 보자(혹은 각 상황별로 소리를 내는 동시에 움직이게 할 수 있다). 아이에게 이렇게 말을 건네 보자. "내 아이, 나랑 춤을 춰 볼까? 춤출 수 있을 것 같은데? 춤출 수 있는 것 같은데!"라고 말하며 아이의 눈에서의 반짝임을 찾아보자.

3) 아이에게 단순한 단어를 강조하며 즐겁게 놀기-역자 주

제3장

3단계: 양방향 의사소통하기

이 단계에 관한 모든 것

1. 아이가 소통하고 있다는 것을 알아채는 방법
2. 첫 양방향 의사소통이 중요한 이유
3. 아기의 의사소통을 돕는 방법
4. 기준치 높이기
5. 양방향 의사소통이 아이의 자아의식을 구축하는 방법
6. 도전 극복하기: 전화위복
7. 가정에서 일어나는 의사소통 관련 흔한 문제

당신의 아기는 어떻게 의도적이고 논리적이게 되는 법을 배울까? 아기는 언제부터 원하는 일이 일어나도록 의사소통 능력을 사용하게 될까? 아기는 언제 처음으로 '나'와 '너' 사이의 차이점을 발견할까? 이 모든 중요한 발달은 이 중요한 단계에서 나타난다. 당신의 아기가 3개월에서 10개월 사이일 때, 아기는 당신과의 관계에서 더 많은 것을 기대한다는 것을 보여 주기 시작할 것이다. 귀에 걸릴 듯한 아이의 미소는 당신의 사랑에 응답하는 것뿐만 아니라 당신을 끌어들이기 위해서 만드는 것이기도 하다. 이는 아이가 얼마나 주도권을 쥐고 싶고 원하는 일이 일어나도록 만들고 싶어 하는지를 드러낸다. 아기가 당신을 믿고 사랑하기 때문에 아기는 당신을 보며 신호를 교환한다. 이제 아이는 사랑만으로 부족하고 대화도 원하는 것만 같다.

당신의 아기는 양방향 소통을 배운다. 아기는 이미 자신의 팔을 당신에게 뻗으며, 반드시 당신이 자신에게 달려오게끔 끊임없이 옹알이를 할 것이다. 곧, 아기는 당신에게 가까이 가기 위해 스스로 바닥을 기어다니고 반응을 얻기 위해 당신의 눈을 유심히 볼 것이다. 아기가 말을 할 수 있기 오래전에 당신은 아기의 미소, 찌푸린 얼굴 그리고 움직임에 당신만의 제스처로 반응해 주었을 것이다. 이로써 말을 하기 전이지만 놀라울 정도로 표현이 풍부한 종류의 몸짓 언어가 당신과 아기 둘 사이에서 발전되고 있을 것이다.

대부분의 부모들은 아기가 처음으로 내뱉은 말이 언어 능력이 발달되고 있다는 첫 신호라고 잘못 생각한다. 우리는 아이들이 열심히 하는 첫마디, '엄마' '아빠' 그리고 '바이 바이'를 기록하며, 만약 아기가 한 살 때쯤에 처음 단어를 말하지 못한다면 무언가 매우 잘못되었을까 봐 걱정한다. 아기의 언어가 지연된다면, 우리는 아인슈타인도 거의 네 살이 될 때까지 말을 거의 하지 않았다며 자신을 안심시키려 한다. 하지만 우리는 여전히 아기가 재잘거리지 못하면 아기가 남들보다 성장이 느리거나 사회성이 없는 것일까 봐 불안해한다.

우리는 이제 아이가 제대로 발음하지 못하는 음절뿐만 아니라 의도적으로 사용하는 언어 이전의 몸짓이 모두 의사소통 능력의 성장을 보여 주는 표시라는 것을 인지하고 있다. 서로 주고받는 미소, 찌푸린 표정, 까르륵 하는 웃음 그리고 놀람, 짜증, 기쁨 등 우리가 가끔 당연하게 여기는 모습이 아기의 성장 중인 논리, 자아의식 그리고 지성의 진정한 근원이다. 배우는 것이 느린 아이든 언젠가 노벨상을 수상하게 될 아이든, 모든 아기는 이상적으로 이 시기에 의도적으로 제스처를 사용하는 방법을 숙달해야 한다. 만약 이때 숙달하지 못한다면 이것은 아기의 발달 이후 단계에서 재정비되어야 한다. 사실 임상실습에서 의사소통에 어려움을 겪고 있는 어린이들을 만날 때 우리는 아이들이 이보다 기본적인 몸짓의 능력이 없다는 것을 목격해 왔다. 그러면 우리는 손 움직임, 손가락 가리킴, 어깨 으쓱하기, 얼굴 표정 그리고 목소리 톤과 같은 광범위한 몸짓의 신호를 사용하고 그에 반응하는 연습을 함께해야 한다.

당신의 아기는 처음으로 단어를 말할 수 있게 되는 날보다 한참 전에 자신의 욕구와 의도에 관해 당신에게 셀 수 없을 정도의 몸짓 신호와 비언어적인 신호를 보내고 있을 것이다. 이 몇 개월 동안 다양한 종류의 얼굴 표정, 행동 그리고 당신과 함께 주고받는 대화 속의 소리를 사용하는 아기의 능력은 의도적이고 논리적인 방법으로 세상과 상호작용하는 것을 가능하게 해 줄 것이다.

이어지는 부분에서 우리는 '할 수 있다' 정신으로 당신의 아기에게 격려하는 방법을 세분화할 것이다. 당신이 아기와 주고받기 게임을 할 때, 당신은 실제로 아이가 겪고 있는 다양한 경험에 목적과 의미를 부여하도록 도울 것이다. 아기가 당신이 건네는 장난감을 쥐려고 다가올 때 아기는 자신을 격려하는 당신의 목소리에 집중하는 법, 당신이 갖고 있는 장난감을 향해 손을 뻗어 올바른 위치에 놓는 법을 동시에 배우고 있는 것이다. 아기는 주고받기 게임을 즐겁게 하고 있는 중에도 목적이 있는 방법으로 자신의 소리와 운동 기술을 사용하는 연습을 하고 있다.

당신이 아기에게 '음매'나 '꼬꼬댁' 하는 소리를 내는 동안 아이가 당신의 얼굴을 만지고 당신의 입 안에 손가락을 넣어서 당신이 장난으로 아기의 손가락을 핥을 때 아기는 미세한 근육 기술뿐만 아니라 즐거움, 기쁨, 심지어 완전한 우스꽝스러움마저 의사소통의 일부가 될 수 있다는 것을 깨닫는다. 아기는 단지 사랑을 받기만 하는 존재가 아니라 의도적인 발신인이 되는 것을 배우고 있다. 당신에 대한 아기의 사랑이 당신이 완벽하게 자신을 이해하고 있다는 신호를 찾기 위해 당신의 얼굴, 몸, 자세 그리고 목소리에 귀를 기울일 동기를 부여한다.

당신 아기의 발화 전 논리가 바로 당신의 눈앞에서 형성되고 있다. 아이의 얼굴 표정이 당신의 반응을 이끌어 내고, 아기의 접촉과 쓰다듬는 손길이 당신의 포옹을 부추길 때, 아기는 자신의 반응이 의도적이며 다른 반응으로 이어질 수 있다는 것을 배우기 시작한다. 아기가 말을 할 수 있었다면 아기는 아마 이렇게 말할 것이다. "내가 만약 이렇게 하면, 엄마는 저렇게 하겠지. 세상에! 내가 일을 일어나게 만들 수 있어! 세상은 목적이 있고 논리적일 수 있어." 사실 당신이 당신의 아기와 주고받기 게임을 할 때, 아기는 또한 자신의 의도적인 시선, 경청, 냄새 맡기 그리고 움직이는 기술이 모두 함께 작동할 수 있다는 것을 배운다. 이렇게 모든 행동을 모으는 것, 즉 통합하는 것은 다음 발달 단계이자 아기가 대략 9개월에서 18개월일 때 더 온전히 발전될 것이다. 당신은 몸짓 의사소통의 숙달이 얼마나 아이의 목적에 대한 감각을 넓히고, 세상에 대한 논리적인 이해를 시작하도록 뒷받침한다는 것을 보고 놀랄 것이다. 아기의 행동은 말보다 정말 더 크다.

1. 아이가 소통하고 있다는 것을 알아채는 방법

당신의 아기가 8개월에서 10개월이 될 즈음, 아기는 의도적인 방법으로 당신과 점차 의사소통을 하고 있다는 것이 더 명백하게 보일 것이다. 아기가 자신만의 몸짓으로 당신의 몸짓에 반응할 때, 당신은 아기가 당신의 행동을 단순히 모방하는 것이 아니라 그 이상으로 당신과 긴 의사소통을 할 준비가 되었다는 것을 알게 될 것이다. 당신의 아기가 처음으로 안아 올려 달라고 당신에게 손을 뻗었을 때 당신은 아마 이 새로운 능력에 주의를 기울이기 시작했을 것이다. 지금까지 당신이 "이제 유모차를 타러 가자!"라는 따뜻한 말로 아이의 놀이 공간에 다가갔을 때, 아마 아기는 당신이 다가와서 기뻐했을지언정 당신과 무언가를 하거나 어딘가를 가고 싶다는 신호를 보낸 적은 없을 것이다. 이제 이 아이는 '가자!'라는 말이 들릴 때 떠날 모험에 대한 기대로 양손을 들어 올릴 것이다. 당신이 말하는 단어를 이해하지 못할지도 모르지만, 당신의 열정적인 목소리 어조와 기대하는 몸짓의 언어를 읽을 수는 있다. 아기가 팔을 들어 올린 것은 당신에게 자신도 그 재미에 함께하고 싶다고 말해 주는 것이다. 지금쯤 당신이 동요를 부를 때 아기는 단순히 소리를 내며 함께하기보다는 리듬감 있는 단어와 소리를 주고받는 식으로 반응하기 시작할 것이다. 당신의 기쁜 운율은 아이가 화답으로 웅얼거리기 전에 장난기 넘치는 표정을 끌어낼지도 모른다. 또한 이 대화의 일부로 아이는 다양한 범위의 소리를 낼지도 모른다. 음악에 대한 효과음부터 자음과 모음이 모두 섞여 입의 전면에서 낼 수 있는 1음절의 소리(바, 다, 마)까지 말이다.

음성을 내는 것뿐만 아니라 아기에게 흥미로운 얼굴 표정을 보여 줄 수 있다. 당신의 뺨을 홀쭉이로 만들어 재미있는 얼굴로 만드는 것은 아기의 눈에 반짝이는 기쁨이나 어리둥절한 표정을 이끌 수 있다. 우리는 정말로 어린 아기도 부모의 얼굴 표정을 따라한다는 것을 이미 알고 있지만, 이제 아이들은 반응할 때 새로운 의도를 보여 줄 역량을 쌓게 된 것이다. 이제 당신은 아이가 마찬가지로 웃긴 표정으로 답하려고 할 때 아이의 얼굴에 다양한 감정이 피어나는 것을 볼 수 있다. 당신이 만들어 준 웃긴 표정에 대한 반응으로 얼굴은 침착한데 손과 팔은 신나게 흔들 수도 있다. 어떤 순간에는 분노나 두려움으로 인해 인상을 찌푸리거나 분노로 가득한 울음을 터뜨릴 수도 있다. 어떤 종류든 아이의 반응을 유심히 보며 당신의 미소가 언제나 아이에게 미소를 끌어낼 것이라거나 손을 흔들어 주면 아이가 손을 움직일 거라고 기대해서는 안 된다.

당신 아기의 모든 감각과 다양한 행동은 발화 전 당신과 함께하는 의사소통 놀이에 나타났을지도 모른다. 가장 간단한 양방향 '대화'는 촉감을 이용하는 것이다. 아기를 만질 때 아기 또한 당신을 만지려고 하는 시기가 자주 있다. 아주 어린 아기들조차도 그들의 엄마 품에 있을 때 품을 파고들어 딱 알맞은 위치를 찾는다. 아이가 6개월 정도 되면 아이를 안아 올릴 때 자신의 애정을 듬뿍 담아 부모를 쓰다듬어 주기도 한다. 당신이 부드럽게 간지럽히면, 아기가 등을 즐겁게 구부리면서 팔과 다리를 흔드는 동안 당신에게서 시선을 떼지 않을 것이다. 마치 "더요, 엄마, 더요!"라고 말하듯 말이다.

당신이 장난스럽게 당신의 아기를 머리 위로 들어 올리거나, 당신의 팔로 잡고 번쩍 들어 올릴 때 아기는 당신을 똑바로 바라보고 팔을 흔들고 기뻐하는 소리를 내어 웃을지도 모른다. 당신은 아마 아기의 반짝이는 얼굴을 마주 보며 환하게 웃어 주고 고개를 끄덕이며 즐거움을 함께할 것이다. 그것을 아는가? 당신은 당신의 아이와 진짜 대화를 나눈 것이다. 단어를 주고받은 것은 아니지만, 당신의 행동은 아기의 행동과 맞아떨어짐으로써 아이가 당신의 메시지를 받았다는 것을 알 수 있게 해 준다.

당신의 아기는 이제 자신의 반응이 당신에게 응답을 만들어 낸다는 것과 자신의 표현과 행동이 어딘가에 영향을 미친다는 것을 안다. 아기는 자신이 사랑을 일으키게 할 수 있고, 자신이 유능하고 사랑스러운 존재임을 배운 것이다. 몇 달 전 당신과 단순히 몸짓을 나눈 것부터 아기는 이제 자신의 의도를 당신에게 전달하리라 마음먹고, 이에 따라 **아기는 먼저 당신과 상호작용을 개시한다.** 어느 날, 당신이 사랑스럽게 아기에게 수유를 해 줄 때 당신은 아기가 갑자기 당신의 코에 손을 뻗고 장난스럽게 잡는 것을 발견할 것이다. 또한 아기는 나중에 가장 좋아하는 장난감이 있는 쪽으로 손을 뻗을 것이다.

이와 같이 눈에 띄는 아기의 행동은 당신에게 활기를 더해 아이와 더 많은 몸짓을 교환할 기회를 더 많이 찾을 때라는 신호이다. 물론 당신은 직관적으로 단어와 몸짓을 사용할 것이지만, 아기는 자신만의 몸짓 언어, 행동, 얼굴 표정 그리고 소리를 통해 자신의 소망과 감정을 알릴 것이다(p. 102의 '살펴볼 것'을 보라).

아기들은 양방향 대화에 참여할 기회를 제공받지 못할 때 더 수동적이고 덜 체계적이 되거나 감정 표현을 덜하게 될 수 있다. 만약 당신이 여러 사람 앞에서 발표할 때의 기분을 다시 떠올려 보자. 발표를 이어 갈 때 관객이 고개를 끄덕이거나 미소를 짓는 것에 얼마나 의존적이었는지 떠올린다면 당신의 몸짓에 아기가 얼마나 의존하게 되는지도 금방 공감하게 될 것이다. 아이의 신호를 지속적으로 제대로 읽어 주지 못하면 삶을 시작할 때 목적성과 논리성 없이 시작하게 되는 것은 어쩌면 당연하다. 당신이 만약 양방향 상호작용의 방법이 아니거나 아이가 한 행동이나 몸짓에 관련 없이 임의대로 아이에게 반응해 왔다면, 아이는 사람들의 낙관주의와 비관주의를 탐구했던 심리학자인 마틴 셀리그먼(Martin Seligman)이 '학습된 무기력'이라고 부른 방식으로 행동할지도 모른다.

당신의 아기는 자신의 말을 들어 주고 있다는 당신의 끄덕임, 눈짓과 음성에 의해 잘 발달한다. 그렇기 때문에 아이가 당신에게 보내는 신호를 즐기는 것이 중요하다. 아기의 미소나 옹알이나 손을 뻗는 긍정적인 메시지는 반응하기 쉽다. 부정적으로 의도된 행동은 대부분의 부모들이 다루기 더 힘들어한다. 예를 들어, 당신이 하루 종일 집을 떠나 있다가 일을 마치고 돌아왔을 때, 당신의 아기가 당신에게 등을 돌리고 일시적으로 당신을 무시하는 것 같다고 상상해 보자. 아기는 아마도 당신에게 자신이 화났다는 신호를 보내고 있는 것이다. 당신은 이 메시지를 이해하고 있다는 것을 아기에게 알려 줄 수 있는가? 아기는 아마 냉담한 모습을 보이거나, 스스로에게만 집중하거나 심지어는 벽을 응시하며 다른 방식으로 화났다고 드러낼지도 모른다. 어쩌면 조직되지 못하고 되는 대로의 행동을 보일지도 모른다.

명백히 보이는 아기의 무관심을 활용하여 저녁을 만들거나 이메일을 확인해 볼 것인가? 혹은 아이는 당신이 아이와 함께 바닥에 앉아 아이의 리드를 따르고 상호작용해야 한다는 것을 인지하는가? 아이가 당신의 품에 안기도록 혹은 웃긴 표정을 주고받는 놀이를 시작하거나 당신 입 안에 있는 숟가락을 가져가도록 유도하는 게 좋을 것이다. 이런 상호작용은 아이가 속상하다는 것을 충분히 이해하고 아이를 보게 되어 반갑다는 것을 알게 해 줄 것이다.

살펴볼 것

당신의 아이는 다음의 행동을 개시하며 당신과의 몸짓 대화를 시작하려 할 수 있다.

- 안아 올려 달라고 손을 뻗거나 당신이 안아 줄 때 마주 보고 안아 준다.
- 미소 짓기, 음성 내기, 당신의 입에 손가락 집어넣기, 자기 입에 있던 딸랑이를 건네주거나 당신의 머리카락을 만지거나 탐색한다.
- 화난 표정으로 먹고 싶지 않은 음식 밀치기, 원하는 장난감을 빨리 가져다주지 않으면 소리 지르기 혹은 옷을 입고 싶지 않을 때 당신의 품에서 빠져나오려고 한다(아이의 화난 표정, 소리 지르기와 몸을 꼼지락거리는 행동은 아이의 분노와 반항을 명백하게 소통하고 있음을 보여 준다).

- 바닥에 떨어진 장난감을 찾거나 (이 발달 단계의 후반이라면) 당신이 숨긴 딸랑이를 찾기 위해 당신의 손을 살핀다.
- 모르는 사람이 너무 빨리 다가올 때 몸을 돌리는 것, 당신의 다리를 붙잡거나 무서워하는 얼굴을 보이며 경계하거나 두려움을 보인다.
- 더 의도적으로 울거나 더 의도적으로 진정한다(아이는 분노를 소통하고 싶을 때 더 의도적인 울음소리를 내며, 무력감을 느낄 때는 더 슬프게 들릴 것이다. 이제 아이는 당신과 몇 분간 상호작용의 몸짓을 하고 나서 자신을 진정시킬 수 있다. 아이에게 달래는 말을 건네고, 눈 맞춤을 많이 해 주고 등을 쓰다듬어 주자. 단순히 아이를 달래기 위해서뿐만 아니라 주고받는 대화를 다시 재개하기 위해서 말이다).
- 의도적으로 기쁨부터 분노, 두려움, 놀람과 기대 등 넓은 범위의 감정을 의도적으로 표현한다.

당신의 아이는 이제 당신이 다음 행동의 신호를 줄 때 자신만의 몸짓으로 반응할 수 있다.

- 장난감이나 원하는 음식으로 아이의 흥미와 행동을 유도한다.
- (당신의 음조, 음량, 운율과 단어를 바꿔 조절하며) 음성을 낸다.
- 넓은 범위로 얼굴 표정을 지어 아이의 참여를 유도한다.
- 접촉(아이를 간지럽힐 때 아이는 당신의 손을 쥐려고 할 수 있다)한다.
- 아이를 들어 올려 위아래, 양옆으로 움직인다.

아이의 현재 발달 단계에서는 아이가 소통을 잘하는 사람이 되도록 돕는 것보다 더 중요한 것은 없다. 안정감과 사랑은 이제 양방향 소통으로 단계가 올라갔고, 자기주장과 호기심 그리고 새로운 흥미에 대한 범위와 같은 새로운 감정 또한 나타나기 시작했다. 아이가 자연스럽게 처음으로 움직이거나 기어갈 때 혹은 인지할 만한 단어를 처음으로 내뱉을 때는 사진으로 남길 만한 아주 흥분되는 순간일 것이다. 하지만 이런 사건은 의도적으로 몸짓을 사용해 당신과의 소통 능력에 비할 것이 못 된다.

아이는 자신으로 사건이 일어날 수 있다는 것을 알고 태어난 것은 아니지만, 자신이 소리를 내고 당신이 아이에게 응답하는 소리를 낼 때 아기는 자신이 낸 소리가 당신의 응답으로 이어질 뿐만 아니라 자신의 소리와 당신의 소리가 차이 난다는 사실을 배운다. 불과 몇 달 전에 당신의 아기는 자신의 입에서 나오는 소리와 다른 사람의 입에서 나온 소리를 구별할 수 없었다는 것을 알고 놀랐을지도 모른다. 하지만 지금의 아기는 자신이 미소 짓는 것이 당신의 얼굴에 미소를 만들어 낼 수 있다는 것을 알게 되었다.

아기가 자신과 당신의 미소의 차이점을 배우면서 아기는 자신에게 속한 부분과 그렇지 않은 부분의 차이점을 알기 시작한다. 이것은 결국 아기가 '나'와 '내가 아닌 것'과 '당신'을 구분할 수 있게 해 준다. 매우 실질적인 의미에서 아기의 신호에 대한 당신의 반응은 아기 자신과 주변 세계 사이의 경계를 정의하게 해 준다. 그것은 이렇게 작은 존재에게 참 인상적인 성취일 수밖에 없다! 이는 이후에 현실과 판타지 사이의 차이점을 구별하거나 상상을 이해하는 능력에 대한 시작점이기도 하다.

아기가 당신의 얼굴에 미소 짓게 하거나 두려움으로 일그러지게 만들 수 있다는 것을 배우며, 아기는 더 넓은 물질 세계에서 벌어지는 일의 원인과 결과를 통해 얻게 되는 교훈을 적용할 수도 있다. 예를 들어, 장난감을 치거나 블록을 떨어뜨리면 흥미진진한 소리가 난다. 마찬가지로, 아기가 높은 의자에서 쟁반에 있는 음식을 쏟았을 때 아마도 음식이 '철퍼덕' 하며, 바닥에 다채롭고 지저분한 상황을 만들 수 있다는 것과 같이 아기는 팔과 손의 움직임을 바로 직후에 난 소리와 상황에 연결할 수 있다. 아기는 자신이 온갖 종류의 흥미로운 일을 일으킬 수 있다는 것을 배운다.

우리는 아기들이 자신의 환경에 있는 물체와 물리적으로 상호작용함으로써 논리적으로 사고하는 능력을 발달한다고 생각해 왔다. 수년 전 현대 인지심리학의 창시자인 피아제가 실시한 유명한 실험에서 유아는 소리 나는 종에 붙어 있는 끈을 당기는 법을 배웠다. 종과 끈이 분리되었을 때, 아기는 곧 끈 당기는 것을 멈췄다. 종소리가 더 이상 들리지 않았기 때문이다. 피아제는 자신의 환경을 의도적으로 조종하는 유아의 초기 능력은 원인 또는 수단(끈을 잡아당기는 것)과 효과 또는 결과(울리는 종소리를 들음)를 연결시키는 언어 이전의 '감각운동 능력'에 대한 신호라고 추론했다.

그러나 우리는 최근 몇 년 간의 관찰을 통해 초기 논리가 매우 다른 과정으로 학습된다는 것을 확인하였다. 아기가 끈을 끌기 위해 끈을 당길 수 있게 되거나 또는 높은 의자에서 음식을 던져 철푸덕 소리가 나게 만들 수 있기 몇 달 전부터 아기는 자신의 미소로 당신에게서 포옹이나 키스, 미소를 이끌어 낼 수 있었다. 그러므로 논리와 인과관계의 첫 번째 수업은 부모와 자녀 사이의 많은 감정적인 상호작용에서 생겨나고, 세상과의 물리적인 상호작용보다 훨씬 앞서서 일어난다. 이에 대한 한 가지 이유는 아기가 팔이나 다리를 의도적으로 움직일 수 있기 훨씬 전부터 정서적으로 신호를 보낼 수 있기 때문이다. 그런 뒤 아기는 그 정서적인 교훈을 물질 세계에 적용한다. 당신의 아이가 엔지니어 또는 물리학자가 될 수 있게 해 주는 이후의 능력이 당신과의 초기 정서적 상호작용에서 비롯되고 물리적인 세계에 대한 중요한 탐구에서도 마찬가지이다.

유아의 논리적 사고의 발달에 관해 이야기할 때 우리는 아기가 실제로 자기 자신의 생각으로 이야기를 나누고 있다고 여기는 것은 아니다("나는 아빠가 미소 짓게 하기 위해 아빠에게 미소 지을 것이다."). 그런 일종의 의도적인 내부 대화는 아이가 서너 살이 되어 상징적인 사고가 가능할 때까지 나타나지 않는다. 대신에 아기가 발달하는 논리적인 사고의 종류는 특정 언어 이전에 나타나는 일련의 단계에 대한 이해이다. 동료와의 협상부터 사회적 모임으로의 순환에 이르기까지 우리의 사회적 행동과 일상적인 상호작용의 대부분은 이런 초기 학습 능력을 기반으로 한다.

당신과 당신의 아기가 주고받는 의사소통의 기초를 숙달하는 동안 몸에서 일어나는 신체 변화 중 일부는 이러한 행동이나 몸짓을 보내고 해석하는 방법을 배우는 데 도움이 될 것이다. 의도적으로 의사소통 능력이 성장함에 따라 그 기간에 전형적으로 나타나는 운동, 감각, 언어 및 인지 능력 또한 강화될 것이다. 아기가 물건을 향해 손을 뻗어 쥐는 능력은 당신과 함께 주고받는 게임의 일부가 될 수 있다. 살금살금 기어 다니는 아이의 능력은 함께할 수 있는 '나 잡아 봐라' 놀이의 일부분이 될 수 있다. 당신은 아이가 이런 기술을 상호적으로 사용하게 도울 수 있는가? 이 기술에는 다음의 방법이 포함된다.

아기의 발달 기술

• 운동 기술
  - 좋은 균형을 가지고 앉기
  - 앉은 채로 장난감 들기
  - 앉은 채로 물체를 향해 손 뻗기
  - 등을 대고 누운 상태에서 앉는 것으로 자세 바꾸기
  - 앉은 자세에서 엎드려 눕기

–배를 깔고 혹은 손으로 밀거나 기어 다니기
–엄지와 그 외 손가락으로 블록이나 장난감 집기
–시리얼 또는 작은 물건을 들어 올려 손바닥에 두기
–장난스럽게 손이나 장난감 두드리기
–손에서 손으로 사물 전달하기

• 감각 기술
–촉감을 느끼고 탐구하기
–장난감과 같은 물체가 몸의 다양한 부분에 놓일 때 알아채기
–특정 소리와 시야에 선택적으로 반응하기
–움직임 즐기기

• 언어 기술
–자기 이름과 단순한 요청에 반응하기(예를 들어, "안 돼.")
–소리로 의도나 감정 전달하기(예를 들어, 기분 좋은 "으으음.")
–다양한 음성이나 행동으로 소리에 반응하기
–일부 소리를 모방하기(혀 달깍하는 소리나 혀를 내밀고 내는 소리)

• 인지 기술
–1분 혹은 그 이상 장난감이나 사람에 집중하기
–새로운 장난감을 탐구하고 관찰하기
–장난감으로 소리나 시각적 감각 만들기(원인–결과 놀이)
–각자 다른 사람 구별하기(다른 반응 등에서 나타남)
–바닥에 떨어진 장난감 찾기
–물체를 더 가까이 당기기 위해 물체의 일부 당기기(예를 들어, 천)

2. 첫 양방향 의사소통이 중요한 이유

사회성, 지성 및 도덕성을 포함한 아기 성격의 다양하고 중요한 측면에 대한 씨앗은 의도적으로 몸짓 언어를 사용하는 방법을 배우고, 양방향 의사 전달자가 되었을 때 심어진다. 당신은 아기가 목적의식이 있고 논리적으로 성장할 수 있게 하는 것 외에도 당신의 반응으로 아이가 자신의 요구를 표현하려는 자기주장을 환영한다는 것을 보일 수 있다. 또한 당신은 아기에게 떠오르는 감정(적극성과 호기심 같은)도 의도적이고 논리적인 대화의 일부가 될 수 있음을 알려 주게 될 것이다. 아기가 당신의 머리카락에 손을 뻗어서 손가락으로 베베 꼬는 행동은 아기는 "이게 뭐지?"라는 호기심을 비언어적인 몸짓으로 표현한 것이다. 그에 대한 대답으로 "맞아, 나와 함께 세계를 탐색하는 것은 안전해. 해 봐!"라는 뜻을 포함한 제스처를 아이에게 제공함으로써 아기의 호기심을 북돋워 주자. 아기의 시선과 미소를 사로잡은 다음 머리를 아래로 숙여서 아이가 더욱 탐험하기 쉽게 해 주자. 당신은 아이가 자신의 호기심이 존중받았다는 것과 자신의 욕구를 성공적으로 소통했다는 것을 보여 줄 것이다.

하루 종일 단순한 몸짓을 교환함으로써 부모는 아기의 자존감을 키워 간다. 부모는 행동을 이행하려는 아기의 노력에 박수를 보내고 아기의 행동을 이해한다는 격려의 메시지를 보내는 것이다. 당신이 명확하게 볼 수 있고 느낄 수 있는 방식으로 아이의 신호에 대해 응답함으로써 아이 자신이 세상에 즐거운 영향을 미칠 수 있다고 가르쳐 주는 것이다. 이것은 낙천주의라는 귀중한 선물을 아이에게 물려줄 수 있는 한 가지 방법이다.

동시에 당신은 아기가 성숙해지면서 직감적으로 순식간에 판단을 내릴 수 있도록 도와줄 기술을 전수해 주고 있는 것이다. 다른 사람의 신체 언어와 어조를 읽을 수 있는 능력을 키워 주면 인간이 가지고 있는 가장 원시적인 생존 기술을 이해하게 된다. 우리가 사람에 대해 직관적인 느낌을 가질 때 주로 상대의 얼굴, 자세 및 움직임이 전달하는 신호에 기반한다. 상대의 말은 매력적이고 설득력이 있을지 모르지만, 우리가 그 사람에게서 근육의 긴장감을 감지하거나 시선을 회피하는 모습을 보게 된다면 우리는 즉시 그 사람을 경계하게 된다. 우리는 어떤 말보다 육체적인 몸짓의 진실을 믿는다.

이 발달 단계에서 아기들이 배우는 사회적 신호 기술은 학령기에 다다를 때보다 협조적이고 세심한 배려를 할 수 있게 해 주는 과정의 첫 걸음이다. 몸짓을 보내고 받는 과정에 능숙한 어린이는 수업 시간에 같은 반 친구들이 딴짓을 할 때가 언제인지, 또는 심지어 선생님이 인내심을 잃는 순간 또한 쉽게 감지할 수 있다. 이 아이들은 직감적으로 수백 가지의 몸짓을 읽고 이해할 수 있기 때문이다. 관심 없는 눈길, 인내심을 잃은 목소리 또는 피곤하거나 축 처져 있는 어깨는 아이들에게 이미 많은 것을 말해 준다. 아이들은 자신이 보고 듣는 데 어조의 급격한 변화와 패턴을 파악하고 더 빨리 판단할 수 있게 된다.

심리학자이자 기자인 대니얼 골먼(Daniel Goleman)은 사회적으로 적응하는 이 자질을 '감정지능'이라는 용어로 칭했으며, 그의 책 『감정지능(Emotional Intelligence)』은 미국 대중의 관심을 끌었다. 이 발달 단계의 (그리고 이전의 두 단계의) 중요성을 생각할 수 있는 한 가지 방법은 아기의 초기 삶이 감정지능의 기본 요소뿐만 아니라 전통적인 인지 능력의 기본 요소를 처음으로 쌓게 되는 시기라는 것을 깨닫는 것이다. 그러나 전통적인 견해와는 대조적으로, 감정과 인지 지능은 서로 다른 개별의 지능이 아니라 같은 성장 패턴의 일부라고 보고 있다. 특정 기본 경험이 동시에 감정적 및 지적 역량을 자극한다는 것을 발견했다.

일부 부모는 정서적 및 사회적 기술에 중점을 두기보다 과학, 영어 및 역사에서 A를 받을 수 있게 하는 지적 교육의 종류에 더 중점을 두는 경향이 있다. 그들은 인생에 대가가 있다고 합리화하고, 수학적 개념으로 자녀를 훈련하고 지적으로 '풍부하게' 만들거나 학업적 성취를 대가로 기분을 좋게 느끼게 한다고 생각한다. 그들에게 선택지는 확실하다. 정서적인 양육을 하거나 지적인 유능함을 키우는 것, 둘 중 하나만 선택할 수 있다는 것이다.

학업 성취도가 어떻게 발달하는지에 대해 생각할 수 있는 새로운 방법은 학부모에게 제3의 안심할 수 있는 선택지를 제공한다. 아기가 안정감을 느끼고 사랑을 느낄 수 있게 해 주는 바로 그 행동이 아이를 똑똑하게 만든다! 당신이 아기와 서로 교환하는 재미있는 얼굴, 지금 함께하고 있는 주고받기 놀이는 단순히 아이의 자존감을 쌓게 할 뿐만 아니라 아기에게 인생을 파티로 느끼게 해 준다. 이는 아이가 자신이 어떤 사건이 일어나게 할 수 있다는 감각 또한 발달하게 해 준다. 아기가 당신과 함께 놀면서 창조적이고 논리적인 사상가가 되기 위한 첫걸음을 내딛은 것이다. 아기의 초기 비언어적인 놀이는 나중에 아기의 과학적 · 분석적 능력 그리고 사회적 · 정서적 기술의 중요한 부분이 된다.

서로 다른 유형의 지능을 분리하는 혼란과 경향의 일부는 새로운 사실을 기억하는 능력과 같은 인지 능력을 너무 좁게 생각하는 데서 온다. 우리가 가장 중요한 인지 능력인 창조와 추론에 집중한다면, 우리는 이 역량이야말로 새로운 사실을 배우는 능력과 같은 다른 기술을 의미 있고 유용하게 만든다는 것을 알게 된다. 이로써 우리는 감정적 사고와 인지적 사고가 같은 과정의 일부임을 알 수 있다.

또한 양방향 의사소통은 자녀가 공감할 수 있게 도와주며 궁극적으로는 옳고 그른 것을 구별하는 데 도움이 된다. 부모가 아기에게 응답할 때 아이의 참여와 안정감을 높여 주는 것이다. 두 사람이 교환하는 고개 끄덕임과 번쩍거리는 미소는 아기가 자신이 관계의 일부임을 알게 한다. 아기는 자신의 행동과 감정이 당신에게 영향을 미치고, 당신이 자신을 돌보는 사람으로서 가치 있게 생각하며 자신과 분리해서 생각하게 된다. 아기는 잠정적으로 당신에게도 감정이 있다는 것을 느끼기 시작한다. 아기는 돌봐 주는 사람인 부모에게 싹 트는 이러한 인식은 시간이 지남에 따라 당신에 대한 배려로 꽃피고, 당신에 의해 타인을 배려하는 감각까지 피어나게 된다. 상호적 배려에서는 도덕심이 생겨나는 것이다. 감정과 학업 지능처럼 도덕적 사고는 비언어적인 소통의 비옥한 기반에서 피어난다.

양방향 몸짓 소통의 숙달은 아이 두뇌의 전두엽과 전두엽 피질의 뉴런 연결과 관련이 있다. 전두엽 부분에 있는 뉴런은 행동을 계획하거나 순서화하는 것 그리고 놀람, 즐거움, 미세한 신호를 보내는 애정 표현과 두려움을 포함한 보다 넓은 범위의 감정을 표현하는 능력을 지원하는 네트워크를 형성한다. 아기가 의도적으로 감정을 표현하는 몸짓을 사용하여 의사소통을 하면 아이의 전두엽과 전두엽에 있는 신경의 연결이 확장된다. 이는 부모와 상호작용하는 아기의 능력을 더 키워 준다.

현 발달 단계에서의 아기의 뇌파 패턴에 대한 연구를 보면, 유아는 자신의 행동에 더 의도적일수록 특정한 소리에 더 선택적으로 반응한다고 밝혔다. 예를 들면, 아이들은 다른 언어의 소리보다 매일 듣는 언어의 소리에 (그들의 머리를 돌림으로써) 더 많은 반응을 보인다. 아기가 부모와 더 의도적이고 체계적인 의사소통을 할 수 있게 되면, 두뇌의 연결고리가 더욱 세분화되어 조정되거나 '정리'되어 환경 신호에 대한 선택적인 반응이 촉진될 수 있는 것이다.

3. 아기의 의사소통을 돕는 방법

1) 아기가 보내는 신호를 읽고 반응하기

당신의 아기는 자신이 원하는 것을 당신에게 어떤 식으로 알리는가? 당신은 아이가 화가 났을 때 또는 아이를 포옹해 주어야 할 때가 언제인지를 알아챌 수 있는가? 아기는 당신에게 특정 장난감을 원하거나 배고프고 목이 마르다는 것을 보여 주는가? 모든 아기는 자신만의 몸짓 소통 방식을 가지고 있으며, 일부는 분명히 다른 아기보다 더 눈에 잘 띄는 행동을 보인다. 어쩌면 당신의 아기는 이미 더 분명해진 얼굴 표정으로 자신이 얼마나 생동감 넘치는지를 보여 줬을지도 모른다. 단순하게 웃는 게 아니라 귀에 걸리도록 웃었을지도 모른다. 이런 아기는 화가 날 때, 당신은 모든 종류의 신호를 받게 될 것이다. 찡그린 얼굴, 떨리는 입술, 분노의 눈물까지 전부 말이다. 분노와 울부짖는 소리가 수반되는 발차기와 팔다리의 흔들림이 있을 수 있다.

정확한 신호를 보내는 아이들은 어른들이 아이의 몸짓을 해석할 필요가 없기 때문에 원하는 것을 얻을 가능성이 더 크다. 만약 당신의 영아가 자신의 근육에 의지할 수 있다면, 아이는 주저하지 않고 당신을 향해 다가갈 것이며, 당신은 아이가 당신과 함께하고 싶다는 의도를 알아차릴 것이다. 또한 아이의 얼굴 근육이 이와 비슷하게 통합되어 있다면, 아이는 아마도 당신의 얼굴에 나타났던 수많은 표정을 쉽게 모방하며 당신에게 반응할 때 그 표정을 활용할 것이다. 정확한 신호를 주는 아이는 일반적으로 자신의 감정 표현에 어려움이 없다. 당신이 보내는 신호를 이해하기 위해 안정적으로 청각, 시각, 촉각 및 후각을 활용하고 자신의 근육을 사용하여 당신에게 화답할 수 있기 때문이다. 이런 아이는 부모의 신호에 우쭐할 것이며, 부모에게 애정 어린 시선을 던지며 당신과 상호작용할 준비가 됐다는 사실을 알려 줄 것이다. 이렇게 아기가 의사소통하기를 열렬히 원할 때 아이의 기쁜 음성, 장난감을 향한 손 뻗음이나 처음으로 콩을 맛봤을 때 보이는 역겨움의 신호를 읽는 것은 그렇게 어렵지 않을 것이다.

많은 아기는 자신의 감정을 표현하거나 당신의 접근에 반응할 때 눈에 띄지 않는 모호한 신호를 보낸다. 아기가 좀 더 조용하고 미세하게 소통하는 유형이라면 부모는 더 날카롭게 관찰하는 것이 좋을 것이다. 아이가 안아 올려 주기를 원할 때 아이는 아마 당신과 눈을 맞추지 않고 팔을 뻗지 않을지도 모른다. 대신, 아기는 낮은 음조로 칭얼거리거나 요람을 흔들 수도 있다. 아기는 원하는 것을 알려 주기 위해 자신이 쉽게 할 수 있는 동작을 사용하는 것이며, 시간이 지남에 따라 당신은 아이의 신호 패턴을 인식하게 될 것이다. 아기가 예상했던 신체 언어를 사용하지 않았다고 아이가 당신에게 응답하지 않는다거나 감정을 표현하지 않는다고 가정하지 말자. 아이가 하기 쉽다고 여기는 행동을 살펴보자. 웃는 것이든, 손발을 움직이는 것이든, 옹알거리는 것이든 말이다. 그리고 그 정보를 사용하여 아이와의 대화 기반으로 삼자.

어떤 아기들은 운동 발달이 조금 느린 편임에도 매우 의도적이다. 이런 아기는 아직 기어 다니지 못하더라도 몸을 꼼지락거리고 굴러서 당신에게 갈 것이다. 크고 둥근 눈으로 당신을 쳐다보고 있으면 당신은 아기가 들어 올려 달라고 요청하는 것임을 깨달을 것이다. 마치 아기의 팔을 들고 "안아 줘!"라고 말이라도 한 것처럼 확실하게 말이다. 다른 아기들은 좀 더 느긋한 반응을 보이고 더 억제된 반응을 보인다. 이런 아기들은 당신의 열정적인 음성에 자신의 소리로 대답하지 않는 대신 미소를 지을 것이다. 여기서의 핵심은 아이가 당신의 반응에 대해 어떤 종류든 상관없이 몸짓을 이용해 반응해도 된다는 것이다. 마찬가지로 아이의 몸짓에 대한 당신의 특정 반응 또한 어느 것이든 상관없다. 아이가 자신이 보내는 신호를 이해했다는 것을 알기만 한다면, 머리를 끄덕이거나 음성을 이용하거든 심지어 얼굴을 찡그리든, 아기는 반응을 얻고 인과관계를 배우며 자신의 의사소통 능력에 안정감을 느낄 것이다.

아기의 몸짓에 대해 대부분 반응해 주는 것이 좋지만 모든 행동에 하나하나 보답하려고 할 필요는 없다. 아기는 당신 반응의 일반적인 경향을 알아낼 것이며, 당신은 아기의 모든 행동에 맞출 수 없을 뿐더러 그렇게 하려고 할 필요도 없다. 당신은 아기의 신체 언어의 모든 뉘앙스를 알아채지 못할 것이고 아이의 메시지 중 일부를 오해할 수도 있다. 결과적으로, 이를 통해 당신의 자녀는 지연과 좌절을 인생의 일부로 받아들이는 법을 배운다. 그러나 일부 아기들은 목소리를 높이거나 목을 가다듬거나 갑갑한 표정을 지으며 계속해서 당신의 주의를 끌려고 애쓰는 불굴의 의지를 가지고 있다. 아기가 더 많은 관심이 필요하다고 매번 칭얼거리는 사람이 되게 할 수는 없으니, 적극적으로 아이를 지켜보며 당신과 어떤 감정이나 욕구를 나누고 싶다는 신호를 보내는지, 그게 명백하든 미세하든 간에 신호를 명민하게 알아채 보자.

마지막으로, 부모는 아기의 몸짓에 대한 그들의 반응이 상호적일 뿐만 아니라 목표에 맞아야 한다는 사실을 인식해야 한다. 아기가 안아 올려 달라고 팔을 뻗고 다가올 때, 입에서 나오는 첫말이 "어머, 옷깃이 튀어 나와 있네!"여서는 안 된다. 아이의 옷깃을 정리해 주는 몸짓은 아이의 안아 달라는 비언어적이지만 명백한 의도와는 전혀 맞지 않는다. 상호작용의 문맥을 확장하기 전에 아이의 몸짓의 의도에 먼저 반응하는 것으로 성공적인 상호작용을 했다는 것을 알려 주자. 아이의 옷깃을 똑바로 정리하기 전에 아기를 들어 올리라. 더 나은 방법은 아기를 멋지게 꾸미고 싶은 당신의 충동과 싸우는 것이다. 이는 지는 싸움이다!

2) 아기와 함께 바닥에서 노는 플로어타임

자녀의 이전 발달 단계에서의 목표는 아이와의 신뢰관계를 형성하고 서로를 상호 존중하는 것이었다. 이제 당신은 당신의 자녀와 지속적인 제스처 교환을 장려하는 것에 관심을 가질 단계이다. 아기와 의사소통하고 아기의 의도를 가장 확실하게 알아차리는 가장 좋은 방법은 바닥으로 내려와 아이 바로 옆에서 함께하는 것이다.

이 시점에서 아기의 움직임은 아직 제한적이기 때문에 바닥에 함께 눕거나 앉는 것으로 아기의 주의를 끌 수 있다. 아이의 얼굴에서 적어도 30cm 정도 떨어진 위치에 앉아 아이가 당신에게 편안하게 집중할 수 있도록 해 주자. 다음으로, 우리가 '의사소통의 순환'이라 부르는 개념을 적극적으로 열고 닫을 것이다. 이 과정은 상대에게 신호를 보내고 받는 과정이다. 이 소통의 순환은 아이가 당신에게 신호를 보낼 때 열린다.

당신의 9개월 된 아이와 당신이 바닥에 누워 있고 가까운 거리에 빨간 공이 있다고 가정해 보자. 아이가 공을 발견하고 눈이 반짝이며 다가가는 것을 지켜보고 있다. 아이는 당신에게 방금 순환을 여는 몸짓 신호를 준 것이다. 눈의 반짝임과 엉덩이의 들썩임이 공으로 다가가 탐구하고 싶다는 소망을 드리낸다. 어찌면 당신은 공을 아이에게 아주 조금 더 가깝게 두는 것으로 아이의 신호에 반응할 수도 있다. 아이는 손을 뻗으며 공을 보고 웃거나 소리를 내면 의사소통의 순환이 닫히게 된다. 아이가 마침내 공을 손에 쥐면 당신은 아이와 눈을 맞추고 고개를 끄덕이며 열정적으로 박수를 친다. "통통 튀는 공을 찾았네!"라며 끄덕이는 당신의 고개와 박수 치는 손은 아이에게 당신이 아이가 원하는 물건을 향해 움직이는 것을 지켜보았고, 그의 성공을 축하한다는 메시지를 담은 명백한 몸짓의 증거이다. 당신이 하는 말은 아이에게 아직 상징적인 의미가 없을 테지만, 아이는 당신의 목소리에서 따뜻한 어조를 알아챌 것이다. 그렇기에 아이는 공을 쥐며 입에 가져갈 때 당신을 향해 웃을지도 모른다. 당신의 몸짓에 아이가 의도를 갖고 반응할 때마다 아이는 의사소통의 순환을 닫는 것이다.

이런 식의 주고받는 몸짓 대화는 이 나이의 아기와 아주 잘 맞는다. 아이들은 성인의 관심이 이미 시들어 버린 지 한참 지난 후에도 놀이에 푹 빠져든다. 그러니 꽤 오랫동안 밝은 빨간 공을 주고받을 준비를 하라! 당신이 행동의 반복보다는 아기의 눈이 반짝이는 것에 집중한다면 지루하지 않을 것이다. 당신의 아기가 반복에 의해 최면에 걸린 것처럼 매료되어 보여도 아이 또한 새로운 것을 즐긴다. 아이의 오른쪽 왼쪽으로 공을 다양하게 굴려 보자. 혹은 때때로 손으로 공을 가려 아이가 공을 찾으려고 하는지 보자. 주고받는 놀이를 당신도 즐길 수 있게 만들면 아이도 더 즐거워진다. 아이가 먼저 개시할 수 있도록 격려하자. 잠시 기다려 아이가 새로운 방향으로 공을 굴려 보는지 살펴보라. 바닥에서 노는 플로어타임 드라마를 주도하며 아이가 보이는 즐거움은 두 사람 모두에게 기쁨을 선사할 것이다.

플로어타임의 의사소통 놀이는 무수한 형태를 가질 수 있다. 만약 당신의 아기가 손과 무릎을 이용해 이미 기어 다닐 수 있다면 일종의 술래잡기 놀이를 해 보자. 이 발달 단계의 후반이 되면, 당신의 아이는 당신에게서 멀리 기어가며 장난스럽게 고개를 돌아보며 당신이 자신을 쫓는지 확인하는 것으로 소통의 순환을 열 수도 있다. 당신이 네 발로 기며 차에 시동 거는 소리를 내기 시작하면 아마 도망가려고 하며 신나서 소리를 지를 것이다. 심지어 아이는 당신의 소리를 모방할 수도 있다. 마치 이 놀이를 조금이라도 더 오래하려는 듯이 말이다.

이런 행동–반응 놀이는 상당히 많다. 손가락을 하나씩 접는 놀이나 까꿍 놀이도 아이에게 많은 즐거움을 주지만, 아이가 개시할 수 있도록 선택지를 줄이자. 아이와 이런 놀이를 한다면 가끔은 놀이 중에 신선한 새로움을 선사해 주자. 대부분의 아기들은 손가락이나 발가락으로 하는 놀이를 예측할 수 있는 즐거움으로 반응한다. 운율에 맞춰 노래를 할 때 아이의 얼굴을 맞대어 당신 목소리의 박자와 손가락의 간지러운 느낌만이 아니라 당신의 표정도 보며 반응할 수 있게 해 주자. 각 행을 부를 때마다 아이의 얼굴을 보고 아이의 표정에 반응해 주자. 아이의 발가락을 순서대로 가다가 하나를 의도적으로 빼 먹어 아이가 눈치채는지 보자. 마지막에 아이의 발을 간지럽히고 안아 주고, 가끔은 배방구도 끼워 넣어 보라. 놀이의 끝에 어떤 즐거움을 얻게 될지 계속 궁금하게 만들라. 이 한 놀이 동안 얼마나 많은 소통이 일어나는지 생각해 보라! 아이가 당신과 상호작용을 할 때 수많은 소통의 순환을 열고 닫을 뿐만 아니라, 아이는 기대감의 달콤함 또한 배우게 된다.

이러한 상호작용은 진실된 대화로, 주고받는 제스처에 기반을 두고 있다. 당신의 아이가 8개월쯤 자랐을 때, 아이는 당신과 몸짓으로 상호작용할 때 아마 네다섯 개 이상의 더 많은 소통의 순환을 연달아 열 수 있게 된다. 한 살 반 정도가 되면 아이는 큰 어려움 없이 한 번에 20~30개의 순환을 열고 닫게 될 것이다. 핵심은 점차적으로 열고 닫는 순환의 끊임없는 흐름을 만들게 아이를 유도하는 것이다. 고개 끄덕임, 미소, 눈썹을 치켜뜨기나 다른 몸짓이 매 대화를 이어 갈 것이다.

3) 아기와 의사소통 지속하기

연습은 완벽을 이루어 낸다. 이제 아이가 다양한 제스처와 음성을 사용하게 되었으니 당신은 의식적으로 아이가 습득한 기술을 사용해 무엇을 원하고 느끼는지 전달할 수 있는 상황을 만들어야 한다. 우선, 당신은 아이의 흥미에 참여할 수 있는 방법을 찾는 것이 좋을 것이다. 아이와 바닥에서 할 수 있는 놀이를 하면서 아이가 원하는 만큼 활동을 개시하게 해 주고 아이의 개시 시도에 반응해 주자. 여기서 당신의 목표는 아이가 세상을 탐험하면서 당신이 대신 행동해 주는 것이 아니라 아이가 행동하게 하는 것이다. 때로 부모는 일방적인 즐거운 놀이에 취해 샛길로 빠져 버린다. 살짝 간지럽힘이나 유하게 몸으로 하는 놀이는 아이에게 재미있겠지만, 일련의 몸짓을 이용해 소통하는 새로운 능력을 강화할 수 있는 상호작용으로 이어져야 한다.

예를 들어, 당신의 아이와 바닥에서 놀자고 초대하기 전에 바닥에 선물 포장지나 휴지 조각을 바닥에 놓아 보자. 아이가 팔을 뻗으면 종이에 닿을 위치에 아이를 놓는다. 아이는 의심할 것 없이 색색의 종이에 매료되어 스스로 그곳을 향할 것이다. 아이가 손가락으로 가리키는 쪽이 방향을 정해 당신을 이끌 것이다. 아이의 손가락은 입의 연장선으로 기능을 하기 때문에 아이는 손가락으로 주변에 있는 모든 것을 탐구하기 위해 쓸 것이다. 사실 아이는 자라면서 주변에 있는 물체의 전문가가 되어 가고 있으며 시리얼, 벌레, 먼지 더미 등 작은 물건을 주워 보는 것을 좋아한다.

당신의 아이가 성공적으로 종이를 붙잡는 순간에 들려오는 만족스러운 부스럭 소리에 아이의 얼굴이 명백한 즐거움으로 환해지는 모습이나 종이에 집중하느라 이마가 살짝 찡그려지는 것을 볼 수 있다. 아이를 보면서 아이에게 당신의 즐거운 얼굴을 보여 주며 아기의 종이를 집어 들고 물어보라. "나도 이 게임에 참여해도 돼?" 손에 쥔 종이를 공으로 구겨 아이에게 줘 보고 이 놀이가 어떤 방향으로 나아가는지 확인해 보자. 아기와 멀지 않은 위치의 바닥에 똑딱거리는 시계를 놓아 아이의 관심을 끌거나 경주

차가 지나가는 '부릉부릉' 소리를 모방해 아이와 술래잡기 놀이를 할 수 있는지 보며 상호작용에 변화를 줄 수 있다. 그러나 이미 한번 행동을 시작하면 이 놀이의 흐름을 과잉통제하는 것을 참고 아이의 리드를 따르도록 하자.

당신은 곧 아이의 특정 소통의 리듬과 유형을 알아차리게 될 것이다. 이 단계의 많은 아이는 직감적으로 많은 제스처를 자연스러운 흐름으로 사용한다. 아이들은 가리키고, 몸의 포즈를 바꾸고, 손과 팔을 사용해 움직이며, 당신의 손에 쥐고 있는 것을 가져갈 준비가 되어 있다. 아마 다른 아이들은 더욱 과묵하고 몸을 숙이거나 손을 뻗는 행동을 하기 전에 조용히 유도해 줘야 할지도 모른다. 당신 아이의 개성을 받아들이고, 아이의 발성의 리듬과 신체로 보여 주는 일반적인 자세에 맞춰 보자.

당신의 상호작용 방식이 아이가 정한 어조로 바뀌게 될 때 아이는 자신이 보내는 신호를 당신이 이해했다는 사실을 알 것이다. 예를 들어, 만약 당신의 아이가 갈수록 화가 나서 짧고 강렬하게 소리를 지른다면, 당신의 몸짓 강도를 이용해 아이의 기분을 이해했다는 것을 보여 주자. 고개를 끄덕이는 속도와 음성의 속도를 빠르게 하여 아이 몸짓의 리듬에 맞춘다. 그런 다음 당신 몸짓의 리듬을 더 천천히 늦추며 아이를 더 이완되고 진정된 상태로 끌어들이자. 목소리를 달래듯이 이어 가면 아이는 이내 침착함을 회복할 것이다.

때때로 당신의 플로어타임 놀이 상대가 완전히 등을 돌릴 수도 있다. 그럴 경우에는 아이에게 회복할 여유를 주자. 몸짓을 이용한 의사소통은 피곤하게 할 수 있고 20분간의 의사소통은 아이가 감당할 수 없을 수도 있다. 아이가 피곤해 보인다면, 당신의 의사소통 리듬을 바꾸라. 발가락 집기 놀이와 같은 더욱 구조적인 게임으로 바꾸거나 아이의 등을 문질러 주자. 두 사람이 서로의 손을 토닥이거나 문지르거나 팔을 함께 흔들며 매우 편안하게 상호작용을 할 수 있다. 힘든 하루를 보낸 후 배우자와 포옹이나 안마를 하는 것이 얼마나 회복에 도움이 되는지 생각해 보라.

아기를 다시 대화에 끌어들일 수 있는 또 다른 방법은 비언어적인 대화를 활발하게 유지하는 것이다. 다만, 서둘러서는 안 된다. 아기의 흥미를 유지하기 위해 작은 놀라움과 반전을 제공하자. 다양한 표정을 사용하고, 함께 놀 때 술래잡기에 완전히 몸을 던져 자신이 원하는 만큼 자유롭고 엉뚱하게 행동하라.

아이의 집중의 폭은 놀라운 속도로 성장하게 된다. 8개월이 된 아이는 한 물체를 한 번에 40~60초 동안 탐구할 수 있다. 아이가 이해할 수 있는 방식으로 정보를 주면서 상호작용할 때마다 딱 몇 초만 더 집중할 수 있게 도와주자. 만약 당신 아이의 주의 집중력이 흐려지는 것 같으면 속도를 늦추거나 높이는 것 혹은 몸짓을 바꾸며 실험해 보자.

요약하자면 아이의 리드를 따르고, 아이가 주는 신호에 공감해 주며, 적절한 타이밍에 반응해 주고, 당신 몸짓의 대화를 더욱 활발하게 만들고 확대시키라. 당신이 아이와 소통하는 능력을 구축할수록 아이는 당신의 빛나는 눈동자, 열정적인 고개 끄덕임, 장난기 있는 목소리 그리고 극적인 몸짓에서 당신의 사랑과 존중을 느끼게 될 것이다.

4) 아기가 몸을 사용하여 의사소통하도록 돕기

8~9개월 즈음 되었을 때 대부분의 아이들은 원하는 것을 이루기 위해 최소한 두 가지 움직임을 순서화할 수 있다. 예를 들어, 당신의 아이가 얼마 떨어지지 않은 거리의 곰 인형을 본다면 그것을 향해 다가가 손을 뻗을 수 있다. 우리가 운동 순서화하기, 운동 계획하기라고 부르는 이 능력은 다양한 움직임을 계획하는 능력이며, 아이가 자신의 의도를 소통하기 쉽게 해 준다. 만약 아기가 곰 인형을 보고 곰을 탐구하며 자신의 호기심을 채우고 싶지만, 기어가서 손을 뻗는 순서를 아직 협동적으로 조직할 수 없을 때의 좌절과 분노를 상상해 보자.

아기가 자신의 운동 능력을 사용하여 마음의 욕구가 원하는 바를 이룰 때, 큰 근육을 어떻게 사용하는지 특별한 주의를 기울여서 확인해 보자. 아이가 어떻게 기고 걷고 물건에 손을 뻗는지 말이다. 만약 아이의 모습이 어설퍼 보이거나 주저하는 듯하면 단순히 아이에게 연습이 더 필요한 경우일 수 있지만, 한편으로는 아이가 실제로 자신의 행동을 계획하는 것을 어려워하고 있다는 뜻으로 볼 수도 있다. 시간이 지나면 아이가 점점 더 능숙해지는지 혹은 그대로 어려움을 내비치는지 살펴보라. 아이가 두 단계의 움직임을 순서대로 이행하는 데 어려움을 보인다면, 아이는 아마 자신의 의도를 당신에게 소통하는 것에 좌절감을 느끼고 있을지도 모른다. 아이가 당신에게 말하고 싶어 하는 메시지를 몸으로 보여 주지 못하기 때문에 아이가 고집을 피우고 싶은지 호기심이 넘치는지 행복한지 아니면 화가 났는지 판독하기가 어려울 것이다.

아이가 당신에게 이해하기 어려운 신호를 보낼 때 연결된 소속 관계를 느끼는 것은 쉽지 않을 것이다. 당신이 아이의 의도를 잘못 이해하는 것을 피할 수 있는 한 가지 방법은 아이의 운동 신경을 더욱 가까이에서 관찰하는 것이다. 아이의 특정한 근긴장도에 신경 써야 한다는 것을 기억하라. 만약 당신의 아이가 긴장되거나 뻣뻣한 근육을 가졌다면 아이는 자신의 제스처를 제어하지 못하거나 손을 뻗을 때 목표에서 한참 벗어날 것이다. 이는 아이의 호기심이 공격성으로 오해받을 수도 있다. 아마 당신이 흥미로운 것을 먹을 때 아이가 당신을 향해 손을 뻗었으나 실수로 코에 부딪친 적이 있었을지도 모른다.

그와 비슷하게 근긴장도가 낮은 아이의 의도는 부모가 잘못 해석할 수 있다. 당신이 아이가 가장 좋아하는 장난감을 아이의 손에서 가져가 아이가 화가 났다고 가정해 보자. 아이는 아마 화가 난 나머지 당신을 꼬집거나 찌르고 싶다는 불타는 열망을 가질지도 모르지만, 늘어지는 근육 때문에 여전히 생각대로 움직일 수 없을 것이다. (이 발달 단계에 왔을 즈음이면 아이는 공격성을 우는 것 외의 다른 신체적 표현을 실험하기 시작하게 된다.) 아이는 아마 당신을 찌르려는 시도를 하려다가 균형을 못 잡고 넘어져 버릴 것이며, 좌절감과 극심한 분노로 인해 울음을 터뜨릴 것이다. 만약 당신이 아이가 우는 이유가 넘어진 게 아파서라고 생각하여 안아 주려고 한다면, 당신은 아이의 의도를 잘못 이해한 것이다. 이 경우 아이의 공격성과 분노의 감정은 무시되어 버린 것이다.

근육을 제어하고 행동 순서화를 하는 아이의 능력이 지속적으로 염려된다면 소아과 의사나 아동발달 전문가와 꼭 이야기를 나누도록 하자. 신호를 주는 아이의 능력 그리고 그와 동반되는 의사소통 능력은 아이의 운동 시스템이 얼마나 원활한지에 달려 있기 때문에 당신은 아이의 기분을 빠르게 추정하기 전에 아이의 근긴장도와 순서화 역량을 먼저 꼭 살피도록 하자.

5) 아기가 자신의 모든 감정을 표현하도록 돕기

아이의 행복한 미소에 적절히 반응하는 것은 당신의 입장에서 전혀 어렵지 않을 것이다. 하지만 아이는 머리를 어딘가에 부딪치는 것이나 꼬집는 것과 같은 **부정적인 신호까지 감안한 모든 감정**을 당신의 공감적 눈치로 알아챌 수 있어야 한다. 아이는 자신이 표현할 수 있는 수많은 각기 다른 감정에 대한 몸짓의 피드백을 당신에게서 받아야 한다. 즐거움이나 반항에 대한 아이의 신호를 적절하게 읽고 반응해 줄수록 당신의 아이는 자신과 타인의 미세한 감정 차이까지 더 이해하게 될 것이다. 당신이 아이와 공감해 주고 아이의 기쁨이나 두려움을 공유할 때, 아이는 감정적으로 이해받았음을 깨달을 것이다. 아이는 당신과 가까이 있어야 한다는 마음(의존성)을 표현할 것이고, 또한 즐거움, 사랑, 호기심 그리고 자기주장과 분노에 대해서도 표출할 것이다. 모든 종류의 감정을 느껴도 괜찮다는 것을 아이가 느끼게 해 주는 것이 좋다.

때때로 당신의 아이는 조금 거리를 두거나 아니면 경계하는 태도를 보일 수 있다. 아이의 일시적인 무관심에 기분 상하지 말고, 당신의 몸짓을 통해 이해한다는 것을 아이가 느끼게 해 주자. 아이 가까이에 있을 때 위에서 아이를 바라보며 온기를 유지하고 고개를 느리게 움직이며 확고하게 고개를 끄덕여 주자. 그리고 점차 눈을 반짝이며 입의 움직임에 생동감을 더하고 아이가 당신과 다시 상호작용하고 싶도록 만들자. 당신 목소리의 음조를 바꾸는 것과 같이 단순하고 가벼운 정도의 새로움으로도 아이의 흥미를 끌어낼 수 있다. 무엇보다도 아이의 일시적인 마음의 거리가 당신을 거부하는 것이라고 추정하지 말자. 아이는 그저 휴식이 필요하고, 당신과 자신 사이에 줄곧 일어났던 의사소통 관계를 다시 형성하기 위한 도움이 필요할 뿐이다. 아이는 아마 당신이 서서히 자신을 상호작용으로 끌어들이기 전에 휴식과 위안이 먼저 필요한 것뿐이다.

당신의 아이가 분노나 원망과 같은 부정적인 기분을 어떻게 표출하는지 더 자세히 알아보자. 이러한 감정은 아마 아이가 즐거워하고 있는 물체를 당신이 가져갈 때 처음으로 떠오를 것이다. 지금 아이는 자신의 주변에 있던 것이 없어진 것에 상실감과 분노의 감정을 느낄 수 있게 된 것이다. 아이는 물체가 잠깐 자신의 시야에서 보이지 않을 때도 그 존재 자체가 사라지지 않는 것을 깨달았기 때문이다. 단 몇 개월 전만 해도, 아이는 눈에 안 보이는 장난감은 그럼에도 계속 존재한다는 것을 이해하지 못하여 아이의 요람에서 하나를 빼면 없어졌다는 사실을 절대 알지 못했다.

아이가 9개월쯤 될 때에는 이야기가 달라진다. 당신의 아이는 아마 원하는 것을 손에 쥐지 못할 때 화를 낼 수 있을 것이다. 혹은 다른 장난감을 쥐고 그걸로 요람을 세게 두드리며 분노를 표출할 수도 있다. 이 시기에 당신은 당신이 아이에게 반응하는 방식을 통해 아이에게 일반적으로 분노와 자기주장을 어떻게 생각하는지에 대한 중요한 메시지를 전달한다. 그 무엇보다도 아기는 강렬하고 분노에 찬 감정의 압박감에도 당신과의 몸짓 상호작용은 지속될 수 있다는 것을 배워야 함을 꼭 기억하자. 이는, 즉 소리 지르거나 노려볼 아이의 권리는 수용하지만, 그에 대한 반응으로는 따뜻하고 달래는 제스처로 응답하는 것을 의미한다.

이럴 때 아이에게 달콤한 목소리로 속삭이라고 추천하는 것은 아니다. 아기가 화났을 때 자신의 진심 어린 분노에 대한 반응은 오히려 아이를 더 화나게 할 것이다. 그 대신 아이의 열받은 음성과 휘두르는 아이의 팔에 당신의 공감의 깊이를 전달하자. 일시적으로 아이의 흥분된 상태에 맞춰 빠르게 고개를 끄덕이고 발성을 맞추자. 힘 있는 목소리로 아이에게 말하자. "아주, 아주 화가 났다는 거 알아. 아빠한테 엄청 화가 난 거 알아." 그런 뒤 점차적으로 아이가 당신과 몸짓으로 반응하는 소통의 순환을 열고 닫을 수 있을 정도로 조금 더 안정된 단계로 아이의 감정을 가라앉히자. 느긋하게 말을 걸자. "이런, 이런, 우리 아기. 기분이 좀 나아졌니? 같이 숨을 기이-이-이-잎게 쉬어 보자, 알겠지?" 이는 아기가 당신과 연결된 상태로 진정할 수 있게 해 준다.

아이가 분노를 느낄 권리를 수용하고 당신의 몸짓으로 반응하는 것 그리고 천천히 아이의 속도를 늦추어 당신은 아이가 다시 주고받는 의사소통으로 돌아오는 법을 가르쳐 주는 것이다. 화가 나서 아이를 노려보는 거나 인상을 쓰거나 등을 굳히는 몸짓은 회피하도록 한다. 이는 아이에게 두려움을 느끼게 하여 당신과 더 이상 관계적인 참여를 하지 않게 만들기 때문이다. 또한 아이를 더 화나게 할 과한 달콤함도 회피해야 한다. 그 대신 아이가 자신을 진정시키고 당신의 사랑에 의지하는 이전 단계의 이정표를 다시 숙달하게 해 주는 것으로 자신의 새로운 소통 능력을 단단히 구축시켜 주도록 하자. 아이가 화를 내는 상황에서마저 말이다.

부모에게 어려움을 안겨 주는 또 다른 감정의 영역은 9개월에서 10개월 된 아이가 느끼는 신체에 대한 분명한 즐거움이다. 아이는 이 시기에 근육이 발달되어 손을 뻗고 손가락을 제어할 수 있게 되었기 때문에 자기 몸의 다양한 부분을 탐구하기 시작한다. 아이가 자신의 손가락이나 발가락을 빠는 행동이나 혹은 자신의 생식기를 잡아당기는 모습을 볼 수 있을 것이다. 이것은 굉장히 평범한 행동이지만, 어떤 부모는 이를 속상하게 생각하여 불안함이나 화난 목소리를 내어 아이에게 혼란을 줄 수 있다.

이 나이대의 아이들은 목적이 있는 즐거움을 추구하며, 스스로를 자극시키며 자란다는 것을 기억하라. 만약 당신의 아이가 자신을 조절하지 못하고 대부분의 시간을 이 행동을 하는 데 낭비한다면, 아마도 자신의 몸에 필요한 수준의 즐거움을 얻기 위해 노력하는 것일지도 모른다. 당신의 아이가 혼자보다는 거의 늘 당신과 상호작용하기를 선호할 테니 아이에게 혼자서 탐색하는 시간보다 더 나은 대안을 제안해 보자. 아이가 당신의 머리카락을 갖고 놀게 해 주고, 마사지를 해 주고, 발가락 놀이를 해 보자. 아이의 코, 입과 배를 가리키고 당신의 신체 부위도 똑같이 가리키며 그 부위의 이름을 알려 주자. 그러면서 작은 변화와 간지럽히기를 더해 아이가 즐거운 놀이를 하게 하자. 아이가 보이는 신체적 즐거움에 너무 엄하게 혹은 과하게 반응하려 하지 말자. 아이가 혼자 몸을 탐색하는 것과 당신과 함께하는 상호작용 사이에 균형을 찾아 주자.

6) 때로는 아이가 주도하게 하기

이제 당신의 아이는 자랑스럽게 자신이 뭘 원하는지 당신에게 몸을 이용해 알려 줄 수 있기 때문에 아이가 당신에게 이것저것을 지시하려고 할 수도 있다. 아이는 때때로 당신의 통제를 받아들이고 싶지 않아 화를 낼 수 있다. 이 시기는 아이의 분노를 기분 나쁘게 받아들일 때가 아니다. 아이는 자신의 몸짓으로 욕구를 표현하는 것이 당신의 관심을 얻는 법이라고 배웠으니 아이는 단순히 지속적으로 자신의 주장을 하고 싶은 것뿐이다.

놀이 시간에 아이가 더 주도권을 쥐게 하는 것으로 힘의 투쟁을 회피할 수 있다. 아이들은 자신의 주장을 존중받기를 원하고, 당신은 아이와 바닥에서 시간을 보내는 동안 그들에게 만족감을 줄 수 있다. 만약 아이가 장난감을 탕탕 치고 싶어 한다면, 그건 당신에게도 재미있는 것이라고 생각하게 하라. 해야 한다면 열정을 가장해서 보여 주자. 하지만 당신은 아이가 일시적으로 지휘권을 가지게 해 주는 것이 얼마나 즐거운지 느껴 보면 깜짝 놀랄 것이다.

아이가 당신을 똑바로 쳐다본 채 마루나 화분 뚜껑에 자신의 블록을 쾅쾅 두드리며 당신의 반응을 기다리고 있다고 상상해 보자. 당신은 아이의 시선을 마주 본 채 "재미있는 놀이네! 블록이 시끄러운 소리를 내네!"라고 말할 수 있다. 그런 다음 서로 다른 소리에 하나씩 반응해 줄 수 있다. 철 소리가 흔들릴 때 귀를 막고, 소리가 기분 좋을 때나 리듬감이 있을 때는 미소를 짓는 것이다. 아기는 이러한 행동을 통해 자신이 다른 반응을 불러일으킬 수 있음을 알게 될 것이다.

아기가 당신과 같이 바닥에서 노는 시간을 지휘하게 함으로써 당신은 자신의 선호를 인정하고 의사소통 능력을 넓힐 수 있다. 당신은 또한 아이가 주도하게 하는 것으로 아이에게 가치 있고 중요하게 느끼게 하는 방식으로 아이와 리더십을 공유하게 되며 권력 투쟁을 피하게 된다.

7) "안 돼."의 제한으로 소통하기

바닥에서 노는 플로어타임식 상호작용을 하는 시간 동안 아이가 주도권을 쥐게 격려해 주면, 아이는 자신의 작은 왕국의 주인이 될 수 있다는 뿌리 깊은 느낌을 갖게 될 것이다. 당신은 그때 아이 인생의 다른 영역에 제한을 두어야 한다. 아이는 신나는 바깥 세계에 점점 더 집중하고 수많은 일을 하고 싶어 하기 때문에 자녀는 때때로 자신을 과하게 자극시킬 수 있다. 아이는 지나치게 흥분하여 산만하게 되어 자신을 진정시킬 수 있도록 당신의 도움이 필요하다.

당신은 이미 아기에게 당신의 긍정적인 고개 끄덕임과 미소의 의미를 가르쳐 왔으며, 이제 아기는 당신이 머리를 좌우로 흔드는 의미와 "안 돼, 안 돼!"라는 단어가 말해주는 뜻을 배워야 한다. 당신은 엄한 표정으로 손가락을 가리키는 것이나 혀를 차는 것 등 안 된다는 것을 드러내는 다른 몸짓을 사용해도 된다. 위험하거나 화가 나게 하는 상황에서 아기의 주의를 다른 곳으로 돌려야 할 때 사용하는 몸짓과 단어는 아이의 몸짓의 어휘를 확장시킬 것이다.

많은 반복을 거친 후에 아기는 당신의 엄격한 음성을 듣거나 안 된다고 말하는 듯한 당신의 얼굴 표정을 보면 무슨 뜻인지 이해하게 된다. 때로는 아기가 전기 콘센트를 탐험하고 있거나 다른 아이를 꼬집으려고 한다면 재빨리 달려가 아이를 떼어 내야 하는 경우도 있지만, 이렇게 편리하게만 대응한다면 배움의 기회를 놓치게 된다.

사소한 불편함은 아기에게 당신의 몸짓에 어떻게 반응해야 하는지 가르쳐 줄 수 있는 기회를 충분히 줄 것이다. 당신이 아이의 시선을 분산시키기 위해 노력했음에도 무용지물이 되어 아기가 먼지가 많은 난로를 자꾸 만져 손을 더럽힌다면, 아이를 견고히 잡아 반대 방향으로 몸을 돌리자. "안 돼! 지지!"라고 말하면서 손가락을 흔드는 것도 잊지 말자. 이게 재미있는 '나 잡아 봐라' 놀이라고 생각하지 않게끔 엄한 표정을 보이라. 이 표정이 아이에게 겁을 주는 것 같다면 목소리의 진지한 느낌을 조금 덜어 내도록 하자. 어떤 아기들은 평상시의 목소리를 조금 낮추기만 해도 반응을 보일 것이다.

제스처를 읽고 보내는 법을 적극적으로 학습함으로써 자녀는 원인과 결과 사이의 명확한 관계를 경험한다. 아기는 당신을 사랑하고 함께 있을 때 당신의 온기와 애정 어린 어조에 기대기 때문에 결국 당신이 격려하지 않는 행동은 덜하게 될 것이다. 당신의 격려하는 몸짓은 아이에게 주변을 탐구해 봐야겠다는 욕구보다 더 의미가 크다. 그럼에도 아이는 이제 당신의 "안 돼!" 몸짓을 갓 배우기 시작하고 있다는 것을 기억하자. 아이는 정서 발달의 다음 단계에서 "안 돼!"의 의미를 더 온전히 이해하게 될 것이다.

그때까지 당신의 격려하는 몸짓과 그렇지 않은 몸짓을 관찰하고 알맞게 반응하는 연습을 계속하게 돕자. 아이가 당신의 몸짓에 대해 더 많이 알게 되면 시간이 지남에 따라 자신을 억제하는 것이 당신의 지지적인 목소리와 허락하는 고개 끄덕임과 연상하게 되기 때문에 기분이 좋은 것으로 수용하게 될 것이다. 이런 긍정적인 기분은 나중에 진정한 자존감으로 성숙한다.

8) 아기가 성장하면서 하는 비언어적 의사소통

아이와 이제 사실 관계를 주고받는 듯한 단순한 몸짓의 교환은 아이가 앞으로 만나는 모든 사람의 얼굴과 몸짓에서 계속 읽게 될 메시지를 만들어 낸다. 이러한 비언어적인 신호는 다른 사람들에 대한 중요한 정보를 전달한다. 그들은 당신의 자녀에게 편안하고 친절한 목소리를 믿게 하고, 수상한 표정과 불안정한 행동을 하는 사람을 경계하도록 가르칠 것이다. 특정한 목소리의 어조와 자세는 아이에게 경계심을 느끼게 하고, 공허한 표정과 행동이나 부자연스러운 팔다리의 움직임은 아이에게 사람들의 주의를 잃고 있다는 것을 알려 주는 신호가 된다. 아이가 나이가 들면 당신은 아이가 성장해 감에 따라 신체 언어가 전하는 모든 비언어적 메시지에 특별한 주의를 기울이는 방법을 가르쳐 줄 것이다. 소리 내어 말하는 단어가 아이에게 상징적 의미가 생기게 될 때도 바닥에서 같이 노는 플로어타임 시간의 놀이는 여전히 제스처를 강조할 것이다. 우리가 사용하는 단어의 의미를 더 깊게, 때로는 의도적으로 모순되게 하기 때문이다.

당신은 미래에 언젠가 만으로 서너 살 된 아이와 『빨간 모자』 이야기를 함께 재현할 것이다. 당신의 아이는 할머니로 위장을 한 늑대 역할을 맡을 수 있다. 당신이 아이에게 "할머니, 눈이 정말로 크네요!"라고 말하면, "너를 더욱 잘 보기 위해서지."라고 말하며 아이가 눈을 크게 뜨고 위험하게 입맛을 다시는 것을 보게 될 것이다. 아이는 지금 한 말이 겉으로는 달콤할지 몰라도 그 말 뒤에 숨어 있는 사악한 의도가 있다는 것을 몸짓으로 전달할 것이다. 아이는 자신의 행동과 몸짓이 말한 단어와 어긋나게 될 수 있다는 것과 사람들 사이에서 일어나는 진정한 의사소통은 우리 몸에 의해 드러난 것임을 이해하기 시작할 것이다.

이 얼마나 강렬한 교훈인가! 앞으로 다가올 미래에 당신은 아기가 이 아이디어를 구체화할 수 있도록 도와줄 것이고, 아기는 사기꾼과 진짜 상황의 차이점을 구별해 낼 수 있을 것이다. 이런 미세한 교훈을 가르칠 때 아이는 여전히 따스한 당신의 눈빛의 편안함과 달래 주는 리듬감 있는 움직임이 필요하다는 것을 기억하라. 두 사람의 대화가 점점 복잡해지고 즐거워지는 가운데 지속적으로 진정시키고 관심을 사로잡아 나가자.

4. 기준치 높이기

양방향 의사소통을 하게 하는 가장 단순한 놀이조차도 아기의 신경계를 발달시킬 수 있는 광범위한 운동을 제공한다. 이런 게임은 또한 수많은 다양한 행동을 동시에 조직하는 법을 가르친다. 까꿍 놀이와 같은 게임은 얼굴을 보고, 단어를 듣고, 동시에 손을 움직이는 아이의 능력을 발전시킨다. 당신의 아기가 당신의 코에 손을 뻗어 살며시 쥘 때, 기관차인 척하고 "칙칙폭폭!" 하는 소리를 내면 당신의 장난스러운 상호작용은 실제로 당신의 아기에게 동시에 보고, 듣고 그리고 행동하게 가르치게 된다. 아기는 당신을 사랑하고 함께 놀 때마다 즐거움을 경험하기 때문에 당신의 몸짓을 연구하고 상황에 알맞게 대처할 강력한 동기를 갖게 된다. 당신의 아기는 동시에 한 가지 이상의 것을 할 수 있고, 목적을 갖고 혹은 의도를 가졌다는 큰 틀 안에서 이런 역량을 통합하는 아이의 능력이야말로 이 발달 단계에서 아이의 신경계와 정신을 강화시키는 것이다.

아기의 생후 1년 동안 당신은 점점 더 아기의 신경계와 성격의 독특한 양상에 대해 더 인지하게 되었다. 아기가 선호하는 감각이 어떤 것이며 강화가 필요한 것은 무엇인지 이해하게 되었다. 아기가 따르기 쉬운 신호를 강조해야 하는 한편, 다른 신호에 대한 지원을 제공해야 하는 것을 명심하라. 예를 들어, 만약 당신의 아기가 듣는 것보다 보는 것에 유독 더 반응을 한다면, 시각적 단서인 미소나 찡그린 인상으로 시작하거나 반짝이는 샹들리에의 빛을 켜는 전등 스위치를 켜게 하는 것에서 시작하자.

시각적 단서를 강조하는 것으로 몇 개의 소통 순환을 열고 닫은 다음에는 이제 더 많은 소리와 움직임을 포함하는 범위의 제스처로 확대할 차례이다. 불을 켠다는 것을 의미하는 소리를 활용해 보자. 아이를 품에 안고 흔들어도 되고 동요의 운율에 맞게 통통 튀어도 좋다. 아이가 불을 다시 켜게 하기 위해 소리를 이용하거나 손을 움직이는지 살펴보자. 당신의 아기는 움직이는 것과 듣는 것 또한 시각적 경험의 일부라는 감각을 얻게 될 것이다. 아이가 더 선호하는 감각으로 아이의 관심을 성공적으로 사로잡고 나면, 아이는 자신이 더 어려워하는 감각을 사용하도록 도전을 받아도 당신에게 집중을 유지할 가능성이 높다. 반면, 만약 당신의 아기가 시각적인 연습이 필요하다면 눈부신 샹들리에가 아니라 말하고 움직이는 것에 먼저 초점을 두어야 한다. 전반적으로, 아기가 편히 사용하는 감각에 처음 신호를 보내고 거기서부터 더 넓혀 가는 것이다.

자녀가 점점 다양한 제스처에 반응하는 법을 배워 갈수록 아기는 보고 듣고, 만지고, 움직이며 만지는 것을 통합할 수 있게 될 것이다. 만약 아기와 당신이 상호작용할 때 아기가 근육 전체를 온전히 사용하지 않는다면 아이가 여러 가지 근육을 사용할 수 있도록 도와주어야 한다. 당신이 특정한 소리를 낼 때 당신이 두더지처럼 뿅 튀어나오는 재미있는 게임을 시작하라. 그리고 그가 당신을 모방하는지 보자. 생일파티에 입으로 부는 장난감을 입에 넣고 뿌우 소리가 나면서 앞으로 튀어나오는 모습을 보게 하자. 이는 시각적으로 흥미로울 것이다. 소리가 나는 장난감은 손을 뻗어 쥐어 보고 싶게 한다. 당신의 아기에게 보고, 손을 뻗고 기어가는 것을 동시에 연습할 수 있는 충분한 보상을 제공하자. 또한 만약 아기가 조그만 물건을 집는 것을 망설이는 것 같다면 아기에게 조그만 핑거 푸드를 제공해 주자.

아이가 1인 밴드처럼 시각, 청각과 움직임의 '악기'를 멋지게 연주하기 시작할 때 이를 음악으로 끌어모으는 것은 아이의 감정과 정서적 관심거리이다. 그러니 당신의 아기가 즐거움과 의도를 갖고 이 감각을 동시에 연주해 나갈 수 있도록 기회를 충분히 만들어 주자.

1) 마법의 순간

의사소통 능력은 순식간에 키울 수 없다. 당신의 아기는 매일, 하루에 여러 번 당신의 온전한 관심이 필요하다. 그리하여 몸짓 언어가 충분히 전개되어 공유될 수 있도록 말이다. 만약 당신이 일 때문에 매일 오랜 시간 동안 아기와 떨어져 있다면, 당신은 하루에 여러 번 침범할 수 없는 플로어타임 순간을 꼭 만들어야 한다. 한 엄마는 자신과 소통하고자 하는 욕구가 다른 무엇보다 먼저라는 것을 어렵게 깨달았다.

퇴근하고 집에 돌아왔을 때 그녀는 낮 동안 이웃에게 맡겨 둔 9개월 된 아이가 자신에게 토라졌다는 것을 자주 느꼈다. 아이는 엄마의 다리를 붙잡고 칭얼거렸다. 엄마가 몸을 굽혀 아기를 안아 들 때도 쌀쌀맞게 굴었다. 아기 엄마는 종종 아기를 잠깐 안아주고 뽀뽀를 한 다음 식기세척기에서 물품을 꺼내 저녁을 요리하기 시작했다. 첫째와 둘째 그리고 남편이 한 시간 안에 도착하기 때문에 늘 시간에 쫓겼다.

어느 정도 시간이 지난 후 엄마는 퇴근 후에 막내가 자신에게 집착하거나 징징거리지 않는다는 것을 알아챘다. 가만 보니 아이는 엄마에게 그 어떤 반응도 보이지 않았다. 아이의 무관심은 엄마를 걱정하게 했다. 엄마는 아이가 최우선이어야 한다는 것을 깨닫고, 엄마가 부엌에서 식사 준비를 하는 것이 아기에게 거부감이 드는 건지 알아보기 위해 아기를 집으로 데려오자마자 아기와 같은 자세로 바닥에 엎드렸다. 처음에 아기는 바닥을 기어 다니며 냄비와 냄비를 안고 놀면서 엄마를 무시했다. 하지만 아기는 서서히 마음을 열어 엄마가 정말로 자신의 세상에 돌아왔다고 느끼는 듯했다. 아기는 엄마에게 달려가 엄마의 머리를 잡아당겼다. 엄마는 아이를 무릎에 앉히고 꽉 껴안아 주며 "너와 함께 집에 있으니 참 좋네!"라고 말했다. 아기와 엄마는 놀이를 하면서 제스처를 주고받는 시간을 보냈다.

20분이 지난 후, 플로어타임 참가자들은 모두 놀이를 끝냈지만 동기화되어 있었다. 엄마가 저녁을 차리러 갔을 때 아기는 가끔 냄비와 팬을 두고 엄마에게 다가가 재잘거렸다. 엄마는 이에 반응해 주고, 아이는 혼자의 놀이로 돌아갔다가 다시 엄마에게 다가왔다. 엄마는 이제부터 플로어타임 소통이 우선시되어야 한다는 것을 명백히 알게 되었고, 다른 것은 잠시 동안 기다리게 둬야 한다는 것을 깨달았다. 그녀는 저녁 식사를 준비하는 동안에도 플로어타임 철학을 이어 나갈 수 있다는 것도 알아챘다.

이 '마법의 순간'의 일부는 사실 불편한 시간에 다가온다. 그러나 일부는 하루가 저물 때, 아기가 목욕을 하고 느긋하게 쉬고 있을 때 일어나도록 할 수 있다. 저녁에 더 조용한 플로어타임 회기로 아이를 공감과 연결된 감정으로 감싸 주자. 애정 어린 접촉과 부드러운 음성을 주고받으며 졸린 아이를 요람에 눕혀 긴장을 풀게 하자.

당신이 아이와 놀고 대화를 만들수록 당신에게도 이내 더 큰 즐거움을 가져다줄 것이다. 당신은 아이 개인의 신호를 주는 방식에 더 익숙해지고 바로 반응하게 될 것이다. 만약 아기의 몸짓 일부가 여전히 불분명하다면, 당신은 그 방식을 분류한 후, 아기가 장난스럽게 코를 쥐어짠 것인지 복수로 당신을 꼬집으려 하는지 구분하기 위해서 20번 혹은 그 이상 봐야 할 것이다.

2) 집을 탐색할 수 있는 안전한 공간으로 만들기

아기가 자신의 환경을 자유롭게 탐색해도 된다고 느끼면 자신이 원하는 것을 보여주는 데 더 능숙해질 것이다. 당신이 아기의 실험에 지나치게 제한을 둔다면 아기가 자신을 보여 주고자 하는 소망에 직접적으로 반대하게 되는 것이다. 작은 물건을 치우고, 날카로운 모서리에는 패드를 더하며 스위치는 덮고 기타 전기 위험을 제거하여 집의 특정 영역이 탐색하기에 안전한지 확인함으로써 불필요한 권력 투쟁을 피할 수 있다.

다양한 물체를 찔러 볼 기회가 많은 아기는 어떤 것이 자신에게 금지되었을 때 순간적으로 괴로움을 느낄 뿐이다. 당신이 아기의 손에서 위험한 물건을 가져가고 아기에게 "안 돼!"라고 말한다고 당신을 사랑하지 않게 되는 것 또한 아니다. 자녀에게 안전한 환경을 제공하는 것은 아기에게 몸짓과 행동을 통해 세상을 탐험하는 것을 얼마나 좋아하는지 보여 달라고 격려하는 것이다.

3) 괴로워하는 아기가 의사소통하도록 돕기

아기가 괴로워하고 기능이 녹아내리는 것 같은 상태에 들어간 이후에도 소통은 가능하다. 한 가지 일반적인 규칙은 아기가 원하는 것을 몸짓 혹은 음성으로 보여 달라고 부드럽게 격려하는 것이다. 예를 들어, 당신이 8개월 된 아기가 놀이 공간에서 분노로 소리 지르는 것을 듣는다면, 당신은 아마도 그 문제가 무엇인지 보기 위해 아기의 곁으로 달려갈 것이다. 아기가 육체적인 고통을 느끼는 것이 아니라는 것을 알게 되면 아이를 들어 올려 안으려는 욕구를 억제해야 한다. 때때로 당신의 얼굴과 목소리로 아기에게 당신의 애정 어린 걱정을 보여 주면서 조금 기다리면 아기가 행동을 취하게 해 줄 것이다. 그러고 나서 아기에게 더 많은 음성으로 지지해 주도록 한다. "아빠가 와서 안아 줬으면 좋겠어? 엄마가 같이 놀까?"라고 묻는 것이다. 비록 아기가 당신이 사용하고 있는 단어를 이해하지 못할지라도, 당신은 아기에게 자신이 원하는 것을 보여 줄 기회를 주고 있는 것이다. 당신이 아기에게 말을 건네는 몇 초 동안에 아기는 갑자기 팔을 뻗어 안아 올려 달라 조용히 요청할 수도 있다. 아기의 감정에 공감한다는 것을 알게 해 주되, 성급하게 행동하지 말고 아기의 필요를 예측하자. 아이에게 몸짓 레퍼토리를 만들어 갈 기회를 주도록 하자.

아기들은 좌절과 짜증을 해소하기 위해 운동 시스템을 사용한다. 아기들은 아기 의자에 손을 부딪치거나 손으로 장난감을 칠 수도 있다. 이 나이대의 아기는 아기의 몸통에 가장 통제력을 가지고 있기 때문에 자신의 머리와 몸통을 사용하여 몸짓을 보여 줄 것이다. 아기들은 활발한 신체적 상호작용을 할 수많은 기회가 필요하다. 함께 바닥에 엎드려 리듬감 있는 움직임을 놀이에 더하자. 일부 아기들은 다리와 목 근육에만 의존하지 않도록 다리와 손을 사용하는 연습이 필요하다. 다른 아기들은 이미 아기들의 팔과 다리를 능숙하게 사용하기 때문에 화가 났을 때 당신을 차거나 쿡쿡 찌를 것이다. 여전히 다른 아이들은 얼마나 화가 났는지 보여 주고자 당신을 조용히 노려보거나 날카로운 비명을 지르거나 심지어는 자신을 물 수도 있다.

그 신호가 미묘하거나 무언일 때조차 아기의 분노 신호의 대부분에 반응함으로써 당신은 점차적으로 아기를 다른 사람과 소통하는 즐거움으로 다시 이끌어 줄 수 있다. 이 시기에는 단순히 고개를 끄덕이거나, 입꼬리를 들어 올리거나, 아이가 평소의 기운을 되찾았을 때 기뻐하며 팔을 위로 치켜들며 미소를 지어 주는 식으로 아이의 의도와 감정을 받아들이고 있다는 것을 아이에게 알리는 것이 매우 중요하다.

당신의 아기가 의사소통을 배울 때 해야 하는 것과 하지 말아야 하는 것

- 두 사람이 상호작용하는 동안 가능한 한 아이 신경계의 시각, 청각, 촉각과 움직임 요소를 동시에 활용하게 하자.
- 지휘자가 되어 놀이를 통제하려 하지 않는다. 아이의 리드를 따르고 아이가 자신의 관심사를 바탕으로 자신의 새로운 능력을 지시하고 조직하게 돕는다.
- 더 오랜 시간 동안 정서적으로 즐거운 놀이를 많이 한다. 좀 더 상호적인 놀이 시간을 공유할수록 더 재미를 느끼게 된다.
- 마법의 순간을 찾자.

5. 양방향 의사소통이 아이의 자아의식을 구축하는 방법

아기는 인생 초기 몇 달 동안 자신이 별개의 존재라는 감각이 없다. 아기의 자아는 아기의 내면과 주변 세상에 대한 일종의 인지로 경험되었다. 시간이 흐르면서 성장 중인 부모와의 관계는 인간 세계와 더 강렬한 관계를 맺게 했다. 아기의 자아감은 점점 더 부모의 정서적 연결 및 상호작용에 연결되고 일부가 되었다. 현재 이 양방향의 의도적인 의사소통이 이루어지는 발달 기간에는 **의지**가 있는 새로운 자신이 싹트고 있다. 당신의 아기는 자신의 행동이 당신의 반응을 끌어내고 자신이 원하는 것을 얻도록 한다는 것을 깨닫기 시작했다. 아기의 자아감은 당신의 관계의 일부분이고 동시에 다른 목적이 있고 분리된 존재로의 경험이 시작되고 있다.

아기가 당신에게 들어 올려 안아 줄 것을 바랄 때 아이는 팔을 들어 올리는 것으로 이를 나타낸다. 아이는 성인과 같이 이를 언어적 형태나 상징으로 경험하지는 않는다. 아기는 아직 언어가 자리 잡지 않았기 때문에 '안아 올려 줬으면 좋겠어.'라고 생각할 수 없다. 그러나 아기는 의도나 욕망에 대한 감각을 느끼고 이를 몸짓으로 소통한다. 아기가 원하는 대로 반응해 주고 안아 올려 줄 때 아기의 '나'라는 감각, 상황을 만들어 낼 수 있는 자아감은 촉진된다.

당신의 "안 돼, 지지!"와 "그래, 좋아." 또한 아기가 경험하는 것을 조직하고 정리하게 해 준다. 당신이 보내는 이런 신호는 자신이 의지를 갖고 행하는 행동이 세상에 영향을 미치는지 알고 싶어 하는 아이의 욕구에 필요한 피드백을 제공한다. 마치 자신이 가지고 있는 많은 경험을 모아 만든 자신의 모습을 모자이크 그림으로 모아 놓은 것 같다. 당신이 아기의 제안에 응답할 때마다 아기의 자화상에는 또 다른 작은 조각이 제자리에 등장한다.

따라서 자신은 별개의 존재라는 개념은 아기의 제안과 제스처에 대한 부모의 반응에서 나오는 것이다. 아기가 당신에게 장난스러운 미소를 지었고 당신이 그를 수용하듯 미소로 화답했다면, 아기는 당신이 전혀 관심을 주지 않거나 고개를 저으며 인상을 쓰는 반응을 습관처럼 할 때와는 전혀 다른 자아 이미지를 만들어 가게 될 것이다.

항상 아기들은 똑같은 신호에도 다르게 반응한다는 것을 명심하라. 감각의 과부하로 아기를 산만하게 하거나 세상을 차단하게 만들지 않아야 한다. 소리를 지르거나 갑작스러운 몸짓은 피하자. 다음과 같은 신호처럼 아이가 과부하 상태임을 나타내는 주의사항을 주시하라.

- 공허하고 늘어진 표정
- 마구 움직이지만, 조직화되지 못한 팔다리
- 멍한 눈
- 고정된 물체에 대한 지속적 응시

아기가 정신적 외상을 받거나 과부화되었을 때 아기가 겪고 있는 공포나 불안감은 패턴을 만드는 아기의 타고난 능력을 방해한다. 아기는 진정한 의미로 '탈착'되어 자신의 인격의 여러 조각을 통합하기 시작했던 자아에 대한 인식이 일시적으로 손상될 수도 있다. 이 상태 동안 아기를 달래 주고 다시 관계에 참여하게 할 필요가 있으며 이런 식으로 양방향 의사소통이 다시 시작될 수 있다.

하지만 때로 당신의 아기는 제한이 필요하다. 피드백과 양방향 소통은 모든 영역에서 발생해야 한다. 아기들의 행동에 제한을 두는 반응은 부드럽게 이루어지면 실제로 긍정적인 격려의 반응만큼이나 아기가 자아의식을 통합하는 데 도움이 될 수 있다. 아기가 만약 우유 컵을 세 번째로 넘어뜨린 순간은 치켜 올라간 당신의 눈썹을 보기에 좋은 타이밍이다. 당신의 아기는 짜증을 유발한 것에 대한 결과를 느끼게 될 것이고, 아기의 자기 정의에는 때때로 아기가 짜증 나는 상황을 만들 수도 있다는 사실도 포함하게 될 것이다. 물론 아기의 자기의식은 주로 긍정적인 경험을 바탕으로 만들 때 가장 잘 구축된다. 매번 아기가 박스 속을 살피며 당신의 얼굴에 피어나는 기쁨을 볼 때, 매일 아침에 아이의 환한 얼굴을 반기는 당신의 목소리 속에서 즐거움을 들었을 때 아이는 호기심과 자기주장 그리고 즐거움의 새로운 측면을 배우게 된다. 아기는 이러한 감정을 통합하여 자신이 누구이며 무엇인지에 대한 감각을 만들어 간다. 긍정적이든 부정적이든, 감정은 아이가 개별적으로 경험한 제각각의 조각을 모아 붙여 하나의 그림을 완성하게 하는 역할을 해 준다.

6. 도전 극복하기: 전화위복

이제 당신의 아기가 자신의 의도를 표현하기 위해 제스처를 사용할 수 있게 됨으로써 당신은 아기의 성격에 대해 더 명확한 그림을 얻고 있다. 아기는 안아 달라고 손을 자주 뻗는가? 만약 아기가 그렇게 한다면, 아기는 당신에게 얼마나 함께하고 싶은지를 보여 주는 것이다. 이와 유사하게 아기가 침대에 있는 장난감이나 당신의 얼굴 특징을 탐색하는 것은 아기가 건강한 호기심을 가지고 있다는 것을 나타낸다. 당신의 아기가 먹고 싶어 하는 것이나 만지고 싶은 것을 손으로 가리킬 때마다 아기는 자신의 주장을 당당히 드러내는 것이다.

만약 당신의 아기가 수동적이거나 겁이 많거나, 내성적이거나 조금 산만하다면 그 또한 이 시기에 나타난다. 아기의 새로운 의도는 당신의 아기가 세상을 느끼고 반응하는 방식에 통찰력을 줄 것이다. 당신의 독특한 특징 중 몇 가지에 맞추는 것으로 당신은 도움이 필요한 영역을 연습할 수 있는 기회를 줄 장난기 넘치는 상호작용을 나누게 될 수 있다.

1) 촉각과 청각에 민감한 아기

10개월 된 카라는 여전히 가족의 시끄럽고 활기찬 리듬에 적응하는 중이었다. 이제 만으로 다섯 살이 된 오빠 조이와 일곱 살인 언니 레이첼은 집 안에서 폭풍처럼 돌아다니며 즐거움과 흥분을 일으켰다. 아이들은 특히 '실수로' 카라와 부딪칠 때 신이 나서 소리치는 것을 좋아했다. 종종 이것은 카라와 그녀의 어머니가 함께 행복하게 블록 주고받기 놀이를 할 때 발생하기도 했다. 셋째는 거친 손길과 큰 소리에 예민한 편이기 때문에 엄마인 엘렌은 첫째와 둘째에게 인내심을 잃고 있었다.

엄마 엘렌이 조이와 레이첼이 여동생을 질투하고 그녀의 새로운 능력을 원하지 않고 있다는 것을 깨닫는 것은 그리 오래 걸리지 않았다. 엘렌과 카라가 함께하는 상호주의 놀이는 조이와 레이첼이 보기에는 그들의 말처럼 '아기들 놀이'지만, 두 아이 모두 함께 하고 싶어 했다.

카라의 민감성 때문에 엘렌과 그녀의 남편인 스티브는 견고한 접촉과 달래 주는 낮은 음조의 음성을 사용할 수 있는 바닥에서 노는 활동뿐만 아니라 주고받는 시각적 몸짓까지 강조했다. 카라의 부모는 지난 몇 달 동안 아기의 민감함을 수용하기 위해 육아 스타일을 기꺼이 바꿨지만, 첫째와 둘째의 간섭 때문에 플로어타임이 혼란스러워졌다.

가장 좋은 전략은 큰 아이들을 놀이 파트너로 끌어들이고, 놀이 방해꾼이라는 역할을 분산시키는 것이었다. 하루는 카라가 낮잠을 잘 때 엘렌은 레이첼과 조이를 거실로 불러 소파에서 함께 껴안는 시간을 보냈다. 아이들이 그녀의 품에 안기자 그녀는 아이들의 머리에 뽀뽀하고 말했다. "얘들아, 너희 도움이 필요해. 막내가 어떤지 알 거야. 그 애는 많은 도움이 필요해. 그 애는 너희 둘처럼 어른스럽지 못해서 나 혼자서 카라와 노는 것이 이제 조금 피곤해지는데, 카라가 낮잠에서 깨면 와서 잠깐 같이 놀래? 너희가 '곰 세 마리' 같은 재미있는 놀이를 가르쳐도 되겠다. 어때?"

놀랄 것도 없이 두 아이 모두 여동생에게 '진짜' 놀이를 보여 줄 기회에 눈이 번쩍 뜨였다. 엘렌은 아이들의 아기에게 거슬릴 만한 고음과 거칠게 접촉하는 것을 최소화하기 위해 게임에 대한 몇 가지 기본 규칙을 설정했다. 그녀는 두 사람이 아빠 곰, 엄마 곰을 각자 골라서 해도 되지만 아기 곰은 엄마 역할이라고 했다. 엄마는 아기 곰의 높고 찌르는 듯한 목소리를 카라가 더 좋아할 목소리로 바꿀 수 있을 테니 말이다. 또한 부모는 두 아이가 장난스럽게 셋째를 팔꿈치나 무릎으로 갑자기 치지 않도록 지켜볼 예정이었다.

엄마의 목표는 첫째와 둘째가 막내의 존재를 일종의 깍두기처럼 여기게 하는 것이었다. 조이와 레이첼이 가상놀이에 빠져들 때, 카라는 그들을 따라 기는 것을 좋아했고 또한 오빠와 언니의 곰 같은 목소리에 기쁜 음성으로 반응했다. 엄마는 잠정적으로 아이를 속상하게 할 수 있는 가상놀이 시나리오를 미세하게 밀어내는 동시에 세 아이가 바닥에서 보내는 시간 동안 함께 상호작용하도록 격려했다.

카라와 같이 예민한 아기들은 불안한 소리와 접촉이 일어날 때 감각적으로 압도될 수 있다. 이런 아기들은 통제력을 되찾고 스스로 주장하도록 도와야 한다. 주고받는 놀이는 이 아이들에게 있어 '할 수 있어'의 감각을 강화해 주고 스스로를 유능하게 느낄 수 있게 해 주는 좋은 방법이다. 예를 들어, 공놀이를 하면 시각적 신호를 읽는 능력을 훈련시킬 수 있다. 큰 빨간 공이 다가오는 모습과 엄마나 아빠의 기대하는 표정을 보며 말이다. 또한 아기들은 공을 잡으려고 팔과 몸통 근육을 협동적으로 움직이며 조절하는 능력을 강화할 수 있다.

카라의 시각적 반응과 운동 능력이 뛰어났기 때문에 부모는 아기가 빨간 공을 눈으로 좇고 손을 뻗을 거라는 것을 알고 있었다. 아빠는 하루 중 일부 시간을 빼서 아이가 너무나도 좋아하게 된 공을 갖고 노는 시간을 루틴으로 만들었다. 퇴근하고 오면 아빠는 첫째와 둘째에게 집중하며 함께 놀았다. 그런 다음 두 아이가 각자의 흥미를 따라 다른 활동을 할 때까지 기다렸다가 열 달 된 막내에게 다가가 함께 특별한 시간을 보냈다.

아빠는 바닥에 앉아 막내를 마주 보며 손에 빨간 공을 쥐었다. 눈을 반짝이며 아빠는 공을 자기 얼굴 앞에 갖다 대며 말했다. "공 주고받기 놀이 할래?" 막내는 신나서 두 팔을 들어 공을 향해 뻗으며 아빠에게 옹알옹알 한다. 화답으로 윙크와 미소를 보내며 아빠는 공을 아이의 무릎을 향해 굴렸다. 아이는 몸을 뻗어 공을 쥐었다. 이 활동은 계속 공을 주고받으며 지속되었고, 딸과 아빠는 서로에 대한 애정과 놀이에 대한 관심을 완전히 새로운 레퍼토리의 고개 움직임, 미소, 손짓과 음성을 통해 소통했다.

지금처럼 아빠가 아이와 놀기 좋아하는 게임의 경우에는 활동에 조금 변화를 주는 것도 좋은 생각이다. 이런 경우 공을 굴릴 때 각도와 방향을 바꾸는 것이다. 카라와 같은 아기들은 자신에게 편한 것 너머를 탐구하고 뻗어 보도록 격려해 줘야 한다. 자기주장을 할 자신감을 더 얻어야 하기 때문이다. 일부 소리와 접촉은 이런 아기들에게 너무나 혐오스럽기 때문에 아기들은 시끄럽고 평탄치 않은 세상을 탐험할 때 감각적으로 쉽게 압도된다. 그러면 수동적이 될 수 있다. 아빠는 카라에게 깊고 따뜻하고 부드러운 목소리로 자극해 주면 아이가 놀이에 집중한다는 것을 알게 되었다. 아이가 손으로 공을 잡았을 때 견고한 포옹을 해 주는 것 또한 아이가 놀이를 지속하도록 해 주었다.

또다시 카라의 부모는 카라가 인생의 초기에 크게 도움이 되었던 공식에 의존했다. 우선, 카라의 발달된 시각과 안정된 촉각에 대한 욕구에 맞추면서 아이와 즐겁고 친밀한 유대감을 형성하는 것에 성공했다. 카라가 진정되고 안정되어 사랑받는다고 느끼기 시작하면 아이는 몸짓을 주고받을 수 있었다. 그렇게 되면 부모는 아이에게 진정한 연습 활동을 할 수 있도록 상호작용의 방향을 정하여 아이가 두려움과 수동성과 같은 감정을 숙달할 수 있도록 도울 수 있다.

2) 주변 세상에 반응이 없는 아기

브라이언이 8개월이 되었을 때 소아과 의사의 말을 빌리자면 그는 아직 '신호가 적은 발신자'였다. 비록 브라이언은 성격이 좋고 상냥하지만, 먼저 상호작용을 개시하거나 많은 신호를 자발적으로 보내지 않았다. 그의 따뜻하면서도 느긋한 미소는 애정을 표하거나 고함을 지르지 않았으며, 부모님이 침대로 다가올 때도 좀처럼 안아 달라고 팔을 들어 올리지도 않았다.

브라이언의 부모는 그가 자신만의 세계로 빠져드는 것처럼 보일 때 부모를 쌀쌀맞게 거부하는 것은 아니라는 걸 알고 있었다. 그들은 오래전부터 아들이 보내는 신호의 일부라도 알아채기 위해서는 아주 많은 양의 신나는 신호를 주어야 한다는 것을 깨달았다. 이전까지 부모는 더 정도를 높여 신나게 시각과 후각, 촉각, 청각적 신호를 보내 왔고 큰 성공을 거뒀다. 아기는 부모의 애정 어린 미소에 화답하게 되었고, 한눈에 봐도 품에 안기는 것을 즐기는 모습이었으며 아기그네 타는 것을 정말 좋아했다.

이제는 한 번 더 에너지를 끌어 올려 아들에게 자신의 행동과 몸짓으로 멋진 일을 일어나게 할 수 있다는 것을 이해하게 할 차례였다. 부모는 그가 보여 주는 아주 작은 몸짓이라도 유심히 보고, 최대한 자주 반응하기로 결심했다. 예를 들면, 아이가 조금이라도 기쁨을 표현한다면, 아이와 눈을 맞추고 기쁘게 고개를 끄덕이며 아이의 즐거움을 눈에 담고 있다는 것을 알리는 것이다. 아이스크림을 조금 맛봐서 기분 좋게 몸을 떨 때나 배터리로 움직이는 장난감 원숭이가 치는 드럼에 맞춰 몸을 통통 튈 때도 말이다. 부모는 아이의 가장 작은 몸짓에도 반응해 주어 아이에게 그 몸짓은 자신들에게 영향을 준다는 것과 세상에도 영향을 준다는 것을 가르치는 것이었다.

브라이언의 부모는 간단하게 한두 개의 몸짓을 주고받는 것을 진정한 비언어 대화로 바꾸는 법을 찾기 시작했다. 아기가 상호작용을 먼저 제시하는 일은 거의 없었기 때문에 아빠는 아이의 멍한 시간을 장난스럽게 방해하고 활동하도록 자극하는 법을 찾았다. 그는 아기가 멍하게 있을 때 손을 앞뒤로 느긋하게 흔든다는 것을 발견했다. 부모가 발달 전문가와 확인해 본 결과, 이는 브라이언의 근긴장도가 조금 낮은 편이기 때문에 손에 대한 아이의 운동 계획과 제어가 지연되는 것이라 말했다. 아빠는 이런 손 움직임을 상호작용을 위한 기회로 사용했다. 아빠는 아들 바로 앞에 누울 때면 의도적으로 자신의 손이 퍼덕이는 아이의 손에 맞게 했다. 그는 눈썹을 치켜들고 당황하며 "앗!"이라고 말하자 아이는 맞닿은 손에 시선을 주었다. 아이의 멍한 시간을 부드럽게 방해하는 것은 아이가 주변을 보고 더 많은 몸짓을 주고받을 수 있는 상태로 만들어 주었다.

아빠는 보조개 파인 아들의 얼굴을 보고 웃으며 혀를 내밀었다. 아이의 눈에서 반짝임을 보자 아빠는 혀를 움직이며 재미있는 달칵 소리를 내었다. 아이는 몸을 움직여 아빠의 행동을 모방하려고 했다. 아빠는 그다음에 아이를 껴안은 뒤 눈을 크게 떠 기대하는 표정을 연기하며 "까꿍 놀이 할까?"라고 말했다. 아이의 눈을 그대로 사로잡은 채 아빠는 아이의 손을 부드럽게 쥐고 아이의 눈을 가렸다. 그런 다음에 아빠는 "까꿍!"이라 말하며 아이의 손을 치웠다. 아기는 턱을 들어 올려 아빠를 보고 환하게 웃었다. 브라이언처럼 신호를 잘못 보내는 아이도 여러 개의 소통 순환을 연달아 열고 닫도록 할 수 있다.

브라이언의 낮은 근긴장도를 알게 됨으로써 부모는 그것이 아이의 의도 표현에 어떤 영향을 끼치는지 이해하게 되었다. 아이는 세상과 상호작용하고 부모와 소통하기 위해 운동 시스템에 의지해야 하는데, 비교적 느슨한 근육이 뜻대로 움직이게 하거나 원하는 것을 가리키지 못하게 한다는 것을 알고 있었다. 아들이 혀와 목 근육을 잘 제어한다는 것을 인지한 아빠는 아기와 바닥에서 놀 때 모방하거나 반응하기 쉬운 몸짓을 분별하게 해 주었다.

엄마는 아기가 의지대로 움직일 수 있게 할 새로운 전략을 떠올렸다. 엄마는 아이가 익숙해하고 좋아하는 노란 봉제 인형인 오리에 대한 아들의 애착을 이용할 방법을 찾았다. 어느 날, 오리가 있는 낮은 선반 옆에 두 사람이 앉았을 때 아들의 팔이 공중을 휘젓다가 인형을 쳤고 엄마는 계획을 이행할 기회를 보았다. 엄마는 재빠르고 자연스러운 움직임으로 오리를 조금 멀리 던졌다. 엄마는 아이를 보며 박수를 쳤다. "세상에, 아가! 오리가 날았어. 가서 데려오자."라고 밝게 달래는 목소리로 엄마는 아이가 상호작용을 먼저 개시하고 인형을 향해 움직이는지를 지켜보았다. 그녀는 아이가 먼저 행동을 취할 때까지 기다렸고, 네 발로 기어갈 준비를 하며 아이를 따를 준비가 되었다는 것을 몸소 보여 주었다. 약 30초 정도의 시간이 지나자 아이는 예상대로 오리를 향해 움직였다.

이는 그 순간에 아이가 보인 관심사를 바탕으로 서로 주고받는 플로어타임 놀이를 구축해 가며 아이가 의도대로 행동하게 할 수 있는 몇 가지의 예시 중 일부일 뿐이다. 이 과정의 핵심은 생동감 넘치는 소리, 얼굴 표정과 움직임과 같은 몸짓의 지속적인 흐름을 이어 갈 기회를 만드는 것이다. '과소 반응' 아이가 무엇이든 해내는 것에 자신감을 얻기 시작하여 자신의 욕구를 표현하는 것에 즐거움을 알게 되면 세상을 경험하고 상호작용하는 기쁨을 알려 주기가 더 쉬워진다.

3) 감각을 추구하는 아기

여전히 활달한 10개월 된 에마는 부모인 로라와 마이크가 자신이 무슨 생각을 하고 있는지를 알게 할 필요가 없었다. 아이는 이미 상당한 범위의 반항적인 몸짓을 이미 숙달했다. 삐죽 내민 입술과 칭얼거리는 목소리를 말이다. 아이는 부모가 자신의 영역을 제한하려 할 때 이 제스처를 유용하게 사용했다. 아이는 아직 적극적인 탐험가라 램프와 의자 다리, 심지어는 선반까지도 바쁘게 살펴보았다.

부모는 아이의 안전을 위해 아이의 탐색에 종종 제한을 두어야 했는데, 아이가 보이는 분노의 정도에 매번 당황했다. 아이가 더 어릴 때 매번 저항의 의미로 질렀던 소리를 견디는 법을 배워야 했고, 상당한 인내심 끝에 아이를 다시 따뜻하고 애정 어린 관계로 되돌아오게 했다. 하지만 이제 아이가 더 움직일 수 있게 되어 안전 문제로 아이의 탐색을 중단하게 해야 할 때 아이를 진정시키는 방법이 점점 어려워지고 있었다. 이는 중년의 부모를 지치게 했다. 아이의 활발함을 정말 좋아했으나 어쩔 수 없이 제한을 둬야 할 때 아이가 보이는 우울을 견딜 자신이 사라지고 있었다. 단호한 얼굴로 손가락을 흔들며 "안 돼."라고 말할 때마다 아이는 점점 더 반항적이 되었다.

이들의 발달 전문가와 상담을 통해 아이의 부정적인 태도에 대한 통찰을 얻을 수 있었다. 전문가는 활발하고 의도적인 아이들이 흔히 이 발달 단계에서 저항을 보인다고 말했다. 움직이는 것이 너무나 기분 좋은데, 탐색하는 것이 호기심을 충족해 주는데, 아이가 저항도 없이 움직임을 그만두지는 않을 것이라고 했다. 또한 전문가는 부모에게 그들의 대처법이 이미 아이가 진정한 사랑을 주고받는 초기 두 발달 이정표를 숙달하게 했다고 확신시켰다. 아이의 넘치는 생기와 자기주장은 아이가 다음 발달적 이정표인 몸짓의 소통을 숙달하는 과정을 잘 겪고 있다는 증거였다.

오히려 아이의 짜증과 저항은 아이가 불만을 얼마나 잘 소통하는지를 보여 주는 시각적 증거이다. 그럼에도 부모는 현재 아주 큰 문제와 씨름 중이었다. 아이의 감정을 격하게 만들지 않는 방식으로 선을 그을 수 있는 방법이 무엇일까?

부모는 두 가지의 서로 다른 상호주의적인 기법을 시도해 볼 것을 추천받았다. 하나는 아이에게 제공하는 신체적 위안과 달래 주는 정도를 한껏 더하는 것이었다. 특히 아이가 폭발하기 직전에 말이다. 전문가는 아이가 가장 피곤하게 만들 때조차 철수하지 말라고 강경하게 말했다. 아이에게 "안 돼."라며 고개를 저으며 위험으로 아이를 물리적으로 멀어지게 할 때 평소보다 두 배는 달래 줘야 하는 것이다. 부모의 부드러운 포옹, 달래는 목소리 그리고 신체 놀이의 제안은 아이가 제어력을 잃으려는 순간에 따라올 수 있는 표준적 절차였다.

활동의 어느 영역에서 "안 돼."라고 말할 때, 아이에게 같은 정도의 즐거움을 줄 수 있는 물리적인 대안을 주는 것이 중요했다. 선반과 사다리와 같은 위험에서 아이를 떼어 놓고 보다 흥미로운 환경을 조성해 주어야 한다는 조언을 받았다. 예를 들면, 큰 튜브 안에 기어들어 가는 것이나 특별한 놀이 공간을 만드는 것이다. 또한 두 팔을 뻗어 아이에게 신나는 비행기 놀이를 하자고 유도할 수도 있다.

이 새로운 접근법은 네 개의 간단한 단계로 쪼개어 볼 수 있다. 첫째, 위험한 활동을 방해한다. 둘째, 당신과 함께 경험할 수 있는 다른 움직임으로 아이의 관심을 돌린다. 셋째, 따뜻한 말과 달래는 접촉으로 아이와의 애정 관계를 다시 확인시켜 준다. 넷째, 새로운 방법으로 탐험하도록 놓아 준다.

두 번째 상호주의적 기법은 아이에게 그보다도 더 풍부한 종류의 몸짓을 아이에게 제공한다. "안 돼, 안 돼!"라고 외쳐야 하는 위험한 상황이 임박하기를 기다리는 대신, 부모는 아이에게 "안 돼."라는 말이 곧이어 나올 거라는 걸 미리 알리는 주의의 제스처를 만들 것을 권유받았다. 아빠는 손을 수신호를 하는 경찰처럼 뻗기로 했다. 아이가 위험을 향해 움직이면서 눈을 마주치면 아빠는 손바닥을 펼쳐 뻗으며 고개를 저었다. 아이는 즐겁게 가던 길을 멈추지 않았지만 아빠의 경고 제스처는 더 확고한 제한이 곧 생길 거라고 예측하게 해 주었다. 그 뒤에 따르는 "안 돼."에 놀라지 않았기 때문에 아이는 부모가 가끔 주도권을 쥐고 선을 긋는다는 것을 조금씩 받아들이는 듯했다. 안 된다고 말한 이후에도 신체 활동을 하도록 격려를 받으니 자율에 내한 내면의 감각은 위협받는 느낌이 들지 않았다. 아이는 원하던 바는 아니었지만, 대부분의 탐색

시간 동안 자신이 주도권을 쥘 수 있다 해도 항상 그렇지는 못하다는 것을 배우게 되었다.

에마가 워낙 육체적으로 움직이는 것이 능숙했기 때문에 전문가는 대부분 아이의 나이에서는 잘하지 못하는 플로어타임 놀이를 해 볼 것을 제안했다. 이 놀이는 에마와 같이 감각을 추구하는 아이들이 제한을 받아들이고 온전히 모든 것을 다 내거는 식이 아니라 부족한 수준에서도 삶의 즐거움을 찾을 수 있도록 조절하는 개념을 소개해 주었다. 간단히 말하자면 이 놀이는 아이의 부모가 네 발로 돌아다니며 기어 다니는 속도를 조절하는 놀이였다. 처음에는 아이와 아주 빠른 속도로 기어 다니고, 다음에는 달팽이처럼 천천히 다니다가 다시 최대 속도로 기어가는 놀이였다. 이 놀이의 의도는 아이가 활동 그리고 움직임은 조절이 가능하다는 것(빠른 속도부터 느린 속도까지), 그러므로 제어를 하는 법을 알려 주는 것이다.

전문가가 변화 주기를 제안한 다른 부분은 부모가 아이의 제스처를 읽는 방법이었다. 다른 기회는 에마의 부모가 그녀의 몸짓을 읽는 것과 관련된 방법을 제공했다. 전문가는 자주 저항을 하는 아이가 폭발하기 전에는 보통 부모가 알아채지 못할 뿐, 여러 번의 경고가 지나갔을 거라고 말했다. 그는 엄마에게 아이가 제어가 안 되는 것 같은 느낌을 받을 때면 아이를 예리하게 관찰할 것을 요청했다.

엄마 로라는 폭풍우의 일기예보처럼 일관적인 신호를 곧 눈치챘다. 가끔 딸은 귀엽지만 사악한 표정을 짓거나 혼자만 무언가를 안다는 듯이 눈을 반짝이며 금지된 것을 향해 다가갔다. 엄마는 또한 아이가 때로는 눈물을 폭포수처럼 쏟기 전에 인상을 쓰거나 주먹을 꽉 쥔다는 것 또한 관찰했다. 전문가는 바로 그런 것이 엄마 아빠가 반응해 줘야 할 전조 예고 증상이라고 말했다. 아이의 분노가 완전히 쌓일 때까지 기다리면 아이를 진정시켜 즐겁게 엄마 아빠와 소통하기까지 훨씬 오래 걸릴 것이다.

4) 시각적인 입력은 받아들이지만, 소리는 무시하는 아기

지난 몇 달간 윌은 새로운 방식으로 몸짓을 이용하기 시작했다. 윌은 매일 아침마다 엄마를 보면 팔을 들어 올리고 아빠가 제 앞에서 춤을 추면 손뼉을 치려고 기를 썼다. 아빠 댄은 이미 오래전부터 작은 소리를 조금씩 들어야 하는 아들의 상태에 맞춰 자신의 시끄럽고 활기찬 대화 방식을 가라앉혔다. 아들이 소리에, 특히 복잡한 소리에 주의를 기울이는 것을 어려워했기 때문에 아빠는 아이와 대화할 때 신경 쓰며 더 조용하고 부드러운 어조로 말하려고 노력했다.

엄마와 아빠 둘 다 아이의 발달 상태를 무척 편안히 여겼다. 윌은 차분했고 밝은 빛에 흔치 않는 즐거움으로 반응하는 행복한 아기였다. 윌의 부모는 집의 지하실을 아기를 위한 놀이방으로 만들기 위해 공사하고 있었고, 어느 날 아이를 데리고 조명기구 가게에서 쇼핑을 나섰다. 백여 가지의 램프와 은은하게 반짝이는 크리스털 샹들리에에 대한 아이의 반응은 부모를 열광하게 만들었다. 윌은 너무나 신이 나 환성을 지르고 아빠의 품 안에서 통통 몸을 튀었다.

이전의 경험으로 부모는 윌의 청각 처리 능력을 강화하게 해 줄 수 있는 가장 좋은 방법은 우선 아이의 발달된 시각 역량을 활용하는 것임을 알고 있었다. 아이가 자신이 본 것에 주의를 기울이기 시작하면 아이의 관심을 다른 촉각이나 단순한 소리까지 확장하는 것이 가능해졌다. 부모는 10개월 된 아기가 일련의 소리에 반응할 수 있도록 방법을 찾았다. 그들의 목소리를 일종의 안내 시스템으로 사용하는 것이었다.

예를 들어, 아빠와 아들이 바닥에 같이 앉아 편안하게 마주 보며 따뜻한 미소를 교환할 때 아빠는 새로운 장난감을 등 뒤에서 가져와 아들이 볼 수 있게 손에 쥐었다. 밝은 빛과 색을 사랑하는 아이에게 얼마나 매혹적인 장난감이었겠는가! 체리처럼 빨갛고 위는 눈에 띄는 노란색으로 칠해진 미니어처 소방차를 엄마가 찾은 것이다. 아빠가 그 장난감을 아이 앞에 보여 주면 아이가 얼마나 신이 나는지는 두 눈으로 명백히 볼 수 있었다. 아빠는 장난감을 손 밑에 두고 "나 여기 있어."라고 말하며 아이가 장난감으로 향하도록 했다. 때로 아빠는 아들에게서 멀어져 장난감 소방차를 의자 뒤에 숨겨 아들의 시야에서 보이지 않게 했다. 아빠는 의자 뒤에서 빼꼼 아들을 살피고 아들을 안내하기 위해 사이렌 소리를 입으로 냈다. 시각을 사용할 때의 안정감과 즐거움을 이용해 아빠는 아들이 단순하고 리듬감 있는 소리에도 집중하게 만들었다. 그 소리는 자기가 원하는 장난감을 찾을 수 있게 해 주기 때문이었다.

욕망이나 감정은 아이들의 집중력 안내자가 되어 준다. 방금 설명한 것과 같은 찾기 놀이 또한 윌과 같은 아이들에게 정말 잘 맞을 플로어타임 활동이다. 청각의 어려움을 가진 아이들은 소리를 소화해 내는 방식으로 본인에게 필요한 연습을 계속할 수 있다. 본인이 좋아하는 시각을 즐겁게 사용하면서 말이다.

5) 소리는 받아들이지만, 시각적으로 이해하는 데 어려움을 겪는 아기

이제 9개월 된 맥스는 여전히 그의 부모인 린과 조나단을 좌절시키기도 하고, 기쁘게도 했다. 맥스는 특정 감각을 추구하는 흥미를 보였다. 달콤한 맛은 아이가 입맛을 다시게 했고, 음악은 시끄러울수록 더 좋게 느껴졌고, 길을 가다가도 멈춰 음악에 맞춰 몸을 흔들게 했다. 맥스는 심지어 탁자와 의자를 잡고 일어나기 시작했다. 하지만 맥스의 조숙함은 그가 본 것을 처리하는 데까지는 미치지 못했다. 맥스는 여전히 그의 부모님과 눈 맞춤을 피했고 부모의 얼굴에 떠오르는 표정에 반응하는 것을 꺼려 하는 것처럼 보였다.

몇 달 전 안과 의사에게 아이의 시력은 정상이라는 것을 들었지만, 아이는 자신이 본 것을 이해하기 위해 도움이 필요한 것으로 보였다. 부모는 아이의 주변을 시각적으로 주의를 기울게 하기 위해 부드럽게 이끌어야 한다는 것을 깨달았다.

맥스가 온갖 종류의 움직임을 좋아했으며, 특히 앞뒤로 그네를 신나게 탈 때의 어지러움을 좋아했기 때문에 엄마는 우선 아이에게 아기그네를 이용하여 시각을 사용하도록 유도하기로 했다. 엄마는 아기를 그네에 태워 아이 앞에 서서 그네를 밀어 주며 되돌아올 때마다 그네를 붙잡았다. 아이의 눈을 똑바로 마주치며 엄마는 따뜻하게 "여기 있네, 맥스!"라고 말했다. 아이가 엄마의 방향으로 시선을 주었을 때 엄마는 곧바로 그네를 다시 밀었다. 이런 방식으로 아이가 엄마와 눈을 마주치면 엄마는 아이를 또 한 번 밀어 주었다.

아이는 그네 타는 것을 좋아했지만, 이제는 엄마와의 눈 맞춤 또한 즐거움의 일부가 되었다. 아이는 아직 9개월이었음에도 보는 것과 시각적 처리를 즐기는 법을 배우고 있었다.

7. 가정에서 일어나는 의사소통 관련 흔한 문제

우리 모두에게는 유독 소통하기 쉽지 않은 특정 주제가 있다. 우리가 아이들에게 우리와 의사소통하는 법을 가르치는 과정에서 본능적으로 우리에게 불편한 감정을 주는 영역에 대한 소통을 회피하는 것은 놀라운 일이 아니다. 이 단계에서는 아이의 자기주장에 익숙해지는 것이 중요하다. 아기를 품에 안는 것을 너무나 좋아했지만, 아이가 당신에게서 멀어지며 근처의 장난감을 탐색하려 할 때의 상실감을 그대로 받아들이자.

1) 부모 마음의 약점

만약 아기의 분노, 매달림 또는 호기심이 당신을 불편하게 한다고 해서 이런 감정을 무시하려고 하지 말자. 무시하려는 노력은 이 감정을 꾹 묻어 버릴 뿐이며 오히려 더 키워 버린다. 이를 해소할 가장 좋은 방법은 당신이 갖고 있는 마음의 약점을 재고하는 것이다. 만약 자신의 행동을 객관적으로 보는 것이 어렵다면(대부분 모든 이에게 어려울 것이다.) 깊은 들숨을 쉬고 배우자에게 누군가가 다음의 행동을 할 때 당신이 어떻게 반응하는지를 물어보자.

- 당신을 거부하거나 멀리 떨어질 때
- 당신에게 화가 났거나 공격적일 때
- 자신의 신체에 대한 것을 포함한 것에 호기심을 내보일 때
- 당신 근처를 맴돌고 숨 쉴 만한 충분한 공간을 주지 않을 때

특정 상황에서 당신을 불편하게 하거나 긴장하게 하는 것이 무엇인지, 그 감정과 감정의 배경이 어떻게 만들어진 것인지 알아보는 것이 좋을 수도 있다. 자신의 정서적 취약점을 성찰하는 것은 새로운 시점을 부여해 준다. 당신의 감정 자체를 바꾸지 않더라도 아이의 행동에 상처를 받고 개인에 대한 영향으로 받아들일 가능성은 줄어들 것이다.

일반적으로 흔한 부모 마음의 약점을 살펴보자. 어떤 엄마 아빠들은 정기적으로 아이들과 바닥에서 함께 놀 시간을 부지런히 확보하지만, 자신의 노력이 거절당하는 경험을 하기도 한다. 이는 삶에서 겪었던 다른 영역의 감정 패턴을 일어나게 할 수 있다. 예를 들어, 당신이 늘 거절당하는 것에 예민했다고 하면, 아이가 당신에게서 등을 잠시 돌릴 때 마음이 불안정해질 수도 있다. 만약 당신의 삶에서 바로 그 감정적 영역에 아직 치유되지 않은 약한 부분이 있다는 것을 인지한다면 자신에게 이렇게 말하게 될지도 모른다. "아, 거절에 대한 예민함이 또 올라왔네!" 어쩌면 당신은 그러면 아이가 일시적으로 등 돌린 행동을 당신의 사랑에 대한 거절로 혼동하지 않을 것이고 아이를 다시 상호작용으로 끌어오도록 관심을 끌어 볼 수 있을 것이다.

이런 거부를 개인적인 감정으로 받아들이지 않는 것은 쉬운 일이 아니다. 어떤 부모

는 그럴 때 플로어타임 놀이를 중단하며 다른 곳으로 가 자신의 부족함을 고통스럽게 여기는 것으로 반응하기도 한다. 아이를 물리적으로 돌보는 것 그리고 아이를 사랑하는 것은 멈추지 않지만, 아이의 눈에서 상호작용하는 듯한 반짝임을 찾는 것은 그만두게 될지도 모른다. 조금 화가 나거나 실망하는 건 자연스러운 일이다. 아이와 제스처를 주고받는 대화를 끌어내기 위해 다른 부모보다 더 노력해야 하니 말이다. 하지만 상황을 바꾸는 것 또한 가능하다. 아이의 관심을 관계에 참여하도록 다시 끌어내는 것으로 가능하다. 아이의 눈높이에 맞춰 당신의 얼굴 표정에 생동감을 더하여 아이가 보내는 가장 작은 몸짓의 반응을 찾는 것이다. 일종의 제스처가 보이면 바로 반응하는 것이 가장 좋다. 아이의 입꼬리가 올라가거나 작은 주먹이 공중에서 휘둘리면 아이의 행동을 모방하자. 중요한 것은 계속 아이를 참여하게 하고 따뜻한 상호작용을 하며 아이가 주는 몸짓의 신호에 지속적으로 반응해 주는 것이다.

어떤 부모들은 그들의 아기들이 행복해하며 공격해 올 때 감정적으로 발을 뺄 수도 있다. 그들은 아기의 자연스러운 자기주장을 공격성으로 오해하여 아이를 혼란스럽게 만들 수도 있다. 당신의 9개월 된 아기가 당신의 무릎 위에 앉아 목적 없이 당신의 얼굴을 손가락으로 탐험하고 있다고 가정해 보자. 아이는 당신의 콧구멍을 보고 콧속을 탐험해 보겠다고 마음먹었다. 갑자기 아이의 타고난 호기심은 그렇게 귀여워 보이지 않을 것이고 당신은 몸을 떨며 몸을 뒤로 뺄지도 모른다. 재빨리 알아채고 아이와의 물리적인 친밀감도 다시 회복하기만 한다면, 그래서 당신의 애정 어린 몸짓으로 아이의 호기심 때문에 기분이 상한 것이 아니라는 것을 알려 준다면, 두 사람 간의 상호작용은 지속될 것이다. 부드러운 목소리를 사용하여 아기에게 당신이 다칠 수 있으니 손가락은 코에 대지 말라고 할 수 있다.

주변 환경을 탐색하는 것은 좋은 것이라는 것과 탐색하는 것으로 당신과의 소통이 끊어지게 되는 것은 아님을 아이가 배우는 과정이 중요하다. 아이의 동료 모험가가 되는 것은 재미있을 것이다.

또한 많은 부모가 빠지게 되는 또 다른 패턴은 매번 일어나는 모든 몸짓 대화의 방향을 설정해 줘야 한다는 기분이다. 어떤 부모는 경청해 주는 사람이 아니라 행동하는 유형이고 이런 유형의 부모에게는 아이가 몸짓을 먼저 개시할 때까지 기다리는 것은 어려울 수 있다. 비록 우리 중 일부는 아이의 욕구를 전부 예측하기 위해 사랑으로 동기부여가 되었더라도 우리도 모르게 아이가 신호를 주고받는 연습을 막아 버리는 경우가 있다. 우리의 목표는 우리가 모두 다 해 주려는 것보다는, 아이가 몸짓을 이용해 먼저 상호작용을 제시하도록 도전을 안겨 주는 것이다.

반면, 어떤 양육 유형은 전반적으로 수동적인 느낌일 수 있다. 어떤 이들은 타인이 행동하도록 도전을 주기보다는 타인의 개시에 반응하는 것을 선호한다. 만약 당신이 이런 유형이라면 당신의 노력을 배로 증가하여 아이가 뜻대로 주장하며 상호작용을 할 수 있도록 유도하는 것이 도움이 될 것이다.

의사소통하는 사람되기

아기가 자연스럽게 관심을 갖는 것(예: 당신의 신기한 코, 당신의 입 안에 넣은 딸랑이)을 기억하고 목적의식 있는 방식으로 감정과 행동을 표현하도록 도전을 주자. 이런 식으로 아이가 양방향 의사소통을 하는 사람이 되게 해 줄 수 있다.

재미있는 놀이

재미있는 소리, 얼굴, 감정놀이

아기가 기쁨, 짜증, 놀람 또는 다른 감정을 표현할 때 자연스럽게 사용하는 소리와 표정에 주목하고 이러한 소리와 표정을 장난스럽게 모방하자. 이렇게 서로 주고받을 수 있는지 보자.

소통 순환 놀이

아기가 반짝이는 빨간 공을 만지거나 당신의 코를 쓰다듬을 때마다 재미있는 소리를 내는 것으로 몇 번이나 서로 주고받을 수 있을지 살펴보자. 또는 당신이 흥미로운 물건을 손안에 숨겼을 때 아이가 당신의 손을 몇 번이나 피려고 하는지 보자. 아기가 자신의 관심사를 따르고 당신이 던지는 미끼를 물 때마다 의사소통의 순환을 닫는 것이 된다.

제4장

4단계: 문제 해결하기 및 자아감 형성하기

이 단계에 관한 모든 것

1. 이 단계에서 주의 깊게 볼 것
2. 이 단계의 중요성
3. 아이가 문제 해결사가 되도록 돕기
4. 걸음마기 아동과 함께 제한 선 긋기
5. 또래와의 사회적 상호작용
6. 자녀가 새로운 단계로 나아갈 때 복잡한 의사소통 강화하기
7. 기준치 높이기
8. 새로 생겨나는 자아
9. 도전 극복하기: 불행으로 위장한 축복
10. 아이디어 탐구에 대한 가족의 도전

아이가 두 살이 되면 전반기에 그 어떤 시기보다 더 많은 일이 일어날 것이다. 그러나 일반적으로 이때는 아기의 발전이 가장 간과되는 시기이기도 하다. 많은 부모는 자녀와의 첫 번째 입 맞춤과 포옹을 열렬히 맞이하고 걸음마기 아동의 혀 짧은 소리의 문장을 기념하지만, 자신도 모르는 사이에 그보다 덜 눈에 띄지만 똑같이 중요한 내면의 발달 성취를 놓치곤 한다.

이때쯤이면, 까꿍 놀이와 우스꽝스러운 얼굴 놀이를 즐길 수 있는 당신의 아이는 양방향 소통도 가능하고 문제를 해결하는 방법을 알아내기 시작한다. 예를 들면, 아기는 재미를 원할 때 우스꽝스러운 표정으로 당신의 관심을 얻는 법을 배우고 있다. 아이는 냉장고를 가리키는 것으로 당신의 주의를 전환시키고 주스를 달라고 할 수 있다. 또한 놀이방에 당신을 오게 하기 위해 여러 종류의 애원하는 어조의 소리를 낼 수 있으며 자기의 손이 닿지 않는 선반에 놓인 장난감을 달라고 가리킬 수도 있다.

아이는 이제 자신의 삶의 여러 분야에서 문제 해결사가 되어 간다. 아기는 이제 자신이 원하는 것을 가질 방법(주스 또는 손에 닿기 어려운 장난감)을 알게 되었고, 물리적인 세계가 어떻게 작동하는지 이해하고(그리고 엄마가 근처의 방에 있을 때 엄마가 어디에 있는지, 장난감이 양탄자 아래에 숨겨져 있을 때 어디에 있는지 알고 있다), 즐기는 법도 배웠다. 아기는 독창적인 유머감각을 보여 주는 것을 시작하기도 한다! 두 사람이 우스꽝스러운 모자를 교환하고 서로의 머리 위에 쓰다 보면 갑자기 아기가 당신의 머리에서 모자를 가져가 자기 발 위에 둘지도 모른다. 비록 당신이 전에 이런 행동을 하는 것을 본 적이 없지만, 당신의 어린아이는 모자를 둘 새로운 생각이 들어 기쁨과 함께 빙그레 웃을 것이다. 아이는 자신의 각자 다른 욕구, 흥미, 독창적인 행동 그리고 몸의 다양한 부분이 모여 통합된 '나' 또는 전체적인 사람이라는 것을 인지하기 시작한다. 진정한 자아에 대한 존재감이 형성되기 시작하는 것이다.

이 장에서 우리는 문제 해결사가 되는 당신의 아이가 현재 발달 단계에서 온갖 종류의 정서적 그리고 지적 교훈을 어떻게 숙달하고 있는지 나눌 예정이다. 당신은 아마도 마땅히 그래야 하는 것처럼 첫해에는 아이의 행복에 정신이 팔려 조금씩 피어나는 다른 능력에 주의를 기울이지 못했을 것이다. 당신은 포옹, 키스, 웃긴 얼굴을 당신과 공유하는 아이의 능력에 사로잡혔을 것이다. 아기가 드디어 몇 마디를 말할 때는 너무나 대단한 성과이기 때문에 당신은 아기가 이전부터 이미 복잡한 방식으로 의사소통하고 있다는 것과 패턴의 개념으로 어떻게 세상이 이루어지는지 알아내고 있었다는 것은 못 보고 넘어가기 일쑤이다. 아기는 자신의 말, 생각, 지능 그리고 사회성에 필수적인 기반을 제공할 비언어적 대화 및 배움을 숙달하고 있다.

과학적인 문제 해결부터 더 응집력 있는 자아 존재감을 발달시키는 것까지, 수많은 긍정적인 것이 이 시기에 펼쳐지기 때문에 오히려 이런 모습이 나타나지 않으면 여러 문제가 발생할 첫 징조가 된다. 이 단계에서 많은 걸음마기 아동의 행동에 대한 연구와 임상적 관찰을 통해 우리는 심각한 언어장애, 학습장애, 자폐증 증상이 있는 아이들을 가려낼 수 있게 되었다. 예를 들어, 우리는 18개월 된 걸음마기 아동이 누군가의 손을 잡고 좋아하는 음식이나 장난감을 얻기 위해 냉장고로 걸어가는 것과 같은 복잡한 문제 해결을 하지 못한다면, 일종의 경고 신호가 될 수 있다는 것을 알게 되었다. 다행히도 대부분의 걸음마기 아동들은 풍부한 문제해결 행동을 보여 준다. 세상을 탐색하려는 욕구는 하루 종일 계속해서 문제에 부딪치고 해결해 나가도록 해 준다.

대부분의 부모는 자녀가 보통 9개월에서 18개월 사이에 걷기 시작하는 육체적인 이정표를 달성할 때 느끼게 되는 굉장한 흥분을 나눈다. 아이가 처음으로 몇 걸음 내딛는 것보다 더 사랑스러운 광경은 거의 없다. 하지만 아이의 새로운 보행 능력에 대한 우리의 흥분된 마음 때문에 우리는 가끔 동시에 진행되는 다른 인상적인 발달적 성과를 무시하고는 한다. 우리의 유아들은 사물에서 의도적인 의미로 가까워지거나, 멀어질 수 있고 또한 물건을 가져갈 수도 있다. 당신의 자녀는 걷는 법을 배우기도 전에 원하는 것을 얻는 방법이나 재미있는 것을 볼 수 있도록 몸을 움직이는 방법을 파악하느라 분주하다.

문제 해결 능력은 패턴을 보고 해독하는 훨씬 더 기본적인 기술에 달려 있다. 패턴을 이해하는 능력은 걸음마기 아동에게 여기에서 두 단계, 저기에서 두 단계만 거치면 가장 좋아하는 장난감에 도달할 수 있다는 것을 알게 해 준다. 아이는 근육이 잘 협동하여 움직이기 때문만이 아니라 성장 중인 뇌가 패턴을 이해할 수 있게 하기 때문에 성공적으로 자신이 원하는 방향을 찾아갈 수 있게 된다. 당신의 자녀는 한 방이 다른 방으로 어떻게 이어지는지 그리고 그 안에서 당신이 어디에 있는지를 깨닫게 된다. 그들은 자신의 소망과 생각을 말로 표현할 수 있게 되기 훨씬 이전부터 의미 있게 세상을 탐색할 수 있다.

당신의 자녀는 행동 패턴을 인식하기 시작했기 때문에 물리적인 세계가 어떻게 작동하는지에 대해 더 많이 배우게 된다. 예를 들어, 아기가 두 개 또는 세 개의 버튼을 연달아 누르면 장난감이 튀어오르게 할 수 있다거나 음악이 나오는 물건의 버튼을 조금 돌리면 소리가 커진다는 것을 알아 가며 이런 물리적인 공간 내의 무한하고 복잡한 패턴에 조금씩 익숙해지는 것이다. 그에 더해 아이는 닿을 수 없을 것 같은 곳에 있는 물체에 의자를 끌고 가 그 위에 오르는 것으로 닿을 수 있다는 것도 이해하게 된다. 아이는 물체가 자신에게서 얼마나 멀고 가까운지에 대한 감각이 생기게 되며 이로써 거리감을 이해하게 된다. 어쩌면 당신은 아이가 한두 걸음의 거리에 있는 물체를 금방 손에 쥐지만 물체가 방의 저편에 있을 때는 입술을 삐죽 내밀며 당신이 가져다주길 바라는 모습을 보게 될 수도 있다.

신체적인 공간에 대한 인식이 더 성장하게 되는데, 이는 아이와 당신의 정서적인 관계에 도움이 되기도 한다. 12개월의 나이가 되면 아이는 당신이 어디에 있는지 보고 싶어 할 뿐만 아니라 당신의 냄새를 맡고 만지고 싶어 한다. 아이는 친밀감을 느끼기 위해 물리적으로 당신에게 매달리고 싶어 한다. 하지만 18개월의 나이가 되면 애정 어린 당신의 표정만으로도 아이가 당신의 무릎에 앉아 있는 것마냥 안정감을 느끼게 해 준다. 아이는 당신의 미소의 패턴을 이해하며 멀리서도 그 속의 격려를 느낄 수 있게 되었기 때문이다. 주기적으로 당신을 확인하는 아이의 시선과 당신의 목소리에 귀를 기울이는 것도 온기와 지지를 받는 느낌을 준다. 비록 아이는 당신의 말의 정확한 의미를 이해하지 못하겠지만, 당신이 내뱉은 소리의 발랄하고 아끼는 듯한 패턴을 이해할 수 있다. "와, 정말 머-엇-진 탑을 쌓았네!"라고 하는 것은 당신이 방의 저편에 있어 서로 관계에 참여하는 것이 지속되고 있다는 것을 알려 줌으로써 아이를 안심시켜 주게 된다.

걸음마기 아동은 분명 당신과 자신 사이의 걸음 수를 실제로 셀 수는 없지만, 직감적으로 당신이 자신에게 금방 다가올 수 있을 거라는 감각을 갖게 된다. 아이는 당신과 관련하여 자신이 지금 어느 지점에 있는지 머릿속에서 지도를 그린다. 아이가 당신에게서 시선을 잠시 떼거나 방의 어떤 물체에 시선을 뺏기게 되어도 아이는 공간 내에 당신이 어디에 있는지 알고 있고 그 지식으로 큰 안심을 느끼게 된다.

이 방법으로 18개월 된 아기는 자신이 원하는 두 가지를 모두 이루어 간다. 아이는 당신에게서 물리적으로 멀어지며 느낄 수 있는 독립의 즐거움을 경험하는 동시에 당신의 애정 어린 표정과 지지해 주는 어조의 목소리를 통해 위안을 받는 것이다. 탐색하고자 하는 아기의 소망(동시에 어느 정도 독립적이 되고 싶어 하는 마음)과 의존의 안정감을 느끼고 싶어 하는 욕구 사이의 긴장감은 아이를 관찰하는 수많은 어른에게 의아함을 안겨 주었다. 영유아를 관찰하고 그들의 머릿속에 무슨 일이 일어나고 있는지 파악하려고 시도한 초기 개척자 중 한 명인 마거릿 말러(Margaret Mahler)는 부모의 편에서 벗어나 탐색하고 싶어 하는 아이의 욕구와 부모를 붙들고 싶어 하는 아이의 욕구가 서로 대립된다고 생각했다.

우리의 연구는 삶의 주요 딜레마 중 하나인 안정과 의존, 탐색과 독립 사이의 갈등에 대해 매우 다른 통찰력을 갖게 해 주었다. 아이의 패턴 인식과 공간을 가로지른 부모를 보고 목소리를 듣는 능력은 외부 세상을 자신감 있게 탐색할 수 있는 정서적 안정감을 제공해 준다. 아이는 멀리 떨어져 있어도 부모의 사랑의 온기를 몸에 두를 수 있는 것이다. 복잡한 패턴을 만들 수 있는 아이의 능력은 성장하고 있으며 이 딜레마에 해결책을 제공해 준다. 물론 아이의 양육자는 이 과정이 최적의 방식으로 일어나도록 공간을 가로질러서도 아이와의 정서적인 신호에 참여해야 할 필요가 있다.

나중에 내면의 아이디어나 이미지를 창조할 수 있는 아이의 능력은 엄마 아빠가 아기의 시야 밖에 있을 때조차 부모의 이미지를 머릿속에 담을 수 있게 해 줄 것이다. 이것은 아이의 정서적인 안도감을 더욱 더 마음속에 자리 잡게 해 준다. 아이가 앞으로도 성숙해 감에 따라, 내면의 온기와 안정감은 성인이 사랑하는 사람과 헤어질 때 경험하게 되는 느낌으로 확장될 것이다. 예를 들어, 당신의 배우자가 출장을 떠날 때, 당신은 마음속에 있는 관계의 따뜻함을 불러일으킬 수 있다. 비록 배우자가 수천 킬로미터 떨어진 곳에 있을지라도, 당신은 전화를 통해 배우자의 목소리를 듣기 위해 밤까지 기다려야 할지라도, 당신은 당신의 내면에 있는 감정과 이미지에 의존할 수 있다.

시각, 청각 혹은 듣기에 어려움이 있는 아이들은 당연히 거리를 두었을 때 남들보다 안정감을 느끼기 어렵다. 이 나이대의 다른 아이들처럼 이 아이들 또한 지속 가능한 안정감을 마음속에 만들어 두어야 자신감 있게 세상을 탐색할 수 있다. 이런 아이들은 자신감 있게 활용하고 온전히 기댈 수 있는 감각이 하나 부족하기 때문에 이 과제를 달성하기는 더 어렵지만 그럴지라도 성취가 가능하다.

예를 들어, 청각을 사용할 수 없는 아이는 돌아다니기 시작할 때 부모와 시각적으로 계속 연결되어야 한다는 욕구가 훨씬 클 것이다. 엄마와 아빠는 거리가 있어도 아이를 향해 긍정적으로 손을 흔들어 주거나 격려하는 미소를 지어 줄 수 있다. 심지어 때때로 아이에게 다가가 잠깐 안아 주거나 볼에 뽀뽀해 줌으로써 아이의 탐색이 부모에게 자신을 고립시키지 않을 것이라는 안심을 시켜 줄 수 있다. 눈이 보이지 않는 아이는 격려의 말과 음성을 활용하면 도움이 될 것이며, 그 외에도 접촉과 냄새를 이용할 수 있다. 우리는 눈이 보이지 않는 아이들이 사람과 물체의 위치를 접촉과 소리 그리고 냄새로 찾아낼 수 있게 해 주는 재미있는 놀이를 추천하고는 한다. 그렇게 되면 아이들은 눈이 보이지 않더라도 집에 대한 감각적인 로드맵을 구성할 수 있다. 우리 모두가 안정감을 느끼고 몸을 어디론가 향하게 할 수 있는 공간과 공간적 관계에 대한 감각은 무척 중요하며 우리의 시각만이 아닌 수많은 감각으로 형성될 수 있다.

이제 여러분의 아이가 보여 주는 대단한 문제 해결 업적을 좀 더 자세히 살펴보도록 하자. 예를 들어, 아이는 높은 선반 위에 있는 장난감을 보며 당신이 자신을 돕도록 논리적으로 이어지는 수많은 제스처를 주고받을 것이다. 어쩌면 아이는 장난감이 있는 선반에 가서 멈추고 고개를 돌려 당신을 쳐다볼지도 모른다. 그럼 당신은 고개를 끄덕이고 윙크를 해 주며 말할 것이다. "네가 뭘 원하는지 알 것 같은데?" 아이가 빙글 돌고 짤막한 손가락을 가장 위의 선반을 향해 가리키며 신난 음성을 내는 모습을 지켜보자. 만약 당신이 "그거 맞지?"라고 말하면 아이는 당신의 시선을 잡은 채 양팔을 벌려 자신이 원하는 장난감을 향해 뻗을 것이다. 그럼 당신은 아이의 노력에 대한 보상으로 그 인형을 아이에게 안겨 주면 의심할 것 없이 아이는 당신을 향해 환한 미소를 지을 것이다.

이와 같은 대화는 당신의 어린 자녀가 자신의 의도를 의사소통하고 문제를 해결하는 것에 있어 얼마나 숙련되고 있는지를 보여 준다. 이러한 기술은 불과 몇 달 전에 그녀가 당신과 나누었던 간단한 주고받기 놀이에 뿌리를 두고 있다. 그때 당신의 자녀는 자신의 미소로 당신도 미소를 지을 수 있음을 알게 되었다. 그녀의 달콤한 속삭임은 답례로 사랑스러운 속삭임을 이끌어 냈다. 아기는 천천히 당신과 자신은 별개의 존재이며, 아기의 행동이 당신에게 영향을 줄 수 있다는 것을 알게 되었다.

하지만 이제 당신의 자녀는 단지 공간 패턴뿐만 아니라 원인과 결과와 예상 가능한 순서의 패턴을 더 많이 인지하고 있다. 아기는 단 한 번의 키스나 미소 또는 중얼거리는 것만이 아니라 마음속으로 '따뜻하고 안기 좋은 엄마'에 맞는 패턴과 알맞은 열렬한 표현도 상상할 수 있다. 이러한 능력을 인지하고 문제를 해결하는 능력을 통해 아기는 자신의 미소의 힘을 더욱 잘 알게 될 수 있다. 아기는 당신에게 미소 짓고, 당신의 배우자에게 미소 짓고, 할머니에게 미소 짓고, 식료품점 점원에게 미소 짓고, 그 답례로 모든 사람도 아기에게 미소를 지어 준다.

아이가 패턴을 인지할 수 있기 때문에 아이는 '내가 엄마에게서 도망칠 때만 빼면 거의 늘 나에게 미소 짓는 엄마'로, '엄마한테 화낼 때 빼고 나를 안고 간지럽히는 것을 좋아하는 아빠'로 두 사람을 이해하기 시작한다. 당신의 아이는 근육과 몸짓을 사용하는 전략에 자신의 욕망과 소망을 연결하기 시작한 것이다('엄마 쪽으로 쳐다보고 손가락을 가리키며 소리를 낸 다음 내가 도움이 필요하다는 것을 보여 주면 엄마는 내 장난감을 갖다 줘.'). 아기는 자신이 원하는 것을 얻기 위해 의사소통을 하면서 서로 다른 일련의 행동을 하나로 묶을 수 있다. 많은 행동을 패턴으로 순서 짓는 이 능력은(운동 계획이라고도 함.) 점점 더 아이에게 독단적인 감각을 갖게 한다. 아이는 자신이 원하는 장난감을 얻기 위해, 갈망하는 음식을 먹거나, 포옹하고, 사랑하고, 사랑하는 사람들의 포옹을 받기 위해 자신이 보여야 할 행동 패턴을 알아내느라 바쁘다. 아기는 더 이상 자신의 소망을 알아 달라고 당신의 추측에 의지하지 않아도 된다. 이제 자신의 목표를 달성하기 위해 당신에게 도움을 요청할 수 있다.

기적적으로 짧은 시간 안에 당신의 아이는 미소의 의미를 갓 배운 유아부터 자신이 원하는 것을 얻기 위해, 당신의 도움을 얻기 위해 10개의 단계 이상, 20개 혹은 30개의 단계 이상의 '행동 계획'을 고안해 내는 아이가 되었다. 기어 다니기, 걷기, 가리키기, 잡기, 발성 및 오르기의 모든 범위의 비언어적 몸짓을 사용하는 아기의 능력은 정말 잘 연마되어 이제 진정으로 효과적인 방식으로 아이가 그것을 묶어 활용할 수 있게 되었다.

이제 아이는 목이 말라서 주스를 마시고 싶을 때 슬프게 울며 목적 없이 당신의 소매를 잡아당기는 대신 당신을 데리고 냉장고 앞에 설 수 있다. 아기가 손으로 문을 두드려 당신이 그에 대한 반응으로 열어 주면 아기는 주스 박스를 가리키며 흥분된 음성을 낼 수 있다. 이러한 모든 연계된 행동은 자녀의 강한 욕구, 협력적인 근육 그리고 자신의 행동을 조직할 수 있는 능력에 의해 가능해졌다.

당신의 아이가 점점 더 복잡해지는 방식으로 (비록 아직 비언어적이기는 하지만) 당신과 의사소통을 하면서 당신에게서 예측할 수 있는 감정적인 또는 사회적 패턴을 알게 된다. 예를 들어, 아기는 자신의 행동 중 어떤 것이 당신에게서 포옹과 뽀뽀를 얻어 내는지, 어떤 것이 화가 난 목소리 또는 처진 어깨를 이끌어 내는지 인지하기 시작한다. 당신 또는 당신의 배우자가 장난스런 눈빛과 목소리로 집에 돌아왔을 때, 아이는 이전에 이 행복한 일련의 행동의 순서를 보았기 때문에 재미를 예측할 수 있게 된다. 아이는 장난스럽게 당신의 서류 가방을 복도로 끌고 가면서 혼자 꺄르르 웃을지도 모른다. 이 행동으로 인해 신나는 '나 잡아 봐라' 놀이가 시작된다는 것을 알고 있기 때문이다. 반면, 여러분이 집에 들어왔을 때, 여러분의 입이 축 처져 있고 피곤한 목소리와 함께 소파 위에 쓰러진다면 당신의 자녀는 당신에게 다가가지 않게 하는 다른 행동 패턴을 인식하게 된다.

이러한 새로운 정서적 및 사회적 예측은 새로운 자아감의 시작으로 이어진다. '나는 행복한 포옹과 뽀뽀를 잘 끌어낸다.' '나는 아빠를 미소 짓게 하는 것을 아주 잘한다.' '나는 아빠가 화를 내고 그의 목소리가 무서울 때 엄마에게 매달린다.'와 같이 아이의 싹트는 부분적인 자아는 모두 '나'의 감각으로 통합된다. 아기는 자신의 접근에 당신이 어떻게 반응하는지에 따라 자아에 대해 보다 명확한 정의를 형성하게 된다. 이 장의 뒷부분에서 우리는 분노한 나, 포옹하는 나, 사랑하는 나 그리고 칭얼거리는 나, 이게 모두 한 사람의 일부라는 것을 깨닫는 방법에 대해 탐구할 것이다.

당신의 자녀는 또한 다른 사람들에게서 무엇을 예상할 수 있을지에 대한 감각을 발달시킨다. 엄마와 아빠가 기본적으로 따뜻하고 다정다감하다면, 유아는 다른 사람들 또한 정서적으로 수용적이며 타인에게 마음을 내줄 수 있을 거라고 믿기 시작한다. 반면, 아이의 부모가 평소에 다른 것에만 집중하거나 냉담한 경우, 다른 사람들 또한 부모처럼 자신에게 관심이 없다고 생각한다고 느끼거나 역으로 의존성이 커져 타인이 자신에게 곁을 내주게 만들기 위해 매달리게 될 수 있다.

이 나이대의 아이는 아직 '아빠(또는 엄마)가 내게 조금 더 마음을 내주었으면 좋겠다.'라고 생각하지 못하고, 감정적인 결핍이 있다는 것을 느끼지 못한다. 그저 엄마 아빠는 자기의 욕구를 가끔 충족해 줄 뿐이라고 단순한 기정사실처럼 받아들인다. 이는 아이가 세상을 보는 방식의 일부로 굳게 된다. 아기들이 이 시기에 만드는 타인에 대한 기대에 중요한 역할을 하는 많은 어른의 성향과 특징이 더해지거나 부재하게 된다.

그러는 동안 당신은 자녀의 특별한 유형에 더 명확한 이해를 얻게 된다. 아이는 전형적으로 물불을 가리지 않는 사람인가 혹은 독립성이 없는 편인가? 아이는 당신의 품에 있는 동안에만 편안함과 안도감을 찾으며 당신에게 매달리는가? 아이는 독단성의 패턴을 보여 주는가? 혹은 조용한 종류의 상냥함을 보여 주는가? 아이는 성미가 급하고 쉽게 화를 내고 저항하는가? 아이는 끼가 있는 사람인가? 혹은 아는 척하기를 좋아하는 사람인가?

모든 삶에 대한 기본적인 정서의 주제, 즉 의존성, 독단성, 친밀함, 협상, 분노, 호기심, 탐험의 필요성, 편안함, 한계 설정 그리고 좌절감 다루기가 지금 발생하고 있다. 앞으로 몇 개월 동안 중요한 과제 중 하나는 당신의 자녀가 점점 더 복잡한 상호작용을 하면서 아이의 신체적 환경뿐만 아니라 아이의 가장 깊숙한 내면의 감정을 탐험하는 데 적극적으로 도와주는 것이다. 사실 앞으로의 몇 달 동안 당신은 어느 정도 정교한 '몸으로 말해요' 놀이를 가르치는 선생님의 역할을 하게 될 것인데, 이 놀이의 규칙은 음성과 단어의 사용을 허용해 준다. 당신의 도움으로 아이는 논리적인 일관된 방법으로 감정, 소망 그리고 요구를 전달하기 위해 넓은 범위의 몸짓과 단어를 사용하는 법을 배울 것이다. 아이는 당신의 시각적인 몸짓, 목소리의 패턴과 어조 그리고 당신의 의사소통의 수많은 특징에서 정보를 얻을 수 있다. 아이의 행동은 7개월 되었을 때 보여 주었던 단순한 명령이나 요청이 아닌, 온전한 메시지를 소통하기 시작할 것이다. 밖에 나가고 싶다는 생각을 전하기 위해 단순히 손을 들어 올리는 것과 달리 17개월 된 아이는 옷장 문으로 행진하고, 손잡이를 돌리고, 유모차를 꺼내, 당신을 보고, 목소리를 낼 수 있다. 당신이 아이가 말하는 소리와 몸짓을 읽고 응답할 때, 당신은 아이의 근육과 감각을 사용하여 복잡한 생각을 전달할 수 있도록 도울 것이다.

지금부터 몇 달 안에 당신의 어린 자녀는 자신의 욕구를 표현하고자 할 때 구절과 문장을 일종의 재빠른 응급 소통으로 사용하여 발화하는 언어 영역을 확장할 것이다. 아이는 이미 당신에게 자신의 요구와 소망을 성공적으로 의사소통한 경험이 있기 때문에 이 또한 할 수 있을 것이다. 아이가 대략 두 살이 될 무렵, 아이는 "사랑해."라는 말을 할 때 아이가 당신과 여태 나눴던 애정 가득한 행동과 감정 그리고 여태 나눈 포옹, 뽀뽀, 애교와 따뜻한 토닥임을 전부 포함한 의미가 되는 것이다. 당신의 자녀는 결국 '사랑'과 같은 추상적인 단어를 그저 단어가 아니라 사랑의 일부인 여러 행동 패턴을 경험했기 때문에 그것이 의미하는지 이해하게 될 것이다. 아이는 다른 행동도 '사랑'을 의미한다는 것을 인식하게 된 것이다. 당신이 아이를 좌절감에서 회복하도록 도울 때 또는 화가 났을 때조차 당신이 옆에 남아 있던 것처럼 말이다.

아이는 당신이 주위에서 아이와 상호작용했기 때문에 분노, 따뜻함, 애정, 좌절감, 호기심, 자기주장 등을 잘 알게 되었다. 따라서 개념은 우선 행동을 통해 이해하고, 단어는 이미 알고 있는 것에 대한 이름표가 된다. 당신의 자녀는 신체의 가장 핵심인 피부와 근육부터 사랑이 어떤 기분인지 알고 있는 것이다.

1. 이 단계에서 주의 깊게 볼 것

앞서 말했듯이 6~8개월 정도의 기간에 아이의 행동은 점점 더 복잡해진다. 예를 들어, 16개월 된 아이는 먼저 당신을 들여다보고 대화를 시작한 다음 장난감 선반 쪽으로 팔을 내밀 것이다(의사소통 순환을 여는 것). 당신은 당신의 머리를 한쪽으로 기울이고, 선반 위의 소 인형을 가리키며 “이거?”라고 물어볼 수 있다. 당신의 자녀가 반응하여 자신의 머리를 끄덕이거나 두 손으로 인형을 조종하며 아이가 열어 놓은 의사소통의 순환을 닫을 수 있다. 아이는 소 인형의 벨벳 천을 씹거나 검은색 소가죽 디자인을 문지르거나 인형 안에 손을 넣어 움직이며 탐색할 것이다. 어쩌면 당신은 아이가 인형에 손을 제대로 끼우도록 돕거나 두거나 근처의 양 인형을 잡는 것을 도와주겠다고 제안할 것이다. 두 사람은 장난 삼아 동물 소리를 교환할 수도 있다. 당신의 “매애” 그리고 아이의 “음매” 소리는 결국 킬킬거리는 웃음으로 이어지고 서로를 간지럽히며 녹아들 것이다. 잠시 후에 아이는 다른 인형을 향해 손을 뻗거나, 몸을 위아래로 통통 움직이고, 낑낑거리는 소리를 낼 수도 있다. 그럼 당신은 아이가 하는 행동을 모방하여 아이의 음성에 맞춰 볼 수 있다. 그럼 아이는 당신의 목소리의 어조나 당신이 몸을 흔드는 모습을 따라 할 수 있다. 아이는 차례대로 당신의 목소리의 음색이나 당신이 좌우로 움직이는 방식도 따라 할 수 있다. 만약 당신의 체력이 괜찮다면, 당신은 놀이 파트너인 아이와 인형이 따라오는지 보기 위해서 네 발로 기어도 좋다.

이 시점까지 당신은 아이와 수십 번의 몸짓을 교환했다. 아이는 의사소통의 순환을 겨우 몇 번 열고 닫는 것부터 시작하여 이제는 연달아 30개를 이을 정도가 되었다. 이것은 아이의 발달 단계에 맞게 나아가고 있다는 확실한 신호이다. 이러한 주고받는 몸짓이 길게 이어지는 것은 아이에게 있어 자신의 행동을 패턴으로 구성하고 다른 사람의 패턴을 인식하는 능력이 성장 중이라는 것을 반영한다.

아이가 걸음마를 시작하는 기간 내에 점점 더 복잡한 상호작용에 참여하지 않는 것처럼 보일 때, 그것은 더 제대로 된 평가가 필요하다는 표시일 수 있다. 의사소통이나 운동 문제, 사회적 또는 정서적 문제는 몸짓을 사용하여 문제를 해결하는 법을 배우는 데 방해가 될 수 있다. 당신의 자녀가 약 18개월이 될 때까지도 몸짓 상호작용이 눈에 띄게 확장되거나 넓어지지 않는다면 소아과 의사에게 문의해야 한다.

당신의 자녀가 점점 더 복잡한 방식으로 당신과 상호작용하면서 아이는 다음과 같은 다양한 몸짓을 활발하게 사용할 수 있다.

- 유머와 협력 그리고 저항을 포함하는 상호적인 사회적 놀이
- 음성을 주고받고 이 발달 단계가 끝날 때 즈음에는 심지어 단어도 주고받음
- 생동감 있는 표정을 포함하여 주고받는 감정적인 교류
- 접촉 주고받기
- 공간 내에서 상호작용하는 움직임(거칠게 놀기)
- 상호주의적 운동 패턴(주고받기, 추격, 찾기, 오르기 그리고 모방 게임)
- 접촉, 잡기 및 유사한 행동을 사용하여 공간 넘어서도 소통함(원거리 소통)

이 단계가 끝날 즈음이면 대부분의 아기들은 물리적으로 가까이에 있지 않더라도 짧은 시간 동안 양육자와 음성 또는 시선으로 연결된 느낌이 남아 있을 것이다. 예를 들면, 16개월 된 아기가 부엌에서 냄비와 프라이팬을 즐겁게 두드리며 안방 근처에서 일하는 엄마에게 음성을 전할 수 있다. 엄마가 재잘거리며 답하면 아기는 음성과 노는 것으로 반응하고 즉시 엄마를 보거나 만질 필요를 느끼지 않는다. 아이는 먼 곳에서도 본인이 열어 둔 의사소통의 순환을 닫을 수 있다. 장거리 혹은 원거리 의사소통을 유지하는 이러한 능력은 18개월이 될 즈음 대부분의 걸음마기 아동들이 보이는 행동의 특징 중 하나이다.

1) 모방놀이

당신의 자녀가 당신의 행동을 모방하는 것에 능숙해짐에 따라 아이는 자신이 듣는 것과 하는 것 그리고 당신이 하는 행동 사이를 연결하여 볼 수 있다는 것을 보여 준다. 아이는 이제 복잡한 패턴들의 행동을 받아들이고, 그것들을 따라 하고 그리고 자신의 응답을 구성할 수 있다. 당신은 아이가 장난감 전화기를 집어 들고 어젯밤에 당신이 했던 것과 똑같이 전화기를 뚝 끊으며 내려치는 모습을 보고 웃을지도 모른다. 모방은 새로운 사회적 패턴, 운동 활동 및 소리를 배우는 아이에게 큰 도움이 되며 결국에는 단어 학습에도 도움이 된다. 당신은 다양한 방법으로 모방을 장려할 수 있다. 예를 들어, 당신의 자녀가 문에 다가가 "열려라!"라고 말하는 것처럼 문을 두드리기 시작하면, 옆에서 손잡이를 돌리는 행동을 취해 아이가 당신을 모방하며 문손잡이를 돌리는지 확인해 보자. 당신의 자녀가 신체적으로 손잡이를 돌릴 수 없는 경우에는, 문에서 멀리 서서 손을

비트는 동작을 보여 주며 "열어!"라는 의미를 전달할 수 있다. 아이가 당신의 몸짓을 모방하는 것에 성공하면, 당신은 "문을 열어 보자, 알았지?"라고 말하면서 두 사람이 함께 문을 열 수 있는지를 볼 수 있다. 이런 방식으로, 모방은 당신과 아이 사이의 일상적이고 목적이 있는 복잡한 의사소통의 일부가 될 수 있다. 만약 당신이 코를 만지고 아이도 따라서 자기 코를 만지는 따라 하기 놀이를 한다면 아이는 엄마 아빠와 똑같이 행동하는 것에 큰 즐거움을 누릴 수 있다.

자녀와 춤을 추거나 함께 점프하는 것도 많은 의미를 가질 수 있다. 만약 음악을 틀고 점프하고 춤을 추면, 당신의 자녀가 당신과 똑같이 행동하는 즐거움에 빠질지도 모른다. 엄마와 아빠처럼 되는 것(코를 만지고, 하늘을 향해 손을 뻗고, 음악에 맞춰 춤추는 것) 그리고 그렇게 하는 동안 큰 즐거움을 경험하는 것은 더 많은 형식적인 모방 행동을 하는 것만큼이나 중요하다.

그러나 때로는 움직임 반응을 조직하는 것을 어려워하는 아이에게 모방을 시작하기란 어렵다. 그 아이는 당신이 손목을 회전하거나 하늘을 향해 팔을 뻗는 것을 볼 수 있지만 움직임을 따라 할 수는 없을 것이다. 처음에 골프 스윙을 따라 하거나 테니스 서브를 조정하거나 마카레나 춤을 배울 때 얼마나 오랜 시간이 걸렸는지 기억하면 확실하게 공감할 것이다! 어떤 사람들은 복잡한 동작을 한 번만 보아도 성공적으로 따라 한다. 다른 사람들은 몸짓을 10단계로 세분화해야 하며 심지어 그런 뒤에도 따라 하기 어렵다.

비슷하게 어떤 걸음마기 아동들은 소리를 쉽게 따라 하지만, 다른 아이들은 더 힘들어한다. 어려운 일은 피하고 포기하는 것은 쉽기 때문에 그러한 아이는 당신이 더 복잡한 행동을 가르치려고 할 때 당신을 멀리하거나 무시할 수 있다. 복잡한 운동 패턴을 연습하는 가장 좋은 방법은 할 수 있는 패턴으로 시작하는 것이다.

당신의 자녀가 달리기를 잘한다고 가정해 보자. 당신의 첫 번째 따라 하기 게임은 왔다 갔다 달리는 것으로 하자. 아이가 문으로 가고 싶다 하면 함께 달려가라. 당신의 자녀가 머리 위로 팔을 들고 동시에 높은 소리 내기를 좋아한다면, 이것을 첫 번째 따라 하기 게임으로 만들라. 전에 말했듯이, 항상 당신의 자녀의 강점을 기반으로 다른 것을 쌓아 가야 한다. 아이가 이미 자발적으로 하는 행동을 활용하여 흥미진진한 따라 하기 게임의 일부로 만들어 아이 자신의 의도적인 통제하에 놓이게 하자.

모방 행동은 복잡한 행동 패턴을 마스터할 지름길이 되기 때문에 모방 행동은 걸음마기 아동 발달 기간에 매우 중요하다. 아이는 작은 단계를 순서대로 수행하는 방법을 배우는 대신 전체 패턴을 단순히 따라 하는 것으로 많은 것을 신속하게 배울 수 있다.

보통 이 능력은 인생의 두 번째 해에 점점 보이기 시작하고 14개월에서 18개월 사이에 최고조에 이르게 된다.

2) 모방 행동이 어떻게 감정을 전달하는가

이제 당신의 자녀는 당신이 좋아하는 밀짚모자를 쓰고, 당신의 지갑을 움켜쥐고, 얼굴에 커다란 미소를 띤 채 당신의 기쁨의 웃음소리를 기다리며 돌아다닐 것이다. 아이는 어른스러운 행동 패턴의 양식을 인식하고 그것을 재현해 감탄하는 당신의 얼굴에서 기쁨을 어리게 할 거라고 확신한다. 이것이 당신의 자녀가 스스로 선택한 정서적인 주제를 탐색하는 방법이다. 이제 아이는 항상 당신이 행복한 감정을 나눠 줄 때까지 수동적으로 기다릴 필요가 없다. 아이는 당신에게서 만족스러운 반응을 이끌어 낼 수 있는 방법으로 아이 자신의 행동을 조직할 수 있다.

아이가 친밀감이 필요할 때 팔을 내밀거나 포옹을 하거나, 배우자가 당신에게 해 주었듯이 당신의 머리를 쓰다듬는 등의 방법으로 당신에게 다가갈 것이다. 당신이 아이를 껴안아 주고 아기의 등 근육이 이완된 것을 느낄 때, 아이가 성공적으로 요청하여 받은 사랑으로 열린 소통의 순환이 닫히게 된다.

마찬가지로 당신은 당황스러울 정도로 친숙해 보이는 행동 양식으로 아이가 분노와 고통을 다루는 것을 관찰할 수 있다. 아이는 당신에게 소리 지르거나 문을 쾅 닫으며 5분 전에 당신이 배우자에게 보여 줬던 행동을 완벽하게 모방하는 것이다. 비록 처음에 아이가 당신의 감정적인 행동을 보는 그대로 그저 따라 하려는 것일 수도 있지만, 곧 아이는 울분을 발산해야 할 때 이러한 패턴을 개시하게 될 것이다. 주목해야 할 점은 당신의 자녀가 학습한 이러한 행동 패턴을 사용하여 자신의 모든 감정을 표현할 수 있다는 것이다. 아이가 이런 새로운 행동 패턴을 통합하도록 도와주면 아이는 점점 더 자신의 반전을 만들 것이다. 이로써 아이는 다음과 같은 종류의 감정을 둘러싼 상호작용을 경험하고 조직할 수 있을 것이다.

(1) 즐거움과 흥분(pleasure and excitement)

당신과 당신의 자녀가 새로운 장난감을 갖고 함께 놀거나 모자와 신발을 신고 농담을 나눌 때, 아이는 자신을 즐겁게 하기 위해 몸짓을 연결하는 능력을 사용할 것이다. 아이는 당신의 기쁨을 함께 나누기 위해 눈을 계속 맞추려 할 것이며, 당신의 반응은 아마도 더 많은 교류로 이어질 것이다.

(2) 자기주장(assertiveness)

당신과 당신의 자녀가 함께 집을 탐구할 때, 아이는 자립심을 키울 수 있다. 처음에는 두 사람이 함께 조사를 할 수 있지만, 약 18개월부터는 당신의 자녀는 더 독립적으로 탐색할 수 있다. 아마도 아이는 지금쯤 당신 집의 친숙한 배치를 알고 있을 것이다. 아이는 주기적으로 목소리를 내거나 어깨 너머로 당신을 바라보면서 당신이 하는 방식대로 TV 버튼을 누르기 위해 방의 한구석으로 갈 수 있다.

아이가 '행동 계획'을 모방하고 재창조하는 자신의 새로운 능력에 대한 증거는 블록과 커다란 퍼즐 조각에 대한 아이의 관심에서도 볼 수 있다. 아이는 사물이 서로 어떻게 관련되어 있는지 혹은 서로 어떻게 맞물리는지 보려고 한다. 이제 아이가 대근육을 조율하여 여전히 자신의 길을 찾기 위해 집 안의 모든 방을 돌아다니면서도 당신에게 돌아오는 길을 잘 찾는 것처럼 소근육도 제어할 수 있으며 손가락을 사용하여 블록을 조작하고 패턴을 만들 수 있다. 예를 들어, 당신이 하는 것을 본 후 아마도 아이는 탑에 2개, 3개 또는 심지어 더 많은 블록을 배치하려고 시도할 것이다. 아이는 점차적으로 행동을 순서대로 하는 법을 배우며, 한 블록이 다른 블록에 의존한다는 것을 배운다.

14개월이 된 당신의 자녀는 삼각형 블록을 집어 들고 끼워질 때까지 형태 분류기 상자의 다양한 구멍에 끼워 넣으려고 노력할 것이다. 놀랍게도 당신의 자녀는 이미 과학적 사고의 증거를 보여 주고 있다! 아이는 문제(어느 구멍에 삼각형 블록이 맞을 것인가?)에 대한 해결책을 찾고 있는 패턴인식자이다. 또한 아이는 식탁에 놓인 접시에서 자신을 유혹하는 사람 모양의 생강 쿠키를 쓸어 내기 위해 대근육과 소근육을 사용하려고 할 것이다. 쿠키를 너무나 좋아하는 당신의 아이는 의자를 서랍으로 끌어당기고, 식탁에서 접시를 향해 손을 뻗고, 간식 먹는 것을 포함하는 합동 공격을 계획할 수 있다. 아이는 당신에게 문제해결의 달인이 되고 있다는 또 다른 명확한 신호를 준다.

(3) 친밀감(closeness)

당신의 자녀는 애정을 즐기며, 친밀감의 필요성을 느낄 때 당신에게 뽀뽀하고 포옹할 것이다. 아이는 당신이 아이에게 사랑을 주는 방식의 레퍼토리를 지켜보며 자신의 레퍼토리를 만들어 점점 더 애교를 부리고 매력적인 모습을 보일 것이다. 아기는 모방을 통해 신이 나서 눈을 크게 뜨는 것부터 놀리는 눈빛에 이르기까지, 당신을 착 감기게 할 다양한 범위의 얼굴 표정을 만들어 갈 것이다.

(4) 분노(anger)

처음에는 아이가 화가 났을 때 자신의 팔을 흔들거나 인상을 찡그리거나 성나게 소리를 지를 것이다. 이어서 아이는 이 괴로움을 해소하기 위해 좀 더 정돈된 순서를 사용하거나 자신이 본 패턴을 모방하여 바닥을 주먹으로 치거나 당신이 자신에게 소리를 지른 것처럼 당신에게 그대로 소리 지를 것이다. 이 발달 단계가 끝날 무렵, 아이는 다양한 방법으로 자신의 화난 감정을 정리할 수 있다. 아이는 의도적으로 물거나 꼬집고, 장난감을 던지고, 땅에 몸을 던지거나, 신경질적으로 울거나, 발작적으로 울거나, 심지어는 당신을 무시할 수도 있다. 아이는 다양한 모방적이고 새로운 행동을 하고, 으르렁거리며 날뛰는 분노를 표출하는 다양한 모방과 새로운 결합할 수 있을 것이다. 당신의 손에 진짜 제멋대로 하고 싶어 하는 아이가 있는 것이다!

3) 넓은 범위의 새로운 수용 능력

당신의 자녀가 행동을 체계화할 수 있다는 것을 보여 주는 또 다른 방법은 예기치 않게 표시되는 독창성에 대한 즐거운 감각이다. 아이의 성장하는 몸짓의 어휘가 자신을 표현하는 더 복잡한 방법을 제공해 주어 아이는 자신이 본 것처럼 그대로 방식을 따라만 하지 않는 창의적인 사상가임을 보여 줄 수 있다. 갑자기 당신은 아이가 자신만의 견해를 갖고 있다는 것을 깨달을지도 모른다. 아이와 함께 누워 블록으로 탑을 만들고 있을 때 아이가 네모 블록을 가져가 당신의 머리에 올려놓고 웃을 수도 있다. 실제로 아이는 블록이 모자가 아니라는 것을 알고 있고, 당신과 나누고자 하는 농담을 떠올린 것이다. 당신이 웃음을 짓고 머리에 블록 '모자'를 아이에게 똑같이 씌우면, 두 사람은 함께 처음으로 '상상하기' 게임을 시작하게 되는 것이다.

당신의 자녀는 당신에게 창의적인 유머감각이 있다는 것뿐만 아니라 물체에 기능이 있다는 것을 이해하는 모습을 보여 준다. 블록은 우리가 탑을 지을 수 있는 딱딱한 물체이다. 모자는 당신의 머리에 있는 헐렁한 천 조각이다. 아이는 사물의 적절한 기능을 의도적으로 혼합하는 것이 즐겁다. 당신 자녀의 장난기 있는 농담은 사물에 대한 독창적인 반전을 만들 수 있다는 것을 알려 줄 뿐만 아니라 아이가 물건의 사용에 대한 기능적인 이해를 발전시키고 있음을 보여 준다. 결국 아이는 이러한 이해를 자신의 세상 속

더 많은 양상에 적용할 것이다. 그리고 더 논리적이고 과학적인 사상가가 될 것이다.

자녀의 이 독창성은 뚜렷한 개성의 또 다른 신호이다. 아이는 아이의 정서, 좋아하는 것, 싫어하는 것을 표현하기 위해 새로운 행동 패턴을 합치는 새로운 능력을 사용하고 있다. 아이는 화가 난 동시에 행복할 수 있으며, 대담한 동시에 집착해도 여전히 당신의 애정의 대상이 될 수 있음을 깨닫기 시작한다. 아이가 온갖 감정을 경험하게 될 때, 당신의 부드러운 사랑의 일관성은 아이의 자아를 확고히 하는 데 도움이 될 것이다.

당신과 자녀가 이러한 모든 복잡한 몸짓 게임과 상호작용을 하는 동안 아이의 몸, 감각, 언어 및 인지 능력은 놀라울 정도로 성장한다. 행동과 감정을 복잡한 패턴으로 구성하는 것은 쉬운 일이 아니며, 이 단계를 절충할 수 있는 능력은 당신의 자녀가 가고 싶은 곳으로 가려는 의지와 감각에 의해 어느 정도 결정된다. 다음에 소개하는 내용은 이 단계의 주요 목적, 복잡한 문제 해결의 상호작용과 관련하여 잘 알려진 몇 가지 특정 능력에 대한 지침이다. 모든 아이는 다양한 속도와 비율로 발달하며 대다수의 경우 이러한 불균형은 완벽하게 정상이므로 이후에 소개하는 내용은 대략적인 것뿐이란 것을 명심해야 한다. 더 중요한 것은, 현 발달 단계에서 아이의 가장 근본적인 성과는 자신과 복잡한 문제 이전에 나오는 문제 해결 메시지를 교환할 수 있다는 점이다. 아이의 의사소통 능력은 미래의 정서적 및 인지적 성장을 이끌어 내는 진정한 핵심이다.

9~18개월부터 존재하는 능력

- 운동 패턴
  - 9~10개월: 혼자 걷거나 가구를 잡고 걷는다. 노는 동안 웅크린다. 정방향으로 공을 던진다. 작은 단위의 음식을 스스로 먹는다. 두 개의 네모 모양 블록을 쌓는다. 공을 밀기, 붙잡기 또는 던지기와 같은 한 단계 행동 계획 순서를 구성한다.

–18개월 무렵: 공을 공중에 던지고 잡으려는 것과 같이 두 개 이상의 단계가 포함된 행동 패턴을 계획한다. 낙서를 모방하려고 하거나 혼자서 낙서를 한다. 크레용이나 연필을 적절하게 잡는다(낙서를 가능하게 하는 방식으로 잡기). 컵에 물건을 넣고, 상자 안에 장난감 넣는다. 두 개 또는 세 개의 블록으로 탑을 만든다. 페그보드(구멍 뚫린 판자)에 핀을 넣고, 모양 분류 장난감의 둥근 구멍에 둥근 블록을 넣는다. 양말을 벗는다.

• 감각 패턴

–9~10개월: 손과 입으로 다른 질감을 수용하면서 다양한 음식을 탐색한다. 계단이나 소파 위, 탁자 위를 오르거나 탐색한다. 밝은 빛에 특별한 민감도를 보이지 않는다. 진공청소기 같이 시끄러운 소리에 특별히 민감하지 않는다.

–18개월 무렵: 껴안기, 거칠게 움직이기, 다양한 종류의 옷감, 양치하기, 머리 빗기와 같은 다양한 유형의 촉감을 즐기거나 허용한다. 큰 소리를 수용한다. 밝은 빛을 수용한다. 공간 속을 움직이는 것을 수용하고 편하게 생각한다.

• 언어 패턴

–9~10개월: '구두' 또는 '뽀뽀'와 같은 간단한 단어를 이해한다. 특정한 목적을 위해 약간의 단어를 소리 내 사용한다. 재잘거린다.

–18개월 무렵: 약간의 간단한 질문을 이해하고, 간단한 지시를 따른다("그 공을 여기로 굴려."). 간단한 단어를 모방한다. 단어를 사용해서 필요한 것을 안다("위!" "뽀뽀!").

• 인식 패턴

–9~10개월: 5분 또는 그 이상 동안 당신과 함께 놀거나 혼자 놀 때 집중하고 주의를 기울인다. '안녕'과 같이 손을 흔들고 '안 돼'와 같이 머리를 흔드는 간단한 몸짓을 따라 한다. 양육자의 손안에 숨겨진 장난감을 찾는다. 낙서와 같은 소근육 과제 따라 하려고 시도한다. 장난감이 어떻게 작동하는지 탐색하고 간단한 관계를 알아낸다(소리를 내기 위해 끈을 당기기). 상호주의적으로 다양한 소리를 사용한다.

–18개월 무렵: 당신과 함께 노는 동안 물건을 기능적으로 사용한다(장난감 빗으로 머리 빗질하기, 장난감 전화기를 잡는 동안 장난감을 자세히 조사하고 음성 사용하기). 원하는 장난감 또는 숨긴 물건을 찾기 위해 두 장소 이상을 살펴본다. 당신과 함께 놀거나 혼자 놀 때 15분 이상 집중한다. 방금 혹은 몇 분 전에 본 행동을 따라 한다. 가족사진에서 친숙한 얼굴 알아본다. 또 다른 물건을 잡기 위해 막대 또는 다른 물건 사용한다. 긴 소리의 순서와 적은 분량의 단어를 의도적으로 사용해서 당신과 상호작용한다.

2. 이 단계의 중요성

당신의 자녀가 문제를 해결하고 새로운 유형을 이해하는 능력으로 전체 범위의 감정을 대처하는 것을 배우고, 과학적인 사고를 하고, 옳은 것과 그른 것의 차이를 이해하기 시작하고(이 장의 뒤에서 논의될 예정) 스스로 자아가 있다는 것을 인지하는 데 큰 발전을 할 수 있다. 이 부분은 좀 더 자세히 살펴보자.

1) 감정에 대처하기

당신과 아이가 하루 종일 주고받는 정교한 상호작용은 다른 사람에게 몸짓, 자세 그리고 음성을 적절히 이용하면 다 원하는 것을 얻고 즐거움을 가져다준다는 것을 가르쳐 줄 것이다. 아이가 장난감 상자 어딘가 안에 박혀 있는 장난감을 꺼내 달라 요청할 때마다 혹은 퍼즐을 함께 맞추면서 피드백을 위해 반복적으로 당신의 얼굴을 볼 때마다 당신은 아이가 문제를 해결하기 위해 많은 단계를 이해하도록 도움을 준다. 아이는 또한 충동에서 만족으로 이동하는 것이 다른 사람과의 협동에서 의존한다는 것을 알고 있다.

감정에 대응하는 것을 배우는 기술은 중요하다! 아이가 성질을 부릴 때마다 쿠키를 잔뜩 쥐어 주려 달려오는 부모의 아이는 목표를 얻기 위해 여러 단계를 거쳐야 하며, 행동을 조직해야 한다는 가치 있는 교훈을 얻을 기회가 없을 것이다. 만약 그 대신 부모가 시각, 소리, 움직임을 주고받아 아이가 의도적으로 행동하도록 격려하면 아이는 스스로 생각하여 단계적으로 움직이는 행동에는 보상이 따른다는 것을 배우게 될 것이다. 아이는 당신과 언어 이전의 상호작용뿐 아니라 새로 피어나고 있는 언어적 대화에 참여하면서 사회성의 경험을 얻게 되고 아이는 자신이 침착함을 유지할 수 있고 그래서 원하는 것을 얻었다는 데 자신감도 생기고 자랑스러워할 것이다. 그러므로 부모가 아이의 손을 잡고 아이의 눈을 마주치며 “무엇을 원해? 보여 줘.”라고 할 때마다 아이의 자존감은 높아질 것이다.

아이가 원하는 것이 무엇이든 그것을 얻을 수 있다는 것을 점점 더 깨닫게 됨에 따라 아이는 세상을 믿을 만하고 논리적인 장소로 볼 것이다. 아이는 세상에 적응할 것이고, 당신의 협상이 아이에게 안겨 준 기쁨과 만족 때문에 아이는 세상의 매력을 느끼고 그

내에서 자신의 자리를 찾아가게 될 것이다.

2) 과학적 사고하기

이제 아이와의 구체적인 놀이 내용은 잊고 자녀와 의사소통하는 과정에 초점을 맞춰야 할 때이다. 음식, 꽃, 햇살, 장난감 차, 거미줄 등에 대한 상호작용 또한 아주 중요하다. 당신이 원하는 만큼 우스꽝스럽게 굴라! 당신의 자녀와 교환하는 자연스러운 눈빛, 못마땅함, 찡그림, 웃는 웃음소리 또는 춤을 출 때 스텝을 밟아 가는 시간이 늘어날수록 아이의 모든 감각 시스템이 잘 작동하고 있고 아이가 세상에 대해 배우고 있다는 것을 알게 될 것이다. 우리가 할 것은 두 사람 간에 주고받는 소통을 활발하게 증진하고, 한 명이 일방적으로 무언가를 보여 주고 말하는 상태로 빠져들고 싶은 유혹을 이겨 내는 것이다. 만약 당신이 자녀에게 꽃을 보여 주고 꽃의 각 부분의 이름을 알려 주려 한다면, 아이는 당신의 말을 흘려들을 가능성이 무척 높다.

그런 대신에 아이에게 꽃을 주어 아이가 그걸로 무엇을 하는지 보자. 만약 아이가 호기심으로 냄새를 맡는다면, 활기차게 당신도 냄새를 맡아도 되는지 물어봐도 좋다. 그렇게 물어볼 때 눈을 감고 마치 암브로시아의 향기를 맡는 것 같은 모습을 연출해 보자. 아이가 꽃의 다른 부분을 탐색하고 싶어 하는지 보자. 만약 아이가 꽃잎을 하나 뽑으면 당신도 한 잎 뽑게 해 줄지도 모른다. 당신은 꽃잎의 부드러운 촉감에 대해 한마디해도 좋고, 혹은 "꽃잎이 바람에 날아가는 거 봐!"라고 말할 수도 있다. 정원에서 함께 탐사를 하는 동안에 아이가 수석 과학자이고 당신은 그녀를 존경하는 동료가 되는 것이다.

당신의 자녀가 상호작용할 때 사용하는 물체는 부수적인 것이다. 중요한 것은 바로 함께하는 놀이이다. 당신과 함께 놀면서 당신 자녀의 행동은 당신에게 논리적인 반응을 촉발시킬 텐데 이 반응은 과학적으로 의미를 가질 필요가 없다. 당신의 16개월 된 아이가 바닥을 따라 기차를 밀다가 기차가 긁힌 것을 보고 "얼른 나아라."라고 뽀뽀를 해 줄 때 아이에게 장난감은 아프지 않다고 설명하고 싶은 마음을 억누르자. 아이는 패턴을 봄으로써 과학적인 사고를 배우고 있고, 아이는 뽀뽀가 어떻게 이 상황을 더 낫게 해 줄 수 있는지를 탐구하고 있는 것이다. 당신의 자녀는 성장하는 의학 수사관이다! 아이의 삶의 현시점에서는 플라스틱 기차가 무생물이라는 것을 아는 건 중요하지 않다. 만약 당신이 함께 노는 동안 아이가 재미있고 모험적인 감각을 발휘하게 한다면, 아이는 나중에 자연스럽게 사실을 알게 될 것이다. 아이는 지금 이후에 사실을 알아낼 수 있는 논리적 패턴을 현재 구축하고 있고, 더 중요한 것은 그 패턴을 이용해 사고하는 법을 배우고 있기 때문이다.

놀이에 대한 이런 접근법은 몇몇 부모에게는 어려운 일이다. 우리들 대부분이 깨닫지 못하는 것은 우리가 제공할 수 있는 선한 의도의 강의나 우리가 살 수 있는 컴퓨터 게임보다 우리의 아이들과 자연스럽고 재미있게 할 수 있는 놀이에 더 많은 교육적 가치가 있다는 것이다. 당신은 자녀가 세상이 돌아가는 방식에 대해 건조한 사실을 당장 배우지 않아 뒤처질 거라는 염려를 할 필요는 없다. 오히려 반대로, 아이는 이제 패턴을 인식하기 때문에 사물이 의도한 목적을 가지고 있다는 것을 이해하고, 머리빗은 머리 위로 올라가고, 칫솔은 입 안으로 들어간다는 것을 이해할 수 있다. 패턴과 흐름을 탐지하는 아이의 능력이 세상에 대한 아이의 이해를 구성해 가는 것이다.

당신이 정서적 문제 해결의 방향으로 아이들과 상호작용을 이끌어 주는 것은 당신은 아이가 논리적으로 그리고 추상적으로 생각하는 것을 도와주는 것이다. 당신이 부엌에 있을 때 웃긴 소리를 내어 아이가 그걸 듣고 당신을 찾아올 수 있는 모습이나 두 사람 모두에게 소리를 나누며 노는 것이 즐겁다는 것을 이해하는 아이에게 당신 앞에서 소처럼 울고 새처럼 울고자 하는 의지처럼 겉으로 보기에 참 평범해 보이는 성과는 지성이 성장하는 근원이 된다. 왜냐하면 아이는 당신과 함께 점점 더 긴 상호주의적 패턴을 이해하고 시작할 수 있기 때문이다. 이제 당신의 자녀는 과학적인 생각을 하는 사람이 되는 것이다.

3) 옳고 그른 감각 만들기

이 발달 단계 동안 아이들은 가치에 대한 메시지를 전달하는 부모의 행동 패턴을 인지할 수 있는 능력을 가지게 된다. 돌보는 것과 연민에 관한 도덕적 개념은 당신이 자녀에게 부드럽게 새끼 고양이를 쓰다듬는 방법을 보여 줄 때마다 또는 장난감 요람에서 인형을 살살 흔드는 법을 보여 줄 때마다 전달된다. 우리의 몸짓이 애완동물, 장난감 그리고 다른 아이들과 같은 취약한 것을 다루는 방법을 보여 주는 것은 우리 환경의 다른 생물에 대한 존중을 보여 주는 것이다.

아이들은 당신이 아이들에게 반응할 때뿐만 아니라, 지금 나누고 있는 긴 상호작용의 과정에서 당신에게 반응할 때에도 어떻게 행동하는지를 배운다. 아이가 너무 시끄러워 당신의 자녀에게 제스처를 할 때, 소리를 낮추자는 듯 손을 아래로 향하게 하는 것이든 귀를 가리는 것이든 입술 앞에 집게손가락을 대고 "쉿!"이라고 말하는 것이든, 아이는 그에 대해 자신의 몸짓으로 반응할 것이다. 아마도 아이는 자신의 손가락을 입술에 대고 조용히 소리를 낼 것이지만 시간이 지나면 소리의 음량을 다시 높일 것이다.

당신이 다시 "쉿!"이라고 반응할 때 아이는 다시 한번 목소리를 낮출 텐데 이번에는 아이가 당신의 감정을 고려하기 시작하기 때문일 것이다. 아이는 긴 대화를 나누는 동안 당신의 몸짓과 감정에 대해 읽고 반응하는 연습을 많이 했다. 당신의 자녀는 아이 자신의 소음이 당신을 불쾌하게 하거나 불편하게 만들 수 있다는 것을 새롭게 인식하게 된다.

만약 아이가 화가 나 당신을 꼬집을 것 같다면 당신은 손가락을 흔들고 인상을 쓰며 "안 돼! 안 돼!"라고 말할 것이다. 몸짓으로 말하고 나서 아이가 원하는 것을 소리나 행동을 사용하여 보여 주도록 만들면 아이는 자신에 대한 좌절감과 분노를 당신에게 화풀이하지 않는 법을 배운다. 일단 아이가 꼬집기를 절제할 수 있게 된다면, 배고플 때나 외출하고 싶을 때 문을 열어 달라고 천장을 가리키게 할 수 있다. 아이는 여전히 당신에게 화를 낼지도 모르지만, 아이는 당신의 "안 돼! 안 돼!"에 반응하고 있기 때문에 당신의 감정을 고려한다. 이렇게 긴 상호작용을 통해 당신의 자녀는 자신의 행동을 조절하는 방법뿐만 아니라 다른 사람들의 필요에 맞춰 어떻게 해야 하는지를 배울 수 있다.

때때로 약 18개월쯤 되면 아이들은 슬쩍 볼 때 이타적인 행동을 보인다. 만약 놀이 친구나 형제나 자매가 다쳐서 울면, 걸음마기 아동이 다친 아이의 머리 꼭대기를 팔로 힘내라는 듯 두드려 주는 것을 볼 수 있을지도 모른다. 대부분의 걸음마기 아동들은 단순히 다른 본보기를 모방하고 있지만, 그런 모습이 도움이 되는 행동을 하려는 의도를 드러내는 것이다. 비록 아이가 지금 당신의 몸짓의 전체적인 의미를 이해하지 못할지라도 진정한 공감대는 나중에 나타날 것이다.

아이가 공격적으로 행동할 때, 당신은 아이의 분노가 정당화될 수는 있으나 위협을 가하는 행동은 용납되지 않을 것이라는 것을 아이에게 알릴 수 있는 기회가 된다. 아이는 화낼 때 처음으로 내뱉는 단어를 배우기 훨씬 전에 공격적인 행동에 대한 부모의 자세를 알아챌 것이다. 예를 들어, 17개월 된 아이는 자신이 싫어하는 음식을 치워 달라는 걸 거절하면 당황할 수 있다. 아이는 자신이 싫어하는 완두콩이나 시금치에 대한 당신의 맛있다는 거짓말에 넘어가지 않을 것이다. 아이는 목소리를 높이고 당신을 노려보며 의도적으로 음식을 뒤집어 엎을 수 있다. 어떤 아이들은 당신의 온 관심을 받을 때까지 기다렸다가 짓궂은 자존심으로 식탁 위의 모든 음식을 뒤집기도 한다.

당신이 그런 행동에 대응하는 방식은 당신과 가족이 분노와 공격성, 좋은 기분, 나쁜 감정, 옳고 그름에 대한 관점에 대한 신호를 보낼 것이다. 만약 당신이 습관적으로 과하게 반응하고 아이의 자기주장이 당신의 통제력을 위협하는 것으로 받아들여 화가 난 목소리, 일그러진 눈썹과 긴장된 어깨가 아이에게 아이가 느끼는 공격적인 감정은 금지된 것이라고 신호를 준다면, 아이는 분노와 자기주장은 '나쁜 것'으로 연결해 생각할 수도 있다. 아이는 과하게 소심하고 조심스럽거나 반항적이 될 수 있다.

때때로 정말 어려울 수도 있지만, 당신의 목소리와 행동에 주의를 기울임으로써 당신의 자녀가 받아들일 수 있는 분노와 해로운 행동을 구별하도록 도울 수 있다. 아이가 음식을 던졌을 때 "안 돼, 안 돼!"라는 말을 하고, 머리를 흔들어 '안 돼'를 보여 주거나 그 단어를 소리 내는 법을 가르쳐 줄 필요가 있다. 누군가를 때리거나 무는 것은 즉각적인 제어가 필요하다. 생기 있는 몸짓과 함께 심각한 목소리로 말하고, 자신의 몸짓을 사용해 화를 내지 않고 분노를 표출하는 방법을 보여 준다. 당신이 아이와 상호작용을 하고 몸짓을 사용해서 한계를 알려 주는 동안 아이는 장난감, 활동 또는 자신을 지나치게 흥분하게 만든 또래에게서 잠시 멀어져 있는 시간이 필요할 수도 있다. 핵심은 아이에게 자신의 수준에 대한 많은 의사소통을 제공하는 동시에, 부드럽지만 강인함의 한계를 설정하는 것이다.

우리가 걸음마기 아동들에게 강조하기 위해 사용하는 몸짓과 행동은 종종 문화적 가치를 전달한다. 당신의 자녀는 당신이 자란 문화권을 반영하는 선호도에 응답한다. 예를 들어, 한 가정에서 타인에 대한 부드러움과 배려라는 가치는 중요한 관심사가 될 수 있지만, 어떤 가정에서는 관심을 받지 못할 수도 있다. 한 아이는 적극적으로 육체적인 행동이 '좋은' 것으로 여길 수 있는 반면, 다른 아이는 온유한 것이 '좋다'고 배울 수도 있다. 가족들과 교환하는 매우 다른 몸짓은 옳고 그름에 대한 감각의 기초를 형성하기 시작한다.

이 나이대의 아기들은 다양한 감정과 공간을 아우르는 복잡한 패턴을 찾아내는 동시에 지속적으로 뇌의 신경과 관계를 맺는 것이 이루어진다. 정서적 신호 주기와 공간 관계의 영역에서 재조명되는 것이다. (주로 우뇌에) 예를 들어, 다른 방에서 엄마를 찾는 것은 엄마와 가까워지려는 감정적인 욕구와 연관 짓는 것을 포함한다. 엄마가 (전화를 끊은 후에) 곧 포옹을 한다는 것을 아는 것은 감정과 시간을 다루는 유사한 패턴을 수반한다.

4) 자아감 발달하기

점점 더 많은 사람이 소리와 단어를 의미하는 단어와 말을 사용하기 시작하면서, 아기의 생각과 행동으로 인해 언어, 언어 기호 그리고 이해 패턴을 다루는 뇌의 부분에서 점점 더 많은 뉴런을 형성된다. 이 뇌의 성장은 당신의 자녀가 더 복잡한 방식으로 상호작용할 수 있고 단순한 소리와 단어를 흉내 낼 수 있게 됨에 따라 더 많은 지원을 받게 된다. 아이의 두뇌 구조는 종종 언어의 습득을 촉진하는 것뿐만 아니라 생각과 행동을 촉진하고, 아이의 보호자들과 다른 사람들과의 점점 더 복잡한 상호작용의 결과로 성장한다. 환경과의 상호작용과 두뇌의 성장은 각각 서로를 강화시킨다.

3. 아이가 문제 해결사가 되도록 돕기

1) 감탄하고 상호작용하기

당신 자녀의 행동을 정리하는 능력을 증진하기 위해 할 수 있는 가장 중요한 것은 아이의 떠오르는 생각과 감정을 전달하는 것이다. 이 단계에서 자녀는 당신의 존경심을 높게 느낄 필요가 있다. 만약 아이가 블록 탑을 쌓고 당당하게 당신에게 시선을 돌린다면, 당신의 눈빛은 아이를 계속해서 나아가게 할 것이다. 하지만 만약 여러분이 신문에 마음이 빼앗긴 상황이라면, 당신을 바라보고 있는 아이의 신호를 놓칠지 모르고 당신은 의도치 않게 상호작용을 끊을 수 있다. 만약 당신이 지나치게 으스대고 지시를 많이 하는 경향이 있다면, 아이가 근육을 구부리고 소파에 오르려고 할 때마다 당신의 떨림과 화가 나는 외침으로 인해 아이는 자기주장과 당신과 상호작용하는 것을 멀리하게 된다. 반면, 만약 아이가 뒤뜰을 탐험할 때 아이들과 함께 즐겁게 지낸다면, 아이는 당신이 자신의 모험에 박수를 보낸다는 것을 분명히 느낄 것이다.

당신이 아이와 있는 것을 좋아한다는 것을 보여 줄 수 있는 한 가지 방법은 우스꽝스럽게 행동하는 것이다. 앞서 언급한 바와 같이, 당신의 자녀는 이 단계를 진행하는 동안 더 재미있는 감각을 나타낼 수 있다. 아이는 온갖 재잘거리는 소리를 흉내 내고 당신이 말하는 소리와 리듬을 흉내 낸다. 아이는 입 밖으로 나오는 우스꽝스러운 소리 패턴을 보고 즐거워한다. 당신과 함께 강아지의 짖는 소리, 낑낑 우는 소리와 야옹 하는 소리를 교환할 때, 당신의 자녀는 마치 자신이 세상에서 가장 재미있는 존재처럼 느껴질 것이다. 아이는 계속해서 당신을 찾으며 점점 더 우스꽝스러운 발성을 함께 시도할 것이다. 아이가 약간 짜증 나 있거나 혼란스러울 때에도 우스꽝스러운 목소리를 사용하거나 유머러스한 말발굽 놀이를 하는 것이 당신과 대화를 할 수 있게 해 줄지도 모른다.

18개월 된 아이가 창조적인 것보다는 반복적으로 문을 열고 닫으면, 당신은 한 부모가 생각해 낸 다음과 같은 기법을 시도해 볼 수 있다. 문 뒤에 '낀' 척하는 것이다! 당신이 문에 사과하는 것처럼 행동하라. 만화 같은 목소리로 '그'에게 부딪힌 것에 대해 용서를 구하라. 당신의 자녀는 자신이 한 행동의 결과로 즐거워할 수 있으며, 그것은 아이를 더욱 창의적인 대화로 이끌고 즐거움과 우스꽝스러움도 인간 상호작용의 일부라는 것을 느끼게 할 실질적인 방법이 된다.

2) 아이가 주도권을 쥐게 하기

장난스럽게 중심 무대로 당신의 자녀가 서는 것을 권유할 때, 당신은 플로어타임 상호작용의 핵심 원리를 따르게 된다. 바로 **아이가 놀이의 지휘자가 되도록 하는 것**이다. 왜 그렇게 중요할까? 우리는 아이들의 자연스런 관심을 이용하고 싶기 때문에, 플로어타임 놀이 중에 이 규칙을 따른다. 아이의 관심사, 즐거움 그리고 특정 자세나 움직임에 대한 즐거움을 추구함으로써, 당신은 아이가 적극적으로 자신의 욕망이나 감정으로 행동을(그리고 나중에는 생각을) 이끌고 단서가 되도록 도와준다. 행동과 생각에 대한 열망과 감정은 창조적이고 논리적인 사고의 열쇠이다.

예를 들어, 당신의 어린 딸이 엎드려 있고, 아이의 앞에 고양이 인형을 잡고 고양이 소리를 내고 있다고 가정해 보라. 여러분도 똑같이 엎드려 누우면 아이도 당신의 몸짓 크기에 겁먹지 않고 같은 시선에서 함께할 수 있다. 아이가 고양이 소리를 내는 것에 즐거움을 느끼고 있기 때문에 당신도 야옹 소리와 같은 장난스러운 교환을 계속하려고 할 수도 있다. 또한 아이의 눈을 보고, 고양이의 머리를 쓰다듬기 위해 손을 뻗으라. 아이가 당신의 몸짓을 따라 하는지, 머리를 쓰다듬는지 혹은 고양이의 엄마를 찾아 네 발로 엎드리는지 본다. 어린 소녀의 단서를 따라 아이가 새로운 방향으로 아이 자신의 놀이를 하도록 도와주라.

당신이 자녀의 관심을 기반으로 쌓아 갈 때, 당신은 아이가 목적을 이루는 것을 도와주게 된다. 아이가 당신을 이끌고 영향력을 끼친다는 것 때문에 아이는 자부심이 증가할 것이다. 낮 동안의 많은 활동에서 당신이 반드시 제어권을 쥐고 있어 상대적으로 아이는 무력하다는 것을 느낀다. 따지고 보면 당신은 취침 시간, 식사, 낮잠 그리고 스케줄에 관한 최종적인 권위자이다. 많은 측면에서 당신의 통제는 당신의 자녀에게 안도감과 편안함을 주지만, 아이는 때때로 자신만의 방식으로 살아갈 필요가 있다. 아이에게 바닥에서 노는 시간을 제어하게 함으로써 당신은 아이가 적절한 방식으로 자신의 의도를 표현하는 행동을 하도록 돕고 있다. 아이가 하고 싶은 일을 하고 있기 때문에 아이의 연습은 강제적으로 이루어지지 않을 것이다.

몸짓을 교환하면서 아이의 자연스러운 관심사를 중심으로 이어 나가는 것의 또 다른 부가적인 이점은 당신이 함께 놀기 위해 새로운 장난감이나 놀이 책을 사용하지 않아도 된다는 것이다. 당신의 자녀를 항상 즐겁게 해야 한다고 느낀다면, 당신은 곧 모든 수를 다 써 버려서 지치고 지루해질 것이다. 하지만 때로는 당신이 상호작용 순서에 조심스럽게 끼어들어야 할 때가 있을 것이다. 만약 당신의 아이가 멍해지거나 혹은 의사소통 순환의 시작을 꺼리는 것 같다면, 주의 깊게 관찰해 아이의 관심사가 어디로 갔는지 알아내도록 한다. 그러면 아이의 관심을 받는 것이라면 무엇이든 간에 몸짓을 교환할 수 있다.

당신의 아이가 옆에서 고양이처럼 기어가는 것에 관심을 잃은 것 같고 이제 그만 놀려고 하는 것처럼 보일 때, 아이에게 1~2분 정도 휴식을 취하고 다시 참여하게 할 시간을 주자. 그러면 인내심을 가지고 다음에 아이의 관심을 사로잡을 수 있을 것이다. 아이가 바닥에 등을 대고 누워서 천장의 그림자를 물끄러미 쳐다보거나 밝은 색깔의 나뭇잎을 바라보면 다음 상호작용이 어디에 있는지 알아챌 수 있다. 아이의 편안한 태도는 천장에 보이는 모양을 활기차게 확인하는 것으로 이어질 수 있고, 밖으로 나가 자연 속에서 산책을 가는 것으로 이어질 수도 있다.

특정 방향으로 시선을 주는 것과 같은 아이의 행동에는 우리가 대개 놀이와 연관 짓지 않는 힌트가 있다. 만약 아이가 밖에 있을 때 장난감을 가지고 노는 것을 멈추고 발밑에 있는 나뭇조각을 한 개 또는 두 개 집어 든다면, 상호작용을 그 나뭇조각 중심으로 다시 집중할 수 있다. 만약 아이의 관심이 지속된다면, 당신은 나뭇조각으로 만들어진 블록 탑을 만들어 놀이에 약간의 참신함을 줄 수도 있다. 만약 아이가 정말로 지쳐 있고 잠시 쉬고 싶어 한다면, 의자에 누울 것을 신호로 주자. 함께 쉬는 것이 얼마나 멋진지 당신의 목소리를 들려주거나, 잠시 동안 서로의 품에 안겨 있도록 하자. 목표는 당신의 자녀에게 선택권을 주고, 아이가 선택한 어떠한 행동이나 행동하지 않는 상태를 따르는 것이다. 당신이 아이와 주고받는 상호작용의 체인이 성공적으로 확장될 때마다 부모는 점점 더 의도적인 방식으로 아이의 행동을 연결시키는 것을 돕고 있는 것이다. 이로써 아이는 다음 단계를 밟거나 다음 퍼즐 조각을 채우는 걸 만족스럽다는 것을 깨닫게 된다.

3) 아이가 모든 감정을 표현하도록 돕기

당신의 아이는 넓은 범위의 감정적인 주제를 중심으로 놀이를 조직할 수 있는가? 아이는 어떻게 당신에게 안아 주길 원한다는 것을 어떻게 알리는가? 자신이 기분이 반항적이거나 호기심을 느끼고 있음을 어떻게 나타내는가? 아이가 공격적인 놀이를 피하는가? 아니면 그 주제에만 집착하듯 집중하고 있는가? 당신과 당신의 아이가 상호작용할 때 아이의 행복과 친밀감, 공감, 호기심뿐만 아니라 분노, 자기주장, 슬픔에 대한 자신의 감정을 표현하도록 도와주자. 아이가 자연스럽게 자신의 감정을 경험할 수 있도록 돕고, 당신과 아이가 안전하고 안정적인 관계에 있는 동안에는 아이가 넓은 세상에서 나왔을 때 자신을 압도하거나 억누를 수 없다.

많은 부모는 자녀가 그들의 사랑이나 애착을 포옹과 함께 보여 줄 때 또는 아빠나 엄마의 손을 토닥이며 '기분 좋게 만들' 때 행복해한다. 그러나 자녀가 인형이나 장난감 트럭 두 가지를 서로 부딪힐 때 덜 기뻐한다. 당신의 자녀의 다양한 감정은 건강한 아동 발달을 위한 역할을 갖는다는 것을 명심하자. 아이가 당신과의 상호작용에 감정을 가져올 때 아이는 실제로 감정을 조절하는 방법에 대해 배운다. 예를 들어, 화난 감정은 더 이상 울화통 표현의 일부가 아니다. 지금 감정은 당신 자녀의 놀이에 통합되어 있다. 점차 아이는 화난 감정이라는 이름표를 붙일 수 있고, 감정 단어를 가상놀이나 대화에서 사용할 수 있고 그럼으로써 충동적으로 표출하지 않게 된다.

아이가 분노를 견디고 인내심을 배우도록 하는 한 가지 방법은 바로 아이의 요구에 곧장 굴복하지 않는 것이다. 아이들의 요구를 지연하면 아이가 당신에 대한 자신의 감정에 대해 더 많은 몸짓을 교환하는 것을 촉진할 것이다. 하지만 아이를 완전히 짜증나게 만들지 않도록 조심하라. 서로의 '대화'를 조금씩 확장시키고 나중에 당신의 자녀가 '기다려'라는 단어를 배우게 될 때 아이는 인내심을 알게 되고 아이의 욕구와 필요를 어떻게 충족시키기 위해 기다리고 기대하는 기분이 어떤지 알기 때문에 아이가 그것을 스스로 다스릴 수 있다는 것을 알 것이다.

만약 아이의 놀이에서 아이가 공격적인 주제에 사로잡혀 있는 것을 알아챈다면, 당신은 아이의 구상을 흥미롭게 하는 것을 도울 수 있을 것이다. 아이가 지난 15분 동안 장난감 자동차를 부시느라 바빴고, 아이의 차를 당신의 차에 부딪히면서 신나 하고 있는 상황을 상상해 보자. 당신은 함께한 놀이의 길이에 만족감을 느끼고 있다. 많은 흥미로운 소리를 교환했고, 심지어 당신은 자동차가 되어 네 발로 기어 다니기도 한다. 당신은 아이가 용감한 열정을 보여 주는 것으로 기쁘다. 한편, 당신은 놀이의 맥락을 넓히면 아이가 당신과의 상호작용 안에서 더 흥미로운 감정을 자극하도록 장려할 수 있다는 것을 인식하고 있다.

당신은 차를 서로 뒤쫓거나 자동차 바퀴를 '우연히' 떨어뜨림으로써 당신의 놀이 범위를 넓힐 수 있다. 당신은 자녀와 걱정스러운 표정을 교환할 수 있고, 아이는 당신에게 바퀴를 다시 붙이는 것을 도와줄 것을 제안할 수 있다. 당신은 어떻게 하면 바퀴를 고칠 수 있는지를 보여 줄 수 있고, 아이가 당신의 몸짓을 모방하게 함으로써 아이에게 약간의 도움을 줄 수 있다. 비록 당신은 자녀가 자동차 충돌에 대한 관심을 집중하는 것에 초점을 두었지만, 당신은 아이가 문제를 해결하고 놀이의 범위를 넓히는 데 도움을 주었다. 아이의 세계에서 어떻게 놀이를 하는지에 대한 아이의 이해 또한 확장됐을 것이다. 이제부터 아이의 마음속에 있는 장난감 자동차들은 서로 충돌하는 강렬한 전율이 아닌 단순히 '붕붕'으로 남는 것을 원하지 않을 것이다. 당신과 함께 바퀴를 고정함으로써, 당신의 자녀들은 실제로 문제를 해결할 수 있는 방법을 찾을 수 있다는 지식을 얻었고, 흥분된 감정을 진정시켰다.

여러 아이는 놀이 시간 동안 분노와 공격성이 나타날 때 매우 다른 경향을 보인다. 만약 당신의 자녀가 갈등에서 벗어나 입 맞춤이나 너무 빠른 화해를 하고 싶어 한다면, 아이에게 분노는 감당하기에 너무 무서운 것이라고 추측할 수 있다. 아이가 화가 난 감정에 조금 더 머물러 있게 해 주고 아이가 진짜로 원하는 자신의 행동을 표현하도록 도와주자. 아이가 안전하다고 느끼고 당신의 존재를 원하기 때문에 아이는 사랑과 안전은 삶의 일부이고 분노와 갈등도 마찬가지라는 것을 배우기 시작할 것이다.

이와 같은 원리는 슬픈 감정에서도 마찬가지이다. 당신의 자녀가 자신의 슬픔을 표정이나 눈물을 통해 전달할 때 당신은 아이가 분노할 때와 마찬가지로 슬픔에 공감하는 시간을 가지라. 아이의 분홍색 토끼가 세탁기 안에서 귀를 잃어 파랗게 질렸다면 아이와 조용히 앉아 있으라. 아이에게 당신도 슬프다는 것을 알게 해 주자. 아이의 눈물을 닦거나 아이를 위로하기 위해 서두르지 마라. 아이를 달래기 위해 시간을 좀 가지

라. 당신은 아이의 등을 부드럽게 문지르고 "아, 나도 참 속상하네."라고 위로하며 말해 보자. 아이는 당신이 사용하는 단어를 이해하지 못할지도 모르지만, 아이는 틀림없이 당신의 지지적인 목소리의 리듬을 이해할 것이다. 잠시 후, 당신은 아이와 함께 문제를 해결하기 위해 바느질 키트를 사러 갈 수 있다. 우리 모두가 수시로 슬픈 감정을 경험하고 아이도 그렇다는 것을 당신의 자녀에게 알려 주는 것은 매우 중요하다.

아이가 친밀감, 행복 및 기쁨의 감정을 표현하도록 돕는 것은 대부분의 부모에게 분명한 기쁨이다. 당신과 아이가 서로 가까이 앉아 있고 웃음을 주고받을 때 또는 편안함과 부드러운 웃음 또는 우스꽝스러운 소리는 인생의 단맛이 날 수 있는 순간이다. 둘이 함께 앉아 그림책을 보는 것과 같이 조용한 시간은 자녀의 마음을 따뜻하게 하고 아이가 사랑받는다는 것을 알게 한다.

공원에서 손을 잡는 것만큼 간단한 것이 당신의 자녀를 다양한 감정의 범위에 노출시킬 수 있다. 당신의 손에서 느껴지는 온기와 안정감은 아이가 타고난 모험심을 펼치는 것을 북돋아 준다. 아이는 다람쥐를 쫓기 위해 당신에게서 멀리 떨어진 곳으로 걸어가거나, 반짝이는 암석을 조사할 수 있다. 아이가 열정적으로 외치며 당신이 아이의 주장을 격려한다는 신호를 찾을 때 당신도 똑같이 신났다는 것을 알려 주자. 아이가 달릴 때 당신은 아이를 따라갈 수도 있고 또는 당신은 손을 뻗어 아이에게 예쁜 바위를 보라고 할 수도 있다. 되도록 당신이 어렸을 때 경험한 자발적인 즐거움을 되찾으려고 노력하라. 당신이 당신의 머리를 더 풀어헤칠수록 당신은 더 즐겁게 지낼 수 있을 것이다.

당신은 또한 둘이 함께 걷는 동안 아이의 몸짓에 대해 말함으로써 당신의 자녀가 아장아장 걷는 모습을 지지할 수 있다. 당신은 간단한 종류의 숨바꼭질을 할 수 있고 나무 몸통 뒤에서 팔이나 다리를 나오게 해서 아이가 당신을 즐겁게 찾게 할 수 있다.

쾌적한 산책조차도 아이들의 분노와 좌절의 일부분이 될 수 있다. 잠깐 시간을 본 순간 첫째 아이가 집에 올 순간이 되었고, 이제 집에 돌아가야 하는 순간이 왔다는 것을 상기했을 것이다. 당신의 작은 탐험가는 아마 당신과 놀이를 이끌어 감에 익숙해져 있기 때문에 중단해야 한다는 것에 화가 날 것이다. 좌절의 울음이나 지속적으로 당신의 옷을 당기는 것은 이제 제한을 두는 전략을 시행할 때가 되었음을 알려 준다.

4. 걸음마기 아동과 함께 제한 선 긋기

아이가 한 살 반이 되면, 당신 자녀의 세상을 탐색하고자 하는 욕구와 자기 뜻대로 하고자 하는 욕구는 언젠가 아이의 행동의 일부 제어하고자 하는 당신의 욕구와 마찰할 것이다. 스스로를 존경하는 모든 아동은 자기가 정말 참을성 있게 오르고 있던 수납장 안에 있는 크리스털 꽃병을 가져가는 것에 화를 낼 것이다. 하지만 때때로 아이의 도발적인 행동은 아이가 자신 스스로를 자제하기 위한 당신의 피드백이 필요하다는 아이의 직관적인 이해를 반영한다. 사실 아이는 당신이 반복해서 경고받았던 물체로 향하는 동안 고개를 흔들고 "안 돼, 안 돼!"라고 중얼거렸을 것이다. 그러나 아직 아이가 "안 돼. 안 돼. 물건을 잡지 않는 게 좋을 거야."라고 내면으로 생각하지 못하기 때문에 아이는 소리 내어 말하는 것이다. 아이는 자신의 조언을 따르지 않고 있으니 당신의 도움이 필요할 것이다. 당신은 친절한 경찰 연기를 하며 얼굴 앞에 손바닥을 곧게 펼치는 것과 함께 "그만!"이라고 말해도 좋다. 어쩌면 아이는 당신의 몸짓에 반응할 것이므로 당신은 아이를 재빨리 위로 올려 위험에서 벗어나게 할 필요가 없다.

이러한 제한이 없다면 자녀들의 삶은 때때로 매우 무서울 것이다. 아이의 화는 자신을 압도할 수 있으며, 아이의 화풀이와 탐색은 아이를 위험하게 할 수 있고, 그 어떤 곳도 진정으로 안전하게 느낄 수 없을 것이다. 그래서 아이를 사랑하는 것의 일부는 아이에게 차분하고 일관된 규율과 제한을 부여하는 것을 의미한다. 규정의 '차분한' 부분은 자녀가 화를 심하게 내거나, 오빠를 물어뜯으려고 할 때 유지하기 어렵다. 하지만 제한을 정할 때 평정심은 반드시 목표로 유지해야 한다.

제한을 설정하는 것은 아이들이 자신의 행동을 정리하고 통제하는 것을 돕는다. 당신의 자녀가 계단에서 굴러 내려오는 것을 막기 위해 당신은 아기에게 자신의 감정을 표현하고 환경을 탐험하는 안전한 방법을 가르쳐 줄 행동 강령을 제시해야 한다. 아이에게 이러한 제한을 가르치는 것은 아이를 처벌하는 것이 아니다. 사실상 그 제한이 그녀의 마음속에 확고히 심어진다면, 아이는 넓고 넓은 세상을 탐험하는 데 더 자유롭게 느낄 것이다.

'안 돼' 또는 '지금은 안 돼'라는 개념을 한 살인 아기에게 어떻게 전해야 할까? 당신은 두 사람이 공유하는 몸짓 언어로 말해야 한다. 아이가 한 살이 넘으면 당신 얼굴의 심각함과 힘찬 손가락을 보는 것과 "안 돼!"라고 말하는 당신의 목소리의 힘을 듣는 능력이 필요하고, 아이가 한 살 하고도 반이 넘으면 당신의 자녀는 세상이 어떻게 돌아가는지 이해하기 시작하기 때문에 몸짓 제한에 반응할 것이다. 그럼에도 이제는 아이의 결단력이 더 조직적이고 목적이 있기 때문에 금지된 활동을 방해하는 것은 더 어려울 수도 있다. 당신은 아이가 자신이 그토록 좋아하는 램프를 끌어당기는 것을 막기 위해 더 많은 노력을 기울여야 할 수 있다. 당신은 이미 손짓과 몸짓을 시도하고 강한 목소리를 내기 시작한 상태에서 아이가 여전히 당신을 무시하고 있다면, 아이를 집어 들고 다른 곳으로 데려가야 할 수도 있다. 그런 다음, 동일한 경고를 나타내는 손동작을 하고 깊은 목소리로 아이와 이야기하고 당신의 몸짓을 인정할 수 있는지 시도해 보라.

때때로 자녀는 당신의 얼굴에 드러난 표정을 보거나 당신의 목소리의 심각성을 들을 만큼 충분한 주의집중을 이끌기 어려울 것이다. 아이는 당신이 지속적이고, 명확하고, 진지하며, 만약 당신의 마음속에 사랑과 안정이 있다면 당신의 목소리 제안을 존중하는 것을 배우게 될 것이다. 당신이 아이의 관심을 다시 얻었을 때 당신의 진지한 모습과 어조는 아이에게 몇 달 전보다 더 많은 의미와 영향을 줄 것이다. 이제 아이는 장난스럽기보다 당신이 진지함을 나타내는 행동 패턴을 당신의 몸짓과 연관 짓고 있는 것이다.

당신의 자녀가 날카롭게 소리를 지르고 팔을 휘두르며 부정적인 모습을 드러내는 것을 보았을 때, 아이가 아마 자신의 통제력 상실로 고통받고 있는 것으로 인식하라. 아이는 어느 때보다 평정심을 되찾는 데 도움이 필요하다. 최고의 방법은 아이의 눈높이에 맞추어 아이와 마주하는 것이다. 당신이 주도권을 쥔 사람이지만 아이의 기분을 이해한다는 것을 보여 주자. 당신은 아이의 감정을 크게 상처 주지 않으면서 온기를 방출할 수 있다. 당신과 아이 사이에서 차갑게 행동하거나 감정적인 거리를 두는 행동을 피하려고 노력하라. 당신의 아이는 반대하는 목소리를 계속 낼 것이지만, 그것은 예상할 수 있고 정상적일 것이다.

당신의 자녀가 울고 있을 때, 당신 스스로를 스모키 베어(Smokey the Bear)[1]와 같은 권위자로 생각하는 것이 도움될 수 있다. 당신은 크고 강력하지만 위협적이지는 않다. 당신의 목소리는 신중하고 낮게 들리며 날카롭지 않다. 당신은 부드럽고 확실한 감정을 전달해야 한다. 당신은 자녀가 마지못해 받아들이지만 확실히 해야 하는 것을 알게 하고, 아이가 자신을 자제하는 쪽으로 이끌라. 만약 아이가 당신을 때리려고 한다면, "때

1) 미국 캠페인 및 광고 캐릭터-역자 주

리는 건 안 돼."라고 당신의 목소리를 약간 높일 필요가 있다. 만약 아이가 계속해서 당신을 괴롭히려 한다면 더 강한 목소리를 사용하고, 얼굴 근육을 더 굳히도록 하라.

음성을 1~10의 규모 중에서 1단계 또는 2단계부터 시작해 볼륨을 단계적으로 높이는 것은 매우 중요하다. 상황을 끝내기 전 최대 8단계까지 가야 할 수도 있지만, 천천히 중점을 두고 올라가면 당신의 자녀는 점점 더 커지는 목소리를 느낄 기회를 가질 수 있다. 또한 그것은 아이가 당신에게 훈련 교관보다 더 온화한 어조로 대답할 수 있다는 것을 보여 주는 것이다. 당신이 당신의 자녀와 이야기할 때 일정한 톤을 사용하고 당신의 얼굴 표정이나 자세를 강화시키지 않으면, 당신은 아이와 확립된 의사소통을 충분히 활용하지 못할 것이다.

예를 들어, 만약 당신의 자녀가 전기 콘센트에 젖은 손가락을 꽂으려고 한다면, 당신의 목소리는 아이가 당신의 쿠키를 장난스럽게 깨무는 것에 대해 농담을 하는 것과는 아주 다르게 전달해야 한다. 아이는 세계에 대해 배우고 있고 실제 위험과 가벼운 제한을 구별해야 하기 때문에 제한 설정의 심각성의 차이를 경험하게 해 주는 것은 중요하다.

당신이 아이의 손가락을 가리키거나 이마를 찌푸리며 제한을 다시 하는 것 같은 피드백을 제공해야 하는 또 다른 이유는 당신이 아이를 정말로 혼내기 전에 당신이 화를 낼 준비가 되었다는 것을 아이에게 경고하는 것이다. 마찬가지로, 만약 당신이 당신의 자녀의 신체 언어에 주의를 기울인다면, 당신은 아이가 곤경에 빠질 것이라는 예상을 할 수 있을 것이다. 아이의 장난기 어린 표정은 아이가 실제로 잘못된 행동을 하기 전에 당신이 경고할 시간을 줄 것이다. 이런 몸짓은 동물의 세계에서는 매우 발달되어 있다. 두 마리의 수사슴은 큰 소리로 울고 위협적인 방법으로 자신을 뿔을 눈에 띄게 할 것이고, 한 마리가 곧 후퇴하여 그들이 싸움을 피하는 것을 눈여겨볼 수 있다. 몸짓 의사소통은 인간의 대인관계 갈등의 안전한 처우와 유사한 역할을 하는 것처럼 보인다.

때때로 당신은 아이가 원하는 것을 위한 복잡한 협상을 재조정함으로써 당신의 아이가 곤경에서 벗어날 수 있도록 도와줄 수 있다. 예를 들어, 만약 당신이 집에 돌아왔을 때 아이가 다시 나가고 싶어 하고 더 재미있게 놀고 싶어 감정적이 되었다면, 당신은 아이가 원하는 것을 보여 달라고 하는 것으로 아이를 진정시킬 수 있다. 차분한 목소리로 아이에게 말을 하고 아이의 좌절감에 공감한 후, 아이가 창문을 가리키고 있는지 아니면 '밖으로' 또는 '가자'라고 말하려고 시도하는지 알 수 있다. 아이는 문으로 달려가 노크를 하거나 문의 손잡이를 돌려 보려고 시도해 볼 수 있다. 반면, 아이가 다시 나가고 싶어 한다는 것을 당신에게 보여 주지 못한다면, 당신은 아이의 손을 잡고 뒷문으로 데리고 나가는 것을 시도해 볼 수 있다. 문을 열어 주고 아이에게 똑같이 권유하라. 그러면 당신은 아이가 어떻게 아이의 욕구를 더욱 구체적으로 표현할 수 있는지 보여 줄 것이다.

아이에게 5분간 나가서 더 놀게 해 주는 것은 당신이 아이의 욕구에 공감하고 기꺼이 몸짓으로 의사소통하지만 아이의 짜증에는 반응하지 않는다는 것을 알려 준다. 아이는 소통하는 것이 무질서한 칭얼거림보다 더 나은 결과를 가져온다는 것을 이해하게 될 것이다. 가끔 당신은 융통성 있게 5분 더 놀게 할 시간이 없을 수도 있다. 현실적인 문제 때문이다. 첫째 아이가 축구 훈련 후 픽업을 애타게 기다리고 있을 수도 있고, 지금 부엌에서 냄비가 끓고 있을 수도 있다. 이럴 때는 확고한 제한을 두어야 한다. 그럼에도 '안 돼.'를 지속적으로 부드럽고 온화하게 유지한다면, 아이는 당신의 제한 설정에 분노의 반응을 덜 할 것이다. 그리고 비록 아이가 화를 낼지라도, 아이는 더 빨리 회복될 것이다.

화해할 기회를 찾으라. 당신의 자녀가 흘리는 몸짓의 기회를 찾으라. 아이가 발작적으로 흐느낄 때 아이의 팔이 부주의하게 당신의 어깨에 얹혀져 있는 것만큼 간단할 수 있다. 그리고 서서히 재참여를 위한 초대를 하라. 당신의 자녀가 너무 많은 분노나 좌절감을 느낄 때 타임아웃[2]에 의존하는 것을 피하라. 당신이 강제로 타임아웃을 시행할 때면 되도록 당신과 같은 방에 함께 있게 하자. 전통적인 타임아웃은 일반적으로 아이를 분노의 근원에서 분리하여 아이를 다른 방으로 보낸다. 이때 아이는 자신의 분노를 표출하는 것이 행복으로 돌아가는 기회보다는 오히려 버림받는다고 생각할 수 있다. 우리가 더 효과적이라고 생각한 또 다른 종류의 타임아웃은 아이가 원하는 활동을 멈추고 당신의 주변에 앉아 있게 하는 것이다. 이는 당신이 아이에게 '강의'를 해 줄 수 있는 기회인데 괜찮지 않다는 얼굴 표정과 단호하고 무거운 목소리를 사용하라. 당신의 말을 아이가 흘려 버릴 수 있지만, 아이는 당신의 목소리 톤을 통해 심각성을 알아차릴 것이다. 비록 당신이 아이의 부적절한 행동을 방해했음에도 불구하고, 당신의 자녀는 여전히 당신과 심각한 대화를 나누고 있다. 두 사람의 지속적인 관계는 위협받지 않기 때문에 당신의 자녀는 의견 차이가 발생했다는 사실을 두려워할 필요가 없다는 것을 깨닫게 된다.

아이의 감정의 정도를 이해한다는 것을 알려 주는 것은 아이의 버릇을 잘못 들게 하

2) 아이를 방에 보내서 일정 시간 동안 나오지 않게 하는 것–역자 주

지도, 분노로 가득 차 요구하는 태도도 악화시키지 않을 것이다. 감정 폭풍의 최고조가 지난 후에 당신 팔의 편안함을 제공하는 것으로 아이의 버릇을 잘못 들일 수는 없다. 일반적으로 당신이 아이와 함께 타임아웃을 경험할 때 같은 방에 있는 것은 아이의 잘못된 행실에 당신의 관심으로 보상을 해 주는 것이 되지 않는다. 왜냐하면 당신이 아이의 원하는 행동을 중단시켰기 때문이다. 당신이 하루 종일 상호작용을 해 주어 아이가 그 사치를 당연하게 생각한다면 아이는 진지하고 장난스럽지 않은 제스처의 대화가 보상이라 생각하지 않을 것이다. 아이는 아이가 좋아하는 게임이나 활동을 못하게 된 제한을 느낄 것이다.

만약 아이가 엄격한 교육을 포함한 그 어떤 식의 관심도 다 보상이라고 느낀다면, 당신이 아이의 삶에 충분한 플로어타임이나 상호작용의 영양분을 제공하지 않았을 수도 있다는 것을 암시한다. 목표는 아이들이 애정 어린 즐거운 관심, 즉 삶의 '영양가'를 당연하게 여기게 하는 것이다. 그렇게 되었을 때 아이는 따뜻한 마음으로 가득 찬 내면의 안정감을 느낀다. 아이는 당신에게서 원하는 관심의 종류에 더 선택적이 될 수 있을 뿐 아니라 성장하게 되면서 또래와 다른 관계에서도 더 선택적이 될 것이다.

일반적으로 우리는 한계를 설정하지 않아서 우리의 아이들의 버릇을 망치는 경향이 있다. 버릇없이 자란 많은 아이의 내면에는 아무도 아이가 원하는 제한을 주지 않았기 때문에 자꾸만 밀어붙이는 불행한 아이가 있다. 아이가 울며 떼쓸 때 규칙은 발달 사다리의 밑바닥부터 작업해서 올라가야 한다는 것을 명심하라. 그것은 첫 번째 우선순위가 항상 당신의 자녀를 달래고 아이의 기분 나쁜 감정을 재구성하는 것을 돕는 것이라는 의미이다. 그러면 당신은 몸짓을 취하고 아이와 의사소통을 하기 전에 진정한 따뜻함으로 아이를 재충전하는 데 집중하게 될 것이다. 나중에 당신의 자녀가 말을 할 수 있을 때, 당신은 몸짓에 언어를 더할 것이다. 간단히 말해, 당신이 아이가 균형을 회복하는 데 도움을 주면 아이가 이미 습득한 모든 것을 재협상하게 될 것이다.

많은 부모는 제한을 설정할 필요가 있다는 데 전문가들에게 혼란스러운 조언을 받는다. 아이가 원한다고 밖에서 5분 더 놀게 해 주는 것은 '굴복한 것'으로 보이거나 유아가 부모를 조종하는 것을 허용해 준다고 볼 수도 있다. 그러나 가장 성공한 기업간부, 변호사, 정치인들이 유능한 협상가들임을 기억하라. 그들은 복잡한 문제를 각각 다른 각도에서 여러 감각으로 해결한다. 당신은 이러한 재치 있는 어린아이를 망치고 싶어 하지 않을 것이다. 대신, 다양한 종류의 제한이 있다는 메시지를 전달하도록 노력하자. 어떤 것은 협상이 가능하고 다른 것은 그렇지 않다. 결국 당신의 자녀는 당신이 보내는 감정에 반응하는 것을 배우게 될 것이다. 당신 목소리의 무거운 어조나 얼굴의 엄격한 표정은 아이가 당신이 실천해야 할 의무를 받아들여야 한다는 것을 말해 줄 것이다. 아니면 당신의 넋을 잃은 미소에 아이는 당신에게 조금만 더 졸라 보려고 할지도 모른다. 당신의 융통성은 아이 또한 융통성 있는 사람이 되도록 장려할 것이다.

이 시기의 탐험이 점점 더 강렬해져 당신은 더 많은 제한을 지정하게 될 텐데 그때 마음속에서 가장 중요한 원칙을 지켜야 한다. **항상 당신이 그어 놓는 제한 설정이 증가하는 정도에 비례하여 바닥에서 노는 시간을 늘리는 것이다.** 만약 당신이 아이를 돌보는 시간을 신중히 분배한다면, 당신의 자녀는 시간이 지남에 따라 스스로 내적 제한을 정하고 지킬 수 있을 것이다. 만약 당신이 의도적으로 아이와 친밀감을 나눌 시간을 더 보내면 당신의 자녀는 나중에 자신 스스로 내적인 제한을 만들 준비를 하게 될 것이다. 아이는 가끔 저항하는 것을 즐기는 만큼, 아이는 당신을 더 많이 기쁘게 하고 싶어 할 것이다.

5. 또래와의 사회적 상호작용

만약 이 단계에서 다른 또래들과 함께 놀 기회가 주어진다면, 아이들은 단순히 다른 아이들 가까이에 앉거나 비슷한 놀이를 각자 하는 것을 넘어 수많은 의사소통의 순환을 열고 닫는 능력을 발휘할 수 있다. 우리는 아이들이 현재의 문제해결 단계를 포함한 각 단계의 기술을 사용하여 다른 아이들과 상호작용하는 것을 관찰했다. 아이들은 즐거움을 느끼고, 듣고, 그리고 가끔은 재미없는 몸짓을 경험함으로써 관계를 형성하고 점차적으로 관계를 형성할 것이다. 아이들은 장난감을 가져가 서로를 화나게 할 수 있는 또 다른 또래를 피하기 위해 화난 눈을 보내거나 철저히 밀어낼 수 있다.

아이들의 몸짓은 호기심과 애정의 접촉 관찰을 포함하고, 심지어는 상대를 쓰다듬을 수도 있다. 일단 걸음마기 아동들이 한 살 반 정도 될 때, 또래 친구들과 서로 익숙해지면 아이들이 재미있는 소리와 같은 우스운 것을 보며 함께 웃는 모습을 보기 시작한다. 또래들 사이에 사회적 문제 해결을 해야 할 일이 일어날 수는 있는데, 성인 양육자와 있을 때보다 횟수는 덜하지만 어려움은 더할 것이다.

6. 자녀가 새로운 단계로 나아갈 때 복잡한 의사소통 강화하기

당신의 자녀가 지금까지 설명한 네 가지 단계(자신을 진정시키고, 당신과의 관계에 참여하고, 간단한 몸짓을 교환하고, 복잡한 몸짓을 교환하는 능력 숙달하기)를 지난 후에도 아이가 더 정교한 능력을 익히게 되면서 이전에 언급한 역량을 계속 증진시킬 것이다. 우리 어른의 삶에도 우리가 영아였을 때 습득한 능력을 쭉 활용하고 있다. 나중에 우리는 그때의 능력을 발전시키고 다른 것을 더 얹어 구축하기도 하며 강점을 적절히 섞는다. 그렇기에 성인인 우리는 우리의 아기들처럼 몸짓으로 소통을 아주 잘할 수도 있다. 더 하자면 우리는 이 소통 시스템을 우리가 내뱉어 사용하는 언어보다 더 믿는다. 예를 들어, 만약 당신이 어두운 뒷골목에서 수상한 낯선 사람이 당신을 향해 다가오고 있다면, 아마도 당신은 지금 몇 시냐고 묻는 순수한 질문을 믿기보다는 그의 위협적인 표정에 반응할 것이다. 마찬가지로 만약 누군가가 파티에서 당신의 외모를 칭찬하지만 이미 그의 얼굴에 당혹스러운 기색을 보았다면 그의 정중한 말에는 확신하지 못할 것이다.

우리는 삶 속에서 감정적 의도를 전달하기 위해 초기에 학습된 몸짓 체계를 사용한다. 우리는 다른 사람들에게도 이러한 동작을 읽을 수 있고, 누군가가 행복하고, 슬프고, 화가 났는지, 성격이 좋은지 안 좋은지 혹은 나를 괜찮게 여기는지 그렇지 않은지 눈치챌 수 있다. 어른들은 사회생활을 하며 수천 개의 미묘한 몸짓 신호를 주고받는다. 우리는 한 사람에게 상스러운 농담을 할 수도 있고, 다른 이에게 정중하고 예의 바른 어조로 말할 수도 있고, 또 다른 사람과는 한껏 웃을 수 있는데 이 모든 것이 개인의 특별한 몸의 자세, 얼굴 표정 그리고 목소리 톤을 기반으로 하고 있다. 이러한 몸짓은 우리가 상호작용하면서 사용하는 정보를 많이 전달한다.

인생의 모든 기본적이고 정서적인 주제는 복잡한 비언어적인 의사소통을 통해 읽고 표현된다. 이는 나중에 아이들이 발달 단계를 거치면서 긴 언어적 대화를 나누는 것 외에도, 생동감 있는 몸짓 전달자가 되는 것이 매우 중요한 이유이다. 몇 년 안에 또래들과 놀이터에서 놀고 있을 때 이러한 기술이 필요할 것이다. 놀이터에서는 얼마나 빠른 몸짓의 의사소통이 그 사이에서 오가는지 아는가? 아이가 다른 아이에게서 등을 살짝 돌리면 '귀찮게 하지 마!'라는 명확한 메시지를 보내는 것이고 상대 아이는 대개 곧바로 함께 놀 다른 누군가를 찾아야 한다는 것을 알게 될 것이다. 하지만 이 아이가 신호를 이해하지 못하고 계속 배회하고 있다면, 이 아이는 언제든 물러서야 할지 모르기 때문에 놀림감이 되고 희생양이 될 수도 있다.

우리는 일상생활에서 비언어적인 의사소통 시스템을 사용하여 세상이 안전한지 아닌지, 다른 사람에게 받아들여졌는지, 거부당했는지에 대한 기본 정보를 얻는다. 또한 우리는 몸짓 시스템을 사용하여 우리의 상징 세계에 새로운 의미를 부여하거나 단어의 의미를 새롭게 변화시킨다. 치료적 임상에서는 WAA, 즉 '단어(Word), 행동(몸짓, Action) 그리고 정서(감정, Affect)'를 이용하여 몸짓과 정서가 언어의 뉘앙스를 표현하는 과정이라고 부른다. 우리는 부모에게 아이가 하는 말을 아이만의 몸짓과 정서와 연결해 아이의 이해력을 더 풍부하게 만들 것을 제안한다.

아이가 나이가 들수록 아이가 행하는 행동을 대화의 기초로 유지하는 것이 좋다. 예를 들면, 두 사람이 함께 가상놀이를 할 때 아이는 인형이 왜 갑자기 졸려졌는지, 왜 옷을 갈아입어야 하는지에 대해 말할 수 있을 것이다. 그저 대화해야 하기 때문에 이야기를 나누는 것이 아니라 아이가 일상에 참여하는 이야기의 행동에 대해 이야기할 수 있다. WAA[단어, 행동(몸짓), 정서(감정)] 대화는 아이의 단어, 몸짓과 감정이 통합되어 아이가 듣는 단어에 한층 더 뉘앙스가 섞인 이해를 선사하기 때문에 아이의 관심을 사로잡는다.

복잡한 몸짓 소통을 익히는 것은 가상놀이를 통해 아이디어를 만들어 갈 수 있는 길을 만들어 줄 뿐 아니라 음성을 사용하는 언어를 촉진하기도 한다. 당신의 자녀가 30~40개의 의사소통 순환을 연달아 몸짓으로 열고 닫을 때마다 아이는 한 단어나 두 개로 표현될 수 있는 소망과 욕구를 표현하는 것이다. 더하자면 단어는 정교한 몸짓을 표현하는 일종의 응급 방법으로 생각할 수 있으며, 당신의 자녀가 당신의 눈을 쳐다보고 당신의 손을 잡고 당신을 찬장 쪽으로 잡아당기고, 사과를 가리키며 위아래로 점프할 때 아기의 행동은 결국 "사과 줘!"를 이야기한다.

만약 당신이 아이에게 반응할 때 보이는 자세, 표정, 움직임에 언어를 얹으면 아이는 몸짓을 명확하게 파헤치지 않아도 당신이 말한 단어를 점차 이해하게 될 것이다. 아이가 마침내 단어를 사용할 수 있게 되어 자신이 원하는 것을 "사과를 원해!"라고 명령하게 되면, 아이가 사용하는 단어는 사과를 갖고 오는 모든 행동에 대한 요약 용어가 되는 것이다. 시간이 지남에 따라 '사과'라는 단어는 과일 조각을 가져오는 행위와 관련이 있는 단어 이상이 된다. 사과를 말하는 아이는 자신이 노란색이 아닌 빛나는 빨간 사과를 선호하고 때로는 공처럼 굴리는 것을 좋아한다는 것을 알고 있다. 아이는 이제 다른 특성의 사과와 연관시킬 수 있다. 사과는 각기 다른 맛을 지니고 색이 다양하며 놀 수 있는 즐거움이 있다.

삶의 모든 단계에서 의사소통의 풍부한 몸짓은 감정적인 측면을 소홀히 하지 않으면서 사람의 언어적 상징적인 말은 새로운 의미와 뜻으로 온다. 아이들이 언어가 어떻게 발전하는지에 관한 현재의 입장에서 보면 아이들은 두 단계의 과정을 거쳐 의도를 전달하기 위해 몸짓과 행동을 하는 데서 단어를 사용하게 된다. 첫 단계로 단어는 행동 패턴을 요약하는 데 사용된다('[줘] 사과.'). 나중에 이 동일한 단어는 그 자체로 상징적 의미로 발전되며 다른 행동과 구별될 수 있다. 3세 아이에게 '사과'는 달콤하고 신맛이 나며 둥근 장난감일 수 있다. 4세 아이의 정서경험은 맛있는 둥근 물건을 훨씬 뛰어넘었을 것이다. 사과는 화가 났을 때 형에게 던질 수 있는 물건일 수도 있고 벌레를 위한 더러운 집이 될 수도 있다. 보육교사에게 '사과'는 돈벌이 농작물을 대표할 수 있고 신학자에게 '사과'는 에덴동산의 이미지와 연결될 수 있을 것이다.

언어학자와 발달 심리학자들은 아이들이 말을 하면서 더 큰 상징화 단계로 나아가는 과정을 오래전부터 알고 있었다. 그러나 지금까지 이해되지 않은 것은 정확하게 그 어린아이들이 그 높은 수준의 지식을 얻는 방법이다. 우리의 연구에서 우리는 **단어에 새로운 의미를 추가하는 지속적인 과정이 정서 경험을 통해 성취된다**는 것을 발견하였고, **단어나 개념을 사용한 새로운 감정적 경험은 그 의미를 향상시켰다**. 그것은 우리의 언어, 행동 그리고 영향력, 즉 WWA를 통해 우리 언어의 의미를 지속적으로 세분화하고 확장하게 된다.

어린 시절에 적절한 몸짓으로 의사소통을 하지 않고 자란 성인은 특정 추상적 개념을 어려워하는 경우가 많다. 많은 성인은 심리치료를 받을 때 자신의 의도와 감정을 알아내는 것을 어려워한다. 가끔 치료사는 그 감정의 이름표를 찾아 주는 실수를 범하곤 한다("그때 행복했나요?" "지금 슬픈가요?"). 내담자가 과거와 현재 사이의 관계를 이해할 수 있도록, 그리고 '통찰'을 얻도록 도우려고 할 때 치료사는 자기도 모르게 넓은 범위의 감정을 경험할 수 있는 내담자의 역량을 과대평가할 수 있다. 치료사는 내담자가 이미 WAA를 다 숙달했을 거라 추정하고 앞에서 언급한 대로 감정의 이름 찾기를 진행할지도 모른다.

우리가 발견한 사실은 내담자의 단어가 느낌과 감정 그리고 상호주의적 정서 경험의 추억과 연결되어 있지 않다면, 우리가 치료에서 너무나 가볍게 사용하는 단어('행복' '슬픔')가 깊은 의미를 가질 수 없다는 것이다. 치료과정에서 우리는 환자가 어떤 감정보다 특정 감정에 더 상호주의적인 경험을 더 갖고 있다는 것을 발견했다. 어렸을 때 부모와 많은 교류가 있었지만 공격성과 자기주장에 관해서는 거의 기억이 없는 것이다. 내담자의 가족은 그런 감정이 위험하거나 무서운 것이라고 생각했을 수 있으며 자녀와 서로에게 표현하는 것으로 피할 수 있을 것이다.

한때 유아였던 이들은 '억압'된 감정을 표현할 마음의 여유나 몸짓 레퍼토리 또한 만들지 못한 채 성인으로 성장했을 것이다. 우리는 치료과정 중에 환자가 분노 또는 독단적 감정에 대해 이야기하려고 시도할 때마다 그러한 감정과 관련된 진정한 느낌의 음색이나 신체 언어가 없음을 알 수 있었다. 인간 발달에 대한 우리의 새로운 통찰력에 대한 책『발달기반 심리치료(Developmentally Based Psychotherapy)』는 심리치료과정을 어떻게 개선할 수 있을지에 관해 어려움을 다루기 위한 전략을 논의한다.

몸짓을 주고받는 것은 단순한 어린이 놀이가 아니다. 복잡한 몸짓을 제대로 뒷받침하지 못하면 단어를 활용하는 것과 감정 완화는 제한적이 된다. 많은 성인은 분노, 외로움, 공격성 또는 수동성과 같은 추상적인 것을 표현할 단어를 찾는 것을 어려워한다. 우리는 성인과의 치료에서 감정 발달의 초기 단계를 다시 작업하고 그들과 몸짓의 교환을 촉진하면서 감정을 보다 완벽하고 풍부하게 경험할 수 있도록 도와준다.

이는 감정적인 신호로 상호작용하는 것을 깊이 느끼게 되는 경험이다. 어린이로 하여금(다른 사람과의 상호작용을 통해) 복잡한 감정을 먼저 경험하고, 자신과 다른 사람들에게 아이디어로 설명할 수 있게 할 것이다. 상호작용을 통해 감정을 경험하지 않으면 다양한 감정을 이해하기 위해 아이디어를 완전히 사용할 수 없다. 걸음마를 하는 이 시기 동안 다양한 유형의 감정에 이르는 몸짓 대화를 촉진함으로써 자녀는 추상적 개념에 대한 궁극적인 이해를 하게 될 것이다.

7. 기준치 높이기

1) 복잡한 몸짓 대화가 걸음마기 아동의 신경계를 강화시키는 법

당신의 자녀가 말하기 몸짓과 발성법을 사용하고 의도적으로 자신의 생각에 배치할 수 있게 됨에 따라 당신의 자녀는 소원을 행동 계획으로 바꾸는 데 더욱 능숙해지고 있을 것이다. 당신의 자녀는 촉각, 시력, 소리를 통해 의사소통하고 자신의 근육을 이용하여 마음의 욕구를 충족시키는 동시에 두뇌가 더 복잡해질 것이다.

두 사람이 몸짓 대화에 참여하면서 이 과정을 촉진하며 아이가 사회 정서, 감각 운동, 순서화, 공간 지각, 청각, 음성과 인지 역량을 통합하도록 도와줄 것이다. 중요한 것은 **상호작용의 과정**이다. 아이와의 마음 편하고 가끔은 우스꽝스러운 협상과 상호작용은 아이에게 일련의 행동을 가르치기보다 패턴을 인식하고 정보를 전달하는 법을 훨씬 더 효과적으로 가르치게 해 줄 것이다. 그에 더해 함께 놀고 문제를 해결하는 것이 정보를 전달하는 것보다 훨씬 재미있다. 앞에서 말했듯이 당신은 훈련이나 플래시 카드를 제공하는 것이 아니라 아이와 함께 놀며 사고하는 법을 가르치는 것이다. 정확한 사실 정보를 습득할 수 있는 기회는 미래에 충분히 많다. 흥미롭게도 이런 사실 정도 또한 문제 해결을 하는 상호작용을 통해 배웠을 때 더 잘 이해하게 되고 습득하게 된다. 암기할 때보다 더 말이다.

아이가 자신의 신경계의 모든 부분을 강화하도록 도울 수 있는 또 다른 방법은 상호작용과 게임을 정교하게 만드는 것이다. 아이가 놀 준비가 되었다는 것을 알리면 아이가 그 순간 즐기고 있는 그 어떤 감각이나 신체 놀이든 바로 합류하자. 아이의 소망만큼 아이에게 동기 부여되는 것이 없으므로 아이의 시각적, 청각적 또는 자세의 리드를 따르자. 따라 하기 놀이는 당신의 자녀를 즐겁게 한다. 예를 들면, 아이가 팔을 들어 올리고 싶어 한다면 아이를 따라 하라. 그런 다음 팔을 편안하게 하고 배를 쉬게 하고 당신의 자녀가 옷을 입으려고 하는지 확인하자. 나중에 당신의 자녀는 더 복잡한 몸짓을 나눌 준비가 되어 당신이 코와 귀를 만지며 당신을 따라 하려고 할 것이다. 공중에 양손을 올리는 것처럼, 자녀가 쉽게 할 수 있는 행동으로 시작함으로써 자신의 근육을 복잡한 방식으로 움직여야 한다는 도전을 마주하기 전에 모방에 대한 즐거움과 흥분을 먼저 느낄 수 있다.

당신의 자녀가 자신의 목소리를 좋아하고 동물의 포효와 짖는 소리를 흉내 내는 것을 즐긴다면 먼저 이 소리에 기반한 대화를 나눌 수 있는지 확인하자. 아이가 당신을 동물 소리를 주고받는 놀이로 이끌 때 천천히 시각적, 촉각적, 운동적 활동을 놀이에 도입해 보자. 시끄러운 동물 게임을 할 때 점토나 기저귀 같은 직물 또는 모래상자와 같은 다양한 질감의 놀이 물체를 가까이 놓아도 좋다. 어쩌면 놀이 속에서 짖는 개나 소가 모래 동산을 올라야 할 수도 있고, 부드러운 벨벳을 몸에 감쌀 수도 있다. 이것은 몸짓 상호작용에 아이의 촉감을 포함시키는 한 가지 방법이다. 어쩌면 둘 다 네발로 기어 동물 같은 자세를 모방할 수도 있을 것이다. 중요한 것은 상호작용과 문제 해결에 자신의 감각과 운동 능력을 최대한 활용하여 항상 바닥에서 즐거운 시간을 보내야 한다는 점이다.

아이가 보여 주는 가장 복잡한 사회, 정서 및 언어 관련 행동이 무엇인지 지금 스스로에게 물어볼 시간이다. 자녀가 18개월이 되도록 여전히 단순한 까꿍 놀이를 하고 있다면 게임에 복잡한 사회적이고 감정적인 요소를 함께 주입할 차례이다. 간단한 시각 놀이인 까꿍놀이에 도구를 사용하여 복잡한 시각적 상호작용으로 확장하자. 작은 담요 아래에 있는 장난감을 숨기고 장난감을 찾아보라고 하자. 당신이 장난감의 목소리를 내며 "나는 여기에 있어! 여기 있어! 와서 나를 찾아 봐!"라고 하며 아이를 도와줄 수 있다. 당신의 자녀의 시각적 관심을 우선적으로 사로잡은 뒤 아이가 장난감에 가까워질 수 있게 소리를 사용하는 것으로 당신은 아이가 자신의 감각을 통합하고 행동 계획을 세우는 데 도와줄 것이다.

마찬가지로 아이가 자신의 새로운 걷기와 달리기 기술을 펼치는 것에 특히 기쁨을 느낀다면, 점차적으로 술래잡기를 더욱 정교하게 만들어 가자. 아이가 당신의 지갑을 순식간에 가져가 다른 방으로 달려가면 아이를 쫓아 술래잡기를 시작하라. 맹렬히 추격하면서 재미있는 소리를 내면 아이도 자신만의 소리를 내며 게임을 더 즐겁게 만드는지 확인해 보자. 갑자기 소파 뒤로 사라져서 아이가 당신을 찾을 수 있게 하자. 아이가 점점 더 복잡해지는 게임과 대화에 자신의 감각과 근육을 더 많이 활용할 수 있도록 도와주면, 아이는 발달 사다리에서 다음 단계로 올라갈 준비가 될 것이다.

2) 상호작용 연장하기

걸음마기 아동이 몸짓으로 더 긴 대화에 참여할 수 있는 능력은 자신의 집중 상태에 달려 있다. 당신의 자녀의 주의집중 기간은 마법처럼 확장되지 않지만, 당신의 단서를 통해 아이가 매 놀이나 협상에서 더 많은 소통 순환을 더해 갈 때마다 증가한다. 당신의 신호가 아이에게 더 많은 순환을 열고 닫게 해 주면 아이는 더 집중하는 연습을 하게 된다. 목적이 있는 상태가 집중을 하는 상태의 정의이니 말이다. 예를 들어, 숨바꼭질을 할 때마다 숨을 곳을 더 찾기 어려운 곳에 숨는 것처럼 아이보다 조금만 더 앞서면 규칙적인 상호작용 패턴으로 부드럽게 안내할 수 있을 것이다. 상호작용하는 시간을 늘리면 자녀는 새로운 문제 해결 능력을 연습할 수 있는 기회를 더 많이 얻게 된다.

함께 놀이를 나눌 수 있는 한 가지 방법은 당신의 자녀에게 다양한 선택을 제공하는 것이다. 두 사람이 흥미로운 문제를 찾기 위해 보물찾기를 하러 갔다면 여러 방을 함께 탐색하거나 다른 장난감을 여러 개 고른 후 하나를 선택하고 의아한 표정으로 자녀를 향해 "깡총 튀어나오는 장난감 어때?"와 같은 질문으로 물어보자. 또는 "늘 바니와 놀고 싶니?" 당신의 자녀가 선택하도록 격려하라. 당신의 자녀는 "싫어."라는 말을 계속하거나 심지어는 각 장난감을 집어 들어 옆으로 던질 수도 있을 것이다. 욕조에서 놀기에 흥미로운 용기를 찾기 위해 함께 부엌을 탐험하는 경우, 자녀에게 몇 가지 명확한 선택을 주자. "컵으로 할까, 냄비로 할까?" "네모 상자를 갖고 놀까, 둥근 그릇을 갖고 놀까?"라고 말하면서 다양한 선택지를 보여 줌으로써 대화는 효과적으로 길어질 것이다. 핵심은 아이에게 목적의식을 느끼게 하고 자신의 활동을 더 제어하게 하는 동시에 몸짓 메시지를 더 보내고 받는 연습을 하게 하는 것이다.

한편, 놀이를 부드럽게 확장하고 대화를 풍성하게 하는 또 다른 확실한 방법은 TV 형사 콜롬보(The Columbus)와 같이 대화를 실속이 있거나 혼란스럽게 하는 것이다. 의도적으로 당신의 자녀를 좌절시키는 것은 다소 못된 것처럼 들릴지 모르지만, 우리는 의도를 이해할 수 없거나 우리에게 뭔가를 부탁할 때 의도적으로 의사소통 능력을 키우는 것이다. 당신이 활기를 유지하고 지지해 주며 당신이 아이를 이해하려고 정말 열심히 노력하고 있다는 것을 알리면 아이가 상호작용을 포기할 만큼 아이를 밀어붙이지 않게 된다. 때때로 아이가 이런 장난스러운 협상을 잘 받아들이지 않는다면 그만두고 아이에게 포옹을 제안하고 아이가 원하는 것을 주자. 다른 날에 다시 시도하면 그만이다.

아이와 놀 때 혼란스러운 척하는 방법은 수십 가지가 있다. 자녀가 밖으로 나가고 싶어 하면 문으로 데려다주고, 즉시 문을 열지 말고 얼굴을 마주 보고 "무엇을 하고 싶어?"라고 묻자. 당신의 자녀가 문을 향해 돌진하며 "바! 바!"("밖")라고 말하면 당신은 "아, 이제 이해했어! 부엌에서 나와 네 방으로 나가고 싶은 거지?" 아이가 격렬하게 머리를 좌우로 흔들어 문으로 다시 당신을 끌어당기면, 당신은 눈을 크게 뜨고 갑작스런 이해의 미소를 표현하라. "그렇지, 밖에 나가고 싶구나!" 자녀와 당신 사이에 만들어진 고비는 극복할 수 없는 정도여서는 안 된다. 당신은 자녀가 자신의 욕구를 표현하도록 연습해야 할 것이다.

함께 나누는 수많은 상호작용에 이런 협상을 끌어넣을 수 있다. 16개월 된 걸음마 시기의 아동이 쪼그려 앉아서 블록을 바라본다면 아이에게 물어보자. "지금 블록을 가지고 놀고 싶은 거 맞아? (선반 위에 앉아 있는 기차를 가리키며) 기차를 타는 것은 어때?" 만약 아이가 당신의 대안을 무시한 채 블록을 부딪치기만 하면 아이의 눈을 마주치며 물자. "큰 파란 공을 같이 굴리는 건 어때?" 당신이 공을 가져와도 아이가 다시 블록이 흩어져 있는 바닥으로 가면, "오늘 정말로 블록 갖고 놀고 싶은 거구나. 재미있겠네!"라고 하면, 당신은 몸짓 대화를 연장하고 당신의 자녀의 의사소통 능력을 향상시키는 데 성공했을 것이다.

만약 이제 말이 되어 어부바를 할 시간이라면, 말이 헛간이 어디에 있는지 잊어버린 것처럼 연기하자. 아이에게 길을 보여 달라고 하며 아이가 가리키는 곳으로 가라. 아이가 당신의 등을 타고 거칠게 몸부림치는 것을 좋아한다면, 말이 조금 피곤한 척하자. 그럼 카우보이가 된 당신의 아이가 발뒤꿈치를 걷어차며 빨리 움직일 것을 요구하는지 보자. 이제 냉장고를 열어 아이에게 약속했던 사과 소스를 찾을 시간이라면, 모르는 척하며 소스가 없는 선반만 찾아보자. 아이가 손가락으로 가리키고 소리를 내거나 당신의 소매를 당겨 사과 소스가 '숨어 있는' 곳을 향해 당신의 관심을 기울게 하자.

간단히 말하자면, 분위기가 알맞다면 당신은 장난스럽게 상황을 방해하며 아이가 더 복잡한 상호작용의 몸짓을 하도록 할 수 있다. 만약 아이가 당신에게 자꾸 등을 돌리고 장난감 자동차만 갖고 논다면, 몸을 움직여 차가 움직이는 길에 앉으라. 만약 아이가 정말로 당신에게 화가 나 있고 눈을 마주치는 즐거움을 주지 않는다면 당신은 아이를 감싸는 보들보들한 이불인 척해도 좋다. 당신을 아이의 몸을 위에 서게 하고 아이가 추워 보인다고 말하자. 이불 속에 묻히는 것이 기분을 좋아지게 하는지 물어보라. 당신의 자녀가 당신을 밀어내더라도 당신은 아이에게 감정을 표현할 수 있게 되었고 자녀에게 자신을 분명하게 표현할 기회를 주었다.

3) 아동의 감정 범위 넓히기

당신의 자녀의 비언어적인 의사소통 기술을 사용하는 능력을 성장시키는 또 다른 방법은 모든 종류의 감정을 표현하게 하는 것이다. 당신의 자녀가 행복하고 열정적인지 여부를 스스로에게 물어보자. 당신의 아이가 화를 내고 회복하고 다시 화를 내고 결국에는 당신에게서 친밀감을 느끼려고 하는가? 당신에게 온기와 친밀감을 얻은 이후 다시 탐색을 하고 자기주장을 할 수 있는가?

모든 개인은 욕구가 있으며 때로는 부정적 느낌을 표현할 필요가 있으므로 당신의 자녀가 받아들일 수 있는 방법을 찾도록 도와주자. 거실 전체에 흩어져 있는 아침 신문의 앞부분이 길쭉한 조각으로 찢어져 있다고 가정 보자. 이미 20분 전에 화가 났음을 깨닫고, 자녀가 머그컵을 부러뜨리면 자녀에게 소리쳤다. 그러자 당신의 자녀는 분노를 느끼고 아침 신문을 꺼냈다. 당신의 자녀가 잘못을 했지만 잘못했다는 것을 어떻게 적절하게 가르쳐 줄까?

먼저, 심호흡을 하고 얼굴을 맞대고 당신의 자녀의 수준을 맞추라. 다시 참여할 때, 당신의 자녀가 분노를 표현한 방법에는 동의하지 않더라도 그 분노를 이해하고 있음을 알리자. 아이가 범인이라는 것을 안다는 듯이 고개를 끄덕거리며 파쇄된 종이를 보여 주자. "엄마에게 화가 났니?"라고 물어볼 수도 있다. 아이는 당신의 말을 이해하지 못할지 모르지만 자녀는 아마 당신이 표현하고자 하는 것을 알 것이다. 그런 다음 손가락이나 다른 몸짓으로 종이를 찢는 것은 "안 돼."라는 것을 보여 준다. 자녀가 이미 언어가 트였다면 "화났어."라는 말을 사용하도록 도와주자. 달래 주고 차분하게 행동하자. 당신과 다시 참여를 하고 달래 주면 당신이 때로는 화를 낸다는 사실로 아이를 숨 막히게 하지 않을 것이다. 진정시키고 분노를 가라앉힌 후에는 바닥에 있는 신문 조각을 함께 치우도록 유도하는 것이 좋다. 정리 게임을 만들면 남아 있던 긴장감을 풀어 주고 신문을 찢은 것에 대한 책임감을 부여하게 할 것이다.

조금 시간과 인내심이 필요하겠지만, 앞과 같은 상호작용은 부정적 감정이 부끄럽거나 치욕스러운 것이 아니라는 감각을 키울 때 도움이 된다. 자녀와 상호작용을 할 때 나쁜 감정과 행복한 감정을 통합할 수 있는 능력이 증진될 것이다.

당신의 자녀와 당신의 친밀감을 회복하려는 당신의 의지 또한 친밀감에 대한 자녀의 능력을 구축시킨다. 아이는 자신의 화난 감정과 때때로 내보이는 화난 태도도 부모가 여전히 그녀를 포용할 수 있다는 생각을 하면 그렇게 끔찍하지는 않다고 생각할 수 있다. 당신의 자녀에게 화난 감정을 바로 표현하기보다 생산적인 방식으로 표현하도록 대안을 찾아야 한다. 이것이 자녀에게 줄 수 있는 가장 강력한 대처 도구 중 하나이다.

4) 마법의 순간

바쁜 하루 동안 특별한 시간을 내어 당신의 자녀와 연결하자. 대화를 할 때 집중력을 유지시키라. 사무실에서 남긴 파일이나 저녁 식사를 위해 구입해야 하는 식료품에 대한 잔소리 같은 생각에 정신이 산만해지면 아이의 몸짓 상호작용이 더 길어지고 복잡해질 수 있는 기회를 놓칠 수 있다. 당신이 지루해지면, 놀이 시간을 즐겁게 하라. 자녀가 블록 탑을 지을 수 있도록 도와줄 수 있다면 아기처럼 블록 만드는 방법을 기억하지 못한다고 말하고 바닥에 누워서 설득력 있게 말하며 기쁨의 표정으로 아이 얼굴을 훑어보라. 부모는 자녀에게 잠시 동안 누워 있게 하고 블록을 가지고 노는 법을 보여 주고 얼굴의 변화를 즐기라!

당신과 당신의 자녀 사이에 특별한 황금의 순간을 만드는 또 다른 방법은 당신의 자녀가 방에서 또는 위층에서 당신과 대화할 수 있도록 격려하는 것이다. 이런 종류의 대화는 자녀가 당신에게서 육체적으로 멀어질 때에도 당신의 자녀가 안전하다고 느낄 수 있게 하고, 자녀 본성의 독단적이고 탐험적인 측면을 도와준다. 사랑의 대상에서 분리되면 공간을 가로질러 의사소통을 할 수 있는 당신의 자녀는 유연한 정서적 보안 담요에 싸인 것 같다. 방을 가로질러 소리와 눈짓을 주고받는 것은 무릎에 앉아서 만지거나 친숙한 향기를 킁킁거리면서 거의 당신의 자녀를 만족스럽게 성장시킨다. 계속하면 두 사람이 깊이 만족할 수 있고 동시에 독립적으로 안정시켜 주고 느끼는 말을 사용하게 된다. 당신의 자녀는 케이크를 가지고 그것을 먹을 수도 있다!

8. 새로 생겨나는 자아

당신의 아이는 성장 기간에 놀라운 '행동가'가 되어 간다. 아이는 아직 생각이나 단어에서 아이의 의도를 경험하지 못하고 있다. 그러나 아이가 "나의 배가 우르릉거리고 나는 배고파."라고 해석될 수 있는 느낌을 경험할 때 그런 기분은 행동을 취하는 욕구를 유발한다. 아이는 부엌으로 달려가거나 당신에게 가서 당신의 소매를 잡아당기고 징징거리는 행동을 할지 모른다. 아이는 배고픔과 분노를 둘 다 느끼면서 동시에 다른 감정을 경험할지도 모른다. 아이가 특정 행동 패턴과 함께 이 기분을 연결할 때 아이는 자신이 원하는 것을 얻기 위해 복잡한 상호작용 과정에서 당신을 참여시킬 것이다.

또한 당신의 자녀는 아이의 신호에 공감적으로 반응할 때 만족감을 느낄 것이다. 당신의 얼굴에 걱정하는 표정과 "네가 원하는 것을 나에게 보여 줘."와 같은 말은 아이의 걱정을 줄이는 데 도움을 줄 것이다. 아이가 당신에게 우유를 얻을 때 아이가 우유를 마시는 동안 아이에게 당신의 무릎을 잡게 하면 추가로 만족감을 줄 수 있다. 당신의 작은 걸음마기 아동은 이제 필요, 소원, 기대를 포함한 다양한 기분을 경험할 수 있고 이 갈망을 만족시키는 법을 배우고 있다. 요구나 소원은 바람, 만족감 그리고 마지막으로 더 나아가 미래에 계속해서 만나게 될 요구에 대한 기대감을 초래할 수 있다. 당신의 자녀가 아빠에게 안기는 것을 원할 때 아이는 포옹받는 것을 기대한다. 아이가 배고플 때 엄마가 자신의 음식 찾는 것을 도와줄 것이라고 생각할 것이다.

이런 모든 몸짓의 변화에서 당신은 최근 생겨난 아이의 자아감의 증거를 볼 수 있다. 기억하라! 우리가 누구인지에 대한 우리의 인지는 우리의 내적 희망, 욕구, 의도를 기초로 한다. 우리는 결국 '나'로서 인지하는 다양한 질감 있는 내적 기분으로 경험한다. 문제를 해결하는 아동으로서 아이는 더 이상 고의적으로 행동의 조각이나 분리된 행동의 전부까지도 분리하지 않는다. 아이는 '나'와 '너'의 큰 패턴에서 경험의 조각을 함께 엮기 시작한다. 그 아이는 이제 자신이 배고플 때 우유를 얻을 수 있다는 것을 알게 되었다. 아이가 포옹하기를 원할 때 당신을 찾아갈 수 있다. 이 기간에 엄마와 아빠는 점점 맛있는 우유를 주고, 따뜻한 포옹을 해 줄 뿐만 아니라 "안 돼! 안 돼!"라고 경고하며, 위험에 처할 때마다 행동을 제한하는 사람들로 보게 된다. 당신의 자녀는 당신과 함께 많은 다른 형태의 감정적으로 의미 있는 행동 패턴에 참여함으로써 자신이 누구이고 무엇인지 당신이 누구이고 무엇인지에 대한 더 복잡한 그림을 개발해 나가게 된다.

4단계의 향상을 위해 해야 할 것과 하지 말 것

1. 아이의 흥미를 중심으로 일련의 긴 상호작용에 참여한다.
2. 즐거움, 신남, 호기심, 친밀감, 분노, 저항, 제한 설정과 같은 감정의 범위를 느낄 수 있게 한다.
3. 아동이 같은 놀이 중에 다양한 감정을 느끼도록 도전을 준다. 그래서 아이 자신이 누구인지에 대한 다양한 감정을 만들 수 있도록 한다.
4. 경찰이 교통을 지시하는 것처럼 행동의 관점에서 당신이 무엇을 바라는지 알게 한다. 얼굴 표정, 몸짓, 목소리 톤을 사용한다.
5. 아이가 숨바꼭질 같은 게임을 할 때 점점 더 복잡한 문제를 해결하도록 한다.
6. 아동이 자신이 원하는 것을 몸짓과 함께 보여 주게 한다.
7. 당신의 자녀를 좋고 나쁨으로 분류하지 않는다.
8. 블록, 퍼즐 같이 원인과 결과 식의 장난감과 함께 노는 것에만 초점을 맞추지 않는다.
9. 훈육에 대해 가르치고 아이의 행동을 제어하는 것에 사로잡히지 않는다.

아이가 8개월이었을 때로 돌아가 보자. 아이는 분명히 감각과 욕구를 경험했다. 그러나 아이는 아직 이 경험의 조각을 통합하는 능력을 갖지 못했다. 12개월에도 아이는 여전히 분열된 방법에서 자신의 감정을 경험했다. 아이의 화난 자아와 만족스런 자아는 동일한 전체의 두 부분이 아니었다. 대체로 아이 성격의 그런 측면은 아직 함께하지 못하므로 서로 분리된다. 당신이 아이가 화난 것을 알았을 때 아이는 당신을 자극제로서 볼지도 모른다. 당신이 껴안았을 때 아이는 당신을 사랑과 편안함의 원천으로 알 것이다. 아이가 완전히 깨닫지 못하는 것은 당신과 아이가 두 상황에서 같은 사람이라는 것 때문이다.

당신의 자녀가 의도적인 방법으로 자신의 기분과 행동을 체계화하고 순서를 정하는 것에 능숙하게 되면 아이는 전체 성격의 더 통일된 감각에서 정서, 의도, 동기의 고립된 부분을 통합할 수 있다. 1년 반 만에 아이는 화내고 참을성이 없어지고, 마지막으로 모든 에피소드에서 다시 행복해지며 당신과 수많은 경우를 경험하면서 또한 아이는 패턴을 알아내기 시작했다. 이 두 개의 발달은 아이가 자신과 당신이 누구인지에 대한 많고 적은 조각 감각을 형성하는 데 도움이 된다. 이제 아이가 우유를 찾는 데 당신의 도움이 필요해 요청할 때 아이는 자신이 배고플 때의 분노와 배를 채우는 데 성공했을 때의 행복함 둘 다 자신에게 속한 부분이라는 것을 깨닫게 된다.

아이가 18개월이었을 때 당신의 자녀는 화난 '나'와 사랑하는 '나'가 같은 사람임을 깨닫는다. 아이는 자신이 믿는 사람들이 자신을 화나게 만들 수 있다는 자각을 갖는다. 모든 것이 잘되면 스스로와 다른 사람들을 돌보는 아이의 감각은 자아감을 스며들게 할 것이고 아이가 좌절하거나 엄청나게 화났을 때 아이의 분노를 조절할 것이다.

이 새로 생겨난 자아감은 다양한 의도와 감정으로 구성된 철학자와 신학자가 의지, 자유로운 선택, 관련된 주제의 토론에서 정의하는 것이다. 이것은 또한 컴퓨터와 인간 사이의 차이점이기도 하다. 컴퓨터는 희망, 의도, 감정이 없으므로 자아감이 없다. 비록 컴퓨터의 전자회로가 우리의 뇌신경 연결보다 더 빠르게 문제를 해결할 수 있어도 컴퓨터는 어떤 문제를 해결하는지에 대한 의도나 정서를 갖고 있지 않다. 우리는 그것을 우리의 희망으로 프로그래밍해야 한다.

자아를 형성할 때 당신의 아동은 이제 자신이 다양한 행동 조각의 합이고 단지 고립된 반응의 집합이 아니라는 것을 느낀다. 아이는 인생의 중요한 감정적 주제에 대해 일정한 기대감을 갖게 된다. 만약 새로운 사람이 위협적이거나 무서운 얼굴 표현을 보여주는 공간에 들어가야 한다면 당신의 자녀는 위험의 감각을 느낄 것이다. 만약 같은 방에서 또 다른 사람이 웃고 있고 그에 대해 편안해한다면 아이는 아마 그의 존재에 대해 안전함을 느낄 것이다. 당신이 아이를 기꺼이 수용한다면 아이는 동의와 인정의 감정을 느낄 것이다. 매시간 당신이 "안 돼, 안 돼!"라고 고개를 흔들거나 당신이 얼굴을 찡그리면 아이는 반감을 느끼게 될 것이다.

당신의 자녀는 인정이나 거절, 안전이나 위험, 승인이나 거절, 모욕이나 존경의 신호를 보내는 패턴 인식기가 되었기 때문에 모든 몸짓의 행동을 인식하기 시작한다. 다른 사람들이 아이에게 어떻게 반응할 것인지에 대한 아이 스스로의 기대감은 아이의 자아감에 기여한다. 만약 아이가 새로운 것을 시도할 때 당황하고 놀림을 당하면 아이는 인생이 굴욕적일 것이라고 예상한다. 한편, 만약 아이가 가난하고 슬플 때 아이를 돌보는 사람들에게 무시를 당한다면 아이는 자신이 포기해야 할 것이라고 생각한다.

이 정서적 기대감은 우리가 어른과 싸우면서 점점 우리 자아의 일부가 된다. 이 과정이 아기가 2세보다 어릴 때 진행된다는 것은 놀라운 일이다. 물론 이 과정은 우리의 삶의 과정에서 계속 진화한다. 자신의 자녀나 배우자가 자신을 떠날 것이라는 두려움 때문에 우울증을 앓고 있는 어른을 볼 때 버림을 예상하는 우리의 패턴은 그 사람이 걸음마를 배우는 아이였을 때부터 설정된 것이라고 의심한다. 걸음마를 배우는 이 중요한 몇 달 동안 아동은 자기 자신을 사랑스럽거나 거절받을 만하거나, 안전하거나 위험에 처하거나, 존경받거나 굴욕감을 느낄 수 있다고 개념을 정의한다.

이런 기대감이 인물 형성의 시작이다. 당신의 자녀는 이 기대감을 언어적으로 생각하지 않는다. 그러나 이 **기대감을 감정적으로 경험**하고 있다. 심지어 어른으로서 단어는 우리가 이미 본능적으로 느낀 것이며, 단지 2위로 분류한다. 예를 들어, 우리가 새로운 사회적 상황에 들어갈 때 우리는 흥분감과 자신감을 느끼거나 굴욕감을 예상하며 긴장감을 느끼고 떨지도 모른다. 우리 스스로에 대한 기본적인 기대는 우리가 유창한 단어를 사용할 수 있기 전과 18~24개월 사이에 형성된다.

이 패턴의 통합 부분으로서 당신의 자녀는 각각의 감정이 복잡한 패턴의 부분이 될 수 있다고 이해하기 시작한다. 분리된 수많은 경험은 모든 즐거움의 부분이다. 즐거움은 더 이상 조각난 따뜻함과 애매한 느낌으로 경험되지는 않지만, 당신과 산책하고, 개와 함께 놀고, 쿠키를 먹는 것을 포함한 일련의 연결된 상호작용이다. 당신의 자녀는 정서적으로 말하면 가까운 친척이기 때문에 특정 경험이 즐겁다는 직감을 갖고 있다. 그들은 비슷한 감정을 갖고 있다. 아이의 다리를 스트레칭하고 친근한 개와 뛰놀고 목욕통에서 놀고 맛있는 쿠키를 먹는 것은 모두 육체적 흥분과 즐거움의 감각을 만든다. 또한 당신의 아이는 자신의 인생에서 즐거움의 원천으로서 당신을 경험한다. 당신과 함께 재잘거리고 손바닥 치기 놀이를 하고 당신과의 포옹과 뽀뽀를 주고받는 것을 포함한 이전의 모든 분리된 즐거움은 이제 전체적으로 즐거운 사람과 함께 있는 것의 일부로 경험된다.

조절과 주장의 경험은 연결되어 있다. 당신의 자녀가 장난감 상자를 열고 들어가거나 음식을 밀어내거나 몇 분 동안 흔드는 것을 성공할 때마다 아이는 강력한 통제의 감각을 경험한다. 아이가 어린 여동생에게서 좋아하는 장난감을 되찾는 게 헛된 시도가 되어 화나거나 여동생이 자기 침대에 다시 장난감을 집어넣어 소리를 지를 때 아이의 통제력의 결핍은 좌절된 두 상황을 연결한다.

당신의 자녀는 이제 단어가 아이의 인생에서 지배적인 힘이 되기 전에 직관적인 수준에서 감정적 경험의 범주를 형성하게 된다. 전에 논의했듯이 경험의 범주가 경험과 연결될 때("나의 자기주장은 거절을 당할 것이다." "나의 욕구는 굴욕을 느끼게 할 것이다." 등) 성격이 형성된다. 그러나 중요한 것은 가장 부정적인 감정은 변할 수 있고 18개월의 경험은 삶의 캐릭터를 정하지 않는다는 것을 깨닫는 것이다. 한번 다음과 같이 가정해 보자. 당신의 걸음마기에 엄마는 육체적으로 아프고 감각적으로 압도당하거나 또는 불쾌한 이혼을 겪고, 그 결과 정신이 늘 다른 것에 팔려 있다. 그러나 세 살 때는 엄마가 당신과 함께 있을 때 기분이 더 좋고 낙관적이고 보살펴 주게 되었다고 가정해 보자. 시간이 지나면서 세상이 당신에게 거절당하고 굴욕감을 주기보다는 따뜻하고 사랑스럽고 넉넉하게 필요를 채워 주는 장소라고 설득될 것이다. 그러므로 치료를 하거나 또는 새로운 사람이 당신의 인생에 들어올 때처럼 당신의 경험을 바꿀 때 성격은 바뀔 수 있다. 이처럼 성격은 항상 형성의 과정이지만, 일반적으로는 당신이 나이가 들면 성격이 변하는 데 더 오래 걸린다.

사람들은 낙관적이거나 우울한 성격을 개발할 뿐만 아니라 믿거나 의심할 수도 있다. 왜 몇몇 사람은 다른 사람보다 더 의심스러울까? 단순하게 만약 당신이 도는 모퉁이마다 불쾌한 놀라움이 숨어 있고 인생은 예측할 수 없는 시련이라고 느낀다면 당신은 매시간 문제를 예상하고 경계할 것이다.

운이 좋게도 대부분의 걸음마기 아동들은 감정과 경험의 범위를 견딜 수 있는 상당히 견고한 기초를 제공받는다. 아이가 특정 장난감을 원하는데, 가질 수 없어 가끔 슬픔과 실망을 직면해야 한다고 가정해 보자. 그 기분은 아이의 슬픔을 공감하는 엄마에게 달래지고 보살핌을 받게 된다. 그래서 그 기분은 압도적인 느낌으로 빠지지 않는다. "나는 네가 기분이 나쁘다는 것을 알지만, 이제 너의 남동생이 놀 차례야. 다시 너의 순서가 돌아올 거야."라고 엄마가 공감하듯 말하면서 아이의 등을 편안한 리듬으로 토닥일 것이다. 얼마 안 돼서 다시 아이가 가지고 놀 차례가 되면 아이는 슬픔을 지우고 기쁨과 즐거움을 경험할 수 있다.

다른 놀이 시간 동안 아이는 놀이 친구와 특별한 장난감을 잡는 경주를 할지도 모른다. 아빠는 격려하는 단어와 만화 몸짓으로 경쟁심의 감각을 느끼기 시작할지도 모른다. "얘들아, 누가 먼저 장난감을 얻는지 보자!" 두 아이는 경주를 시작할 때 처음에는 흥분감을 느낄 것이다. 그러나 다른 아이보다 더 느린 아이는 불가피하게 실망과 슬픔을 느낀다. 슬픔은 아빠의 포옹과 다음 시합에서는 이길 것이라는 확신으로 달래질 수 있다. 또 다른 날에는 집에 주스가 남아 있지 않기 때문에 엄마가 가게에 가서 주스를 사올 때까지 기다려야 한다는 말을 듣고 좌절감을 느낄지도 모른다. 하지만 엄마의 목소리가 진정되고 공감하는 표정일 때 아이의 좌절감은 참을 수 있게 된다.

만약 아이가 슬픔, 분노, 좌절감으로 문제를 느낄 때 사랑하는 어른에 의해 진정된다면, 어른의 그 감정과 관련된 걱정을 달랠 수 있는 화난 경험의 공통점과 지식은 아이가 자신이 사람으로서 누구인지에 대한 분리된 감정을 받아들이는 데 도움이 된다. 이로써 아이는 행복하거나 화나거나 슬프거나 경쟁할 수 있다는 것을 깨닫게 된다. 믿을 수 있는 어른의 존재 같은 편안한 관계 안에서 다른 느낌을 경험할 수 있는 능력은 아이의 분리된 모든 감정을 더 통합된 감각으로 연결하는 접착제가 된다.

앞에 묘사된 것처럼 아이들은 자신의 다른 조각을 모으는 데 많은 경험을 얻는다. 그래서 아이들은 자신이 누구인지에 대한 감각을 인간적인 드라마의 완전한 범위로 포용한다. 슬픔, 기쁨, 흥분, 공격, 경쟁, 따뜻함, 사랑, 즐거움은 독특한 부분에서 아이들의 성격으로 혼합된다. 다양한 감정이 아이들의 멜로디를 연주하고 희망적으로 서로 조화를 이루는 오케스트라로서 자녀의 새로운 자아를 그려 보라. 오케스트라의 한 부분이 다른 부분을 압도하려고 위협할 때 아이의 사랑하는 부모님은 감독처럼 정서를 조절하는 데 도움을 줄 수 있다. 한 감정이 극한의 상황이 되면, 시끄러운 타악기 부분이 교향곡의 균형을 깨뜨릴 수 있는 것처럼 조직된 자아감으로 감정을 통합하는 것은 어렵다. 시간이 지나면 아이는 스스로 '지휘자' 역할을 할 것이다. 이렇게 자아감은 상대 균형에서 모든 부분을 유지하는 데 돕는 아이 성격의 일부가 될 것이다.

아이가 동일한 사람(엄마나 아빠)에게 화가 나고 사랑하고 좌절하고 흥분하고 겁을 느낄 수 있는 사실과 이 사람이 내가 화난 상황에서 통제를 잃거나 물러나지 않는다는 것은 아이가 이 모든 다른 감정이 같은 안전한 관계에서 존재한다는 것을 깨닫게 만들 수밖에 없다. 그러므로 이런 감정은 감정적으로 풍성한 관계에서 관련된 '나'와 같은 부분이 될 수 있다. 주로 아이를 돌보는 사람인 당신이 아이와 함께 이 감정을 경험하고, 아이의 삶에서 부드럽고 균형 있는 존재로 남아 있기 때문에 아이의 '나'는 통일되고 완전한 방법으로 많은 감정을 구현한다. 돌보는 사람과 함께하는 경험의 공통성과 그 관계에서의 위로의 질(정서를 깊게 참을 수 있도록 만드는)은 굉장히 중요하다. 돌보는 사람들은 아이가 안전하며 다소 복잡하고 다양한 감정으로 가득 찬 자아감을 발달시키는 데 도움을 준다.

우리 중 아무도 완벽히 균형 잡힌 자아를 소유하지 못하고 있고, 어느 누구도 매시간 100% 위로해 줄 수 있는 부모님을 갖는 불가능한 상황을 즐기지 않았다. 우리는 어른으로서 싸우고 몇몇 감정은 다른 사람들보다 편하게 느끼고, 우리 중 몇몇은 공격성이라는 감정에 어려움을 겪고 있고 일부는 슬픔과 싸운다.

우리의 부모님과 우리 자신의 감정적 변형은 독창성과 창의성에 기여하는 중요한 차이점과 질감을 만든다. 그런 질감과 차이가 너무 극단적이거나 우리 관계에 포함되지 않아서 빠지게 되면 우리의 성격의 범위, 유연성은 상당히 제한된다.

우리는 걸음마기 아동으로서 우리의 자녀에게서 완전한 범위의 정서를 육성할 수 있기 때문에 아이들은 성숙함에 따라 더 확고하고 응집력 있는 자아를 갖게 되는 경향이 있다. 사랑과 분노, 슬픔 같은 각기 다른 감정이 모두 같은 패턴의 일부라는 것을 완전히 느끼지 못하기 때문에 각기 다른 부분을 통합하지 않는 사람들은 스트레스를 받을 경우에는 더욱 취약해질 수 있다. 예를 들어, 만약 엄마와 아빠가 일주일 휴가를 보냈거나 또는 학교에 있는 아이가 못되게 행동해서 조금 더 나이 든 아이가 슬픔을 느낀다면 슬픔은 사랑받는다는 기대나 내적 안도감이 연결되어 있지 않을 때 압도적으로 느낄 것이다. "나는 오늘 슬퍼. 하지만 엄마와 아빠가 내일 집에 돌아오면 괜찮을 거야. 아니면 조니(Johnny)가 놀이터에서 나에게 잘해 줄 거야."라는 감각이 없기 때문이다.

정신건강 또는 건강한 자아감은 아이가 인생의 다른 정서적인 주제(사랑, 경쟁, 공격, 분노, 따뜻함, 슬픔)를 자신이 사람으로서 누구인지에 대한 통합된 패턴으로 볼 때 일어난다. 이 시점에서 당신의 걸음마기 아동이 건강한 자아의식을 발달시키고 있는지 당신 스스로 당신에게 물어볼 때 당신은 아이가 초기 발달 단계의 숙달을 보여 주는지 고려할 것이다. 아이에게 얼마나 초점이 맞춰져 있고 주의를 기울이는가? 아이가 얼마나 참여하고, 따뜻하고, 사랑스러운가? 아이는 자신의 의도를 얼마나 잘 전달하는가? 아이의 의사소통은 얼마나 복잡한가? 하지만 이제 우리는 정신건강에 대한 어른의 정의에 훨씬 더 가까운 것을 가지고 있다. 당신의 아이가 그녀의 성격에 조직적이고 조절된 방식으로 삶의 주요한 감정적 주제를 엮기 시작하는가?

당신의 자녀는 인생의 모든 말년에 기쁨뿐만 아니라 경쟁, 슬픔, 분노에 대처할 필요가 있을 것이다. 이러한 감정이 그녀의 자아감과 통합되면서 건강하고 성숙한 성격으로 성장할 것이다. 아이가 이러한 감정 중 하나를 경험할 때 아이는 다른 사람들의 존재를 인지하게 된다. 그러나 만약 아이가 고립 속에서 감정을 느낀다면 자신이 화가 났을 때 아이는 그 사람이 자신이 사랑하는 사람인지 알지 못하기 때문에 누군가를 다치게 할 수 있다. 비슷하게 아이가 슬플 때 아이는 기쁨의 경험을 기억하는 '나'에 대한 감각이 없기 때문에 감정이 영원히 계속될 것이라고 생각할지도 모른다. 그러므로 어른이 되면 그 아이는 충동적이거나 우울증을 겪을 가능성이 더 크다. 때로는 극단적으로 몇몇 어른은 그들 자신이 누구인지 모르는 데 분열감을 느낀다.

우리는 여러 인격체로 묘사된 것이 '나'의 감각을 구성하는 다른 감정적 주제의 통합의 부족을 나타낼 수 있는지 추측할 수 있다. 그러한 개인의 경우, 여러 가지 이유로, 각자의 성격에서 각각의 감정적인 주제가 개별적인 사람처럼 기능하는 것과 같다.

이 발달 단계 동안 발생하는 데 또 다른 통찰은 나중에 자폐 스펙트럼 장애로 진단받는 어린아이들과 함께한 연구에서 시작되었다. 이 아이들 중 대부분은 복잡한 자아감을 형성할 때 큰 문제가 있다. 3세에서 4세 사이 자폐증 패턴을 진단받은 어린이의 대다수가, 즉 단어를 사용하고 카운트할 수 있는 사람들조차도 감정 발달의 네 번째 단계를 완벽하게 습득하지 못한다는 것을 발견했다. 많은 부모는 그들의 아이가 대략 12~14개월일 때 복잡한 사회적 문제 해결 행동을 보여 주지 않는다고 보고했다. 1세 때 몇 개의 단어를 말할 수 있는 걸음마기 아동조차도 종종 그들의 부모와 함께 가장 간단한 상호작용만 계속해서 참여했다.

우리는 아이의 의도, 욕망, 정서를 계획 활동에 연결하고 나중에는 기호(단어)를 사용하는 것에 연결하는 자폐 스펙트럼 장애를 가지고 있는 아이의 능력을 방해하는 생물학적 문제가 인생에서 가장 중요한 2년 동안에 발생할지도 모른다는 가설을 세웠다. 어떤 의미에서 욕망이나 의도는 마음의 일부에서 어떤 계획이 행동을 취하도록 말한다. 이 중요한 연결이 없으면 복잡한 문제 해결 행동을 수행하고 복잡한 자아감을 형성하는 것이 불가능하다.

자폐 스펙트럼 장애가 있는 아이는 오랜 기간 반복적인 자기 자극적 행동에 참여하는 것을 좋아한다. 아이는 주스를 원할 때 원을 그리며 돌아서거나 또는 실제로 밖에 나가기를 원할 때 끊임없이 문을 열고 닫을 수 있다. 아이는 자신의 의도를 행동 패턴에 연결할 수 없다. 우리가 이러한 문제를 겪고 있는 어린이들과 함께 일하면서 포괄적인 팀 접근법을 사용하여 치료할 때『See The Child with Special Needs』(Addison-Wesley,

1998) 참조] 초기 목표 중 하나는 아이들의 영향 또는 감정을 행동에 연결시키고 행동 목적을 부여하는 것을 배우도록 도움을 주는 것이다. 예를 들어, 한 아이가 방을 돌며 방황할 때 우리는 아이의 지시를 따르고 아이가 우리와 함께 춤을 추도록 노력할 것이다. 만약 아이가 계속 우리를 무시하고 방 안을 표류하며 한 구석에 몸을 맡기면, 우리는 장난스럽게 팔을 뻗어서 모퉁이에서 벗어나게 할지도 모른다. 아이가 우리의 팔을 미는 동안 우리는 아이가 그 상황에서 탈출하려는 의도를 가지고 돌아다니는 것을 아이의 소망과 연결하도록 돕게 된다.

우리의 목표는 아이가 지금까지 강화된 상태의 정서나 동기 부여에 의해 목적의식으로 조직된 목적이 없는 행동의 섬을 격리하도록 도와주는 것이다. 우리는 아이들의 지시를 따르고 우리가 아이를 위해 설정한 문제가 아이가 해결하는 데 도움을 줄 때 아이의 기쁨이 작용하도록 함으로써 목표를 수행한다. 우리는 기계적 학습의 반복적 연습을 강조하는 접근법을 사용하기보다는 이러한 방법으로 아이들과 함께 일할 때 더 성공적이었다. 다른 무엇보다 자폐 스펙트럼 장애를 가진 어린이는 의도와 목적으로 단어에 대해 작동하는 '나'라는 감각을 발달시켜야 한다. 우리가 조직화되지 않은 행동 패턴에 갇혀 있고 그들의 감정, 소망, 욕구를 다른 행동이나 생각에 연결하는 능력이 부족한 아이를 관찰할 때 우리는 발달의 네 번째 단계가 얼마나 중요한지 알 수 있다.

9. 도전 극복하기: 전화위복

당신은 1년 넘게 당신의 자녀를 알게 되었고, 아기의 특별한 특징은 당신에게 친숙해졌다. 아기가 뺨을 부풀리고 예쁜 꽃을 보았을 때 냄새를 맡으려고 시도하는 방법 또는 새로운 봉제인형 포장지를 당길 때 신이 난 표정으로 보거나 심지어 집중한 모습과 사나운 발걸음으로 멈추는 방식, 변을 보러 움직일 때 나타나는 아기 자신의 고유한 모든 행동에서 말이다. 다른 아기들은 아마도 귀엽겠지만, 당신의 자녀만큼 극적으로 다정하거나 재주 있는 아이는 거의 없다.

당신은 자녀가 당신에게 보내는 메시지에 적응했기 때문에 아이가 복잡한 방식으로 아이의 느낌을 표현하거나 의사소통하는 문제를 해결해야 할 때 느끼는 어려움은 무엇이든 어느 정도 알아챘을 것이다. 아이는 이런 어려움을 극복하기 위해 당신의 창의적인 해결책이 필요하다.

1) 촉각과 청각에 민감한 아기

한 살 반이 된 카라에게 지금 카라의 남매인 조이와 레이첼과 술래잡기 놀이를 할 때 경쟁할 만한 요소를 주었다. 카라의 아빠 스티브의 눈에 딸은 이제 '더 단단해지고, 덜 깨지기 쉬운 것'처럼 보였고, 카라는 오빠와 여동생과 함께 거친 놀이를 하는 것을 좋아했다. 하지만 카라의 엄마 엘렌은 카라가 옷을 입으러 왔을 때 여전히 극도로 특이한 것 같다는 것을 알아차렸다. 카라는 바지 허리 밴드에 낀 옷을 들어 올리거나 솜 양말을 격노하며 홱 벗어 던졌다. 카라는 항상 가벼운 쓰다듬기나 느긋한 손길보다는 견고한 접촉에 더 편한 반응을 보였기 때문에 엘렌은 의식적으로 걸음마기 아동의 옷을 입히고 벗길 때 카라의 동작을 재빨리 처리하려고 노력했다. 하지만 카라는 피부에 특정한 질감이나 압박감을 견디지 못하는 것으로 보였다. '느슨한' 양말과 까칠한 천이 특히 카라를 화나게 했다.

엘렌이 딸을 데리고 신발가게 안으로 들어간 어느 날, 상황이 최고조에 도달했다. 판매원은 가끔 울거나 꿈틀거리는 아이에게 잘 맞춰 주는 타입이었는데 아이의 양말을 벗기고 발바닥에 장난스럽게 간지럼을 태웠다. 그러자 카라의 처음 호기심과 협동은 즉시 사라졌고 울기 시작했다. 아이의 관심을 다른 곳으로 돌리려고 한 판매원의 시도는 18개월 된 아기를 더욱 흥분하게 만들었고, 아이는 곧 본격적인 화를 내며 발뒤꿈치를 걷어차고 양탄자가 깔린 바닥에서 굴러다니게 만들었다.

엘렌은 물론 카라의 과잉 반응에 당황했지만, 3명의 아이를 기른 후 엘렌은 예상치 못한 일에 손을 놓을 정도로 놀라지는 않았다. 엘렌은 카라의 발달 전문가와의 다음 회기에서 이 일화를 언급했다. 전문가는 걸음마기 아동들이 흔히 짜증을 내지만, 이 특정 폭풍은 조금의 계획하기만 있어도 피할 수 있었다고 말했다. 전문가는 아이에게 가볍고 간지러운 느낌이 얼마나 혐오스러운지를 상기시켜 주었다. 카라는 왜 느슨한 솜 양말의 감촉까지 싫어하지 않는가! 그는 달라붙는 느낌의 탄성 있는 양말과 같은 작은 변화를 일으키는 것이 카라에게 위안이 될 수 있다고 제안했다.

그는 다음에 신발 가게로 가게 되면 손가락으로 간지럼 태우는 것은 분명히 피해야 한다고 지적했다. 카라가 접촉에 민감하다는 것을 판매원에게 알리거나 새 신발 끈을 단단히 묶어 달라고 요청하는 것만으로도 아이의 불안감을 최소화하는 데 큰 도움이 된다.

전문가와 상담하면서 스티브는 셋째가 언니 오빠의 '장난스러운' 밀침과 당김을 신경

쓰지 않는 듯해서 의아했다고 말했다. 아이는 아직 더 가벼운 접촉에 예민하니 말이다. 전문가는 카라가 아버지와 형제자매들처럼 공격적으로 놀 수 있을 만큼 자신이 충분히 안전하다고 느꼈고, 카라가 사실 흥분하고 활기찰 때 근육을 수축하는 것을 즐긴다고 설명했다. 사실 모든 운동 활동을 수반하는 이러한 종류의 게임은 어린이들이 일상생활의 스트레스를 줄이고 부담을 덜어 준다. 하지만 신발 판매원 같은 낯선 사람들이 존재하면, 카라와 같은 아이들은 친숙하지 않고 가벼운 접촉에서 불안감을 느끼고 과도하게 흥분할 수도 있다. 카라와 같은 아이들의 감각은 과부하되고 본능적으로 이런 상황을 통제하거나 피하려고 시도할지도 모른다. 발버둥치거나 비명을 지르는 등의 행동은 모든 긴장을 완화시켜 짜증을 줄여 주고, 일시적인 스트레스를 완화하는 방법이 될 수 있다.

짜증이 발생하면 당신의 자녀와 공감대를 형성하고 '때때로 발이 간지러운 느낌 때문에 신발 신기 힘들다'는 것을 이해한다고 보여 주는 것이 중요하다. 당신의 연민은 비록 매일 아이에게 힘든 일이 있을지라도 사람들은 의도적으로 아이를 괴롭히는 것이 아니라고 아이를 안심시켜 줄 것이다. 아이는 좀 더 편안해지기 위해 세상을 차단하고 무너지지 않아도 된다. 이때 엄마와 아빠의 중재 역시 도움이 될 수 있다.

전문가는 그다음 아빠에게 카라가 많이 즐거워하는 것처럼 보이는 플로어타임 술래잡기 놀이를 더 많이 생각해 보라고 요청했다. 함께 노는 동안 아이가 갑자기 짜증에 녹아드는 순간이 있는지를 물었다. 잠깐 생각해 보니 아이는 언니 오빠가 술래잡기를 할 때 유독 목소리가 날카롭고 광분하게 들리면 셋째가 팔을 휘두르고 울며 정신이 산만해진다는 것을 깨달았다. 발달 전문가는 카라가 특정한 접촉에 대한 민감성이 카라의 부모님들의 특별한 관심을 필요한 것처럼 시끄러운 소리와 높은 정점의 소음에 따른 카라의 혐오감도 특별히 신경 써 줘야 한다고 말했다.

스티브와 엘렌은 카라가 불쾌한 소리와 터치에 노출되었을 때 더 많은 공감과 더 많은 구조를 제공해 줄 것을 안내받았다. 다음에 카라 오빠의 외침이 아이를 불편하게 하면, 부모는 아이에게 견고한 목소리로 위안을 주며 "오빠가 무서운 목소리로 소리쳐서 화난 거 알아. 하지만 오빠도 널 화나게 하려고 그런 건 아니었어."와 같은 말을 해 주도록 지도했다. 아이는 부모님의 말을 이해하지 못할 수도 있지만, 공감해 주고 해결해 주려는 목소리 그리고 얼굴과 돌봐 주는 자세를 읽을 수 있었다. 카라가 받아들이기 더 어려워하는 소리와 음성은 나중에 그들의 놀이의 흐름을 소개할 수 있으나, 우선적으로 아이가 쉽게 처리할 수 있는 감각을 충분히 써 보며 즐거워한 이후여야 한다.

플로어타임은 신나게 노는 법을 탐구하는 좋은 기회는 많이 제공했지만, 카라의 자신감을 위해 처음부터 다시 시작해야 했다. 조이와 레이첼은 다시 한번 파트너가 되었다. 스티브와 엘렌은 자식들에게 막냇동생은 어른스럽고 시끄러운 놀이를 하는 데 도움이 필요하다고 설명해 주었다. 카라의 부모님은 아이가 시각적 게임에 능숙하다는 것을 알기 때문에 부모는 세 아이의 부드러운 소리를 강조하고 언어 신호와 몸짓을 사용하는 게임을 하자고 제안했다. 카라의 부모님은 심지어 두 살짜리 아이들에게 카라가 말하기 힘들었던 단어와 함께 카라의 몸짓을 가르쳐 주는 것을 제안했다. '토끼'를 의미하기 위해 두 손가락으로 머리를 까닥거리는 것은 어떨까? 배가 '꽉 찼거나' 혹은 '맛있다'를 나타내기 위해 배를 문지르는 건? 아마도 작은 구피 같은 것을 '생선'이라는 의미로 '○' 모양으로 입술을 오므리라고 말할 수 있나?

가족 술래잡기 게임은 이제 막내가 기뻐할 시각적인 신호를 증가시켰다. 게다가 새롭고 재미있는 언어 신호는 아동들의 흥미를 발달시키고 카라도 스스로를 표현하는 또 다른 방법을 만들어 주었다. 엄마 혹은 아빠는 동물원에서 큰 탈출이 있었다는 것을 들은 동물원 사육사들이라며 놀이를 시작했다. 그들은 번갈아 가면서 아이들에게 물었다. "네가 우리를 기어 나온 원숭이니?" "네가 울타리를 뛰어넘은 얼룩말이니?" "네가 강을 헤엄쳐 내려간 물고기구나!" 아이들이 눈을 크게 뜨고 고개를 끄덕이며 환하게 미소 지으면 이제 술래잡기가 시작된다. 많은 자세, 부드러운 소리, 단어, 언어 신호 그리고 횟수가 줄어든 외침으로 진행되는 복잡한 숨바꼭질 게임은 카라를 포함한 모든 사람들을 즐겁게 해 주었다.

시간이 지나 스티브와 엘렌은 그 게임에 새로운 각도를 더할 것이다. 일단 동물들이 다시 잡히고 '동물원에서의 밤'에 모든 우리에서 조용한 동물들 목소리가 들린다. 가장 작은 소리와 아주 작은 짹짹거림은 모든 졸린 동물에게 망설임 없이 나온다. 카라는 점차 자신을 압도했던 소음의 부드러운 버전으로 점차 재창출된다. 과도한 시간의 흐름과 많은 플로어타임의 상호작용과 함께 모든 생물의 소음 수준을 점차 높일 수 있었다.

이런 식으로, 카라는 '동물원 게임'을 하자고 부르는 것이 부모님과 형제들과 상호작용하면서 많은 즐거움과 재미가 자신을 맞이할 것임을 깨닫게 되었다. 카라는 가족과 함께 노는 맥락에서 점차적으로 소리에 더 편안해졌으며, 심지어 이전에 자신을 힘들게 한 큰 소리를 내기도 했다. 카라는 또한 20분 이상 지속된 기간 이 정교한 상호작용에 참여하고 있었다. 카라는 이제 가족 드라마에서 주요 참여자가 되기 시작했다.

2) 주변 세상에 반응이 없는 아기

15개월 된 어린 브라이언은 자신 없이 탁자와 쿠션 주변을 탐험하기 시작했다. 브라이언은 혼자 놓아주거나 걸어갈 준비가 전혀 되지 않았다. 브라이언의 부모인 스튜어트와 태미는 브라이언의 낮은 근긴장도에 대해 매우 잘 알고 있었고, 브라이언이 다른 아기들보다 조금 더 늦게 걷게 될 것이라는 것을 알았다.

하지만 다양한 방법으로 브라이언은 세상이 흥미로운 장소라는 것을 찾으면서 조용히 의사소통하고 있었다. 브라이언은 놀이터에 가면 흥분했고, 아기 미끄럼틀을 타고 그네를 타는 것을 좋아했다. 브라이언이 자신의 근육을 어색하게 조정해야 하는 순간만 아니라면 움직이는 걸 아주 즐겼다. 마치 브라이언이 자신이 육체적인 노력을 기울이지 않는 한 세상을 사랑하는 것만큼 행복한 게 없는 것 같았다. 브라이언은 또한 바닥에서 차와 트럭을 조심스럽게 밀고 다님으로써 조금씩 더 오랜 시간 동안 스스로 재미를 찾을 수 있었다. 브라이언은 그들이 가까이에 있을 때 손가락으로 장난감을 갖고 노는 것을 좋아했지만, 보이지 않을 때는 장난감을 적극적으로 찾지 않았다.

브라이언은 대근육에 의지하지 않았을 때 부모에게 브라이언의 느낌과 욕구를 알릴 수 있었다. 브라이언은 좋아하고 잘 씹히는 장난감인 오리를 볼 때 "오이, 오이." 하고 마구 재잘거렸고 동물인형으로 팔을 뻗었다. 브라이언의 혀 근육에 대한 비교적 좋은 통제력은 많은 소리와 몇 개의 말을 사용하게 해 주어 의도를 전달할 수 있게 해 주었다. 브라이언은 순서에 맞춰 행동하는 것과 장난감을 향해 돌진하는 것을 어려워했지만, 반짝이는 브라이언의 눈과 기대하는 자세는 부모가 브라이언이 얼마나 간절한지 알게 해 주었다.

엄마와 아빠는 브라이언이 함께 복잡한 몸짓을 사용하고 있다는 것을 인식하게 되었을 때 겉으로는 드러나지 않는다는 것을 알고 있었다. 아들의 근육이 또래 아동보다 덜 조정되기 때문에 브라이언이 의사소통하는 것에 관심이 없다고 생각하기 아주 쉬웠다. 브라이언은 엄마 아빠가 손을 흔들어도 응답을 즉각적으로 하지 않았고, 방에 들어오자마자 엄마 아빠를 향해 아장아장 다가오지 않으니 부모의 환영 신호를 알아챘다고 어떻게 가정할까?

지난 한 해 동안 태미와 스튜어트는 브라이언과 상호작용하면서 자발적인 근육을 더 적게 사용하는 반면, 브라이언이 흥분했을 때 브라이언의 볼이 서서히 빨개짐과 함께 눈이 반짝반짝 빛난다는 것을 보았다. 브라이언은 서로 다른 소리, 단어 표현 그리고 몇 마디를 사용해서 의사소통과 문제 해결을 열고 닫음을 순환할 수 있다는 것을 보여주었다. 그래서 브라이언은 팔과 다리 근육이 비협조적이었을 때도 감정을 많이 표현했다.

브라이언의 근긴장도 문제는 자연스럽게 브라이언을 좌절시켰다. 그 이유는 브라이언이 원하는 대로 팔다리를 노련하게 움직일 수 없었기 때문이다. 브라이언은 행동을 계획하는 데 추가적인 연습이 필요했기 때문에 엄마 아빠는 브라이언에게 브라이언의 근육을 펼 수 있는 충분한 플로어타임의 기회를 주려고 애썼다. 예를 들어, 아빠는 무릎을 꿇고 다가가 아이가 같은 눈높이에서 술래잡기를 시도했다. 브라이언이 가구를 붙잡아 균형을 잡아야 했기 때문에 아빠는 아들의 리드를 따르고 모방했다. 브라이언이 스튜어트의 무릎 위에서 절뚝거린 후에 스튜어트에게 가까워지기 시작하면 브라이언의 아빠는 매번 피식 웃었고, 아빠는 아들의 시선을 끌었고 "더 가까워지고 있다. 가까이, 가까이!"라고 극적으로 말을 붙였다. 브라이언이 아장아장 걸을 때 때때로 아빠는 아들 주변을 뛰어다니다가 일부러 잡혀 주며 두 손을 들어 항복을 선언했다. 또한 브라이언이 엉덩이에 털썩 주저앉아 숨으려고 할 때, 아빠도 그를 따라 했다. 이러한 교환은 브라이언이 아버지와 동등한 파트너임을 느끼게 해 주었고, 브라이언의 움직임을 추론하는 데 많은 연습을 하도록 도와주었다. 브라이언은 아버지의 칭찬을 받아들이고, 덕분에 아이의 자존심은 상승되었다.

스튜어트와 태미는 브라이언과 함께 즐겁게 노는 것을 방해하지 않고 지나치게 많은 플로어타임 행동을 해야 한다는 것을 배웠다. 근력이 약한 걸음마기 아동은 어떤 것을 발생시키는 것이 힘들고 의지력을 발휘하는 것을 더 어렵게 만든다. 아동의 부모가 장난감을 더 가까이 가져와 아이들이 필요한 모든 것을 예측하려고 할 때, 걸음마기 아동은 자신을 주장하고 자신의 욕망이나 느낌을 표현하는 가치 있는 기회를 잃는다. 근긴장도가 낮은 아기는 운동 문제가 없는 사람만큼 화가 날 수도 있지만, 아이가 화난 시기에 부모님이 알게 될 수는 없을 것이다. 몇몇 아기는 바닥에 쾅 하고 발을 굴리거나 화를 낼 수도 있지만, 브라이언과 같은 아이는 자신의 근육을 조정하기 위해 에너지를 모으지 못할 수도 있다. 브라이언은 심지어 그것이 전혀 반응할 만한 가치가 없다고 느낄 수도 있다.

엄마 아빠는 계속해서 브라이언이 만드는 모든 힘겨운 몸짓이 의미 있는 반응을 이끌어 낼 것이란 걸 알리기 위해 계속 노력했다. 그들은 브라이언이 자신을 표현하기 위해 더 오래 기다려야 할 때가 있다는 것을 알고 있었다. 아이는 분노나 기쁨에 반응하는 데 20~30초가 걸린 반면, 대부분의 다른 아기들은 불과 몇 초 만에 반응을 보였다. 브라이언은 20~30초가량이 필요할지도 모르기 때문에 스스로를 표현하는 것을 더 오래 기다려야 한다는 것을 알고 있다. 브라이언의 부모는 스스로의 대답을 위해 기다림을 만들었고, 브라이언은 성질을 부리며 던질 만큼의 분노를 눈으로 표현한다는 것을 관찰을 통해 알게 되었다. 브라이언의 부모는 '브라이언이 화를 어떻게 내는지 이해했다'는 것을 알 수 있었다. 성난 감정에 대한 부모의 인정은 브라이언이 크고 깔끔하게 읽고 있다는 것을 일깨워 주었다.

또한 스튜어트와 태미는 브라이언이 특별한 장난감에 도달하기 위해 머뭇거릴 때 아이를 응원하면서 인내심을 갖게 되었다. 브라이언이 장난감을 잡기 위해 선반 쪽으로 뻗어 나가는 것을 지지함으로써 브라이언을 도와주겠다고 제안했다. 또한 브라이언의 의도에 따라 브라이언이 더 쉽게 따라 할 수 있도록 집의 특정 지역을 다시 정리했다. 예를 들어, 장난감들은 낮은 선반 위에 놓았고, 문들은 조금씩 열어 두어 브라이언이 손잡이를 돌릴 필요 없이 문을 밀어서 열 수 있게 했다. 스튜어트와 태미는 낮은 숫자의 쿠션이 달린 작은 의자를 사고, 여러 방에 배치했다. 브라이언은 자신이 원하는 것을 얻기 위해 의자를 이용해 자신을 끌어 올릴 수 있었다.

또한 태미는 브라이언이 간단한 지시를 통제할 수 있는 능력이 있다고 판단하고 간단한 지시를 따르는 것을 돕기 위해 노력했다. 예를 들어, 태미는 "모든 장난감을 집어서 들고 버리세요."라고 말할 때 브라이언이 전혀 이해를 못하는 것 같다는 걸 느꼈다고 가정해 보자. 15개월 된 아이는 엄마가 제안하는 행동의 계획을 이해할 수 있을지도 모르지만, 브라이언은 아직 행동 순서를 만들어 내지를 못한다. 브라이언은 일상적인 과제마저 아주 단순한 단계로 분리해야 하는데, 아이의 관심을 지속시킬 뿐만 아니라 여러 연결된 과제를 성공적으로 할 정도의 수준이어야 한다. 그래야만 브라이언은 애초에 다루기 너무 큰 일에 압도당하지 않을 것이다.

우선, 엄마는 브라이언에게 약간 주목할 만한 광경과 소리를 제공함으로써 아이의 관심을 사로잡아야 했다. "여기 봐." 태미는 서커스의 공이 울리는 듯한 소리로 노래하듯 "처-엉-소 시간!"이라 말했다. 엄마는 자신의 손으로 열광적인 박수를 치면서 "저 미끄러운 것을 가져다주세요."라고 말했다. 미끄러운 장난감은 브라이언의 손 근처에 있었고 엄마는 아이가 움직이지 않고 장난감을 집을 수 있다는 것을 알았다. 만약 브라이언이 스스로 소파와 나란히 해서 장난감을 잡았을 때, 태미는 플라스틱 우유 상자를 브라이언이 쉽게 잡을 수 있는 거리에 놓았다. 브라이언은 미소를 지으며 잠시 기다렸다가 브라이언의 어머니와 우유 상자를 향해 걸어갔다. 브라이언이 마침내 태미에게 도달했을 때, 태미는 브라이언에게 또 한 번의 박수갈채를 보냈으며 "멋진 청소 도우미, 브라이언! 이 상자 안에 넣어 줄래?"라고 물었다. 아이는 고개를 끄덕이며 긍정을 표시하며 빈 상자를 향해 손을 뻗었고 안에 미끄러운 것을 떨어뜨렸다. 태미는 브라이언을 자랑스럽게 바라보며 안아 주었고, 브라이언에게 "오리도 찾아서 넣자."라고 말했다.

태미는 모든 인내심을 동원해서 브라이언이 열정적으로 장난감을 찾아낼 수 있게 지지해 주었다. 태미는 어린 소년이 서두르려는 충동을 참고, 수십 개의 연속된 행동 단계를 습득할 수 있는 기회를 주었다. 오래전에 브라이언은 '정리하는 것'이 압도적으로 복잡한 상호작용을 나타낸다는 것을 이해할 수 있었고, 브라이언의 근육이 능숙하게 수행할 수 있는 구체적인 행동을 순서대로 할 수 있다는 것을 알았다. 브라이언의 운동 계획의 쟁점은 브라이언이 조정된 패턴의 분리된 행동을 함께하는 법을 배우는 데 막지 않았다는 것이다. 브라이언도 역시 문제가 해결되기 시작했다.

3) 감각을 추구하는 아이

16개월 된 에마는 전속력으로 세상을 탐색하고 있었다. 에마는 머리를 써서 벽을 오르기 위해 책꽂이를 사용했으며, 중국의 도자기 조각상은 에마의 손가락을 간지럽게 했다. 에마의 부모님인 로라와 마이크는 많은 만지기, 소리, 움직임을 수반하는 육체적 활동을 추구했고, 에마의 에너지 수준은 에마의 부모를 숨 막히게 하고 있다는 것을 잘 알고 있었다.

지난 몇 달 동안 로라와 마이크는 에마가 뜨거운 물속에서 탐색의 위험을 느낄 때 놀랍게도 설정 한계에 성공했다. 로라와 마이크는 다양한 위험한 활동에 대해 제한을 했을 때조차도 많은 위로의 지원을 제공했다. 에마의 엄마와 아빠는 에마의 탐험 울타리를 강요할 때마다 아이들과 함께 공유하는 활기찬 플로어타임의 양을 즉각적으로 증가시켰다. 에마의 엄마와 아빠는 플로어타임의 황금 규칙을 따르고 있었다. 즉, **당신이 아이의 기대와 한계를 더할 때마다 플로어타임 시간도 늘리라.** 로라와 마이크는 마치 아이의 상호작용의 열렬한 에너지 유형에 대한 감을 잡은 것처럼 느끼기 시작했다.

하지만 최근 에마의 행동에 새로운 수준의 반항이 일어났다. 만약 장난감이 에마를 좌절시켰다면 아이는 장난감을 던져 버리거나, 가까이에 엄마 아빠가 있다면 그들을 밀쳐 버렸다. 마치 에마가 짜증 나게 하는 것을 바로 치워 버릴 정도로 운동 체계를 활용할 수 있는 것이 즐거운 듯했다. 그리고 이 문제에 대해 양방향 소통을 할 관심도 없어 보였다.

특히 로라는 에마가 매우 공격적으로 변하며 걱정했다. 로라는 때때로 가족의 문제를 도와주는 상담 전문가에게 조언을 찾았다. 에마의 대단한 열정과 목적 있는 행동을 한 시간가량 관찰한 후, 전문가는 로라의 두려움을 가라앉힐 수 있었다. 로라가 '공격적'이라고 하는 많은 행동은 실제로 로라의 걸음마기 아동의 신체적 감각에 대한 활발한 관찰의 부산물이었다. 에마는 주변 환경에서 입력을 갈망하여 자신을 내던졌다. 에마는 좀 더 미묘한 감정을 감지하기 힘들었기 때문에 많은 행동과 움직임이 필요했다. 감정을 느끼고, 만지고, 보고, 듣는 것이 몰려와 에마가 자신의 방식에 저항하여 감정을 말 그대로 의식하지 못했다. 만약 아빠의 다리가 뒷문으로 가는 길을 막았다면, 아빠 다리를 발로 차고, 엄마가 머리로 에마가 보고 싶어 하는 페이지를 실수로 가린다면, 엄마의 머리카락을 끌어당기는 식이었다.

'공격적인' 행동을 보인 로라와 마이크는 사실 에마가 주변 세상에서 더 많은 감각적인 입력을 찾는다는 걸 관찰했다. 에마의 부모님은 에마가 자신의 행동을 조절하는 데 도움이 되는 환경에서 더 많은 단서를 얻을 수 있도록 도왔다. 전문가들은 지난 몇 달 동안 걸음마기 아동들과 함께 놀고 있을 때 플로어타임에 기어 다니거나 뛰어다니는 놀이를 확장시킬 수 있는 방식을 제안했다. 예를 들어, 열심히 달리는 말의 이야기를 해 줄 수 있다. 이 말은 때때로 피로를 느껴 종종 천천히 걷거나 일반 속도로 움직였다. 목이 마르기도 하고 길을 잃을 때도 있었다. 그럼 부모는 아이에게 열심히 뛰어다닐 재미를 주고, 그다음에는 속도를 늦추는 즐거움을 주며 물을 홀짝이거나 마구간에서 누워 쉬는 이야기로 놀 수 있게 된다.

에마가 이 드라마의 대부분을 감독하는 한 그녀는 속도를 늦추도록 하려는 엄마 아빠의 도움을 꺼려 하지 않을 것이다. 이제 에마의 활동을 빠르게 조절하는 것은 에마의 놀이의 필수적인 부분일 수도 있다. 이런 종류의 놀이는 일반적으로 크고 어질러져 있는 방에서 더 효과적이었다. 에마와 같은 높은 톤의 걸음마기 아동에게 더 많은 신체적 공간을 주는 것은 에마가 장난스럽게 고속기어에서 저속기어로 바꿀 때 에마에게 여분의 여유 공간을 제공해 줄 것이다. 에마는 다른 사람들의 코와 등과 충돌할 가능성이 거의 없으며, 에마의 부모는 "조심하세요!"라는 경고를 계속해서 발행하지 않아도 될 것이다. 에마는 그녀의 활동과 행동을 즐겁게 하고 많은 감각적이고 정서적인 만족감을 얻는 것을 제어하는 것을 배웠다.

로라와 마이크는 빨간 머리가 공격적인 방식을 고의로 행동하지 않는다는 것을 점진적으로 이해하였고, 에마에게 계속 많은 애정을 제공했다. 로라와 마이크의 상황처럼 때때로 아이들은 사랑이 필요하고 그 어느 때보다 제한 설정을 할 때, 일시적으로 난폭한 걸음마기 아동들의 참여를 막아 낼 수 있는 가족들의 대처는 매우 중요하다. 부모가 거리를 스스로 보호해 줄 때, 걸음마기 아동들은 점점 더 불안하고 부모의 관심을 끌기 위해 훨씬 더 신중하게 행동한다. 지나치게 가혹한 부모의 대응도 더 많은 문제를 야기할 수 있다.

반항적인 아이들은 부모와 함께 경험하고 싶은 고조된 감정을 다시 포착하기 위한 부정적인 행동을 배운다. 아이들은 "나는 아무도 필요치 않다."라는 허세를 부림으로써 슬프고, 공허한 느낌을 가린다. 마이크와 로라와 같은 부모들은 걸음마기 아동들에게 노골적인 반항과 난폭한 태도는 엄마 아빠의 사랑을 약화시킬 수 없다는 것을 장담할 필요가 있다. 또한 각각의 부모가 아동의 우정을 즐기는 것을 안심시킬 필요가 있다. 마음속 깊이 간직하고 있는 것처럼 마이크와 로라는 아동들의 놀이 시간을 적어도 30분에서 1시간 정도 연장하는 것으로 정했고, 함께 놀이할 때 더 많은 열정과 참여를 제공했다.

4) 시각적인 입력은 받아들이지만, 소리는 무시하는 아기

윌은 지금 진짜 자기 자신이 되고 있다. 윌의 부모인 리사와 댄은 18개월 된 윌이 스펀지처럼 시각적인 세상에 흠뻑 빠진 것을 알아차렸다. 밝은 빛에 대한 그의 초기 매력은 알록달록한 블록과 퍼즐 조각을 조작하는 사랑으로 발전했다.

어떤 면에서 댄은 지난 6개월 동안 그의 아들만큼 변했다. 스스로 '정열적이고' 수다스러운 사람인 댄은 소리에 민감한 그의 아들을 압도하지 않으려고 결연한 노력을 했다. 댄은 매일 밤 퇴근할 때 시끄러운 노래를 부르기보다는 윌의 시각적 관심을 끌려고 노력했다. 폭발적인 소리로 방으로 들어가기보다 오히려 "나의 귀엽고 사랑스러운 어린 카우보이 윌 어디 있어?"라고 말하면서 조용히 그의 아들(퍼즐과 블록 때문에 바꿨던 윌)과 땅바닥에서 놀았다. 댄은 크게 환영하는 미소를 지으며 윌에게 돌아섰고 그의 아들은 커다란 곰의 품속으로 기어들어 가고는 했다.

두 사람이 나란히 앉으면서 공동 건설 프로젝트가 추진되었다. 댄과 리사는 윌의 발달 단계에서 윌과 교감할 때 장난스럽게 방해가 되는 것을 배웠다. 아빠가 다음에 어떤 블록을 선택해야 할지 윌을 찾을 때마다 혼란스러운 척했다. 아빠가 눈썹을 치켜세우고, 이맛살을 찌푸리고, 어깨를 으쓱거리는 것은 윌이 결정을 내리고, 자신이 선택한 바를 이루도록 했다. 더 왔다 갔다 하면서 댄은 지지를 얻으려 애썼고, 더 연습하면서 윌은 그의 의도의 명확함을 얻었다. 윌이 선택을 한 다음, 댄은 진심으로 잘했다고 말해 주면서 느리게 반복해서 "색깔 예쁘다, 윌."이라고 했다.

댄은 아들이 빠르게 많은 소리를 연속으로 내는 것은 혼란스러울 것이며 가끔 아들을 속상하게 한다는 것을 아주 잘 알고 있었다. 윌과 함께 블록을 만드는 동안 댄은 제스처나 행동을 조용하고 조심스럽게 취하면서 다가갔고, 시각적으로 따뜻하고 느리게 설명하고, 리듬 있는 소리의 순서로 변화시켰다. 그러고 나서 격려의 간단한 말로 서로 놀았을 때, 속도를 더할 수 있었고, 신체적 변화로 동반하면서 더욱더 그들의 대화를 풍성하게 만들었다. 윌이 시각적인 흥미와 좋은 눈의 협력을 얻으면서 댄과 윌은 블록 놀이로 하루에 20분 넘게 놀았을 때의 기쁨을 찾았다.이를 통해 윌은 아버지와 함께 즐거운 시간을 가지면서 좋은 정신적 성취를 누렸다. 윌의 눈에는 아름다운 색과 가장 흥미로운 모양이 보였고, 윌은 손은 뻗었으며, 윌의 손가락으로 나무 블록에 대한 애정을 표현했다. 윌의 귀는 윌의 아버지 댄의 격려도 포함해 발성의 억양을 인지하여 들었고, 윌의 새로운 발달된 다리 근육은 그가 조정할 수 있게 했고, 무릎으로 길 수 있게 했으며, 윌이 블록으로 만든 건물 주변을 걷게 되었다. 블록 패턴을 인식하고 만드는 윌의 명백한 능력은 댄을 놀라게 했고 윌이 그 가족에 새로운 건축가가 있다는 것을 확신시켰다.

리사는 항상 윌과 관련되어 조용한 상호작용을 하면서 더 쉬운 시간을 가졌지만 리사 또한 어느 정도 조심스러운 편이었다. 그러나 윌의 생일 때, 윌이 처음으로 혼자 걷는 것을 성공했을 때 리사는 윌이 조금 매달리는 듯하다는 것에 주목했다. 소아과 의사는 아이가 집 안을 탐색하다가도 엄마 품으로 다시 돌아오는 것이 아이 나이에 맞는 전형적인 모습이라고 했다. 의사는 걸음마하는 아기에게 있어 점점 자라나는 독립심은 즐거움과 두려움을 번갈아 가며 전달해 준다고 설명했다. 걸음마기의 아기가 주변을 조사하기 시작하면서 자신의 세계가 어떻게 지향된지 알게 되고, 윌은 갑자기 익숙하지 못한 공간에서 혼자인 걸 인지하게 된다는 것이었다.

윌은 다른 걸음마하는 아기와 달리 기분 좋게 소리를 듣는 데 어려운 시간을 보냈기 때문에 윌은 소리를 듣지 않는 경향이 있었고, 감정적으로 안전하고 부모와 같이 있기 위해 시각적인 감각에 의존했다. 윌의 탐험이 부모의 시야에서 멀어지게 되면, 윌은 공황 상태에 빠져서 엄마 아빠에게 달려가 머리를 그들의 무릎에 묻었다. 윌은 자신이 엄마 아빠와 신체적 접촉을 계속 확인하지 않으면 멀리 떨어져 나가는 기분이 들었던 것이다. 윌처럼 청각 처리에 문제 있는 아이들은 도전을 마주할 때 먼 거리에서 말 신호로 걸음마하는 아기를 안전하게 느끼게 할 부모의 풍부한 시각적 제스처가 필요하다. 간단한 미소와 손을 흔들어 주는 것이 윌에게는 시각적으로 소통하는 것이다. 만약 리사가 많은 말("윌! 이불을 찾고 있구나. 네가 참 자랑스러워!")과 함께 지지하는 제스처를 보냈다면, 아기는 소리를 차단하고, 응원해 주는 손을 간과하고, 리사에게 달려올 것이다. 윌의 발달 단계에서 볼 때 윌은 어머니 리사의 손짓을 보는 동시에 전체 소리의 순서화가 불가능했다. 윌은 엄마가 윌의 행동에 찬성했든 안 했든 말할 수 없었다. 그러나 만약 리사가 간단한 말 순서('난 너 보여' 또는 '공을 잡았네')를 사용하고 강력한 시각적 제스처를 사용하면, 윌은 결과적으로 리사의 메시지를 알아차리는 방법을 배우고 완전히 엄마 쪽으로 자신을 정착시켜 안전함을 느낄 것이다.

5) 소리는 받아들이지만, 시각적으로 이해하는 데 어려움을 겪는 아기

윌처럼 18개월 된 맥스는 부모가 근심했던 매달림의 새로운 신호를 보였다. 린과 조나단은 맥스가 린의 위층 사무실이나 조나단의 작업실에 아장아장 걸어 들어갈 때 종종 낯선 땅에서 낯선 사람처럼 반응하는 것을 알아챘다. 맥스는 놀라며 울었다. 진짜로 길을 잃기라도 한 것처럼 말이다. 비록 맥스의 울음이 약간 멜로드라마처럼 들렸지만, 부모는 그의 목소리에서 진정한 공포감을 들을 수 있었다. 부모는 맥스를 달래기 위해 달려왔지만, 그들에게 숨 쉴 공간을 조금 더 줄 수 있는 방법이 있기를 바랐다.

맥스가 부모와 신체적으로 분리되는 것이 어렵다는 것을 발견한 문제에 대해 발달 전문가들과 상담한 것은 현명한 일이었다. 전문가는 맥스가 특정한 광경을 처리하는 데 어려움을 겪었기 때문에 그의 주변 환경에 대한 완전한 내부 지도를 개발한 적이 없다고 설명했다. 만약 맥스가 집 안 주위에 자신만의 길을 궁금해한다면, 그는 사실상 엄마를 찾기 위해 부엌까지 기는 길을 모르는 것이다. 맥스는 결국 울거나 투덜대면서 망치고, 부모는 끈질기게 시도를 해서 맥스를 눈물 나게 할 것이며, 맥스는 진심으로 다시 시작했던 길을 찾기 어려워할 것이라고 말했다.

공간에 대한 아이 내면의 지도가 너무나 불명확하면 우리는 어떻게 해야 할까? 전문가는 엄마 아빠에게 집을 더 안내해 주고, 의도적으로 활기찬 청각과 촉각 신호를 제공하여 각 방의 시각적인 특징을 알려 줘야 한다고 제안했다. 예를 들어, 맥스가 린과 함께 위층 사무실로 걸어갈 때, 맥스를 유도하여 아이의 손을 책상에 있는 컴퓨터 모니터에 올리기로 한다. 린은 맥스가 기계의 진동을 느끼는 걸 알고, 선이 만든 소리를 모방하는 것에 기뻐할 걸 알고 있다. "봐, 맥스. 책상 위에 엄마의 시끄러운 컴퓨터가 앉아 있네? 우리 컴퓨터인 척 변신해서 이런 소리를 만들어 보자." 그들은 같이 기계 울리는 소리를 내고, 엄마는 컴퓨터를 가리켜서 "부엌으로 돌아가는 길을 찾자."라고 말한다.

부모는 각 방에 플로어타임 활동을 하는 공간을 꾸몄고, 소리와 느낌 게임을 각 방마다 다르게 만들었다. 거실의 수족관 모터기의 소리, 화장실의 통풍기의 윙윙 소리 그리고 서재에 있는 선으로 만든 양탄자의 울퉁불퉁한 느낌이 맥스 집에 대한 머릿속 지도를 완성시키게 되었다. 상호작용하는 동안, 린과 조나단의 목소리는 그의 첫 집중을 사로잡았고, 맥스의 집중을 다른 정보의 원천으로 이끌었다. 그다음 부모는 단순하게 시각적으로 손짓했고, 생동적인 얼굴을 표현했으며, 손가락으로 가리켜 맥스의 집중을 각 방의 목적지로 돌렸다. 린과 조나단은 맥스가 서재에 있는 반짝이는 파란 재활용 통과 손님방 침대의 이불에 집중하도록 도왔다. 이 방법은 맥스가 천천히 그가 속한 환경에서 공간을 이해하는 능력을 키우게 했다. 맥스가 그의 감정적 가능성을 도우기 위해 맥스의 부모는 보물찾기와 숨바꼭질 놀이를 시작했다. 예를 들어, 보물찾기는 장난감을 찾기 쉬운 곳에 숨겨, 맥스는 이미지 단서로 찾게 된다. 시간 지나면, 찾기 어려운 곳을 숨기는 장소로 사용했다.

린과 조나단은 맥스가 그들의 목소리를 쉽게 들을 수 없을 때 그가 안정감을 기를 수 있도록 돕고 싶어 했다. 윌의 부모처럼 맥스의 엄마 아빠는 아이의 호기심을 북돋아 줄 필요가 있었지만, 동시에 아이가 부모와 멀어지면서 아이의 불안감을 잠재울 필요가 있었다. 부모는 자택의 한 방에서 플로어타임 회기를 마친 후 점차 그에게 새로운 놀이를 소개해 주었고, 그는 이 놀이를 즐겼다. 부모는 놀이를 하면서 다른 방으로 조금씩 옮겨 가면서 '나를 찾아봐' 놀이를 시작한다. 때때로 아들 중심으로 확고하고 위로의 말을 꺼내어 부모는 아이가 새롭고 다소 잠정적인 내부 로드맵을 따르도록 유도할 수 있었다. 맥스는 귀와 촉각뿐만 아니라 그의 눈으로도 익숙한 경로를 인식할 수 있기 때문에 결국 그들에게 돌아가는 길을 찾을 수 있을 것이다. 린과 조나단은 이와 같은 상호작용을 무대에 올리려고 하는 것은 맥스가 그의 시각과 공간 패턴을 인식하도록 돕는데 큰 도움을 주었다.

10. 가족의 도전

1) 상실감

많은 부모는 자녀 발달의 이 단계에서 느끼는 날카로운 상실감을 준비하지 못한 채 맞게 된다. 당신의 갓난아기의 일어나고 기어가는 새로운 능력은 독자의 삶에 신체적인 통제를 느슨하게 만든다. 이로써 갑자기 두 사람 사이에 존재하던 아늑한 힘의 균형이 바뀐다. 아이의 점점 커지는 독립심과 문제 해결 능력은 당신을 이전보다 덜 필요하게 느끼거나 심지어는 거부감을 느끼게 할 수도 있다. 일부 부모들은 아이를 다시 한번 품 안으로 안아 올리는 것을 정당화하기 위해 구석구석에 숨어 있는 상상 속의 위험을 과장할 수도 있다. 때때로 자녀들의 탐구 욕구와 당신의 걱정을 잠재우려는 욕구 사이에서 균형을 잡는 것은 매우 어려운 일이다.

당신은 아기가 비교적 자유롭게 돌아다닐 수 있는 경계선을 만들 수 있다. 만약 당신이 집 안의 아기 보호 시설을 잘 만들고 주의를 기울인다면, 당신은 아이가 자유롭게 탐험하도록 편안하게 격려해야 한다. 당신은 아이의 독단적인 행동을 저지하는 횟수를 줄이면 아이는 세세하게 관리되는 느낌을 받지 않을 것이다. 당신이 개입하고 한계를 설정해야 할 때 아이는 당신에게 매우 화를 낼 수 있다. 아이의 낙담을 마음에 품거나 분개하지 마라. 아이는 불만을 가질 자격이 있다.

2) 제한을 두기 위한 팀 접근법

부모가 아기의 반감을 사는 것을 원하지 않기 때문에 특정 정서적인 영역에서 한계 설정을 구현하는 것을 지속적으로 주저하게 된다면 당신의 어린 시절부터 오래된 기억을 돌려 봐야 한다. 아마도 당신은 아주 어릴 때 잠자는 시간에 엄마에게 안겼던 것을 기억할 것이고, 매일 밤에 조용히 아이 곁을 떠나기 어려운 것을 알게 된다. 유아를 과하게 확인하려는 것은 피하라. 만일 아이의 매달림에 당신이 불안감을 계속 느낀다면, 밤에는 당신의 배우자가 주요 제한 설정자가 되도록 하라.

하지만 때때로 갓난아기의 밤샘 집착은 아이가 부모 중 한 명 또는 두 명에게 충분한 상호작용이나 양육을 받지 못하고 있음을 드러내는 것일 수 있다. 아이는 실제로 낮 동안 더 많은 실제적인 사랑, 감탄, 플로어타임이 필요하다는 신호를 보내는 것이다. 아이가 당신과 점점 멀어지는 신체적 독립을 감정적 거리두기와 혼동하지 마라. 당신은 그 어느 때보다 필요하다. 낮에 아이와 관계를 맺는 데 에너지를 쏟는다면 아이는 밤에 당신과 헤어질 의향이 더 커질 수 있다.

일반적으로 부모는 규칙을 시행할 때 태그 팀 접근 방식이 유용하다고 생각한다. 우리 각자는 자녀에게 제한을 설정하는 방식을 왜곡할 수 있는 특정 취약성을 가지고 있기 때문이다. 자신의 연약한 부분을 인식한다고 해서 과민 반응을 하지 않거나 자녀와의 특정 상호작용을 피하지 않는다는 보장이 없으므로 배우자가 약한 부분에서 강해질 것을 요청하지 말자. 예를 들어, 한번 당신이 사건을 통제해야 하는 자신의 필요성을 인지하기 시작하면, 당신의 아기가 당신을 불안하게 하는 자유자재로 움직이는 장면을 목격해도 놀라지 않을 것이다. 자녀가 자신의 주장을 펼칠 때마다 부적절하게 고개를 '아니요'라고 흔드는 대신, 배우자가 놀이터에서 자녀를 감독하도록 하자.

제한 설정은 자신의 필요가 아니라 아이의 필요를 기반으로 해야 한다. 때때로 아기의 삶에 대한 몰두와 아기에 대한 압도적인 사랑은 의도하지 않게 아기의 정서적 요구사항과 우리 자신의 경계를 모호하게 만든다. 특정 정서적 영역에 자녀를 참여시키는 것을 꺼린다면 특정 감정을 금기시할 위험이 있다. 그러므로 당신을 불편하게 만드는 대화와 한계를 설정하는 상황에서 배우자나 다른 사랑하는 성인에게 도움을 요청하자. 중요한 것은 어떤 영역에서도 자녀와의 대화를 방해하지 않는 것이다.

3) 부모의 억제와 성적 관심

당신 아이의 행동과 놀이 패턴이 이런 단계 동안 더 복잡해지기 때문에 당신은 아이의 의도를 잘못 해석하고 왜곡할 수 있는 기회가 많아진다. 예를 들어, 이 나이 또래 아이들이 자신과 당신의 몸에 대한 관심을 보이는 것은 지극히 당연한 일이다. 서랍을 열고 닫고, 블록을 쌓고, 양치질을 하기 위해 수도꼭지를 켜는 방법을 궁리하는 것처럼 18개월이 된 아기는 자신의 몸을 탐색하고 싶어 한다. 아동이 자신의 성기를 속속들이 발견하면, 부모는 종종 당황스럽거나 불안감을 느끼며, 아이들의 행동을 의도적으로 무시하거나 과잉 반응을 해서 오히려 아이들의 호기심을 증폭시킬 수 있다.

우연히 어떤 부모는 자기 아이를 지나치게 자극한다. 예를 들면, 일부 부모들은 말놀이를 하는 동안 어린아이들의 생식기를 간접적으로 문지르거나, 단순히 몸을 너무 많이 돌려서 어린 자녀들을 지나치게 자극한다. 만약 당신의 반응이 너무 야단스러우면 흥분도를 낮추라. 가까이 있으면서 마음을 가라앉히는 리듬감 있는 흔들림을 제공하라. 자녀가 지나치게 흥분하기보다는 차분하고 규제받는 기분을 느낄 수 있도록 해야 한다. 만약 아이가 자신을 자극하는 것에 몰두하는 것 같다면, 리듬감 있는 움직임과 탐험을 즐길 수 있는 재미있는 대체 활동을 하도록 노력하라. 아이의 몸과 움직임에 대한 관심은 아이의 발달 단계에서 발견한 다른 모든 것과 마찬가지로 당연함을 기억하라.

문제 해결하는 법 배우기

아이가 당신과 함께 문제 해결을 하도록 도전을 안겨 주라. 아이가 스스로 해결하고 싶어 하는 문제만이 아니라 당신이 주는 문제까지 말이다. 문제를 해결하는 과정에서 많은 몸짓을 나누고 소리나 단어 그리고 서로를 자기 방향으로 당기는 등의 행동을 포함하라.

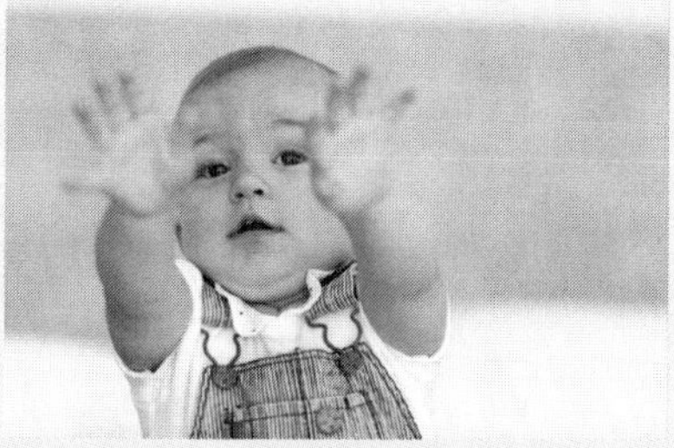

재미있는 놀이

함께 작업해요 놀이

인형, 동물 인형, 트럭, 공과 같이 다양한 장난감에 대한 아이의 자연스러운 관심을 기억해 두고 아이가 좋아하는 장난감을 이용한 문제를 만들어 아이에게 도움을 요청하자. 예를 들어, 가장 좋아하는 곰 인형이 '도망'가서 높은 수납장으로 '기어 올라가' 버렸다고 하자. 아이는 팔을 들어야 하고, 거리가 닿지 않으니 당신에게 들어 올려 달라고 몸짓으로 요청할 것이다. 그럼 당신은 기꺼이 그렇게 해 주는 것이다. 이런 단순한 놀이는 문제를 해결하는 동시에 수많은 소통의 순환을 열고 닫게 해 준다.

따라 하기 놀이

아이의 음성과 몸짓을 모방해 보고, 아이가 당신의 웃긴 얼굴, 소리, 움직임과 춤 스텝을 따라 하게 유도할 수 있는지 본다. 나중에는 놀이에 단어도 더하고, 단어를 아이의 욕구를 채울 수 있는 의도적인 방법으로 활용하자. 예를 들면, "주스." 혹은 "열어!"와 같이 말이다.

제5장

5단계: 아이디어 세계 발견하기

이 단계에 관한 모든 것

1. 자녀의 싹튼 아이디어를 모두 인지하는 방법
2. 상징적 표현이 중요한 이유
3. 자녀가 생각과 상징을 사용하도록 도와주기
4. 아이가 자라면서 상징적 표현 장려하기
5. 기준치 높이기
6. 도전 극복하기: 전화위복
7. 아이디어 탐구에 대한 가족의 도전
8. 가상놀이가 도전에 대비해 주는 방법

당신의 아기가 24~30개월이 되면 기적에 가까운 새로운 능력을 보일 것이다. 아이는 우리가 일반적으로 상징 또는 아이디어라고 부르는 매우 상세하고 다감각적인 그림을 만들 수 있다. 더 이상 자신의 필요를 충족시키기 위해 환경에 따라 행동하지 않을 것이다. 이제 자신의 욕구와 욕망에 대한 정신적 이미지를 형성하고 특정 구어 단어로 레이블(표)을 지정할 수 있다. 당신의 소매를 잡아당기고, 찬장으로 끌고, 쿠키 봉지를 가리키고, 기대에 부풀어서 펄쩍펄쩍 뛰는 대신, 그는 곧 여러분의 눈을 바라보며 "지금 쿠키!"라고 요구할 수 있을 것이다.

당신의 아이는 불과 몇 달 전에 습득한 복잡한 행동 상호작용에 의존하는 데서 점차 멀어질 것이며, 대신 자신의 요구를 충족시키기 위해 언어라는 지름길을 사용할 것이다. 아이는 특정 소리 모음인 '쿠-키'를 쿠키로 알려진, 특히 맛있는 식품의 매력적인 모양, 달콤한 맛, 쫄깃한 질감 및 만족스러운 냄새를 포착하는 정신적인 그림과 연관하는 법을 배웠다. 이제 아이는 심리적인 배고픔의 감각을 하품과 가려움을 억제하려는 욕구와 같이 연관할 수 있다. 이전에 아이는 우연히 쿠키를 만난 행복한 기억을 떠올릴 수 있고 부모를 통해 다시 이 경험을 습득하려고 행동할 수 있고, 말을 할 수 있거나 둘 다 할 수 있었다. 단지 '행동하는 삶'이 아니라 '마음의 삶'을 향한 유아의 전환은 당신과 아이 모두에게 신나는 일이지만 지치게 하는 발전이다. 아이가 주변 세상을 이해하는 데 큰 진전을 보임에 따라, 이따금씩 아이의 뇌를 공격하는 아이디어 공세에 겁을 먹게 될 것이다. 아이의 상상력은 시간이 지나면서 작용하게 될 것이고, 갑자기 더 의존적이거나 집착하는 것처럼 보일 수도 있으며, 악몽에 시달릴 수도 있다. 아이는 자신의 아이디어 중 어느 것이 실제이고 어떤 것이 가상인지 천천히 배우면서 자신을 진정하기 위해 그 어느 때보다 당신의 부드러운 포옹에 의존할 것이다.

두 사람이 나란히 앉아 '흉내 내기' 게임을 할 때마다 아이는 아이디어를 쏟아 내느라 바쁠 것이다. 당신은 아동이 곰 인형을 빈 신발 상자 안에 넣으며 부드럽게 침대에 눕히는 모습을 즐겁게 지켜보면서 아이는 물체 한 가지가 다른 것을 대변하거나 상징할 수 있다는 것을 이해하기 시작했다는 것을 알게 될 것이다. 아이는 마음속으로 침대의 모습과 느낌을 상상할 수 있기 때문에 속이 빈 직사각형 상자가 침대의 준비된 상징인 것처럼 가장할 수 있다. 아이가 자신의 곰 인형이 침대에서 자고 있다고 말하는 것은 침대에서의 곰의 행동이 결국 잔다는 단어를 나타낸다고 이해한다. 아이가 소리를 또렷이 말하자마자, 당신의 아이는 스스로 관찰한 행동의 정교한 패턴을 묘사하려고 말과 상징으로 '잠'을 사용할 것이다.

아이의 모든 생각이 담긴 놀이와 상징적인 단어의 사용은 아이가 정신으로 아이를 둘러싸고 있는 대상과 감정을 조작할 수 있게 해 준다. 이제 아이는 당신의 침대에서 울거나 말을 걸면서 물을 원할 때, 한밤중에 목마르다고 말할 수 있다. 아이는 원하는 것을 얻기 위해 불과 몇 달 전보다 적은 에너지를 소비할 수 있다.

아이가 아이디어를 사용하는 것을 좋아한다는 사실을 보여 줄 또 다른 방법은 블록과 다른 여러 가지 물건을 의미 있는 패턴으로 정리하는 능력이 향상되는 것이다. 아이는 서로 서너 블록을 쌓는 것 이상으로 훨씬 더 나아가 자신이 창조하는 상상 드라마를 위한 창의적인 환경이 되는 탑과 울타리를 즉흥적으로 만들 것이다. 앞으로 몇 달 안에 아이가 가상의 거인에 의해 무너진 블록 성을 쌓거나 끝에서 끝으로 배치된 직사각형 블록으로 만들어진 '도로'를 따라 경주용 자동차를 밀고 있는 것을 보게 될 것이다.

당신의 아이는 언어 요구, 가상놀이 또는 공간적 짓기 디자인보다 더 미묘한 또 다른 방식으로 자신의 아이디어를 당신과 공유할 것이다. 당신과 셀 수 없이 많은 의사소통을 하는 동안 아이는 감정의 세상 안에 당신과 아이는 협력자라는 감각을 발달했을 것이다. 희망적이게도, 당신은 아이가 자신의 감정에 대해 이야기하고 함께 놀이하는 동안 모든 감정과 의도를 편안하게 표현할 수 있도록 격려했다.

예를 들어, 당신의 입력으로 아이는 자신의 배에 있는 슬리퍼가 그가 조금 겁을 먹었다는 신호이거나 그가 정말로 화가 났을 때 주먹을 흔들거나 팔을 휘두르기 시작한다는 신호임을 인식하게 될 것이다. 이런 식으로 당신은 아이가 자신의 감정적 기분을 읽을 수 있도록 돕고, 궁극적으로 기쁨, 호기심, 슬픔, 분노, 굴욕과 관련된 신체적 감정과 행동에 라벨(표)을 붙일 수 있다. 아이의 욕구와 좌절과 관련하여 당신과의 상호작용으로 안정을 찾았기 때문에 아이는 화를 참는 데 많이 괜찮아진다. 걸음마하는 아기는 멈출 수 있었고, 자신이 행동하는 데 즉시 행동해야 한다는 느낌을 받지 않고도 잠시 멈추고 화가 나거나 배고프거나 겁이 나는 것을 스스로 인정할 수 있다. 아이는 단어를 사용하거나 상징놀이를 함으로써 다른 종류의 만족을 얻을 수 있기 때문에 때리거나, 물거나, 비명을 지르고 싶은 충동을 참을 수 있게 될 것이다. 그는 당신과 의사소통하는 것이 좋든 나쁘든 본질적으로는 자신에게 기쁨이 된다는 것을 알 수 있을 것이다. 이러한 '성찰적 일시정지'는 행동을 수행해야 한다는 충동을 느끼기 전에 마음속으로 행동을 연기하거나 상징화할 수 있다는 또 다른 신호이다. 그걸 이행해야 한다는 걸 느끼기 전에 말이다. 걸음마하는 아기는 계속 자신을 따뜻하게 대해 주고 당신과의 가까운 관계로 포함시켜 주기 때문에 이걸 하는 것에 동기 부여가 된다.

당신의 아이는 당신과의 의사소통에 취할 수도 있다. 아이가 착한 남자와 나쁜 남자의 액션 피규어를 소리 없이 던지거나, '아빠 가!'라고 열렬히 애원하며 당신에게서 돌아설 때, 당신의 아동이 실제로 생각하고 미래의 행동을 생각하고 있다는 것은 분명하다.

현재 엄격하게 운영되는 방식에서 아이디어와 이미지를 사용하는 방식으로의 전환은 하루아침에 이루어지지 않는다. 이것은 점진적인 과정으로, 일부 아이들은 16개월부터 시작해서 3세까지 계속된다. 당신 아이의 신경계가 성숙해지면, 아이의 뇌 속은 더 신경적 조합이 빨리 형성될 것이다. 자신의 레이더 화면을 스치는 정신 이미지를 빠르게 처리할 수 있고, 실제로 자신의 감정을 그릴 수 있다. 이전에 아이의 상징적인 순간인 놀이, 성 쌓기, 대화, 당신과 함께 공유했던 성찰적 순간은 빠르게 퍼져 나간다.

이러한 정신적 이미지는 부분적으로 연결되지 않은 풍선처럼 자유롭게 떠다니는 방식으로 형성한다. 당신의 아이는 이 형성을 고립된 생각이나 감정 또는 다양한 사물의 감각 스냅숏[1]으로 경험한다. 아이는

1) 재빠르게 순간적인 장면을 이미지로 기억 저장.

방대한 양의 정보를 저장할 수 있다. 사과는 빨갛고 반짝반짝 빛나고 둥근 모양이며, 아삭아삭하고 달콤한 맛이 난다. 그러나 이 이미지가 형성되면서 매우 점차적인 의미와 연결 또한 일어나고 있다. 아이가 1년 반쯤 되었을 때, 사물과 사람은 상관관계를 갖고 있다고 이해할 것이다. 아이는 자신의 환경에서 사물을 조작하는 것과 관련된 수많은 상호작용에 관여했기 때문에 상관관계가 있음을 알고 있다. 아이는 엄마가 그에게 방법을 보여 줬기 때문에 빗이 그의 머리를 빗도록 설계되었다는 것을 깨닫는다. 전화기는 아이가 할아버지에게 '전화하기'를 원할 때 당겨야 하는 것이다. 엄마는 아이에게 포옹하고 음식을 준다. 그리고 아빠는 목욕 시간을 만들고 거실 매트에서 레슬링하며 재미있는 시간을 보낸다.

시간이 지남에 따라 아이 마음의 이미지는 확장될 것이다. 아이는 자신의 마음속에 생생하고 미묘한 이미지를 만들 수 있다. 그 이유는 아이가 칭찬받을 때 당신의 반짝이는 눈이나 자랑스러워하는 모습을 회상할 수 있고, 당신이 화가 났을 때 당신의 찌푸리고 어두워진 얼굴이나 찍찍거리는 목소리를 떠올릴 수 있기 때문이다. 아동은 당신의 행동에 수반되거나 선행되는 감정을 인식하고 있다. 아이가 가지고 있는 할아버지에 대한 다감각적인 이미지 그리고 즙이 많은 사과가 점차 감정이나 의도와 연결되기 때문에 아이에게 매력적이고 의미 있는 것이 된다. '사과'라는 단어에서 오는 의미가 있다. 왜냐하면 아이에게 먹는 기쁨이나 식료품 가게의 상자에서 하나를 움켜쥔 경험은 장난스러운 기쁨이 그것에 묶여 있기 때문이다. 이러한 종류의 감정은 그의 뇌가 빠르게 축적하는 중립적인 새로운 단어와 정신적 그림에 의미를 부여한다.

마찬가지로 아이의 초기 정신적 이미지는 함께 공유하는 의도와 행동(품에 안아 그를 흔들고, 저녁 식사를 먹이고, 기저귀를 갈아 줄 때 눈에 미소를 짓는 것)을 기반으로 한다. 나중에 그는 당신이 흔들고 먹으며 웃고 있는 맛있는 감정을 그가 가지고 있는 당신에 대한 마음속의 그림과 연관 짓게 될 것이다.

따라서 유아의 동반자 관계에 새로운 편안함과 즐거움이 생긴다. 의미를 공유하고, 다른 사람의 감정을 이해하며 자신의 감정을 소통할 수 있는 능력은 즐거움을 가져다준다. 단순히 당신의 얼굴을 보거나 또는 당신의 목소리로 이름을 듣거나, 냄새, 행동 및 외모에 대한 마음의 사진을 연상하게 하는 것만으로도 당신의 아이는 감정을 키우는 것에 다가갈 수 있다. 그러한 즐거움은 단어와 상징놀이를 통해 계속해서 당신에게 다가갈 수 있도록 동기를 부여한다. 사실 자신이 사랑하는 사람과 의사소통하고 이해받는 것에 대한 만족감은(당신이 가장 친한 친구와 이야기하는 것을 즐기는 것처럼) 아이에게 부분적으로 직접적인 만족을 목표로 하는 행동보다는 상징을 사용하도록 동기를 부여한다. 이제 아이는 단순히 주스 박스를 움켜잡는 대신에 "주스를 원해요."라고 말할 수 있다.

1. 자녀의 싹튼 아이디어를 모두 인지하는 방법

지금 많은 아이디어가 당신 자녀의 머리에서 튀어나오고 있다! 당신의 즐거운 일은 아이의 발달 단계 동안 새로운 아이디어를 표현하는 행동과 말의 암시에 초점을 맞추는 것이다. 당신은 아이가 당신과 공유할 수 있는 상징적인 정보의 양에 놀랄 수 있다.

1) 가상놀이 안의 아이디어

종종 아이의 생각과 감정은 쉽게 드러난다. 한 어머니는 씽씽 달리는 경주 차에 대한 두 살 반 된 아들의 관심과 매 경주에서 이기려는 열망을 즐기게 되었다. 경주 차를 타고 앉아서 그녀는 아들의 감정에 공감할 수 있었고, "와! 레이서가 얼마나 빨리 달렸는지 봐! 나의 느린 차보다 훨씬 앞서 있어!"라고 외쳤다. 이 간단한 관찰로 아이가 엄마와 놀 때 아이의 고조된 관심을 정교하게 표현하고 자신의 감정을 표현하는 것이 옳았다는 것을 알았다. 창의적인 놀이에 대한 부가적인 혜택으로 아이는 엄마나 그의 어린 여동생과 강력하고 독립적이고 싶어 하는 감각으로 인한 권력 투쟁을 덜 하게 되었다.

당신 아이의 상상력은 종종 아이가 낮 동안에 아이의 주위에 맴도는 집 안 활동에 초점을 맞춘다. 아이의 상상력은 우선 단순한 모방을 이용해 발달한다. 아이는 인형을 침대에 눕히고, 빈 항아리를 나무 숟가락으로 휘젓거나, 밖에 있을 때는 막대기를 끌거나, 잎을 갈퀴로 긁는 시늉을 할 수도 있다. 그러나 이러한 행동은 아이가 당신의 행동을 보고 따라 하는 훨씬 더 단순하고 사랑스럽고 모방적인 행동이다. 아이의 놀이는 아이가 하는 것과 창조적인 방법으로 말하는 것을 포함한다. 아이는 자신이 관찰한 활동을 재연하기 위해 인형과 봉제 동물, 모방 행위를 사용할 것이다. 그러나 아이는 자신만의 감정의 반전을 더할 것이다.

20개월 된 아기가 인형 하나를 가지고 다른 인형을 안아 주는 척하면, 당신이 그와 사랑스럽게 상호작용하는 방식으로 그가 따뜻함과 애정에 대한 아이디어를 형성하고 그의 인형에 적용했다는 것을 알게 될 것이다. 아기가 인형이나 액션 피규어를 가지고 놀면서 엄마 또는 아빠인 것처럼 행동하면 광범위한 주제와 감정을 탐색할 수 있지만, 동시에 자신이 따르는 가상 시나리오의 친숙함으로 편안함을 느낄 수 있다. 시간이 흐르면서 아이는 실제 상황을 상상하며 자신이 행하는 정서적인 교훈을 전달할 것이다.

유아의 놀이는 성인의 눈으로 볼 때 서로 관련이 없는 것처럼 보일 수 있는 여러 가지 다른 아이디어를 표현하는 경우가 많다. 예를 들어, 아이는 양손을 허리에 대고 방안을 빙빙 돌며 비행기를 타고 착륙하는 척하면서 "비행기, 비행기!"라고 외칠 수 있다. 그는 눈 깜짝할 사이에 비행기가 땅콩버터와 젤리 샌드위치를 먹고 있다고 알릴 수 있다. 30개월이 되면, 먹는 즐거움과 함께 움직임의 즐거움을 연결하는 내적인 논리가 생긴다. 만약 두 개의 매우 다른 생각, 사건 혹은 물체가 물리적 공간에서 서로 가까이 위치하게 되거나, 시간에 따라 서로 가까이 발생하거나, 비슷한 감정적인 잡음을 가지고 있는 것처럼 보인다면, 당신의 아이는 창조적으로 이 두 가지 생각을 함께 묶을 수 있다.

온갖 종류의 아이디어는 가상놀이를 통해 표현된다. 아기가 헐떡거리고 집을 부수는 척할 때 아이는 본성의 독단적인 면을 행사하고 있는 것이다. 아이가 으르렁거리고 뒤뜰을 가로질러 당신이 공포에 질려 아이에게서 도망칠 때, 아이는 강력한 티라노사우루스 렉스처럼 힘이 세다고 느낀다. 여러분은 아이의 봉제 동물 인형 중 하나가 다른 동물을 꾸짖을 때 차갑고 깊은 목소리를 사용하는 것을 보고 "절대 그러지 마!"라고 말하며 굴욕감을 느낄 수도 있다. 아이의 놀이는 이미 아이가 수치심이라는 개념과 싸우고 있음을 드러낼 수도 있다. 반면, 아이의 두 개의 인형 사이에 서로 상호작용되는 포옹과 뽀뽀는 당신의 다정함과 애정 어린 돌봄에 대한 아이의 경험을 반영한 것일 수 있다. 곰 인형의 '결혼식' 준비는 아이에게 사랑의 감정이 얼마나 중요한지 다시 한번 보여 줄 수 있다.

두 사람이 어두운 옷장을 탐색하고 매장된 보물을 찾기 위해 해적이라고 상상할 때마다 아이는 자신의 상상력을 사용하여 보거나 만져 볼 수 있는 것 이상의 물건과 장소에 대한 호기심에 빠져들 수 있다. 그는 이제 가상의 숨은 물건에 대한 마음속 그림을 그릴 수 있으며, 두 사람이 먼지투성이의 우산꽂이가 실제로 보물상자인 척할 때 진정한 스릴을 발견할 수 있음을 느낄 수 있다. 상상의 서커스 후프에서 전속력으로 달리고 네 발로 내려올 때 당신의 어린아이는 들뜬 기쁨을 경험할 것이다.

머지않아 자녀가 가장 좋아하는 두 아기 동물 인형이 의견 충돌로 싸우듯 서로의 머리를 부딪칠 수도 있다. 또는 장난감 중 하나가 다른 장난감에게 으스대거나 소리 지를 수 있다. 가상놀이는 여러분의 아기에게 화를 발산하고 가끔 그가 느끼는 매우 인간적이고 매우 화가 난 충동을 표현할 수 있는 좋은 기회를 준다.

무서운 감정에 초점을 맞춘 유아 무대 가상 드라마도 함께 볼 수 있다. 근처 문이 요란하게 닫힐 때 아이의 손에 있는 파워레인저는 갑자기 훌쩍거리면서 부드러운 보라색 바니 장난감 밑에 숨어 버릴 수도 있다. 인형은 무서운 꿈을 꾼 다른 인형을 위로할 수도 있다. 큰 곰들이 와서 인형의 집에 앉을지도 모른다. 그러한 무서운 이미지는 거의 항상 표면에 나타나며 단순히 예상할 뿐만 아니라 환영해야 한다. 따라서 가상놀이를 하는 것은 당신의 아기에게 아이디어를 정교하게 만들어 주고, 창의적이고, 감정과 아이디어를 연결하고, 때로는 약간의 감정으로 일을 할 수 있게 해 준다.

2) 가상놀이에 제한 설정하기

당신의 아이가 당신과 가상의 놀이 시간에 행동으로 표현하는 화나거나 무섭거나 굴욕적인 감정에 압도되지 않을 수 있는 한 가지 이유는 진행 상황이 너무 거칠어지면 당신이 아이가 브레이크를 밟도록 도와줄 것이라는 것을 아이가 알고 있기 때문이다. 여러분은 심지어 그가 가끔 제한적인 주제를 여러분의 플로어타임 드라마에 도입할 것이라는 것을 알아차릴 수 있을 것이다. 아이의 가상놀이에서 이런 한계 설정 행동을 탐구하는 것은 자신의 분노와 두려움 및 불안을 조종할 수 있는 능력에 자신감을 갖기 시작했다는 확실한 신호이다. 유아의 가장하기 놀이에서 이런 종류의 제한 설정 행동이 탐구되는 것은 아이가 자신의 분노, 두려움, 불안을 당신의 도움으로 통제하는 능력에 어느 정도 자신감을 갖기 시작했다는 확실한 신호이다.

3) 아이디어로 구축해 나가기

가상놀이는 당신의 유아가 감정적인 아이디어를 작동할 때 자신이 실행하는 주된 방법 중 하나일 뿐만 아니라 세계가 어떻게 작동하는지 이해하기 위한 작업이기도 하다. 크고 작은 물건을 다룰 때 그리고 물건을 복잡한 패턴으로 조직화해서 자녀의 기민성이 향상되는 것은 이달 동안 공간적 추론이 연마되고 있다는 증거가 된다.

당신의 아이가 몇 개의 나무 블록을 사악한 마녀에게서 왕자를 보호하는 환상의 요새로 바꿀 때마다 아이는 새로운 아이디어 조작 능력을 과시하고 있는 것이다. 그는 두 사람이 숨어 있을 가상의 요새나 나무집을 짓는 것처럼 쿠션과 베개를 소파에서 바닥으로 끌고 다니는 것과 비슷한 즐거움을 보여 준다. 아이는 자신이 만든 크고 작은 물리적 공간을 사용하여 자신의 세계가 점점 더 복잡해짐에 따라 발견하는 광범위한 감정과 아이디어를 실험한다. 향후 몇 년 동안 이 상징적 디자인 기술은 아이의 신체가 우주에서 어떻게 작동하는지 이해하는 데 도움이 될 것이며, 기본적인 수학 개념을 이해하는 데 도움이 될 것이다.

4) 꿈을 꾸는 아이

앞에서 언급했듯이 꿈속에서 혼란을 겪었기 때문에 밤에 아이가 깨어날 수 있다는 사실은 상징적으로 생각하는 성장 능력의 또 다른 지표이다. 아이의 꿈은 아이의 두뇌가 잠든 것처럼 무서운 아이디어와 소망을 실험하고 있다고 제안한다. 가상놀이와 모든 종류의 상징에 대한 아이의 새로운 선입견은 자신을 평온하고 규제하는 능력을 뛰어넘을 수 있다.

나쁜 꿈은 때때로 대부분의 유아를 괴롭히는데, 이때 당신은 자녀의 두려움에 공감해야 한다. 그에게 너무도 생생하게 실제처럼 보이는 강도, 유령 및 괴물이 단지 가상일 뿐임을 확신시키려면 당신의 차분한 목소리와 사랑스러운 포옹이 필요하다. 아동은 당신이 그를 보호하고 모든 것을 괜찮게 만들 것임을 알리기 위한 당신의 부드러운 존재와 말에 의존할 것이다.

5) 스토리텔링

아기가 구어를 사용하는 것은 상징적 표현으로 점점 더 편안해지고 있다는 가장 명확한 예를 보여 준다. 아이는 자신이 원하는 것을 얻기 위해 복잡한 몸짓을 계속 사용할 것이다. 하지만 아이는 단어를 속기로 쓸 것이다. 어떤 아기들은 쉴 새 없이 떠드는 단계를 거치고, 때로는 꽤 의도적으로, 때로는 그렇지 않은 모든 종류의 소리를 내는 능력을 즐긴다. 부모들은 부분적으로 그 일을 하는 순수한 기쁨을 위해, 그러나 순수한 우스꽝스러운 정신으로 말도 안 되는 소리를 들을 수 있다. 불이 꺼진 후에도 오랫동안 아기 침대에서 자신과 대화하는 것을 들을지도 모른다. 이른 아침에 나눈 대화의 일부를 엿듣게 되더라도 놀라지 말자. 어린아이는 몇 시간 전에 일어난 일을 기억할 수 있고, 이제는 이 생각을 일부 말로 표현할 수 있다. "모두 사라져!" "안녕." "잘 가, 강아지." 및 "집어 올려."와 같은 간단한 문구는 아이의 독백을 통해 나눌 수 있다.

유아가 모방 방식으로 부모의 단어를 따라 하기 시작하면, 아이는 원할 때 원하는 것을 얻기 위해 의도적으로 단어를 사용하기 시작한다. 아이의 "지금, 나가자!"는 적어도 아이가 여러분의 관심을 끌 수 있는 가장 쉬운 방법이며, 아마도 부모는 문을 향해 갈 것이다. 처음에 당신이 아이와 대화를 나눌 때, 아이는 항상 대답하지 않을 수도 있기 때문에 대화는 대체로 일방적일 수 있다. 그러나 적극적으로 메시지를 보내고 새로운 의사소통의 원을 열고 닫으려는 의지로 두 사람은 곧 진실된 말로 대화를 하게 될 것이다.

6) 앞으로 또는 뒤로 한 걸음

음성을 사용하여 말하는 것, 성을 쌓는 것, 판타지 놀이를 하는 것 등에 대한 열망부터 무서운 꿈이 아이의 수면을 방해하는 밤의 두려움에 이르기까지, 독자들은 아기가 새로운 아이디어를 사용한 모든 징후를 주목하는 동안 아이가 다른 발달 영역에서 약간 퇴보하고 있다는 것을 알게 될 것이다. 이 상징적인 장에서 아이의 모든 새로운 업적은 다소 압도적일 수 있다. 아이는 일시적으로 당신과 헤어지는 것에 약간 수줍어하거나 심지어 짜증 내는 성질을 가진 채로 돌아오는 경향이 있을 수도 있다.

아동이 당신과 상호작용하는 방식의 모든 흥미진진한 새로운 변화에 대해 불안해하는 것은 예상되는 것임을 기억하라. 그 대신 아이의 발달을 지켜보면서 다음과 같은 몇 가지 역량을 찾으라. 핵심은 아이가 24개월 혹은 30개월 동안 하지 않는 데 걱정하기보다는 진전을 나타내는 추세를 관찰하는 것이다.

(1) 가상놀이에서 아이디어 사용하기

24개월이 된 지금, 아이는 부모와 협력하여 최소한 하나의 아이디어로 간단한 흉내내기 놀이 패턴을 구성할 수 있는가?(한 인형이 다른 인형을 안아 주거나 두 번째 인형을 병에 넣는다.) 30개월이 될 때 상징적인 의사소통(단어, 그림, 놀이, 운동 패턴)은 두 개 혹은 그 이상의 아이디어가 포함되는가?(트럭이 충돌하면 돌이 쏟아진다. 인형을 포옹한 다음 다과회를 갖는다.) 아이디어는 서로 관련되거나 논리적으로 연결될 필요가 없다. 30개월이 될 때 즈음, 자녀는 상징적인 의사소통을 사용하여 복잡한 의도, 소망 또는 감정적인 측면에서 두 가지 이상의 아이디어를 전달하는가?("아빠는 차를 가지고 놀아." "잠은 안 돼, 놀아!")

(2) 상징 사용하기

당신의 도움으로 24개월 된 유아는 단어나 다른 상징적인 방법을 사용하여 기본적인 욕구, 소망, 의도나 감정(원해, 나 장난감, 배고파, 화나, 무서워)을 소통할 수 있는가? 다른 상징적인 방법이란 여러 그림을 선택하거나 그리기, 일련의 운동 동작을 창조하거나 아이의 꿈의 일부를 공유하는 것과 같은 방법을 말한다. 유아는 30개월이 되면 기본 욕구를 넘어서 친밀감, 의존성, 분리, 탐구, 자기주장, 분노, 자부심, 자주 보여 주기와 같은 보다 복잡한 감정적 주제를 다룰 수 있는 다양한 아이디어를 표현할 수 있다.

(3) 가상놀이의 주제

단어나 표현 방식으로 나타나는 아이디어와 감정은 다음과 같이 삶의 많은 주제를 다룬다.

① 친밀감이나 의존성

24개월이 된 유아는 인형들이 서로에게 밥을 주고 "엄마 원해."라고 말한다. 30개월 된 아기는 인형으로 서로에게 "안아 줘."라고 말하고 아기는 엄마에게 "뽀뽀해 주세요."라고 말한다.

② 즐거움과 재미

24개월 된 아기는 TV에서 보던 광대처럼 재미있는 얼굴을 하고 웃는다. 30개월 만에 유아는 웃기는 말을 하면 웃는다.

③ 주장과 탐구

24개월 된 유아는 장난감 자동차를 밀고 깜짝 놀라 실제 자동차를 보고 "차?"라고 묻는다. 30개월 즈음에 유아는 비행기인 척하면서 방에서 빙빙 돈다.

④ 주의 또는 두려운 행동

24개월일 때 유아는 "무서어!"라고 말한다. 30개월이 된 유아는 자신의 액션 피규어나 아기 인형이 큰 소리를 무서워하는 역할극을 한다.

⑤ 분노

24개월이 되면 아이는 인형을 갖고 서로 부딪치게 하거나 싸우며 아이가 "화나써!"라고 말할 수 있다. 30개월이 되면 장난감 군인들이 서로에게 총을 쏘고 있다.

⑥ 제한 설정

24개월 된 아기는 자신에게 "때리지 마!"라고 말한다. 30개월이 되면 아이의 인형은 다과회에서 '멋지게' 행동할 수도 있다.

⑦ 고통에서의 회복

24개월 된 갓난아기는 짜증이나 괴로움에서 회복하고 대처하기 위해 장난이나 말을 하는 흉내를 낸다. 또한 아이는 자신의 보호자와 토론하기 위해 말과 소리를 사용한다. 30개월 된 아이는 놀이를 하고 고통을 이겨 낼 수 있는 척을 한다. 현실에서는 당신 몰래 먹을 수 없는 쿠키를 먹는 척할 수도 있다.

7) 의사소통에서 신체 사용하기

시간이 지날수록 당신의 아이는 당신과 상징적으로 의사소통하기 위해 자신의 근육을 더 복잡하게 사용할 수 있는가? 아이가 가상 연극에서 아빠를 하려고 할 때 껴안거나 거친 놀이가 많이 나오는가? 24개월 된 아이는 상상하는 게임을 하는 동안 당신에게 무엇을 해야 하는지 보여 주는가? 30개월이 되었을 때 (공을 던지는 것과 같이) 아이는 규칙을 가진 단순한 공간 및 운동 게임에 참여하고 있는가? 24개월에 그는 가상놀이를 할 때 과장된 화난 표정을 짓는가? 30개월 즈음에 연기력을 더 향상시켰는가?

만약 당신의 아이가 좀 더 복잡하고 정교한 아이디어를 향해 나아가고 있다면, 아마도 아이는 발달 단계를 숙달하는 여정에 있을 것이다. 나중에 이 단계에서 그는 더 오랜 기간 다양한 감정적 주제를 포함하는 공동 드라마를 재생하기 위해 보상으로 주어지는 장난감과 계속적인 입력에 의존할 것이다. 결국 아이가 당신의 도움과 함께 엮은 드라마는 덜 반복될 것이다. 일련의 활동과 단어가 순조롭게 이어질 것이다. 그때쯤이면 당신의 유아는 분명 상징적인 표현의 달인이라는 것을 보여 줄 것이다. 결국 당신의 도움으로 아이가 엮은 드라마는 덜 반복적으로 될 것이다. 일련의 활동과 단어는 부드럽게 다른 것으로 연결된다. 그때까지 아이는 분명히 상징적 표현의 주인이라는 것을 보여 준다! 그는 또한 비디오카메라를 위해 계속 달릴 수 있는 새로운 운동 및 인지 기술을 시연할 것이다.

1년 반 동안 당신의 아이는 아이디어와 습득 언어를 사용할 수 있는 능력을 적용하는 능력과 숙련된 기술을 사용할 것이다. 다음 목록은 그중 일부를 매우 대략적인 방식으로 요약한 것이다. 특정 운동, 언어 및 인지 기술이 가진 목표는 당신의 아이의 새로운, 창의력을 발휘하여 자신의 의도를 전달할 수 있는 능력을 키우는 것이다. 유아는 고정된 지침에 따라 예측할 수 있는 고정 단계 방식으로 기술을 발달시키지 않는다. 당신의 아이가 앞으로 나아갈 방향의 징표를 주의 깊게 관찰하라.

2. 상징적 표현이 중요한 이유

가상놀이와 언어 구어법의 전환은 당신의 아이가 할 수 있는 가장 중요한 발달 도약 중 하나이다. 아이는 구체적인 세계에 대한 의존도를 느슨하게 하고, 마음속의 사물과 행동을 상상하기 시작하면서 과거에 또는 다른 환경에서 발생한 경험을 사실상 처음으로 행동할 수 있다. 아이는 이전에 경험했던 박자나 행동 또는 감정으로 구성된 새로운 아이디어를 정신적으로 만들어 냄으로써 자신의 사고 능력을 늘릴 수 있다. 이런 다중 감각적인 이미지는 오랜 시간 동안 아이의 마음속에 보관될 수 있으며, 이 이미지는 세계를 이해하는 데 도움을 준다. 2세까지 유아의 기억력은 안정적이어서 간단한 메시지를 전달할 수 있다.

따라서 당신의 28개월 된 아기는 침실에서 커튼을 휘두르는 낯선 광경이 아이가 전날 만화에서 보았던 유령과 같다고 쉽게 상상할 수 있다. 아이의 마음은 논리적으로 보이는 두 개의 분리된 이미지 사이의 시각 관계를 인지한다. 아이가 성장함에 따라 현실 세계에서 사물이 어떻게 분류되는지에 대한 개념을 다듬을 것이다. 그러는 동안 아이는 새로운 사고방식을 즐기고, 그것은 시인, 작가, 철학자의 상상력을 자극하는 창조적 자극의 첫 번째 사촌이 된다.

또한 당신의 아이가 연극할 때 실제 사물을 가지고 놀기 위해 대신할 수 있는 상징물로 대체할 수 있다. 어느 날 당신은 오븐에서 요리하는 엄마의 행동을 따라 하는 모습을 볼 수 있을지도 모른다. 마치 그 스스로가 마스터 셰프인 것처럼 아이는 페인트 붓을 플라스틱 양동이 속에서 바쁘게 휘저을 것이다. 대용품 혹은 상징을 사용하는 아이

24개월 및 30개월에 존재하는 능력

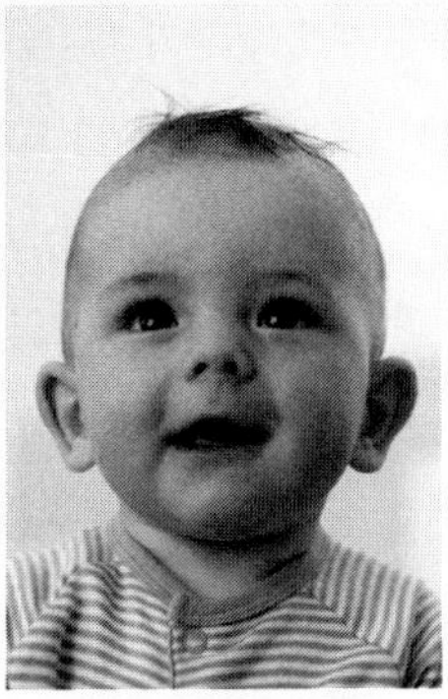

• 운동 패턴

– 24개월: 몇 미터 떨어진 곳에서 팔과 손을 사용하여 큰 공을 잡는다. 두 발로 땅에서 점프하고 한 발로 순간적으로 균형을 잡는다. 각 단계에서 한 발을 다른 발로 배치하여 계단을 올라간다. 뛸 수 있다. 4개 이상의 블록을 쌓을 수 있다. 낙서를 할 수 있고 크레용이나 연필로 한 획을 그을 수 있다.

– 30개월: 공을 던진다. 발끝으로 걸을 수 있다. 한 발로 설 수 있다. 계단을 오르내린다. 손잡이를 돌리고, 모자를 벗기고, 종이를 접고, 8개 이상의 블록으로 탑을 만들고, 크레용이나 연필로 선을 그을 수 있다.

• 감각 패턴

– 24개월 및 30개월: 껴안기, 거친 놀이와 다양한 의류의 감각을 즐기거나 참는다. 치아 또는 머리카락을 닦고 빗는다. 시끄러운 소리, 밝은 조명, 공간에서의 움직임이 편하다.

• 언어 패턴

– 24개월: 간단한 질문("엄마 집에 있어?")을 이해한다. 간단한 두 단어로 된 문장을 사용한다("우유를 더!" "안녕하세요."). 일부 대명사를 사용하기 시작한다.

– 30개월: 2개 이상의 아이디어가 포함된 문장을 이해한다("집에 도착하면 쿠키를 먹을 수 있어."). 2개 이상의 아이디어로 방향을 이해하고 2개 이상의 아이디어로 문장을 구성한다("사과와 바나나를 원해요."). 인칭 대명사를 사용하여 스스로를 나타낸다.

• 인식 패턴

– 24개월: 30분 이상 참여하거나 집중할 수 있다. 혼자 가상놀이를 할 수 있다. 전날 두었던 곳에서 좋아하는 장난감을 찾을 수 있다. 두세 가지 모양의 간단한 모양 퍼즐을 할 수 있고 디자인에 있는 물건을 정렬할 수 있다(블록 기차 만들기). 인형의 신체 부위를 가리키고, 그림에 있는 사물의 이름을 말하거나, 원형 및 사각형 블록을 못판의 올바른 위치에 놓을 수 있다.

– 30개월: 사진에서 한 블록을 본 후 블록 기차를 만들 수 있다. 그림에 있는 사물의 이름을 지정하고 구두 설명에서 일부 그림을 가리킬 수 있다. 두 개 이상의 숫자를 반복할 수 있다.

의 능력과 그렇게 하면서 느끼는 만족감은 당신의 아이가 추상적인 사상가가 되고 있다는 것에 대한 분명한 신호이다.

상징의 세계를 다루는 새로운 능력과 함께 당신의 아이는 의사소통과 의식의 훨씬 높은 레벨에 도달하게 되었다. 아이는 자신의 행동에 대해 생각할 수 있을 뿐만 아니라, 이제 그것에 대해 말할 수도 있게 되었다. 당신은 당신과의 긴 상호작용 안에서 아이를 부드럽게 얽히는 것에 따라 이 과정을 돕는다. 아이가 짜증을 내며 문을 쾅 닫는 행동과 주스를 달라고 소리치는 말에 빠르게 반응하는 것 대신, 당신은 약간 놀란 듯한 표정으로 "뭐가 그렇게 급해?"라고 말하는 것을 시도해 보라. 당신의 표정과 말은 아이의 주의를 끌 수 있고, 육체적 충동에 반응하기 전에 아이의 행동을 잠시 멈출 수 있도록 격려해 주라. 아이는 반응을 고려하기 위해 잠깐 시간을 가질 것이고, 당신은 희망을 갖고 자신 스스로 표현하려는 아이의 시도에 박수를 보낼 것이다.

이 대화에서 끌어낸 두 사람의 기쁨은 당신의 아이가 더 의사소통할 수 있도록 동기를 부여한다. 결국 어떤 즐거운 활동은 그 기쁨을 재생산하는 경향이 있다. 아이는 상징적인 단어, 이미지, 행동의 교환을 즐기고, 훌륭한 가식쟁이이자 창의적인 단어 제작자라는 새로운 시각을 가지고 있다. 아이는 더 이상 단순히 실천가가 아니고, 당신을 자신의 필요와 욕구에 대한 다정한 반응 이상의 무언가로 보기 시작한다. 당신들은 생각을 통해 더욱 기쁘게 관계를 맺을 것이다. 즉, 생각과 생각의 진짜 만남인 것이다. 당신의 아이는 당신에게 새로운 사회적 관심을 보여 줄 것이다. 아이는 당신을 보기 시작할 것이고, 연극과 대화에서 느끼는 즐거움의 필수적인 부분으로 여기기 시작할 것이다.

또한 당신의 아이는 다른 이미지가 서로 어떻게 관련되어 있는지 알아내고 그가 세상이 어떻게 되기를 원하는지 결정하면서 세상을 새로운 방식으로 보기 시작한다. 이제 아이만의 이미지를 창조하고, 자신을 통해 아이만의 독특한 생각과 관심을 표현하는 능력이 증가하고 있다. 예를 들어, 당신은 아이의 가장 좋아하는 놀이 친구가 누구인지를 알고 있다고 생각할 것이고, 당신이 "댄이 올 거야."라고 말할 때 얼굴에 커다란 미소를 띤 채 아이에게 돌아선다. 그러나 아이가 "아니요! 제니를 원해요!"라고 대답할 때 아이는 당신을 놀라게 하고 놀이 그룹 안에 다른 아이를 위해 발달된 특별한 자애를 드러낼지도 모른다. 지금 아이는 자신의 생각이 당신의 생각과 모순될 때에도 당신에게 생각을 정확히 말하기 위해 마음속 제니의 이미지를 창조하는 능력을 사용할 수 있다.

게다가 이러한 이미지의 사용은 아이에게 아이의 감정을 행동하도록 강요받는 것보다 감정에 이름을 붙일 수 있는 능력을 안겨 준다. 당신이 아이에게 더 많은 언어적 격려와 가상놀이를 제공할수록 아이는 자신의 감정을 상상하고 생각과 이성의 세계로 끌어올리는 데 더 많은 연습을 할 수 있게 될 것이다.

한 걸음 물러서서 자신의 생각과 감정에 대해 숙고해도, 결국 분명히 표현하는 능력이 없다면, 아기는 이미지를 배의 조임, 손가락의 경련, 팔의 떨림 또는 기타 여러 신체적 감각으로만 경험할 것이다. 아이는 무언의 감각의 자비와 아이 안에 쌓인 불편한 긴장감을 줄이기 위해 근육을 사용하도록 강요받았을지도 모른다. 술집에서 말다툼하는 사람들의 주먹을 먼저 던지고 나중에 질문하듯 그런 아이들은 공격적인 신체적 행동 패턴에 잠기게 될 수도 있다. 그렇지 않으면 아이들은 수동적이거나 감정 표현을 거리끼게 될 수도 있다.

자녀의 상징적 표현을 조성하는 것은 세상을 경험하고 이해하며 의사소통하는 모든 감정이 아이의 일부분이라는 것을 이해하도록 가르치는 데 매우 중요한 도구이다. 발달 단계 동안 아이가 감정을 표현하기 위해 더 많은 단어와 생각을 사용하고 들으면서 언어를 다루는 뇌 부분의 뉴런 결합(종종 왼쪽 부분)은 점점 더 밀집된다. 이 전문화는 아이가 나이 들어 감에 따라 정확한 문법 구성에서 언어를 순서대로 배열하는 능력을 가능하게 한다. 아이의 뇌 부분 안에서는 이미지를 시각화하기 위해 뉴런의 밀도가 증가되고 있다. 이 풍부한 신경 조직망은 아이의 상상력의 향상시킬 수 있을지도 모른다. 이는 아이의 마음속 이미지를 시각화할 수 있는 능력을 지지하고, 가상놀이에 참여하여 공간 관계를 더욱 완벽하게 이해하기 시작할 수 있다.

또한 아이의 뇌의 오른쪽과 왼쪽 부분인 둘의 후부는 아이가 명사, 동사, 형용사의 사용을 익힐 때 이 단계에서의 활동을 보여 준다는 것이 흥미롭다. 아마도 아이의 감정적인 의미를 다루는 뇌의 일부분은 문법과 단어 순서를 다루는 부분과 함께 작용한다.

그래서 그의 생각이 세상의 감정적 경험에 의해 의미 있게 주어진다. 명사, 동사, 형용사의 문법에 좀 더 구체적인 규칙을 따르는 동안 많은 이해와 의미를 얻게 된다. 따라서 그의 뇌의 다른 부분들은 점점 커지며, 언어와 의미가 조화를 이루면서 점점 더 전문화되고 서로 연관되어 간다.

3. 자녀가 생각과 상징을 사용하도록 돕기

당신이 아이의 상상력을 바로 눈앞에서 지켜볼 때 당신의 영향력을 기억하는 것이 중요하다. 당신은 아이가 본연의 기발하고 창조적인 면을 받아들이는 것과, 모든 생각을 표현하고 아이의 욕구를 충족시키는 것을 도와줄 언어를 소개할 수 있다. 당신은 아이에게 아이의 의도를 생각이나 이미지로 번역할 수 있는 수많은 기회를 제공하여 이것을 하게 될 것이다. 이러한 이미지는 항상 말로 표현할 필요가 없다. 또한 수화, 그림 또는 복잡한 몸짓은 정당하게 작용할 수 있다.

어떤 아이는 자신의 감정과 생각을 표현할 수 있는 단어를 쓰지 않고도 감정과 생각을 표현할 수 있다. 눈에 보이게 자신의 손 근육을 잘 통제하도록 적응된 아이는 종이와 크레용을 사용하여 자신의 감정을 표현할 수 있다. 세 살 된 아이는 일련의 낙서 그림으로 그의 여동생을 꼬집고 싶어 하는 소원을 드러낼 수도 있다.

1) 단어의 중요성

심지어 당신이 아이에게 감정을 표현하기 위한 비언어적인 방법을 제공할 때, 당신은 두 사람이 말하는 것처럼 단어를 사용하는 것이 중요하다. 아이의 행동과 근본적인 영향 혹은 감정을 단어와 연관시킴으로써 당신은 아이가 담화를 사용하는 것을 도울 것이다. (우리가 제4장에서 논했던 WAA, 즉 단어, 행동, 정서의 중요성을 기억하라.) 단어와 상징은 만약 당신이 아이들의 행동, 동기 그리고 강한 감정에 연결한다면 가장 빨리 배우게 된다. 적어도 어린이 언어 발달의 초기 단계에서는 항상 제스처와 상징을 연관시키려고 노력하라.

예를 들어, 만약 당신의 아이가 경주 자동차에 열중한다면, 당신은 아이의 차 근처에서 당신의 차를 움직일 수 있고, 아이는 당신이 차를 움직이는 동안 흥분해서 "빨리!"라는 단어를 말할 수 있다. 그리고 당신의 차는 당신이 "느으려."라고 속삭일 동안 아이의 차 옆에서 굼벵이 걸음으로 천천히 움직일 수 있다. 이 행동에 적절한 단어를 사용하는 동안 당신의 차 속도를 바꾼다면, 아이는 곧 차를 가지고 빨리—느리게—빨리 게임에 참여할 것이다. 아이는 너무 오래전에 자신이 보고 따라 할 수 있는 행동에 이름을 붙인 당신의 단어를 이해하고, 아마도 이 새로운 단어에 대한 소유권을 주장하고 자기 스스로 그 단어를 사용할 것이다.

새로운 단어는 흡수되는 활동의 맥락에서 빠르게 포착된다. 만약 당신의 아이가 당신에게 자신의 젤리 빈 언덕을 자랑스럽게 보여 준다면, 사악하지만 다정하게 하나를 골라 "내 것!"이라고 말하라. (한 번은 귀엽지만, 두 번은 놀리는 것은 좋지 않다!) 아이가 "내 거야!"라고 반박하는지 보라. 당신의 강아지가 아이의 끈적거리는 볼을 핥아 아이의 얼굴이 기쁨으로 가득할 때 아이는 '멍멍이가 핥아.'라는 단어를 배울 수도 있다. 만약 당신이 아이의 손에서 단호하게 바늘을 집어들면, 당신은 머리를 흔들고, "날카로워! 위험해!"라고 말할 수 있다. 또한 당신은 이 단어가 고착될 확률을 증가시킬 것이다.

당신에게는 아이가 단어를 사용하는 것을 열망하는 것처럼 보일지도 모르지만, 아이는 자신의 혀를 올바른 위치에 두거나, 특정한 소리를 내는 데 약간의 어려움이 있는 것이다. 비록 개인적인 단어가 아이가 어려움을 겪도록 야기할지라도, 그의 옹알이 리듬에서 당신의 말 패턴을 알아볼 수 있을지도 모른다. 단어를 사용하기 위한 새로운 시도를 열광적으로 격려하고, 아이의 발음에 대해 비판하지 않도록 해야 한다. 아이를 말하도록 두고, 때때로 아이가 할 수 있는 쉬운 것부터 다른 소리로 모방놀이를 하라.

부모는 아이의 놀이에서 본 생각을 아주 자연스럽게 말로 표현한다. 예를 들어, 당신의 아이가 자신의 탑을 좋아하는 빨간색 블록으로 마무리하기 위해 장난감 상자를 뒤적이는 것을 보고 아이가 "빠, 빠." 하고 웅얼거리는 것을 들었을 때, 당신은 아마도 이를 관찰할 수 있을 것이다. "아, 위에 놓을 빨간 블록 찾아?" 당신의 언급은 아이가 당신에게 답변을 하려 할 때 이에 대한 이해를 돕기 위해 추가 연습을 하게 해 준다. 다른 경우에 당신의 말은 당신의 아이에게 필요한 것을 표현하거나 의견을 말하도록 자극할 수 있다. 만약 당신이 "장난감 공장 문 닫을 시간이야. 마스터 장난감 제작사는 잘 거야!"라고 말한다면, 아이는 아마도 "아니, 일어나!"라고 말하려는 영감을 받을 것이다.

아이들의 근육이 서로 다른 속도로 자란다는 것을 잊지 말자. 그리고 아이는 자신이 알고 사용하고 싶어 하는 단어의 모양으로 입과 혀를 조직하는 시간이 조금 더 오래 걸린다. 다른 아이들은 새로운 단어를 사용하기 바랄지도 모르지만, 아이들의 부모가 말하는 소리를 이해하는 데 좀 더 시간이 걸릴 것이다. 당신은 말의 속도를 늦추거나 언어 지시를 간소화하도록 노력할 수 있다. 억양 표현과 말하기 리듬을 유지하라. 단조로운 발언은 당신의 아이가 이해하는 데 더욱 어려울 것이다. 중요한 것은 아이가 결국 당신의 행동이나 말에 몸짓이나 언어로 반응하게 하는 것이다. 아이가 당신에게 주는 모든 대답은 당신의 말이나 몸짓을 받아들이고 소통의 원을 열고 닫는 것을 연습한다는 것을 의미한다.

2) 가정해 보기

당신이 아이와 함께 나눌 수 있는 가장 멋진 시간 중 일부는 당신이 품위를 버리고 두 살짜리 아이의 자유분방과 함께 놀 때 펼쳐질 것이다. 앞서 보았듯이, 믿게 만드는 놀이를 하는 것은 동시에 당신이 연극 무대를 함께하거나 바보 같은 재미를 많이 가지고 있을 동안 아이가 자신의 많은 생각을 표현할 수 있도록 도와줄 것이다. 만약 아이가 흉내 내는 척하는 것이 느리다면, 당신은 아이가 가장 좋아하는 활동에 가상의 요소를 주입할 수 있다. 둘이 간지럼 피우기 게임을 하고 있을 때, 당신의 손가락을 그의 팔과 복부를 오르락내리락 하는 벌레들처럼 가장하라. 아이가 곰 인형을 안고 있을 때 당신은 다른 봉제 인형을 잡고 당신의 인형으로 곰에게 말을 걸으라. 당신의 아이가 미끄럼틀에 올라갔을 때 아이를 용감한 산악 등반가라고 말하고 심지어는 요들송을 부를 수도 있다. 하지만 모든 플로어타임 활동처럼, 아이들의 리드에 따라가야 하고 당신의 아이의 관심을 따라 당신의 작은 드라마의 배경이 되도록 하자. 줄거리를 재미있게 만들기 위해 비틀고 바꾸는 것을 망설이지 말고, 아이에게 가능한 한 많은 이야기를 전개하도록 하라.

여러분이 어느 날 부엌에서 일하고 있는데, 당신의 아이는 드러머가 되어 뒤집힌 그릇을 숟가락으로 쾅쾅 치느라 바쁘다고 가정하자. 5분 동안 이 소음이 당신의 인내심을 잃게 한다. 심지어 두 살 아이의 매력적인 미소도 당신을 기분 전환시키기에는 충분하지 않다. 인내심을 잃는 대신에 그와 함께하는 것은 어떠한가? 당신의 저녁 식사 준비나 노트북에서 몇 분 동안 멀리 떨어져 아이 옆에 앉아 작은 음악을 만들라! "나도 그 밴드의 멤버가 되고 싶다."라고 적극적으로 말하자. 박스, 뚜껑, 나무 숟가락의 수집품을 같이 모아서 아이에게 몇 개의 새로운 악기를 소개하라. 그중 아이가 몇 개를 잡는지를 보라. 그러면 당신은 벌떡 일어서서 그가 연주하는 리듬으로 행진할 수 있다. 아이도 아마 그 퍼레이드에 참가하길 원할 것이다. 당신이 아이의 쾅쾅거리는 구체적인 행동에서 스스로를 이끌어 낸 드라마의 핵심 인물로 만듦으로써 아이의 연극에 상징적인 환상의 요소를 도입할 수 있다.

당신 아이의 놀이 연극의 일부분이 되기 위해 바닥에 내려왔을 때 당신은 극중 인물의 목소리나 모습을 추정할 수 있다. 이 시적 자유는 여러분이 상상극에 갈등이나 도전을 도입할 수 있게 해 준다. 왜냐하면 당신의 캐릭터는 자신만의 의지를 가질 수 있기 때문이다.

예를 들어, 어느 날 당신과 아이는 알라딘의 동굴 벼랑 끝에서 떨어지는 것처럼 보이는 척하는 놀이를 하고 있을지도 모른다. 당신은 좀 지루해지고, 무언가를 활기차게 하고 싶어 한다. 이때 당신의 아이가 당신의 피규어 중 하나를 벼랑 끝으로 밀면, 당신은 반란을 일으킬지도 모른다. 그러면 당신의 그림을 들어 올리고 외칠 수 있다. "날 밀어버릴 수 없을 걸? 나는 강해!" 권위에 대한 아이의 도전은 아이에게 새로운 발걸음을 내딛게 하거나 다른 방식으로 아이의 등장인물을 주장하도록 자극을 줄 것이다. 당신의 반대가 부정적이거나 혹은 지나치게 도발적인 데 걱정하지 마라. 당신이 꾸며 낸 드라마의 줄거리를 과장해서 말하면, 당신은 아이의 언어와 몸짓 어휘를 확장시킬 수 있게 할 것이다. 아이가 당신의 말과 행동에 대한 자신의 반응을 모으면서 자신이 하거나 말하고 싶은 마음에 사로잡힐 것이다. 이는 아이가 추상적인 사고방식으로 점점 더 편안해지는 첫걸음이다.

지루함에 대해 하나 더 해 보면, 가끔 지루하다는 것을 알게 되었을 때 자신을 채찍질하지 말자. 지루함은 당신의 가상 회기에 약간의 참신함을 도입할 때가 되었음을 의미할 수 있다. 우습고 엉뚱한 변형은 일반적으로 자발성을 유지하고 지루함을 없애 준다.

가끔 아이의 연극은 단순하게 반복되지 않을 것이다. 아이는 사실상 무기력한 것처럼 보일 수도 있다. 일단 당신이 아이가 아프지 않다고 안심시켰다면, 당신은 아이의 행동을 믿게 만들 수 있다. 예를 들어, 만약 당신의 두 살 반 된 아이가 내성적인 것처럼 보이고 바닥에 있는 베개 더미로 기어 들어가는 것처럼 보인다면, 당신은 불을 끄고, 아이에게 가까이 다가가 속삭일 수 있다. "쉿! 지금은 밤이고, 이 방에 있는 모든 사람은 매우 졸려!" 당신은 아이가 가장 좋아하는 동물 인형을 집어서 당신의 어린 아들 근처에 눕힌 후 담요를 덮을 수도 있다. 그러면 동물들이 다양한 목소리로 속삭이고, 당신의 아동에게 직접 '이야기'하게 할 수 있다. 마침내 마술사에 대한 동물 인형의 흥미로운 대화에 대한 호기심은 아이의 무기력증을 극복하게 할 수 있다. 언어 소통과 문여닫기에 대한 인내심이 커짐에 따라 아이가 피곤하거나 스트레스를 받을 때조차도 아이의 생각의 세계를 협상할 수 있는 능력이 향상될지도 모른다.

아이가 판타지에 거의 관심이 없지만 장난감에 매료된 것처럼 보인다면, 놀이 파트너가 되어 감정적 아이디어를 사용하도록 유도하자. 예를 들어, 만약 당신의 30개월 된 아이가 목수 세트를 좋아하고 말뚝판을 망치로 두드리는 데 많은 시간을 보낸다면, 당신은 오리 인형을 손에 슬그머니 올려놓고 '와, 망치 정말 잘 두드린다!'와 같은 말로 새끼 오리의 손재주를 감탄하게 할 수 있다. 그러면 오리에게 또 다른 망치를 들고 근처의 실로폰을 쾅쾅 두드리면서 '크게, 크게!'라고 말할 수 있다. 당신의 아이는 오리와 오리가 내는 소음에 흥미를 느낄 것이 분명하고, 오리의 쿵쾅거리는 솜씨에 우쭐해할 것이다. 아이는 인형의 행동을 모방하고 실로폰을 두드릴 수도 있다. 아이는 꼭두각시 행동을 잘 모방하고 실로폰을 두드리기도 한다. 당신이 아이의 행동을 알기도 전에 아이와 꼭두각시 사이에 대화가 전개될 수도 있고, 아이가 자신의 손 위에 꼭두각시를 얹고 가장하는 데 사용할 수도 있다. 어떻게 작동하는지에 대한 유아의 이해와 근육 사용의 즐거움에 호소함으로써, 아이가 스스로 가기 꺼려 하는 척하는 영역으로 넣어 주는 것을 도와줄 것이다.

3) 가상놀이의 범위 넓히기

유년기 동안 대화와 가상놀이는 아이의 다양한 생각, 테마 그리고 인간의 감정(사랑, 기쁨, 의존성, 공격성, 경쟁심, 부러움, 싫어함, 화 그리고 궁금함)을 표현하는 것을 편안하게 되도록 도와준다. 우리 대부분은 아이들과 함께 사랑, 보살핌 그리고 즐거움의 주제를 탐구하는 데 어려움을 겪지 않는다. 그렇게 할 때 우리는 신하고 도덕적인 행동을 본보기로 삼는다고 생각한다. 그러나 아이는 그에게 동등하게 강렬한, 약간 소름 끼치는 것일지도 모르는 특정한 주제를 경험할 필요가 있다. 예를 들면, 공격성, 의존성, 두려움, 분노와 같은 것이다. 이와 같은 부정적인 감정은 종종 아이들과 함께 가상놀이에 참여하는 성인들에게 문제가 된다. 우리 중 많은 사람은 부모에게 화가 나거나 공격적인 생각을 하는 것이 나쁘고, 나쁜 느낌이나 감정을 표현하는 것은 나쁜 것을 하는 것과 마찬가지라고 믿는다. 그러므로 우리 중 많은 사람은 우리의 아이와 함께 부정적인 감정을 탐구하고 장려하는 데 대한 허락을 스스로에게 받을 때 큰 심리적 장벽에 직면한다.

왜 우리는 소름 끼치는 마녀와 괴물이 드라마에 등장하는데 같이 놀아야 하는가? 왜 우리는 우리의 아이들이 소개하는 슬픈 이야기를 계속해야 하는가? 이에 대한 감정은 모든 인간의 감정적인 삶의 일부분이기 때문에 우리는 이 감정을 아이들과 함께 탐구해야 한다. 부정적인 것에 연연하지 않거나 도발적인 방식으로 우리 아이의 최악의 두려움에 초점을 맞추지 않는 한, 우리는 사랑, 친밀함, 자기주장, 호기심의 상징적인 표현을 강조함으로써 아이의 감정적 노출을 상쇄할 수 있다. 우리의 목표는 아이의 **모든 감정**을 아이디어의 세계로 이끌고 아이에게 다른 모든 감정을 가상놀이에 가져오도록 격려하는 것이다. 일단 아이가 자신의 감정을 어떻게 표현하고 말하는지를 배우면, 아이는 이성적인 행동을 하지 않고도 타당할 수 있는 기회를 가지고 지능적인 선택을 할 수 있다.

가상놀이 시간 동안에 일반적으로 얼마나 슬프고 의존하는 느낌이 느낄 수 있는지 살펴보자. 당신의 어린아이는 두 개의 행동 방식을 가지고 있을지도 모르고, 당신은 아이가 다른 사람에게 말하는 것을 엿들을 수도 있다. "안녕히 가세요. 이제 사라졌어요." 그는 즉시 행동을 바꾸고 다른 그룹들 사이에서 약간의 타격이 일어날 수 있다. 당신은 3일 전에 아빠가 도시를 나간 이후로 아이가 약간 축 늘어졌다는 것을 알고 있고, 당신의 아이가 아빠를 생각할 때 버림받음과 슬픔을 느끼고 있음을 알아챈다. 자녀가 의식적으로 부재한 부모를 생각하거나 이야기하지 않을 때도 아빠는 어린아이의 정서적 삶에 매우 많이 존재한다는 것은 분명하다.

그러므로 자녀가 가상놀이에 스며드는 슬픔을 직접적으로 느끼지 않으려고 하는 것은 그리 놀라운 일이 아니다. 만약 아이가 이러한 감정을 표현하고 참는 법을 배울 때, 갑자기 "얘야, 아빠가 그렇게 보고 싶니?"라고 큰 소리로 추측함으로써 아이의 연극의 상상력을 방해하는 것은 도움이 되지 않는다. 대신, 두 사람은 함께 짜여진 스토리 라인에 머물면서 액션 피규어 중 하나가 다른 액션 피규어가 캘리포니아에서 곧 집으로 돌아올지 궁금하게 할 수 있다. 아이가 여전히 실종과 관련된 주제를 연기하는 것을 꺼리는 것 같다면, 그 인물 중 한 명이 "쟤(액션 피규어)가 지금 무엇을 하고 있는지 궁금하네."라고 물어보게 할 수 있다. 심지어 당신은 놀이방 여러 곳에 서로 다른 집을 짓고, 버스를 타고 이곳저곳을 이동할 수 있다. 당신의 어린아이는 캘리포니아주를 방문하거나 하와이의 할머니를 방문하고 싶어 하는가? 드라마가 집을 떠나는 것과 여행을 포함하는 한, 감정은 직접적으로 이야기할 필요가 없다.

이러한 가상 대화는 아이에게 아빠의 여행과 연관된 감정을 표현할 수 있는 기회를 만든다. 언젠가 당신은 아빠에 대해 직접적으로 이야기하고 아이의 아빠가 집에 돌아올 때 대해 이야기할지도 모른다. 그때쯤이면 당신의 아이는 약간의 감정을 상징하고 이해하는 연습을 조금하게 되었을 것이다.

4) 제한을 설정하는 것이 아이의 생각을 표현하는 데 도움을 주는 이유

인생의 세 번째 해에 아이는 자신이 원하는 것을 요구할 것이다. 그리고 종종 가장 중요한 순간에 아이가 원하는 것을 고집할 것이다. 아이는 아마도 당신에게 처음에는 그 강렬함에 충격을 줄 수 있는 완고함의 새로운 측면을 보여 주고 본격적으로 화를 낼 것이다. 당신의 어린아이는 지금 예민한 감정을 느끼고 있고, 아이를 흥분시키고 지치게 하는 주장과 독립심의 새로운 감정을 탐험하고 있다. 잠자리 시간은 투쟁이 될 수도 있고, 당신의 인내심을 시험할 수 있는 옷과 음식에 대한 새로운 까다로움를 보여 줄지도 모른다.

비록 당신의 두 살 된 아이가 항상 사장이 되고 싶어 할지라도 아이는 계속해서 당신의 양육 지원과 차분한 제한 설정이 필요하다. 아이는 자신의 감정을 탐구하기 위해 단어를 사용하거나 가상놀이를 하기 위해 상징적으로 행동하기 때문에 아이는 때때로 매우 당황스럽고 겁이 난다. 만약 아이의 화나거나 공격적인 감정을 억제할 수 없고, 당신이 끼어들어 그를 진정시키는 것을 게을리한다면, 당신의 아이는 당황할 수 있다. 아이는 진정이 필요하기 때문에 당신과의 권력 다툼을 촉발할 수도 있다.

아이들이 우리가 설정한 한계에 화를 낼 때 **울음과 불행이 처벌받아야 할 범죄가 아니라는 것**을 기억하는 것이 중요하다. 우리는 아이들이 슬프거나 불행한 감정을 단어나 행동을 통해 표현하는 방법을 배우기를 원하지만, 우리는 또한 아이들이 감정적으로 균형 감각을 되찾는 것을 도와야 한다.

어떻게 하면 두 살짜리 아이의 감정을 어떻게 제한하면서도, 다른 사람들과 놀고 교류하면서 다양한 감정을 표현하도록 장려할까? 우선, 당신이 아이의 감정이 무엇이든 공감한다는 것을 보여 주도록 노력하라. 심지어 "화났구나, 그치?" 같은 간단한 말로라도 당신이 아이의 감정을 알고 있다는 것을 아이에게 알린다. 이는 아이가 근육이 꽉 조이거나 배에서 휘저어지는 느낌의 형태로 경험할 수 있는 혼란스러운 감정에 이름을 붙이는 데 도움이 된다. 단호하지만 침착한 톤으로 달래는 말은 (만약 그가 당신을 허락한다면) 당신의 아이가 신체적으로 겪고 있는 혼란을 조금 가라앉히는 데 도움이 될 수 있다. 리듬감 있게 흔들거나 등을 강하게 문지르는 것과 같이 태어날 때부터 아이를 달래기 위해 사용해 온 모든 달래기 기술이 트릭을 수행하는 데 도움이 될 수 있다.

일단 당신이 아이에게 이 기술을 제공하고, 가장 따뜻하지만 확고한 스모키 베어의 목소리를 사용하여 아이가 얼마나 짜증 나거나 화나거나 슬픈지를 알 수 있다고 말하며, 아이가 어떤 식으로든 상호작용하도록 도와주자. 아이가 무엇에 관심 있어 하는지 보라. 당신은 아이의 몇몇 큰 근육을 활성화시키고, 작은 몸 안에 쌓여 있던 긴장을 완화시키기 위해서 아이의 다리를 움직이거나 몸과 팔을 뻗거나 스트레칭하는 것을 포함한 활동에 끌어들일 수 있다.

예를 들어, 당신이 여동생의 소중한 훌라후프를 빼앗아서 화가 났는데, 이미 아이에게서 표준적인 달래기, 쓰다듬기, 위안을 제공했다면, 당신은 일어서서 움직임을 수반하는 다른 활동을 시작함으로써 아이를 산만하게 할 수 있는지 알아볼 수 있을 것이다. 인간 회전목마의 일부인 척하는 게 어떤가?

때때로 당신은 아이에게 편안함과 안전에 대한 추가 욕구를 충족시키는 것과 좌절과 분노에 대처하는 법을 배우는 것을 돕는 것 사이에서 아슬아슬한 줄타기를 해야 할 것이다. 아이가 이 상황에 대해 거리를 두기에 충분할 정도로 침착해지면, 아이의 행동에 대한 당신의 의견에 훨씬 더 수용적이고, 한 발짝 물러서서 자신을 관찰할 가능성이 더 높다는 것만 기억하자. 아이의 행동이 너무 위험하거나 당신이 참기에 다소 부적절할 때도 많을 경우에는, 당신이 먼저 행동하고 나중에 설명해야 한다.

당신이 아이에게 플로어타임 놀이와 대화 중에 매일 따뜻한 상호작용을 제공하는 한, 아이가 정말로 통제할 수 없을 때 자신의 행동에 제한을 설정해야 할 필요성에 굴욕을 당하지 않을 것이다. 만약 이 놀이 시간 동안 당신이 의식적으로 자신의 아동이 주도권을 쥐도록 허락하고, 아이의 모든 분노, 좌절, 슬픈 감정뿐만 아니라 기쁘고 적극적인 감정도 자유롭게 표현할 수 있도록 허락한다면, 당신의 아이가 지나친 요구를 했을 때 아이가 효과적인 한계를 설정하도록 마음을 편안하게 가져야 한다. 아이는 실제로 자신을 제어할 수 없을 때 자신을 다시 제자리로 되돌리기 위해 당신의 도움에 의존하고 있기 때문이다.

만약 당신이 스스로 더 많은 격한 말을 참을 수 있다면, 아이가 한계를 내면화하는 방법을 더 쉽게 도와줄 것이다. 당신이 특정한 한계를 정하는 데 강하게 생각하고 당신의 주장을 고수할 것을 알고 있을 때, 아이가 자신의 의견을 말하는 것을 단념하지 않도록 하라. 당신이 아이의 감정을 공감하도록 해 보자. 그리고 아이의 화난 언어에 겁내지 말자. 아이가 당신을 "나쁜 사람."이라고 부르는 것과 "엄마/아빠 미워."라고 하는 말은 아이가 단순히 손가락으로 꼬집는 데 의존하지 않고 이제는 생각과 말을 사용할 수 있다는 긍정적인 증거이다. 그러므로 당신이 단호한 결의를 가지고 있더라도 마음을 열고 경청하도록 노력하자.

당신의 아이는 2~3세 사이에 순서에 대한 개념을 이해하게 될 것이다. 아이에게 나쁜 행동의 결과를 알려 주라. 그러면 아이는 제한 설정이 막 시행되려고 할 때 상기하게 될 것이다. 때때로 "2분 뒤에 장난감을 치울 시간이야."와 같은 예상되는 언급을 함으로써 처벌을 피할 수 있다. 당신의 말은 불가피한 상황을 안내할 수 있고 완화할 수 있다. 당신의 단호함에도 불구하고 일이 발생한다면 예상되는 한계를 설정할 시간이다. 아침에 좋아하는 장난감을 주지 않는 것, 공원에 산책 가는 것을 금지하는 것, 가장 좋아하는 비디오테이프를 꺼 버리는 제한이 한계 설정의 결과인 것을 전달하게 될 것이다. 만약 당신이 타임아웃에 의존한다면, 아이가 자신의 강렬한 감정이 그를 쫓아낼 만큼 충분히 무섭지 않다는 것을 분명히 이해할 수 있도록 당신과 같은 방에 있도록 하자.

제한을 주는 것은 아이가 감정을 물리적인 방식으로 표현하기보다는 말과 상징을 사용하도록 격려해 주는 데 목표를 두도록 도울 수 있다. 가상놀이와 필요한 제한 설정이 된 1대1 상호작용을 결합함으로써 당신은 아이가 무슨 생각을 하는지, 친구와 함께 있는 것을 좋아하고, 날개를 영구적으로 자르는 데 관심이 없으며, 당신이 진정으로 알고 싶어 한다는 것을 아이에게 알려 줄 것이다. 당신은 아이와의 권력 투쟁을 최소화하게 될 것이다. 왜냐하면 아이는 당신이 자신과 함께 있는 것을 즐거워하고 있다는 것을 알기 때문이다. 아이는 자신의 통제력을 얻기 위해 당신에게 의지할 수 있다는 것을 알고 있기 때문에 자발적으로 행동하는 데 자유로움을 느낄 것이다. 이로써 아이의 상상력은 급증할 것이다.

4. 아이가 자라면서 상징적 표현 장려하기

이 발달 단계 동안 당신의 아이에 의해 성취된 교훈은 다음 해에 반복해서 재확립될 것이다. 아이의 마음속에 정신적인 이미지를 형성하고 유지하기 위한 새로운 능력은 아이가 물리적인 공간에서 서로에게 관계가 있는 것을 이해하도록 도와줄 것이다. 이 능력은 아이가 유치원 블록 코너에서 노는 것은 아이가 다른 미드필더에게 공을 패스할 때 좋은 위치에 설 수 있도록 할 것이다. 계속해서 야구의 타점과 방어율을 계산하는 능력은 아이의 머리에 정신적으로 숫자를 저장하고 처리하는 아이의 기술에 의해 뒷받침될 것이다.

아이가 상징적인 표현을 하면서 아이의 기쁨은 해가 갈수록 깊어질 것이다. 아이가 세 살이 되어 평행 놀이에서 2~3명의 아이와의 협력 놀이로 옮겨 가기 시작하면 아이가 늘려 왔던 주제는 당신이 공유했던 두 가지 모방과 가상놀이 과정 속에서 기초를 갖게 될 것이다. 가상놀이를 하는 아이의 능력은 확장될 것이고, 머지않아 그는 자신의 드라마 속에서 다른 아이들이 지지해 주는 놀이 참여자로서 행동할 수 있다는 것을 발견하게 될 것이다. 아이는 놀이 그룹 친구들과 상호작용했던 만큼 다른 역할들을 시도해 볼 수 있다. 아이들이 소꿉놀이를 할 때 엄마나 아빠 역할을 할 수 있고 그 장소를 무너뜨리려고 다가오는 나쁜 늑대가 될 수도 있다. 비록 아이가 스포트라이트를 받기보다 옆에서 박수를 보내는 것을 더 좋아하게 될 수도 있지만, 극적인 표현에 대한 아이의 기쁨은 아이가 성장하며 계속 커질 것이다.

자신을 표현하기 위해 단어를 사용하는 유아의 용이성은 앞으로 몇 년 동안 놀라운 방식으로 성장할 것이다. 당신은 아이에게 최초로 동요의 가락을 소개시켜 줄 것이고, 단순한 말에 의해 떠오른 다채로운 이미지를 의심할 바 없이 아이의 나머지 생애 기억 속에 새길 것이다. 계속해서 아이는 당신과 함께 읽었던 동화 속에서 느꼈던 자신의 갈망과 두려움 몇 가지를 인식하게 될 것이다.

상징적인 표현으로 아이의 편안함을 조성시키는 당신의 역할은 유아기를 넘어서까지 계속된다. 안타깝게도 우리가 치료에서 보는 많은 어른은 그들에게 안정감을 주는 진정시키고 육성하는 이미지를 몸에 지니지 못하는 것 같다. 다른 사람들은 아이의 감정을 이해하고 문구에 사용될 말에 어려움을 느끼기 때문에 엄격한 행동 패턴에 갇혀 있다. 그들은 문자 그대로 자신의 감정을 생각할 수 없기 때문에 공격적으로 행동하도록 강요받는 느낌을 받는다. 당신의 아이가 자신의 행동으로 자신의 사고를 분리하는 것을 받아들이는 연습을 하면 할수록 아이의 사고는 좀 더 유연해지고 미묘한 차이를 느껴 어른처럼 될 것이다.

1) 상징적 자아감 개발하기

자, 이제 당신의 2~3세 아이는 자신의 아이디어를 창조할 수 있다. 아이는 인지와 의식의 새로운 단계의 문턱에 있다. 아이는 자신의 마음에 다중 감각 이미지를 간직할 수 있기 때문에 아이가 무엇이고 누구인지에 대한 감각은 점점 복잡해지고 있다. 아이는 말 또는 가상놀이를 통해서 다른 사람들과 생각을 교환하는 화자, 말 잘하는 사람,

연극배우, 몽상가로서 자신에 대한 새로운 인식을 갖는다. 더 넓게 보면, 당신의 아이는 이제 이곳과 현재의 압박에서 자유로워진다. 말은 아이가 사실, 감정, 환상에 대해 숙고할 수 있게 해 준다. 아이는 마음속의 그림을 조작할 수도 있고 손가락을 들어 올리지 않고도 당신과 몇몇 생각을 공유할 수 있다. 아이가 자신의 의견을 표현하고, 함께 연기할 때 의견을 표현하고 새로운 줄거리를 생각해 내는 것을 좋아하는 것은 아이가 자신의 성격의 새로운 부분을 즐긴다는 것을 알려 주는 것이다.

당신 아이의 마음속에 있는 몇 가지 이미지는 현실 세계의 사건에 바탕을 두고 있다. 아이가 당신보다 앞서 언덕에 도달했을 때 당신은 헐떡이며 아이에게 소리친다. "그곳까지 날아갔네, 넌 슈퍼맨이야!" 이때 당신은 아마도 아이의 얼굴에 퍼지는 환한 미소를 볼 수 있을 것이다. 적극적인 아이는 텔레비전에서 본 슈퍼맨의 속도와 힘을 회상하며 든든해할 것이다. 그러나 때로 아이는 사실상 특별히 허약하거나 정서적으로 취약해질 때 자신의 강한 이미지를 떠받치기 위해서 몽상을 하거나 정신적인 그림을 형상화하기 위해 자신의 능력을 사용할지도 모른다. 3세 아이는 마녀들을 무서워하는데도 "무섭지 않아."라고 담대하게 자신의 고개를 끄덕이며 주장한다. 아이는 삶이 어려울 때 대처할 수 있도록 자신을 용감한 어린 소년으로 머릿속에 그려 보는 법을 배운 것이다.

이러한 이미지는 아이가 직접 본 현실이라기보다 자신의 소망과 욕구에 뿌리를 두고 있는 것이다. 정신적인 대처 도구나 방어기제는 아이가 성장하면서 더 복잡해지고 성격의 일부가 된다. 자의식이 흔들릴 때 안정을 제공하는 또 다른 종류의 정신적인 그림은 아이가 당신을 지금 상징적인 이미지로 만들 수 있다는 것이다. 아이는 더 이상 자신의 마음에 당신의 이미지를 신선하게 유지하기 위해 더 이상 당신의 무릎이나 귀에 들리지 않아도 된다. 당신의 아이는 당신이 부드러움을 느낄 때의 얼굴 표정을, 또는 긴 하루 일과를 마치고 아이를 쓸어 줄 때 당신의 팔의 힘을 실제로 기억할 수 있다.

당신에 대한 아이의 정신적인 그림은 아이가 과거 다른 시기에 다양한 상황 속에서 당신과 함께 공유한 모든 상호작용에서 온 합성물이다. 아이는 일상생활 속에서 외롭거나 슬픈 시기에 아이에게 힘을 줄 다감각적 이미지를 불러낸다. 현실에서 아이는 더 이상 당신에게 의존하지 않는다. 비록 아이가 여전히 당신이 필요할지라도 아이는 상징과 이미지를 검색하기 시작하고 상징과 이미지로 자신을 위로하기 위해 사용한다. 아이는 곧 드넓은 인간문화 세계로 들어갈 것이고 그를 앞서간 세대의 이야기와 의식 속에서 기쁨과 배려를 끌어올 것이다. 오랜 자의식은 당신이 의식적 · 무의식적으로 둘이 함께 말하고 놀았던 일상을 함께하며 아이에게 전달한 문화적 가치에서 영향을 받는다.

예를 들어, 만약 당신의 문화적 배경이 단호한 개인주의나 할 수 있다는 종류의 정신을 찬양한다면, 아이에게 조니 애플시드(Johnny Appleseed)와 그의 나무를 심는 독자적인 노력에 관한 이야기를 아이에게 읽어 줄 때나 아이가 고집스럽게 행동할 때 당신은 열광적인 얼굴 표정과 목소리 톤을 사용하는 경향이 있을 것이다. 반대로 당신의 의견과 일치를 이루는 것이나 단체 행동을 소중히 여기는 배경을 가졌다면, 아이가 다른 아이와 같이 장난감을 공유할 때 빛이 날지도 모른다. 당신의 상호작용은 당신의 문화를 전달하고, 따라서 아이가 저장하는 정신적 이미지와 아이가 자신을 보는 방식에 영향을 미친다.

5. 기준치 높이기

아이디어를 창조하고 사용하는 아이의 새로운 능력은 아이가 근육을 사용하거나 행동을 일정한 순서로 배열하는 방식뿐만 아니라 자신의 감각에서 받아들인 정보를 해석하는 능력을 강화시킨다. 말을 사용하고 자신의 생각과 감정을 표현하기 위해 놀이하는 척하는 아이의 기쁨은 아이가 여러분에게 달려와 그의 좋은 시간을 공유하게 할 것이다. 아이는 또한 모의 전투에서 여러분과 함께 캐릭터 인형을 조종함으로써 소근육 운동을 연마하게 될 것이다. 엄마 또는 아빠가 되는 소꿉놀이는 아이에게 아주 재미있기 때문에 당신의 아이는 가상놀이를 하면서 복잡한 행동 패턴을 종합하는 것을 즐기게 된다. 아이가 곰 인형을 침대 속에 넣기로 결정했을 때 다른 전체 행동을 종합할 수 있다. 아이가 당신이 한 행동을 본 것과 똑같이 이불을 덮어 주고, 곰에게 자장가를 불러 주고, 굿나잇 키스를 하는 것을 지켜보라. 결국 당신의 아이의 가상 놀이와 대화는 아이의 근육과 감각의 모든 특별한 연습에서 빛이 나게 되며, 시간이 지날수록 더 정교하고 미묘한 차이를 만든다. 당신은 아이가 자신만의 몸짓으로 말하거나 다른 가상놀이를 연출하면서 정확히 맞는 목소리 톤을 사용하는 것을 보게 될 것이다. 이런 방식으로 당신과 아이의 계속되는 사회적 상호작용과 육체적 · 정신적 능력의 성장은 서로 밀접하게 관련되어 있다. 아이디어 발상을 위한 아이의 새로운 능력을 아이의 감각 기술, 운동 능력, 당신과 상호작용한 경험으로 구성된 잘 짜인 로프로 생각함으로써 이러한 놀라운 상호 의존을 개념화하는 것이 더 쉬울지도 모른다. 이 로프는 잘 꼰 새끼줄만큼 강하다. 그리하여 당신은 아이에게 땅 위의 요새뿐만 아니라 공중의 성도 세울 수 있는 많은 기회를 제공함으로써 로프의 강도에 영향을 미치는 훌륭한 기회를 갖게 된다. 당신이 창조 활동에 대해 함께 이야기하면서 당신의 감정 또한 표현하라. 그러면 이 하나로 꼬인 로프는 더욱 단단해질 것이다. 또한 아이가 자발적으로 꺼리는 근육을 스트레칭하고 주변 세계의 경이로움을 더 적극적으로 받아들이도록 도울 기회를 찾을 수도 있다. 이 장의 후반부에서 우리는 다양한 감각과 기술을 강화하기 위한 방법을 토론할 것이다. 아이와 함께하는 상호작용이 흥미진진한 사고의 세계를 탐험할 능력에 대한 기준치를 높일 수 있다는 것과 그와 관련된 특별한 방법을 면밀히 살펴보자.

1) 마법의 순간을 위한 소품

아이의 상징 세계를 구축하기 위해 아이에게 더 많은 실습을 제공할 수 있는 최선의 방법은 아이와 더욱 많은 시간을 보내는 것이다. 만약 당신이 계획한 하루 중 한가한 시간을 20~30분 정도 낸다면 당신뿐만 아니라 아이도 더 편안할 것이다. 놀고 난 뒤 조용히 휴식 시간을 즐기는 것이 아주 적절하다는 걸 기억하라. 복잡한 상황이 닥치기 전에 잠시 아이가 당신의 존재를 즐기도록 하라. 아이의 생각과 감정을 표현하도록 호기심을 유발하고 아이를 자극할 수준의 충분한 소품을 갖도록 노력하라. 매일 다루기 안전한 물건, 빗, 냄비, 프라이팬 그리고 다른 식기와 칫솔은 당신이 사용하는 것을 아이가 종종 보았기 때문에 아이의 주의를 끌 수 있다. 또한 놀이를 위한 전화기, 찻잔 세트, 플라스틱 취사도구, 장난감 진공청소기와 빗자루, 모형 갈퀴와 삽을 넣을 장난감 상자를 위해 충분한 방을 마련하라. 아이가 실생활에서 활용할 수 있는 가정용품과 유용한 장난감을 갖는 것은 중요하다. 여러분은 가상 장난감과 기구를 사용함으로써 아이의 실재 욕구를 만족시킬 수 있다. 예를 들어, 아이가 목마르다면 장난스럽게 빈 장난감 컵을 건네라. 만약 아이가 자동차를 타고 나가길 원한다면 플라스틱 열쇠꾸러미를 건네주자.

아이는 아마도 아이가 본 것으로 자신의 창의적인 의견 제시를 할 수 있기 전에는 당신의 일상 활동을 모방할 것이다. 만약 수중에 단지 몇 개의 인형과 꼭두각시 또는 동물 인형만 있다면 아이는 매일 그 물건을 가지고 실제 경험이 생기는 가정극을 연출하는 데 사용할 것이다. 아이의 연극이 펼쳐지고, 인형들이 전화기를 사용하기 시작하거나 꼭두각시가 스파게티를 요리하기 시작하면 당신의 인형이 가상 행위에 들어가기 위한 방법을 찾도록 하라. 드라마 속으로 빠져들라. 인형, 캐릭터, 동물 인형에게 직접 말하라. 당신의 꼭두각시가 장난감 전화기 중 하나의 수화기를 들고 미키 마우스가 전화를 받고 있으며 아이가 잠시 스파게티 준비에서 벗어날 수 있다면, 아이의 도널드덕 퍼펫과 이야기하고 싶다고 알릴 수 있다. 이어서 특별한 캐릭터 세트, 꼭두각시 또는 인형은 당신의 가족 또는 아이의 생활 속에서 잘 알고 있는 다른 인물을 대표한다.

아이가 연극 속에서 사용하는 물건에 의미를 부여하는 것은 중요하다. 누가 아이의 경주용 차를 운전하는지, 달나라로 여행하는 우주선의 연료가 충분히 있는지를 물어보라. 당신은 오늘밤에는 누가 요리를 할 것인지, 어떤 손님이 집에 올 것인지 또는 누군가 테이블은 이미 정리했는지, 기타 등등 매우 궁금해할지도 모른다. 당신이 할 수 있는 한 길게 대화를 하라! 당신의 거실 소파는 산이 된 것을 선언하고, 수저는 생일 촛불로 사용하라.

비록 아이가 집에서 본 가정생활에서 가상 드라마를 본떠 만들었다 할지라도, 아이는 또한 동화책과 텔레비전이나 영화에서 본 특별한 어린이 프로그램에서 보고 들은 환상 세계 속의 재료를 얻는다. 여러분은 상징적인 연극을 만들기 위해 미키 마우스, 도널드덕, 메리 포핀스, 알라딘, 피터래빗 또는 바니와 같은 캐릭터를 쉽게 사용할 수 있다. 이러한 이야기, 프로그램, 영화에서 아이와 함께 친숙한 장면이나 노래를 재연함으로써 새로운 아이디어를 생각해 낼 수 있고, 어떤 캐릭터를 아이가 무서워하거나 피하는지 등 모르는 주요 부분을 특별히 알아 둘 수도 있다.

현관문 밖에서 당신과 아이를 기다리고 있는 많은 현실 세계 경험을 채굴하는 것을 잊지 말자. 아이가 당신과 함께 버스나 지하철을 타는 스릴, 달리며 이륙하는 비행기를 보는 것, 개울물에 첨벙이는 것, 얼룩다람쥐나 청설모를 지켜보는 것 또는 회전목마를 타 보는 것을 경험하도록 하라. 당신이 그 경험을 알기 전에 아이는 당신과 함께 논 가상놀이 속에서 이러한 경우에 대한 생각과 감정을 표현하게 될 것이다. 당신은 착륙하러 오는 비행기처럼 팔을 접을 수도 있고, 환상 버스를 운전할 수도 있고, 다람쥐를 쫓는 강아지가 될 수도 있다.

가끔 당신은 함께 가상놀이를 하는 동안 마법 같은 순간을 만들기 위해 다른 사람들보다 약간 더 어려운 일을 해야 한다. 만약 세 살배기 아이가 종종 소품을 사용하거나 연극을 시작하는 데 흥미를 잃은 것처럼 보이면, 먼저 간단한 몸짓 교환놀이를 해 보라. 당신은 아이에게 가장 좋아하는 동물 인형 혹은 다른 인형을 건네주거나 조용히 기다릴 수 있다. 만약 아이가 조용히 머리를 끄덕이거나 거절하면 아이와 몸짓 교환을 시작하라. 이 작은 손놀림만으로도 초대장을 받을 수 있다. 당신은 아이의 무릎에 인형을 놓을 수도 있고 높은 목소리로 "난 지금 너무 졸려. 내가 잠들 수 있게 토닥여 줄래?"라고 할 수도 있다. 당신이 행동을 지시하지 말고 아이가 다음에 무엇을 하는지를 보라. 아이가 어떻게 응답하는지 엄격히 논리적이고, 현실적인 방식인지는 중요하지 않다. 중요한 것은 아이가 당신과 함께 놀이를 계속하는 데 관심이 있다는 것이다. 당신의 가상놀이 회기가 지속될수록 상징적인 의사소통을 공유할 기회는 더 많아진다.

2) 일상 대화

아이와 날마다 현실을 바탕으로 논리적인 대화를 위한 시간을 할애하도록 노력하라. 만약 아이의 주의력과 생각이 표류한다면, 아이의 욕구를 강조하는 말을 하지 말고 그 밖의 다른 것에 대해 얘기하며 자연스럽게 아이를 대화의 주제로 끌어들이라. 때때로 왜 당신이 말하는 것을 좋아하지 않고 당신의 질문에 대답하길 원하지 않는지 아이에게 물어보는 것이 도움이 된다. 이 작은 대화가 심문으로 변하는 걸 피하라. 아이가 장광설을 늘어놓을 만큼 충분한 기회를 주고 아이와 논쟁까지도 하라. 당신에게 질문하길 바란다면 항상 쉽게 '예, 아니오'라는 말을 하지 마라. 할 수 있는 한 언제라도 아이가 결론을 이끌어 내도록 용기를 북돋아 주라. 아이가 당신에게서 아이스크림을 하나 더 달라고 할 때 아이에게 요구하라. "배가 얼마나 고픈 거야? 고양이처럼 칭얼거리는 정도야? 사자처럼 으르렁거리는 정도야?" 아이가 대답할 때 만약 그것이 '도넛의 비어 있는 구멍만큼인지 아니면 마른 바다만큼'인지 다시 물어보자. 변호사가 하는 일종의 사소한 따지기는 아이를 순발력을 갖추도록 도와줄 것이고 아이와 둘이 임시 회의에서 기발한 대화와 모든 환상극에서 멋진 균형을 잡도록 해 줄 것이다.

아이와 구두로 말다툼할 때 당신은 아이가 당신의 관점을 고려하거나 새로운 각도로 사물을 보는 연습을 하게 할 수 있다. 빠른 결정을 내리는 능력과 함께하는 이 기술은 미래의 지적 능력의 좋은 예견 지수가 된다. 당신의 아이가 지적으로 성장을 돕는 것은 당신의 목소리 톤이 대체로 장난기를 유지하는 한 효과적인 방법이다. 당신이 적극적일 때 아이의 편안함은 증가할 뿐만 아니라 자존감도 최고가 된다. 아이는 당신이 기꺼이 그에 대해 자신과 함께 언쟁을 벌일지라도 자신의 말과 생각, 감정은 확실히 틀림없는 가치가 있다고 느낄 것이다.

한편, 두 살 반 아이에게 세 살 아이가 할 정식 학습 기술을 소개하기 위해 서두르면 역효과가 난다. 대신, 쿠키나 동전들을 가지고 양의 개념(좀 더, 덜, 조금, 많이)을 탐구하는 것을 즐기라. 놀이를 각색하기 위해 양손을 사용하라. 만약 아이가 이미 숫자와 글자를 기억하고 있다면 생각하고 상호작용하는 데 활용하라. 몇 개의 쿠키를 원하니? 너는 몇 개를 살래? 아이는 자신이 좋아하는 동물들(강아지나 고양이?)을 가리키며 아는 글자를 사용할 수 있어? 말하자면, 자기 혼자만의 노력이 아닌 창조적이고, 정교한 생각의 일부로써 학업 전 기술을 즐기라.

일반적으로 숫자 인식과 알파벳 읽기, 쓰기는 각 아이의 개인적인 신경 체계의 성숙도와 시간에 달려 있다. 이를수록 좋은 건 아니다. 몸을 안정시키고 아이의 머리와 입에서 튀어나오는 놀라운 생각을 즐기라. 조기 학습 기술 능력이 드러나면 아이의 사고를 도울 수 있도록 활용하라.

3) 아이디어를 확장하고 공들이기

작은 아이가 당신과 함께 단어 사용과 가상놀이 속에서 새로운 즐거움을 개발하는 중이라는 것은 사랑, 의존, 호기심과 자기주장뿐만 아니라 분노, 공격성, 충동, 슬픔 또한 포함한 다양한 주제와 감정을 광범위하게 표현하는 훌륭한 새로운 도구를 가지고 있다는 것이다.

일단 당신의 아이가 단순히 침묵에 잠기거나 안달하여 우는 것보다 "저리 가."라는 말을 할 수 있으면 아이는 자신의 감정을 직면하기 시작할 수 있다. 아이는 자신의 말이 당신을 화나게 할 수 있지만 당신이나 자신을 영원히 사라지게 할 힘이 없다는 것을 배운다. 아이는 크게 화냈을 때조차도 세상은 여전히 돌아가는 것을 알게 된다.

인형극을 함께하는 동안 아이가 강렬한 감정을 표현하는 것을 보았을 때, 캐릭터가 드라마에 빠져든 감정을 인식하게 하라. 특정 단어가 아니라면 특정 느낌을 전달하기 위해 과장된 음성을 사용하는 것이 좋다. 예를 들어, "엄마는 너를 너무너무 사랑해!"를 꼭두각시 인형이 하는 것처럼 당신의 아이에게 포옹하는 몸짓을 하고 소리를 내며 키스하라.

당신의 몸짓과 말은 그 안에 담긴 감정적인 흐름을 표현하는 것을 아이가 충분히 알 수 있도록 연극하듯 표현해야 한다. 과장된 연기를 하는 것이 정말 좋다. 사실 당신의 가상놀이는 아이가 피하려고 하는 감정을 자세히 말하도록 도울 수 있다. 다과회에서 동물들이 항상 서로에게 예의 바르다거나 작은 다툼이 생길지라도 재빨리 포옹하고 화해하는 것을 볼 때 당신은 동물 중에 한 목소리를 내 보도록 하라. "저는 아직 화해할 준비가 되지 않았어요."라는 복선에 따른 도전을 쟁점화하라. 그러면 아이는 자신의 대립을 일삼는 감정 또는 분노의 감정을 충분히 탐색할 수 있는 기회를 갖게 될 것이다.

이와 비슷하게 아이가 당신과 둘이서 우주 침략 놀이를 하는 동안 테마를 지나치게 적극적으로 공략해 따라잡는 것처럼 보일지라도 아이가 캐릭터의 행동에 대한 이유를 대도록 노력하게 함으로써 놀이의 감정적인 주제를 서서히 넓히도록 하라. 잘 구성하자. 캐릭터들이 좀 더 복잡하게 얽히도록 도우라.

4) 아이디어, 감정, 개념에 이름 붙이기

아이가 아이디어를 사용하는 데 좀 더 익숙해지도록 돕기 위한 또 다른 방법은 가상놀이를 하는 동안 나타나는 주제와 감정에 대한 이름 붙이기와 범주화하기 등이다. 아이가 유독 이래라저래라 하면 "오늘은 네가 주도권을 쥐고 싶은가 보네."와 같이 어떤 말을 함으로써 아이의 통제력에 대하 욕구를 인식하라. 그래서 아이가 드라마에 대한 감독을 계속하도록 만들라. 만약 아이가 좀 혈기 왕성하고 당신을 밀어제친다면 "오늘은 모든 걸 혼자 하고 싶은가 보네!"라는 말을 해 보라. 그때 당신은 약간 뒤로 물러날 수 있는데, 그 몸짓은 아이에게 좀 더 많은 공간을 기꺼이 제공한다는 메시지를 전달한다. 당신의 일은 단지 아이의 감정과 생각을 변화시키기 위한 게 아니라는 것을 기억하라. 대신에 당신이 아이가 느끼고, 생각하고 있는 것을 편안히 여기고 인식하고 있다는 것을 단순히 아이가 알게 하면 된다. 이렇게 함으로써 함께하며 또한 서로 소통한다. 아이가 '아빠' 역할을 맡아 당신에게 이런저런 지시를 내릴 때 당신은 '아이'가 되라. 아이가 몇 초의 여유 시간이나 다른 문장 또는 둘 모두에서 강렬한 감정에 머물도록 도와줌으로써 당신은 점차 아이의 아이디어의 사용이나 참을성을 확장해 가게 된다. 가상놀이를 함께할 때 일어나는 추상적인 주제에 이름을 붙이는 것과 토론하는 것 또한 중요하다.

세 살 반 정도 된 아이들은 착한 아이/나쁜 아이, 선한/악한, 겁나는/어리석은과 같은 상대 개념을 이해하기 시작한다. 그래서 당신은 아이가 이러한 질량을 가진 캐릭터를 창조하는 것을 볼 때 아이 스스로 캐릭터의 이름을 짓도록 도우라. 아이가 매번 착한 아이가 되고 당신이 악당이 되는 것을 고집한다면, 가끔 역할을 바꾸도록 노력해 보는 것도 괜찮다. 아이는 못되게 굴고 화난 체하는 걸 즐긴다! 가상놀이는 또한 시간과 공간과 관련된 개념을 소개할 기회를 많이 제공한다. 시간에 대해 알려 줄 방법을 이해한다는 것이 30개월 아이의 능력을 넘어선다 할지라도, 아이는 가상놀이 시나리오에서 '지금'과 '나중'에 대한 감을 매우 잘 잡을 수 있다. 예를 들면, 당신과 아이 둘이서 나쁜 놈들을 공격하기 위해 액션 캐릭터들을 길게 줄 세울 때 당신은 아이의 눈빛을 이해할 수 있으며 아이에게 손짓으로 한번에 제거하라거나, "지금, 공격!"이라고 외침으로써 팡파레를 울리는 척 경적을 울릴 수도 있다. 만약 아이가 공격에 착수하는 것을 기다리길 어려워한다면, 고개를 저으며 손은 조심스럽게 흔들고 신중한 속삭임으로 "안 돼, 이따가!"라고 하면 '이따가'는 기다려야 하는 의미라는 것을 배우게 된다.

지금 연기하는 역할이 '북극을 향해서 멀리' 떠나는 탐험가면 극적으로 아이에게 굿바이 키스를 하고, 눈물을 글썽이며 손을 흔들고 다른 방으로 사라진다. '멀리'는 이리하여 시야에서 사라지고 들을 수 없는 거리에 대한 이름을 갖게 된다. '가까이'라는 개념은 여러분의 인형이 크고 나쁜 늑대가 다가오는 것이 무서워 엄마나 아빠 인형에 '가까이' 함께 모이길 원할 때 연출되고 이름을 짓게 된다.

5) 놀이 친구와 아이디어

당신은 아직도 자녀라는 우주의 중심일지 모르지만, 아직 준비가 되지 않았다면 이제는 그 자신의 나이에 맞는 몇몇 아이에게 소개할 때이다. 이상적으로는 어린이집이나 그룹 활동 이외에 일주일에 4~5번 1대1 놀이 일정을 목표로 해야 한다. 이 활동은 오랜 기간 지속될 필요가 없다. 때로는 1시간이 적당하고 다른 시간은 길어진다.

기회가 된다면, 아이들은 실제로 인생의 두 번째 해에 평행한 놀이를 넘어서기 시작한다. 동료인 빌리 프레스(Billy Press)와 함께 어린이들이 서로 즐겁게 배우는 단계를 문서화했다. 때로는 12개월에서 16개월 사이에 아이들은 서로 가까이에서 놀지만, 가끔 다른 어린이의 장난감이나 밝은색의 머리카락에 대해 궁금해하기도 한다. 이로 인해 울기도 하고 때로는 뽀뽀 소리가 들릴 수도 있다.

16개월에서 18개월 사이에는 비슷한 점이 많다. 아이들은 장난감 차와 트럭을 움직이면서 낮은 슬라이드에서 서로를 따라갈 수도 있고 정서적 신호를 미묘하게 증가시킬 수도 있다. 이는 종종 앞 장에서 설명한 복잡한 사회 문제 해결 행동과 일치하는 모방 자유형 상호작용을 유도한다. 아이들 사이에 모방과 정서적 몸짓이 증가함에 따라 18개월이 지나면 멋진 유머 감각이 생기기 시작한다. 한 아이가 웃기는 얼굴을 하거나 장난감을 떨어뜨리면 다른 아이는 기쁨으로 웃을지도 모르며, 곧 두 아이가 함께 즐거운 시간을 보낼 수 있다. 이 나이대의 아이들은 말다툼을 할 뿐만 아니라 큰 장난감을 같이 움직일 때 서로 도울 수 있다.

새로운 놀이 친구나 소그룹을 준비하면서 아이들은 이전의 상호작용 단계를 통해 작업할 수 있다. 2세의 아이들은 처음에는 단순히 서로의 장난을 지켜본 다음 이미 상호작용할 수 있음에도 불구하고 병렬 또는 나란히 놀이를 즐길 수 있다.

기준치를 높일 때 해야 할 일과 하지 말아야 할 일

- 아이가 아이디어를 사용하도록 퍼즐, 책, 구조적인 게임, 영상이나 TV에 의존하지 않는다.
- 바닥으로 내려와 아이가 직접 선택한 가상놀이에서 곰이든 마법사든, 캐릭터가 되자. 열정적으로 해 보자! 캐릭터를 이용해 상호작용하고, 대화하고 감정 표현을 하자.
- 아이의 흥미를 끄는 것이라면 새로운 장난감이든 가장 좋아하거나 가장 싫어하는 것이든 이용하여 긴 대화를 유지하자. 게임, TV, 영상을 보고 마는 것이 아니라 길게 주고받는 대화로 이용하자.

아이들은 금세 더 많은 호기심을 불러일으키고 서로를 모방한다. 2세 아이들은 상호작용을 시작하고, 특히 소그룹에서 공유된 놀이에 참여할 것이다. 대규모 그룹은 상호작용을 유지하면서 아이디어 공유를 줄이는 새로운 장난감을 시도하는 경향이 있다. 그 크기의 그룹은 조금 자극적인 경향이 있다. 유아의 상상력과 연설이 발달함에 따라 사회적 (또는 상호작용적인) 놀이가 더욱 복잡해질 것이다.

유아들은 서로 아이디어를 공유하고 서로의 드라마에서 리더가 된다. 당신의 아이가 당신이나 당신의 배우자와 함께 '~하는 척하기' 게임을 하는 데 완전히 만족하는 것처럼 보이더라도, 아이와 같은 또래의 어린 소녀와 소년들에게 아이를 소개함으로써 아이의 지평을 넓히려고 노력하자. 결국 두 살배기 아이들은 서로에게 활기찬 친구가 되어 준다. 너무 많은 재미가 걸려 있기 때문에 당신의 아기는 때때로 다른 사람들에게 통제권을 양보하도록 동기를 부여할 것이다. 아이는 인내심에 대해 더 많이 배울 수 있다. 자신과 같은 수준의 놀이 친구와 함께 아이디어의 세계를 탐험하는 것은 특별한 즐거움이 되고 아이의 사회적 · 지적 능력을 확장할 것이다.

또래 및 형제자매 놀이와 상호작용을 장려하는 매우 유용한 방법은 그룹 시간을 정하는 것이다. 모든 자녀 또는 자녀 중 한 명과 몇 명의 동급생과 함께 문을 여는 동안 다음과 같은 방법으로 바닥에서 놀 시간을 조정하라. 다른 어린이들은 그의 드라마에서 배우나 도우미이다. 다과회가 진행 중인 경우, 지도자는 모든 어린이에게 앉아서 찻잔을 줄 것이라고 결정할 수 있다. 각 어린이는 20분 동안 리더가 되고 나머지 어린이는 자신의 드라마에서 배우 또는 도우미 역할을 한다.

다과회가 진행 중이면 지도자는 모든 어린이에게 앉을 자리를 말하고 찻잔을 주기로 결정할 수 있다. 지도자가 슈퍼맨이 되기로 결정하면, 리더가 열정적인 추격으로 당신을 따라갈 때 당신과 당신의 자녀나 친구들이 달리고 숨을 수 있다. 그룹 플로어타임은 모든 자녀가 동시에 관심을 받기를 원하는 부모에게 훌륭한 활동이다. 그룹 플로어타임에는 항상 모든 아이가 참여한다. 심지어 입으로 말하기 전 유아들도 당신과 함께 숨을 수 있도록 구슬릴 수 있다! 또한 우리는 그룹 플로어타임 경험을 통해 아이들이 어른이 있을 때뿐만 아니라 혼자 있을 때도 서로 노는 법을 배운다는 것을 관찰했다.

6) 또래와의 놀이와 및 그룹 플로어타임에서 정신기능 시스템 작용하기

우리는 자녀가 동시에 보고, 찾고, 듣고, 말하고, 공간을 협상하고, 더욱 복잡한 방식으로 움직이고, 강한 가이드 중재, 욕망 및 감정으로 상상력과 아이디어를 사용하는 활동을 논의한다. 또래나 형제와 놀 때보다 자신의 정신기능 시스템이 자신의 욕구나 감정의 방향으로 함께 일할 수 있는 더 좋은 방법은 없다. 카라는 때로 엄마나 아빠보다 더 기발하고 재미있는 시간이 되기 때문에 때때로 부모와 떨어져서 스스로 놀아야 한다. 부모는 자녀의 전체 정신기능 시스템과 관련된 활동을 창의적으로 육성하기 위해 주기적으로 참여해야 한다.

6. 도전 극복하기: 전화위복

아동들이 하나 이상의 감각을 사용하거나 근육을 조정하는 데 어려움을 겪을 때 아이들은 환상 세계를 탐험하는 것이 더 어렵다. 아이들이 믿음의 세계를 탐험하도록 하라. 무엇인가 어떻게 보이는지, 소리, 맛, 냄새 또는 감각을 느끼는 데 문제가 있다면 마음속의 아이디어가 되는 다중 감각적인 그림이 덜 형성될 수 있다. 이런 이미지를 보고 노는 동안에는 풍부한 방식으로 조작하는 것은 어렵다. 예를 들어, 두 살 반 때 시각적 단서를 찾는 것이 상대적으로 어렵다면, 대상의 외양에 대한 진정한 정신적 이미지를 유지하는 것이 더 어려울 수 있다. 두 사람이 묻힌 보물을 찾아 해적이 되기로 결정했을 때 상자 안의 노란 팝 비즈가 8개의 황금 조각인 것처럼 가장하는 데 어려움을 겪을 수도 있다. 아이의 마음에 실제 금의 시각적 그림을 담아서 구슬이 보물이라고 가장하는 것은 어렵다. 아이는 구슬을 볼 때 구슬을 생각한다. 아이의 시각적인 도전은 구체적 세계에 집착하게 할 수 있다.

어떤 소리와 목소리에 대해 이해하거나 주의를 기울이는 데 어려움을 겪는 유아는 마찬가지로 마음속에 완전히 멀쩡한 이미지를 형성할 수 있다. 당신이 고양이처럼 그르렁거리고 야옹거리는 척할 때 아이가 가성의 목소리를 완전히 이해하지 못한다면 반드시 그의 '고양이' 개념의 범위를 제한할 것이다. 새끼 고양이에 관한 아이의 생각은 부드러운 털 또는 발톱, 아니면 아이가 뛰는 방법을 생각하겠지만, 아이가 내는 소리는 아이에게 중요한 요소가 되지 않을 것이다.

게다가 만약 당신의 아이가 고양이의 그르렁거리는 소리와 같은 특정한 소리를 듣고 반복하는 것을 어려워한다면, 아마도 '고양이'라는 단어의 실제 소리를 마음속의 시각 이미지와 연결시키는 것은 더 어려울 것이다. 요컨대, 어린이는 자신의 마음에 있는 단어의 소리를 듣거나 읽을 수 있어야 한다. 대부분의 어린이들은 청각 경로를 통해 속기를 사용하는 것을 배우지만, 말하기에 어려움을 겪고 있거나 청각 처리상의 어려움을 겪고 있는 일부 사람들은 결국 단어를 그림과 연관 지어 표시하는 법을 배운다. 그림과 함께 결국 편지는 단어, 일러스트레이션 및 실제 대상 자체로 표현되는 모든 다중 감각적인 이미지에 대한 일종의 시각적인 속기로 합쳐진다. 이를 통해 단어를 식별하는 데 어려움을 겪고 있는 사람들을 평가할 수 있다. 그런 아이들은 말할 수 있기 전에 실제로 어떤 말을 읽을 수 있을지도 모른다. 다행스럽게도 이미지 전체를 완성하는 데는 여러 가지 방법이 있다. 때로는 한 영역에서의 도전은 실제로 다른 영역에서 매우 창의적인 역량을 발휘한다.

몇 달 동안 자신의 아이와 대화할 때 자녀의 신체 접촉이 때로는 대화의 즐거움을 방해하거나 아이의 일상적인 행동으로 인해 가끔 아이들을 압도할 수 있음을 알 수 있다. 이제 카라, 브라이언, 에마와 맥스의 부모가 자녀의 어려움을 해결하고 아이디어의 세계를 발견하도록 돕는 새로운 방법을 다루는지 살펴보겠다.

1) 촉각과 청각에 민감한 아기

카라의 세 번째 생일이 다가옴에 따라 그녀의 부모 엘렌과 스티브는 점점 더 그녀가 형, 누나와 함께 노는 시간 동안 자신을 지킬 수 있다는 느낌을 갖게 되었다. 사실, 다섯 살 난 조이는 두 사람이 정교한 패턴으로 앞뒤로 액션 피규어를 움직일 때 소름 끼치는 소리를 몇 번 지르면서 여전히 그녀를 흥분시키는 것을 즐겼다. 그는 카라와 함께 연주할 때 '머릿속' 또는 더 조용한 목소리를 사용한다는 스티브의 말을 무시할 때가 많았다.

카라는 항상 조이가 블록으로 성을 쌓거나 카드 테이블 위에 드리워진 침대 시트로 가장한 천막을 만드는 데 관심이 있었지만 곧바로 놀이에 뛰어들기 전에 주저했다. 이 활동은 카라가 다른 신발이 떨어지기를 기다리고 있는 것과 같았고 카라의 남동생이 카라를 불안하게 하는 고함 소리를 내기를 기다리는 것과 같았다. 그녀는 매우 민감하고 특정 소리에 쉽게 압도되기 때문에 시끄러운 상호작용으로 이어질 수 있는 특정 놀이 주제를 탐색하는 데 신중했다. 사실 카라는 체계적이고 통제력을 유지하기 위해 너무 열심히 일해야 했기 때문에 오빠의 많은 아이디어에 대해 "싫어!"라고 말했다. 이 부정적인 태도는 자연스럽게 조이를 짜증 나게 했고, 더욱 겁먹게 만들었다. 이 모든 것이 카라가 조이와 함께 놀면서 탐색할 수 있는 아이디어와 개념의 종류를 제한했다.

마침내 엘렌은 조이를 한쪽으로 데리고 가서 흥정을 했다. 만약 엘렌이 카라를 한동안 '소리 주도권'을 쥐게 내버려 둔다면, 엘렌은 엄마 아빠와 소리 주도권 역할을 할 수 있게 된다는 것이었다. 엘렌은 엄마의 도전을 받아들였고, 이후 카라와 별도의 대화를 나누었다. 이제 카라의 언어 능력이 정말 꽃을 피우고 있었기 때문에 엄마는 그녀가 아이디어의 요점을 따를 수 있다는 자신감을 느꼈다. 엄마는 로라에게 조이와 함께 가상놀이를 하는 동안 음향 효과가 얼마나 크게 울리거나 꿰뚫는지를 맡도록 할 것이라고 설명했다. 카라는 가라사대의 화자처럼 그들의 두 목소리가 얼마나 크고 부드러울지 통제할 수 있다고 들었다.

예를 들어, 아이들이 함께 노는 동안 소음 수준이 너무 높게 올라갈 때마다 카라는 조이가 조용히 하기 위한 신호일 수 있는 떨리는 몸짓으로 그녀의 집게손가락을 입술에 갖다 대었다. 어린 소녀가 조금 더 큰 소음을 낼 준비가 되었다고 느꼈을 때 그녀는 마치 밴드의 리더처럼 팔을 앞뒤로 흔들 수 있었다. 카라는 가라사대 화자의 권위를 가지고 조이와의 시끄러운 상호작용을 지시할 수 있었고, 조이는 엄마 아빠와 정말로 시끄럽게 하기 위해 아이의 뒤를 따르려고 노력했다.

많은 가상놀이 시간을 보내는 중에 카라는 새로운 종류의 자신감을 보였다. 엘렌은 그다음 주에 카라가 가상 행동에 열을 올리자 소리를 조금 더 크게 내려고 하는 것 같다는 것을 알아챘다. 카라는 조이와 함께 놀면서 통제력이 강해진 것 같아 특정 주제를 탐구하는 데 덜 신경 썼다. 과거에 조이가 싫어했던 조용한 척 놀이에 더 많이 끌리는 것 같았다. 카라가 가장 좋아하는 가상놀이(다과회 개최 및 소꿉놀이)는 사랑, 양육 및 사교성과 관련된 주제를 탐구했으며, 조이가 소개했을 때 화나거나 공격적인 감정이 있는 시나리오로만 방향을 틀었다. 이제 카라는 자신의 형제가 팔꿈치로 그것을 지나치려고 할 때 인형 중 하나가 보복하는 것을 더 자주 허용하는 것처럼 보였다. 카라는 다시 부정이나 회피에 빠지지 않고 더 넓은 범위의 소음을 용인함으로써 귀찮은 청력 감도를 처리하기 시작했다.

엘렌과 스티브는 흥분했고 성공에 용기를 얻어서 여덟 살 된 레이첼이 카라가 더 폭넓은 접촉을 탐색하도록 도울 수 있는지 알아보기로 결정했다. 온가족이 카라가 딱히 눈에 띄지 않고, 헐렁한 옷을 입고, 기저귀를 껴안고 싶어 한다는 것을 잘 알고 있었다. 분명히 카라가 큰 언니인 레이첼과 함께 즐겼던 척 놀이에 새로운 질감을 도입할 수 있는 쉬운 방법을 알기 위해 엘렌이 더 넓은 범위의 감촉을 탐험하는 데 카라를 부드럽게 밀어 넣은 일부 위장놀이에서 이익을 얻을 수 있었다.

레이첼은 카라가 인형과 동물을 가지고 놀면서 함께하기를 원했지만, 카라는 자기 자신이나 좋아하는 인형을 위해 항상 '교사' 역할을 맡았다. 카라는 대개 자신의 곰 인형이 '학생'이라고 정해 놓고는 했다. 엘렌은 새로운 헝겊 인형을 구입하고 머리 꼭대기와 채워진 귀에 찍찍이 스트립을 부착하기로 결정했다. 엘렌은 모자, 안경, 머리카락 등의 형태로 밝은색의 펠트 조각을 잘라 냈다.

엘렌은 어느 날 카라에게 인형을 주면서 흥분해서 말했다. "이제 너만의 새로운 인형을 갖게 되었구나! 안경을 쓰게 해 줄 수도 있고, 곱슬머리나 모자를 줄 수 있는 것 보이지? 이렇게 조각을 붙이고 떼어 내면 돼." 벨크로의 사각거리는 느낌이 카라를 괴롭히는 것을 알았지만, 벨크로 질감의 장난감 표면에 닿아서 자연스럽게 이 느낌의 혐오감을 극복하기 위해 결정한 것이었다. 결국 엘렌은 새로운 장난감에 대한 아이의 골칫거리를 치료했다. 그녀의 본능이 타당한 것으로 판명되었다. 카라의 즐거움, 자신의 새로운 인형을 갖는 것에 대한 자부심 그리고 언니와의 믿음의 즐거움은 새로운 장난감에 열심히 도달하게 만들었다.

처음에는 카라가 펠트지를 부착하고 뽑을 때 다소 꺼려 했지만, 곧 그녀는 자매의 방으로 가서 새로운 인형을 과시했다. 그날 엘렌은 두 소녀가 새로운 인형이 중심 무대에 서려는 것을 믿는 게임에 깊이 몰입하는 것을 보았다. 엘렌은 카라가 벨크로 테이프의 느낌을 아무렇지 않게 견디는 것을 보았다. 카라는 그녀의 인형에 모자를 쓰고 손가락으로 높은 소리로 외쳤다. "나가서 놀아라!" 자매와의 상호작용은 카라의 놀이에 더 많은 촉감을 통합하는 것을 배웠을 때 더 상상력을 발휘하게 되었다.

2) 주변 세상에 반응이 없는 아기

스튜어트의 눈에는 30개월 된 아들 브라이언이 유치원 수업에서 다른 10명의 유아보다 덜 성숙해 보였다. 스튜어트는 매주 자진해서 교실을 돕는데, 다른 아이들이 얼마나 신체적으로 능숙하고 수다스러운지를 보았을 때 그는 일종의 불안한 느낌을 받기 시작했다. 최근에 스튜어트는 놀이터에서 넘어진 소녀를 위로하는 데 도움을 주었다. 소녀는 넘어지자 큰 소리를 내며 울었다. 그리고 소녀는 "아, 아, 아, 내 무릎!" 하며 일어나 스튜어트 쪽으로 다가왔다. 그녀는 훌쩍이면서 어른이 '기분을 더 좋게 만들기'를 원한다는 것을 나타내기 위해 애교를 부렸다. 하지만 브라이언은 그날 아침 일찍 발가락이 부러져 땅에 넘어졌을 때 매우 다르게 행동했다. 그저 고개를 좌우로 돌리며 아빠를 찾고, 쓸쓸하게 그의 발을 내려다보며 울기 시작했다. 스튜어트는 어린 소년의 언어 능력과 여러 가지 행동 계획을 세우는 능력이 또래 그룹의 다른 아이들만큼 발달하지 않았다는 명백한 증거로 인해 낙담했다.

스튜어트와 그의 아내 태미는 오래전부터 그들의 상냥한 아이가 소아과 의사가 말하는 '수신자 겸 발신자', 즉 외부 세계에서 온 거의 모든 단서에서 특별히 격리된 듯한 아이라는 것을 알고 있었다. 부모는 아들과 상호작용하면서 진정으로 열의를 가지고 노력했고 실제로 아들과 따뜻한 관계를 맺을 수 있었다. 아이의 침묵, 부끄러운 미소, 껴안기, 입술소리 내기는 그들을 안심시켰고 아들을 밖으로 이끌어 내는 데 성공했었다.

그날 오후 그가 관찰한 내용을 아내와 공유한 후 두 사람은 발달 전문가와 이야기하기로 결정했다. 전문가는 브라이언이 꾸준히 발전하고 있으며, 그와 함께하는 활기찬 플로어타임 회기가 실제로 그에게 현실 세계의 사람 및 사물과 상호작용하는 즐거움을 누릴 수 있었다고 부모를 재빨리 안심시켰다. 브라이언은 비록 점프를 하고 등반하는 데 약간의 어려움을 겪었지만, 지금은 관계를 즐기고 있고 튼튼한 파트너이다.

브라이언은 집과 학교에서 보았던 대부분의 물건을 지명할 수 있었고, 부모님이 그를 공원으로 데려갔을 때 진정으로 기뻐했던 것처럼 보였다. 그러나 스튜어트가 놀이터에서 가지고 왔던 일종의 도전은 브라이언이 단서에 과소 반응하는 경향이 있는 많은 유아와 같이 나타나는 전형적인 모습이었다고 말했다. 그는 스튜어트와 태미가 자녀와의 상호작용을 더욱 즐겁게 할 수 있는 즐거운 방법이 많이 있을 뿐만 아니라 동시에 근육을 조정하는 데 도움을 줄 수 있다고 덧붙였다. 전문가는 부모에게 유아가 다른 행동(운동 계획)을 수행하는 데 문제가 있다면 유아가 원하는 가상놀이를 할 때 어려움에 직면할 수 있다고 했다.

예를 들어, 그러한 아이가 장난감 상자까지 아장아장 걸어가서 바닥에서 새로운 인형을 파낸 다음, 인형을 자신의 손 위로 끌어당길 생각을 한다 할지라도, 아이의 낮은 근긴장도와 운동 계획 처리 도전은 그 일을 위압적으로 만들 수 있다. 아이의 다리와 손은 잘 구성된 계획을 시행할 수 없다. 아이는 아마도 결국 운동 패턴을 짧게 자르고 장난감 상자로 가서 가만히 있을 것이다. 만일 좌절이 시작되고, 아이의 행동은 일련의 목적이 없고 행동이 연결되지 않는 것은 놀랄 일도 아니다. 아이는 이 계획된 모든 행동을 생각해야만 한다. 반면, 같은 나이대의 아이들은 자신의 소원을 자동적으로 행동으로 옮길 수 있다. 실제로 이러한 유형의 운동 계획에 문제가 있는 많은 유아는 점차 자신의 상상력을 표현하는 것을 포기할 수 있다.

그러므로 아이의 운동 계획 능력을 강화하는 것을 돕는 것은 두 배로 중요했다. 브라이언의 부모의 목표는 친구들과 더 육체적으로 상호작용하고 자신의 사회 기술과 자신감을 키울 수 있도록 돕는 것이었다. 브라이언은 가능한 한 자유롭게 느껴져서 놀면서 다양한 주제, 아이디어 및 감정을 표현하고 자신의 몸의 근육을 사용함에 어려움이 있지만 이를 사용하는 것은 중요하다. 감정적 아이디어를 탐색하는 그의 능력은 대체로 다양한 행동을 한데 묶는 근육의 능력에 달려 있다. 결국에 소규모의 친구와 하는 가상놀이에서 거인의 위협을 받고 있는 장난감 곰을 구조하는 것이 너무 어렵다면, 얼마나 많은 창의력에서의 불꽃이 나올 수 있을까? 요새 꼭대기에 갇히거나 운동장 한쪽에 얼어붙는 것은 브라이언처럼 상냥하고 정취가 넘치는 아기에게 힘든 일이었다.

치료사의 도움을 받아 스튜어트와 태미는 두 가지 방법으로 어린 소년에게 육체적 · 정신적 스트레칭을 하게 했다. 우선, 치료사는 브라이언의 부모에게 굴근(굴곡 근육)이 신근(연골을 유지하는 근육)보다 사용하기가 더 쉽다는 점을 상기시켰다. 브라이언은 자신의 가상놀이 구역에서 몇 가지 신체적인 문제를 경험할 필요가 있었다. 태미는 브라이언의 흥미를 끌 수 있는 확실한 시나리오를 즉각적으로 제시하며 일련의 동작에서 신근을 사용하도록 미묘하게 조종할 것이다. 엄마는 순식간에 아들의 관심을 사로잡을 가상 시나리오를 떠올렸다.

브라이언은 항상 식료품 가게로 여행하는 동안 밝게 빛났다. 이 특별한 여행이 항상 평소의 여유를 깨는 것처럼 보이는 이유는 정확히 알 수 없다. 다만, 브라이언의 열정은 밝은 조명, 다채로운 상자와 과일 진열, 태미의 생생한 수다 또는 빵집의 아주머니가 그에게 준 무료 설탕 쿠키에서 찾을 수 있다. 태미는 장난감 장바구니와 빈 시리얼 상자 및 우유 상자 세트를 놀이방에 설치하면 브라이언이 서로 다른 물건을 구입할 수 있는 이야기를 만드는 데 도움을 줄 것이라고 생각했다.

브라이언의 신근을 동시에 운동할 수 있도록 치료사는 브라이언이 낮은 발판을 들고 움직여야만 닿을 수 있는 선반에 시리얼 상자를 올려놓을 것을 제안했다. 일단 소품이 제자리에 있고 가게가 세워지면 치료사는 브라이언이 이 놀이를 이끌게 하는 것이 중요하다고 조언했다. 만약 브라이언이 일시적으로 압도당한다면 태미는 조금 후퇴하고 그들의 교류의 강도를 누그러뜨릴 수 있을 것이다. 반응성이 떨어지는 아이는 항상 활발한 상호작용을 하는 편이 낫다. 아이를 진정시키고 단순히 자신의 몸을 좀 더 알고, 사용하는 데 도움을 주는 노력에는 우여곡절이 있다.

치료사는 또한 엄마에게 쇼핑과 관련된 무수한 행동을 작은 파트로 쪼개야 할 것을 상기시켰다. 브라이언은 그의 엄마가 쇼핑하는 척할 때 관찰한 밀기, 뻗기 그리고 스트레칭 행동을 쉽게 모방할 수 있음을 관찰했다. 치료사는 그들이 노는 동안 잠깐 함께 카트를 밀자고 제안했다. 그녀는 그들이 높은 위치에 놓인 물건에 도달하도록 요구되는 게임을 하는 척할 때, 스텝 발판 의자를 꺼내는 방법을 브라이언에게 보여 줄 수 있었다. 중요한 점은 아이가 순서를 정하고, 드라마를 담당하게 하는 다른 것을 더하기 전에 그것을 적절한 시기에 내려놓고 각각의 패턴을 연습하는 것이었다.

치료사는 브라이언이 뇌의 근력을 향상시킬 수 있는 활동과 나아가 가상놀이, '비행기 놀이'를 포함한 수많은 놀이를 제안했다. 스튜어트는 머리를 들고 아이가 아버지의 허리를 감싸도록 할 것을 지시했다. 아버지의 팔이 브라이언의 엉덩이를 지지함으로써 스튜어트는 뇌의 몸통이 거의 지면에 수평이 될 때까지 원형으로 주위를 돌 수 있었다. 브라이언은 직접 비행하는 상상을 할 수 있었다("아빠, 더 빠르게!" 또는 "더 천천히"). 또는 뉴욕에 사는 데이브(Dave) 삼촌이나 시카고에 사는 할머니를 보기 위해 비행기를 탈지 결정할 수 있었다.

두 번째 활동은 운동신경을 자극하는 기능을 하면서 뇌의 활동력을 자극하며 운동을 따르는 놀이를 제공하는 것이다. 줄거리는 선인이 악인을 열렬히 뒤쫓기 또는 잭과 콩나무 같이 부모와 아이의 추격전이다. 만약 아이가 그가 추격 놀이를 하는 동안 달리는 방향을 빈번하게 바꾸기에 회유된다면, 신근은 결국 강화되고 신체 활동을 더 즐기게 될 것이다. 치료사는 태미와 스튜어트가 두 마리의 사냥개인 척하는 놀이에 동시에 참여할 것을 제안했고, 브라이언은 반복적으로 방향 전환을 함으로써 둘 다 탈출하는 것을 관리하는 약삭빠른 여우가 될 수 있었다. 치료사는 브라이언이 그들에게 어떤 이점을 제공함으로써 대부분의 시간을 '이길(beat)' 수 있는지 그들에게 상기시켰다(어린이가 전속력으로 놀고 있는 성인을 보았을 때 그는 대개 경쟁이 합법적이라는 것과 많은 즐거움을 느낄 것이다).

태미와 스튜어트는 집으로 가서 이 활동을 시도하기를 열렬히 바랐다. 그들은 브라이언이 세상을 탐구할 때 적극적으로 근육을 사용할 수 있도록 도와줬고, 격려했다.

3) 감각을 추구하는 아기

에마의 세 번째 생일파티에서 찍은 이 비디오는 멋지기도 하지만, 에너지 소모에 관한 관찰을 영상에 담은 것이다. 이곳에는 그녀의 의자에서 일어난 에마가 있다. 그녀의 생일 촛불이 꺼질 때 '생일 축하' 노래를 지휘자처럼 지휘했다. 공원에서 땅콩 찾기 놀이를 하는 동안 에마는 진정한 빙그르르 도는 행동을 빠르게 했다. 아빠가 공원을 떠날 때 아이들을 모두 불러 모으자 에마의 분노한 시위와 에마의 아버지 품에서 벗어나려 하는 모습을 영상에 담았다. 테이프 후반부에 에마의 어머니인 로라는 에마가 당나귀 꼬리 달기 포스터 방향에서 웃음을 터뜨리기 전에 원 안에 눈가리개를 한 아이를 조심스럽게 회전시켰다. 에마는 어지러운 더미의 바닥에 주저앉을 때까지 오른쪽으로 돌고 돌기를 계속했다.

이 중 놀라운 일은 없다. 에마에게는 가벼운 감각을 처리하는 것이 어려운 일이기 때문에 더 많은 경험과 더 강한 느낌을 찾아 끊임없이 움직였다. 로라와 마이크는 에마의 이런 특성을 억누르지 않았고, 그들의 난폭한 세 살배기 아이와 어떻게 관련시킬지 알아내는 것에 대해 당황해했다. 부모는 에마가 성장하는 언어 능력에 의해 아주 흥분했지만, 에마의 두목 행세에 크게 실망했다. 에마는 마치 훈련 담당 하사관처럼 부모에게 자주 고함쳤다("그것은 멍청해, 멍청이-꺼져! 당장!"). 에마는 '하는 척하기' 놀이와 블록

타워 쌓기 놀이를 즐겼지만, 어느 한 가지 주제나 일을 너무 오래 지속할 수 없는 것 같았다. 에마의 중년 부모는 딸과 함께 한가한 시간을 보내는 것에 필사적이었다. 마이크가 말했듯이, "우리는 여기에서 기적을 찾는 것이 아닙니다. 에마는 우리 삶의 빛이지만, 매일 매우 혼란스러울 뿐입니다!"

에마의 학교 선생님은 말을 많이 하고 행동을 적게 하는 것이 아기가 덜 열광적이고 더 성찰적인 태도를 갖도록 돕는 것 같다고 지적했다. 예를 들어, 에마가 선생님에게 다른 박제 동물을 가져와서 그녀의 가상 게임의 캐릭터 중 하나가 되라고 소리칠 때마다 그녀는 대답에 대해 빠른 '예' 또는 '아니오'를 받는 데 익숙해진 것 같았다. (사실 로라와 마이크는 때때로 그들이 "아니."라고 말하길 원할 때 "예."라고 말하기도 했다. 그들은 그녀의 분노를 마주하는 데 에너지가 부족했기 때문이다.) 선생님은 에마의 요구를 조금 다르게 처리하기 시작했다고 언급했다. 그녀는 또 다른 놀이 동물을 가져오는 대신 에마에게 "왜 우리 놀이에서 다른 동물이 필요할까? 그는 무엇을 할 생각일까?"라고 물었다. 에마는 잠시 시간을 내어 말의 의미를 되돌아보는 것처럼 보였다. 에마가 이 말로 만들어진 이미지를 고려하여 그녀가 평상시 행동으로의 전환을 늦추고 얼마 동안은 생각의 세계에서 활동했다. 그런 다음 왜 새로운 동물인형이 필요한지 선생님께 이야기했다.

만약 에마가 머릿속에서 생각을 조작하는 연습을 더 많이 한다면, 에마는 '생각하자.'와 같은 정신운동을 더 잘할 가능성이 있을 수 있다. 에마는 판타지에서 다양한 옵션을 탐구함으로써 새로운 경험과 감정에 대한 욕구 중 일부를 만족시킬 수 있다. 따라서 그녀는 실제로 행동하고 현실 세계를 통제해야 할 필요성을 줄일 수 있다. 에마의 긴장되고 탄력 있는 근육은 여전히 '그녀의 의지를 떨쳐 버려라.'라고 노래를 부르는 것처럼 그녀의 의지를 떨쳐 버리도록 강요할 것이지만, 마음의 적극적인 생활은 그녀의 감각 증가를 위한 일부인 동시에 그녀가 잠시 멈추고, 깊게 생각하고, 소통 돕기를 만족시킬 것이다.

실제로 에마는 **공상놀이를 하는 동안에 적극적**일 수 있다. 예를 들어, 에마가 상상력이 풍부한 가상의 유니콘을 쫓아간다면, 그녀는 동시에 움직이고, 아이디어를 탐구할 수 있다. 그녀는 드라마에서 행동과 아이디어를 결합하여 행동을 조절하고 규제하는 방법을 배울 것이다. 왜냐하면 그녀는 또 다른 척하는 성격으로 도전을 결정할 수 있고, 유니콘에게 약간의 물을 주기 위해 천천히 가거나, 행운을 위해 가상 동물의 황금 뿔을 문질러 속도를 낼 수 있기 때문이다. 따라서 그녀의 ~하는 척하기 놀이는 행동과 생각 지향을 둘 다 동시에 할 수 있다.

로라는 그녀와 에마가 공원에서 뛰어다닐 때마다 또는 딸이 원숭이 바를 타고 올라가는 것을 도울 때마다 가상놀이를 함을 알아채기 시작했다. 그들이 집으로 돌아왔을 때 놀았던 것은 조금 조용하고 더 오랫동안 지속되는 것처럼 보였다. 활발한 운동 활동은 에마의 조직화와 중심화를 돕는 것처럼 보였고, 가상놀이 중에 너무 많은 근육 에너지를 소모할 필요가 없었다. 또한 이것은 정신 조작을 즐길 수 있는 그녀의 능력을 튼튼하게 했다.

에마는 활동을 원하는 어린 소녀였기 때문에 가상놀이 동안 부모님은 행동 지향적인 드라마에서 그녀의 상상력에 도전할 수 있는 방법을 찾았다. 슈퍼히어로 인형은 인형이 작은 다과회를 재현하도록 하기보다 포효하는 용에게서 사람들을 구하기 위해 산꼭대기까지 올라갈 수 있었다. 그것은 에마처럼 행동지향적인 아이가 정숙하고 조용한 집안싸움을 연출하기 위해 정력과 활기로 가득한 것에 만족스럽지 않을 것이다. 부모는 환상의 세계에서 그녀의 흥미를 돋우기를 위해 연기 영역에 대한 선호를 이용할 수 있었고, 시간이 지남에 따라 좀 더 조용하게 다과회를 즐길 수 있을 것이다.

로라와 마이크는 에마가 기발한 주제와 감정적인 생각에서 더 몰두하게 될 수 있는 것을 돕기 위해 몇 가지 틀을 가져야 함을 깨달았다. 만약 그들이 행동과정의 장단점을 따지거나, 에마의 의견과 감정을 단어 또는 가상놀이를 통해 표현하는 것을 위해 그녀를 성공적으로 이끈다면, 그녀는 결과적으로 자신의 주변을 구경하고 듣는 것을 잠시 동안 충분히 길게 멈출 수 있을 것이다. 에마는 자신의 생각으로 떠들썩한 드라마에서 펼쳐지는 생각, 주제, 느낌을 보거나 들을 수 있는 새로운 종류의 기쁨으로 이끌어 낼 수 있을 것이다. 에마는 부모와의 상호작용을 통해 그녀가 간절히 원하는 감각을 전달했으며, 곧 "그만하고 이 장미의 향을 맡아 봐."라고 말하며 상상력을 풍부하게 사용할 수 있을 것이다.

4) 시각적인 입력은 받아들이지만, 소리는 무시하는 아기

윌은 거의 세 살이었는데, 몇 마디 말이 없었지만 주니어 건축가이자 군사 전략가로서의 명성을 꾸준히 높여 가고 있었다. 윌의 부모인 리사와 댄은 착한 캐릭터와 나쁜 캐릭터 사이에서 상상의 전쟁을 벌이는 블록 요새를 만드는 그의 기술과 기교에 놀랐다. 윌은 부모가 자신과 함께 발을 맞춰 캐릭터를 움직이는 것을 사랑했고, 그의 가상놀이 동안 다양한 주제와 아이디어에서 준비된 것처럼 행동했다. 윌은 다친 캐릭터를 껴안고, 그의 영웅을 자신의 탑 꼭대기에 단호히 행진시켰다. 윌은 육성, 정직, 적극성 등의 주제를 탐구하기에 바빴다. 자신의 엄마나 아빠의 얼굴 표정이 드라마의 등장인물이 느끼고 있는 당혹스러움, 두려움 또는 기쁨을 나타낼 때 적절하게 응답하고 빈번히 새로운 방향으로 행동을 조종했다.

윌은 리사와 댄에게 자신이 가상놀이를 하면서 행동과 감정을 배우는 중이었으며, 시각적 접근에 매우 관심 있다는 표현을 분명히 했다. 그러나 때때로 그들의 아동은 자신의 장난감에 대해 이야기하거나 그가 생각하고 있는 것을 큰 소리로 표현하기보다 좌절할 때 단순히 그의 피규어를 자신의 형상으로 두드리고는 했다. 비록 윌은 가끔 적절한 효과음("딴! 딴!"과 승리감에 찬 "짜잔!")을 만들어 냈지만, 윌은 거의 침묵을 지켰고 그의 위로나 그들이 연기한 캐릭터들과는 언어적으로 대화하려고 하지 않았다.

리사와 댄은 캐릭터의 행동에 생동감 넘치는 단어를 동원하고 윌과의 접촉에서 속사포 같은 답을 사용하는 것을 피하려고 했지만, 그는 여전히 빠른 말투로 왔다 갔다 하며 과부하가 걸린 듯한 모습을 보였다. 윌의 부모는 아들이 시각 신호보다 청각 신호에 오랫동안 주의를 기울이는 것이 훨씬 더 힘들다는 것을 알고 있었다. 그러나 아이러니하게도 윌은 지난 몇 개월 동안 놀라울 정도로 정확한 단어 표현을 사용했다. 그의 블록 탑이 추락할 때마다 그는 "젠장!"과 "아, 지옥같다!"라고 외칠 수 있었다. 청각장애가 있는 유아는 종종 엿들었던 욕설을 모방한다. 정서적으로 기분 전환되는 순간에 특정 소리가 나기 때문에 다른 언어를 사용하는 것을 피하는 것 같아 보인다. 활기찬 소리와 활기찬 목소리와 얼굴, 흥미진진한 반응은 아이에게 큰 인상을 준다. 그는 또한 특정 단어가 금기시되고 조금 도발적이라는 느낌을 갖는다. 다행히 윌도 그의 대화에서 다른 많은 사회적으로 받아들일 수 있는 극적인 표현을 나타냈다. 윌의 부모는 그가 놀이와 상호작용을 했을 때, 그가 "오, 세상에!"와 "우와우!" 같은 구절을 반복하는 것을 발견했다.

댄은 자신의 시끄러운 정도의 과장으로 압도되는 윌을 보호하기 위해 너무 조심스러워했다는 것을 알게 되었고, 유아의 강한 시각적 감각과 잘 발달된 훌륭한 운동 능력에 거의 독점적으로 연결되어 있었음을 알게 됐다. 댄은 이제 두 사람이 놀면서 생각과 이미지가 표현될 수 있도록 도움을 줄 수 있음을 깨달았다. 단어와 구문을 간단하게 유지하면서 정서적으로 유익하고 의미 있는 단어를 사용함으로써 댄은 캐릭터가 그의 앞에서 바로 펼쳐지는 행동에 반응하는 것에 대해 윌을 부드럽게 도울 수 있었다. 예를 들어, 댄의 액션 캐릭터 중 하나가 블록 탑 위로 올라가면서 아들의 캐릭터 중 하나에게

"저기로 이동해!"라고 소리치면 그 캐릭터는 윌이 어떤 식으로든 언어적으로 반응할 때까지 거부할 수 있다. 이는 "괜찮아, 가라."라는 괜찮은 대꾸이다. 드라마 내면의 행동은 자녀가 단어를 사용하도록 강요한다. 다른 캐릭터가 윌의 욕구를 저지르는 상황을 조성하는 데 도움을 줌으로써 댄은 진행 중인 행동에 대한 자신의 감정을 표현하기 위해 아들의 말을 사용할 가능성을 높였다. 단순히 자신의 생각을 듣거나 육체적으로 행동하는 것이 아니라 자신의 말로 아이디어를 전달할 수 있는 즉각적인 힘을 볼 수 있었다. 댄이 더 많은 상황을 조성할수록 윌은 더 많은 연습으로 언어로 된 단서를 얻게 될 것이다. 더 많은 단서가 들려올수록 그의 이미지나 아이디어가 풍부해지고 상상력이 발휘될 것이다.

윌과 같이 다른 사람의 말을 듣는 것을 어려워하는 아이가 혼란스러운 상태와 남을 자극하는 상태를 오고가는 것은 놀라운 일이 아니다. 리사는 전화 통화에서 자신의 어머니에게 아이의 고집에 대한 우려를 언급했다. "외출하려고 할 때 윌에게 옷장에 가서 외투를 가져온 뒤에 내가 뒷문을 잠그고 올 때까지 기다리라고 말했어. 그런데 윌은 내가 아무 말도 하지 않은 것처럼 나를 쳐다보고는 해. 다른 때는 그냥 바닥에 엎드려서 움직이기를 거부하고, 내가 윌에게 놀이방에 가서 블록을 통에 넣고 동물 인형을 선반에 올려놓으라고 말하면, 또 그래."

리사의 어머니는 자신이 다정하고 지지적인 엄마니까 그녀의 목소리 어조 때문에 아이가 가만히 있는 것은 아니라고 말했다. 그보다는 너무나 많은 단어로 한 개 이상의 아이디어를 전달하면 아이가 집중을 못하는 것 같았다. 어머니는 그녀에게 단순화, 단순화, 단순화할 것을 강조했다. "한 번에 한 가지만 해 달라고 부탁해! 지시는 짧게!"

지침이 여러 단계로 쪼갤 때 그리고 명령에 활기차거나 많은 감정을 나타내면 윌과 같은 아이들에게는 단어의 소리를 이해할 만큼 오래 기억할 수 있게 된다. 장난감을 청소할 때가 되어 엄마는 단순한 질문으로 지시를 내릴 수 있다. "블록통은 어디 있지?" 또는 "어떤 선반에 인형을 둬야 하지?" 윌이 한 단어 또는 한마디로 대답하면, 리사는 다음 정리 지침을 계속 진행할 수 있었다. 결국 더 복잡한 지침이 함께 묶일 수 있었다.

이 같은 과정은 가상놀이에서 아이디어가 교환될 때 사용될 수 있다. 리사는 예전에 "우리 아기, 이상한 이웃들을 염탐할 수 있게 곰들과 원숭이들에게 나무를 오르는 방법을 가르쳐 주는 게 어때?"와 같은 제안은 아이가 이해하지 못하고 멍하니 쳐다보게 만든다는 것을 깨달았다. 이 제안에는 생각과 아이디어가 너무 많아서 윌이 흡수할 수 있는 연관된 행동이 너무 많아진다. 요청이나 질문을 간단하고 유익한 부분으로 나누면 엄마는 아이가 이해하는 것을 도울 수 있음을 발견했다. "바니는 어디 있지?"라는 질문이 시작될 수 있으며, 단어나 몸짓으로 답장하면 "바니는 무엇을 할 거야?"라는 후속 조치가 가능할 수 있었다.

사실 윌은 단순한 구절에 더 익숙해졌기 때문에 리사는 그의 동기 부여를 이용한 놀이를 시작했다. 윌이 "외출!"처럼 무엇인가를 정말로 원할 때마다 리사에게 '장갑과 모자'와 같은 물건이 필요하고, 결국에는 지갑, 장갑, 모자를 들고 나와 함께 나갈 것이라고 말했다. 연습과 시간이 지남에 따라 윌은 이러한 종류의 연결된 아이디어와 지시사항을 자신의 마음에 담아서 더 능숙하게 성장할 것이며, 모든 단어는 더 이상 압도적인 소리처럼 느껴지지 않을 것이다.

5) 소리는 받아들이지만, 시각적으로 이해하는 데 어려움을 겪는 아기

두 살 반인 맥스는 진짜 수다쟁이다. 바쁜 하루를 보냈기 때문에 점심 식사를 위해 무엇을 먹었는지, 자신의 어른스러운 바지를 자기 스스로 어떻게 끌어올리고 내렸는지, 그가 가게에 갔을 때 새로운 신발은 어디 있는지 설명했다. 린과 조나단은 아이의 이런 매력에 매료되었지만, 때로는 아들이 조금 과하게 에너지가 많다고 느꼈다. 맥스의 가상놀이는 연결된 흐름 없이 한 주제에서 다른 주제에 갑작스럽게 전환되었다. 동물원에서 울부짖는 사자 이야기는 갑자기 엄마를 찾는 아기 돼지와 관련된 판타지로 바뀌고, 또 옷 갈아입기 게임으로 바뀌고는 했다. 맥스의 가상놀이는 조금 파편적인 모양이었다. 부모가 아이의 논리적이고 유동적인 대화에서 아이의 놀이를 비교하자니 어찌해야 할지 알 수가 없었다. 그리고 무엇을 만들지 모를 때, 아들의 행동을 묘사했을 때, 치료사는 그들의 아들이 복잡한 광경을 처리하거나 이해하는 것을 얼마나 힘들게 반복했는지를 되풀이했다. 치료사는 아이가 가진 멋진 언어 기술을 활용하여 가상놀이를 시작하되, 아이는 자신의 아이디어와 감정을 묘사하는 데 더 많은 연습이 필요함을 인식하는 것이 좋다고 했다. 치료사는 맥스와 같은 시각적인 공간 문제를 가진 아이들이 숲 전체의 그림을 만들 수 없기 때문에 나무에서 나무 사이로 튀어나와 놀이 주제를 다른 놀이 주제로 빠르게 전환할 수 있다고 설명했다.

예를 들어, 맥스가 가장 좋아하는 사자 장난감에서 떨어져 다른 곳을 보다가 그의 눈은 돼지 목욕 장난감을 보면 앞서 사자와 함께했던 놀이와는 관계가 없는 새로운 스토리 라인이 나타날 것이다. 시각적인 관심이 한 이미지에서 다른 이미지로 점프되는 맥스에게 주어지는 도전은 그가 잊어버린 물체를 자신의 놀이에 다시 소개하기 위해 이 이미지와 연관시키는 것을 돕는 것이다. 따라서 맥스가 새로운 이미지로 계속 관심을 돌린 후에도 오래된 이미지를 계속 유지함으로써 맥스가 다양한 이미지를 연관시키는 데 도움을 줄 수 있다.

예를 들어, 맥스가 사자 장난감을 버리거나, 울부짖는 소리를 잊어버리고 돼지처럼 꿀꿀거릴 때 다음 스파이인 맥스의 부모는 사자처럼 포효하고 사자에게 무슨 일이 일어났는지 돼지에게 물어볼 수 있고 아들이 연극에 참여할 수 있는지 여부도 조사할 수 있다. 동물 놀이가 바로 아빠의 신발과 모자에 다가가는 게임으로 변한다면, 엄마와 아빠는 장난스럽게 아빠의 신발 중 하나에 플라스틱 돼지를 넣고 신발이 잘 맞는지 여부를 물어볼 수 있다. 중요한 점은 맥스가 다양한 시각 이미지를 유지하는 데 도움을 주고, 오랜 기간 마음속 깊은 곳에서 마음을 사로잡아야 한다는 것이다.

맥스는 정신적인 그림을 그려 보는 훈련이 더 필요했는데, 특히 그는 화려하거나 밝은 강렬한 시각 이미지에 매우 민감했다. 그러므로 너무 복잡하거나 무서운 시각 이미지에 그가 과부화되는 것을 피하는 것이 중요했다. 가면을 특색으로 삼거나 얼굴이 뒤틀린 모습을 드러내는 드라마는 감정적인 우상을 놀라게 할 수도 있다. 그는 그 이미지를 천천히 그리고 지원을 통해 소화할 수 있어야 했다.

아이의 환경 속에서 맥스는 시각적 및 공간적 문제를 해결하는 능력을 발달해야 했다. 치료사가 주장하는 한 가지 기법은 회기를 함께 이야기하는 과정에서 시각적 기술을 구성하는 놀이를 강조하는 것이었다. 예를 들어, 맥스가 빨간 모자와 주연 배우 역할을 결정하겠다고 하는 경우 조나단은 먼저 아이와 문제 해결을 하며 크고 나쁜 늑대가 어디에 숨어 있으면 좋을지 물어볼 수 있다. 문 저편에 있어야 하나? 아니면 침대에서 쭈그리고 앉고 있어야 하나? 아니면 나무 뒤에 숨어 있을까? 그들이 다양한 옵션을 이야기할 때 맥스는 매복 위치에 대한 첫 번째 선택과 함께 무게를 두기 전에 맥스에서 이 위치의 시각적 이미지를 형성할 것이다.

맥스가 다양한 종류의 시야에 편해지게 할 수 있는 또 다른 방법은 다양한 가상놀이 중 시각적으로 흥미로운 소품을 사용하는 것이다. 치료사는 철도 트랙이나 도로를 만들기 위해 마스킹 테이프를 바닥에 두거나 커다란 폭풍우에 빛나는 플래시가 번쩍거리거나 테니스공을 튀게 하는 것이 연못에서 개구리가 튀어나오고 있는 것이라 상상하는 등의 활동을 할 수 있다고 제안했다. 이 시각적인 매력의 활동 모두 맥스가 그의 눈으로 행동에 따라 조정되고 변동을 얻는 데 도움이 될 것이다.

맥스가 공간을 가로질러 항해하는 것에 대한 또 다른 방법은 탐색하고 물체를 찾을 상상의 기회를 주는 것이다. 장애물 코스와 보물찾기는 한 수준에서 다른 수준으로 올라갈 수 있는 방법을 찾는 많은 기회가 되며, 또는 시각적 및 언어적 단서에 따라 대상을 검색하는 방법이 된다. 맥스는 자신이 선택한 가상 드라마를 시작하도록 격려받았고, 그의 부모는 그의 시각적 감각을 가상 연극에 통합하는 데 연습을 제공할 추가적인 이야기 측면으로 그에게 언제든지 도전을 안겨 줄 수 있었다.

린과 조나단은 시각적 운동 훈련을 제공하는 여러 가지 가상놀이를 제안할 수 있었다. 맥스가 동물 인형을 모아 가상 생일 파티를 연다면, 엄마나 아빠는 "갈색 애들은 초록이와 빨강이한테 화가 났어! 생일 파티에서 케이크와 아이스크림 대신에 시금치를 먹어야 했대. 서로 옆에 앉지 않으려고 하네."라고 말할 수 있다. 맥스가 도움을 청할 때도 이 장난감 이야기에서 다른 에피소드를 함께 꿰매며 장난감을 색으로 정리할 수 있다.

너프 공[2]이 날다람쥐가 되어 우리 발로 멀리 차 버리는 종류의 '보고 행동하기' 놀이와 참가자가 강을 건너는 척하는 밸런스 빔 운동도 아기의 시각적 운동 능력을 강화하는 데 도움이 될 수 있다. 춤이나 단순화된 축구, 야구, 피구 등과 같이 눈으로 보고 몸으로 움직이는 활동도 도움이 될 것이다. 특히 공이 아이가 눈으로 연결하고 자기의 방망이나 발로 인해 날아가는 것을 볼 수 있을 때 만족감이 느껴질 정도로 충분히 크다면 말이다. 맥스의 몸을 움직이고 혀를 사용하는 것에 대한 그의 즐거움은 자신이 겪었던 시각적 감각을 신뢰하고 환상의 극적 요소로 삼을 수 있을 것이다.

7. 아이디어 탐구에 대한 가족의 도전

이제 유아가 가상놀이 중에 자신을 표현할 때 단어를 사용할 수 있게 되었으므로 서로의 관계에 새로운 명확성이 생긴 것이다. 어느 정도에서는 두 사람은 말 그대로 같은 언어를 구사하고 있다. 그러나 우리 중 일부는 실제로 우리 아이의 머릿속에 무엇이 있는지 아는 것은 때로는 혼란스러울 수 있다. 어떤 부모는 두 살 반 된 아이의 끝없는 질문에 기뻐할 수도 있지만, 다른 부모는 숨 막힐 수도 있다. 어떤 부모는 자녀가 함께 게

2) 너프건 공 또는 총알–역자 주.

임을 하는 동안 공격적이거나 화를 낼 때 걱정한다. 다른 사람들은 자녀가 생식기를 포함한 신체 부위에 이름을 붙일 때 혼란스러워할 수 있다. 간단히 말하면, 자녀의 새로운 표현의 용이함은 때로는 자신의 생각과 상반되며, 과도하게 통제하거나 철회하거나 불안감을 느끼게 할 수 있다.

1) 질서에 대한 요구

잠시 다양한 상황에서 당신에게 안정감을 주는 게 무엇인지 생각해 보자. 규칙을 따르고 모든 것이 제자리에 맞게 돌아갈 때 통제력을 느끼고 가장 완화되는 느낌을 받게 되는가? 아니면 그보다는 자발성을 즐기는 자유로운 영혼에 가까운가? 당신이 전자에 속하면 질서와 구조를 바라는 당신의 요구가 아이의 반항심을 증가시켜도 놀랄 일이 아니다. 함께하는 가상놀이 시간에 아마 당신은 모든 상황을 직접 통솔하여 더 질서 있고 논리적인 이야기를 펼치도록 만들고 있을 것이다. 대신 아이의 리드를 따르고 아이의 창의적인 조각이 어떤 주제를 갖고 있는지 보는 것에 당신의 정리 능력을 사용하자.

반면, 당신이 너무나 많은 자유분방한 아이디어를 놀이 중에 꺼낸다면 의도치 않게 아이와 당신 모두 나무가 만드는 숲을 보기 어려울 것이다. 당신의 그 창의력이 아이의 이제 갓 피어나는 창의력을 과부하시킬 것이다. 조금 더 천천히 가 보자.

일부 부모는 특히 구체적이거나 현실에 얽매여서 실제로 가상놀이하는 법을 잊었다. 그러나 그들은 유아와 함께 앉아서 퍼즐을 맞추는 것을 기뻐할 수도 있고, 함께 그림책을 볼 수도 있다. 그런 부모는 동화를 끝없이 읽거나 자녀가 다양한 숫자와 문자를 지적해 주기를 원할 것이다. 이러한 활동은 일반적으로 부모와 자녀 모두에게 즐거운 경험이지만 플로어타임 판타지 놀이를 대신할 수는 없다는 것이다!

자유롭게 흐르는 환상이 불편하면 조용하고 질서정연한 놀이로 후퇴하고 싶은 마음이 들 수 있다. 아이가 함께 책을 읽거나 블록 탑을 쌓을 때 함께하는 친밀감을 아이도 즐기니 말이다. 그러나 아이를 가상 영역에 참여시키도록 노력하자. 아이가 '~하는 척하기' 놀이의 넓은 범위를 놀이로 풀어낼 때 당신의 적극적인 참여가 필요하다. 두 사람은 함께 가상으로 무언가 하는 척하는 법을 배울 수 있다. 아이가 당신을 가르치게 하자!

아이가 가끔 화를 내는 경우, 아이의 부정적인 태도를 너무 개인적으로 받아들이지 말자. 아이는 그저 자신이 아는 유일한 방법으로 당신과 놀려고 하는 것뿐이다. 그의 화와 같은 정도의 실망이나 분노로 반응하지 않는다면 감정은 더 빨리 가라앉는 경향이 있다. 대신 그에게 따뜻한 시선을 보낸 다음 플로어타임 식의 흉내 놀이를 제안하자. 그가 보스가 되어 당신에게 드라마에서 역할을 분배하게 한다. "난 오늘 누구인지 알려 줘. 나는 라이온 킹이니? 아니면 호기심 많은 조지니?" 요컨대, 아이와 가상놀이를 하지 않을 때 더 편안함을 느낀다는 것을 알게 되면 그래도 아이와 함께 바닥에 내려와서 완화해 보자. 그런 다음 구조화되지 않은 우스꽝스러운 상호작용의 문을 열어 보자. 자신에게 매우 인내한다면 즐기는 법을 배울 수 있다.

2) 불편한 주제

앞에서 논의한 부모와 달리 당신은 매우 유연한 편이라고 가정해 보자. 당신은 퍼펫 쇼를 하고 아이와 함께 이런저런 드라마를 펼치는 것을 좋아한다. 가상놀이를 하는 동안 정말 자신을 대입하고 유아가 쇼를 지시하도록 하는 데 전혀 문제가 없다. 예를 들어, 대부분의 부모는 유아와 가상놀이를 할 때 의존성과 관련된 주제를 탐색하는 데 매우 편안해한다. 만 3세 된 아이가 인형에게 부드럽게 뽀뽀를 해 주거나 엄마 개가 강아지들을 돌보는 이야기를 만들어 내면 기분이 좋다. 타인을 사랑하고 돌보는 소중한 능력을 성공적으로 끌어냈기 때문이다. 그래도 당신이 대부분의 우리와 같다면, 함께 상상하는 시간 동안 아이가 누르지 않기를 바라는 감정적이거나 주제별 스위치가 있을 것이다. 예를 들어, 가상놀이가 타인을 다치게 하는 것과 난동으로 방향을 틀 때 당신은 그것을 더 잔잔한 물로 되돌리고 싶은 충동을 느낄 수 있다.

"내가 불편해하는 감정의 스위치는 무엇일까?"라고 스스로에게 묻는 것이 중요하다. 자신에게 정직하게 분노, 성적 흥분, 자기주장, 공격성 또는 의존성 문제가 있는지 확인하자. 자신에게서 이러한 감정을 느끼게 되었을 때 당신은 배우자와 어떤 식으로 관계를 끌고 가는가? 당신의 생각과 감정을 탐색하기 위해 말을 사용하는 것보다 뒤를 돌고 불편한 상황을 피하는 것이 더 쉬운가? 특정 감정적 영역에서 자신의 불편함과 머뭇거림을 인식하게 되면, 어떤 생각이나 감정은 무시하려고 하는 것이 가장 좋은 대처라는 말을 아이에게 무심코 전달하고 있다는 사실을 알게 될 것이다.

이런 경우라면, 아이와 가상놀이를 하는 동안 바로 그 주제에 대해 배우기 위해 특별한 계획을 짜라. 아이는 다양한 감정에 대해 배우는 연습이 필요하고, 이는 당신도 마찬가지이다. 가상놀이는 두 사람이 다양한 감정의 정도를 느껴 볼 수 있도록 해 주므로 당신은 인간 감정의 더 넓은 범위를 경험하고 표현하는 데 자신감을 얻을 것이다. 특정 주제에 열정적인 탐색이 어렵다고 느껴져도, 놀이 중 당신의 아이가 당신을 그 주제로 끌어 줄 것을 허용한다는 사실 자체로 아이에게 더 넓은 아이디어의 세상을 탐색하고 언젠가는 이해할 수 있도록 해 준다.

8. 가상놀이가 도전에 대비해 주는 방법

모든 부모의 대처 방법에서 자주 간과하는 도구 중 하나는 자녀가 다가오는 위기 시점을 예상하도록 도움이 되는 방법으로 가상놀이를 사용하는 것이다. 형제자매의 출산이 임박했거나, 부모와의 분리가 다가오거나, 예정된 의사나 치과의사 방문 등 자녀에게 곧 도전이 될 감정적 주제에 대한 문제 해결을 위해 가상 드라마를 사용할 수 있다. 가상놀이는 실제 사건에 대한 일종의 리허설 역할을 할 수 있다.

어쩌면 만 3세 된 아이를 화나게 하는 가장 흔한 일은 그를 돌보미에게 맡기거나 몇 시간 동안 할머니와 할아버지 댁에 데려다주는 일 혹은 그와 비슷한 것이다. 큰 행사가 있기 며칠 전에 이것을 가상놀이에 대입하고 아이가 그 주제를 가지고 무엇을 하는지 볼 수 있다. 엄마 곰이 쇼핑하러 갔을 때 다양한 인형을 어떻게 느끼는지 알아보자. 할아버지 곰이 다른 동물들의 기분을 좋게 하기 위해 무엇을 할 수 있는지 생각해 보자. 그런 다음 나가서 즐거운 시간을 보내자!

아이디어 만들기

이제 자녀가 자신이 원하는 것 또는 생각하는 것을 부모에게 말할 수 있도록 돕고, 새로 보이기 시작하는 가상놀이에서 아이의 파트너가 되어 줘야 한다. 예를 들어, 강아지인 척하거나 강아지 인형의 목소리를 내어 주고 아이에게 포옹이나 뽀뽀 또는 뼈다귀를 요구할 수 있다. 또한 아이의 욕망과 소망에 대해 대화를 열 수 있다. "우유 또는 주스 중 무엇을 마시고 싶어?"라고 물어볼 수 있다. "주스."라는 아이의 대답은 당신의 열렬한 고개 끄덕임과 "가지러 가자! 어디로 가야 하는지 보여 줘."의 반응으로 이어질 수 있다. 아이가 냉장고를 가리키며 "저기예요, 엄마."라고 대답하면, 아이는 당신과 상호작용을 하며 자신의 욕구가 채워질 수 있다는 것을 알게 될 것이다.

재미있는 놀이

수다 떨기

아이의 자연적인 관심사를 이용해 아이가 단어, 어구 혹은 짧은 문장을 사용해 얼마나 많은 소통의 순환을 주고받는지 보자. 아이의 한 단어 대답을 긴 대화로 만들어 줄 수도 있다. 예를 들어, 아이가 문을 향해 손가락을 가리키고 "열어."라고 말하면 "누가 열까?"라고 대답할 수 있다. 아이는 아마 "엄마가."라고 할 것이다. 그럼 엄마는 고개를 좌우로 젓고 "엄마는 지금 못해. 또 누가 있을까?"라고 답할 수 있다. 아이는 아마 아빠를 향할 것이고 "아빠가 해?"라고 할 수 있다. 아빠는 "아빠가 뭘 해?"라고 대답할 수 있다. 그럼 아이는 다시 문을 향해 손을 가리키며 "열어, 열어!"라고 하면 아빠가 가까이 다가가 "좋아, 문 미는 걸 도와줄 수 있어?"라고 할 수 있다. 아이는 힘차게 고개를 끄덕이며 길게 주고받은 단어와 제스처의 순환을 닫게 되는 것이다.

가상놀이 하기

아이의 선택에 따라 강아지나 고양이나 슈퍼히어로가 되어 아이의 드라마에 참여하자. 최대한 마음을 다해 얼마나 오래 유지할 수 있는지 확인하자!

제6장

6단계: 아이디어 연결하기

이 단계에 관한 모든 것

1. 추상적 · 정서적 사고를 인식하는 방법
2. 공격성이 건강한 신호인 경우
3. 현실과 상상 친구의 중요성
4. 다른 발달적 도약
5. 추상적 · 정서적 사고의 결정적인 중요성
6. 자녀가 추상적 · 정서적 사고를 하도록 돕기
7. 기준치 높이기
8. 통합된 자아감 구축하기
9. 도전 극복하기: 전화위복

자녀가 3~4세가 되면 어린 시절의 사랑스러운 행동을 훨씬 뛰어넘어 놀랍도록 성숙해 보이는 아이디어를 당신과 공유하는 것이 점점 더 편안해진다. 실제로 당신은 어린 소녀와 논쟁을 벌이고 문득 깨닫게 될 것이다. "와, 아이가 좋은 지적을 했구나!" 당신의 자녀는 "왜?" "어째서?" "왜냐하면"과 함께 당신을 성가시게 하기 시작할 것이다. 아이는 진짜 증거로 자신의 소망과 욕망을 지지할 것이며, 당신이 똑같이 하기를 요구할 것이다. 예를 들어, 당신이 아이에게 저녁 식사로 약간의 시금치를 줄 때 아이는 싫다며 코를 찌푸리고 "바보 같은 시금치 싫어. 맛없어 보여. 먹으면 아야 할 거 같아!"라고 경멸하며 말할지도 모른다. 30개월에서 48개월 사이의 아이는 점차적으로 의미 있고 논리적인 방식으로 한 생각을 다른 생각과 연결할 수 있음을 보여 줄 것이다. 1년 후, 이 흥미진진한 새로운 목표 달성은 복잡한 사회에서 판단하고, 공부하고, 마침내 일할 수 있는 아이의 능력을 지지해 줄 것이다.

아이가 "밖에 나가고 싶어."라고 말했을 때 "왜?"라고 대답하면 "친구와 놀고 싶으니까."라는 이유로 아이에게 논리적으로 자신의 아이디어를 당신의 생각과 연결할 수 있는 기회를 줄 수 있다. 1년 전에 아이가 당신을 바라보며 "밖으로 나가요."라고 요청할 때 당신은 아이에게 "왜?"라고 물었다. 아이는 "나가요, 나가요, 나가요!"라고 간단하게만 반복했다. 아이는 아직 당신의 생각과 자신의 생각을 연결할 수 없었다. 언뜻 보기에는 아이의 생각과 당신의 생각을 연결하거나, 자신의 생각 중 두세 개를 묶는 이 능력은 상당히 간단한 성취처럼 보일 수 있다. 그러나 이 능력의 모든 파급 효과를 멈추고 고려할 때, 그것은 성숙하고 합리적인 사고를 향한 엄청난 디딤돌이 된다.

당신의 자녀는 밖으로 나가거나 주스를 얻으려는 등 현재 욕구를 논의하는 것을 논리적으로 배우는 것만이 아니다. 아이는 또한 시간의 관점에서 자신의 생각 사이에 다리를 만드는 법을 배우고 있다. 과거, 현재, 미래가 아이에게 더욱 이해되기 시작한다. 아이가 밖에 나가자고 요구할 때 당신은 "지금은 안 돼, 아가."라고 대답했다. 아이는 "언제요? 언제요?"라며 대응했고 "15분만 기다려 줘. 그러면 세탁기가 울리는 소리가 날 거야."라던 당신의 대답에 아이는 아마도 "아니요, 지금요! 기다리는 거 안 해!"라고 외칠 것이다. 미래 또는 과거 행동과 관련하여 아이의 생각을 당신의 생각과 연결시키는 능력이 하룻밤 사이에 발전하지는 않지만 내년에는 더욱 분명해질 것이다.

또한 당신의 자녀는 가깝거나 멀리 있는 공간에서 자신의 생각과 당신의 생각을 연결하는 데 점점 더 능숙해질 것이다. 아이가 "어디 가요?"라고 물을 때 "가게에 가."라고 말하면 아이는 당신이 곧 돌아올 것이라는 편안한 느낌을 지니고 고개를 끄덕일 것이다. 아이는 전에 여러 번 가게에 갔었기 때문에 가게가 근처에 있다는 것을 알고 있다. 아이는 가게에 갈 때와 아주 멀리 있는 할아버지 집에 갈 때의 차이점을 알고 있다. 만약 당신이 아이에게 너는 할아버지 집에 갈 것이라고 말한다면 아이는 더욱 괴로워하며 "안 돼, 안 돼, 안 가요!" 또는 "나도 가, 같이 가!"라며 항의를 할 것이다.

또한 당신의 자녀는 감정을 전달하는 생각 사이에 연결고리를 만드는 방법을 배우고 있다. 아이는 당신이 쓸쓸해 보일 때 "왜 엄마는 슬퍼?"라고 순진하게 물을 수 있다. 또한 아이는 "오빠가 내 인형을 가져갔어! 돌려줘!"라고 했을 때 왜 엄마가 오빠에게 화를 내는지에 대해서도 말할 수 있다.

몇 달 동안 당신의 자녀는 동시에 많은 관점에서 사건을 이해하게 된다. 심지어 아이의 일상 활동조차도 과거에 그랬던 것처럼 더 이상 단순한 관점에서 볼 수 없다. 아이가 두 살이었을 때 새로운 물건과 대면했을 때 좋아하기도 하고 좋아하지 않기도 했다. 쿠키는 아주 맛있거나 역겨웠다. 그러나 이제 아이는 쿠키와 훨씬 더 복잡한 관계를 가지고 있으며 "지금 아빠한테 쿠키를 몇 개 받을 수 있을까? 언제 더 많이 얻을 수 있을까?"라고 스스로에게 묻는다. 당신의 자녀는 두세 가지 생각을 하나의 통일된 생각으로 연결할 수 있다. "나는 쿠키를 좋아하고 쿠키는 나를 행복하게 해 준다." 또는 "슈퍼마켓이 근처에 있어. 더 많은 쿠키를 쉽게 얻을 수 있어."라고 말이다. 심지어 쿠키처럼 겉보기에는 일차원적인 것조차도 이제는 여러 각도에서 이해할 수 있다.

각기 다른 부분을 느낀 후 코끼리를 묘사하려고 시도했던 시각 장애인처럼 어린아이는 동물의 일부만을 지각할 수 있을지도 모른다. 그러나 나이가 들수록 코끼리 전체를 볼 수 있기 때문에 아이는 코끼리 주변을 돌고 다른 부분이 어떻게 연결되어 있는지 관찰할 수 있다. 아이는 귀, 다리, 눈이 어디에 있는지를 기억하기 위해 코끼리의 코를 힐긋 보기만 하면 된다. 아이가 생각을 서로 연결할 수 있게 되면서 가장 작은 특징이나 사건조차도 세상에 대한 인식보다 더 복잡한 인식을 떠올릴 수 있다. 생각을 이어 주는 아이의 능력은 대부분의 성인의 학업 지능 및 독해력, 과학적 추리력, 분석 기술, 자기 반영 능력 등이 포함된 다양한 구성요소로 생각하는 데 기초가 된다.

당신의 자녀의 새로운 경험과 정신력은 오래된 것과 연결되어 있다. 그녀는 맛보기, 듣기, 냄새 맡기, 보기 그리고 아이가 느끼는 것과 아이의 행동에 관한 모든 것을 통해 경험을 쌓느라 바쁘다. 아이가 매일 매 순간 새로운 정보를 흡수함에 따라 그 정보는 아이가 어떻게 느끼는지, 방금 일어난 일, 6개월 전에 일어났던 일, 내일 아마도 일어날 것 같은 일과 함께 결합된다. 아이는 모든 시간과 공간 그리고 모든 아이의 감정과 감각을 통해 아이의 경험을 연결할 수 있을 뿐만 아니라 이러한 생각을 무한한 방법으로 재결합할 수 있다.

당신의 자녀의 세계에 대한 이해는 놀랄 만한 속도로 급증하고 있다! 당신의 자녀의 마음속에 현재 형성되고 있는 모든 생각 사이에 환상적인 상호관계를 포착하는 또 다른 은유는 건설적인 것이다. 새로운 도시가 교통, 통신, 에너지와 많은 상호 연결된 시스템이 필요하여 유기적인 전체로서의 기능을 할 수 있고, 그래서 자녀의 마음은 새로운 사고를 더 신속히 처리하고 연결하며 창조하기 위한 다양한 정신적 다리가 필요하다. 길고 긴 대화에서 아이와 상호작용함으로써 다양한 사고와 감정을 연결하도록 도울 때 아이는 자신만의 고속도로와 샛길을 빠르게 만든다. 이 정신적 기반 시설은 아이의 세계를 이해하고 심지어 변화시킬 수 있는 토대를 제공할 것이다.

아마 당신의 자녀가 발달 단계에 있는 동안 당신의 역할이 가장 중요하다는 것은 이미 분명하다. 당신은 세상을 탐험하는 데 있어 토론하는 파트너, 의견을 구하는 사람, 협력자가 되어야 한다. 이것은 대단한 명령처럼 보일지도 모른다. 그리고 아마도 당신은 스스로에게 "잠깐만! 동시에 이렇게 많은 생각을 할 수 없어! 양육자가 되고, 아기의 표정을 읽고, 활기찬 방법으로 반응하는 것만으로도 충분히 힘들어. 가상놀이하는 한, 내가 다시 이런 걸 하게 될 줄은 상상도 못했어! 이제 당신은 나에게 토론자, 협상가, 구조 엔지니어가 되어 달라고 하네. 분명히 부모 직무사항에는 그런 건 나와 있지 않았는데!" 좋은 소식은 대부분의 부모, 교육자, 어린이집과 도우미 그리고 아이들과 매일 소통하는 다른 사람들은 우리가 여기서 설명하는 많은 것을 이미 생각하지 않고 있다는 것을 깨닫게 될 것이라는 것이다. 그리고 그것을 즐기기도 할 것이다!

일부 부모는 자신의 아이들과 함께 길고 만족스러운 대화를 나눌 수 있기 때문에 취학 전 몇 년 동안이 그들이 가장 좋아하는 시기라는 것을 안다. 말하는 것을 즐기지 않는 사람들은 이 단계를 더 도전적으로 여길지도 모른다. 그러나 최종 분석에서 그들의 자녀가 이 새로운 발달 수준을 숙달하도록 도울 때 부모가 명심해야 할 단 하나의 간단한 원칙이 있다. 아이와 함께 아이가 관심 있는 모든 것에 대해 더 길고 긴 대화를 나누도록 노력하고, 아이와 의미가 통하는 대화를 만들 수 있도록 도우려고 노력하라.

예를 들어, 만약 당신의 자녀가 자신이 조금이라도 늦게까지 깨어 있어야 하는 이유를 끌어내느라 바쁘다면, 아이의 모든 이유를 끈기 있게 들으려고 노력하라. 만약 아이의 논쟁이 타당하지 않다면, 당신의 또 다른 이유를 제시하기 위해 당신의 눈을 반짝이며 아이에게 도전하라. 다양한 사실에 대한 아이의 친밀함을 단순히 시험하기보다는 이에 대한 아이의 의견을 추구하기 위해 적극적으로 노력하라. 만약 당신이 아이의 **새로운 새 크레용 상자를 보고 감탄하고 있다면, 아이에게 그것들이 파란색인지 녹색인지 알아보라고 하는 것으로 제한하지 말자.** 대신 아이가 가장 좋아하는 색깔과 그 이유를 물어보라. 아이는 이 방법으로 자신의 생각 사이에 다리를 만드는 연습을 하게 될 것이다. 즉, 생각을 하는 것**이다. 만약 당신이 실수로 아기가 사실에 대한 지식을 과시하도록 하는 데에 너무 많은 중점을 두면, 그녀는 두 가지 생각을 종합하는 법을 배우기보다 고립된 작은 단어를 떠올리게 될 것이다.**

자신의 의견과 관심사에 대해 당신과 함께 생각을 교환할 수 있는 자녀의 능력은 아이가 태어날 때부터 당신과의 관계의 일부였던 포옹과 뽀뽀와 함께 따뜻함, 친밀함, 양육을 경험할 수 있는 아이를 위한 새로운 길이 될 것이다. 이 새로운 유형의 친밀감은 당신에게도 기쁨을 가져다줄 것이다. 당신의 자녀가 보고, 듣고, 만지고, 냄새를 맡는 데 문제를 낼 때 아이가 보여 주는 지속적인 즐거움은 전염될 것이다. 이로써 새로운 경험에 대한 아이의 솔직함은 이 세상에서 아름답고 이상한 것이 무엇인지에 대한 당신의 인식을 일깨울 것이다.

현실 검증하기 지난 3년 혹은 더 많이, 부모와 아이는 셀 수 없는 방법으로 의사소통을 했다. 당신의 친숙한 시선, 제스처, 대화, 협상, 토론 그리고 가상놀이는 점차 당신의 자녀에게 아이의 생각을 당신의 생각과 어떻게 연결하는지를 가르쳐 주었다. 아이는 이것을 통해 동기 부여를 얻는다. 자신을 표현하는 데 엄청난 만족을 얻고 당신에게 이해를 받기 때문이다. 당신과 아이가 가상놀이를 하면서 우습고 판타지스러운 이야기를 할 때, 당신의 논리적인 두 가지 방법의 대화는 아이가 당신에게 대답할 때 당신의 소망, 생각 그리고 감정을 고려하게끔 유발한다.

정서적인 생각의 교환은 매일 잡담과 가상놀이를 하는 동안 논리적인 대화 리듬에 맞춰진 채로 당신의 자녀가 실제와 그렇지 않은 것을 구별하는 데 도움이 된다. 우리가 현실적인 실험이라고 부르는 이러한 능력은 아이의 높은 단계로 생각하는 모든 기술을 위해 기반이 될 것이다. 아이는 틀린 수학 문제를 고치거나 이야기의 근본적인 의미를 찾을 때마다 현실 검증에 의존할 것이다. 아이의 감정적 아이디어를 자신 외의 존재, 즉 당신에게서 겪는 경험에서 아이의 추론 능력이 생긴다. "왜 안 된다고 해? 나는 자기 싫어!"처럼 '나'의 아이디어를 '너'의 아이디어와 연결하는 능력이 내면의 주관적인 것과 외부의 객관적인 것 사이에 다리를 놓아 준다는 것은 결코 놀라운 일이 아니다. 따라서 당신의 아동이 '나'와 '너' 혹은 '나'의 관점에서 세상에서의 경험을 정리하는 능력은 당신이 대표하는 외부적이고 객관적인 세상과 저장된 경험과 감정의 내면을 연결시켜 줄 수 있도록 해 준다.

정서적 사고 아이의 현 발달 시점까지, 당신의 자녀의 생각은 마치 분리된 작은 풍선과 같았다. 아동은 다양한 감각의 가상놀이나 단어를 사용하여 행동으로 표현하고 생각하거나 이미지를 표현하는 시각화할 수 있다. 여전히 아이의 생각은 어느 정도 단편적이고 분산된 채 남아 있다.

그러나 상호 간의 제스처 그리고 당신과 함께한 지적의 논리적인 대화를 통해 이제 아동은 현실에 기초하기 시작했다. 아이의 분리된 생각은 순서 있는 생각으로 구체화되기 시작했다. 당신이 현실에 기반을 둔 대화에 아동을 관여시키고 함께 가상놀이를 한다면, 아동은 자신의 생각 풍선과 당신이 연결될 수 있음을 알기 시작할 것이다. 아동의 가상 드라마의 이질적인 부분을 연결할 수 있도록 당신이 도울 한 가지 방법은 아동 스스로의 역할을 믿게 하고, 당신의 자녀가 띄운 다양한 시험 풍선을 연결하도록 질문을 제기하는 것이다.

때때로 만약 당신의 역할놀이 캐릭터가 약간 정도가 지나친 진술을 하게 만든다면 당신의 자녀는 자신의 생각을 당신에게 연결시킬 것이다. 만약 부모와 자녀가 바다로 여행 가는 가상놀이를 할 때 당신의 인형이 "귀마개와 부츠를 챙겨 가는 걸 잊지 마! 센스 있는 사람들은 다들 바다에서 그렇게 입어."라고 했다. 아이는 아마 당신의 인형의 말도 안 되는 제안을 알아차릴 것이다. 아이의 인형은 이렇게 대꾸할지도 모른다. "바보 같아! 아무도 바다에서 귀마개를 끼지 않아. 그들은 수영복을 입지!" 또는 아마도 아이에게 협조하거나 킥킥거릴 것이다. 다시 말하면, 선의의 의견 차이뿐만 아니라, 호의적인 의견 불일치는 당신의 논쟁의 좋은 근거가 될 수 있다. 인과응보의 사고를 고치기 위해 당신의 아이에게 일련의 질문을 퍼부을 필요는 없다.

자녀 스스로 당신의 생각에 연결시키는 순서를 논리적으로 창조하는 연습을 더 많이 한다면, 당신의 자녀의 가상 드라마와 현실적인 대화는 정교함이 증가하고 성장할 것이다. 자녀가 합리적인 방식으로 자신의 생각을 당신의 생각과 연결하려고 하는 한(자녀의 생각이 엄청나게 상상력이 풍부하더라도!), 자녀는 논리적으로 생각하는 사람이 되는 길로 잘 가고 있는 것이다. 아동은 더 현실적인 기초 방법에 의해 당신과의 관계를 협상할 것이며, "내가 이것을 할 수 있을까요?" 또는 "만약 내가 집 안으로 공을 차면 당신은 화가 날까요?"라고 묻고, 당신을 실용적인 문제 해결을 도와줄 사람으로 보기 시작한다.

또한 당신의 자녀가 사물의 광경, 소리, 촉각 그리고 신체적인 면을 경험하면서 동시에 사물에 감정적인 반응을 보이고 있다는 것을 기억하라. 우리가 제5장에서 조금 길게 논의했듯이 자녀의 감정은 아이디어를 주제와 범주로 구성한다. 당신과 아이가 공유하는 감정적인 토론, 그게 취침 시간이나 마법의 놀이기구가 포함된 환상의 놀이에 관한 이야기든, 이는 아이의 유연한 사고 능력의 기초의 형태가 될 것이다.

추상적 사고 획득하기 당신의 자녀가 더 많은 감정적 사고 능력을 하듯이 아이는 정의, 정체성 또는 특정한 추상적 단어를 의미하는 경험과 감정 사이의 관계를 이해하기 시작할 것이다. 결국 이것은 아동이 사랑, 분노, 슬픔 그리고 흥분과 같은 추상적인 개념을 이해하게 한다. 예를 들어, 아동은 매우 다른 종류의 흥분 상황을 수백 번을 경험하고, 당신이 말하는 '흥분'이라는 단어를 아동과 당신이 함께 부르는 경험 때문에 당신의 세 살 반 된 아이는 '흥분'이라는 추상적 용어를 이해할 수 있다. 당신이 아기에게 생일 선물을 건네면서 느끼는 스릴, 아이가 달리기로 당신을 따라잡을 때, 아이의 액션 피규어가 당신의 성을 무너뜨릴 때 아이의 아드레날린이 급격히 증가하는 것처럼 부모와 자식이 공유한 것은 '흥분'만큼 복잡한 아이디어를 구성한다.

자기성찰 당신의 자녀는 이 시기 동안 더 추상적인 생각을 이해하기 시작할 뿐만 아니라, 스스로 고른 대화 주제와 가상놀이를 더 정교하게 만들게 될 것이다. 매번 당신이 예/아니오 대답만을 이끌어 내는 질문을 피하면 아이가 더 성찰할 수 있도록 도전을 주게 될 것이다. 예를 들어, 만약 아이가 당신의 손을 잡아당겨 "엄마, 나는 지금 밖에 나가고 싶어요!"라고 한다면, "좋은 생각이야. 밖에서 뭘 하고 싶니?"라고 생각하는 부모의 대답을 얻을 것이다. 아이는 뛰거나 미끄럼틀을 타거나 그네를 탈 것인가? 아이는 그것을 행하기 전에 미래에 어떤 행동을 할 것인가? 등을 고려하며 자신의 대답을 곰곰이 생각한다. 이러한 방식으로 아이는 즉각적인 반응이 나오기보다 어떻게 자신의 충동을 조절하는지에 관해서도 배운다. 아이는 어떻게 행동을 계획하는지 배울 뿐만 아니라, 대안을 고려하기도 할 것이다. 언젠가 진주를 만들어 내는 모래처럼 단 몇 초의 이러한 간단한 멈춤은 결국 향후 몇 년 안에 확장되어 성찰적 사고의 습관을 형성하게 될 것이다.

삼각관계 게다가 자녀의 모든 새로운 생각 기술, 즉 충동 통제하기, 현실과 현실이 아닌 것 구별하기, 추상적인 감정과 생각 이해하기 그리고 자기성찰 외에도 아이는 한 명 이상 사람과의 동시적 관계가 모든 것에 연관되어 있음을 곧 알게 될 것이다. 예를 들어, 아동은 엄마 아빠와 함께 특별한 관계를 어떻게 성사시키는지 배워 가면서 아이는 새로운 흥미와 라이벌 의식을 알게 되고 아이는 이 새로운 이해를 활용할 것이다. 때때로 우리는 이 새로운 교활한 생각을 심리적으로 남을 조정하는 것이라고 잘못 생각하고는 하는데, 이는 그보다 훨씬 더 중요하다. 이것은 한번에 두 개 이상의 관계를 볼 수 있는, 복잡한 방식으로 생각하는 새로운 능력의 증거이다.

만약 당신이 무심코 당신의 교양 있는 미취학 아동을 무시한다면, 아동은 그저 당신의 소매를 당기고 과거에 그랬던 것처럼 "나랑 지금 놀아 줘!" 하는 것에 만족하지 않을지도 모른다. 이제 아동은 당신이 질투심을 느껴 자신과 놀고 싶게 만들기 위해 당신의 배우자와 더 친하게 지낼 수도 있다. 이런 일종의 전술은 당신의 마음을 단순히 사로잡거나 당신을 차갑게 무시하는 것보다 더 정교하다. 당신의 자녀는 때때로 행동의 간접적인 패턴이 정면 공격보다 더 만족스러운 결과를 가져오는 것을 빠르게 배운다. 아동은 어쩌면 엄마와 아빠와 맺고 있는 이중 관계를 이용하여 양쪽의 편을 들면서 더 많은 놀이 시간이나 더 많은 간식을 얻어 내려고 할 것이다. 아이는 순진한 모습으로 당신에게 의지하면서 "엄마(또는 아빠)는 항상 내게 두 개의 크래커를 줘!"라고 주장할지도 모른다. 틀림없이 우리도 대부분 가끔 인간관계에서 편을 들거나 직장에서 관계를 이용해 본 적이 있다. 네 살밖에 되지 않은 어린아이들도 비슷한 일종의 음모와 그들도 자신의 장점을 사용하는 것을 인지할 수 있다.

곧, 당신은 당신의 자녀가 당신이나 당신의 배우자에게 주기적으로 누구를 더 선호하는지가 나타날 것이다. 아동은 당신의 호의적인 제안을 거절하는 것처럼 보일 수 있다. 만약 당신이 일시적으로 덜 선호받는 역할이 된다면, 상처받지 않거나 질투하지 않기란 쉽지 않은 일이다. 당신이 어머니, 소아과 의사 그리고 친구들에게 아이의 마음이 지금 시기에서 한동안은 양쪽 부모를 오갈 거라고 안심하라고 하더라도 말이다. 아동은 당신의 배우자와 친밀한 관계를 위태롭게 하는 당신의 존재를 두려워할지도 모르기 때문에 당신과 거리를 유지하고 있을지도 모른다. 이 상황이 발생하는 것은 당신의 노력을 알려야 한다는 분명한 신호이다. 당신의 자녀는 관계의 새로운 방법을 탐구하지만 자신의 친밀감과 안정성 어떤 것도 잃는 것을 원하지 않는다. 아동이 당신을 반박하는 즐거움을 갖게 하는 것과 당신이 아동의 곁에 있다는 것을 알게 하라. 그것은 멋진 선물이다.

당신의 자녀는 큰 일을 떠맡았다. 세 명 또는 더 많은 사람과 상호적인 체계의 균형을 어떻게 맞추는지 배우는 많은 연습이 필요하다. 이 종류의 생각은 그냥 이런 발달 단계에서 시작하고, 아동이 학교를 갈 때 중단될 것이다. 더욱 복잡한 상호작용의 밀고 당기기는 체크와 균형의 시스템의 종류와 함께 당신의 자녀에게 제공할 것이다. 아이는 여전히 두 번째 양육하는 부모와 밀접하게 연결되었기 때문에 아이는 부모님에게 화낼 수 있는 여유를 배울 것이다. 이러한 시스템은 아동의 감정 강화를 완충해 주고 아동이 더 적극적이고 창의적인 선택을 할 수 있게 해 준다.

이 삼각관계는 당신의 자녀가 더 많은 순서로 자신의 위치를 확립하려는 첫 번째 시도이다. 아동의 정서 세계는 이제 당신의 사랑하는 팔의 범위를 넘어 다른 가족 구성원, 친구 및 또래 아이들을 포함한다. 당신은 아동이 허물없이 그룹에서 두 명의 친구와 같이 노는 것을 봄으로써 당신의 아이가 다양한 면으로 생각하기 시작했다는 증거를 확인하게 될 것이다. 아이는 그룹의 아이들에게 상호작용하는 데 분명한 만족을 느끼기 시작할 것이다. 3~4세 아이들은 서로의 장난감에 대해 다투거나 서로를 놀릴지도 모르지만, 만약 그들이 그룹의 일부로 남길 원한다면 그들 또한 소망과 욕망을 무조건 충족해야 한다는 생각을 줄여야 한다는 것을 알게 될 것이다.

당신의 걸음마기 아동이 놀이를 하는 동안에도 다중 사고는 불쑥 나타날 것이다. 당신이 면밀히 관찰하면, 아동의 인형과 액션 피규어가 현실 세계의 아동 주변에서 볼 수 있는 것과 유사하고 복잡한 관계를 탐색할 수 있다. 예를 들어, 당신은 당신의 딸의 두 개의 인형이 아마 세 번째로 요술 부리기를 결심한다고 알아차릴지도 모른다. 아마도 아동은 더 정교한 삼각관계를 설정하고, 아동의 액션 피규어를 성 뒤로 움직여 구성하고 뒤에서 자신의 액션 피규어에게 공격이 온다고 믿도록 속일 것이다. 그러고 나서 아동은 자신의 다른 피규어를 몰래 옆에다 놓고 아동의 주도로 공격을 시작할지도 모른다. 아동의 새로운 생각 방식은 다른 사람들의 감정을 어떻게 인식하는지부터 당신이 아동에게 읽어 준 이야기를 아동이 어떻게 이해하는지까지 찾을지도 모른다. 동화 속 캐릭터가 다른 캐릭터에게 속을 때 "내가 화나면 아마 그(캐릭터)도 화가 났을 거야."라고 아동도 감정적인 공감을 느끼게 될 것이다. 이는 아동이 다른 관점이나 서술자의 관점에서 아동이 배운 소설을 해석할 때 미래에 딸이 유리한 입장에 서게 될 것이라는 지식의 새로운 단계를 나타낸다.

1. 추상적 · 정서적 사고를 인식하는 방법

1) 아이디어 연결하기

곧, 당신도 당신의 자녀와 훨씬 더 풍요롭고 어느 때보다도 논리적인 대화를 나눌 수 있게 될 것이다. 당신이 어떻게 아이가 소리를 내기 시작하며 성장하는지 깨달을 때 당신은 어쩌면 울컥할 수도 있다. 하지만 멋진 이야기를 전개하고 아주 재밌는 생각을 공유하는 아동의 능력은 분명히 당신을 기쁘게 할 것이다. 자녀는 자신의 아이디어를 당신의 상상력과 연결시켜 줄 것이고, 평범한 농담조차도 더 의미 있어 보이게 될 것이다.

언젠가 두 사람은 서로의 등을 맞대고 봄날 하늘을 보고 있을지도 모른다. 당신의 자녀가 자신의 손가락을 가리키면서 "와, 아빠! 하늘 좀 봐! 저 구름 좀 봐! 큰 기린처럼 생겼어요! 목 보이세요?" 당신은 아이의 특별한 구름을 보며 감탄을 내뱉고, 다른 것도 가리키며 "바로 옆에 있는 저 푹신한 구름은? 버섯 같아."라고 말할 수도 있다. 당신의 자녀는 기린과 먹는 버섯에 관한 이야기를 생각할지도 모른다. 당신의 관찰은 서로를 돋보이게 하며, 심지어 식사 시간의 논의는 더 논리적인 선을 따라 발전시킬 것이다. "음, 찬장 안에 뭐가 있는지 보자. 어떻게 땅콩 잼과 젤리 샌드위치가 여기 있지, 아가야?" "아니, 아니! 나는 땅콩 잼과 젤리는 싫어요. 나는 요거트를 원해요."라는 대답을 만날지도 모른다. "좋아. 하지만 난 네가 어떤 종류를 좋아했는지 생각이 안 나."라고 당신이 말할 때 아동은 당신이 알면서 그런다는 것을 알고 "바보! 아빠는 내가 분홍색 요거트만 좋아하는 거 알잖아!"라고 말할지도 모른다.

이렇게 단순하게 아동과 일상적인 대화를 하는 동안 그리고 당신과 가상놀이를 하는 동안 관련한 설명을 할 때 당신은 당신 자녀의 현재 **사고**를 하고 있다는 것을 알게 해 준다. 처음에는 이런 언급에 꽤 솔직한 진술로 구성하고, 몇 개의 질문이나 복잡한 아이디어를 포함시킨다. 그러나 곧 당신의 자녀는 더 진전된 종류의 다리를 당신과 아동의 아이디어 사이에 지을 준비를 할 것이다.

2) 누가, 언제, 무엇을, 어디서, 어떻게 그리고 왜

아동에게 자신의 아이디어를 생각해 보라고 부드럽게 설득하며 문제를 제기하면서 논리적인 다리를 짓는 것이 당신의 학령전기 아동을 도와주는 한 가지 방법이다. 그러나 누가, 언제, 무엇을, 어디서, 어떻게 그리고 왜라는 질문에 대답하고 이런 질문을 제기하는 것은 당신의 어린아이가 습득하기에는 어렵고 정교한 기술이다. 아동이 발전하는 이 시기까지 당신의 자녀는 머릿속에 있는 수많은 아이디어를 빠르게 연속해서 나열하는 것이 어려웠다. 그래서 질문을 하면 자녀는 종종 당신을 무시하고 자신의 일에 몰두했다. 하지만 현재 아동은 자신의 생각과 당신의 생각 사이의 더 복잡한 관계를 창조할 수 있다. 당신이 아동에게 "오늘 할아버지랑 무엇을 했어?"라고 물으면 아동은 다른 시간과 공간 속에 있는 자신을 시각화하고 자신이 한 모든 것을 얘기할 것이다. 당신은 매우 많은 질문을 들을 것이고, 아동은 당신의 대답을 요구할 것이다. 아동이 당신에게 "나 오늘 양말 신어야 해?"와 같은 질문을 할 때 아동의 과거 행동 또는 미래 계획에 대한 논리적인 요약으로 아동의 마음을 조작하는 생각이 증가하게 되는 것을 당신은 알 수 있다.

이건 정확히 어떻게 할 수 있는 걸까? 시간이 흐르면서 아동은 자신의 생각을 읽고 대답해 주는 당신의 능력에 의지한다. 아동은 당신과 함께하는 상호작용의 친근한 리듬에서 안전하고 편안한 감정을 느끼기 때문에 아이는 당신의 대답에 초점을 맞출 것이다. 아동은 결국 어떻게 그들이 자신의 생각을 연결시키는지 그리고 당신의 말에 의해 이미지가 시각화되고 느껴지는지를 보게 될 것이다. 당신의 자녀가 규칙적으로 무엇을 또는 어디서 질문을 하거나, 아동 스스로 무언가를 질문하는 것을 알아챌 때 당신은 아동이 진짜 정서적 사고 사상가가 되기 시작하는 것을 알 것이다. 실제 사물이나 장소를 언급하는 질문이기 때문에 아동은 아마도 왜라는 질문 전에 무엇을 그리고 어디서 질문을 시작할 것이다("어떤 장난감을 가지고 놀까?" "엄마 지갑 어디다 뒀어?"). 다음으로, 자녀는 아마 어떻게 질문에 대답하기 시작할 것이다. 왜냐하면 질문은 자녀가 이미 경험한 기능과 행동과 관련이 있기 때문이다("셔츠의 단추는 어떻게 채우지?" "흔들거리는 인형의 머리를 고칠까?"). 당신의 자녀가 현재 시간 관념을 습득했기 때문에 질문에 대한 답변과 답변이 바로 제공될 것이다.

왜 질문은 자녀가 자신의 소망, 욕망 또는 감정의 명확하지 않은 뿌리를 조사하도록 요구하기 때문에 당신의 자녀가 대답하기 가장 어려운 질문이다. 3~4세 된 아이가 처음에 왜라는 질문에는 매우 간단하고, 정해진 방식으로 대답하는 것을 볼 수 있다("왜 너의 샌드위치를 바닥에 던졌니?" "그러고 싶으니까!"). 그러한 반응은 당신의 자녀가 완고하거나 적대적이라는 것을 의미하지 않는다. 지금 아동의 대답은 아이가 할 수 있는 최고의 답변이다. 자녀는 추상적 사고를 처음 하는 사람이고, 자신의 행동을 생각해 보고 "볼로냐 소시지를 싫어하는데 엄마가 까먹었으니까!"라는 자신의 근본적인 이유를 설명할 수 있을 만큼 충분히 오랫동안 생각을 할 수 있기까지는 몇 달이 걸릴지도 모른다.

이런 이유로 "바깥에 나가서 뭘 하고 싶어?"와 같은 질문은 "왜 밖에 나가고 싶어?"보다 대답하기 더 쉽다. 만약 당신의 3~4세 아이가 무엇의 질문에 문제가 생기면, 다중 선택 질문을 제안하도록 한다. "그네를 탈래, 미끄럼틀 탈래 아니면 시소를 탈래?" 자녀가 여러 선택을 처리하는 데 어려움을 느낀다면 대안 중 하나를 너무 우스꽝스럽게 만들어서 서로 웃어도 좋다. 당신의 "그네 탈래? 아니면 타조 잡으러 갈래?"라는 질문에 아동이 대답할 때 아동의 대답을 왜 체계로 고쳐서 "아, 그네 때문에 나가고 싶은 거였구나!"라고 다시 들려줄 수 있다.

당신의 자녀가 당신에게 "왜 나가고 싶어?"에 서서히 대답하게 되는 능력은 "왜 나가서 놀고 싶어?"에 대한 대답으로 "(나는) 놀고 싶어서요."라고 한다면 우리가 처음에 생각한 것보다 더 정교한 상태가 된다. 아동의 말에는 아이가 '나'라는 감각 혹은 독립적인 자아가 있다는 것, '싶어서'와 같이 내면의 욕망을 인지하고 있다는 것 그리고 이 욕구를 미래에 충족시켜 줄 수 있는 행동 '놀다'가 있는 것을 담고 있기 때문이다. 이런 생각과 개념을 결합하고 당신의 아이디어를 토대로 발달해 나갈 수 있다는 것은 아이의 사고가 점차 복잡해지고 있다는 뜻이다.

3) 그리고, 만약 또는 하지만, 왜냐하면의 논리 축하하기

논리적인 생각 연결의 가상놀이에서 행동 순서는 더 정교한 생각의 명백한 증거이다. 인형의 생일 축하는 가상의 케이크를 자르는 내용이 포함될 수 있고, 그다음에는 선물 교환을 상상할 수도 있다. 공룡을 두려워하는 다른 행성의 외계 침입자 때문에 가상의 레이저와 함께 공룡이 빠르게 움직일지도 모른다. 아동은 지금 감정이 논리적으로 일치하는 확실한 경험과 함께 어떤 카테고리를 이해하기 때문에 당신 자녀의 꾀는 강해질 것이다.

어느 날, 완벽한 논리와 함께 아동은 당신의 어깨를 잡고 결심한 듯 바라보며 "아직 해는 떠 있으니까 나는 잠자러 안 갈 거야!"라고 말할지도 모른다. 사실 '왜냐하면/하니까'라는 단어는 당신의 학령기 전 아동에게 주요한 단어 중 하나로 빠르게 다가온다. 네 살 또는 네 살 반이 되었을 때 하나의 아이디어는 다른 하나를 야기시킬 수 있을 뿐만 아니라, 설득력 있는 변명과 함께 아동의 행동을 정당화한다면 당신이 자신의 말을 더 많이 들어 준다는 것을 더 알게 되는 것이다. (물론, "그 애가 내 새 인형을 빼앗아 갔기 때문에 내가 그 애의 머리를 잡아채야 했어!"는 당신을 설득시키지 못할 것이다.)

당신의 자녀가 "그가 나를 밀어서 나도 그를 밀었어."라고 외치거나, 아동의 인형이 당신의 인형을 지나치고 모자를 낚아채면 "오늘 아침 엄마 인형이 내 인형의 새 모자를 가져갔어. 이건 불공평해!"라고 시간과 감정을 모두 고려하여 추론할 수 있음을 보여준다. 한 시간 간격으로 발생하는 분노의 조각은 다른 시간 간격에서의 분노 조각과 관련이 생긴다. 자녀는 이제 자신이 좋아하는 TV 프로그램을 시청하도록 허용해야 하는 모든 이유를 반복하면서 "나는 졸리지 않고 지난밤에 일찍 잤어. 그래서 오늘 밤은 늦게까지 깨어 있을 거야!"라는 점점 더 복잡한 답변을 제공할 수 있다.

당신의 자녀는 두 개 이상의 아이디어를 동시에 연결할 뿐만 아니라, 공간 문제 해결 측면에서도 아이디어를 연결한다. 당신은 아동이 옆방에서 그녀의 인형을 위한 궁전을 만드는 데 블록을 맞추거나, 분리된 블록 탑을 건설하고 나서 상상의 도시를 창조하는 터널을 연결시키는 것을 볼지도 모른다. 아동은 새로운 놀이 경험을 만들기 위해 공간을 조작할 수 있다는 것을 보여 줄 것이다.

아이의 가상 드라마에는 현실적이고 환상적인 요소 둘 다 들어가 있는 것이 좋다. 아이는 매일 그릇, 숟가락, 전화기 같은 물건을 사용할 수 있다는 것이 가상놀이에서 나타나지만, 갑자기 행동을 슈퍼히어로의 영역으로 옮겨 갈 수도 있다. 예를 들어, 배트우먼이 원래 씨리얼을 아삭아삭 먹고 있다가 녹색 치즈가 갖고 싶다고 갑자기 달로 날아가는 결심을 한다. 무엇이 진짜이고 무엇이 비현실적인지 논리적인 연결 생각(여기서는 배고픔)과 함께 묶여 있는 한, 당신의 자녀는 논리적이고 추상적인 사상가가 되기 위해 잘 가고 있다.

4) 감정 묘사하기

넓은 범위의 감정을 표현하기 위한 당신 자녀의 능력은 또 다른 감정적인 생각의 특징이다. 매우 최근에 아동은 싸우는 봉제 인형을 특징으로 한 가상놀이를 통해 분노에 대한 자신의 생각을 전형적으로 표현했을지도 모른다. 1년 전에, 아동은 단순하게 자신의 화난 감정을 공격적인 태도로 행해 왔을 것이다. 그러나 지금 아동은 자신의 봉제 인형의 가상 분노를 "난 정말 정말 너한테 화가 나!"와 같은 말로 표현할 것이다. 마찬가지로, 좋은 시기에 아동은 자신의 감정을 반영할 수도 있고 "아빠가 집으로 돌아왔을 때 나는 기뻐!"라고 혼자 말하거나 가상놀이 동안 자신의 인형을 각각 끌어안고 "사랑해." 또는 "곧 돌아와!"와 같은 말을 구사할 수도 있다.

어떤 아이들은 의존성 또는 돌봄에 대한 욕구와 같은 특정한 감정적인 주제를 말을 통해서가 아닌 가장 확실한 방법인 오직 행동을 통해 표현할 수 있다. 그들은 자신이 필요한 것을 직접적으로 행하고, 당신에게 매달리거나 끌어안는다. 당신은 곧 어떤 감정적인 주제가 당신의 자녀에게 언어로 나타나고, 어떤 문제가 더 있는지 알아채기 시작할 것이다. 아이가 호기심과 즐거움의 감정을 표현할 수 있을지 모르지만, 공격적인 감정을 묘사하지 못할 수도 있다. 혹은 그 반대의 경우일 수도 있다.

당신의 어린아이가 가상의 놀이와 단어를 통해 다양한 감정과 주제를 탐험할 때, 아동은 두 개 또는 더 많은 논리적인 연결된 사고 연결에서 나아가 세 개 또는 더 많은 복잡한 생각을 연결 지어 발전할 수 있을 것이다. 이로써 아동의 감정적인 생각은 다음의 더 넓은 주제를 포함하면서 표현하게 될 것이다.

- 친밀감과 의존성

  엄마 인형이 상처 입은 인형을 고쳐 주고(36개월), 그러고 나서 인형은 무도회에 가서 왕자와 함께 춤을 춘다(48개월).

- 기쁨과 흥분

  걸음마를 뗀 아기는 '똥'과 같이 화장실 관련 단어를 말하며 웃고(36개월), 그러고 나서 엄마에게 돌아가 같은 단어를 말하며 그녀의 반응을 기다린다(48개월).

- 자기주장과 탐구

  착한 사람들이 인디애나 존스를 찾고(36개월), 그러고 나서 파멸의 신전에서 거미와 싸워야 한다(48개월).

- 신중하거나 겁이 나는 행동

  무서운 괴물은 아이들을 두려워하게 만들고(36개월), 그러고 나서 아이들은 커버 밑에 숨는다(48개월).

- 분노

  좋은 군인은 나쁜 군인들과 싸우고(36개월), 그러고 나서 그들을 속여 적을 패배시킨다(48개월).

• 제한 설정

규칙이기 때문에 좋은 병사만이 나쁜 병사를 때릴 수 있다(36개월). 48개월이 지나면, 아동은 스스로 결과에 대한 추론을 설정한다("만약 지금 내가 나쁜 행동을 하면, 나중에 벌 받을 것이다."). 비록 아이가 규칙을 늘 따르지는 않지만, 아동은 현재 제한의 측면에서 규칙을 이해할 수 있다. 또한 아동은 추상적인 원리의 형태도 이해할 수 있다("다른 사람에게 못되게 굴어서는 안 돼.").

• 분노, 격리, 상실 회복

아동은 현실에서 먹지 못한 쿠키를 가상놀이에서 먹는 상상을 하며 분노를 회복할 수 있다(36개월). 48개월 즈음에는 아동이 집에 있을 때 사무실에 있는 아빠를 생각할 수 있고, 상실과 슬픔의 감정을 언어로 연관시킬 수 있다("아빠는 항상 일해. 조금 보고 싶지만, 나는 지금 장난감과 재밌는 시간을 보내고 있어.").

• 또래와 형제 관계 그리고 가족 이외의 타인과의 관계에 지속적으로 참여하면서 앞에서 설명한 주제와 감정의 범위가 확대됨

아동은 일대일로 친구들과 소그룹에서 노는 기회가 많이 필요하다(36개월). 48개월 즈음에는 계속해서 많은 놀이 시간을 친구와 함께 보내게 되어 진짜 좋은 사람이나 좋은 친구가 무엇인지 배운다. 유사하게 형제자매와의 상호작용뿐만 아니라 비가족 구성원들과도 감정의 범위가 포용하고 발전한다. 만약 당신의 자녀가 또래들과 노는 연습이 필요하다면 아이들과 함께 시간을 보내라. 즐기고 상호작용의 간단한 기회를 창조하라.

2. 공격성이 건강한 신호인 경우

이 단계에서 당신의 아이들의 가상놀이와 대화 중에 나타나는 공격적인 주제는 다른 차원의 발달에서의 또 다른 징후가 될 수 있다. 부모로서 우리는 독단과 권력에 대한 건전한 관심을 부추기는 감정을 키우지만, 아이가 물건을 차거나, 다치게 하거나, 깨뜨릴 수 있는 공격성은 제어하기를 원한다. 당신은 아이들의 역할놀이 동안 제한적인 반응을 보일 것이다. 아이가 악당들을 깎아내리는 힘이 센 슈퍼 히어로 역할을 맡고 있거나, 가장 아름답고 재능 있는 발레리나가 되는 놀이 중 공격성에 대한 구조적 활용을 보게 될 것이다. 아이는 자신의 견해를 강하게 표현하면서 적극적으로 대화를 나눌

수 있다. 대부분의 부모는 자녀들에게 이러한 자질을 키워 주려고 한다. 부모는 아이들이 소심하거나 수동적이 되기를 원하지 않는다. 부모는 아이들이 학교에서 자신 있게 손을 들고, 자발적으로 움직이고, 토론에 참여하고, 토론 중에 자발적으로 발표하기를 바란다.

모든 어린이는 자기주장을 탐구할 기회가 필요하며, 충동적인 행동을 자제할 수 있도록 당신이 제한을 설정해 주어야 한다. 많은 부모가 장난감 총이나 칼, 우주 레이저 총에 대한 아이들의 흥미에 대응하는 데 어려움을 겪고 있으며, 사랑스러웠던 내 아이가 갑자기 텔레비전이나 영화에서 보는 폭력적인 장면을 흉내 내려고 할 때 당황하고는 한다. 부모는 자신의 문화적 · 종교적 가치를 따르게 하도록 신념을 가져야 하며, 부모님이 안전하다고 느끼는 놀이만 허용해야 한다. 그러나 아이들이 한 방향으로 자기주장을 탐험하지 못한다면 다른 방식으로 탐험해야 한다는 것을 명심해야 한다.

많은 어린이가 폭력적인 놀이를 제한하려는 부모의 최선의 노력에도 불구하고 자신의 손을 우주 레이저 또는 총으로 생각하며 놀 것이다. 이때 부모가 자녀에게 자기주장과 관련해 생각할 수 있는 길을 제시하는 것이 중요하다. 당신은 아이가 인생의 모든 주제를 정교하게 만들기 위해 아이가 언어를 잘 사용하도록 돕고 싶어 한다. 억압과 단호함에서 부드러움과 사랑스러움에 이르기까지 말이다. 자신의 경험에서 생각의 모든 부분을 제한한다면, 당신은 삶의 중요한 부분을 잃어버릴 것이다. 자녀가 부모의 간섭을 피하는 것은 불가능하다. 아이는 일시적으로 부모의 간섭을 억제할 수 있지만, 결국 지나치게 불안해하거나 수동적이 되거나 통제를 받게 된다. 아이의 공격적인 감정은 더 충동적인 방식으로 나아갈 수 있다.

문화적 · 종교적 전통 내에서 자기주장을 하고 말과 상상력을 실험하는 다양한 방법이 있다. 캐릭터가 누군가에게 마법을 걸 수도 있고, 그 누구보다도 더 높이 뛰게 할 수 있다. 바니가 가끔 침대에서 다른 인형을 밟겠다고 위협해도 절대로 놀리지 말자! 자녀는 대화조차도 화가 나 있는 말로 가득 차 있을 수 있다.

만 4세일 때 일시적으로 공격적인 반응이 나타나는 데 과민 반응을 일으키지 마라. 아이는 자신의 꿈을 괴롭히는 무서운 생물보다 자신이 더 크고 강하며 빠르다고 상상할 때 삶에 대한 통제력을 키운다. 아이의 새로운 관심사를 당신의 따뜻함과 공감에 결합시키면, 시간이 지남에 따라 아이는 사랑하는 느낌에 공감할 수 있다. 이 결합은 결국 아이를 따뜻하고 사랑스럽고 독립적인 사람이 되게 만들어 줄 것이다.

아이가 자신의 생각을 더 복잡하게 만들어 갈 역량이 성장하면서 아이는 다른 사람에게 반응을 끌어낼 수 있다는 것을 알게 된다. 당신과 다른 사람들과의 가상놀이를 할 때 아이는 나쁜 사람의 역할을 맡고 집을 쓰러뜨리고 착한 사람들을 목표로 삼을 수 있다. 아이는 힘과 통제력을 느끼기 위해 오랜 시간을 기다렸고, 이제는 공격적인 행동의 경계를 안전하게 실험할 수 있다. 신체적인 위협을 가하는 것과 의도적으로 장난감을 부수는 것이 금지된 플로어타임의 규칙은 안전한 제한선을 그어 줄 것이다. 아이의 공격적인 행동이 너무 거칠어지면 당신이 아이를 억제할 것이라는 것을 아이도 알고 있다.

네 번째 생일 즈음에 자녀의 언어적 반항이 증가하는 것을 볼 수 있다. 아이는 논리적으로 생각을 하고 있기 때문에 당신의 권위에 대해 기꺼이 도전할 것이다. 생각해 보면, 아이는 항상 명령에 따르지 않아야 할 그럴듯한 이유를 말할 수 있다. 아이에게 서둘러 옷을 입으라고 지시하면 아이는 차분하게 "아니, 나는 옷 안 입을 거야. 옷을 입는다는 건 바보 같아."라고 말할지도 모른다. 자녀의 대담한 말과 공격적인 흉내 내기 놀이는 자녀가 권력과 웅장함에 대한 관심이 높아졌음을 보여 주지만, 여전히 취약한 사적인 감정을 가지고 있다. 무서운 꿈은 아이의 수면을 방해할 수 있으며 외계인, 유령, 괴물에 대한 공포를 나타낼 수 있다. 이러한 두려움은 위험에 대한 인식에 반영된다. 아이가 실제 위협뿐만 아니라 상상에서의 위협에 감정을 정신적으로 연결시킬 수 있게 되었으므로, 부모는 나쁜 일이 아이에게 일어나지 않을 것이라는 것을 인식시키기 위해 애정 어린 시간을 가져야 한다. 아이는 심지어 보호받는 느낌을 더하기 위해 상상 친구를 만들 수도 있다.

3. 현실과 상상 친구의 중요성

아이들이 조금씩 걸어 다니기 시작할 때부터 누군가와 함께 놀기 시작하지만, 만 3~4세 사이일 때 아이들은 가상놀이에서 타인과 더 협조적으로 놀기 시작한다. 아이는 친구들과 함께 인형을 위한 다과회를 열거나 상상의 군인들이 몰아칠 모래성 건물 만들기를 기대한다. 아이는 장난감 트랙터가 있는 길을 따라 불도저로 밀어 넣을 수 있으며, 서로의 차량을 트랙에서 벗어나게 보낼 수 있다. 놀이 친구 사이의 불일치는 보통 6개월 전보다 덜한 편이다. 하지만 학령전기 아이들은 주변에 더 많은 아이가 있을 때 재미가 배가 되기 때문에 장난감을 공유하고 돌려쓰는 것이 가치가 있다는 것을 알게 된다. 이 나이대 아이들은 놀이, 정교한 그림 그리기 및 소품 공유와 같은 방법에 대해 서로의 아이디어를 쌓는다.

당신의 아이 또는 놀이 친구가 진행 중인 가상 드라마를 지속할 수 없다면 때때로 드라마에 바로 들어가서 당신이 상호작용을 일으킬 수 있는지 보는 것도 괜찮다. 아이들 중 하나가 놀이에서 빠져나가려 하면, 아이를 다시 놀이로 되돌리기 위해 약간의 긴장감 또는 흥분을 더해 보자. 아이를 더 오래 머물러 있게 하지는 못할 수도 있지만, 상호작용을 추가할 때마다 아이의 생각을 다른 아이에게 논리적으로 연결하는 훨씬 더 많은 연습 기회가 제공된다.

3세와 4세 무렵에는, 특히 사고 감각이 증가하고 서로 다른 관계 간의 상호작용을 유지할 수 있게 되어 일부 어린이는 소그룹에서 쉽게 상호작용할 수 있다. 이들은 함께 놀 때 한 친구에서 다른 친구로 혹은 두세 명의 친구와 상호작용을 하고 놀 수 있다. 한 아이는 아빠 역할을 할 수도 있고 하나는 엄마, 다른 아이는 아기 역할을 할 수 있다. 그러나 다른 어린이들은 그룹과 상호작용을 하는 연습이 더 필요하다. 그러한 경우 성인은 촉진자로 행동하고 상호작용을 촉진시키는 상황을 만들 수 있다. "수지에게 배트맨 망토를 달라고 말해 보는 건 어때?"라고 말할 수 있다.

때로는 3~4세의 상상력이 상상 친구를 만들기도 한다. 아이가 무엇이 진짜고 무엇이 아닌지를 결정하는 법을 배우면서 때로 환상의 섬으로 후퇴하는 것이 매우 위안이 될 수 있다. 상상 친구에 대한 자녀의 말소리를 듣는다면, 그녀의 친구에 대한 대화를 하면서 참여하라. 아이가 상상 친구와 이야기하는 것을 들을 때 대화에 참여하는 것이다. 이 분야에서도 상호작용함으로써 아이는 사적인 세계와 당신과의 관계를 이어 주는 다리 역할을 한다.

그러한 상상 친구와의 모험은 당신의 자녀가 생각하는 나쁜 것과 좋은 것을 모두 경험할 수 있게 해 주며, 인형 놀이의 변형이다. 시간이 지남에 따라 아이의 친구가 상상이라는 것을 점점 더 알게 될 것이다. 아이가 상상 친구에게 너무 정신이 팔린 것처럼 보이면, 진짜 친구와 당신과 당신의 배우자가 함께 놀 수 있는 충분한 기회를 아이에게 주었는지 스스로에게 물어보자. 이 연령대에서는 그룹 지향적인 어린이집과 유치원 이외에도 매주 다른 어린이와 일대일로 놀이할 수 있는 기회가 4회 이상 있어야 하며 엄마 아빠와 함께 매일 놀이를 해야 한다. 보통 상상 친구들은 아이가 학교를 다니기 시작하고 놀이터의 환경에 빠져들면 스스로 사라진다. 그러나 몇몇 아이는 자신의 상상 친구를 더 오래 갖고 있을 수 있다.

4. 다른 발달적 도약

자녀가 정서적이고 추상적인 사상가로서의 능력이 확장되며 감각, 운동 및 인지 기술과 관련된 다양한 발달 분야에서 아이가 성취를 하는 것을 보게 될 것이다. 그러나 아이디어를 구체적인 생각으로 연결하는 이 역량이 다른 구체적인 기술을 낳게 됨을 기억하자. 이런 연결고리가 없으면 아이는 완전히 통합된 사람으로 기능할 수 없으며 감각 및 언어 기술, 근육 조화 및 생각은 따로따로 기능하게 된다.

다음의 표에서는 아이디어 사이에 다리를 쌓는 것과 관련된 운동, 감각, 언어 및 인지 능력을 보여 준다. 이 능력은 아이들마다 다른 속도로 성장하며, 3세 또는 4세 아이들은 다른 사람들을 보고 배우면서 몇 가지 삶의 방향을 세우는 데 자신의 시간을 보낸다. 성장은 경주가 아니다! 아이가 올바른 방향으로 나아가는 한 아이를 여유롭게 기다려 주자.

5. 추상적 · 정서적 사고의 결정적인 중요성

바쁜 하루 동안 자녀와 함께 가진 모든 정서적 상호작용은, 예를 들어 식사나 심부름, 기발한 역할놀이 또는 자기주장 토론에 관한 대화 등은 사고 전략을 할 수 있게 만들어 주며 아이는 이런 전략을 자신 외의 세상에 적용해 갈 것이다.

36개월과 48개월에 존재하는 능력

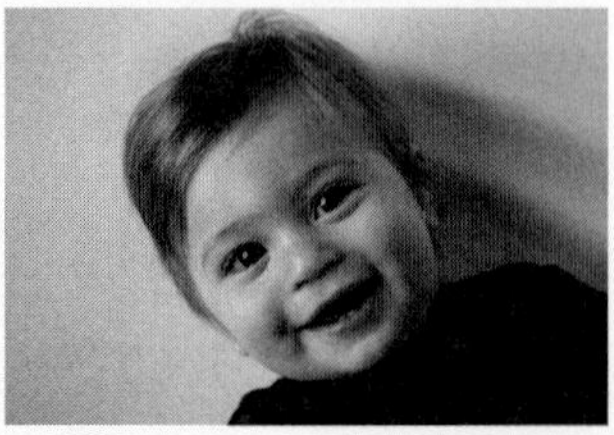

- 운동 능력
  - 36개월: 발을 교대로 걷고 큰 공을 잡으며 큰 공을 차고, 앞으로 뛰고 깡충깡충 뛰고, 원을 따라 그리고 종이를 자르고, 단추를 풀 수 있다.

–48개월: 건너뛰기 및 도약을 하고 세발자전거를 탄다. 공을 잡아서 튀게 한다. 연필 또는 크레용을 잡고 선이나 원과 같은 여섯 가지 간단한 모양을 따라 그린다. 왼손, 오른손 중 선호하는 손이 생긴다. 비즈를 엮는다.

• 감각 능력

–36개월 및 48개월: 다양한 유형의 접촉(포옹, 거친 놀이, 다양한 종류의 옷, 칫솔질 또는 머리 빗기)을 즐기거나 허용한다. 시끄러운 소리, 밝은 빛, 공간 내에서의 움직임이 편안하다.

• 언어 능력

–36개월: 완전한 문장으로 아이디어 사이의 논리적인 다리를 구성하고 이해한다. '하지만/그런데'와 '왜냐하면'을 사용한다. 누가, 무엇을, 어디서, 질문에 대답한다. 행동/동사를 이해한다. 복수형을 사용하고 두 전치사를 사용한다.

–48개월: "왜 집이 필요할까?"와 같은 복잡한 왜 질문을 이해하며 상대적인 감정이나 소망 또는 의도("나는 그냥 조금 화난 거야.")의 기준을 반영하는 아이디어를 표현할 수 있다. 5~10개의 단어로 이루어진 문장을 말할 수 있다. 4~7개의 숫자를 반복할 수 있다.

• 인지 능력

–36개월: 역할놀이는 논리적인 구조를 가지고 있다(아이디어는 연결되어 있는 것처럼 보인다). 공간 디자인은 복잡하고 상호 연관되어 있다. 아동은 원근법 시점을 개발하는 과정으로 '큰'과 '작은'을 알게 된다. 추상 그룹화를 알게 되며 그 기능으로 개체를 식별할 수 있다.

–48개월: "무엇으로 밥을 먹지?"나 "음식을 뜨겁게 만들어 주는 것이 뭐지?" 같은 질문에 물체의 그림에 손으로 가리킬 수 있다. 또는 양에 대한 개념을 이해하고("가장 큰 것은?" "어떤 상자에 구슬이 더 많아?"), 모양과 구두 개념(삼각형 대 직사각형, 사람 대 동물)의 유사점과 차이점을 식별할 수 있으며, 최근에는 과거의 경험을 회상하고 이해할 수 있다.

이런 대화는 논리적이고 추상적인 사고 그리고 숫자와 개수 개념처럼 감정이 없는 것을 추론하는 기반이 된다. 예를 들어, 아이가 3개의 초콜릿과 하나의 사탕의 차이를 배우기에 가장 좋은 순간은 아이의 단 음식에 대한 갈망이 시작되어 더 많은 것을 먹어야 한다고 정당화할 때일 것이다. 감정적으로 생각하는 능력이 어떻게 자기성찰로 발전하는지 살펴보자.

1) 자기성찰

그리 머지않은 과거에 당신의 아이는 아마 동생에게 화가 날 때 "화났어!"라고 말하며 동생을 꼬집지 않기 위해 애를 썼을 것이다. 몇 달 후 아이는 이제 "나는 화가 났고, 걔를 꼬집고 싶어."라고 말할 수 있게 되는데, 아이는 실제로 동생을 꼬집지 않기 위해 애쓰는 것보다 훨씬 앞서게 된다. 그래도 아이는 자신의 즉각적인 감각에 사로잡혀 있다. 그러나 이제 아이는 실질적으로 한 단계 더 나아가 자신의 화난 감정을 그 이유와 연결한다. 아이는 "물어보지 않고 내 물감 세트를 가져갔어!"라는 것을 알기 때문에 동생에게 화가 나고 꼬집고 싶다는 마음이 든다는 것을 알고 있다.

따라서 **자기성찰**은 단순히 행동을 정당화하기 위해 아이디어를 사용하기보다 느낌을 숙고하거나 대안적인 해결책을 고려하기 위해 아이디어를 사용하는 것으로 시작된다. 당신의 아이는 자신의 감정의 순수함에서 조금 뒤로 물러나기 시작하고 행동을 서두르기 전에 협상을 시작한다("아빠, 불공평해! 내 차례야."). 아이는 다른 사람의 도움을 받아 다른 해결책을 계획하기 위해 자신의 감정을 성찰할 수 있다. 나중에 아이는 미래에 자신을 상상하며 지금 아이의 눈앞에 있는 것이 아닌 사람이나 물건을 생각하며 해결책을 상상할 수 있다("네가 나빴어. 나 화났어. 엄마한테 다 말할 거야.").

몇 달 동안 아이의 아이디어를 당신의 아이디어와 연결한 후에 당신의 아이는 흑백 논리가 아닌 회색 영역으로 더 미묘한 차이를 두고 생각을 하기 시작할 것이다("네가 나빴어. 하지만 많이 나쁜 건 아니야." "나 화났어. 하지만 조금 화난 거야."). 아이는 매사에 모 아니면 도 같은 시점에 덜 빠지게 될 것이다. 결국 아이는 당장의 시점과 다른 시기에서 보는 시점의 사실 차이를 구별할 수 있을 것이다. 아이는 지금 자신이 느끼는 감정이 어떤 느낌인지 알고("너 나빠! 나 화났어!"), 더 안정된 자아의 감각과 타인에 대한 마음과 연결 지어 자신의 감정을 성찰할 수 있다("너는 나빴고 나는 화났지만, 나는 착한 사람이니까 굳이 똑같이 해 주지 않을 거야. 너는 나한테 평소에 잘해 주니까 용서해 줄게."). 당신의 아이는 그렇기에 더 결합력 있고 지속적인 자아에 대한 감각을 발달하고 있으며 이 감각은 자신의 행동을 제어하게 해 준다.

2) 도덕의식

아이는 이제 자신의 생각을 성찰하고 결과를 이해할 수 있는 능력이 있기 때문에 진정한 도덕의식을 발달시키고 있다. 그 과정은 단계별로 진행된다. 우선, 아이가 자신의 행동에 대해 결과를 예상할 수 있게 되면 자기 행동을 성찰할 수 있게 될 것이다("만약 내가 동생을 때리거나 꼬집으면 엄마한테 들킬 것이고 나를 그만큼 사랑하지 않을 것이다."). 자녀의 초기 옳고 그름에 대한 판단은 상당히 고정적이다. 특정 행동은 특정한 결과를 초래한다는 정도로 생각한다. 나중에 아이는 다른 사람이 어떻게 느끼는지에 대한 결과를 생각할 수 있을 것이다. 처음에 아이는 이성적으로 이해할 수 있겠지만 진정한 공감은 못할 것이다. 만약 당신이 아이에게 "동생을 때린다면, 동생은 어떤 기분일까?"라고 묻는다면, 당신의 아이는 "화나겠지만 나도 화났으니까 상관없어요!"라고 할 수도 있다.

시간이 지남에 따라, 당신의 아이는 조금 더 객관적인 방식으로 결과를 보게 될 것이고, 아이의 동생에게 무슨 일이 일어날지 생각하게 된다(속상하겠다). 나중에 아이가 다섯 살 이상이 되었을 때 아이는 때때로 동생이 아주 속상하기를 바라고 때로는 조금만 속상하기를 바랄 것이다. 어느 날, 아이가 동생이 얄밉게 행동했다고 아이가 화내며 동동 발을 굴리는 날이 있을 것이다. 만약 아이가 무엇을 계획하고 있는지 물어본다면, 아이는 이렇게 대답할 수도 있다. "때릴 거야. 걔도 속상했으면 좋겠어. 내 기분을 느껴 보게." 만약 당신이 이러한 때 아이에게 "네가 동생을 쫓아가서 때리지 않았다는 게 자랑스럽다. 왜 때리지 않았는지 말해 줄래?"라고 물어보면 아이는 이렇게 대답할 수 있다. "난 사람을 때리는 사람이 아니야, 엄마. 그냥 걔도 기분 나빴으면 좋겠어." 네 살 반이 되고부터 아이는 다양한 결과를 머릿속에 그리기 시작할 수도 있고, 어느 정도 그에 비례적으로 행동하기 시작할 수 있다. 다른 말로 놀이 상대가 아이를 꼬집으면 아이도 맞서 꼬집겠지만 일부러 싸움을 크게 만들지는 않을 것이다.

아이의 좀 더 미묘한 인과관계는 아이가 다른 사람들을 위해 좋은 일을 하기 원하도록 이끌어 주기 때문에 아이는 보답으로 좋은 반응을 보일 것이다. '엄마 안아 주고 뽀뽀해야지. 그러면 엄마도 날 안아 주고 뽀뽀해 줄 테니까.' 또는 '아빠 발가락이 다쳤으니까, 내가 나으라고 문질러 줄 거야.'라는 생각을 할 수 있다. 아이는 행복하고 안전하게 느끼게 하는 애정의 표시로 보상받을 것이라는 것을 알고 있기 때문에 아이는 특정한 방법으로 행동할 것이다.

자기중심적인 목표와 순수한 이타주의 중심적인 행동 사이의 경계선은 불분명하다. 하지만 시간이 지나면서 잘해 주는 것 그 자체로 삶을 이루어 갈 수 있다. 아이가 옳고 그른 것을 판단하는 것은 나쁜 짓을 하지 않는 데 더 집중하도록 초점이 맞춰져 있다(놀이 친구의 코를 때릴 수도 있지만 대신 살짝 밀치기만 한다). 엄마에게 신문을 가져다준다거나, 동생과 함께 장난감을 나누어 주는 것과 같은 좋은 일을 하려는 의지는 아이의 특별한 가족의 따뜻함 그리고 배려의 패턴과 많은 연관성이 있다. 따뜻하고 맛있는 닭고기 수프가 많이 있을 때 아이들은 건강한 주장과 다른 사람들을 위해 좋은 일을 하려는 의지를 보여 줄 가능성이 더 높다.

어린아이는 좋은 결과를 얻을 수 있기 때문에 처음에는 좋은 일을 할 것이다. 아이는 엄마가 자신을 자랑스러워할 수 있다는 것을 알게 될 것이다. 혹은 동물이 배가 고프다고 울 때 고양이 밥그릇에 우유를 넣어 줬기 때문에 아빠는 따뜻한 포옹으로 안아 줄 것이다. 그러므로 도덕성은 긍정적인 것과 부정적인 행동을 억제하기 위한 두 가지 소원을 병행하기 시작할 것이다.

이러한 도덕 규범은 어떻게 내재화되는가? 당신의 자녀는 행동과 행동을 연관 짓기 시작할 것이며, 미리 생각하기 시작할 것이다. 아이는 가끔 "만약 내가 고양이에게 우유를 주면, 아빠는 나를 자랑스러워할 거야."라고 생각할 수 있다. 혹은 속으로 "내 그릇을 싱크대에 가져가면 엄마가 나에게 웃어 줘. 그리고 가끔 나에게 좋은 아이라고 하거나 뽀뽀해 주거나 안아 줘."라고 생각할 수 있다. 아이는 처음에 엄마 아빠의 반응에 기대하여 좋은 행동을 한다. 이러한 내적인 협상은 종종 단어보다 직관적인 느낌이나 이미지에 더 많이 있다. 하지만 시간이 지나면서 아이는 아이디어를 짜 맞추는 능력의 일환으로 당신의 고개 끄덕이는 따뜻함이나 자랑스러워하는 미소를 예상하는 법을 배우게 된다. 결국 아이는 자신이 느낄 수 있는 감정을 만들어 낼 수 있는 자신감에 도달할 수 있는 시점에 도달할 것이다. 느낌이나 이미지를 창조하거나 내면의 목소리를 듣는 것은 마치 아이가 마음속에 있는 작은 엄마나 아빠를 안고 있는 것 같다. 포옹이나 뽀뽀 혹은 안전을 위해서 말이다.

처음에는 내면의 경고나 따뜻한 느낌이 부모의 이미지나 목소리의 형태로 나타나지만, 결국 그것은 아이의 목소리로 경험된다. 아이는 '나는 옳은 일을 했다.' 혹은 '나는 착한 사람이야, 착한 일을 하는 것은 좋은 일이야.'라는 감정과 동화될 것이다. 이것은 그들이 친구들을 위해 좋은 일을 할 때 느끼는 것과 비슷하고 따뜻한 미소, 포옹 또는 친근감과 그들의 부모와 초기 관계에서 느끼는 것이다.

흥미로운 점은 사람들이 삶을 살면서 그들 스스로 원하는 내면의 따뜻함과 안전함을 결코 완전히 제공할 수 없다는 것이다. 일부 성인들은 더 많은 것을 제공할 수 있고, 다른 이들은 그것을 더 적게 줄 수 있다. 어떤 사람들은 부모의 배우자나 가족들에게 지속적인 양육을 위해 의존한다. 하지만 어떤 이들은 동료들이 비판적일 수도 있는 힘든 시기를 헤쳐 나간다. 왜냐하면 그들은 옳은 일을 하고 있다는 것을 말해 주는 내면적인 이미지나 느낌이나 목소리를 가지고 있기 때문이다. 이 내면의 느낌과 메시지는 그들을 오랜 시간 지탱해 준다.

이 내면의 느낌, 이미지 또는 목소리는 두 가지 요소를 가지고 있다. 하나는 긍정적인 길 그리고 언젠가는 이상과 가치로 안내해 주는 내면적인 존재이며, 다른 하나는 죄책감이나 속상함을 느끼게 하는 비판적인 존재이다. 아이들이 실제로 말로 "나는 착한 아이야." 혹은 "이건 좋아."라고 할 수 있기 전에 이런 기분을 느끼게 된다. 당신은 그들이 뭔가 좋은 일을 할 때의 얼굴의 미소나, 그들이 걷는 자랑스러운 자세 또는 쿠키 병에서 다른 쿠키를 몰래 꺼낼 때의 겁먹거나 긴장된 눈빛을 보면 알 수 있다.

어린 나이임에도 아이들은 좋은 일을 하는 것이 착한 것이고 다른 아이들을 해치는 것이 나쁘다는 것을 느낀다. 잘 발달된 내면의 규칙을 가진 아이가 줄을 밟을 때 아이는 기분이 나쁠 것이다. 아이의 나쁜 감정은 처음에는 잡히거나 벌을 받을 것을 예상하면서 생길 수 있지만, 나중에는 불안한 느낌으로 경험하게 된다. 아이는 그런 죄책감을 회피하고 싶을 것이다. 마치 어른들이 자랑스럽지 못한 방식으로 행동했을 때 기분이 좋지 않을 때처럼 말이다.

아이가 "(엄마) 정말 나빴어." 또는 "엄마 미워!"라고 말할 때 당신이 아이를 내려다보거나 화난 얼굴로 반응하면 그 말이 어떤 효과가 있음을 이해하게 된다. 아이의 생각과 감정은 결국 부모의 부정적 반응과 관련이 있다. 당신의 자녀는 현재의 행동이 미래에 어떤 영향을 미칠 수 있는지 그리고 아이가 잘못된 것이 아니라 옳은 것을 선택할 수 있다는 것을 이해하기 시작한다. 이 새로운 이해는 아이가 충동을 억제할 수 있는 능력을 키워 준다. 이제는 분노와 같은 부정적인 감정을 묘사하는 데 아이디어를 사용하여 화를 내는 결과를 예상하고 분노를 처리할 방법을 계획할 수 있다. 아이는 때때로 자신이 왜 화났는지 알 수 있다. 옳고 그름에 대한 깨어 있는 감각이 아이가 화를 다루는 좋고 나쁜 방식에 의견을 갖도록 이끌고 규칙을 지키도록 시도할 것이다. 부모는 심지어 아이의 작은 얼굴이 붉게 변하고, 아이의 팔은 놀이 상대와 충돌하지 않기 위해 떨고 있다는 것을 눈치챈다. 이런 종류의 자제력은 화를 다스리는 능력의 큰 도약을 의미하며 박수받아야 한다.

따라서 내부의 도덕 지도 시스템은 점차적으로 형태를 취하고, 새로운 내면의 가치관에 의해 뒷받침된다. 성가신 남동생에게 친절하게 행동하는 것과 같이 아이가 하는 일은 아이 자신을 기분 좋게 할 수 있다. 때로는 10세에서 12세 사이에 아이의 행동을 인도하는 원칙을 실제로 말로 표현할 수 있으며 자신이 하고 있는 일과 해야 할 일을 구별할 수 있다. 자신의 행동에 긍정적인 기대치와 적절한 한도를 결합하면, 자녀는 좋은 일을 하기로 선택할 때 자신에게 기분이 좋고, 부정적인 행동으로 넘어갈 때 기분이 나쁜 것 사이에서 건강한 균형을 유지할 수 있다.

3) 삼위형 사고

자녀가 **삼위형 사고**에 익숙해지면서 아이는 자신의 내적인 한계를 설정할 수도 있다. 아동은 종종 다른 아이가 어떻게 느낄지, 엄마나 아빠가 그녀의 행동에 대해 어떻게 느낄지 또는 그녀 자신이 어떻게 느낄지를 고려하기 때문에 놀이 친구를 밀어내는 것을 포기할 수 있다. 놀이 친구가 자신이 좋아하는 장난감을 망가뜨렸기 때문에 그녀에게 복수하는 것이 기분 좋을 것이라는 뼛속 깊은 느낌이 동시에 들 수도 있다. 아이는 상대가 화가 날 것이란 것을 인지하지만, 지금은 그런 건 상관없다고 느낄 것이다. 아이는 부모님이 아마도 동의하지 않을 것이라는 것을 이해한다. 이것이 아이를 딜레마에 직면하게 한다. 무엇이 아이에게 가장 큰 만족감을 가져다줄까?

만약 아이가 즉각적인 만족에 더 신경을 쓴다면, 그녀는 부모님에 대한 걱정을 무시한 다음 친구를 밀어붙일 수도 있다. 만약 아이가 엄마 또는 아빠의 긍정적 반응을 얻는 데 더 집중한다면 아이는 망설일 것이다. 아이는 자신이 언어로 자신의 기분을 풀어낸 데("나는 그 애가 싫어. 내 풍선을 터뜨렸어.") 자랑스러워할 엄마 아빠의 반응을 예상할 수 있다. 일단 부모님의 승인을 내면화하면, 부모님이 없을 때도 누군가를 밀칠 기회를 잡지 않을 것이다. 그게 옳은 일이라는 것을 알기 때문이다.

4세짜리 아이들이 복수에 대한 갈망을 무시하고 엄마나 아빠가 좋다고 생각하는 대로 행동해야 할 이유가 무엇일까? 자녀의 부모가 지나치게 바빠서 충분한 양육과 따뜻함을 제공하지 못했다면, 아이는 자신이 충분한 따뜻함과 관심을 얻고 있는 것처럼 느껴지지 않을 것이고 자신의 관점을 적용하는 데 큰 동기 부여가 되지 않을 것이다. 아이는 이 상황에서 화가 나고 상처를 입었기 때문에 놀이 친구에게 화풀이할 가능성이 더 높다. 또는 부모가 자신을 가혹하게 처벌할까 봐 두려워하거나 자신이 갈망하는 따뜻함을 참지 못한다면 아이는 분노에 대해 생각조차 하지 않을 수도 있다. 하지만 완고하지만 온화한 지도와 한계와 함께 양육과 따뜻함이 풍부한 가정에서 아이는 사랑과 가치를 느낀다는 것을 알게 될 것이다. 그 어떤 서너 살짜리 아이와 마찬가지로, 아이는 때때로 욕심을 내거나 매달릴 수 있고 더 많은 시간, 재미, 놀이와 장난감을 위해 꾀를 쓸 수 있다. 아이는 이미 많은 것을 얻었으므로 조금만 더 원하면 부모는 충분히 감각을 전달할 수 있는 입장에 서게 된다. 그 아이는 실망을 참는 법을 배울 수 있고 항상 그녀의 뜻대로 되는 것은 아님을 배울 수 있다. 이 가족들은 **제한이 있는 충분한 사랑**을 제공함으로써 옳은 이유로 옳은 일을 하는 법을 자녀에게 가르쳐 준다. 부모의 끝없는 따뜻함에 대한 아이의 감각은 부모에 대한 호감과 자신에 대한 호감을 느끼게 하고, 부모를 기쁘게 해 주고 싶은 느낌을 준다. 그들이 아이에게 제공하는 한계로 인해 아이의 탐욕을 통제할 수 있다.

4) 관점과 분위기 유지하기

자녀가 자신의 충동을 조절하고, 나쁜 행동 대신 좋은 행동을 선택하는 방법을 배우고, 이 발달 단계에서 자신의 생각과 효과 사이의 인과관계를 보기 위해, 아이는 강렬한 감정을 다루는 동안 보다 **자신의 관점을 유지하고 안정된 기분을 유지할 수 있다.** 당신과 분리하는 것은 덜한 시련이 된다. 아이는 이제 당신에 대한 다감각의 이미지와 당신에 대한 생각을 불러일으킬 수 있기 때문이다. 아이디어 사이의 다리를 만들고 있기 때문에 아이는 지금 그 순간의 희생자가 아니다. 아이의 생각은 시간과 공간에서 움직일 수 있고 맥락에서 맥락에 따라 다양하므로 아이는 아빠가 그리울 때 스스로에게 말할 수 있다. 그래서 아이가 아빠를 그리워할 때, 아이는 곧 자신에게 "나는 지금 기분이 좋지 않지만 아빠가 집에 돌아오면 기분이 나아질 거야."라고 말할 수 있다. 아이는 기분이 나아질 것으로 예상할 수 있기 때문에 당황하지 않고 자신을 차분하게 유지할 수 있다. 유치원에서 힘든 하루를 보냈다면, 아이는 '엄마가 점심시간에 나를 데리러 온다면 나는 기분이 나아질 거야.'라고 생각할 수 있다. 이미지와 감정을 연결시키는 아이의 능력은 아이가 한 감정에서 길을 잃지 않고 감정의 큰 그림을 느낄 수 있게 한다. 이런 식으로 아이의 기분은 더욱 안정적이게 된다.

어떤 아이들은 습관적으로 그 순간의 느낌을 포기한다. 이런 반응을 보이는 아이는 자신이 부정적이거나 부당하게 대우를 받았다고 느끼는 상황을 처리해야 할 수도 있다. 아이는 '학교에 있는 모든 사람이 나를 미워하고 항상 그럴 거야.'라고 생각하기 시작할 수도 있다. 그러면 아이는 포기할 뿐만 아니라 반응으로도 의미 있게 행동할 수 있다. 아이는 자신의 부정적 상황과 감정을 계속 유지할 수 있다. 당신의 아이의 슬픈 감정에 공감함으로써 아이가 기분을 안정시키고 즉각적인 반응 너머를 바라보도록 도울 수 있다. 당신의 따스함과 공감은 아이의 나쁜 감정과 함께 수용의 느낌을 줄 것이다. "내 아기, 가끔 다른 애들이 도망갈 때 혼자 노는 게 얼마나 힘든지 알아."와 같은 말을 할 때 당신의 따뜻함이 자녀에게 더 긍정적인 감정의 다리를 제공할 것이다. 나중에 함께 놀 수 있는 아이들을 찾는 것과 같은 해결책에 대해 함께 생각을 제시할 수 있다. 만약 당신이 아이를 강하게 키우겠다는 잘못된 마음으로 "불쌍한 척 하지마!"라고 말한다면 이 말은 아이의 감정을 재차 굳어지게 할 뿐이다. 아이는 마치 자신이 나쁘거나 합당하지 않은 사람인 것처럼 느낀다. 그리고 그러한 메시지는 아이가 나쁜 사람임을 의미한다.

일단 아이가 내일이나 다른 환경 또는 다른 놀이 친구와 더 행복한 시간을 보낼 수 있다는 것을 알게 되면 아이는 하나의 고립된 경험이 아이를 끌어 내리지 않아도 됨을 깨닫게 될 것이다. 또한 아이는 때때로 기분이 좋지 않을지라도 슬픔과 상실감 그리고 갈망을 참을 수 있음을 알게 될 것이다. 그녀의 상황이 항상 유쾌한 것은 아니지만 재앙적인 것도 아니다. 그런 다음 아기가 더 큰 그림을 보게 되면 긍정적인 새로운 경험에 더욱 개방될 것이다. 미취학 아동기에 아이들은 한 가지 감정에 사로잡혀 과장될 수 있다. 시간이 지남에 따라, 그리고 당신의 부드러운 도움으로 그들은 큰 그림을 보는 법을 배우고 더 안정된 기분을 가질 수 있다.

5) 자존감 발달하기

아이가 하는 행동, 감정과 생각 사이를 연결할 수 있고 자신이 한 말, 행동, 느낌과 생각의 결과로 연결 지을 수 있기 때문에 이 단계에서 자존감이 발달한다. 아이는 이제 당신의 내면의 마음 상태를 당신과 함께 묶을 수 있다. 불과 1년 전만 해도 남동생과 즐겁게 게임하고 있을 때 당신의 기뻐하는 표정을 아이도 잘 알고 있을 것이다. 이제 아이는 이 두 가지 아이디어를 연결하고 그림을 그리거나 자신에게 "동생과 놀면 엄마는 자랑스러워하고 행복한 얼굴을 한다."라고 말한다. 이 내면의 대화는 감정이나 생각 수준에서 구성된다(이미지와 단어가 섞여 있을 수 있음). 이는 당신의 아이가 당신의 미래의 행동을 예상하게 하고 실제로 일어나기 전에 당신의 승인을 경험하게 할 것이다. 이제 아이의 연결고리는 더욱 정교해진다. 아이는 "내가 동생과 논다면 엄마는 나를 자랑스러워하고 내일 점심 먹을 때 나도 데려갈 거야."라고 추론할 수 있다.

이와 마찬가지로 두 살짜리 아이는 조랑말을 타며 보는 전망의 즐거움을 느끼기 전에 아이의 앞에 있는 조랑말을 보아야 할 것이다. 당신의 네 살배기는 진정한 흥분을 느낄 수 있고 당신이 박람회장을 보기도 전에 당신의 차에 앉아 귀에서 귀로 히죽거리며 웃는다. 조랑말을 타고 있는 자신을 상상할 수 있기 때문에 기대감에 의해 행복하게 느껴진다. 가까운 미래에 일어날 일에 아이의 감정을 연결할 수 있다. 시간이 지남에 따라 곧 다가올 즐거운 행사에 맞춰 이 다리를 건설할 수 있는 아이의 능력은 사건이 실제로 일어나기 전에 좋은 느낌을 준다. 조랑말이 실제로 눈이나 귀 안에 있는 것에 의존하지 않기 때문에 아이는 사실 더 오랜 기간 좋은 느낌을 유지할 수 있다.

자녀가 자존감을 느끼는 데는 두 가지 근원이 있다. 즉, 당신, 보호자, 교사가 제공하는 공감적인 따뜻함과 인정과 또한 아이가 칭찬받을 만한 일을 할 때마다 아이가 보는 내적 이미지와 내면의 목소리(당신의 사랑과 아이에 대한 존경심)이다. 이 이미지는 아이가 좋고 가치 있으며 자신의 긍정적인 자존감의 기초를 형성한다는 자신의 감각을 확인한다. 아이가 자신의 놀이 친구와 부모에게서 불균형적으로 부정적인 피드백을 받으면 아이의 내면의 목소리는 비판적이고 불안감을 유발하는 것으로 경험한다. 이것은 패배감과 낮은 자존감으로 이어지게 된다. 또한 아이는 자신의 고유한 기능과 기술을 이해하기 시작한다. 아이는 댄서나 선수 또는 논쟁자인가? 아이는 자신의 긍정적인 반응을 자신의 성격과 능력에 대한 자신의 감각과 관련시킬 수 있다. 부모가 진정으로 즐길 수 있는 자녀의 진정한 특성을 찾을 수 있을 때 도움이 된다.

6) 대화에 참여할 수 있는 능력

이 시기에 숙련되는 또 다른 중요한 능력은 진정한 대화에 참여하는 능력이다. 이 대화는 아이가 다른 사람의 반응을 바탕으로 만들거나 다른 사람의 의견을 듣고 나서 자신의 생각을 정교하게 만들 수 있다. 이 단계에서 당신의 아이는 자신과 당신의 생각을 포함한 다양한 아이디어 사이에 다리를 형성하는 법을 배우게 된다. 그리고 이것은 다른 사람의 감정을 포함하여 더 깊은 감정을 가지고 아이를 감동시킨다. 다른 사람들의 아이디어에 반응하고 아이가 자신의 생각뿐만 아니라 다른 사람의 생각에 반응하고 그것을 만들 때 아이는 대화에 참여한다.

어떤 아이들은 자신만의 아이디어만을 전달하고 다른 사람들의 반응을 거의 얻지 못한다. 만 4세짜리 아이가 유치원에서 집으로 돌아와 여왕이 되는 장면을 연이어 연기할 수 있다. 심지어 그녀는 엄마가 아이를 위해 그녀의 상상 속 왕족의 옷과 왕권을 잡도록 허락할지도 모른다. 어떻게 하면 이 아이는 다음에 무엇을 하고 싶어 하는지 혹은 누구와 함께 놀고 싶어 하는지에 대해 묻는 엄마의 무심코 던진 질문을 무시할지도 모른다. 다행히도 우리 모두는 그들만의 목소리를 내는 것과 비슷한 것을 알고 있고, 다른 사람들의 의견을 다른 사람들의 생각과 다른 것으로 만드는 데 사용할 수 있다.

그러나 더 나아가기 전에 자녀가 논리적으로 사고하고 성장하는 다양한 아이디어 사이를 연결하는 법을 배우는 동안 진행 중인 뇌 활동의 놀라운 증가를 고려해 보자. 이 기간에 당신의 자녀의 뇌가 성장 발육을 경험하고 성인 비율의 2배로 포도당(당)을 대사하는 것으로 밝혀졌다. 아이의 뇌는 성인의 뇌보다 더 활동적이며(EEG 뇌파 기록으로 측정), 이 활동은 뇌의 중요한 두 언어 영역에서 발생하며 단어의 생성과 다른 사람들의 단어 단계의 이해와 관련된다.

반면, 우리 중 많은 사람은 이 단계의 중요성을 (언어 발달의 측면에서) 아이의 풍부해진 어휘로 측정하고는 한데, 보통 만 3세에서 5세 사이에 3배로 어휘가 증가한다. 하지만 지금 일어나고 있는 더 중요한 발달은 서로 다른 아이디어, 단어, 개념 사이에 다리가 생긴다는 것이다. 자녀의 성장하는 어휘는 자신의 생각에 의미 있는 부분이 되고 있다. 아이가 배운 대략 2,000개의 새로운 단어는 각각 잠재적으로 거의 무한한 수의 연결에서 다른 많은 단어와 감정과 연결되어 있다. 아이의 창의적이고 논리적이며 추상적인 사고가 성장할 수 있는 것은 이러한 연결 때문이다.

6. 자녀가 추상적 · 정서적 사고를 하도록 돕기

이 시기에 당신의 주된 역할은 아이들이 자신의 아이디어를 연결하고 세상에 대한 논리적인 이해를 개발하도록 돕는 것이다. 대화를 나누거나 가상놀이를 할 때 아이가 생각, 감정과 욕구 사이의 연관 짓는 것을 피하는 것을 지켜보아야 한다. 그러고 나서 아이의 생각을 당신의 아이디어와 연결시키도록 하라. 당신은 아이디어를 아이에게 하나하나 연결해 주고 싶지 않을 것이다. 아니면 아주 최소한의 저항의 길을 택할 것이고 자신의 생각을 수동적으로 받아들일 것이다.

간단히 말해, 자녀에게 당신이 직접 정신적 연결고리를 만들어 주는 것이 아니라 이끌어 내는 것이다. 이 장의 도입부에서 논의했듯이 이 시기에 당신은 훌륭한 연극 파트너, 동료 토론자, 의견을 추구하는 사람이자 자녀와 함께하는 공동 작업자가 되기 위해 바쁠 것이다. 당신은 의식적으로 아이와 논리적인 흐름을 따라 대화를 나눌 것이다. 간단해 보이지만, 항상 그렇게 쉬운 일은 아니다! 이다음 부분에 나오는 예는 자녀가 자신의 생각을 정교하게 도울 수 있는 방법을 보여 준다.

어린 소녀가 진행 중인 다과회에서 인형을 가지고 장난감 우주 셔틀로 노는 것으로 시작한다고 가정해 보자. 아이의 인형에게 왜 아이가 탐험하는지 물어봄으로써 논리적 추론을 위한 기회를 만들 수 있다. 아이는 당신이 원하는 대로 대답할 필요가 없다. 그리고 아이의 놀이는 같은 놀이 내에서 현실 지향에서 비논리적으로 바뀔 수 있다. 아이의 인형은 "나는 우리 다과회를 위해 특별한 쿠키를 얻으러 목성으로 갈 거야."라고 말할 수도 있다.

아이가 아이디어와 당신의 사이에 엮은 주제가 아주 환상적일지라도, 공동 드라마의 구조는 창작물 사이에 다리를 만드는 방법을 배우기 때문에 점점 더 논리적이 될 것이다. 자신의 마음과 당신의 생각을 표현할 수 있다. 당신은 세 살이나 네 살짜리 아이의 상상의 나래가 아이를 너무 자아도취에 빠져들게 할 때 혼란스러워하는 척하며 물어볼 수 있다. "우리가 어떻게 다과회를 하다가 목성까지 갔지?"라고 부드럽게 그녀의 생각을 논리적으로 연결시켜 줄 수 있다.

아이가 기계적 비대화형 놀이의 수렁에 빠져들 때 아이의 행동과 생각을 당신과 연결시키는 데 도움이 되는 상호작용으로 아이에게 다가갈 수 있다. 예를 들어, 아이가 인형을 슬라이드 위아래로 움직이게 하는 데 만족하는 것 같으면, 인형 중 하나가 물어보게 할 수 있다. "특별한 곳에서 미끄럼틀을 탈 수 있을까요?"라고 말이다. 당신의 유아는 우스꽝스럽지만 논리적인 방법으로 반응할 것이다("우리는 달에서 도망하고 있어!"). 아이가 계속 단조롭고 반복적인 패턴에 갇힌다면, 당신과 재미있게 놀게 해 보자. 그런 다음에 논리적인 추리를 할 수 있는 기회를 창출하는 누가, 언제, 어디서, 무엇을, 어떻게, 왜라는 질문을 제기하자.

1) 공상과 현실 사이의 이동

비록 당신의 아이들이 동화와 환상에 대한 폭넓은 신념과 이를 믿는 것을 즐거워한다 해도 실제와 환상을 구별하는 것을 도와주는 것은 중요하다. 이를 위해서는 시간과 인내가 필요하다. 결국 꿈은 현실로 느껴지고 오랜 대화를 나누며 포옹을 많이 하면 자녀가 침대 아래에 실제로 괴물이 없다는 사실을 받아들일 수 있도록 도와준다.

하지만 가상놀이 중에 생기는 판타지적인 상호작용은 다르다. 여러분의 아이들의 생각과 감정에 반응을 해 주고 더 정교하게 만들기 위한 시간이다. 최소한 하루에 한 번이나 두 번, 특별한 플로어타임 시간을 30분 정도 확보하여 온갖 즐거운 상호작용을 촉진할 수 있다.

새로운 캐릭터나 이야기의 맥락을 조금 바꾸는 것으로 아이의 원인-결과적인 느낌의 놀이에서 벗어나게 해 줄 수 있고 동시에 놀이가 나아갈 방향을 아이가 정하게 할 수 있다. 당신의 목표는 아이가 이미 진행하고 있는 상상의 주제를 정교하게 만드는 것이다. 만약 인형이 마시멜로를 굽기 위해 불을 피우는 흉내를 낸다면, 당신의 인형은 핫도그도 이 축제에 넣어도 되는지 보게 할 수 있다. 나중에 만약 아이의 인형이 넘어지면 당신의 인형이 의사가 되어 병원에 데려갈 수 있다. 이렇게 이야기에 새로운 캐릭터를 등장시키고, 응급차와 병원으로 옮기는 장면은 아이들이 논리적으로 연결해야 하는 많은 요소를 가져다준다. 이것은 당신의 아이들의 놀이 연극에 표현된 감정적인 아이디어의 세계에 영향을 미친다. 자녀의 통찰력이 점점 더 논리적으로 되고 아이가 현실을 이해하도록, 그리고 점차 논리적 사고를 발달하여 환상과 현실을 포함하여 자기 경험을 분류하게 해 준다.

당신 아이의 아이디어가 당신의 생각과 영향력의 논리에 의해 지속되는 한, 당신은 현실적인 생각을 항상 현실의 냉혹한 관점에 충실할 필요는 없다. 아이가 네 살쯤 되면, 당신의 아이는 모든 종류의 놀라운 능력을 가지고 있는 슈퍼히어로 주제에서 학교에서 자신을 못되게 굴었던 아이에 대한 토론으로 옮겨 갈 수 있다.

시간이 지나면서 당신은 아이가 현실과 환상의 장면 사이를 편안하게 이동할 수 있다는 것을 점점 더 느낄 것이고, 슈퍼히어로들이 아이가 동물원에서 본 우리 안으로 진짜 날아 들어갈 것이라고 생각하지 않을 것이다. 판타지와 실제를 구분할 수 있는 아이의 새로운 능력은 심지어 아이가 연기할 때조차도 아이의 감정적인 생각을 더 큰 범주로 정리할 수 있다는 신호이다. 바닥 시간의 즐거움과 자녀가 놀이 주제를 정교하게 만들고 새로운 매력과 상황이 상호작용할 수 있도록 기꺼이 도와주면, 아이가 감정적인 생각을 펼쳐서 자신의 것과 연결시켜 주는 안전한 환경을 조성하여 더욱 논리적이게 된다. 결국 아이의 아이디어(아이의 내면에서 오는 것)와 당신의 아이디어(외부에서 오는 아이디어)를 연결하는 데 있어서 아이는 아이의 내면의 잠재된 세계와 또 몸과 마음의 바깥 세상을 연결한다. 아이는 점심이나 친구에 대한 일상적인 대화뿐만 아니라 가상 놀이에서도 이러한 연결고리를 만들며, 아이는 어떤 아이디어가 진짜고 어떤 아이디어가 진짜가 아닌지를 알아내는 능력과 세상이 어떻게 돌아가는지에 대한 다른 많은 정보를 점차 쌓아 간다.

뿐만 아니라, 소규모 그룹의 아이들과 상호작용을 통해 다른 사람들이 생성한 생각과 감정을 다루는 능력이 향상된다. 점점 더 현실감 있는 느낌은 또래관계를 돕고, 결국 우정은 사고와 현실감을 일깨우는 데 도움이 된다.

2) 격한 감정 다스리기

아이가 아이디어를 연결하는 법을 배우는 동안 어떤 감정은 아이를 괴롭게 하고 때로는 아이를 혼란스럽거나 불안하게 하거나 심지어는 물러나게 만든다. 그때 아이의 생각은 제한되거나 위축될 수 있다. 그러한 일이 생길 때 아이는 자신의 생각에 대해 덜 수용적일 수 있다. 어느 정도의 감정이 아이를 혼란스럽게 하거나 회피하는 경향이 있음을 알게 됨으로써 자녀를 도울 수 있다. 그런 다음 감정의 강도를 줄여야 할 필요성에 대해 경고하거나 감정을 더 진정시키거나 지원하고 아이디어를 사용할 필요가 있음을 알릴 수 있다. 예를 들어, 아이가 인형과 아이 사이의 경주용 자동차 경쟁으로 과도한 자극을 받게 되면, 아이는 차를 전부 던질 수도 있다. 이러한 종류의 혼란스러운 행동은 경쟁심이나 공격성에 대한 감정을 다루는 데 어려움을 겪고 있음을 나타내는 적신호이다. 아이의 명백한 불안감을 진정시킨 후에 당신은 곤란한 감정을 가진 아이를 도울 몇 가지 구조 또는 한계를 제공할 수 있다.

당신의 아이와 어떻게 친밀감을 재형성할까? 먼저, 감정 이입을 통해 아이가 느끼는 것을 이해하게 하라. "세상에. 그 차는 정말 힘이 넘치네!" 또는 "가끔은 물건을 던지고 당기고 싶어 한다는 거 알아." 그런 말은 무엇이 그녀를 화나게 하고 혼란스럽게 하는 것보다는 지나치게 흥분하는 경향에 초점을 맞춘다. 비스듬한 접근 방식은 아이가 왜 아이의 인형이 항상 승리해야 하는지에 대한 질문을 던지기보다 훨씬 효과적이다.

자녀의 성향에 공감함으로서 당신은 아이에게 지지의 유대감을 전한다. 아이가 누군가를 다치게 하거나 차를 망가뜨리는 것을 허용하지 않는다는 사실을 즉각적으로 상기시켜 주면 감정을 재구성할 수 있을 만큼 오랜 시간이 걸릴 수 있다. 연극에 특정 논리 순서를 추가하면 피하기 시작한 감정을 유지하는 데 도움이 될 수 있다. 두 경주용 자동차 모두 속도를 낮춰야 한다는 것을 나타내는 빨간불이 있는 것처럼 간단한 놀이를 해 볼 수도 있다.

아이를 천천히 속도를 늦추는 것을 도와주면, 아이가 자신의 생각과 행동을 다시 연결할 수 있게 당신의 인형으로 공감해 주며 물어볼 수 있다. "천천히 가는 거 참 싫지 않아?" 또는 "나처럼 빨라지게 새로운 타이어를 원해?" 아이는 자신이 잘 대처하지 못해도 거기에 매달려 있으면 자신의 생각 사이에 다리를 놓을 수 있도록 더욱 기꺼이 도울 것이다. 여러 날 동안, 놀이를 통해 승패와 빠르고 느림이라는 주제를 탐험할 수 있고, 어떤 아이디어가 나타나는지 볼 수 있고, 진정시키는 규제와 지속적인 아이디어의 정교함으로 어려운 주제를 연기하는 것 자체가 매우 도움이 되고 종종 어린이들이 어려운 감정을 정복할 수 있게 해 준다. 어려운 주제를 위안이 되는 조절과 지속적인 아이디어의 정교화로 놀아 보는 자체가 도움이 되며 아이가 어려워하는 감정을 숙달하도록 도와준다. 당신은 아이가 생각의 흐름을 문법적으로 방해하는 감정과 생각을 탐험할 수 있도록 도와줄 것이다. 당신과 아이가 공유하고 있는 유대감은 아이의 불안함과 같은 감정을 줄여 줄 것이다. 따라서 당신의 아이의 관심을 갖는 것을 우선순위로 해야 하고, 두 사람이 따라갔던 원래 이야기 방향으로 돌아가 새로운 장면이 어디로 향하고 있는지 설명해야 한다.

자녀가 불안감을 느끼고 있는지 알 수 있는 방법 중 하나는 아이가 가상놀이 중에 갑자기 혼란스러워하거나 사용하는 몸짓이나 버릇에 현저한 변화가 있음을 알아차리는 것이다. 두 사람이 인형으로 소꿉놀이를 하고 있다고 가정해 보자. 갑자기 아이의 언어와 태도가 분산되는 것이다. 아이는 엄마가 들고 있는 인형을 떨어뜨리고 다른 방으로 도망가 물총을 들고 벽에 미친 듯이 쏜 후 아이의 인형으로 돌아가 인형의 팔을 총 쏘는 시늉을 하고 있다. 당신의 아이는 새로운 주제를 오래된 이야기에 넣은 것이다. 분노를 표현하거나 보호의 필요성을 표현하기 위해 총을 사용하는 것이다.

이 과정에서 발생하는 문제는 이상이 있음을 나타낸다. 당신의 아이가 약간 위험에 걱정할 수 있고 위험에 대항할 필요가 있음을 암시한다. 아이는 신체적 피해에 조금 걱정하고 있을지도 모른다. 이는 4세 때 매우 흔한 일이다. 놀이를 하며 아이를 놀아 줄 때 아이들이 당신에게 놀이가 흥미롭다는 것을 알려 줄 것이다. 당신이 "저 무서운 총을 봐."와 같은 말을 하며 관찰하고 있는 행동에 대해 말하되 사견을 표하지는 말자. 만약 당신이 "아이구, 너무 걱정스러워 보인다. 무슨 일 있어?"라는 말로 아이의 행동에 너무 많은 의미를 부여하려고 한다면, 당신은 아이가 여러 가지 생각을 할 수 있는 기회를 주지 못할 것이다. 아이가 이런 연결고리를 만들수록(당신이 공감해 주는 지지와 상호작용을 받으며) 아이의 생각은 더 풍부해질 것이다.

인형이나 행동인형 같은 소품을 상징적으로 사용하는 것이 중요하다. 이는 아이가 걱정하는 감정을 가질 수 있도록 해 주기 때문이다. 앞에서 설명한 것과 같은 놀이의 끝에 있는 가족들이 그녀의 감정을 다시 채울 수 있을 때 아이는 걱정스러운 기분에서 좋은 감정으로 바꾸는 데 성공한다. 당신의 자녀들은 엄마, 아빠, 아기 인형이 어떠한 문제와 서로 연관되어 있는 것처럼, 당신의 관심사와 자녀들의 관심사는 분리되어 있다는 것을 알아차리게 될 것이다.

만약 당신의 아기가 아빠 인형이 멀리 갔을 때 갑자기 두세 명의 인형이 울거나 심지어 서로 싸우는 것을 보게 된다면, 아이에게 사랑의 지속성에 대한 안도감이 필요하다는 생각이 들어 서둘러서 아이를 안아 줄 필요가 없다. 당신은 아이와 함께 노는 것이 너무 좋고 아이의 생각을 추궁하며 생각하지 않고도 아이의 생각을 거리낌 없이 알고 싶어 하니 말이다.

마찬가지로 만약 당신의 아이가 화가 나서 비명을 지른다면, 당신은 아이가 왜 그렇게 느끼는지 조용히 알게 될 것이다. 아이가 화가 났다는 이유로 아이를 방으로 가게 하지 말자. 그러한 행동은 아이가 당신과 멀어지면 나쁜 느낌을 덜 받을 수 있다는 신호를 받을 수 있게 한다. 당신의 반응은 감정에 논리적으로 연결되어 있고, 당신은 아이들의 말이나 행동을 흉내 낼 때에도 자신의 생각을 계속 사용해야 한다.

3) 두 가지 목소리

가끔 당신은 연극에는 직접 참여하지 않는 내레이터와 연극에 참여하는 연기자의 이야기를 두 가지 목소리를 사용하면서 참여하는 것이 좋다. 두 가지 목소리를 아주 뚜렷이 구별하는 한 당신은 아이를 혼동하지 않을 것이다. 내레이터 역할의 장점 중 하나는 "당신은 정말 좋은 엄마예요." 또는 "인형에게 뽀뽀를 해 주고 있어요."와 같은 행동과 감정 표현을 단어와 개념으로 보다 직접적으로 해석할 수 있다는 것이다. 내레이터의 역할은 아이가 자신의 행동을 관찰하고 행동을 표시하는 것에는 도움을 주지만, 자신이 이야기의 방향을 바꾸어 나가지는 못하게 된다. 아이가 내레이터의 목소리를 들으면서 반복적인 행동이 나타나는 것은 놀이를 하는 데 좋은 방법 중에 하나이다.

아이가 어릴 때 두 가지 목소리가 나올 수 있는 방법이 있다. 만약 당신의 아이가 곰 인형을 가지고 있을 때 당신은 "나는 너를 잡아먹으러 올 것이다!"라고 사자처럼 소리칠 것이다. 그러면 당신의 아이는 동물이 달아나거나 반격하는 반응으로 대응할 것이다. 당신이 계속 앞에서처럼 놀이를 이어 가면 "너는 내 손에서 도망가지 못할 것이다!"라고 하며 아이는 곰 인형을 흔들 수도 있다. "우리가 더 많아! 난 두렵지 않아! 심지어 우리 하마 친구들도 부를 거라고!"라고 생각한다. 당신은 아이의 특정한 생각을 자연스럽게 읽을 수 있는 결론에 도달하고 당신은 사자의 모습이 아닌 원래의 모습으로 돌아온다.

당신은 내레이터로서 뒤의 말을 사용하여 행동을 요약할 수 있을 것이다. "그 늙은 사자는 배고파 보이는데 저녁을 찾는 중이다!"라고 하거나 "그것이 확실히 좋은 싸움이었네! 이제 정글에서 무슨 일이 일어날지 궁금하다."라는 말을 통해 당신의 아이는 당신의 다른 목소리를 알 수 있게 되고, 각각의 목소리에 따라 다른 상황이 된다는 것을 배우게 될 것이다. 말을 신경 써서 듣는 것은 아이가 적극적인 학습자가 될 수 있도록 도와줄 수 있다. 이러한 종류의 상황은 앞으로 유치원을 다니면서 공부를 할 때 아이에게 많은 도움을 줄 것이다.

4) 가상놀이에서 복잡한 캐릭터

때때로 당신 앞에서 연극이 펼쳐지는 것을 이야기하는 것 외에 당신은 당신의 성격의 다른 점을 아이에게 보여 줘야 한다. 나쁜 역할을 많이 맡는다면 상처 입은 강아지에게 부드러움을 보여 주자. 당신이 너무 나쁜 악당만 하게 된다면 가끔 당신을 두려워하게 할 수도 있다. 아마도 당신은 자신의 무덤을 판 사람이 될 수 있다. 당신의 자녀는 다양한 인물과의 만남이 처음에는 다소 혼란스러울지 모르지만, 다양하고 복잡한 인물과 많은 상호작용 후에 아이는 자신 성격이 예측 가능하고, 예측 불가능한 쪽에 거리 두는 법을 배운다. 더욱이 심리적으로 복잡한 인물 만들기를 시작할 수도 있다.

5) 양면 탐색하기

자녀가 복잡한 감정을 더 잘 느끼도록 돕는 다른 방법은 갈등이 있는 상황에 아이를 직면시키는 것이고 그 갈등을 해결해 나아가는 아이를 보고 격려하는 것이다. 두 가지의 다른 주제에서 그녀의 다른 행동을 볼 수 있다. 아이의 아기 인형 하나가 눈물 흘리는 엄마 인형을 껴안아 주고 엄마는 혼자서 휴가를 떠난다. 아이가 놀이에서 나오는 두 가지 주제 양육과 별거를 모두 탐구할 수 있도록 하라. 당신은 아이에게 두 캐릭터 중에서 누가 나쁘고 누가 착한지 아이가 탐구한 것을 물어보라. 당신은 아이가 비슷한 상황에서 매우 다른 강렬한 감정을 갖는 것이 가능하고 자녀의 강한 감정을 받아들여 이해할 수 있다는 자녀의 인식을 높여 줄 것이다.

6) 논쟁 격려하기

자녀가 감정적인 논리를 행사하고 토론에 참여하도록 할 때마다 분노와 좌절을 다룰 수 있는 능력을 키울 수 있다. 당신의 앞뒤가 맞춰진 말은 아이에게 다른 사람들이 마치 아이와 같은 생각을 갖고 있음을 가르친다. 아이가 말한 것에 대해 존중한다는 것을 보여 주기 때문에 언제나 아이의 요구를 들어주지는 않을지라도 결국 아이는 자신의 생각을 발판 삼아 자신의 생각을 이야기하게 될 것이다.

가상놀이를 하는 동안 당신의 아이가 음성으로 짹짹 울음소리를 내면 자신의 생각의 놀이를 하는 것을 배우도록 도와주라. "잠깐! 내 질문/내 지시/내가 달라는 거 주지 않았잖아!" 당신의 아이가 당신의 생각과 관점을 고려해서 아이는 때때로 다른 사람의 대화나 다른 사람의 생각을 받아들이고 처리한다는 것에 좌절하며 이해하기 시작한다. 더 직접적인 접근법을 시도하고, 당신의 자녀가 "왜 항상 네 마음대로 해야 돼?"라는 질문을 통해 아이의 성격을 알 수 있다. 대화를 하는 동안 당신은 당신의 아이처럼 완고하게 행동해야 한다. 그러면 조금씩 당신의 아이는 모든 행동을 자신이 원하는 방식으로 하겠다는 아이 자신의 주장을 풀고 타협하는 것을 배울 것이다. 아이는 주위에 아이디어를 얻고 다른 사람들에게 제안하는 방법을 얻을 것이다. 또한 당신은 놀이 시간과 대화 시간을 더 재미있게 만들고 오래 지속되도록 노력해야 한다.

당신은 아이가 서로 동의하지 않을 때 아이에게 왜 당신이 틀렸는지 말해 보라고 유도하라. 당신이 언어적 의견 차이를 즐기고 토론을 환영한다는 것을 아이가 알게 하자. 이 모든 것에 대해 자녀의 의견을 물어보자. 아이가 당신의 제안을 무시하고 고집스럽게 자신의 방식대로 일을 주장하더라도 아이는 여전히 당신과 가치 있는 대화형 추론에 참여하고 있는 것이다. 더 활기차고 감정적인(극도의 감정이 부족하다) 토론을 많이 할수록 자녀는 자신의 사고 능력을 사용하며 즐거울 가능성이 커진다.

7) 정서, 아이디어 분류하기, 추상적 사고하기

감정은 좋고 나쁨, 유사하고 다름 등으로 아이디어를 분류하는 데 도움이 된다. 우리는 감정을 사용하여 세계의 패턴과 의미를 찾고 환경을 이해하는 데 도움을 받는다. 아이의 인형에 옷이 붙어 있으면 아이에게 인형의 옷에 대해 물어보라. "어떤 옷을 가장 좋아해?" 그러한 질문을 하여 자녀가 옷을 좋아하는 것과 좋아하지 않는 것을 나누어 말하게 하도록 유도하자. 네 살짜리 아이에게 "왜 이 옷이 제일 좋니?"라고 묻는다. 아이의 답장은 "예뻐서." 또는 "고급스러워." 또는 "멋있어."라고 할 수 있다. 조사관처럼 자녀를 너무 훈련시키지 말고 질문을 재미있는 토론의 일부로 삼으라. 만일 이것을 너무 과하게 하면, 그만둘 것이고 아이가 말할 것이다. "날 내버려 둬! 엄마는 질문을 너무 많이 해."라고 하면, 이는 분명 버릇없는 목소리와 눈에 반짝거림이 있는 중이지만 엄마는 계속 묻지는 않을 것이다.

당신의 미취학 아동이 자신의 감정을 논리적으로 사용하여 다양한 감정을 말하는 방법을 배우도록 도와줄 수 있다. 아이는 관계(더 큰/더 작은, 더 많이/더 적은 가깝거나/먼)를 포함하는 다른 개념에 대해 배울 수 있도록 도울 수 있다. "가장 큰 개를 갖고 있는 사람은 누구야?" 또는 "가장 큰 사이렌을 가진 장난감 소방차는 어떤 거야?" 두 사람이 연못에서 뛰어내리는 개구리인 척하는 경우 '조금 높게' 또는 '멀리' 뛰어야 하는지 물어보라. 나중에 아이들은 감정과 자질이 비교되고 분류된 여러 상황에서 유사하게 등장했기 때문에 사랑과 같은 추상적인 개념을 이해하게 될 것이다. 사랑은 많이 껴안고, 많이 주고, 분노에서 더 쉽게 회복하고 보통 다른 사람을 가까이 두는 것을 의미한다.

8) 숲과 나무 보기

가상놀이 활동과 일상적인 대화는 종종 여러분의 아이가 화합하는 주제로 세부사항을 끌어내는 것에 도전하게 한다. 집에서 서로 쫓고 있을 때 잠시 멈추고 혼란스러워하며 "왜 우리는 서로 쫓고 있지?"라고 물어보자. 놀이 파트너는 행동의 기본이 되는 광범위한 주제를 설명해야 한다. 그런 다음 세부사항을 묻고 "내가 한 일 중 나쁜 일이 뭐였어?" 또는 "나를 잡으면 어떻게 할 거야?"라고 물어서 아이가 여러 가지 설명을 하는지 보라. 각각은 아이의 놀이 주제를 뒷받침하는 세부사항이 될 것이다. 자녀가 구체적인 수준과 일반적인 수준에서 모두 이야기하도록 격려해 주면 자녀의 생각은 보다 유연해질 수 있게 이끌 수 있다. 명확한 질문을 너무 많이 하여 아이를 압도하지 마라. 당신이 대화의 자발성과 기쁨을 훼손하고 싶지 않을 테니 말이다.

9) 재능을 알고 약점 극복하기

3~4세짜리 아이들 모두가 복잡한 구두 순서를 이해하는 데 똑같이 이해하지 않는다는 것을 인식하는 것이 중요하다. 어떤 어린이들은 가상놀이나 이야기 듣기를 특별하게 좋아하지 않을 수도 있지만, 집 안의 방을 돌아다니는 데 일상적으로 능숙하다. 초기에 이 아이들은 원인과 결과를 구성에 적용하는 것에 대한 관심을 나타낼 수 있다. 아이들은 건축학적으로 경이로운 탑을 블록으로 쌓고, 베개와 상자를 쌓아 정교한 우주선이나 우리를 만들어 간다.

비록 당신이 아이에게 인과관계의 공간적 사고를 개인적인 상호작용에 적용하는 방법을 가르치고자 할지라도, 아이가 지금 자신의 성취에 대해 당신이 얼마나 자랑스러워하는지 그 순간에 확실히 알도록 하자. 아이가 블록으로 만든 도시에 대해 말하면서 재능을 칭찬하라. 당신은 아이가 짓는 건물에 살고 있는 동물이나 사람들에 대해 이야기를 만들어 내는 기회를 찾게 도와주라. 당신과 다른 놀이 친구와 가장하면서 상호작용할 수 있는 기회가 많기 때문에("벽돌을 쌓고 있어!") 아이의 직감적인 이해는 특정 패턴으로 블록을 배치하면 성을 쌓을 수 있고, 아빠를 안아 주거나 특정한 방식으로 인사를 해 주면 매우 기뻐할 것이라는 깨달음과 연결된다.

그동안 아이의 장점을 살펴보고 비언어적 사고 능력을 더 완벽하게 표현할 수 있도록 도와주자. 이런 시각적 공간 능력은 그녀의 방향 감각, 물리적 성질에 대한 추론 그리고 숨겨진 사물을 숨기고 탐색하는 것에 대한 능력을 형성한다. 아이는 보물찾기, 퍼즐, 카드놀이, 미적 탐험, 미로 탐색 등의 기회를 제공하라. 어린이가 움직이고 숨겨진 물건이 어디에 있는지를 추측하려고 하는 놀이는 모두 시각 중심적인 어린이에게 매력이 있을 것이다. 공간적 관계를 유지하면서 아이가 당신의 말에 반응하고 그것을 만들도록 하라. 아이가 실제로 만들어 낸 공간에서 가상놀이를 하는 것을 권장한다.

10) 효과적인 칭찬

당연하지만 좋은 운동신경과 제어력을 갖춰서 이것저것 잘하는 아이, 즉 앞구르기도

하고 공을 잡고, 자기 이름을 쓸 수 있는 아이는 칭찬을 받을 만한 일을 해내는 것이 더 낫다는 것을 알게 된다. 부모는 아이의 능력에 자부심을 표현할 것이다. 아이는 하루 동안 여러 번 당신에게 나오는 따뜻하고 친절한 느낌을 알게 될 것이며 그들의 승인을 내면화할 것이다. 반면, 신체가 부드럽게 움직이지 않은 아이는 물건을 넘어뜨리거나 이름을 말하거나 쓰는 것을 배우는 데 어려움을 겪을 수 있다. 이러한 상황에서 부모는 많은 것을 구두로 요구하며 격려할지도 모른다. 하지만 그들의 목소리와 제스처는 실망스러움을 전달한다.

과거에 출간된 육아 서적에서는 종종 다양한 어려움을 겪는 자녀들을 가진 부모에게 언어적으로 칭찬 세계를 해 줄 수 있는 기회를 찾으라고 조언해 주었으나, 부모의 표정이나 목소리의 어조는 그만큼 충분히 강조하지 않았다. 아이들은 부모의 비언어적인 메시지를 말보다 훨씬 더 많이 믿는다. 당신의 아이가 10번째 공을 떨어뜨릴 때 당신이 힘없고 죽은 듯한 목소리로 "잘했어."라고 한다면 아이는 그 말 내면의 뜻을 깨달을 것이다. 그러면 그녀는 자신의 자존감을 북돋우는 대신 내면의 못마땅한 목소리를 내면화할 가능성이 더 커지게 될 것이다.

그렇다면 특별한 도전이 있는 아이들은 종종 안정된 기분과 자신에 대한 좋은 감정을 유지하는 데 어려움을 겪는 것은 놀랄 일이 아니다. 신경계가 특정 활동을 어렵게 하기 때문에 그러한 어려움을 겪고 있는 어린이는 자신의 긴장감을 느낄 것이며 같은 놀이 장소에서 아이와 놀기를 시도할 때 부정적 결과를 가져올 것이다. 그러나 우리가 보았듯이 이 책에서 다루는 아이들은 종종 상호작용을 재구성함으로써 잠재적으로 부정적인 경험을 긍정적인 것으로 바꿀 수 있다.

단순히 자녀의 실제 발달 프로파일을 현실적으로 살펴봄으로써 기대치를 재조정하고 자녀의 실제 성취에서 진정한 기쁨을 얻을 수 있다. 아이는 신나는 일에 당신이 공감을 하는지 안 하는지 보기 위해 당신을 자세히 관찰할 것이다. 만 4세 때 연필로 이름을 쓸 수는 없더라도 연필로 성공적으로 낙서를 묘사하면 즐겁게 박수를 보내라. 아이는 그 어떤 발달 단계의 정상적인 모습이 무엇인지 전혀 모르니 주어진 단계에 알맞게 자녀가 그곳에 있다면 기쁨을 배로 나누라. 우리는 종종 우리 아이가 자신을 다른 아이들과 비교하고 나쁘게 느낄 것이라고 걱정한다. 그러나 자신을 다른 사람과 비교할 수 있는 역량은 고도로 발달된 기술이므로 아이가 이미 비교가 가능하다면 사회적으로 큰 잠재력을 가지고 있음을 암시한다.

가장 심각한 학습 장애조차도 부모가 진정한 즐거움과 업적에 대한 자부심을 전한다면 높은 자존감을 누릴 수 있다. 자녀의 자존감은 아이가 탁월한 몇 가지 선택 특성이 아닌 자신의 개성의 다양한 측면 때문에 가치 있다고 생각하는지 여부와 밀접하게 연관된다. 아이가 내면의 성취 속에서 아이를 높이 평가할 때 아이의 가치관은 확대될 것이다.

11) 제한 설정과 사고

만 3세 또는 4세의 자녀가 좌절감과 분노를 포함한 생각과 감정의 모든 부분을 놀이를 통해 탐구하도록 격려하면서 당신은 현실에서 이런 부정적인 감정을 행동으로 보여야 한다는 것은 아니다. 가상놀이를 통해 아이가 분노나 공격적인 생각을 표현하게 격려해 주는 것으로 당신은 아이의 화가 난, 혹은 공격적인 행동에 관련된 제한이 필요하다면 설정할 수 있는 당신의 권리를 강화하는 것이다. 따라서 놀이 시간은 규율을 대체하지 않는다. 놀이는 규율을 보충한다. 앞에서 말했듯이 가상놀이의 규칙은 간단하다. 자녀가 당신을 해칠 수 없거나 아무것도 깰 수 없다. 아이가 가상놀이를 할 때 괴로워하며 무질서하게 행동하기 시작하면, 이제는 그녀에게 몇 가지 규칙을 제공할 때이다. 당신과 아이의 충돌은 피할 수 없고, 장난감이나 페인트가 공중에 던져진다면 아이의 눈을 맞추고 따뜻한 말투로 말하라. "그건 하면 안 돼." 과하게 반응하지 말고, 당신의 말은 당신이 화가 났기 때문에 안 된다는 게 아니라 놀이 친구인 아이가 자신을 억제하는 데 약간의 도움이 필요하기 때문이라는 느낌을 전달해야 한다. 이것은 자녀에게 자신의 화를 통제할 수 있고, 그것이 당신을 밀어낼 수 있을 정도로 강력하지 않다는 자신감을 줄 것이다. 아이가 계속 흥분하면, 행동을 더 느리게 하고 다른 따뜻한 방법을 채택하라. 아이가 물건을 깨기 시작하거나 당신 또는 다른 아이를 해치기 시작하면, "아니, 당장 그만둬!"와 같이 엄한 목소리를 내자. 가끔은 아이가 놀이 친구를 해치려고 하거나 물건을 부수려고 할 때 물리적으로 막아야 할 수도 있다. 요약하자면, 필요에 따라 다양한 정도의 엄격함을 사용하고, 항상 아이를 진정시키라. 아이의 놀이 시간 동안 구조와 보안의 배경을 다시 잡을 때 아이는 자신의 주장이 강한 면과 사랑하는 면을 위한 더 나은 방향을 찾을 가능성이 높아진다.

많은 아이가 놀이 시간 동안 자신의 감정을 표현할 수 있기 때문에 단순히 자신의 공격적인 행동을 완전히 포기하지는 않지만, 이 나이에 속하는 대부분의 아이들은 다른 나이대보다 확고하고 온화한 훈육에 보다 쉽게 반응하는 것으로 보인다. 대부분의 사람들은 당신의 허락을 간절히 원하며 다른 사람들을 기쁘게 하기 위해 행동하는 것에 자부심을 가지고 있다. 만 4세짜리 아이에게 겉옷을 입고 들어올 때 진흙투성이가 된 신발을 닦으라고 말하면 아이는 당신을 향해 "내 깨끗한 신발을 봐! 나 착하지?"라고 할 것이다. 그러나 다른 날, 아이는 기분이 좋지 않을 때 침착하게 당신을 응시하고 의도적으로 양탄자 위에 진흙을 묻힐 수도 있다. 마치 아이가 당신을 벌주려고 하는 것처럼 말이다. 그러니 아이가 편안하게 지낼 수 있는 순간을 음미하되, 그것에 의존하지는 말자! 당신은 아이의 행동이 체계적이지 않을 때 너무 심하게 대하지 않음으로써 아이의 새로운 협력 정신을 함양할 수 있다. 당신의 아이가 자기 행동을 바꾸려는 의지는 당신이 일반적으로 아이를 자랑스러워하고 아이에 대해 특별한 것을 존중한다는 아이의 감각에 크게 달려 있다는 것을 기억하자.

당신의 아이의 잘못된 행동은 종종 어떤 걱정스러운 생각이 마음속에 있는지, 그리고 왜 아이가 그렇게 화가 나거나 좌절했는지를 드러낼 것이다. 아이를 진정시키고 아이가 인형을 공중에 던지는 것을 멈췄음에도 불구하고 무언가가 여전히 아이를 동요시키고 있다고 가정해 보자. 아마도 아이는 놀이방의 한쪽에서 다른 쪽으로 달려가서 테이블에 앉아 드로잉 패드에 낙서한 스케치를 크레용으로 칠하고 있을 것이다. 잠시 시간을 내어 아이의 행동에 대해 생각해 보면 아이가 갖고 놀던 두 인형 사이에서 싸움이 일어났을 때 아이의 분열된 행동이 처음 나타났다는 것을 알 것이다.

아이의 낙서는 나쁜 엄마와 아빠에 대한 성난 중얼거림을 동반했고, 아이는 자신을 화나게 하는 몇몇 공격적인 감정을 헤쳐 나가려고 한다는 것이 점점 분명해졌다. 당신의 공감적 지지와 코멘트("그 두 인형은 정말 서로에게 화가 많이 났었어!")는 아이의 활동을 전환하는 데 도움을 주었고, 같은 공격적인 주제를 이어 가되 위협적인 느낌은 덜해졌다. 근처에 미술 자료를 가지고 있는 것은 그녀에게 그녀의 강렬한 감정 중 일부를 헤쳐 나갈 수 있는 또 다른 수단을 제공했다. 당신의 다정한 지지("두 인형이 왜 싸웠다고 생각해?")는 아이의 모호하고 속상한 감정과 생각을 보다 일관된 생각으로 연결하는 대답을 하기 때문에 아마도 아이가 몇 가지를 생각해 내는 데 도움이 될 것이다.

당신의 아이가 잘못된 행동을 해서 추가적인 제한이 필요할 때, 안전과 신뢰를 증가시키기 위해서 함께 플로어타임을 늘리는 것이 중요하다. 당신이 자녀에게 많은 것을 요구함으로써 항상 한계를 늘리고 함께 플로어타임을 해야 한다. 게다가 아이의 연극에 참여하는 것은 어렵고, 무서우며, 불안하거나 화가 난 개인적인 감정을 드러낼 수 있는 기회를 만들어 낼 수 있고, 대중 앞에서 행동할 필요가 있다. 그러나 자녀가 공격적으로 행동하여 부모가 몇 가지 확고한 제한을 다시 둘 때가 있다. 아이는 4세 정도에 간접적인 공격 혹은 '수동–공격적' 태도의 달인이 된다. 예를 들어, 당신이 미취학 아동을 점심시간에 만화를 못 보게 하여 정말로 화나게 한다면 당신은 아이의 책상에서 한 잔의 우유가 '실수로' 엎어지는 걸 볼 수 있을지도 모른다. 또는 아이의 남동생이 할머니의 포옹을 가장 많이 얻었을 때 그가 가장 좋아하는 한 쌍의 토끼 슬리퍼가 잠깐 사라져도 놀라지 말자.

이런 수동–공격적 행동의 징후가 나타나기 시작하면 자녀에게 당신이 모두 알고 있다는 것을 선한 방식으로 알려 주자. 아이의 행동의 이유를 캐내기 위해서 위협적이지 않는 목소리로 육하원칙으로 물어보자. 그녀가 행동하기로 선택한 다양한 방식과 그녀의 감정 중 일부를 말하게 하고 구두로 연결시키자. 그녀가 당신의 재치와 영리함을 시험하면서 그녀는 사고하는 데 중요한 연습을 하고 있다. 지금은 강의할 때가 아니다! 그 대신 아이에게 진정한 의미가 있는 확고한 한계를 조용히 아이에게 부여하자. 당신은 한동안 만화 특권을 없애거나 새로운 인형을 잠시 가져갈 수 있다. 규칙을 지키기란 어렵다는 것을 이해한다고, 당신에게도 어렵다는 것을 설명해 주고 그다음에는 가이드라인에 머물러 있기를 바라자.

12) 자녀가 성숙해질수록 정서적 사고 조성하기

우리가 보았듯이 집중하고 계획하고, 추상적으로 생각하고, 현실을 테스트하는 자녀의 미래 능력은 함께 대화하는 동안 기르고 있다. 앞으로 몇 년 동안 이 같은 대화는 계속 아이의 지능을 쌓을 것이다. 대학에서 사랑과 삶, 정책에 대한 열정적인 토론은 일반적으로 강의에 수동적으로 참석하는 것보다 더 나은 상상력을 발휘할 수 있는 지력을 키워 준다. 비슷한 방식으로, 당신의 자녀가 자신의 아이디어 사이에서 그리고 다른 사람들의 생각 사이에서 다리를 놓을 수 있는 능력은 결국 대부분의 '풍부한' 활동보다 자신의 생각과 감정을 되돌아보고 성찰할 수 있는 능력으로 꽃을 피울 수 있을 것이다. 이제 아이는 "엄마가 내 장난감 자동차에 쾅 하고 부딪혔어. 내 차가 먼저 부딪치기를 원했는데."라는 관찰을 할 수 있다. 20년 후에는 이 자기 성찰의 축복이 더욱 미세하게 발달되어 학교, 직장, 관계에서 문제 해결사가 되는 데 도움이 될 것이다. 당신의 자녀가 자신의 감정을 성찰할 수 있는 능력을 발휘하며 그것에서 자유롭게 행동이 나올 수 있을 것이다.

아이가 기발한 놀이와 대화에 참여하는 연습을 많이 할수록 글과 말로 이야기를 더 잘 이해할 수 있게 된다. 예를 들어, 초등학교 시절에 교사는 반드시 수업에서 읽고 있는 이야기에서 등장인물의 동기에 대해 질문할 것이다. 아이는 **육하원칙**으로 말할 수 있는 **수많은 기회**를 가졌고 자신의 아이디어를 다른 사람의 아이디어와 연결하는 답변 때문에 많은 것을 받은 사람은 자신이 읽는 이야기의 뉘앙스를 이해하고 패턴을 볼 가능성이 훨씬 더 높다.

또한 자기성찰과 논리적 대화는 아이가 자신의 생각을 다른 사람의 것과 구별하는 데 도움이 된다. 학교나 캠프 같은 복잡한 사회 환경에서 그러한 역량이 부족한 아이는 자신이 화가 나고 불안해할 때 '아무도 나를 좋아하지 않는다'고 생각할 가능성이 크다. 아이는 외부 현실을 정확하게 평가하지 못하고 '아무도 나를 좋아하지 않는 것처럼 느낄 수도 있지만, 그것이 사실이 아니라는 것을 알고 있어'라는 것을 깨닫지 못한다. 자기성찰 능력이 커짐에 따라 합리적 판단을 내릴 수 있는 능력도 커진다. 감정적 사고는 현실 테스트와 자기성찰을 방해할 뿐만 아니라 당신의 자녀가 미래에 대한 계획을 포용하는 데 도움을 준다. 아이는 자신의 감정과 행동을 연결하며 좋은 행동을 하고 칭찬을 받거나 존중받는 등 긍정적인 결과를 알기에 아이는 보상과 만족을 기꺼이 조금 미룰 수 있다. 긍정적인 최종 결과가 그녀의 노력 끝에 기다리고 있다는 것을 감지하는 재능은 그녀가 조금 더 나이가 들었을 때 산술 문제를 극복하고 인내심 있게 단어를 발음할 수 있게 해 줄 것이다.

7. 기준치 높이기

1) 대화 확장하기

아이와 대화를 할 때 많이 할수록 좋다. 이제 태양 아래의 모든 것에 대해 대화를 나눌 시간이다. 두 사람이 나란히 서서 욕실 거울 앞에서 양치할 때 빠르게 혹은 느리게, 앞뒤로 또는 위아래로, 위로 또는 아래로 솔질하는 찬반양론에 대해 이야기를 시작하자. 차로 잠깐 오가야 할 때는 소음이 많은 소방차에 대한 아이의 의견을 듣고, 아이의 관찰을 안전에 관한 토론이나 소방관의 흥미진진한 삶에 대한 토론으로 풀어 보자. 더 조용한 드라이브 시간에는 "정말 아름다운 연못이다!"라고 외치는 순간이 있게 해 보자. 그리고 두 사람이 오리와 개구리, 수련에 관한 대화를 나눌 수 있는지 보자. 목욕 시간은 현실 기반 대화를 위한 또 다른 좋은 기회를 제공하며, 두 사람이 학교와 친구들 그리고 삶에 관해 이야기해 보자.

일상적인 일과가 상호작용할수록 자녀는 자신의 아이디어와 부모의 아이디어 사이의 다리를 만드는 연습을 더 많이 하게 될 것이다. 아이는 실제 상황에 대해 토론하면서 아이의 논리를 행사할 수 있는 기회를 더 많이 가질 것이다. 당신의 대화가 즐거움으로 수행되고 설교를 듣거나 주제를 다룰 수 없는 경우, 3~4세 된 아이는 당신과의 대화를 즐길 것이다. 또한 당신의 자녀에게 의미 있는 반응과 질문할 시간을 충분히 주면 피곤하거나 지루함을 걱정할 필요가 없다. 누군가는 잡담을 계속하고 싶은 아이의 열망 때문에 지칠지도 모른다. 그런데 아마 당신의 어린 미취학 아동은 보통 그 잡담을 잘할 것이다.

현실감을 바탕으로 한 모든 상호작용은 당신의 자녀가 일관된 생각을 쌓을 수 있도록 더 많은 연습을 제공하는데, 한번에 15~20분 정도 되는 더 긴 대화야 말로 자녀의 사고 능력을 키운다. 이러한 자유로운 대화는 친구들, 유치원 활동, 읽은 이야기, 심지어 저녁 식사를 위한 요리 등 다양한 주제로 이루어질 수 있다.

그러나 당신의 자녀가 다른 시간보다 당신과 이야기하는 시간을 더 꺼려 할 때도 있다. 제4장과 제5장에서 보았듯이 대화를 계속 유지하는 데는 여러 가지 방법이 있다. 이 장의 앞부분에서 우리는 당신의 자녀의 의견을 이끌어 내거나 아이의 정교한 새로운 아이디어를 도출하는 다양한 방법을 살펴보았다. 일반적으로 대화가 지연되기 시작하면 당신 자녀의 행동이나 자신의 문제와 관련된 질문을 만들자. 잠시 아이의 감정을 두드리면, 결국 아이를 사로잡을 수 있는 가능성이 커진다.

예를 들어, 어느 날 점심시간에 네 살짜리 아이는 자신의 머리를 가볍게 두드리며 모든 메뉴 제안에 조용히 고개를 젓는 날이 올 수도 있다. 그날 오후에 미니 골프를 치겠다고 약속한 계획을 못 지켰기 때문에 아이가 당신에게 침묵의 분노로 대응하고 있는 것일지도 모른다. 비록 그녀가 화가 났지만, 당신은 그녀가 배가 고프다는 것을 알고 있고, 따라서 그녀가 진정으로 먹고 싶어 하는 것이 무엇인지 말하는 것에 관심을 가지고 있다. 냉장고에 가서 고의적으로 싫어하는 음식을 꺼내 보자. "아, 점심으로 아티초크는 어때?" 그녀가 혐오감에 고개를 저을 때 당신은 그녀가 가장 좋아하지 않는 음식을 계속 고를 수 있고, 심지어 완전히 우스꽝스러워져도 된다. "바로 그거 찾았어! 코뿔소 스튜!" 아이가 이 시점에서 아직 킥킥 웃지 않는 경우, 아이가 **정말로 원하는** 것을 찾아 달라고 도움을 청하자. 선반과 냉장고를 함께 보면 음식에 관한 대화가 자연스럽게 나온다.

왜 굳이 이렇게 아이와 언어로 다시 연결을 해야 할까? 간단히 말해서 당신이나 당신의 자녀를 중시하는 사랑하는 양육자는 아이의 내면을 외부 세계와 연결시키는 데 끊임없이 초점을 맞출 수 있는 시간이나 체력을 가지고 있다. 이러한 대화는 논리적으로 사고할 수 있는 능력을 키우며, 이 시기 동안 지적, 사회적 및 도덕적 능력에 대한 기준을 높이기 위해 할 수 있는 가장 중요한 일이다.

2) 마법의 순간

이상적인 세계에서 당신은 항상 재미있고 사랑스러운 대화의 예술가이자 당신의 자녀를 위한 파트너가 되기 위해 시간과 열정을 가지고 있다. 그러나 오늘날 많은 가정에서 시간이 엄격하게 제한되어 있다. 놀이 시간이나 길고 조용한 대화의 방해도 까다로운 하루의 혼란 속에서 길을 잃을 수 있다. 따라서 당신은 매일 최소한 25분에서 35분 정도를 따로 확보해 두는 것이 중요하다. 아무것도 하지 않고 아이들과 수다를 떨고 대화를 나누는 것이 중요하다. 두 사람이 함께 편히 있을 수 있는 시간을 고르자. 그러면 당신은 분노하거나 화가 나지 않을 것이다. 당신의 배우자나 다른 양육자들도 당신 자녀의 상상력을 따라갈 수 있도록 하루에 적어도 30분은 쉬어야 한다.

게다가 하루 동안 당신의 자녀와 대화를 시작하고 문제 해결을 시작할 수 있는 어떠한 핑곗거리를 찾는 것을 확실히 해야 한다. 가장 기억에 남는 대화의 일부는 버스 정류장으로 걸어가거나 혹은 우편함으로 걸어가는 것처럼 평범한 행동을 할 때 일어날 수 있다. 논리적인 반응을 얻기 위해 더 가볍게 물어볼수록 그리고 "그리고 또?"와 같은 말로 아이의 말을 끌어내거나 찬반 논쟁이 있을 만한 생각을 제안하면("X가 최고의 만화 쇼가 아닌가?" "아냐 엄마, 아무도 그것을 좋아하지 않아. 왜냐하면…….") 당신 자녀의 정신적 인프라가 더욱 풍부해질 것이다.

3) 자녀의 생각 폭 넓히기

당신의 자녀가 점점 더 긴 사슬에서 자신의 생각을 연결할 수 있도록 도우며, 다양한 감정과 의견으로 만나게 하는 것은 중요하다. 이전 장에서 설명했듯이 추상적 개념을 이해하는 아이의 능력은 그 개념이나 단어로 얻은 여러 감정적 경험과 직접적으로 관련되어 있다. 아이는 '사랑' '공평함' 또는 '친절'과 같은 추상적 개념이 결국 아이가 가진 다양한 사랑, 공정 또는 친절한 모든 경험에서 의미를 끄집어 내기 때문에 무엇인지 알게 된다. 따라서 아이가 하루 중 더 감정적인 경험을 할수록 더 추상적인 개념을 다룰 수 있게 된다.

당신의 자녀가 자신의 감정을 식별하고 말로 표현할 수 있게 되면 추상적으로 사고할 수 있는 능력이 향상된다. 아이는 감정을 더 많이 말할수록 감정을 구분하고 감정을 이해할 수 있게 된다. 당신은 자녀가 자신의 감정을 설명하는 단어를 찾도록 도와줄 수 있다. 당신의 자녀가 놓아 버린 사건에 대해 질문하고, 관심을 갖는 동안 상황에 대해 토론하도록 하라. 비슷한 방식으로 감정을 느끼게 한 실제적 또는 발명된 사건을 언급하거나 자신의 감정을 비교하고 자신의 강점에 대해 생각해 보라고 지시할 수도 있다.

당신의 자녀가 자신의 감정에 대해 말할 수 있도록 도와주는 또 다른 방법은 진정으로 관심이 있는 대화식 분야를 찾는 것이다. 만약 아이가 말을 한다면, 조랑말과 새끼들 그리고 팔로미노[1]들에 대한 대화를 시작하자. 야구에 관심이 있다면 고향 팀에 대해 이야기하자. 두 사람의 대화는 아이의 **감정**에 대해 이야기하게 하며 토론의 범위를 넓힌다면 다양한 종류의 조랑말이나 야구 통계에 대한 암기 형식의 루틴이 되지 않을 것이다. 〈블랙 뷰티(Black Beauty)〉에서 〈마크 맥과이어(Mark McGwire)〉 영화에 이르기까지 말이나 야구에 관한 많은 이야기가 강력한 감정을 이끌어 낼 수 있다. 당신의 자녀의 진정한 관심사에 더 많이 접근할수록 많은 동기와 논리가 펼쳐진다. 아이가 자연스러운 관심을 보이는 분야에 약간의 갈등과 도전을 도입하면 토론이 자신의 대본을 넘어서고 감정과 아이디어에 대해 더 광범위한 논의가 포함될 것이다.

4) 논쟁과 타협하기

당신의 자녀가 자신의 아이디어로 격렬하게 협조하고 대화나 놀이 기반을 넓히는 데 도움이 되는 확실한 방법은 다른 사람들의 아이디어를 고려할 가치가 있다는 것을 알 수 있도록 돕는 것이다. 아이에게 상상의 드라마를 만들어 줄 때마다 이를 연습하게 할 수 있고 당신의 아이디어와 욕망을 가지고 활동적인 선수가 될 수 있다. 당신이 놀이하는 동안 아이의 리드를 따라가면서 아이의 대본을 조금씩 바꾸어 섞어 보라. 당신이 애드리브를 할 때 아이는 게임을 계속하기 위해 즉흥 연주를 해야 할 것이다. 이것

1) 목과 꼬리의 털색이 황금빛인 말-역자 주

은 아이가 당신과 노는 것이 자신의 대본 없는 독백보다는 다른 아이디어와 의견으로 가득 찬 자발적인 대화를 포함한다는 것을 배우는 방법이다. 만약 당신이 재미를 느낀다면, 아이는 가끔 타협을 하고 당신의 길을 알려 줄 것이다. 앞서 말했듯이 가정의 결정에 관한 토론은 유연한 사고를 장려한다.

집에 놀이 친구를 데려올 때마다 만약 아이가 자기 뜻대로만 할 수 있다고 고집한다면, 중간에 끼어들어 이 교훈을 강조할 수 있다. 아이에게 그것이 항상 가능하지는 않다는 것을 상기시키고, 교대로 놀도록 제안하자. "어떤 것을 고를까요."와 같은 재미있는 고르기 게임의 일부로 타협할 수 있다. 물론 실망한 네 살짜리 아이는 과정의 공정성과 순서를 바꿀 필요성을 느낄 수 있다. 불가피하게 타협할 필요가 없는 아이들을 더 편안하게 만드는 것은 아이에게 현실 세계에서 어떻게 작용하는지 가르쳐 준다.

미취학 아동이 실제로 경험하기 전에 잃는 것을 '연습'하는 것은 종종 매우 도움이 된다. 당신의 자녀의 놀이 친구가 도착하기 전에 순서를 어떻게 바꿀지 토론하자. 당신의 자녀와 함께 제거 게임을 연습하고 아이를 몇 번 궁지에 몰리게 하자. 타협에 대해 이야기하고, 친구의 카드 게임을 하면서 친구가 새로운 찰흙 키트를 가지고 놀 수 있게 하는 것을 예상할 수 있도록 도와주자.

5) 사회적 · 정서적 도전 시각화하기

당신의 자녀가 가까운 미래에 새로운 장난감을 나눌 필요가 있거나, 다음날에 의미를 가질 필요가 있을 때와 같이 정서적으로 어려운 상황에 직면할 것이라는 것을 아이가 알게 될 때 조금 불안감을 느껴야 한다. 두 사람은 매일 아이에게 닥칠 좋은 일과 나쁜 일을 모두 예상하면서 문제 해결 토론을 할 수 있다. 예를 들어, 4세 반쯤 된 아이가 유치원에서 집으로 오고, 얼굴에 상처를 입히고 이야기 나누는 활동에 아이를 밀친 소년에 대한 불만이 가득하다고 가정해 보자. 아이는 '나는 그를 싫어하고 나는 그가 학교에 있다면 다시 학교에 가지 않을 것'이라고 말할지도 모른다. 아이에게 팔을 두르고 공감한 후 대화를 문제 해결 모드로 전환하자.

당신의 아이에게 다음 날 학교에서 활동 시간이 어떨지 그려 보라고 권하자. 아이의 눈을 감고 그것이 텔레비전 쇼인 것처럼 상상해 보는 것이다. 아이가 내일 같은 반 친구가 있는 모습을 그려 보고 같은 반 친구가 있는 모습을 묘사해 보자. 그리고 아이가 어떻게 생겼는지 묘사한다. 당신은 아이에게 무엇을 바라는지 물어볼 수도 있고 혹은 어디에 앉아 있을지 혹은 선생님이 무엇을 하고 있을지에 대해 물어볼 수도 있다. 아이가 마음속 깊이 들여다보고 있는 세부사항에 대해 물어보도록 노력하자. 그러면 아이가 생생한 정신적 그림을 만들어 낼 수 있다는 것을 확신할 수 있다.

만약 당신의 어린아이가 그 장면을 시각화하는 것을 어려워하고, "나는 그것을 할 수 없어! 내 화면에 그림이 안 만들어져."라고 말하면, "그냥 보이는 것을 말해 줘, 아가. 그 아이의 입 모양이 어떤지, 아니면 얼굴이 조금이라도 보이니? 손으로 너를 밀치려는 게 보이니?" 당신이 이 조각을 모으는 것을 도와준 후에, 그녀는 사람들 또는 배경을 최대한 묘사해 본다("그 애는 파란색 반바지와 노란색 티셔츠를 입고 주위를 흔들며 눈을 웅크리고 못되어 보인다." "선생님은 반대편에 앉아 아무것도 못 본다." "나는 돌고래 셔츠를 입었고, 나는 나쁜 친구에게서 멀어져 내 친구 옆에 앉아 있다."). 당신의 자녀가 처음에 너무 많은 내용을 '볼' 수 없다면 걱정하지 말자. 능숙한 시각화가 되는 것은 하룻밤 사이에 발생하지 않는다.

아이가 마음속으로 행동과 사람을 '볼' 수 있게 되면 내일 활동 시간에 아이가 가질 수 있는 **감정**을 상상하게 하자('그가 나를 밀었기 때문에 나는 여전히 그가 싫어요'). 그러면 당신은 아이에게 그 못된 아이의 감정을 추측해 보라고 부탁할 수 있는데, 그것은 아이가 하기에 상당히 어려울 수도 있다. 당신은 그의 감정에 대해 아이와 추측할 수 있고, 그가 두렵거나 으스대거나 외로움을 느끼고 있는지 큰 소리로 궁금해할 수 있다.

다음으로, 내일의 이야기 나누는 활동 시간에 **할 일**이 무엇인지 그림을 그려 보고 아이의 감정과 행동을 설명하게 하자. 아이는 행동을 여러 가지 다른 방법으로 묘사할 수 있다("글쎄, 그가 나를 밀기 전에 내가 그를 밀어 버릴지도 몰라." "나는 그가 한 짓을 선생님에게 말하고 그에게 벌주도록 할 거야." "나는 그의 맞은편에 앉아 내 혀를 내밀어 그가 기분 나쁘게 할 거야."). 아이의 모든 진술에 감정적으로 반응할 수는 있지만, 함께 공유한 정신적인 그림 중 하나를 바탕으로 이어 나가려고 노력하자. 혼자서 아이가 대안을 세울 수 없다면 도와주자. 예를 들어, 여러분은 이렇게 말할 수 있다. "교실 반대편에 네가 앉아서 그 애를 노려보는 게 보이네! 그가 너를 더 이상 괴롭힐 수 없다는 것을 그가 알 수 있도록 말이야. 멋진 계획인 것 같아! 하지만 혀를 내밀지 않는 게 좋을 것 같아. 그러면 선생님이 너에게 대신 화를 낼 수도 있으니까."

며칠 후, 당신의 아이는 자신이 상상했던 다른 행동을 시도하는 대신 못된 소년을 계속 밀어 버리기로 결정했다는 것을 알게 될 수도 있다. 과민 반응을 보이거나 아이에게 불쾌감을 나타내지 말자. 대신, "어? 우리가 전에 이것에 대해 이야기했을 때 우리가 말한 것을 기억해? 그의 건너편에 앉아서 터프한 모습을 보이겠다고 했잖아. 다음 활동 시간에 그와 가까워지면 잠시 시간을 내서 눈을 감아 봐. 그리고 우리가 하기로 한 일을 상상해 보자."라고 말해 주자. 자녀가 자신의 행동을 '볼' 수 있을 때 미래의 행동 계획에 전념하는 것이 훨씬 쉽다. 시각화는 어려운 현실적인 상황에서 어떻게 행동해야 하는지에 대한 일종의 총 연습이 된다.

만약 아이가 학교에서 다른 아이들을 밀고, 밀치는 문제를 겪고 있고 다른 여러 종류의 행동을 시각화할 수는 있지만 계획에 충실하기가 어려워한다면 몇 가지 제한과 보상을 혼합하여 고려하자. 예를 들어, 그녀가 밀치는 대신 화난 말이나 찡그린 표정을 사용하는 계획을 따를 수 있다면 그녀는 당신에게서 별을 얻을 수 있다(별 10개를 얻으면 그녀는 장난감 가게에 놀러가기권을 얻는다). 만약 아이가 밀치는 것으로 되돌아가야 한다면, 아이에게 경고하면서 말을 사용하도록 상기시킬 수 있다. "우리가 얘기했던 것 기억나? 눈을 감고 밀거나 밀지 않고 화난 말을 하는 모습을 본 거 말이야. 다음에는 팔 대신 단어를 사용하도록 정말 열심히 노력해 보자. 그렇지 않으면 이틀 동안 TV를 꺼야 할 거야."라고 말해 주자. 계속 밀게 되면 리모컨을 숨기자. 제한 설정은 수행하는 경우에만 작동한다!

앞서 언급한 바와 같이 시각화는 다가오는 이벤트에 위험을 줄이고 그것의 즐거움을 연장시킬 수 있다. 당신의 자녀가 내일 동물원에 여행 가거나 화려한 선물로 둘러싸인 크리스마스 트리를 찍을 때 아이는 곧 경험하게 될 진정한 즐거움을 미리 맛볼 수 있는 흥분감을 느낄 수 있다. 현재와 미래의 감정 사이에 다리를 놓는 그녀의 놀라운 새로운 능력은 그녀가 현재를 넘어서 살 수 있게 하고 좋은 시간이 계속 흘러갈 것이라고 낙관적으로 예상하게 한다.

6) 시각화 및 학업 기술

시각화 기술은 아이들이 사회적 어려움을 예측할 수 있도록 도와줄 뿐만 아니라 유치원에 들어가기 훨씬 전에 핵심 수학과 언어 개념을 파악할 수 있게 해 준다. 당신의 자녀가 관심을 사로잡는 모든 물체를 시각화하는 것은 아이에게 수량과 숫자에 대한 진정한 느낌을 줄 수 있다. 당신의 목표는 자녀가 기계적 메모리와 앵무새처럼 말하는 것에 의존하지 않고 '6+4는 10이 된다'는 것보다 좋은 내부, 공간감을 개발하는 것이다. 3~4세가 **정말로 원하는 것을 많이 사용**하고 여섯 가지 이하의 항목을 포함하는 모든 매력적인 상황을 활용하여 수량의 기본 개념을 익히는 것을 도울 수 있다. 숫자의 비율은 작게 두고 감정적으로 의미 있도록 해야 한다.

당신은 자녀와 함께 수량의 개념을 탐구할 수 있는 무수한 기회를 갖게 될 것이다. 대부분의 어린이들은 쿠키나 사과 같은 달콤한 음식에 대한 열정적인 관심을 가지고 있고 피자와 같은 맛있는 음식도 있다. 당신이 배고픈 아이에게 쿠키를 줄 때 아이가 쿠키를 2~3개를 원하는지 물어보자. 아이에게 줄 수 있는 대로 쿠키를 하나하나 세어 보자. 만약 당신이 하나를 가져간다면 어떻게 될까? 아이는 더 많은 것을 원할까? 쿠키를 보여 주고 쿠키 두 개가 하나 이상의 쿠키보다 많은지 적은지 묻는다. 만약 여러분이 더 건강한 사과를 대용품으로 제공해서 두 개의 사과가 나란히 놓여 있다면, 아이에게 두 개의 사과가 얼마나 있는지 손가락으로 보여 달라고 부탁해 보자. 그러면 아이에게 사과 세 개가 얼마나 되는지 보여 달라고도 한다. 가장 중요한 것은 아이가 눈을 감고 다섯 개의 사과를 연달아 다섯 개의 사과를 시각화할 수 있는지 보는 것이다. 머릿속에서 두 개의 사과를 치우라고 한 뒤 남은 세 개를 시각화할 수 있는지 물어본다. 아이가 눈을 감고, 눈앞에 있는 실제 물건을 상상하고, 마음의 눈으로 물건을 움직여서 제안한 작업을 수행할 수 있을 때 개념이 더 완전히 숙달된다는 것을 기억하자.

대부분의 아이들은 피자를 보고 만약 배고프면 그들은 두 조각이 아닌 세 조각의 피자를 원한다고 말한다. (물론 그들의 눈은 종종 그들의 배보다 훨씬 더 크다!) 작은 피자를 여섯 조각으로 잘라 보세요. 그리고 당신은 아마도 더 정교한 개념을 가지고 있는 어린 아이의 능력에 놀랄 것이다. 당신과 배우자 그리고 당신의 아이가 식탁에 둘러앉아 피자를 먹을 준비를 하고 있을 때 네 살 반 된 당신의 아이에게 "우리 각자가 한 조각씩 먹어야 한다면 우리는 상자에서 몇 조각의 피자를 꺼낼까?"라고 물어보자. 그런 다음, "각각의 접시에 두 조각씩 넣으면 상자 안에 몇 조각이 남아?"라고 묻는다. "만약 아빠가 접시에 있는 조각 중에 하나를 가져간다면, 얼마나 많은 것을 남길 수 있을까?"라는 이 질문을 할 때 아이가 눈을 감고 접시에 있는 피자 조각을 상상하게 하자. 이러한 종류의 수학적 상호작용에 도움이 되는 비식품 품목에는 반짝이는 동전, 대리석 또는 흥미로운 블록과 조개가 포함된다. 여기서 중요한 것은 그 물건들이 당신의 자녀에게 매력적인 것이어야 한다는 것이다.

처음에는 사용하는 숫자를 6개 이하로 제한하여 아이가 순서 문제를 겪는 데 방해가 되지 않고 양에 대한 감각을 방해하지 않도록 하자. 사실 당신의 자녀가 1부터 10까지 암기해서 세는 것보다 덧셈, 뺄셈, 곱셈을 하는 것이 훨씬 더 유용하다. 아이가 일상적으로 이런 종류의 작업을 수행할 수 있을 때 더 많은 수로 이동하는 것이 바람직하다. 아이에게 눈을 감고 다양한 조합으로 최대 6개의 물건을 그리도록 가르치면 수학 영재 학생들이 가지고 있는 양에 대한 일종의 공간적 인식을 갖게 될 것이다.

이러한 시각화 기법은 당신의 자녀가 단어를 읽을 수 있게 되기 훨씬 전부터 언어 개념과 독해 기술을 익히는 데 도움이 된다. 지난 몇 개월 동안 아이가 훌륭한 사상가가 되었기 때문에 책의 페이지를 넘기는 것처럼 수동적으로 단어를 이해하는 대신 이야기를 이해하는 과정에 보다 적극적으로 참여할 수 있다. 두 사람이 소파에 나란히 앉아서 이야기책을 읽고 있다고 가정해 보자. 때때로 책을 덮고 아이에게 눈을 감으라고 요청하라. 그러고 나서 당신은 아이가 그림을 그릴 수 있도록 격려할 수 있고, 함께 읽고 있는 이야기에 대한 '시나리오'를 아이의 마음속에 그려 볼 수 있다.

이제 막 장난감 가게에 가는 소년에 대한 글을 다 읽었다고 해 보자. 아이는 마음속에 무엇이 보이는지에 대해 질문을 던질 수 있다. 가게에 가기로 결정한 소년은 무엇을 입고 있었나? 아이는 바깥 날씨가 추웠기 때문에 외투를 입고 있었나? 아이는 무슨 색 모자를 쓰고 있었나? 아이는 스카프를 착용하는 것을 기억하고 있었나? 아이의 반응을 바탕으로 자신의 마음속에 보이는 성격을 살릴 수 있다. 아이가 어떻게 실제로 가게에 갔을까? 아이는 가게에서 무엇을 사고 싶었고 그 이유는 무엇일까? 인물과 주변 환경에 대한 정신적인 이미지에 더 많은 장식물을 더할 수 있게 되면 다차원 개념을 형성하기 위해 서로 다른 아이디어를 연결하는 연습을 더 많이 하게 된다.

매번 이야기를 읽고 나면 이야기의 배경을 상상하게 해 주면 아이는 인과관계적인 사고 능력을 키우게 된다. 두 사람은 함께 왜 주인공이 특정 소방차 장난감을 골랐는지 이야기 나눌 수 있다. 그리고 아이라면 장난감 수납장에 다른 장난감을 놓았을지를 물어볼 수 있다. "소방차 장난감이 가게의 마지막 장난감이었을까?" "다른 손님들은 소방차가 이제 없어서 슬퍼했을까?" 아이가 만약 이야기를 쓴다면 아이에게 무슨 일이 일어날지 물어보라. 당신은 분위기, 감정, 동기의 결과를 연결할 수 있다. 당신 자녀들의 향후 읽기와 쓰기 능력은 이러한 종류의 시각화와 관련된 것을 강화시킬 수 있을 것이다.

7) 두뇌와 마음의 다른 부분이 함께 작동하게 하기

당신의 작은 사상가는 모든 감각을 사용하고, 몸을 움직이고, 행동을 조절하고, 동작을 조절하고, 운동협응력을 최대한 활용하고 흥미로운 대화를 나누는 법을 배우고 있다. 아이가 이 모든 활동을 한번에 갖출수록 아이의 신경계는 더 나아지고 더 효율적으로 작동할 수 있게 된다. 함께 놀 때 다음의 간단한 약어를 기억하라! FAT, 즉 재미있게(Fun) 많은 행동(Actions)을 하며 동시에 논리적으로 말하기(Talk)를 말이다. 만약 당신의 자녀가 FAT를 성취할 수 있는 기회를 만들어 낼 수 있다면 더할 나위 없이 좋은 상태일 것이다.

우선, 미취학 아동에게 최소 3~4회, 최소한 10~15분 동안 신체 운동을 즐기게 하는 것이 좋다. 많은 운동이 신경계의 다른 부분의 발달을 지원하므로 운동 능력을 발휘하는 놀이에 참여하는 것이 유익하고 즐거울 것이다. 당신의 자녀가 몸의 작용 방식에 대해 긍정적으로 느끼게 하는 것은 단지 몸을 잘 움직이는 것을 느끼는 것뿐만 아니라, 함께 일할 때 본질적인 느낌이 근육을 통해 넘치게 될 것이다. 당신은 아마도 스스로 이 감각을 경험했을 것이다. 당신이 탁 소리를 내며 공을 방망이로 치면 당신의 신경계와 근육은 흔들리는 것처럼 느껴지는 것을 말이다. 당신이 만약 능숙한 댄서라면, 발끝으로 일어나서 바닥에서 미끄러지는 것만으로도 기분이 좋을 것이다.

그러나 당신이 왼손으로 농구를 하려고 한다면, 부드럽게 던지기 힘들기 때문에 당신의 행동과 동작에서 만족감을 느끼지 못할 것이다. 이와 비슷하게 당신의 자녀가 운동 조절에 문제가 있다면 당신은 아동에게 공 던지는 방법을 알려 줄 때 아마도 아이는 그 행동을 피하려고 할 것이다. 만약 아이가 당신과 이런 종류의 상호작용을 피하려고 한다면, 아이는 공을 던지는 데 더 익숙해지거나 경험에서 즐거움을 얻는 데 필요한 연습을 얻지 못할 것이다.

이 방법은 아주 간단하다. 활동을 재미있게 만드는 것은 외적인 즐거움이 아이의 신체 운동에서 내재된 즐거움의 부족을 충족시킬 수 있도록 해 준다. 이것에 관해서는 여러 가지 방법이 있다. 예를 들어, 당신이 공 던지기 놀이를 하고 있다면, 적어도 축구공처럼 보이는 큰 공을 사용하라. 만약 두 명이 피구를 하기로 결심했다면, 규칙을 세워서 '술래'는 한 손으로만 놀 수 있게 한다. 이제 당신의 자녀는 30%가 넘는 시간을 낙담하지 않고 70%의 시간을 놀 수 있게 될 것이고, 아이는 당신에게 많은 즐거움을 안겨줄 것이다. 비록 아이의 행동이 서툴고, 던지는 행동이 본질적으로 즐겁지 않다고 해도, 결국 아이의 연습은 근육 조절을 더 부드럽게 할 것이다. 그 시점에서 아이는 육체적 활동의 자연스러운 즐거움을 끌어낼 수 있을 것이다.

당신은 또한 장애물 코스나 보물찾기와 같은 재미있는 활동에 활기를 불어넣을 수 있다. 당신의 자녀가 무언가를 찾고, 어디론가 가고 그리고 무엇인가를 넘어서 가야 찾을 수 있는 장애물 코스를 설치하라. 당신은 탁자 위에 담요를 올려놓고, 터널을 만들거나 어떤 의자 다리 밑으로 기어들어 가는 장애물을 설치할 수 있다.

장애물 코스는 상상할 수 있는 놀이와 결합될 뿐만 아니라 아이들의 청각과 시각적 교감 능력으로 가득 찬 복잡한 보물찾기를 할 수 있는 보물 사냥꾼으로도 변할 수 있다. 예를 들어, 당신은 당신의 자녀에게 보물찾기가 진행 중이라고 말하라. 처음에는 아이를 상대로 직접 이끌 수 있는 한두 가지의 단서("보물은 거실에 있습니다.")를 제공할 수 있다. 나중에 당신은 3~5단계 단서를 더 복잡하게 만들 수 있다("거실로 가서 녹색을 찾으라. 그리고 신발 상자를 찾으라. 안에 들어가서 보물을 찾으라!"). 당신의 지시에 따라 아이의 청력과 순서화 기능을 향상시킬 수 있다. 보물은 처음 숨겨졌을 때("해적선이 근처에 숨겨졌을 때 기억하고 금을 숨겨야 한다는 것을 기억하는가?") 동시에 상상력을 키울 수 있다. 당신은 신발 상자가 숨겨져 있는 지점을 표시하는 '×'가 그려진 단순한 지도를 아이에게 주어 공간적으로 사고할 수 있는 능력에 도전을 줄 수 있다.

당신의 자녀의 신경계 여러 부분을 연결하여 상호 의존적으로 기능하도록 하는 또 다른 예는 좋은 사람/나쁜 사람을 추적하는 것이다. 집 전체는 기지가 되고 지정된 한 곳은 베이스가 될 수 있다. 당신이 만약 낮은 저울 빔을 설정하고(예를 들어, 두 개의 낮은 상자에 튼튼한 판자를 깐다) 그걸 '집'이라고 부르면 수많은 언어, 공간적 사고와 근육 협동을 활용하면서도 주제별 놀이가 포함된 'FAT' 게임을 시작할 수 있다.

게임을 어떻게 하는지 알아보자. 당신이 추구하는 것을 시작하기 전에 장벽을 설치하고 아이에게 더 건축학적으로 생각하도록 격려하라. 아이는 어떻게 양탄자를 밟지 않고 식당에서 거실로 갈 수 있을까? 일단 아이가 집에 도착했을 때 아이는 균형을 유지해야 하고 자신의 근육을 조절해야 할 것이다.

당신의 자녀가 생각하는 방법을 배울 때 당신이 도움을 주어야 할 것과 하지 말아야 할 것(30개월 이상)

- 논리적이고 상호 연결된 줄거리를 가진 드라마를 공동 제작하는 것에 의존하자. 예를 들어, 다과회와 학교, 할머니를 보러 가는 여행은 모두 하나로 짜 맞출 수 있다.
- 음식과 옷 선택부터 장난감 공유에 이르기까지 모든 것에 관한 토론에 의존하라.
- 단순히 자녀에게 무엇을 해야 하는지 말하지 말라. 무엇을 왜 하고 싶은 하는지 설명하도록 하라. 찬반을 토론하고 자녀가 자신의 견해를 논할 충분한 시간을 주도록 하라. 좋은 지도안은 아이의 응답이 당신을 놀라게 하지 않는 경우에 혹은 당신의 마음속에 오직 하나만의 정답이 있다면, 당신이 조금 과하게 대응하고 있는 것이다.

- 성찰적인 토론에 의존하라. 아이가 뭔가를 원할 때 단순히 예 또는 아니오라고 말하지 마라. 대신에 '무엇을/언제/왜/어떻게'라고 질문하라. 자녀가 의견을 제시하고 자신의 바람에 추상적 사고를 반영하는 데 도움을 줄 것이다.
- 동료, 형제 및 소그룹에서 이러한 활동을 수행하라. 아이들은 서로 토론하거나 재미있는 그림을 그릴 수 있다.
- 아이의 문제를 해결하려고 말고 스스로 해결할 수 있도록 하라. 당신의 역할은 브레인스토밍을 돕거나 격려를 제공하는 것이다.
- 아이가 현재 가진 강한 감정을 일으킬 만한 방식으로 수량, 시간 및 공간과 관련된 경험을 만들라.
- 당신의 자녀의 풍부한 감동을 이끌어 낼 수 있고 자녀를 폭넓은 활동에 노출시키고 자연스러운 관심과 능력을 이끌어 내라. 모든 경험은 추상적으로 사고할 수 있는 능력을 강화시켜 줄 것이다.
- 이야기, 독서, 퍼즐 그리고 다른 전통적인 활동을 활기찬 상호작용 대화의 일부로 즐기라.
- 삶의 모든 감정, 분노부터 친밀감까지 모두 언어로 묘사하도록 돕자. 가상놀이와 현실 기반 대화에서 모두 감정에 대해 논하자.

이런 종류의 복잡한 활동은 4세짜리 어린이들이 동시에 보고, 듣고, 느끼고, 만지고, 행동할 수 있는 능력을 기르는 유용한 방법이다. 다른 경우에는 피아노를 연주하거나 음악을 들으면서 이동하면 3~4세에게 좋은 리듬 운동을 제공할 수 있다. 한 번에 여러 가지 방면에서 자녀를 도전하게 하거나 한 번에 몇 단계를 거치면 자녀가 건강하게 지낼 수 있을 것이다. 또한 아이는 피구, 농구 또는 축구와 같은 실제 게임의 단순화된 버전을 할 수 있도록 준비가 될 것이다. 무작위로 오른쪽이나 왼쪽 또는 높거나 낮게 던져진 공 잡기 게임은 아이를 스포츠에 빠지게 할 것이다. 당신들이 무릎을 꿇거나 한 손으로만 노는 것과 같이 아이의 수준을 맞춰 준다면 그리고 이런 경기의 70% 이상을 이기게 해 준다면 아이는 이 시간을 마음껏 즐길 수 있을 것이다.

미취학 아동이 자신의 행동을 조절하는 데 어려움을 겪는다면, 그룹에서 가능한 한 빨리 실행하도록 하면서 놀이에 연습을 통합할 수 있다. 즉, 당신과 잘 지낼 수 있도록 관심을 피하기 위해 달팽이처럼 느리게 행동을 할 수 있다. 평소 목소리로 소리 내어 말하고 두 사람의 이야기를 듣고 말을 할 수 있다. 만약 이때의 흥분감이 아이에게 너무 과하다면, 행동을 한동안 느리게 만들어 재미를 유지하면서도 아이가 행동을 조절하게 돕자.

소근육 운동 기술은 게임의 필수적인 부분이 될 수 있으며 함께 놀이할 수 있다. 이 나이에는 대부분의 아이는 그림 그리고 놀이와 핑거 페인팅을 좋아한다. 그리고 당신은 서로의 그림에서 보이는 인물과 모습에 관한 이야기를 할 수 있다. 특히 시각적 공간에서 재능이 있고 대화를 시작하거나 지시를 따르는 것에 대한 자신감이 부족한 일부 어린이는 자신의 환경을 이해하는 데 도움이 되는 그림, 지도를 그리는 것을 즐긴다. 예를 들어, 만약 엄마가 여행을 떠났다면 종이와 크레용을 꺼내서 엄마가 어디 있는지 지도에 그려 보도록 하라. 아이의 시각적 기술과 스트레칭을 통해 훌륭한 손 근육을 조절할 수 있고 멀리 떨어진 곳에 있더라도 엄마와 감정적으로 가까운 느낌을 갖게 된다.

만약 아이가 소근육 움직임에 어려움을 겪고 있어서 ×와 ○를 낙서하는 연습을 하거나 크레용으로 모양을 그리는 것을 원하지 않는 경우 크레용을 움직일 수 있도록 하는 게임을 만들어 보라. 자신이 만든 도형을 복사하거나 포인트를 잃을 수 있다고 제안하여야 한다. 그런 다음 아이에게 특정 점수가 주어지면 장난감 가게 또는 아이스크림 가게로 데려갈 것이라고 말하라. 물론, 아이가 쓴 낙서를 베끼는 데 성공하지 못하면 당신은 점수를 따고 간식을 얻어 낼 수 있을 것이다.

우리가 제시한 게임은 다른 아이, 또래들뿐만 아니라 형제들과 함께할 수 있는 훌륭한 활동이다. 이 나이에 친구가 한 명 이상 참여한다면 아이가 더 즐거움을 느낄 것이다. 아이의 능력을 발휘하는 소그룹 게임은 즐거움을 나누기 때문에 스스로 동기 부여가 될 것이다.

8. 통합된 자아감 구축하기

아이가 상호작용하는 동안 자신의 성격(화난 면, 따뜻한 면, 사랑하는 면, 거만한 면, 엉뚱한 면)의 모든 다른 면을 경험할 때 각각은 단일 관계 내에서 공존하기 때문에 상호 연관된다. 당신의 합동 관계는 아이의 성격의 모든 단편화된 조각을 더욱 응집된 생각의 패턴을 가질 수 있는 매끄러운 자아로 결합시키는 일종의 접착제 역할을 한다.

아이의 마음은 이제 시간과 공간 모두에서 생각을 연결할 수 있기 때문에 아이는 일종의 복합적이고 다양한 감각의 이미지를 형성한다('나는 말랐다/고집스럽다/웃기다/예쁘다/멋지다' 등). 아이는 과거, 현재, 미래뿐만 아니라 다양한 환경(어린이집에서 놀기, 엄마 또는 아빠와 쇼핑하기)에서 자신이 가진 단편적인 이미지를 합성할 수 있다. 따라서 자신의 생각을 논리적으로 배열할 수 있는 아이의 능력은 논리적으로 서로 다른 시간과 상황에서 여러 가지 종류의 생각과 감정을 가진 자신의 감각을 키울 수 있다.

당신과의 감정적인 관계를 통해 당신의 자녀는 천천히 자신의 더 통합된 이미지를 접하게 된다. 이 새로운 자아상의 큰 부분은 아이 몸의 다양한 부분에 대한 매력을 포함한다. 유치원생들은 자신의 생식기를 검사하고 신체의 각 부분에서 발견한 즐거움을 즐긴다. 이는 모든 감각을 돋보이게 한다. 그들은 '오줌 머리' '똥 얼굴'과 같이 우스꽝스러운 말로 당신을 놀라게 하고 싶어 한다. 그리고 그들은 신체의 주요 이름을 알고 신체 부위가 서로 어떻게 관련되어 있는지에 대해 점점 더 많은 이해를 하려고 한다.

아이는 아마 다치는 것에 대한 염려를 표현할 것이다. 아이의 가상놀이에서 몸의 일부가 떨어져 나가는 주제가 자주 등장하고 있음을 알 수 있다. 아이는 자신의 몸을 보호할 수 있는지에 대해 걱정하고, 인형의 팔다리를 떼어 내는 것으로 자신의 불안을 감소시킨다. 남자와 여자 아이는 모두 자신의 신체와 다른 사람의 차이를 관찰할 때 불안함을 경험할 수 있다. 그러나 대부분의 경우 여자와 남자 아이들은 자신의 신체의 특수성에 대해 더 많은 긍정적인 감정을 가지고 있다.

아이가 육체적인 염려를 나타내는 것은 때때로 그녀가 전반적으로 자신에 대해 어떻게 느끼는지에 대한 증상일 수 있다. 인형의 팔이나 다리가 없어진 것에 대해 말하는 것은 당신이나 타인과의 관계에서 느끼는 불안함에 대한 비유일 수도 있다. 다른 한편으로는, 당신의 아이가 갑자기 당신에게 분노에 찬 말을 할 때("나빴어." "나쁜 아빠야.") 그 말은 실제로 아이가 학교에서 못되게 구는 아이와 같은 걱정거리가 있다는 단서가 될지도 모른다.

일반적으로 아이의 신체에 대한 관심과 그것이 아이에게 가져다주는 즐거움은 자신의 감각과 다른 사람의 감각을 강화한다. 아이는 내부에 있는 것과 외부에 있는 것을 개념화하기 시작했으며 신체적인 자아의 경계를 정의한다. 자신의 성을 인식하게 되면서(여자아이의 경우 남자아이들과는 좀 다르다는 것을 아는 어린아이의 시선에서) 세상에 대한 이해가 깊어지게 된다. 아이의 성 정체성에 대한 감각이 성장하며 긍정적인 자부심을 형성하는 데 도움이 된다.

이 과정에서 당신의 역할은 놀라울 정도로 간단하다. 따뜻하고 공감하는 듣는 이가 되어라. 당신이 보호자 역할을 하거나 목소리를 들을 때, 유아가 두려움과 불안을 표현하도록 격려할 수 있는 위안이 되는 목소리를 사용하라. 신체 부위가 혼란을 줄 때도 평온한 톤을 유지하라. 아이의 몸에 오는 불안과 두려움에 대한 해결책을 제공할 필요가 없으며, 소녀와 소년의 차이점에 대한 불안에 대해 생각을 서로 연결시키고 자신이 생각한 것을 고려할 수 있는 방법을 모색할 수 있다.

이 시기에 당신의 자녀는 옷 입기 놀이와 같은 자신의 성별에 관한 이미지로 다양한 가능성을 탐구할 수 있다. 이 행동의 일부는 2학년 때 관찰할 수 있다. 아이에게 적절한 양육과 안정감을 제공하고, 그녀의 주도권, 호기심 및 독립성을 격려함으로써 아이는 건강하고 체계적인 성별 감각을 얻을 수 있다. 그러나 아이가 화났거나, 슬프거나, 혼란스럽고 자신의 신체에 대해 불안해하는 경우 어려움이 커질 수 있으므로 전문 상담을 받는 것이 좋다.

9. 도전 극복하기: 전화위복

미취학 아동의 발달상의 진도는 놀라운 여정이었다. 아마도 카라, 브라이언, 에마, 윌 그리고 맥스와 같이 당신의 자녀는 자신을 다음 단계로 끌어 올리기 전에 연습을 해야 했을지도 모른다. 많은 어린이가 무시할 수 있는 정도에서 중대한 정도까지 다양한 민감성이나 처리 문제를 가지고 있기 때문에, 이러한 문제를 정상적인 발달 성장의 예상 가능한 측면으로 보는 것이 중요하다. 당신의 자녀가 발달 단계에서 분명하게 바라보고 정서적으로 풍부한 상호작용으로 자녀를 구속하려는 당신의 의지는 아이를 자극했다. 아이는 점차 재능 있는 예술가가 될 뿐만 아니라 토론자, 의장, 협상가 및 분석 사상가가 될 것이다. 그러나 논리적이고 추상적으로 생각하는 법을 배우는 과정에서 아이가 빠르게 나아가는 것처럼 보일 때가 있다.

어느 날, 당신의 만 4세가 된 자녀는 당신의 아이디어와 자신의 아이디어 사이에 다리를 놓고 세심하고, 열정적으로 참여하고 창조적인 한편으로 대부분의 시간 동안 논리적일 수 있다. 그러나 어느 날 갑자기 아이의 사고는 엉망이 될 가능성이 있으며, 당신에게서 눈을 돌리거나 탁자 밑에 숨어 있을 수도 있고, 당신의 의견을 조정하거나 본격적인 화를 낼 수도 있다. 아이는 좌절감을 느끼거나 특정 감정을 다루기가 불편해지기 때문에 자신의 생각을 당신과 연결하는 것을 꺼려 할지도 모른다.

당신의 어린 자녀가 발달적으로 퇴행할 때, 아이는 단계를 바닥까지 내려가지는 않는다. 아이는 일시적으로 상상력이 넘치는 놀이에 참여하면서 논리적인 대화를 수행하거나 남의 이야기는 무시하고 자기 이야기만 할 수는 있다. 때로는 아이의 퇴행이 더욱 뚜렷해질 것이고, 아이는 "상상해 보자."라는 말을 거부하지만 당신과 연결은 된 채 웃음이나 제스처 같은 감정적인 신호를 교환할 수 있고, 바보 같은 소리를 내거나 테이블에 숨어 있을 수 있다. 놀이 친구와의 싸움이 아이를 압도할 때 아이는 당신의 무릎으로 기어 들어가서 당신에게 무슨 일이 일어났는지 알려 줄 수 있을 때까지 시간이 필요할 수 있다.

아이가 퇴행할 때 항상 더 달래 주며 관계에 참여하게 하자. 그런 다음, 특정 순간에 아이가 어느 발달 단계에 있는 곳을 정확하게 평가하자. 당신은 그녀가 오래전에 마스터한 초기 발달 능력을 살펴보고 아이가 자신을 진정시키고, 주의를 기울이고, 당신과 계속해서 관계를 유지하도록 도와줌으로써 아이가 다시 동기화되도록 돕는 것이다.

잠시 시간을 내어 마음속의 기본적인 발달 단계들을 빠르게 훑어보면서, 아이가 모든 기초 부분을 단단하게 제자리에 유지하도록 하기 위해 아래에서부터 위로 작업하자. 당신에게 물어보자. 아이의 관심을 사로잡았는가? 나를 보거나 듣거나 만지고 있는가? 아이가 관심을 갖고 있지 않다면, 손을 가볍게 두드리거나 많은 몸짓이 당신과 교류하는 데 도움이 되는지 고려해 보라. 아이가 장난감을 가지고 놀 때 아이 옆의 바닥에 앉아 있는 것이 참여성을 회복시키는 데 좋은 방법이 될지도 모른다.

일단 당신과 아이의 관계가 다시 지속된다면, 당신의 3~4세짜리의 아이가 당신과 더욱더 친밀한 방법으로 상호작용하고 있는지 생각해 보라. 아이가 당신 옆에 석상 같은 얼굴로 앉아 있을 때 여전히 당신에게 등을 돌리고 있는가? 아니면 찡그린 표정과 불만스러운 표정을 통해 어떤 의미 있는 관계가 진행되고 있음을 나타내는가? 만약 당신의 자녀가 완벽하게 활동에 참여하고 있지 않아 보인다면, 아이를 이미 시작한 활동에 참여하게 하고 어색함을 깨기 위해 다정하게 안아 주라. 그 시점에서 웃거나 고개를 끄덕거리는 다양한 몸짓을 주고받을 수 있다. 일반적으로 아이가 화가 나고 내성적이고 사랑을 받길 원한다면, 아이가 그림을 그리고 있다면 크레용을 건네주고, 비디오를 작동시키는 데 흥미를 보인다면 테이프를 건네주며, 심지어 먹기 위한 과자를 사용해서라도 다시 한번 대화를 이끌어 낼 수 있을 것이다.

당신 자녀의 행동을 정신적으로 살펴보고 아이가 발달 초기 단계에서 효과적으로 작동하고 있다는 징후를 본 후에 아이가 실제로 문제를 해결할 수 있는지, 당신과 대화는 할 수 있는지에 대해 살펴볼 수 있을 것이다. 일단 당신과 아이 사이에 해결하기 복잡한 문제가 있다고 느낀다면 당신은 아이의 생각의 단계에 접근하는 것을 시도할 수 있다. 그러나 그 시점에서는 당신은 가상놀이를 하거나 논리적인 대화를 할 수 있다.

대개 당신의 정신 검사 목록을 검진하고 나서야 당신은 학령전기 아동이 발달 단계를 한 단계 혹은 두 단계 뒤로 퇴보했다는 것을 발견할 수 있을 것이다. 당신이 무뚝뚝하게 서 있고 아이에게 오직 두 개의 쿠키만 주었다는 이유로 당신의 네 살짜리 아이가 소리치고 비명을 지른다면 아이는 사고가 분산된 것이다. 그러나 당신의 자녀가 당신의 앞치마를 꼭 붙잡고 앞치마 줄을 풀려고 시도한다면 아이는 여전히 당신과 있고 싶어 한다는 것이 명백하다. 심지어 아이가 이마를 잔뜩 찌푸리며 "엄마는 나쁘고 미운 엄마야."라고 속삭일지라도 문제를 해결하기 위해 아이가 쓰는 제스처와 단어는 분명하게 초기 발달 단계의 일부분을 사용한다는 것을 알 수 있다. 아이의 생각이 지금은 분열되고 비논리적일지라도 아이 자신의 화를 잘 다스릴 수 없기 때문이다. 당신은 아이의 긴장을 풀어 주고 평정을 되찾게 도와줌으로써 이러한 분열된 사고방식을 논리적인 사고로 바뀔 수 있게 도와줄 수 있다. 아이가 침착함을 다시 얻게 된다면, 다시 한번 더 당신과 아이의 생각을 연결 짓는 질문을 물어볼 수 있다.

일반적인 경험에 의한 법칙에 따르면, 당신의 자녀가 퇴행할 때마다 당신의 첫 번째 생각은 억누르고 누그러뜨리고 진정시켜야 하는 것이다. 어떤 것이든 침착하게 할 가장 좋은 방법을 활용하자. 그게 딱딱한 등을 주무르는 것이든, 감정이 담긴 손으로 어깨를 주물러 주며 따뜻하게 눈을 쳐다보고 다정하게 아이의 머리를 쓰다듬어 주는 것이든 말이다. 진정시키는 것은 아이 스스로 천천히 정리하게끔 도와주고 발달 사다리의 또 다른 단계로 올라가게 하고 아이의 가장 기본적인 감정과 몸의 감각이 묶여 있던 초기 단계들을 활동적으로 이끌어 준다.

아이가 그룹에 다시 속하도록 돕기 위한 플로어타임 회기를 최소 몇 분에서 많은 시간이 걸릴 수도 있지만 아주 유익한 시간일 것이다. 당신의 아이가 발달 사다리에 다시 오르게 할 때마다 당신은 아이가 안정적인 기술을 구사하도록 도와줘야 한다. 때로는 아이가 비틀거릴지라도 지나치게 낙담하지 말고 아이에게 충분한 지원을 주지 못했는지 추측해 보자. 당신과 아이가 초기 상호작용 단계로 되돌아가고 다시 숙달할 때마다 아이가 자신의 도전 영역에서 자라도록 도와주어야 한다. 도전은 다시 할 수 있게 하고 자신감은 다시 얻을 수 있기 때문에, 이러한 퇴화는 아이가 확실한 발달 기반을 형성할 기회를 준다. 이제 어떻게 다섯 명의 학령전기 아동이 그들의 부모와 감정적인 생각에서 두 단계 앞으로 나아가고 한 단계 뒤로 가게 되었는지 살펴보자.

1) 촉각과 청각에 민감한 학령전기 아동

여름에 네 살이 된 카라는 초기에 본인을 까다롭게 괴롭히던 특정한 촉각과 시끄러운 소리를 벗어난 것처럼 보였지만, 그것은 여전히 우두머리 행세를 하고 카라를 지배하려는 듯 보였다. 사실, 카라의 형제자매인 조이와 레이첼은 각각 일곱 살 아홉 살이었고 막내를 더 이상 무력한 아기로 보지 않았지만, 그녀의 태도에 점점 짜증이 난 상태이다. 가족 내에서도 아이들의 엄마인 엘렌도 긴장하며 점차 걱정하고 있다. 엘렌은 이전에 함께 일했던 발달 전문가를 부르기로 결정했고 약속을 잡았다.

치료사의 방에서 몇 분이 지나고, 카라는 지난 2년 동안 놀라울 만큼 발달 진행이 이루어졌다는 사실이 밝혀졌다. 카라는 엄마와 아빠인 스티브가 떠나고 기다리는 방 뒤에서 치료사와 느긋한 잡담에 참여했다. 그들의 대화는 15분 동안 지속되었고, 카라는 그 시간 동안 자신의 많은 생각을 토론했을 뿐만 아니라 치료사의 질문에 대해 답변했다. 카라가 캠프에서 한 일과 수영에 대해 주고받는 상호작용에 참여할 수 있는 능력은 인상적이었고 때로는 놀랄 만한 어휘("내 눈은 수영장의 염소 때문에 빨갛게 되었죠.")로 묘사했다.

그러나 부모가 사무실을 다시 방문해 카라가 시작한 괴물을 쫓는 슈퍼맨에 대한 가상놀이를 했을 때, 아기는 여전히 시끄러운 소음과 깜짝 놀랄 만한 움직임에 과도하게 영향을 받는다는 것이 드러났다. 드라마 중 한 부분에서 아빠가 괴물 역할을 했고 웃기지만 큰 소리를 냈다. 카라는 눈에 띄게 움찔했고 아이의 행동은 몇 분 동안 가라앉아 보였다.

후에 카라의 부모님이 치료사와 함께 행동 방식을 재검토했을 때 치료사는 카라가 형제자매와 노는 것이 너무 힘들어 부정적이고 고집이 세진 것은 놀랄 만한 일이 아니라고 주장했다. 카라는 똑똑한 아이였고, 직감적으로 자기 형제들이 부모가 자신을 진정시켜 주는 것처럼 해 줄 수 없다는 것을 느낀 것이었다. 카라는 조이, 레이첼과 잘 만들어진 상황이 아니라면 자신의 형제자매와 상호작용하는 것을 피했다. 왜냐하면 카라는 그들과의 거친 놀이 방식이 자신이 속상하게 만든다는 것을 경험했기 때문이다. 불행하게도 카라는 자기 자신을 보호하기 위해 새로운 놀이에 재미와 흥미를 모두 놓쳤다. "나 이거 더 이상 안 하고 싶어."라고 하는 아이의 잦은 칭얼거림이 형제자매의 눈에는 버릇이 잘못 든 아이처럼 보이게 했고 그들은 카라의 분명한 토라짐에 인내심을 잃었다.

과거에 레이첼은 어린 동생인 카라가 다양한 촉감과 소음을 견디도록 배우는 것을 기꺼이 도와주는 듯 보였다. 치료사는 카라를 언니와 떼어 놓고 레이첼에게 어떻게 아기를 진정시키고 놀이를 지속하는지에 대해 지도할 것을 제안했다. 심지어 다루기 힘든 조이에게 어린 네 살짜리 동생이 조이와 노는 것을 피할 때마다 아기 스스로도 기분이 좋지 않을 거란 것을 느낄 거라고 설명했다.

그러나 치료사는 또 질투심이 세 명의 아이에게 적개심을 부추길 수도 있다고 예측했다. 스티브와 엘렌은 카라보다 나이가 많은 두 명의 아이에게 일대일로 시간을 할애해야만 했다. 그는 레이첼과 조이가 카라와 아기의 특별한 예민함을 둘러싼 모든 관심에 대한 당연한 분노를 품고 있다고 말했고, 만일 아이들이 스티브나 엘렌과 함께 있는 것을 적어도 하루에 한 번씩 한다면, 아이들은 아마도 카라가 더 많은 시간을 요구할 때 부모님의 제한적인 관심을 기꺼이 참을 것이라고 말했다. 개인적인 플로어타임 시간은 아이들의 생각과 감정을 표현하는 길을 제공하고 아이들에게 잠시 동안 가족의 위에서 있게 할 기회를 줄 것이라고 했다.

스티브와 엘렌은 카라보다 나이가 많은 두 아이에게 원한다면 카라에 대해 불평할 시간과 공간을 주고 두 아이의 부정적인 감정에 대해 비판하거나 판단하지 말라는 조언을 받았다. 아이들에게 따뜻한 관심을 온전히 주고 카라에게 '착하게' '아주 조용히' 있어야 한다는 답답함에 공감해 주는 것은 과거에 형성된 반감을 없애는 또 다른 방법이었다.

치료사는 또한 스티브와 엘렌에게 아이들이 어렸을 때부터 했던 상상 속의 동물원 놀이 같은 활동에 더 많은 시간을 할애할 것을 제안했다. 카라를 포함해 각자 돌아가며 놀이를 이끄는 것은 자신이 세운 기준에서 재미를 느끼고 다른 사람의 리드에 따르면서도 또 다른 재미를 느낄 수 있다고 배우게 되기를 바란 것이다. 아이들이 가상놀이를 하는 동안 레이첼은 '두 마리의 새우'나 마찬가지인 두 동생이 자기에게 이래라저래라 하게 해야 한다는 의미였고, 조이에게는 카라의 라이언킹의 '포효'가 고양이 가르랑거리는 소리에 더 가까울 때 비웃으면 안 된다는 뜻이었다. 심지어 조이가 타잔처럼 가슴을 두드릴 때 카라가 귀를 막지 않도록 설득할 수 있을지도 모른다. 가족 전체가 참여하는 놀이 시간은 아이들이 각자의 스타일에 타협하고 참을성을 기르는 것을 배우게 된다.

카라가 새로운 감각의 유연함과 참을성을 기르는 다른 방법은 가족이 자주 밖에서 상호작용하는 모임을 갖는 것이다. 치료사는 카라가 어린이집에 가는 횟수를 세 번에서 네 번까지 늘리라고 했고, 주에서 두 번에서 세 번 정도 하교 후 놀이 친구와 노는 날을 늘리라고 말했다. 치료사는 카라의 선생님에게 또래 집단에서 아기가 소음과 촉각을 견디는 것이 얼마나 힘든 일인지 강조해서 말하는 것이 중요하다고 말했다. 매일 아침 소란스러운 모임 활동 시간 전에 조용한 교실에서 카라 혼자 있는 것은 시끄러운 그룹에 덜 흥분하는 변화를 야기했다.

치료사는 스티브와 엘렌에게 카라가 놀이 친구나 형제자매에게 무질서하고 냉담한 행동을 하더라도 절대로 당황하지 말라고 말했다. 치료사는 때로는 카라를 진정시킬 때 친구들과 가상놀이를 하는 건 좋은 생각이고, 카라와 친구들의 생각과 창의성에 논리적으로 반응하는 변화 또한 카라를 진정하게끔 한다고 했다. 카라는 다른 아이들의 개성을 읽고 참는지 배우는 기회를 통해 유익을 얻을 것이다. 지금 부모님은 카라의 민감한 촉각과 소음을 대처할 능력을 강화하는 방법을 더 잘 이해했고, 아이들이 더 많은 플로어타임 상호작용을 통해 이익을 얻을 것이라는 새로운 깨달음을 얻었다. 스티브와 엘렌은 낙관주의로 무장한 채 집으로 돌아갔다.

2) 주변 세상에 반응이 없는 학령전기 아동

1년이 만드는 차이란! 작년에 브라이언의 아빠 스튜어트는 아이가 어린이집에 있는 다른 아동들보다 말을 더디게 해서 놀랐었다. 이제 브라이언은 네 번째 생일이 다가오고, 학령전기 아동으로서 대부분의 시간을 배로 누워서 보내고 피규어를 일렬로 배치하는 행동을 하며 재잘거린다. 스튜어트와 그의 아내 태미는 브라이언의 발달에 기뻐했다. 브라이언은 아기처럼 '반응에 느림'이었고, 부모님의 에너지 넘치는 시각과 언어의 단서에 안타깝게도 반응하지 않는 듯 보였다. 그러나 초기의 치료는 브라이언의 잘 발달한 시각에 호소함으로써 상호작용을 얻는 듯했고 기쁘게도 성공한 듯 보였다. 브라이언은 오랜 기간 상상력을 발휘하는 진정한 능력이 발달했고 아이의 부모에게 행동을 설명하는 데 문제가 없었다.

그러나 스튜어트와 태미는 브라이언의 말이 독백에 불과하다는 것을 알아챘다. 그는 분명 밝고 말솜씨가 좋아 보였지만, 실제보다는 자신의 상상 세계를 더 좋아하는 것 같았다. 아이는 자신의 부모와 다른 아이들의 말을 섞어서 상대방의 생각을 논리적으로 해석하고 그들의 생각에 반응할 필요가 있었다. 더 상호작용하는 대화와 가상놀이는 브라이언의 부모가 아이를 포함하고, 더 많은 기회는 아이가 토론에 참여하고 아이의 의견을 따르게 할 것이다. 이렇게 하는 가장 좋은 방법은 그가 무엇을 하고 있는지 이야기하고 의견을 제시하는 것이었다. "만약 우리가 여기에 인형을 두면 어떨까?"라고 브라이언을 자극한다면 아이는 빠르게 "아냐, 거기다 둬!"라고 대답할 것이다. 또한 스튜어트는 브라이언에게 무언가에 대해 어떻게 느끼는지 물어보며 아이를 이끌어 낼 다른 방법을 발견했다. "이 이야기가 널 행복하게 해? 슬프게 해? 아니면 화나게 해?" 또는 "누군가가 네가 가장 좋아하는 장난감을 빌려 가면 무슨 느낌이 들어?"와 같은 질문을 해서 종종 브라이언이 자신의 감정을 표현하게끔 유도했다.

스튜어트와 태미는 많은 에너지를 갖고 빠르게 주고받으며 상호작용을 하고 아이에게 질문에 대답하도록 다정하게 재촉하는 동안 자신들의 생각을 형성하고 아이를 사로잡을 필요가 있었다. 이 부분에서 이익을 얻는 것은 단지 연습 문제일 뿐이다. 피규어를 갖고 노는 아이를 지켜보는 것 대신 "브라이언, 너 정말 아름다운 요새를 만들었구나!"와 같은 간략한 말을 해 보았다. 스튜어트와 태미는 가상놀이의 중심으로 들어가려고 시도했다. 이는 비록 장난스럽게 그들의 목소리를 올리고 팔을 흔들거나 아이의 근처에 얼굴을 가까이 갖다 대는 것을 의미할지라도 말이다. 그들의 제스처, 답변 그리고 반응은 아이에게 더 즉흥적이고 덜 딱딱한 드라마를 야기했다. 브라이언은 가족이 다 같이 한 게임에서 오는 재미를 연장하기를 원한 후부터 부모에게 더 많은 자신의 생각을 전달하려 했다.

술래잡기 놀이, 리더 따라 하기 놀이, 베개로 만든 요새와 산 그리고 시끄럽게 노는 것 또한 브라이언의 집중력을 높여 주었고, 아이가 대화에 참여하고 정교하게 생각하고 혼자 하는 놀이지만 스스로 보호하려고도 했다. 그러한 이유로 스튜어트와 태미는 브라이언이 TV 시청과 컴퓨터를 하는 시간을 하루에 30분으로 제한했다(모든 학령전기 아동의 이상적인 TV 시청 시간은 30분, 컴퓨터를 하는 시간도 30분으로 제한해야 한다).

브라이언이 자신의 분열된 생각을 모두 연결하기 위해서는 그의 부모님의 도움이 절실히 필요했다. 스튜어트와 태미가 상호작용에서 높은 에너지 품질을 너무 빠르게 진행하면 그들의 아들은 자신의 속도에만 집중하고 자신의 세계에서 길을 잃을 가능성이 크다. 브라이언의 고립은 자신의 생각의 깊이와 폭을 한정 짓는 경향이 있었다. 이에 대응하여 아이의 부모는 자신들의 목소리에 힘을 실으려 노력할 것이고 아이에게 마지막 질문에 왜 답을 하지 않았는지 또는 가상 인물의 가장 최근의 답변에 응답을 안 했는지에 대해 물을 것이다. 이렇게 하여 스튜어트와 태미는 아이의 단편적인 생각과의 연결에서 아이를 끌어당길 것이다. 브라이언이 자라면서 다른 사람들에게 자신의 생각을 연결하는 것에 더 능숙해지고 브라이언의 사회적 기술은 더 다듬어질 수 있다. 긴 연설에 참여함으로써 아이는 다른 이들의 목소리 톤과 리듬에 더 빠르게 접근하는 귀중한 방법을 연습하게 되었다. 이러한 기술은 아이가 학교나 놀이터에서 다른 아이들의 목적을 키우는 것을 도와주거나 어른이 되었을 때 큰 파티에서 군중을 헤치고 나아가 잘 돌아갈 수 있게 지속시켜 줄 것이다. "안녕!" 하고 인사할 때 한 사람과 눈 맞춤을 하고 손을 내밀고 미소 짓는 방법을 배우는 것은 이번 발달 단계 동안 일반적으로 처음 연습한 연결된 행동의 꽤 복잡한 순서이다.

그의 근긴장도가 여전히 다소 낮았기 때문에 브라이언은 실제 생활과 놀이 중에 순서 넘어가기 전에 운동 동작을 완료하는 것이 다른 아이들보다 더 어렵다는 것을 알았다. 아이의 가상놀이는 더 분열되어 보였다. 브라이언의 부모는 드라마 속에서 아이가 첫 번째 행동으로 돌아가 수행하도록 도와주거나 다음 테마로 넘어 가기 전에 의사소통의 순환을 닫는 역할을 해야 하는 것이다. 3~4단계를 포함하는 게임들은 브라이언이 하기에는 어렵다고 느낄 수도 있고 자신의 움직임을 고치려는 능력을 향상시키려는 아이에게 스튜어트와 태미는 재미를 제공해 줘야만 한다. 부모는 판지 상자, 베개 그리고 소파 쿠션을 만들었고, 아이가 숨바꼭질을 하는 데 움직임을 더 길고 정서적으로 구동되는 순서로 만들었다.

브라이언의 부모는 또한 아이의 생각을 현실 상황에 연결하도록 도왔다. 예를 들어, 평소 취침 시간을 넘기고 싶다면 아이는 "지금 자고 싶지 않아!"라고 간단히 말할 수 있다. 스튜어트와 태미는 "우리에게 세 가지 타당한 이유를 제시하면 같이 생각해 보자." 만약 브라이언이 선뜻 "난 안 졸려."와 같은 대답을 한다면 아이의 부모님은 "우리와 함께 이 TV 쇼를 보는 데 관심이 없지?" 또는 "너 오늘밤 늦게까지 깨어 있으면 졸릴 텐데 내일 낮잠 자는 것은 어떻게 생각하니?"와 같은 몇 개의 질문을 하면서 아이의 생각을 연결 짓게 도울 수 있다. 그러한 감정이 기본적으로 된 토론은 브라이언과 같이 극히 미온적인 반응을 보이는 아이들의 관심을 집중시키는 효과적인 방법이고, 바쁘고 시끌벅적한 세상에 논리적으로 상호작용하도록 아이들을 끌어 올릴 수 있는 방법이다.

스튜어트와 태미는 또한 브라이언과 몸으로 하는 게임의 횟수를 하루에 4~5번 정도 늘리기 시작했다. 그들은 달리고 뛰고 도는 게임을 했고 피구나 축구 또한 보물찾기도 했다. 이러한 활동은 특히 브라이언과 같이 근육을 사용한 특별한 놀이가 필요한 아이들에게 중요하다.

3) 감각을 추구하는 학령전기 아동

네 살 반의 나이인 에마는 여전히 활발하고 말솜씨가 좋았다. 대부분의 아이들보다 에마는 더 미묘한 감각이 그녀를 갈증 나게 만들었기 때문에 다채롭고, 시끄럽고, 강렬한 육체적 그리고 교묘한 경험을 찾느라 많은 시간을 보냈다. 아이는 '자신을 채울' 많은 감각 입력이 필요했다. 아이는 또한 자신의 흥분의 근원이 위협받을 때 엄격하고 권위적인 듯 보였다.

학교의 많은 활동이 에마의 공격적인 행동을 규제해 아이를 힘들게 한다는 것이 분명했다. 아이는 다른 아이들에게 거리를 두고 활동적인 감정을 다루는 데 스스로도 확신을 느끼지 못했다. 이 네 살 반짜리 아이는 사회적으로 많은 감각을 얻을 방법을 수용하기 위한 도움이 필요했다.

발달 전문가는 아이의 부모님인 로라와 마이크에게 심지어는 안전하고 조심스런 그들의 집안 분위기 속에서 에마가 더 많은 플로어타임 상호작용에서 유익함을 얻을 것이라고 주장했다. 어린이집에서 얻을 수 있는 소도구(예를 들면, 동물 모형 같은)를 이용하는 것은 좋은 생각이었다. 엄마 아빠는 그럼 인형을 이용한 가상놀이에서 아이의 리드를 따르며 상황을 통제하려는 아이의 욕구에 반응하는 것이었다. 이는 아이 근처에서 엄마 아빠가 맴돌며 아이가 장난감을 보호해야겠다는 마음이 들지 않게 해야 한다는 뜻이기도 했다. 진정시키는 목소리와 느리고 안정된 제스처로 부모는 아이가 동물을 다른 울타리로 분류할 수 있게끔 도움을 제공해야만 했다. 가상놀이를 같이하는 동안 에마에게 책임감을 알려 주며 아이에게 천천히 다가갈 때 아이가 자신의 생각과 부모의 생각을 기꺼이 연결 짓는 것은 좋은 방법이었다.

로라와 마이크는 빠르게 움직이는 사자를 졸린 느린 사자로 만들며 놀이의 속도를 조절하려고 애썼다. 코끼리가 길을 막는 사람과 동물을 밟는 즐거운 감각 놀이를 한 이후에 아이를 달래며 오랜 시간 진정시켜 주기도 했다.

어린이집에서 일어나는 수많은 즉흥적인 가상놀이를 위한 이러한 종류의 연습을 하는 것은 에마가 다른 아이들과 같이 노는 것을 배우게끔 도와주었다. 만약 로라와 마이크가 아이가 놀이를 하면서 느꼈던 감정에 대해 말하는 것을 도울 수 있었다면, 장난감을 나누는 것이 얼마나 힘든지에 대해 이야기하고 에마는 학교에서 주고받는 행동에 덜 충격받을 수 있었을 것이다. 아이의 부모님들은 또한 가상놀이 기간에 거칠고 힘든 놀이를 했다. 왜냐하면 에마의 감정에 대한 욕구를 충족시키는 데 도움이 되었기 때문이다. 더욱이 그들은 아이가 가상놀이를 흥미 있는 주제로 통합하는 데 북돋았다. 인물들은 안전함 대신에 화성으로 갔고 농부들은 밀 대신에 다이아몬드와 루비를 재배했다. 또한 연습함이 지속됨에 따라 환상과 멜로드라마는 아이의 고조된 감각을 해소시켰다.

치료사는 성실하게 흥분된 감각을 찾는 에마와 같은 아이는 자신의 행동이 다른 아이들의 감정을 만든다는 것을 간과하는 경향이 있다고 지적했다. 치료사는 방과 후 노는 날을 매주 4~5번 정도로 늘리고 아이가 부모와 대화를 '나누는' 것을 따르게 하는 것이 중요하다고 말했다. 만약 가능하다면 실행으로 옮기라고 말이다. 치료사는 집에서 평범한 하루 동안 다른 사람의 욕구를 생각할 수 있는 기회를 더하라고 제안했다.

예를 들어, 에마는 저녁 동안 누군가에게 빵이나 소금을 건네 달라는 요구를 들었다. 만약 할머니가 잠시 동안 엄마와 계속 전화한다면 다음과 같은 방법으로 에마의 인지된 욕구에 대한 보상을 기다릴 수 있다. 만약에 자신의 엄마가 전화 통화를 하는 동안 아이는 로라의 팔을 잡아당기기 시작한다면, 로라는 "5분만 기다려 주겠니, 귀염둥이야. 할머니랑 마저 통화를 하고 싶구나."라고 말할 수 있다. 만약 아이가 "상관없다고! 지금 나가고 싶어!"라고 소리친다면 엄마는 "할머니랑 이야기해 봐. 만약 할머니가 지금 너랑 나가는 것을 허락해 줄 수도 있고 아니면 엄마랑 계속 통화를 하고 싶어 할 수도 있어."라고 대답할 수 있다. 에마의 다음 행동은 계단에 주저앉아서 "나 할머니랑 대화하고 싶지 않아. 난 지금 나가고 싶어!"라고 말할 수 있다. 만약 로라가 "에마, 몇 분 더 기다려야 되겠다."라고 말한다면 에마의 순간적인 욕구보다 다른 사람의 욕구가 더 중요하다는 교훈을 얻는 것을 강조할 것이다.

온화하지만 지속적인 제한에 대한 교훈은 결국 에마에게 있어 더 넓은 세상인 어린이집에 있을 때 다른 아이들의 생각과 욕구를 고려하도록 도울 것이다. 아이의 부모가 그들의 난폭한 아이와 애정 어리게 소통하고, 아이가 다른 사람들을 돕게 하려 할수록 아이는 폭풍처럼 휘몰아치게 하고자 하는 진정한 물리적 욕구를 어느 정도 내려놓을 수 있게 된다.

4) 시각적인 입력은 받아들이지만, 소리는 무시하는 학령전기 아동

브라이언처럼 월은 때로는 자신의 사적인 세계가 더 편하다고 느끼고 가상 세계에 몰입한 어린 소년이었다. 매일 아침 어린이집에 가기 전에, 아이의 부모인 리사와 댄이 자신을 위해 사 준 플라스틱 공룡 피규어를 정교하게 진열하고, 상상 속의 늪과 정글 속에서 피규어를 움직일 때마다 으르렁거리고 짹짹거렸다. 윌은 종종 아침을 먹기 위해 부엌으로 오라는 리사의 부름을 의식하지 못했다. 때때로 댄은 아이의 방에서 아이의 공상을 방해하기 위해 어깨를 살짝 흔들거나 머리 위에 있는 불을 껐다 켜야만 했다.

윌의 부모는 공룡에 매료된 아이에게 놀랐다. 아이의 강한 시각적 감각과 조숙한 소근육 감각은 아이가 학교에서 미술 시간 동안 공룡 그림을 그릴 때 분명해졌다. 종이에서 아이가 그린 티라노사우루스는 쉽게 알아볼 수 있는 큰 이빨을 가졌고 브론토사우루스의 긴 목은 눈에 띄게 분명한 특징이었다. 아이의 명백한 창의성과 느긋한 성향에도 불구하고 윌은 친구들은 그를 외톨이로 여겼다. 유치원 시절에는 미술 시간이나 친구들이 발표 시간에 재미있는 물건을 갖고 왔을 때는 밝아졌다. 그러나 윌의 선생님들은 아이가 거의 먼저 대화를 시작하지는 않았다고 말했다. 리사와 댄은 점점 아이의 청각 처리과정의 어려움이 친구 사귀는 것을 방해한다는 느낌이 들었다. 그리고 이것은 걱정거리가 되었다.

윌과 같은 아이들은 그들 자신만의 생각과 공상으로 들어간다. 언어적 단서와 다른 소음의 처리가 아이들에게 상대적으로 어렵기 때문이다. 아이들은 창의적이라 하더라도 자신들의 생각과 다른 사람의 언어화된 생각을 항상 연결시킬 수 있는 것은 아니다. 불행하게도 생각을 추상화하고 논리적으로 범주화하는 능력은 부모가 아이들의 생각을 언어적 단서와 연결 지을 수 있게 도와주지는 않는 한 하향 절충될 수밖에 없다.

리사와 댄은 의도적으로 즐겁고 고집스럽게 아이가 답을 낼 때까지 "내 질문에 대답해 줄래?"라고 물어야 했다. 윌이 잠자코 있거나 아이의 공룡 이야기로 돌아간다면 댄은 윌 관심을 끌 만한 재미있는 의미를 전달하는 노랫가락으로 질문을 했다. 아이는 비언어적 단서를 계속 유지하는 것이 중요하다는 사실을 알고 있었다. 머리를 끄덕이며, 웃어 주고 팔을 움직임으로써 윌은 정서적으로 대화를 계속 이어 갈 수 있었다.

중요한 것은 아이가 다른 사람들의 생각에 반응하고 스스로 아이디어를 만들 수 있도록 돕는 것이었다. 논리적 대화와 가상놀이를 통해 새로운 아이디어를 만들고 사회적 관계를 구축하는 방법을 배우기 때문이다. 예를 들면, 리사와 윌이 쌍둥이 인형을 갖고 노는데, 윌이 한 인형의 팔을 떼려고 한다. 아이의 엄마는 윌에게 눈을 맞추고 말한다. "어디 보자. 지금 얘가 쟤의 팔을 떼어 내려고 하는 거야?" 윌이 머리를 끄덕이면 리사는 바로 팔을 잃게 생긴 인형이 되어서 "안 돼요, 저 아프게 하지 마세요!"라고 소리칠 수 있다.

윌이 잠시 동안 엄마의 말을 무시하고 "너의 팔을 떼어 낼 거야."라고 중얼거리는 것은 놀라운 일은 아니다. 리사는 즉시 인형의 목소리로 대답하면 된다. "제가 무엇을 잘못했나요?" 그러나 아이는 부모가 두세 번 질문을 되풀이한 후에나 대답할지도 모른다. 참을성 있게 아이의 놀이에 함께하고 약간이라도 논리적인 이야기를 교환할 수 있도록 하면 리사는 자녀가 청각적 어려움이 있음에도 불구하고 외부 세계에 반응하도록 도울 수 있다.

우리는 성인으로서 종종 갑자기 새롭게 떠오른 생각에 의해 대화를 바꿀 수 있다. 그러나 우리의 대화 상대방에게 미리 그 전환에 대해 설명한다. "그 얘기하니까 생각나는 건데." "나도 최근에 비슷한 일이 있었어." 대화를 잘하는 사람들과 사고가 능숙한 사람들을 본능적으로 새로운 생각과 지난 생각과의 관계를 논리적으로 연결한다. 하지만 윌과 같은 아이는 소리를 처리하는 것이 어렵기 때문에 "잠깐만 기다려, 주제가 바뀌었어." 또는 "지금 생각은 이전 생각과 잘 안 맞는 것 같아."와 같은 내적 소리를 가지고 있지 않다.

리사와 댄에게는 대화가 갑자기 바뀔 때 윌에게 경고하는 내적 소리를 길러 주기 위한 방법이 있다. 그것들은 아이가 한 생각이 다른 생각으로 옮겨 가서 집중할 때 그 지점을 집어 주는 것이다. 윌이 학교에서 돌아와 '간식 시간에 먹은 맛없는 음식'에 대해 말하고 엄마는 아이에게 간식이 무엇이었는지 물어볼 때 윌은 갑자기 책에서 본 도마뱀에 대해 말할지도 모른다. 그때 리사는 당황한 표정으로 아이를 돌아보면 된다. 그러고 나서 말한다. "윌, 방금 전에 너는 간식에 대해 말하고 있었어. 그리고 지금은 도마뱀에 대해 말하고 있네. 우리 간식에 대해 대화하는 거야? 아니면 도마뱀에 대해 대화하는 거야?" 그녀의 목표는 자녀가 주제를 바꿨다는 것을 알게 하고 논리적인 방식으로 자신의 생각을 따르고 어떤 생각을 계속하고 싶은지 결정하도록 돕는 것이다.

반면, 리사와 댄은 윌의 시공간 분야에 진정한 재능을 만끽했다. 아이는 퍼즐과 블록 디자인의 명수였다. 이 시각적 기술은 다른 방식으로도 유용하다는 것이 보였다. 윌이 잠들기 전 매일 밤, 해야 하는 일련의 활동이 있었다. 엄마 아빠가 여러 번 아이에게 설명해 주었음에도 아이는 기억하고 따르는 것을 정말 어려워했다. 부모는 아이가 따라야 할 단계를 잘 기억하도록 짧은 노래로 지도하려 했다. "잠들기 직전에/이를 닦아요./다음 볼과 턱과 눈과 코를 닦아요./그리고 잠옷을 찾고 옷을 걸어요." 노래는 귀엽지만 효과는 없었다. 댄과 리사는 각 단계마다 아이를 유도해야 한다는 것을 알아챘다. 리사의 새로운 아이디어는 윌에게 저녁의 루틴을 4개의 그림으로 그리게 하는 것이었다. 아이는 열정적인 화가이니 양치질하기, 세수하기, 잠옷 그리고 옷 치우는 장면을 그리는 것에 큰 희열을 느꼈다. 아이가 그림을 끝냈을 때 윌과 자녀의 엄마는 아이의 그림을 화장실 창문에 테이프로 붙였다.

시각적 자극이 매일 약간의 즐거운 리듬과 동반되자 윌이 노래에서 들은 각 단계를 기억하는 것이 훨씬 더 쉬웠다. 이와 같은 연습으로 아이는 세상의 소리에 더 집중하게 될 것이다. 아이에게 편안한 즐거움을 주는 시각 정보와 연결되었기 때문이다.

5) 소리는 받아들이지만, 시각적으로 이해하는 데 어려움을 겪는 학령전기 아동

네 살 반 정도 된 맥스는 쉬지 않고 말하고 있었다. 아이는 치즈 공장에 갔던 최근 여행에 대한 이야기와 아이의 삼촌이 어떻게 비눗물로 커다란 비눗방울을 부는지, 그런 이야기로 친구들을 즐겁게 해 주기를 좋아했다. 새로운 노래를 배울 때면 맥스는 자기 반의 리듬 부분을 이끌고 음악의 박자에 맞춰 엉덩이를 흔들면서 실로폰과 드럼을 두드린다. 아이는 에너지와 열정이 넘치는 행복한 아이처럼 보인다.

그러나 그의 부모인 린과 조나단 그리고 그의 어린이집 교사는 그가 다른 아이들에게 말하는 방식이 나이에 적합하지 않다는 느낌을 받았다. 맥스에게 앞에서 **공연할** 청중이 필요한 것처럼 보였다. 맥스가 다른 아이들과 일대일로 일상적인 이야기를 하는 경우는 거의 없는 것 같았다. 그가 다른 아이에게 질문할 때 마치 형식적인 사업으로 만난 느낌이었고 자신의 욕구나 욕망을 채우는 것에 초점이 맞춰져 있었다. 그는 친구의 얼굴에 눈을 피했고, 결국 많은 얼굴의 제스처를 놓쳤다. 지루한 표정, 올라간 눈썹 또는 찌푸림 등 아이가 놀이 친구의 관심을 잃고 있다는 사실을 알게 해 주는 것을 말이다. 아이의 대화 대부분은 사실 독백에 가깝거나 조각난 느낌으로 엉뚱한 방향으로 튀었다.

부모는 맥스가 시각적으로 정보를 처리하는 데 지속적인 문제를 가지고 있다는 것을 깨달았기 때문에 자녀의 약간 과장된 행동은 자녀가 가진 어려움과 연관이 있다고 생각했다. 다른 네 살 아이들에게 매력적일지라도 아이의 극적인 성격은 아이가 더 자랐을 때 가식적이거나 공허하게 보일지도 모른다. 부모는 아이가 생각을 다른 사람과 친밀한 방식으로 나누고 다른 사람의 생각을 기반으로 더 사고할 수 있기를 바랐다.

맥스의 부모님은 왜 아이의 생각이 생기발랄하지만, 그렇게 단편적으로 보이는지 더 정확하게 찾아낼 수 있기를 바라며 발달 전문가를 만나 보았다. 맥스를 한동안 관찰하고 함께 대화해 본 후에 전문가는 '큰 그림'이 맥스를 압도하기 때문에 세상의 작은 조각에 집중한다고 느꼈다. 맥스의 대화는 풍부한 상상으로 가득해 있었다. 그러나 그것은 갑자기 한 생각 또는 한 장면에서 다른 것으로 건너뛰어 갔다. 아이는 자신의 변화무쌍한 이미지의 세상을 더 일관성 있고 침착한 생각으로 연결시킬 수 있는 도움이 필요했다.

맥스의 말하기 재능은 분명했다. 린과 조나단은 그들이 그의 본성의 시각적 부분에 관심을 돌리고, 그의 감정을 상상하고 생각을 정리할 수 있도록 도와야 한다는 것을 깨달았다. 아들의 대화가 엉뚱하게 세부적으로 바뀔 때마다 린과 조나단은 아들이 큰 그림을 보고 주요 주제에 다시 집중하도록 적극적으로 도왔다. 예를 들어, 그들 셋이 '골디락스(Goldilocks)와 곰 세 마리'에 대해 토론한다면, 맥스의 부모는 아이에게 "이 이야기는 무엇에 대한 것이니, 맥스?" 또는 "너는 골디락스가 낯선 사람 집에 가서 음식 먹은 것에 대해 어떻게 생각하니?"라고 물어보는 것이다. 전체 주제와 개념을 맥스가 이해하는 연습을 많이 할수록 아이는 생각 사이를 연결시키는 데 능숙해진다.

맥스가 시각적 문제가 있다면, 퍼즐 맞추기, 세탁 바구니에서 잃어버린 양말 찾기, 숨겨진 문제 찾아서 본문 찾기와 같은 활동이 아이에게 좋은 정신적 연습을 제공해 준다. 맥스가 가상놀이를 할 때 린 또는 조나단은 바로 활동에 뛰어들어 아이의 리드를 따른다. 나쁜 사람 역할을 하는 봉제 인형이 놀이방 어딘가에 숨어 있도록 하고 맥스의 경찰관 곰 인형이 나머지 도둑을 찾으러 간다. 부모는 심지어 해설자 역할도 할 수 있고 "가까워진다, 가까워진다, 아냐 이제 멀어져." 또는 "위를 봐." "아주 조금만 뒤로."와 같은 언급도 함으로써 어떤 말로 공간 개념을 연결시킬 수 있다. 일상적인 물건을 찾는 것은 또한 대화 시작의 역할을 할 수 있고 양방향의 상징적 대화를 이끌 수 있다. "맥스, 이리 와서 내가 지갑 찾는 것을 도와줘. 내가 부엌에서 차고로 가는 문 옆에 있는 선반에 놓은 것 같아."

린과 조나단은 가상놀이를 통해 맥스가 공간 개념을 이해하도록 도울 수 있다. 가상놀이는 아이들의 파워레인저가 외계 침략자에게서 어디로 숨었는지 또는 가장 안전하게 집에 돌아가는 방법을 물어보는 것이다. 음악이 멈추면 의자를 앉아서 뺏는 능동적 게임은 맥스에게 특히 이로운 연습을 제공한다. 왜냐하면 그것이 신체 움직임과 뛰어난 청각 기술을 이용할 뿐 아니라 시각적 주의력을 꼭 활용해야 하기 때문이다. 맥스의 부모는 자녀가 게임을 할 때 아이가 해야만 하는 것과 필요한 움직임을 설명하기 위해 손을 사용하는 신호와 제스처를 사용해야만 한다는 데 많은 언어적 설명을 제공할 수 있다.

다른 시각화 기법 또한 맥스의 더 약한 시각 기술을 강화하기 위해 사용될 수 있다. 운동선수가 복잡한 동작을 해 보기 전에 잘하는 다른 운동선수의 영상을 보는 것처럼 맥스는 자신의 생각을 정리하는 데 도움이 되는 일련의 그림을 마음에 그려 넣을 수 있다. 예를 들어, 린은 잠잘 때 즐겨 읽었던 이야기를 읽을 때 책을 잠시 접어 두고 맥스에게 캐릭터가 어떻게 생겼는지 혹은 어떤 요정과 요정들이 숲에 숨어 있는지 마음으로 그려 달라고 부탁할 수 있다.

맥스가 마음의 눈으로 그림을 그리는 연습을 많이 할수록 점점 더 현실 세계의 단편적 이미지와 일관성 있고 정리된 개념으로 연결을 잘하게 된다. 나무만 보는 것이 아니라 숲을 보는 것은 아이가 관심을 끌려는 행동과 불안 정도를 줄일 것이다. 그리고 아이를 자유롭게 정서적 따뜻함에서 기쁨을 느낄 수 있고 다른 사람과 아이의 생각을 연결하는 친밀감을 가질 것이다.

6) 추상적 · 정서적 사고를 방해하는 가족의 문제

때때로 우리의 불안감은 무의식적으로 아이들이 자신의 생각을 정리하며 편안함을 느끼도록 해 주는 우리의 능력을 저하시킨다. 예를 들어, 의존성과 양육에 문제가 있는 아버지는 아이가 인형에게 자장가를 들려주는 즐거움에 동참하기보다는 아기 인형을 차 안에 가두기라도 하듯 집어넣을지도 모른다.

우리 모두 정서적으로 민감한 부분이 있으며 동요하지 않으려고 하지만, 이런 민감한 영역에서 우리의 생각을 제시하며 그들의 생각을 끌어내지 않을 때 우리 아이들의 추상화 능력을 저하시킨다. 지나치게 고지식하거나 언어에 집착하는 것을 회피하는 것으로 우리는 아이가 깊게, 넓게, 온전하게 사고하게 도와주는 것이다. 특정 주제가 우리를 불안하게 만들더라도 말이다.

때때로 부모의 정서적 민감성보다는 특정한 상황이 아이의 생각을 정리하게 해 주는 부모의 능력을 저하시킬 수 있다. 이사, 새로운 아이의 출생, 경제적 어려움, 조부모의 죽음과 같이 잠시 동안 부모에게 혹독하고 구체적이고 심지어 정서적으로 위축시키는 스트레스가 되는 상황이 있다. 일대일 대화 도중 소란한 형제자매를 돌봐야만 하는 것과 같은 약간의 스트레스 상황에도 부모는 지나치게 통제적이고 과잉 보호적이고 냉담하게 만들 수 있다. 아이들의 정서적 요구에 잘 조율되어 있는 다른 성인들도 전체의 경험을 조직해야 할 때 생각의 사용이 단편적이게 될 수 있다.

이 단계에서 발전하는 삼각관계는 정서적 사고를 격려하는 것이 어렵다. 자녀가 배우자와 함께 있는 것을 공개적으로 선호할 때 질투나 분한 감정이 생겨서 한동안 두 사람과 멀어지게 만들 수 있다. 거부의 고통을 느끼는 것은 인간적이다. 그러나 당신은 당신의 자녀가 당신을 버린 것이 아니라는 것을 알아야 한다. 당신의 자녀는 단지 잠시 동안 당신의 배우자와 연결될 필요가 있는 것이다. 같은 날 당신의 더 어린 미취학의 다른 아이와 일대일 시간을 더 많이 보내도록 하라. 사실상 엄마 아빠 둘 다 각자 아이와 둘이 있을 시간을 보내야만 한다. 그래야 자녀가 이 삼각관계의 밀고 당기는 균형을 더 편안하게 할 수 있도록 배울 것이다.

당신의 네 살 아이가 당신을 밀어내고 일시적으로 당신의 배우자를 원할 때는 당신의 부정적인 특징에 초점을 맞출 것이다. 잠시 당신을 평가절하하는 동안 아이는 당신에게 덜 의존하게 된다. 게임을 하거나 세 명이 약간의 의견 차이가 있을 때 당신의 아이와 함께 장난스런 동맹을 맺을 수 있는 기회를 찾도록 노력해 보라. 당신은 아이의 편을 들어 주면서 공감과 동정의 마음을 전달하자. 그러나 엄마 아빠 두 사람은 우선적인 동맹관계라는 기본적 이해를 전달하는 것 또한 중요하다. 싱글맘이나 아빠는 세 살이나 네 살짜리 아이의 삶에 조부모나 친척과 같은 또 다른 규칙적인 성인 존재를 도입해 아이가 삼각관계 내에서 일어나는 모든 협상을 실험할 수 있도록 노력해야 한다.

우리의 감성적인 아킬레스건과 일상의 크고 작은 스트레스와 더불어 우리가 느끼는 감정은 우리 아이들의 정서적 사고를 기르는 능력을 방해한다. 모든 문제처럼 그것을 인식하는 것은 큰 첫 단계이다. 이 장애물을 극복하는 가장 좋은 방법은 자신의 방해, 불안, 갈등을 해결할 만큼 충분히 유연해야 하고 가능한 한 항상 따뜻하고 보살핌을 주는 것이다. 당신의 자녀의 신호를 읽으려고 노력하라. 그리고 그들의 감정, 행동, 사고 그리고 단어를 포함한 대화를 하려고 격려하라. 만약 아이가 두려워하고 잘못된 행동을 한다면 아이에게 가혹한 요구를 하기보다는 공감과 동정을 하면서 효과적인 한계를 두라. 당신은 아이에게 더 많은 기대를 하기 전에 더 많이 주어야 한다는 것을 기억해야 한다.

사고하는 법 배우기

단지 정보를 주고받기보다는 당신이 아이에게 의견을 구하는 대화를 함으로써 아이가 사고하는 것을 배우도록 도우라. 예를 들어, 아이가 "지금 나가자."라는 열망을 표현할 때 당신은 아이에게 일단 밖에 나가 무엇을 하고 싶은지 물어볼 수 있다. 아이가 "미끄럼틀 탈 거야."라고 말하면 아이는 바라는 것과 생각을 연결시키는 것이다. "어떤 색깔이 좋니?"보다는 "이 색깔이 왜 좋니?"와 같이 아이가 계속 사고하도록 개방적 질문을 하도록 하라. 취침 시간부터 아이스크림 맛에 이르기까지 모든 것에 대해 토론을 즐기라. 당신의 자녀가 늦게까지 자지 않고 소란을 떨어 "왜 늦게까지 안 자도 되는데?"라고 물어볼 때 아이는 아마도 당신에게 변호사처럼 답할 것이다. "엄마가 언니들에게 허락해 주었고 나도 그만큼 나이를 먹었으니까요."라고 말이다. 또한 당신이 계속해서 가상놀이의 파트너가 되어 새롭게 줄거리 변화를 주도록 하자. 당신은 인형의 감정을 탐색하고, 당신이 아이 역할을 하면서 아이가 엄마가 되어 보게 할 수도 있다.

재미있는 놀이

감독 놀이

둘이서 가상놀이를 함께할 때 당신의 아이가 얼마나 많은 구성의 변화와 줄거리를 시작할 수 있는지 보라. 다과회 놀이를 한 후, 다소 반복적이거나 방향이 거의 없게 되면 "나는 배가 출렁거릴 정도로 배불러! 우리는 다음에 무엇을 하지?"와 같이 말해서 줄거리를 두텁게 하도록 미묘하게 아이에게 도전할 수 있다.

"왜 내가 그래야 해?" 놀이

당신의 아이가 무언가 해 주기를 원할 때 "왜 내가 그래야 해?"라고 부드럽게 장난치듯 물어보자. 그녀가 당신에게 몇 가지 이유를 제시할 수 있는지 보자. 그러고 나서 아이가 당신이 차고에서 꺼내 장난감 자동차를 타기를 원할 때 "같이 하자."와 같이 타협을 제공하거나 새로 입을 옷을 골라 주라.

제7장

플로어타임: 지능과 정서적 건강의 6단계를 동시에 조성하기

당신의 아이가 유아기부터 취학 연령까지 성장함에 따라 플로어타임의 중요성은 단순히 재미있게 노는 것 그 이상이 된다. 플로어타임 동안 아이가 가상놀이를 무대에 올리고 규칙을 두고 당신과 다투면서 세상에 대한 상상력과 논리적 이해를 확장할 것이다. 아이는 몸짓과 단어를 사용하여 욕구를 표현하고, 흥분부터 분노까지 다양한 감정을 탐구할 것이다.

아이는 근육이 강화되고 성장함에 따라 신체 능력을 연마할 것이다. 대화형 놀이를 통해 자녀의 지적, 정서적 그리고 신체적 발달에 도움을 줄 수 있다. 당신은 단순히 아이의 지도를 따르고 합류함으로써 모든 성장을 촉진할 수 있는 것이다! 매우 인간적인 방식으로 아이와 상호작용하기 때문에 아이는 점점 더 안전하고 편안해질 것이다. 자녀가 현재까지 습득한 여섯 가지 기본 학습 경험을 최대한 많이 통합하여 자녀와 장난스럽게 관계를 맺으면 자녀가 진정되거나 활력을 얻게 되고 공유하는 즐거움에 사랑스럽게 참여하고, 몸짓과 언어를 사용하여 정보에 반응하고, 상상의 교환과 토론을 통해 아이디어를 구축하고 생각하는 법을 배운다.

당신은 또한 아이의 독특한 발달 프로파일에 대한 상호작용에 특별한 노력을 기울일 것이다. 예를 들어, 특히 당신은 아이가 예민하거나 더 신경질적일 때 특히나 더 달래줄 것이고, 아이가 늘어지면 더 생동감을 더할 것이다. 아이에게 맞춰진 방식으로 아이와 상호작용하기 때문에 아이는 점점 더 안정감을 느끼고 편안해질 것이다.

당신은 자녀가 "나와 놀자!"라고 말하면 적극적이고 매력적인 파트너가 되어 주는 건 항상 쉬운 일은 아니다. 완벽한 세상이라면 플로어타임은 자연스럽게 일어난다. 하지만 오늘날 많은 가족에게 플로어타임은 엄마 혹은 아빠의 하루 계획에 어떻게든 비집어 넣어야 하는 것이다. 따라서 매일 특별한 시간을 할애하여 노는 것이 중요하다. 편한 시간을 선택하라. 당신과 아이들과 각각의 플로어타임을 적어도 20~30분간은 꼭 확보하는 것이 중요하다. 여기저기서 실행되는 5분짜리 1대1 횟수가 플로어타임과 같지가 않다. 관계, 놀이 시간, 대화를 발전시킬 시간을 더 많이 주면 더 많이 즐기고 더 많은 성취를 할 수 있다. 자녀와 함께하는 이 특별한 시간을 통해 당신과 자녀 사이를 확립하고 지속하는 친밀감과 연결성을 재확인할 수 있게 해 줄 것이다.

우리의 문화가 점점 더 개인이 아니라 기술 중심적으로 변화함에 따라 우리의 근무시간은 길어지고 우리의 자유 시간은 증발하는 것처럼 보일 것이다. 많은 가족은 생계를 유지하기 위해 부모가 직업을 가지는 것이 요구되고 전통적인 양육 패턴은 거대한 변화를 겪었다. 가장 헌신적인 주간 보육교사조차도 자녀의 독창적인 놀이 및 학습 방식, 할 일이 있는 방식에 대해 온전히 집중해 주기를 바라는 것은 과한 기대이다.

플로어타임 동안 당신은 아이의 눈높이에 맞춰 줄 것이고, 아이의 세상과 조건에 따라 함께하게 될 것이다. 앞으로 펼쳐질 모든 드라마의 지도자가 될 수 있도록 격려해 주고, 언제나 변함없는 조수가 되어 줄 것이다. 돈키호테의 산초 판자처럼 말이다.

1. 플로어타임의 포괄적 원칙

1) 아이의 발달 단계에 맞춰 아동의 리드 따르기

자녀가 학교에 들어갈 때까지 당신은 아이가 가장 편안하게 느끼고 모든 장난감을 갖고 노는 바닥에서 함께 상호작용을 할 것이다. 아이와 눈을 마주치고 놀 때 아이가 당신과 함께 참여하고, 주도적으로 행동하고, 더 단호하게 행동하도록 격려하는 평등의식을 형성해 줄 것이다. 그러나 기저귀를 갈며 아이에게 웃긴 표정을 지어 줄 때 식탁에서 함께 수다를 떨거나, 슈퍼마켓을 방문하거나, 수영장에서 물놀이를 하거나, 야외 산책을 할 때 아이의 영역에서 활동하게 될 것이다. 따라서 '플로어타임'은 언제 어디서나 당신이 아이의 입장에 맞춰 그와 함께하고 있다는 것을 알려 주는 방식으로 두 사람이 상호작용할 수 있다. 아이의 본거지는 본인의 관심사, 진취성 그리고 아이디어로 이루어져 있다.

이상적으로는 당신의 아이가 원하는 것을 해야 한다. 비록 그것이 인형의 집이나 슈퍼히어로 놀이를 몇백 번째 하는 것이더라도 말이다. 하지만 두 사람 모두 즐거워하는 한, 어떤 종류의 장난스런 순간도 가치가 있다. 가끔 놀이를 선택하게 된다면 자녀가 주도권을 잡고 가능한 한 창의적으로 놀도록 격려하자. 자녀가 새로운 규칙과 놀이 방식을 만들게 해 주는 것은 자녀의 어휘력을 키우고 자녀를 이끌어 갈 수 있는 방법이 될 수 있다. 당신과 당신의 배우자는 각각 다른 종류의 연극을 선호할 것이다.

당신과 배우자는 서로 다른 놀이 방식을 선호할 수 있다. 한 사람은 이야기를 연기하며 풀어 나가는 것을 잘할 수도 있는 반면, 다른 사람은 예술 프로젝트나 더 많은 신체 활동을 즐길 수 있다. 부모가 각자 열렬한 참여자라면 완전히 다른 영역으로 플로어타임을 해도 좋다. 당신의 아이는 당신이 즐기는 것을 감지할 수 있고 당신 각자와 다른 종류의 상호작용을 시작할 수 있다.

플로어타임은 규칙을 가르치는 시간이 아니라는 점을 유념하라. 그건 다른 때에도 할 수 있다. 플로어타임은 통제와 지배를 받을 수 있는 기회이자 아이의 행동에 많은 질문을 하는 시작 또한 아니다. 플로어타임은 당신의 아이가 자비로운 독재자로서 군림하도록 장려하는 안전한 장소이다! 8개월 된 아이조차도 자기가 당신의 코를 만질 때마다 "뚜뚜" 소리를 내기로 결정하듯 자신의 놀이를 지휘하고 싶어 한다. 플로어타임에서는 딱 하나의 절대적인 규칙이 있다. 사람을 다치게 하는 일도, 장난감을 부수는 일도 안 된다는 것이다. 제한을 정할 필요가 있을 때 부드럽고 단호하게 구현되어야 하며 몸짓과 언어적 설명이 수반되어야 한다(이 과정은 이 장의 뒷부분에서 더 길게 설명된다).

기억하라. 당신의 역할은 아이가 놀이의 정서적 어조를 정하게 해 주고 아이의 리드를 따라가는 것이다. 여러분이 자녀가 연주할 수 있도록 격려하면서 손짓과 다양한 얼굴 표정을 사용하여 매우 활기차게 행동하라. 어린아이와 함께 당신은 박수를 치거나 소리를 내거나 딸랑이를 가지고 노는 등 그 순간 아이가 무엇을 하든지 자유롭게 동참할 수 있어야 한다. 아이의 말을 따라가면서 몸짓과 감정적인 톤을 자신만의 표정으로 포착하고 모방하자. 아이와 포옹과 미소를 나누라. 가장 중요한 것은 그와 귀여운 제스처를 주고받도록 유도하는 것이다.

나이가 조금 더 많은 어린이가 그림을 그리거나 블록으로 건축하는 경우 조심스럽게 참여해 보자. 아이가 그림을 그리는 것을 지켜보라고 하면, 그의 제안을 따르되 손짓을 하고 당신도 그림을 조금 더 그려도 되는지 큰 소리로 물어보자. 만약 그가 왜 당신보다 더 나은 예술가인지 그리고 당신이 지켜봐야만 하는 다섯 가지 이유를 말하게 된다면, 그 창의적인 교류는 플로어타임이고 주제는 '내가 당신보다 낫다'가 된다. 재미있는 토론을 즐기자!

2) 의사소통의 순환 열고 닫기

플로어타임 동안 당신이 자녀의 관심을 이끌어 내고 아이의 관심사와 제안을 바탕으로 한다면, 아이는 대개 당신이 한 행동이나 말에 연관되어 반응하고자 할 것이다. 이 책의 주제를 소개한 바 있듯이 이 과정은 '의사소통의 순환 열고 닫기'라고 불린다. 만약 아이가 장난감 자동차를 움직일 때 차를 나란히 움직이거나 "우리는 어디로 가고 있어?" 또는 "내 인형이 네 차에 타도 돼?"라고 물으면서 의사소통의 순환을 열 수 있다.

그런 다음 아이는 몸짓을 하거나 말로 “집에 간다!”라고 말하면서 행동을 하게 되거나 차를 당신의 타에 부딪치며 아는 듯한 눈빛을 보내면 의사소통의 순환을 닫은 것이다. 당신의 자녀와 함께하는 놀이 파트너십은 아이가 상호작용을 개시하는 것뿐 아니라 당신이 공유하는 정보를 이용하고 반응하는 능력에 기반한다. 아이의 반응이 “아니요.” 또는 “쉿!”처럼 단순하더라도 아이는 파트너가 열어 놓은 의사소통의 소통을 닫고 있는 것이다.

3) 적절한 놀이 환경을 만들어 주어 자연스러운 흥미 구축하기

플로어타임 동안, 아이와 장난스럽게 몸짓과 아이디어를 주고받으며 자녀의 눈 속에서 화답하는 듯한 반짝임을 찾는다. 일단 자녀의 관심을 사로잡고 나면 자녀에게 당신이 한 일이나 말을 바탕으로 영감을 주려고 하자. 아이가 의사소통의 순환을 열고 닫게 하는 한 방법은 아이의 나이대에 맞는 놀이 물체로 환경을 조성해 주는 것이다. 인형, 액션 피규어, 자동차 그리고 블록 등 말이다. 당신과 아이는 자신의 자연스러운 관심사를 추구하기 위해 이러한 소도구를 사용할 수 있다. 자녀의 소품의 연장선이 되라. 개구리 인형을 잡았을 때 개굴 소리를 내고, 장난감 자동차를 밀 때 ‘붕붕’ 소리를 내자. 이 방법으로 당신은 아이의 장난감과 경쟁하지 않으며, 대신에 두 사람 사이의 창의적인 상호작용을 촉진하기 위해 테마를 사용할 것이다.

일부 어린이는 선택적인 장난감을 몇 개만 주는 것을 좋아하고, 어떤 아이들은 장난감을 많이 사용하면서 상호작용하는 것을 즐긴다. 인형과 액션 피규어는 어린이들이 새로운 드라마를 창조하는 것을 돕는 것 외에도 일상생활에서 경험하는 실제 상황과 실제 감각을 상상력을 자극하고 무서운 감정으로 실험하는 것을 더 쉽게 만든다. 플로어타임 동안에는 보드게임이나 퍼즐에 의존하지 마라. 그러한 장난감은 정의적으로 용도가 있지만 창의적이고 자발적인 상호작용보다는 구조화된 상호작용을 만드는 경향이 있다.

4) 의사소통의 순환 확장시키기

걸음마기나 어린이집 다닐 나이의 아이가 플로어타임을 할 때 재미있는 상호작용의 범위와 길이를 확장하도록 노력하자. 아이의 드라마를 펼치는 최선의 방법은 자녀의 목표를 향해 가도록 돕는 것으로 자녀와 함께 적극적으로 소통하는 것이다. 예를 들어, 당신은 18개월 아이가 다가갈 수 없는 선반 위에 놓인 장난감 서커스 기차를 향해 길게 쳐다보고 있다는 것을 알아챌 수 있을 것이다. 부모가 그 장난감을 찾고 아이에게 기대어 "저거?" 하고 말한다면, 부모는 아이의 목표에 도달하는 것을 돕고 동시에 당신과 아이와의 상호작용을 넓힐 수 있도록 도와준다.

당신의 두 살짜리 아이가 망치와 종소리로 시끄러운 소리를 내고 있다면, 당신은 "세상에, 너무나 서툰 드러머네."와 같은 코멘트를 할 수 있다. 그런 뒤 손에 오리 퍼펫을 넣고 장난감 망치를 들고 종을 같이 치며, "크게, 크게!"라고 외칠 수 있다.

당신의 아이가 당신의 행동에 흥미를 보이거나, 더 나아가 오리 꼭두각시를 타고 당신을 모방하려 한다면 강아지 인형을 꺼내 두 인형 사이의 간단한 대화를 시작함으로써 활동을 더 확장시킬 수 있다.

때때로 장난스럽게 아이를 방해하는 것으로 아이들의 대화를 더 성공적으로 확장할 수 있다. 예를 들어, 아이가 플로어타임 동안 당신을 피한다면, 당신은 아이의 관심을 전부 받고 있는 대상이나 활동 사이에 의도적으로 자리 잡을 수도 있다. 당신은 아이가 좋아하는 트럭에 도달하기 위해 오르내릴 필요가 있는 움직이는 울타리의 역할을 맡을 수 있다. 만약 당신의 아이가 자신의 장난감 트럭을 혼자서 움직일 각오를 하여 당신의 재미있는 상호작용 제안을 차단한다면, 당신은 아이의 트럭 중 하나를 당신의 손으로 덮어 '터널'이라 말해 보자. 아이의 트럭이 스스로 '터널'에서 나오지 않을 때 아이는 당신의 손을 들어 트럭을 찾고자 하는 동기를 얻을 수 있다.

5) 상호작용하며 아이가 표현하는 주제와 감정의 범위 확장하기

당신과 말하며 놀고 상호작용할 때 아이의 관심을 토대로 새로운 반전이나 이야기 흐름을 추가할 기회를 찾자. 이런 식으로 당신은 아이를 친밀함과 의존성, 주장성, 진취성, 호기심, 공격성, 분노 그리고 한계 설정, 즐거움과 흥분 등 놀랍도록 다양한 삶의 주제에 참여시킬 것이다. 당신은 아이의 감정의 범위를 확장하도록 도와줄 뿐 아니라 아이에게 옳고 그른 것에 대한 주제와 다양한 종류의 사고 능력을 보여 주게 된다. 아이는 새로운 단어에 대한 이해와 공간적·수학적 개념에 대한 이해를 발달시킬 것이다.

아이가 지지적인 플로어타임 환경을 조성하기 위해 들인 최선의 노력에도 불구하고 특정 유형의 상호작용을 피하거나 무시한다고 느끼는 경우가 여러 번 있을 것이다. 그럴 때 아이가 지나칠 경향이 있는 정서적 영역을 도전으로 부드럽게 주는 것이 좋다. 예를 들어, 만약 당신의 세 살 된 아이가 평소에는 문제없이 잘 놀지만 그룹으로 노는 동안에는 자기주장을 하고 자신의 장난감을 주장하는 데 수동적인 모습을 보인다면, 그가 가장 좋아하는 자동차를 그의 차량 그룹에서 멀리 옮기는 것과 같은 간단한 행동을 해 줄 수 있다. 당연히 악의적인 모습보다는 장난기 넘치는 모습을 보이는 게 좋을 것이다. 따라서 반드시 얼굴에 미소를 띠고 위협적이지 않은 태도로 천천히 의도적으로 차를 멀리 옮기자. 당신의 세 살배기 자녀는 바로 자기주장을 하며 소중한 지프차를 쫓고 있을 것이다!

만약 당신의 아이가 가상놀이 동안 분노와 공격성의 주제에 대해 유달리 많은 시간을 할애한다면 "얘는 왜 그렇게 화가 나 있어?" 아니면 "얘는 왜 착하게 행동하지 않아?"라는 질문을 던지는 것으로 아이의 이야기 흐름을 방해하지 말자. 그 대신 "세상에, 저 나쁜 애들을 정말 혼내 주고 싶은가 보네. 나쁜 애들을 진짜 다양한 방법으로 부술 건가 봐. 그럴 만한 이유가 있겠지?"라고 하자.

당신의 아이가 묘사하는 분노의 깊이 그리고 그럴만한 이유가 있을 거라고 인정해 주는 것으로 당신이 당신의 행동 섭리를 고집하기보다는 아이의 편이라는 것을 나타낸다. 당신의 공감은 결국 자녀가 스스로를 돌보는 법을 배우게 도와주는 것이다.

상상력이 풍부한 언어적인 표현은 대개 아이들이 이해하고 조절하는 것을 배우는 데 도움을 준다. 인정받지 못하는 분노와 같은 강한 감정은 이성적으로 행동하거나 간접적으로 반응하거나 지나치게 억제되기 때문에 아이들이 직접적으로 공격적인 행동하는 경향이 있다. 아이들의 감정을 인정해 주는 것은 현실에서 감정대로 행동하도록 승인을 해 준다는 의미는 아니다. 그보다도 아이의 '가상' 어젠다를 읽어 주는 것은 행동보다는 아이디어를 사용하도록 도울 것이고, 공격적인 행동이 학교나 집에서 가상놀이 시간에 드러난다면 그에 대해 논의하고 관련된 제한을 만들 수 있게 해 준다.

플로어타임 놀이는 규율을 대체하지 않는다. 오히려 보완해 준다. 아이가 잘못 행동하면 가상놀이가 때로는 아이의 마음에 무엇이 있는지 드러나게 해 주고, 왜 그렇게 화가 나서 도발적인지 알 수 있게 해 준다. 놀랍게도 자녀의 부정적이고 분노한 감정을 인정하면 결국 놀이에서 긍정적인 주제를 소개하는 것에 도움이 될 수 있다. 대부분의 아이들은 감정의 균형을 가지고 있다. 놀이 도중 공격적인 주제를 탐색할 수 있는 공감 메시지를 전하는 경우 일반적으로 의존성 놀이, 사랑 그리고 관심사가 나타난다. 하지만 당신이 아이의 생각을 이해하지 않는다고 느낀다면, 그때 느끼는 좌절감이 감정을 양극화시키고 공격적인 주제를 고르게 만들 것이다. 자신의 모든 감정에 대한 당신의 공감을 경험을 반복적으로 하는 것이 공감과 연민을 가르칠 수 있는 가장 좋은 방법이다. 당신이 아이에게 강의를 하는 것보다도 더 많은 것을 가르치게 될 것이다.

6) 외부 세계의 정보를 처리하는 과정에서 아이의 근육과 감각을 사용하는 역량 확장시키기

당신이 소리, 단어, 시력, 촉감 그리고 움직임을 가지고 아이들을 몰입시킬 때 당신은 아이의 많은 감각을 동시에 느끼게 하기 위해 의식적인 노력을 하는 것이 좋을 것이다. 자녀의 놀라운 '정신기능 시스템', 즉 아이에게서 드러나는 경이로운 기능적 역량은 동시다발적으로 작용하는 법을 배운다. 당신과 정서적으로 의미 있고 충족되는 방식으로 상호작용하면서 말이다. 그러니 아이가 장난감 기차의 지휘자이며 당신이 아이의 믿음직한 브레이크맨 놀이의 플로어타임 회기를 할 때 단순히 브레이크의 삐걱거리는 소리를 내지 말고 기차의 벨을 누르거나 줄을 따라 매 정착지의 이름을 부르자. 시끄러운 놀이에 시각적, 공간적 요소를 도입해 보자! 두 사람이 근처 의자 뒤에 숨어 있는 강도를 염탐할 수 있는지, 주위를 강타하는 뇌우로 인해 일정이 늦어지는지 큰 소리로 궁금해할 수도 있다. 지휘자는 폭풍이 다가온다는 것을 느낄 수 있는가? 그는 비에 흠뻑 젖었나? 기차를 타려면 얼마를 내야 하나?

이와 유사한 방식으로 빌딩 블록 탑과 요새 등과 같은 공간적인 놀이 공간은 자녀의 처리 능력과 운동 용량을 넓힐 수 있는 능력을 증진시킬 수 있다. 시간이 지남에 따라 또래 블록 건축가가 도시를 건설하기 시작할 수 있다. 당신은 아이의 조력자나 건설 노동자가 될 수도 있고, 수많은 다른 역할을 할 수도 있다. 생각해 보면 도시에는 음식을 배달하고, 경비를 서고, 괴물들이 안으로 들어오지 못하도록 하는 사람이 필요하지 않은가? 만약 당신의 아이가 앉아서 너무 좋아한다면, 아이는 겁을 먹고 괴물을 쫓아내려고 할 때 배트맨이 되어 아이의 발로 뛰어드는 동기가 될 수도 있다.

아이와 당신의 능력을 확장하는 것은 큰 재미와 배움을 동반할 수 있다. 하지만 너무 성급하게 많이 하려 하지 말자! 플로어타임의 기본 원칙을 명심하고 아이와 함께 즐거운 시간을 보내라. 몇 년 전에 당신들의 성공적인 상호작용을 돌이켜보면, 당신은 실제로 아이들이 그 시절에 깨닫는 것보다 훨씬 더 많이 당신의 능력을 발휘하도록 도와주었다는 것을 깨닫게 될 것이다.

2. 발달 단계별 플로어타임

다음의 개요는 당신의 자녀와 함께할 수 있는 유용하고 재미있는 플로어타임 상호작용을 위한 지침이다.

각 단계를 지나면서 수 있는 단계를 거치며 그 단계에서 숙달해야 할 역량에 더해 **이전의 모든 역량**을 플로어타임 회기에 결합할 수 있다. 예를 들어, 당신의 세 살짜리 아이를 위해 당신은 논리적 사고, 상상의 문제 해결 상호작용, 즐거운 몸짓, 사랑과 신뢰 그리고 집중력을 동시에 기를 수 있다. 이 개요는 당신이 의무적으로 해야 할 것 같은 일을 알리는 포괄적인 체크 리스트가 아니다. 외국에 출판할 가이드북을 만들 때와 같은 느낌으로 이 정보와 사례를 활용하라. 외국의 관광 가이드북을 볼 때 수많은 성과 박물관에 대한 설명에 흥미를 느끼더라도 실질적으로는 광경을 보려고 하지 않는 것이다.

1) 1단계: 세상에 대한 안정되고 조절된 흥미

- 아기 또는 자녀의 개별 감각 및 운동 감각 프로파일을 기록하라.

아기의 고유의 청각, 시각, 촉각, 후각 그리고 움직이는 스타일을 인식하자.

- 청각, 시각, 촉각, 냄새 및 움직임을 동시에 사용할 수 있을 즐거운 방식으로 모든 활용하게 하라.

아이를 세계에 끌어들이자.

2) 2단계: 사랑에 빠지기

- 재미있는 소리, 뽀뽀, 간지럽힘 또는 좋아하는 게임 등 어떤 상호작용이 아이에게 즐거움과 기쁨을 가져다주는지 관찰하라.

마음을 내주고 편하게 주의 집중을 할 수 있는 '마법의 순간'을 최대한 활용하라. 하루 동안 다양한 시점에서 15분 또는 20분 동안 아이와 상호작용하자.

- 아기의 감정을 어떻게 느끼고 자신의 감각과 움직임을 사용하는지에 따라 자녀의 리듬에 맞추라.

까꿍놀이나 상자 아래에 장난감을 숨기는 놀이는 대부분의 아기를 즐겁게 하는 시각 놀이이며, 쎄쎄쎄와 같은 리듬감 있는 박수 게임은 특히 청각이 강한 아기의 흥미를 끌 것이다. 움직이는 트럭은 걸음마기의 아이를, 상상의 이야기는 취학 직전 아동에게 즐거움을 줄 것이다.

- 단순히 웃긴 소리를 내는 것이더라도 자녀의 진정한 관심사를 따르면 즐거움과 친밀감을 기르게 된다.
- 아이가 좋아하는 대상과 경쟁하기보다는 그 대상의 일부가 되라.

아이가 특히 좋아하는 블록을 머리에 얹고 웃긴 얼굴을 만들자.

3) 3단계: 양방향 의사소통

- 미묘한 표정, 소리 및 다른 몸짓과 단어를 교환하고 자녀와 함께 드라마를 상상하면서 아주 생동감 있게 움직이라.
- 주의를 기울이고 이 교환을 즐기고 있다는 자녀의 눈의 반짝임을 살펴보라.
- 자녀가 의사소통의 순환을 열고 닫도록 도와주라.
- 자녀의 모든 행동, 겉으로 보기에 의도가 없는 것 같은 행동조차 의도적인 것으로 대하라.

예를 들어, 만약 아이가 흥분해서 손을 퍼덕거린다면, 여러분은 이 행동을 양방향 '손 퍼덕' 춤 동작의 기초로 사용할 수 있다. 만약 그가 장난감 자동차를 앞뒤로 밀면서 목적 없이 노는 것처럼 보인다면, 당신의 인형이 바니에게 바로 전달되어야 하는 특별한 배달 편지가 있다고 말할 수도 있다. 그가 미끼를 무는지 보라!

- 목표를 보다 쉽게 달성하게 만들어 자녀가 원하는 방향으로 나아갈 수 있도록 도와주라.

아이가 공을 향해 손가락을 가리키며 공을 갖고 놀고 싶다는 의사를 밝히면 공을 아이 쪽으로 아주 살짝 가까이 놓자.

- 그런 다음, 자녀를 위해 모든 것을 해 주지 않는 것으로 자녀의 주도권을 장려하라.

예를 들어, 아이가 잠자리에 들 시간이 되면 아이가 부모에게 의지하지 않고 자기가 좋아하는 곰 인형도 재울 수 있는지 보자.

- 자녀가 당신에게 행동을 할 수 있도록 격려하라.

예를 들어, 두 사람이 거친 놀이를 하고 있을 때, 단순히 아이를 들어 올려 흔들지 말고 당신을 향해 장난스럽게 뛰어오르거나 어깨 위로 올라오도록 유도하자.

4) 4단계: 문제 해결

- 플로어타임 놀이 흐름에 더 많은 단계를 생성하라.

예를 들어, "자동차가 움직이지 않는데, 어떻게 하지?"라고 말해 보자.

- 자녀의 목표에 대한 흥미로운 장벽 또는 장애물을 만들라.
- 지속적인 의사소통 순환의 흐름을 만들도록 노력하라.

많은 유아가 당신의 도움으로 30개, 40개, 심지어 50개까지 주고받으며 상호작용할 수 있다.

- 아이가 자신의 의도를 명확히 할 수 있도록 목소리와 표정을 통해 감정을 표현하고 생동감 있게 반응하라.

아이가 막연히 장난감을 가리키며 소리를 내면, 때때로 혼란스러운 척하고 어리둥절한 표정을 지으며 '잘못된' 장난감을 가져올 수 있다. 자녀가 원하는 것을 이해시키기 위해 더 열심히 노력할수록 아이의 몸짓과 발성은 더 정교해지고 아마도 열정적이 될 것이다.

- 자녀가 자신의 움직임을 계획하고 감각과 모방 기술을 다른 상황(예: 숨바꼭질 및 보물찾기 게임)에서 사용하는 능력을 증진시켜 주라.

5) 5단계: 아이디어의 세계

- 물건이나 사진의 이름을 나열하기보다는 아이디어나 의도 또는 감정으로 아이의 아이디어 사용을 지원하라.
- 미취학 아동에게 자신의 필요사항, 욕구 또는 관심사를 표현하도록 요청하라.
- 아이가 가상놀이와 현실적인 언어 상호작용 모두에서 아이디어를 사용하도록 격려하라.
- 자신의 감정이나 의도를 표현하고자 하는 상황을 조성하여 유아가 아이디어를 사용하도록 도와주라.
- 항상 단어 또는 아이디어를 당신의 정서(표현된 감정)와 행동과 결합하는 WAA를 기억하라.
- 항상 단어를 사용할 기회를 만들라. 자녀가 말을 잘할 수 있도록 격려하라!
- 처음에는 가상놀이 중에 친숙한 상호작용을 할 수 있게 도와줌으로써 미취학 아동의 상상력을 북돋우라. 그런 다음 새로운 줄거리를 도입하도록 유도하라.

그의 인형이나 곰 인형들이 서로 먹이를 주고, 포옹하고, 뽀뽀하고, 요리하거나, 공원으로 나가 놀이하게 하라. 등장인물의 역할을 맡아서 시작한 드라마 속으로 뛰어들어 가 보자.

- 때로는, 자녀의 드라마 중 한 인물이 되어서 내레이터 또는 평론가 역할을 맡는 것으로 전환하라.

당신의 코멘트는 줄거리를 더 탄탄하게 만들 것이다.

- 주기적으로 행동을 요약하고 자녀가 이야기를 더 진전하도록 격려하라.
- 모든 유형의 아이디어 사용을 권장하라.

단어뿐만 아니라 그림, 신호 및 복잡한 공간 구성의 형태로 아이디어를 통합하는 것을 잊지 말자.

6) 6단계: 아이디어 연결하기: 추상적 · 정서적 사고

- 자녀에게 아이디어를 이용해 의사소통의 순환을 모두 닫을 수 있게 하자. 가상놀이와 실제 대화에서 모두 말이다.
- 자녀가 드라마에서 서로 다른 아이디어나 작은 이야기를 연결하도록 도전을 주라.

이런 식으로 당신은 아이가 다양한 생각 사이에서 다리 놓는 것을 도울 것이다.

- 아이의 생각이 조금 단편적이거나 조각이 나면 혼란스러운 척하여 아이를 원래의 아이디어로 돌아오게 하라.

예를 들어, 이웃에 대한 아이의 대화가 갑자기 땅콩버터와 젤리 샌드위치에 대한 이야기로 옮겨 간다면, 아이에게 잃어버린 생각의 조각을 채워 달라고 요청하자. "잠깐만, 우리 이웃에 대해서 이야기하는 중 아니었어? 이제는 샌드위치에 대해 이야기하고 있네. 나 정말 헷갈려! 어떤 것에 대해 얘기할까?"

- **누가, 무엇을, 언제, 어디서, 어떻게, 왜**로 질문을 시작하고 예/아니요 대답을 하게 만드는 질문은 피하라.

당신의 질문은 자녀의 떠도는 생각을 논리적으로 다시 집중할 수 있는 데 도움이 될 것이다.

- 자녀가 개방형 질문에 응답하지 않거나 회피하는 경우에는 여러 가지 선택지의 답을 제공하라.

"코끼리나 이구아나가 오늘 교실에 왔니?"라며 생각해 볼 수 있을 우스꽝스러운 가능성을 던지자.

- 예상치 못한 상황을 만들어 자녀의 창의력을 키우고 새로운 해결책에 도전하도록 하라.
- 아이의 주제를 다른 상황에 도입하여 확장시키라.
- 자녀의 드라마에서의 감정적 범위를 넓히도록 격려하라.
- 가상놀이와 현실 기반된 토론에서 모두 감정을 성찰할 수 있도록 격려하라.

"왜 밖에 나가고 싶니?"와 같은 개방적인 질문을 던지자. 또는 "우주 침입자가 공격한 이유는 무엇일까?"와 같은 질문도 좋다.

- 아동에게 다양한 동기를 제안하고 다양한 주제에 대해 서로 다른 관점을 고려하도록 하여 미취학 아동의 성찰적 사고의 복잡성을 점차적으로 증가시키라.
- 가상놀이 동안에 표현된 주제에 따라가라.

예를 들어, 어린 딸이 어린이집을 마치고 집에 돌아오면, "그 새로 온 남자아이는 어떻게 지내니? 아직 블록을 함께 쓰는 법을 배우지 못했니?"라고 질문하자.

- 사실을 알려 주기보다는 아이가 의견을 말하도록 유도하라.
- 단순히 규칙이 그렇다고 말하기보다는 아이와 토론을 하고 절충하는 것을 즐기라. (다만, 규칙이 필수적인 상황은 제외함)
- 정확한 문법에 초점을 맞추는 대신 논리적이고 감정적으로 의미 있는 대화의 일부로 자녀가 점점 더 많은 아이디어를 사용하도록 장려하고 격려하라.

두 사람이 풍부한 생각을 주고받으면서 아이는 논리적으로 자신을 표현하는 법을 배우게 될 것이다. 더 추상적인 사상가가 될수록 아이의 문법은 일반적으로 더 자연스럽게 향상될 것이다.

- 자녀의 운동 계획 및 순서화 능력을 키우게 하라.

스케치나 다이어그램을 사용해도 좋고, 찾기 놀이, 장애물 코스 및 건설 프로젝트를 함께할 수 있다.

- 자녀가 시간 개념을 이해하고 습득하도록 격려하라.

실생활에서의 대화와 가상놀이에서 아동에게 도전을 주자. 과거, 현재, 미래에 대한 개념을 통합하게 하는 것이다. 예를 들어, "내일 카우보이들은 무엇을 할 예정이야?"와 같은 질문을 할 수 있다.

- 수량 개념의 이해와 사용을 권장하라.

아이가 쿠키 또는 피자 조각을 하나 더 먹겠다고 요구할 때 자녀와 협상을 하라. 가상놀이를 할 때 다과회에서 각 인형에게 차를 대접하려면 찻잔이 몇 개가 필요한지 함께 논의해 보자.

- 학교 들어가기 직전 선행 학습을 줄 때마다 정서적 상황과 실생활 이해를 바탕으로 한 기본 개념을 기반으로 한다.

예를 들어, 사탕, 쿠키 또는 동전을 사용하는 것을 협상하여 덧셈과 뺄셈의 개념을 학습할 수 있다. 되도록 수는 6 이하로 유지하자. 이는 아이가 암기력에만 의존하게 하지 않게 하기 위함이다. 아이가 글을 읽고 이해할 수 있을 준비를 시킬 때 시각화된 기법(제6장에서 설명됨)을 사용하자.

- 가상놀이와 현실에 기반한 대화 모두에서 아이가 더 높은 단계의 추상화를 할 수 있도록 세부사항과 큰 그림을 모두 오가게 하라.

주기적으로 아이에게 아이가 이야기한 모든 것이 어떻게 조화를 이루어 '나무 대신 숲을 보는' 데 도움이 되는지 묻거나, 큰 숲은 대략 흐릿하게 보이지만 개개인의 나무와 가지를 보는 것이 어려운 경우에는 세부사항을 계속 생각하게 하자.

- 당신의 자녀 경험의 범위, 즉 실내, 외부, 사회적 및 물리적 경험의 범위를 확장하라. 정서에 기반한 경험은 창의적 · 논리적 · 추상적 사고를 가꾼다.

3. 아이의 다른 프로파일에 맞춰 플로어타임 사용하기

플로어타임 동안 아이의 여섯 가지 중요한 배움의 경험, 즉 주의 기울이기, 관계에 참여하기, 양방향 의사소통, 비언어적 문제 해결, 아이디어 사용하기, 정서적이고 추상적 사고하기를 숙달하도록 도울 때 자녀의 개별적인 발달 프로파일에 맞춰야 한다. '도전 극복하기: 전화위복'이라는 소제목의 내용을 읽으면 아이에게 가장 효과적인 기법이 부드러운 방식인지 활기찬 방식인지, 시끄럽거나 조용한 것인지, 시각적인지 청각적인지, 자유로운 형식이 잘 맞는지 아니면 어느 정도 제한이 있는 환경이 잘 맞는지 알아챌 것이다. 다섯 명의 아이(카라, 브라이언, 에마, 윌, 맥스)의 독특한 특징을 볼 때 당신의 아이와 겹치는 면을 보았을 수도 있다.

1) 쉽게 감각적으로 압도되고 민감한 아이

카라와 같은 일부 어린이는 가벼운 감각, 특정 소리, 밝은 조명 또는 갑작스런 움직임에 민감하다. 당신이 플로어타임을 하는 동안 그들과 교류하기 때문에 아이는 매우 조심스러울 수 있고, 새로운 것에 적응하기 위해 많은 시간이 필요할 수 있다. 그들은 또한 모든 행동의 주도자가 되고 다른 사람마저 통제하고자 하는 특별한 욕구가 있을 수 있다. 감수성이 예민한 아이들은 자연스럽게 한 번에 하나의 행동에 발가락만 담가 보며 간을 볼 수 있고 가상놀이에 참여하게 하기 위해서는 꾸준한 유도가 필요할 수 있다. 주도권을 쥐고 싶어 하는 아이의 욕구를 존중하고, 놀이 시간을 자기주장에 대한 실험의 방식으로 사용하도록 해 주는 것이 매우 중요하다.

2) 주변 세상에 반응이 없는 아이

브라이언과 같은 아이들은 몸짓이나 말을 사용하거나 "놀자."라고 말하며 자신의 의지를 주장하는 것을 매우 꺼린다. 매번 아이에게 모든 것을 해 주는 대신 아이가 활동에 참여할 수 있게 **구애**하거나 **유도**해야 한다. 시간이 지남에 따라 반응이 없는 아이가 보여 주는 단편적인 의견과 주장은 그를 모든 종류의 가상놀이 역할에 즐겁게 발을 디디도록 이끌 것이다. 아이는 교사, 왕, 슈퍼히어로처럼 통제하는 사람 중 한 명이 되는 것을 좋아하게 될 것이고, 수동적이기보다는 능동적으로 엄마와 아빠에게 지시를 할 것이다. 종종 아이는 주장이나 공격성을 말로 표현할 수 있게 되기 전에 몸짓과 가상놀이를 통해 드러내야 할 필요가 있다.

3) 감각을 추구하는 아이

에마와 같이 매우 활동적인 아이들은 다른 도전을 안고 있다. 여기에 당신의 임무는 두 배가 된다. 당신은 '흐름에 따라' 그들의 자연적인 관심사를 쌓아 갈 수 있게 시도할 것이고, 또한 아이가 관심을 갖고 한 주제에서 다른 주제로 옮겨 가는 것이 아니라 아이의 관심사를 자세히 설명하도록 도울 것이다. 이런 아이가 이런 유연한 방법에 참여하지 않는다면, 새로운 광경, 소리, 촉각에 대한 갈망은 활발하고 조직적인 놀이보다는 광란적이고 목적 없는 행동으로 이어질 수도 있다. 그러나 아동의 에너지가 자신이 선택한 주제에 집중하면, 아동은 앉아서 15분 이상 집중할 수 있다. '변주된' 게임을 섞어 빠른 동작에서 느린 동작, 시끄러운 상태에서 조용한 상태로 오고 가면서 자신의 행동을 조절하는 법을 배우게 하자. 더 많은 따뜻함과 안정감을 제공하고 공감과 아이디어뿐만 아니라 행동을 하도록 권장하자. 온유하지만 견고하게 대응하고 아이에게 지침과 한계를 제공해야 한다.

4) 시각적인 입력은 받아들이지만, 소리는 무시하는 아이

윌과 같은 아이들은 특정한 소리를 알아채는 것이 더 힘들며 종종 부모의 말에 주의를 기울이기 힘들 것이다. 단순히 개체의 이름을 알려 주거나 책의 그림을 가리키는 대신 부모는 플로어타임을 사용하여 단어를 이해하게 하는 연습을 할 수 있는 많은 기회를 제공해 줄 수 있다. 아이가 자신의 인형이나 액션 피규어를 '말하도록' 자연스럽게 동기 부여되는 가상놀이는 언어 구사를 지원할 수 있는 아주 자연스럽고 재미있는 방법이다. 아이가 정말로 뭔가를 원할 때 그에 대해 함께 대화하는 것도 아이가 소리에 주의를 기울이는 데 도움이 된다.

5) 소리는 받아들이지만, 시각적으로 이해하는 데 어려움을 겪는 아이

보물찾기, 건물 짓기, 시각화, 가상놀이 중에 시각적으로 매력적인 소품을 사용하는 것은 맥스와 같은 아이들이 자신이 보는 것에 주의를 집중하고 이해해 보도록 도와줄 수 있다.

4. 플로어타임의 많은 이점

1) 감정의 전 범위 촉진

자녀가 단어와 생각을 사용하는 능력이 성장함에 따라 '나는 슬프다.' 또는 '나는 화났다.'와 같이 자신의 감정을 표현하는 데 더 능숙해질 것이다. 그는 즉흥적인 수다뿐만 아니라 플로어타임의 가상놀이를 통해 자신의 감정을 알릴 것이다. 함께 상상하기 놀이를 하는 동안 분노, 공격성, 두려움, 질투와 같은 부정적인 감정을 포함하여 그가 할 수 있는 한 광범위한 감정과 주제를 표현하도록 도울 수 있다. 가상놀이는 자녀가 이러한 감정을 경험할 수 있는 안전한 공간을 제공하고 때때로 자녀를 압도할 위협을 가하는 경우 이러한 감정을 조절하는 방법을 찾는 데 도움이 된다. 이를 용이하게 하려면 다양한 감정을 용인하도록 노력하자. 놀이 중에 표현되는 감정을 검열하는 것은 효과적이지 않다. 자녀가 부정적인 감정을 표현할 때 따뜻함, 공감, 지원과 더불어 제공해 주는 것 그리고 가상놀이를 하지 않는 상황에서는 온화하지만 확고한 제한을 결합하는 것은 분노와 같은 부정적인 감정이 사랑의 감정과 함께 존재할 수 있다는 실제적인 경험이 되어 준다. 당신이 마음을 내주고 공감과 한계 설정 지침을 주는 것으로 자녀는 자신의 모든 감정을 하나의 관계로 모으는 것이 편해진다. 자녀가 하나의 관계에서 이 모두를 경험할 수 있기 때문에 당신은 어떤 의미에서는 아이의 수많은 감정을 통일시켜 주고 조화롭게 해 주는 사람이 된다.

2) 감정적 유연성의 증가

아이가 분노나 공격성과 관련된 감정적 주제에 집착한다면, 아이의 표현 범위를 넓힐 수 있는 기회를 만드는 방식으로 당신의 참여를 맞춰 볼 수 있다. 아이의 놀이 레퍼토리가 전부 한두 가지 역할로만 구성되어 있다면, 플로어타임 회기를 아이가 편안하게 표현할 수 있는 감정의 종류를 늘릴 수 있는 기회로 만들 수 있다. 이는 아이의 놀이에 등장하는 기본 주제를 바꾸는 것이 아니라 관련 역할을 확장할 수 있는 기회를 찾는 것이다. 당신의 캐릭터는 자신의 의지를 표현하고 점차 더 창의적이 될 수 있다.

3) 부정적인 감정 다루기

플로어타임은 자녀가 두려움과 같은 감정을 처리하는 데 도움이 되는 귀중한 도구이다. 아이 돌보미가 집에 오고 당신이 일을 하러 갈 때마다 아이가 매달리며 운다면, 나중에 함께하는 플로어타임 놀이 시간이 분리에 대한 두려움을 이겨 내도록 돕는 열쇠가 될 수 있다. 놀이 중에 아이는 가게에 갈 것이며 곧 돌아올 것이기 때문에 당신에게 "어른스럽게 있고 울지 마."라고 말할 수 있다. 그런 다음 잠시 다음 방으로 들어간 아이는 다시 놀이방으로 돌아와 "나 왔어. 어른스럽게 있었어?"라고 물을 수 있다. 만약 당신의 아이가 당신에게 그런 질문을 한다면, 역할을 유지하며 "너무 무서웠고 보고 싶어서 어른처럼 있기 힘들었어."와 같은 대답을 하자. 아이는 당신이 자신의 익숙한 역할인 속상한 아이를 연기하게 하는 것에 정말로 기분이 좋을 것이다. 물론 한 번의 가상놀이가 아이의 분리 불안을 완전히 없애지는 못하겠지만, 상황을 통제하는 것이 어떤 느낌인지 더 이해하게 해 줄 것이다. 게다가 그는 당신이 그의 두려움을 정말로 이해하고 있다는 느낌에 위안을 받을 것이다.

마찬가지로 최근에 여러 번 출장을 가게 되었고 자녀가 분리되는 것에 대해 불안해하고 있다고 느낀다면, 이번 가상놀이는 아이의 계속되는 불안을 반영할 것이다. 이번 플로어타임에서 아이의 첫 반응은 당신에 대한 일반적인 감정(따뜻함, 냉담함, 짜증, 까다로운, 세심한)을 나타낼 것이다. 그러나 아이는 천천히 놀이 중에 분리에 대한 일부 측면을 보일 것이다. 아이는 동물들이 서로를 떠나야 해서 한 동물이 다른 동물에게 화를 내는 놀이를 할 수도 있다. 아이가 강제로 당신과 헤어지는 것에 대해 매우 괴로워한다면, 당신이 아이를 떠나는 것에 대해 아이가 어떻게 느끼는지 보여 주기 위해 허리케인이나 지진이 나오는 좌절의 주제를 드러낼 수도 있다. 혹은 조용히 블록 탑을 쌓으며 전혀 이야기가 없는 놀이를 하며 마치 "나는 엄마/아빠에 대해 느끼는 게 없어. 난 내 탑에만 관심이 있어."라고 하듯이 말이다.

이러한 행동이 나타나면 당신의 역할은 정말 간단하다. 자녀의 전반적인 감정적 어조에 반응해 주는 것이다. 예를 들어, 아이가 차갑게 굴거나 형식만 차리고 있다면 존중해 주고, 애정 어리게 행동한다면 따뜻하게 반응해 주며 연민의 분위기를 조성하여 아이가 자신의 감정을 모두 표현하게 하는 것이다. 마녀가 침대 밑에 살고 있어 밤에 자신을 공격할까 봐 두려워하는 아이는 종종 당신과의 플로어타임 회기에서 자신의 두려움 중 일부를 재현할 것이다. 마녀가 당신을 공격하거나 '무섭게' 할 때 그는 당신이 여전히 그를 위해 옆에 있어 준다는 것과 그의 '마녀 같은' 감정에도 수용해 준다는 것을 알게 된다.

여기에서 당신의 목표는 따뜻하게 아이를 돌보는 것이지, 자녀의 플로어타임 놀이의 무의식적인 요소를 모두 확인하며 기록하는 심리학자나 정신과 의사가 되는 것이 아니다. 아이에게 공감하면서 "무서울 수 있어."와 같은 말을 하는 것도 별로 도움이 되지 않는다. 단순히 공감하는 분위기를 만들고 캐릭터가 "무서워." 또는 "이제는 어떡해?"와 같은 생각과 질문을 건네며 더 자세한 설명을 하도록 하자.

4) 그룹 플로어타임

우리는 아동과 보호자를 위한 플로어타임 원칙에 대해 논의해 왔다. 이 동일한 원칙이 소규모 그룹과 상호작용할 때도 적용된다. 따라서 형제자매 및 또래와 그룹 플로어타임에 참여할 수 있다. 그룹 플로어타임을 보내는 두 가지 방법이 있다.

하나는 단순히 각 아이가 20분 정도 리더가 되도록 하고 다른 아이들은 리더의 드라마에서 배우나 소품이 되도록 하는 것이다. 학교 놀이를 하든 좋은 사람 대 나쁜 사람 놀이든 모두가 리더를 따른다. 어른의 역할은 리더가 아닌 아이들이 발전하는 드라마를 따를 수 있게 돕는 것이다. 아직 걸음마를 배우고 있는 아이들도 동료 배우로 포함될 수 있다. 그들은 당신과 함께 옷장에 숨어 있거나 차를 대접받는 동안 무릎에 앉을 수 있다. 상상력이 풍부한 4세 우주 비행사는 9개월 된 아기에게 착한 외계인 역할을 맡길 수 있다. 9개월 된 아기가 주도할 차례가 되었을 때 당신과 다른 아이들은 단순히 그와 의사소통의 순환을 열고 닫으려고 할 수 있다. '엄마'인 척 하는 네 살짜리 아이는 9개월 된 동생에게 딸랑이를 건네며 손을 뻗는지 볼 수 있다.

그룹 플로어타임을 진행하는 두 번째 방법은 그룹이 참여할 공통 주제를 찾도록 하는 것이다. 이 접근법은 놀이를 하는 만 3~5세 또는 협조적으로 놀 수 있는 더 나이 있는 친구들에게 효과적이다. 이런 종류의 그룹 시간에는 어른들이 티 나지 않게 아이들의 공통 흥미를 발견하여 드라마를 시작하고 확장하도록 돕는다. 집, 학교, 우주 탐험부터 만화 재연에 이르기까지 다양한 테마로 드라마를 만들 수 있으며, 아이들은 창의력을 발휘하여 재미있는 길로 들어설 수 있다. 그런 다음 성인은 점진된 주제가 펼쳐지는 것을 보는 즐거움을 느끼도록 한다.

그룹 플로어타임의 두 방식 다 같은 목표를 갖고 있다. 모두가 참여하게 하는 것과 상호작용하는 것이다. 이 방법으로 모든 참가자는 참여하고, 관계를 맺고, 의도를 갖고 많은 동작을 사용하며 적절할 때 아이디어 만들고 논리적으로 연결을 짓는다. 가장 중요한 것은 모든 사람이 엄마, 아빠 그리고 서로와 재미있는 시간을 보낼 수 있다는 것이다.

5) 언어 발달의 촉진

많은 유아 및 미취학 아동은 플로어타임의 재미를 느끼는 동안 말하기 연결, 집중하기 및 본인의 운동 기술을 즐긴다. 이 회기는 자녀의 자연스런 즐거움과 관심을 아이의 발달 기술과 결합할 수 있기 때문에 계속 진행되는 학습은 체계적인 교수법에 의한 학습보다 훨씬 효과적이다. 이 발달 영역 내 어느 영역에 뒤떨어진 아이들은 더 많은 연습이 필요한데 플로어타임은 연습을 즐겁게 만든다.

만으로 한 살 반에서 다섯 살 된 아이에게 가장 큰 어려움 중 하나는 본인에게 한 말을 이해하는 것이다. 부모와 전문가들은 이 아이가 화가 나서 부정적인 것인지 혹은 자기가 들은 말을 이해하지 못해 단순히 답답해하고 있는 건지 구분하는 것은 쉽지 않다. 플로어타임에 청취와 행동하기 놀이를 통합하면 도움이 된다. 예를 들어, 당신의 곰 인형이 자녀의 원숭이와 함께 '가라사대' 놀이를 할 수 있다. "당신의 머리를 만지십시오." 또는 "무릎을 만지시오."처럼 단순히 시작해서 2단계 또는 3단계 순서로 이동하라. "머리를 만지고, 무릎을 만진 다음 코를 만져." 아이가 즉시 놀이를 그만하고 자기 옷을 만지거나 장난감을 쓰러뜨리고, 전체적으로 부정적이고 도발적으로 행동하기 시작한다면 이 놀이는 나중에 다시 하자. 그런 다음 단일 명령으로 시작하고 천천히 2단계 또는 3단계 순서로 작업하라. 일반적으로 자신의 말과 문장의 복잡성을 활기차고 상호적인 놀이의 일부로 서서히 더하자.

6) 집중하고 주의를 기울이는 방법 배우기

플로어타임은 자녀의 주의력을 향상시킬 수 있는 멋진 기회를 제공한다. 아이의 집중력이 길면 자연스럽게 연습이 된다. 반면, 자녀가 쉽게 주의가 산만해지는 편이라면 지금이 바로 자녀와 함께 작업해 볼 때이다. 주의가 산만해지는 아이와 처음 앉았을 때 아이의 놀이는 매우 혼란스러워 보일 수 있다. 아이는 몇 초 동안 인형을 집어 들었다가 일어나서 방 주위를 빙빙 돌며 책장에서 책을 꺼내고 통에서 장난감을 쏟고 바닥을 가로질러 이리저리 차를 굴릴 수 있다. 아이에게 몸짓과 말에 반응하는 방법을 가르치는 데 특히 도움이 될 수 있는 플로어타임 활동 중 하나는 목소리에 가하는 에너지를 바꾸는 것이다. "이리 와 봐, 내 새끼. 차 가지고 놀자!"라는 말에도 아이가 아무런 반응을 보이지 않는다면, "저기요, 도와주세요!" 혹은 "여기요, 여기!"라고 더 활기차게 말할 수 있다.

몇 분에 걸쳐 속도와 강도가 증가하면 자녀의 주의를 끌 수 있을 것이다. 아이는 30초 또는 40초 동안 당신에게 주의를 기울일 것이다. 아이가 당신과 적극적으로 참여하게 되면 매번 상호작용할 때마다 몇 초씩 더 늘려 가 보자.

적극적인 관심과 참여의 시간을 늘리는 핵심은 아이가 관심을 갖는 활동에 온전히 몰두하고 더 많은 의사소통의 순환을 열고 닫는 것이다. 아이의 주의가 흐려질수록 당신의 정서나 동기를 부여하는 스파크가 더 강해져야 한다. 어떤 아이들은 뛰거나 점프하거나 공을 던지고 받는 등 매우 신체적일 때 더 집중할 것이다. 다른 아이들은 함께하는 소근육 운동 프로젝트, 즉 그리기, 자르기, 색칠하기 등의 활동에 몰두할 것이다. 또 다른 아이들은 본인들이 지시를 하거나 보살핌을 받는 한 특정한 감정적 주제에 사로잡혀 집중할 것이다. 따라서 자녀의 장점에 따라 먼저 자녀가 쉽게 참여할 수 있는 활동을 한다. 그런 다음, 주의를 기울이게 만드는 활동을 점차적으로 추가할 수 있다. 한 활동에서 다음 활동으로 옮겨 가는 대신 자녀에게 재미있는 플로어타임 활동을 통해 부모와 함께 참여하는 법을 가르치면 자녀가 집중할 수 있는 능력을 확장할 수 있다.

7) 소근육과 대근육의 운동 능력 강화

플로어타임은 통증 없이 소근육 운동 과제를 잘 수행할 수 있는 좋은 방법이다. 탁자에 앉아서 알파벳을 적는 등의 체계적인 활동은 어떤 어린이에게는 고문처럼 느껴질 수도 있다. 반면, 상상의 레스토랑에서 쓸 메뉴를 만들어 보는 것은 비슷한 소근육 활동을 완전히 다른 분위기로 만들어 준다. 창의력을 발휘하고 이러한 종류의 활동을 함께 상상하는 놀이의 리듬에 맞추는 한 아이는 확실히 재미를 느낄 것이다.

대근육 운동 활동은 분명히 당신의 플로어타임 놀이에서 큰 부분을 차지할 것이다. 깡충깡충 뛰고, 달리고 춤추는 것은 모두 생동감 넘치는 드라마에 잘 어울린다. 추격 장면, 로데오, 발레, 댄스도 좋은 흉내 요소이다. 심각한 운동 도전을 가진 아동에게 이러한 활동이 너무 어렵다면 더 간단한 시나리오를 제안하는 것으로 시작할 수 있다.

8) 문제 해결 기술 구축

플로어타임 놀이의 자유분방한 재미 외에도 자녀와 문제 해결 토론을 위한 특별한 일대일 시간을 따로 마련하는 것이 중요하다. 이러한 대화는 집과 학교에서 일어나는 일상적인 활동을 중심으로 한다. 또한 자녀가 직면할 수 있는 '큰' 문제에 초점을 맞출 수 있다. 즉, 한밤중에 깨기, 배변 훈련, 다른 어린이를 때리거나 바닥에 음식을 던지기, 화내기 또는 형제자매에게 못된 행동을 하는 것 등 말이다. 크게 마음먹고 길게 이야기하는 것보다 며칠에 걸쳐 15~30분 대화를 하는 것이 오히려 가장 도움이 된다. 가능하면 위기의 현장에서 하지 않는 것이 좋다.

당신의 어린 미취학 아동이 고집이 있는 편이라면 처음 10분 동안은 당신을 무시하거나 주제를 바꾸거나 "아무 말도 하고 싶지 않아."라고 단호하게 말할 수 있다. 그러나 아이가 당신의 관심을 알아차릴 때까지 15분간의 토론이 필요할 수 있다는 것을 깨달아야 한다(물론 모든 아이가 상호작용에 어렵게 참여시켜야 하는 것은 아니다. 어떤 아이들은 즉석에서 한 시간 동안 이야기할 수도 있다).

주제를 소개한 후에는 자녀의 말을 듣고 아이의 관점에 공감하도록 노력하자. "꼬집어도 되는 이유가 많았나 보네."와 같이 말이다. 결국 그는 자신의 불만 목록을 제공해 줄 것이다. "내 장난감을 함부로 해." "엄마/아빠는 늘 그 애 편이야." 등의 말을 해 줄 것이다. 자녀의 관점을 이해하고 나면 당면한 문제를 해결하려고 할 수 있다.

자녀의 불만이 어디에서 왔는지를 분명히 이해하고 불만, 두려움 그리고 소망을 말로 표현할 수 있는 기회가 많아질수록 그 문제를 해결할 뿐 아니라 감정적으로 성장할 수 있는 더 좋은 기회가 된다. 아이가 어떻게 생각하고 느끼는지 당신이 안다고 생각하지 말자. 그리고 당신이 그렇다 하더라도 **아이는 말할 필요가 있다.** 당신이 함께 보내는 시간의 절반 이상을 당신이 아니라 아이가 이야기하도록 하자. 당신의 질문에 예 또는 아니오로 대답하는 것으로 고개를 끄덕이거나 중얼거린다고 해서 그가 더 나은 문제 해결 능력을 갖추게 되는 것은 아니다. 말을 가장 적게 하는 아이는 이 기술을 가장 많이 연습해야 한다.

아이가 '큰 그림'을 보는 데 어려움을 겪고 있다는 것이 보일 수도 있다. 매우 언어적이고 감정적으로 민감한 아이들조차도 종종 그 순간의 감정에 압도될 수 있다. 자녀가 나무 대신 숲을 보는 데 문제가 있는 경우 자녀가 간과하는 더 큰 패턴에 주의를 주게 할 수 있다. 다른 아이들은 큰 그림을 문제없이 볼 수 있지만, 디테일을 설명하거나 감정의 음영을 인식하는 데 어려움을 겪을 수 있다. 당신의 아이가 이런 경우라면 아이가 말하는 그 어떤 대화라도 디테일에 큰 관심을 보이자. "오늘 아침에 무슨 일이 있었는지 말해 줘. 꼭 듣고 싶어." 그의 감정의 특정 측면에 대한 당신의 관심은 당신의 '큰 그림'을 보는 아이가 지나친 일반화를 피하는 데 도움이 될 것이다.

문제 해결의 일반적 원칙

- 내일의 기쁨과 도전을 예상하라.
- 자녀의 관점을 소중하게 생각하라.
- 감정에 공감하라.
- 감정이나 사건을 시각화할 수 있게 도와주라.
- 지금 해야 하는 일을 작은 부분으로 쪼개어 수행하라.
- 아이의 '할 수 있다'는 감각을 발휘할 수 있도록 아이가 활동의 70~80%는 성공할 수 있도록 상황을 조성해 주자. 점차 작업을 더 어렵게 만들어 가라.
- 항상 문제 해결에 헌신하는 시간을 늘려 갈 때 플로어타임 시간도 늘려 가라.

9) 저항적인 아이를 더 부드러워지도록 돕기

소극적이거나 부정적이거나 도발적인 아이, 사람보다 물건을 가지고 노는 것을 더 좋아하는 아이, 아이가 원하는 대로 완벽하지 하지 않으면 화를 내는 아이 모두 플로어타임 상호작용 중에 만들어지는 즐거움과 상호 이해가 필요하다.

저항적인 아이에게 공감하는 것이 항상 쉬운 일은 아니다. 아마도 당신의 세 살배기는 말을 잘하고 신체적으로 조화를 이루기는 하지만, 대부분의 시간에 이유 없이 움츠러들고 침울한 것처럼 보일 것이다. 아이는 당신이 기대했던 것만큼 당신과 보내는 시간을 즐기지 않는 것 같다. 아이가 자발적인 방식으로 당신과 상호작용하는 데 많은 관심을 보이지 않는다면, 당신은 아마도 자연스러운 좌절감을 느끼고 대신 읽기와 같은 보다 구조화된 활동으로 전환할지도 모른다.

당신이 많은 부모와 같다면, 이 시점에서 화가 나거나 걱정이 될 것이며 소아과 의사나 발달 전문가에게 조언을 구하기로 결정할 수 있다. 그들은 당신의 아이가 당신의 직관적인 접근 방식에 반응하지 않는다면 다른 방법을 시도하는 것이 가장 좋다고 제안할 것이다. 아이가 더 편안해 보이는 느린 리듬에 맞춰 속도를 조정하고 5분에서 10분 동안 조용히 옆에 앉아 아이가 주도권을 갖도록 할 수 있다. 아이가 반응을 많이 하지 않는다면, 팔로 아이를 감싸거나 바닥에 있는 블록 몇 개를 가지고 놀도록 초대하는 것과 같은 부드러운 행동을 취할 수 있다. 단순히 자녀에게 따뜻함을 전하는 이 서막은 진정한 상호작용으로 가는 중요한 단계이다.

시간이 지남에 따라 아이의 호기심은 함께 노는 동안 나타나기 시작한다. 아이는 처음에 당신이나 당신의 배우자가 블록이나 인형을 잘못된 장소에 놓은 것에 대해 비난할 수 있지만, 결국 당신을 아이의 많은 놀이 아이디어에 함께하도록 초대할 것이다. 종종 놀이가 발전함에 따라 이전에 저항적이었던 아이가 아기 인형이나 좋아하는 동물 인형에 열광하게 되며 돌봐야 할 아픈 아기가 있는 부모 놀이를 하게 된다. 당신이 공감할 때 아이는 "우리 아기는 항상 배고파요. 항상 우유를 더 달래요. 하루 종일 밥을 주어야 행복해해요."라고 설명할 것이다.

그런 아이는 많은 감정적 충전이 필요하고 보살핌이 자신에게 중요한 문제라고 간접적으로 말하는 것일 수 있다. 아이가 연극 중에 이 주제를 표현할 수 있다는 사실은 당신이 이 필요성을 충족시키기 시작했다는 것을 의미한다. 아이의 플로어타임 상호작용은 점차 그가 더 매력적이고 따뜻한 아이가 되는 데 도움이 될 것이다.

많은 아동기 문제는 특별 플로어타임을 통해 부분적으로 해소된다. 플로어타임은 안정감, 신뢰, 따뜻함, 주도성 및 이해심을 높여 준다. 이는 막연하고 '사적인' 감정(매달리고 싶거나 두렵거나 불안하거나 화난 감정)을 아이디어와 관계의 세계의 일부로 만들 기회를 낳는다. 일부 아이는 나이가 들면서 장난감이나 소품을 사용하지 않고 플로어타임을 하고 싶어 할 수 있다. 아이의 마음이 상상력을 향상하기 위한 유일한 도구가 된다. 그럴 때 당신은 아이와 가상놀이를 했던 것처럼 아이의 언어적 표현을 따르면 된다. 학교, 친구, TV 프로그램, 새 신발과 같이 평범해 보이는 것에 대한 일상적인 잡담은 부모와 자녀 모두에게 자녀의 생각, 두려움, 소망에 대한 열쇠를 줄 수 있다.

5. 제한 설정에 대한 플로어타임식 접근

이전에 말했듯이 플로어타임은 규율을 대체하는 것이 아니라 보완한다. 아이가 잘못 행동할 때 플로어타임은 때때로 아이의 머릿속에 무엇이 있는지, 아이가 왜 그렇게 화를 내고 도발적인지를 드러내는 데 도움이 될 수 있다. 그러나 관계를 구축하기 위한 이 특별한 시간은 당신의 결의가 뒷받침하는 확고하고 일관된 제한과 결합되어야 한다. 선을 그을 때의 원칙은 다음과 같아야 한다. **제한을 늘릴 때는 플로어타임 시간도 늘려야 한다**는 것이다. 자녀의 충동적이거나 반항적인 행동과 같은 한 표현 수단을 제거하려고 할 때 항상 자녀가 우려 사항을 표현할 수 있는 다른 방법을 주어야 한다. 부모에게 항상 고민이 되는 제한 설정은 확고한 결의와 따뜻함과 공감을 조합해야 한다. 자녀의 근본적인 욕구를 징벌하기보다는 지도해 주는 태도로 존중해 준다면 아이가 제한의 이유를 이해하게 될 확률이 높다.

1) 결의 시행하기

흔히 부모는 자녀가 "말을 듣지 않는다."라고 한탄한다. 그녀는 "장난감을 줍지 않아." 또는 "항상 바닥에 음식을 던져." 또는 "오빠를 꼬집어."라며 말이다. 그러나 대부분의 아이들은 거실 벽에 두 번은 낙서하지 않는다. 장난감을 치워야 할 때보다 벽을 다시 칠해야 할 때 더 확고한 결의를 보이기 때문이다. 그러면 많은 어린이가 자신의 장난감을 집 주변에 계속 아무렇게나 흩어 놓아도 된다고 생각할까?

답은 간단하다. 대부분의 아이들은 교묘하게 전투를 선택한다. 그들은 부모의 결의와 격렬한 감정이 분명한 영역을 인식하고 일반적으로 빠져나갈 수 있겠다고 생각할 때만 잘못된 행동을 한다(일부 아이들은 벽에 반복해서 낙서를 하긴 하지만, 확실히 소수에 불과하다). 따라서 제한 설정의 첫 번째 단계는 당신에게 정말로 중요한 제한을 결정하고 그 영역에서의 입장을 고수하는 것이다. 결의는 말뿐만 아니라 몸짓으로도 전달된다.

2) 제한 가르치기

제한은 지시되는 것이 아니라 가르치는 것이다. 사실 당신이 좋아하는 등불에 아이가 손을 뻗는 것과 같은 위험한 행동을 할 때 가르칠 기회가 만들어진다. 아이가 몸짓과 몇 마디 말을 이해할 수 있게 되면, 그녀 앞에 바로 다가가 "안 돼, 안 돼!"라고 말하면서 고개를 좌우로 세게 흔들자. 그런 다음 탐이 나는 등불에서 몸을 돌리게 하고 아이가 다른 곳으로 기어갈 때 "등불 안 돼!"라고 반복할 수 있다. 그녀는 짜증에 눈물을 흘릴 수 있지만, 당신이 계속 고개를 흔드는 것과 단호하게 "안 돼!"라고 말하는 것은 그녀에게 당신이 굴복하지 않을 것임을 보여 줄 것이다.

시간이 지나면 당신의 아기는 당신의 말과 몸짓이 무엇을 의미하는지 배우게 될 것이다. 아이가 앞서 우리가 'WAA'라고 이름 붙인 과정대로 당신의 단어, 행동 그리고 정서(또는 감정)를 서로 연관시킬 수 있게 되었기 때문이다. 반면, 단지 만약 더 쉽다는 이유로 당신이 일상적으로 당신의 아이를 위험에서 조용히 벗어나게 한다면(물론 명백한 위기 상황에서는 당연히 그래야만 한다.) 아이는 들어 올리는 행위를 통해서만 "이건 하면 안 돼."로 인식할 것이다.

만약 당신이 대부분의 부모들과 같다면, 아이가 가게에서 상품을 잡고 당신의 "그만해!"를 무시할 때 제한을 두려는 순간의 무력함에 매우 익숙할 것이다. 많은 부모는 소리를 지른 후 신체적으로 자제하거나 굴복한 후 다음에 가게에 돌아가면 다시 이 모든 과정을 거친다. 반복적인 문제라면 가게의 매력적인 상품이 문제가 아니라는 것을 확신할 수 있다. 아이의 잘못된 행동은 부모의 뜻에 귀 기울이는 법을 배우지 못했기 때문이다. 당신의 말과 지도에 대한 존중을 가르칠 수 있는 기회는 매일 수십 번 있는데, 왜 '가장 힘든' 가르침을 위해 가게를 굳이 선택할 이유가 있을까? 당신 혹은 아이의 고함 때문에 부끄러운 일을 겪을 곳이 아니라 자신과 아이가 친숙한 영역에 있을 때 적극적으로 가르칠 기회를 찾자. 아이에게 장난감을 가지러 오라고 하거나 저녁 먹으러 오라고 말할 때, 손이 아닌 숟가락으로 밥을 먹으라고 할 때, 잠자리에 들 준비를 할 때, 장난감을 친구와 나누게 할 때, 코트를 입힐 때, 당신은 건설적인 가르침을 줄 기회를 갖게 될 것이다. 자신에게 다음과 같은 질문을 해 보자. 아이에게 장난감을 집어 들고, 저녁 식사를 하고, 아이의 손을 잡고, 잠자리에 들 준비를 하거나, 친구와 함께 장난감을 가지고 놀거나, 코트를 입을 수 있을 때 당신에게 기회가 생긴 것이다. 다음 질문을 직접 물어보도록 하라.

- 내가 아이의 관심을 받고 있나?
- 내가 원하는 게 뭔지 아이가 알고 있나? 예를 들어, 블록을 치우기를 바란다는 것을 알고 있나? 내 언어나 몸짓이 충분히 단순하고 명확한가?
- 그녀가 내게 관심을 기울이고 이해하고 있지만 말을 듣지 않는 것이라면 왜 그런 것인가? 내가 아이를 존중하며 긍정적인 방식으로 동기 부여를 해 주고 있는가? 필요하다면 적절한 제재로 아이에게 동기를 부여할 준비가 되어 있나?
- 내가 좀 더 끈기 있고 확고한 태도를 취하고 의사가 있나? 아이를 위험에서 보호하거나 다른 사람을 해치지 않게 하기 위해 물리적인 제재가 필요할 때 나는 부드럽지만 확고하게 대응할 수 있는가?
- 나는 일상적인 플로어타임 시간과 문제 해결을 통해 공감과 대화를 위한 정기적인 기회를 주고 있는가?

이러한 질문에 대한 답이 모두 "예."인 경우, 아이는 당신이 정한 제한을 쉽게 습득할 수 있다.

3) 제한 설정 중 공감, 참여 및 대화 유지하기

인간의 본능적인 성향은 말다툼, 권력 다툼, 제한 설정을 하는 순간에는 공감과 친밀감에서 벗어나는 것이다. '친구의 새 장난감을 가져가거나 누나를 놀리려고 하는 아이의 욕구에 내가 어떻게 공감할 수 있겠어?'라고 생각할 수도 있다. 이에 대한 대답은 단단히 제한을 두는 경우에도 자녀가 이런 새로운 교훈을 배우는 것이 얼마나 힘든지 공감해 주는 것이다. 공감과 결합된 제한 설정이 있어야만 아이는 결국 부모님을 기쁘게 하고 싶어 한다. 결국 제한을 정하는 목표는 다른 사람들에 대한 더 큰 공감과 존경심을 가르치는 것이다. 그러면 자녀는 자신이 하는 말보다 배우는 것을 배운다.

공감하기 위해 고군분투하는 동안 많은 부모는 지치게 만드는 화난 아이들에게서 탈출하고 싶다는 욕망을 피할 수 없는 자신을 발견한다. 당신이 아이의 잔소리나 징징대는 소리를 피하고 싶어 하는 것처럼 그렇게 느껴지는 것은 당연한 것이다. 하지만 당신이 이 감정에 굴복한다면, 당신이 세운 탈출 패턴은 결국 아이가 더 거부당하고, 감정적으로 취약해지게 하고, 화가 나고, 겁을 먹게 한다. 최선의 접근법은 아이에게 더 많은 플로어타임과 문제 해결 시간을 주어 안정감을 다시 만들어 가는 것이다. 몇 주간 이러한 특별한 순간을 재확인한 후 아이들의 분노에 대한 당신의 엄격한 한계는 둘 다 적절하고 도움이 될 것이다. 탈출보다 공감은 당신의 고통의 원인을 되돌리는 데 도움이 될 것이다.

4) 맞설 순간 고르기

제한을 설정할 때 가장 어려운 부분은 무엇을 제한할지 결정하는 것이다. 당신의 가치관과 태도는 제한을 설정할 순간을 이끌어 주겠지만, 경계를 넓게 설정하고 시행하기 위해 기꺼이 나서야 할 것이다. 다른 말로 하자면, **온전한 가르침으로 중요한 소수의 다툼을 이기는 것이 조금만 지면서 지쳐 가는 것보다는 낫다는 것이다**. 한 번에 몇 가지 주요 이슈에만 집중하라. 식사 예절에 대한 작업을 하고 청결은 나중에 한다거나 반대도 좋다. 한 번에 세 가지 전면전을 하며 싸움을 끄는 것이나 허용 가능한 행동의 범주를 매우 좁게 잡는 실수를 하지 말자.

예를 들어, 어느 날 친구를 때렸고 다른 날은 친구한테 침을 뱉고 또 다른 날에는 다른 아이를 꼬집었다는 구체적이고 좁은 범주의 행동 때문에 처벌하지 말자. 대신 "타인의 신체를 존중하고 그렇기에 해치지 않는다."와 같은 더 넓은 범주의 논의를 하라. "존중하고 해치지 않는다."라는 것은 아이가 당신에게 저항하기 위해 짜 낼 만한 "엄마 말 안 들은 건 아니야! 때리지 않았고 꼬집거나 침 뱉지 않았어. 그냥 아주 세게 그 애한테 기댄 것뿐이야."와 같은 사태를 막을 수 있다. 당신의 목표는 행동의 일반적인 원칙을 다루는 것을 돕고, 구체적이고 불쾌한 세부사항에 속하는 나무가 아닌 숲을 보도록 하게 하는 것이다.

5) 합리적 제재

당신이 어떤 종류의 한계가 당신의 결의를 아이에게 명확히 전달할 수 있을지 결정하는 과정에서 발달하는 데 해롭지 않을 처벌을 생각해 보라. 예를 들어, 친구들과 노는 것은 발달적으로 아주 중요하기 때문에 제한하는 것을 피하라. TV 시청 금지, 컴퓨터 게임 금지, 더 일찍 잠에 들기나 부엌 청소 확인 담당과 같은 제재를 생각해 내자. 아이들은 그들에게 도전이 되는 처벌이 필요하다. 15분 정도 방에 혼자 있으라는 처벌을 내린 부모의 말에 네 살짜리 한 아이가 이렇게 말한 적이 있다. "소용없어! 나한테 너무 쉬운 일이니까."

실제로 타임아웃(방에서 일정 시간 동안 혼자 있게 하는 것)은 당신이 아이의 분노를 견딜 수 없다고 제안하는 것이다. 얼굴을 맞대며 싸우는 것이나 심지어 당신 옆에서 자신이 한 일에 대해 조용히 생각해 보게 하는 것이 당신에게는 더 좋은 해결책을 안겨 줄 수 있다. 더 중요한 것은 일부 반항아들은 아직 미성숙해서 당신이 하는 말을 이해하지 못할 수 있다는 것이다. 이런 아이들은 쉽게 다른 사람을 차단하고 자신의 상상의 세계에 완전히 빠져 버리고는 한다. 그들에게 절대 필요하지 않은 것은 사회적 고립이다. 고립이 될 경우 아이들은 더더욱 망상의 시간에 빠질 것이고 현실과 현실이 아닌 것을 확인하는 능력을 보다 저하시킬 것이다.

많은 아이, 특히 부주의하거나 냉담한 아이들을 생각해 볼 때 이런 고립은 그저 살짝 짜증 나는 정도이며 사실상 즐거울 수 있어 이런 처벌은 제한을 두는 것에 효과가 없는 방법이 된다. 우리의 발달적 관점은 아이가 친밀감, 신뢰, 존중과 분노의 균형을 잡는 능력이 자기 제한 설정으로 이끌어 준다는 것을 이해하게 해 준다. 처벌 방법은 냉담하고 기계적이거나 아이에게 가르치려고 하는 공감적 가치가 없는 방식이어서는 안 된다. 건설적인 제한을 세우는 것은 따뜻하고 존중하는 관계에서 비롯된다.

6) 과보호적 양육

과보호하는 부모는 종종 아이의 불편함이 너무 두렵거나 고통스러워서 제한을 설정하지 못한다. 효과적인 제한을 주저하고 있다면("3일간 텔레비전을 못 보게 할 수는 없어. 아이는 너무나 슬퍼할 거고 내가 너무 나쁜 것 같잖아!") 배우자와 이러한 감정을 논의하고 자신의 배경에서 그러한 감정의 뿌리를 탐구하라. 제재를 완화하는 대신에 당신의 아이에게 더 많은 플로어타임과 문제 해결 시간을 제공함으로써 당신의 내면의 고통과 죄책감을 다루어 보자. 그 일이 훨씬 어려울 것이다. 결국 플로어타임과 문제 해결 시간은 아무리 많이 주어도 부족하니 말이다! 당신의 아이에게 진정으로 의미 있는 한계를 정해 주어야 한다. 모든 어린이가 다르기 때문에 실험을 통해 당신에게 실망한 엄격한 표정, 텔레비전 못 보는 날, 좋아하는 장난감에 대한 접근 제한 또는 이른 취침 시간이 더 많은 동기 부여가 되는지 여부를 확인해야 한다.

7) 떼쓰기

아이의 짜증이 폭발할 때 부모는 다양한 감정을 느낀다. 어떤 부모는 사람들의 시선에 당황하고 부끄러워할 수도 있고, 다른 부모는 아이의 분노 때문에 "아이가 나를 미워하는 것 같아. 못 견디겠어."라고 느껴 마음이 상할 수도 있다. 또 다른 사람들은 아이의 날카로운 울음소리가 신경을 거스른다고 느낄 수도 있다. 반면, 똑똑한 네 살 반 된 아이는 소리를 지르고 화를 내는 것이 비밀 무기와 같다는 것을 깨달을 수 있다. 부모는 어떻게 해야 할지 모르고 아이는 자신이 복수했다고 생각할 수 있다.

여전히 다른 사람들은 자녀의 고음을 들으며 그들의 신경이 날카로워지는 걸 느낄 수 있다. 다른 한편으로는, 한 영리한 4살 반쯤 된 아이는 소리 지르고 화를 내는 것이 비밀스러운 무기라는 것을 깨달을지도 모른다. 부모는 무엇을 해야 되는지 모르고 아이는 심지어 그녀가 빠져 나간다고 느낄 것이다.

이런 짜증의 폭발은 여러 의미와 목적을 갖고 있다. 너무 피곤하거나 아파서 모든 것에 울게 되는 아이와 신발 끈을 묶을 수 없어서 짜증이 나 우는 아이 그리고 저녁을 먹은 이후에 초콜릿을 못 먹게 했다고 과하게 화를 내는 아이 사이에는 큰 차이가 있다. 어떤 종류의 화를 내는지 알고 있다면 그것을 처리하는 데 도움이 될 것이다.

극도로 지친 아이는 진정할 수 있도록 당신의 도움이 필요하다. 아이를 안아 주거나 달래 주거나, 책을 읽어 주거나 말을 걸어 주거나 창문 밖의 다채로운 꽃에 집중하게 하는 방식으로 말이다. 목표는 아이에게 아이가 정말 화났을 때 아이가 특정 방법을 사용하여 진정할 수 있다는 것을 가르치는 데 있다. 아이가 가장 좋아하는 시각, 소리 그리고 움직임 패턴뿐 아니라 당신이 아이를 안아 준 채 좋아하는 이야기를 들려주거나 영상을 보는 것은 도움이 될 것이다. 당신의 아이가 극도로 지치고 신경질적일 때 아이가 당신을 마음대로 주무른다고 생각하지 말자. 아이는 단순히 다시 자신을 조절하고 진정하기 위해 당신의 도움이 필요한 것이다.

자녀가 신발 끈 묶기와 같이 노력해도 할 수 없어 짜증을 내는 것이라면, 이런 짜증나는 기분은 당신이 망치질하다가 실수로 당신의 손가락을 찧을 때의 분노와 아주 비슷하다는 것을 알아야 한다. 가끔 살다 보면 사람이 속에 있는 것을 끄집어내야 하는 경우도 있다. 당신의 만 네 살짜리 아이는 좌절감에 화가나 신발을 던진다면 그마저 몸짓을 이용한 상위의 소통이다.

만약 아이가 누군가를 다치게 하거나 무언가를 부수려고 시도를 한다면 확고한 제약이 필요할 것이다. 예를 들어, 아이가 좌절감에 벗어나기 위해 아이의 신발을 당신의 얼굴에 직접 던지면 반드시 확실한 제한을 정할 때이다. 마찬가지로 아이가 장난감을 맞추지를 못해 무참하게 던질 수 있다. 괜찮다. 그러나 아이가 너무 세게 던져서 그것이 깨질 수 있는 경우에는 제한을 주어야 한다.

우리 대부분은 새로운 소프트웨어를 이해하지 못하는 상황과 같이 머리 아픈 상황에서 앓는 소리를 낼 때 공감할 의사가 있으니 그 마음을 우리 아이에게까지 연장하면 어떨까? 구두끈이나 복잡한 장난감에 대한 아이의 좌절과 격분에 공감하라. 그런 다음 아이를 진정시킨 후에 아이가 당신의 도움이 필요한지 보라. 그렇지 않다면 아이가 다시 시도할 때 옆에서 응원하자.

자녀가 도움을 원한다면 컨설턴트가 되어야지, 아이의 문제를 전부 대신 해결해 주어서는 안 된다. 아이에게 당신이 도울 수 있는 방법을 물어보고 아이의 지시를 따르라. 더 많은 도움이 필요하면 작업을 작은 부분으로 나누는 것과 같은 건설적인 제안을 할 수 있다. 예를 들어, 첫날에는 신발 끈을 교차해 주는 것만으로 충분할 수 있다. 자녀가 신발 끈을 묶거나 옷을 입을 때와 같이 복잡한 움직임을 계획하는 것에 어려움이 있는 경우, 아이는 자신의 모든 노력에 대한 당신의 감탄과 단계별 조언을 제공하고자 하는 당신의 의지에 대해 감탄할 것이다.

자녀가 원하는 것을 갖지 못했다고 혹은 하고 싶은 걸 못하게 했다고 짜증을 폭발한다면 더 엄한 제한을 설정하는 것이 좋다. 대부분의 부모들은 분노의 표현이 매우 힘들다는 것을 알고 있다. 특히 자녀가 고집이 있고 큰 소리나 분노의 감정에 민감한 경우라면 더욱 그렇다. 자녀가 이러한 긴장감을 피할 수 있게 하는 가장 효과적인 방법은 먼저 관계에서 충분한 따뜻함, 친밀감, 돌봄 그리고 존중이 존재하는지 확인한 다음 화가 났거나 감정적인 느낌을 전달할 수 있는 많은 기회를 제공하는 것이다. 마지막으로, 형제자매를 괴롭히거나 장난감을 격렬하게 던지는 것과 같은 심각한 위반에 대한 제한 설정을 여러 개 세우는 것이 중요하다.

이제 화를 내며 죄책감 없이 아이의 떼를 마주할 준비가 되었다. "원하는 것을 얻지 못해서 화났다는 거 이해해."와 같은 태도를 전달하려고 노력하라. 그런 다음 아이가 왜 억울한지 우는 것만이 아니라 몸짓으로 의사소통을 할 수 있을 때까지 기다려라. 당신이 아이를 향해 소리를 지르거나 당신을 변호하려고 방어적으로 나오거나 아이에게 다른 걸 주겠다고 하거나 화난 아이를 어떻게든 웃기려고 한다거나 아이가 만드는 소음을 못 견디겠다고 방으로 들어가게 만드는 것은 아이의 감정을 더욱 고조시킬 뿐이다. 아이가 말이나 몸짓을 사용하여 자신이 얼마나 화가 났는지 당신에게 알려 준다면 당신은 들을 준비가 되어 있다는 것을 아이가 이해하게 하라.

제한을 설정할 때 더 많은 플로어타임 시간을 더한다면 아이는 점차 더 따뜻하고 협조적이 될 수 있으나 일시적으로는 떼쓰는 것이 더 심해질 수도 있다. 그 어떤 아이도 아이라면 저항을 포기하는 것은 쉽지 않을 것이다. 아이의 떼가 자해(물기 또는 머리 박기), 물건 부수기 또는 당신을 해칠 경향이 보인다면 즉각적이고 확고한 제약을 주어야 한다. 당신의 팔 안에 아이를 두는 것이 종종 해결책이 된다. 그런 상황이라면 아이와 씨름할 것을 각오해야 한다!

8) 새로운 대처 기술 가르치기

설정 한도는 자녀가 배운 모든 초기 발달 대처 기술을 다시 숙달할 수 있는 기회가 될 수 있다. 자녀가 요구를 충족시키는 새로운 방법을 찾고, 굴욕보다는 자기존중감을 느낄 수 있다. 자녀가 두 살이 될 때쯤에 당신과 아이는 아이디어를 사용하는 방법을 가르쳐 줄 때 단어를 교환하게 된다. 정서적인 생각은 단순히 이전의 복잡한 제스처 단계에 속하는 고함을 지르기, 울거나 삐뚤어지는 것보다 훨씬 더 큰 발전이다. 마찬가지로 당신과 당신의 세 살 반 된 아이와 20분 동안 토론을 하고 시간에 맞춰 잠을 자는 것보다 TV를 더 보는 것이 더 낫다고 주장할 때, 당신의 제한 설정 협상은 아이에게 복잡한 감정적 추론을 가르친다. 아이의 주장에 대응해 준다고 아이에게 강제력을 행사하게 되는 것은 아니다. 아이가 당신을 설득하는 데 성공하지 못한다면 당신은 여전히 아이가 자야 한다고 주장할 수 있다.

당신의 아이가 남의 물건을 탐내고 다른 아이의 장난감을 가져갈 때 훈육하는 것은 비교적 쉽다. 그러나 자녀가 다른 사람의 것을 가져가려고 하는 것으로 어떤 욕구를 채우려고 한 것인지 알아내는 것이 어렵다. 어쩌면 아이의 욕심은 장난감은 많지만 플로어타임의 시간은 전혀 없는 바쁜 집안에서 생겨난 것일 수도 있다. 이런 경우의 욕심은 누군가에게 중요한 존재가 되고 존중받고 싶어 하는 마음에서 나온 것일 수 있다. 그러면 우리가 물어봐야 할 질문은 "다른 방식으로 아이가 스스로를 자랑스럽게 여기고 안정감을 느끼게 하려면 어떻게 해야 할까? 가장 크고 좋은 장난감이 아닌 다른 것을 중요성과 연관해서 생각하게 하려면 아이의 관심사, 역량, 웃긴 농담과 좌절과 상실의 감각 또한 중요하다는 것을 어떻게 인지하게 할 수 있을까?"이다.

자신의 욕구를 채우기 위한 아이의 부적절한 행동에 제약을 걸면서 많은 플로어타임과 문제 해결 시간을 제공함으로써 그러한 필요와 동기가 무엇인지를 발견하도록 도울 수 있다. 한계에 심각한 도전이 있을 때마다 자녀는 부모관계, 형제관계 또는 자신의 신체 발달로 야기된 문제와 관련하여 충족되지 않은 기본적 요구사항을 가질 수 있다.

9) 굴욕보다 존중하기

아이와의 권력 투쟁은 너무 격렬해져서 지지 않으려고 하는 문제에 몰두해 버리게 될 수 있다. 당연히 당신은 너무 화가 나서 당신의 자녀가 당신이 원하는 것을 할뿐만 아니라 패배를 승인하고 잘못했다는 것을 인정하게 하고 싶은 마음이 올라올 수도 있다. 그러나 아이를 협박하고 굴욕감을 느끼게 하는 것은 아이에게 있어 당신의 '지도'가 아이의 자존감을 해치는 것임을 가르치는 것이다. 당신의 지침을 따르는 동안 자녀가 수치를 느끼지 않고 자기존중을 느낄 수 있게 해 주는 것은 긍정적인 자기 감정의 느낌과 성공에 대한 협조를 제공하고 까다로운 느낌을 극복하도록 한다.

당신의 네 살짜리가 이번에도 잠들기 싫다고 싸우려고 한다고 가정하자. 긴 논쟁 끝에 마침내 당신이 이겼고, 딸아이가 고개를 떨어뜨린 채 침실 쪽으로 향하는 것을 지켜본다. 자녀가 항복하면, 아이의 자존심을 지킬 수 있게 해 주자. 아이에게 부드럽게 잘 자고 나서 아침에 기분이 좋을 것이고, 진심으로 궁금하다는 듯이 학교와 다음 날 할 활동에 대해 물어보라. "내일은 제가 점심 나눠 줄 차례예요."와 같은 반응이 나오면 "잘 할 거야."와 같이 지지적인 반응을 해 주자. 방금 전까지 싸웠던 두 사람은 지금 친구가 되고, 서로 존중을 받은 기분이 들 것이다.

물론 아이가 아직 당신에게 화가 나서 "엄마 나가! 잘 자. 뽀뽀 안 해!"라고 해도 놀라지 말자. 이는 이 상황에서 아이가 자신의 자긍심을 지키려는 방법이다. 아이의 욕구를 존중하고 다음과 같은 말을 하자. "내일은 꼭 뽀뽀하게 해 주면 좋겠네." 어찌되었든 아이는 잠이 들긴 할 것이다. 제한은 재미있지 않더라도 중요하다는 것을 배우게 된다.

제8장

결론: 더 주고 더 기대하기

이 책에서 여섯 가지 발달 단계와 그와 관련된 필수적인 상호작용에 대해 살펴보았으며, 아기, 어린 자녀 및 부모가 그 역량을 잘 숙달하고 그로 인해 지성과 건강한 감성을 만들어 갈 수 있다는 것을 살펴보았다. 이러한 이정표에 친숙해져 부모와 전문가 모두 건강한 마음을 만드는 상호작용적인 경험을 인식하고 창조하며 즐길 수 있기를 바란다. 어떤 유형의 상호작용이 가장 중요한지 이해하는 것도 어떤 어린이에게 누락되거나 덜 발달된 부분이 있는지를 보게 해 주며 그리고 이러한 발달상의 틈새를 채우는 방법을 밝히는 데 도움이 된다. 이런 방식으로 일부 부모가 직감적으로 취하는 행동을 우리 모두가 쉽게 배울 수 있다.

우리 모두 아동 양육이 복잡한 과정이라는 것에 동의할 수 있기 때문에 아동의 지적·정서적 성장에 특히 중요한 기본적인 보육 및 부모 태도를 강조하는 것이 중요하다. 이러한 지침 원칙은 이전 장에서 제시된 많은 권장사항을 구현한다. 부모/자식 상호작용이라는 하나의 황금 규칙이 있다면 몇 단어로 요약할 수 있다. **더 많이 주고 더 많이 기대하라.** 이 공리는 애정의 양과 우리가 자녀에게 제공하는 공감적 상호작용과 도전에 대한 자신의 능력 또는 우리가 그들에게 요구하는 요구를 충족시키는 능력과의 관계를 강조한다.

비록 그것이 간단하게 들릴 수 있지만, 이 조언은 우리를 포함하여 많은 이에게는 쉽지 않다. 아이들이 우리를 실망시킬 때 **아이를 멀리하고 덜 주는 자연스러운 경향이 있다.** 반항적인 아이의 반항 앞에서 우리는 때때로 화를 낸다. 아마도 좀 더 절제된 반응으로 자신을 억제하기 위해 뒤로 물러서고, 자리를 비우고, 허드렛일에 몰두할 수 있다. 우리는 이렇게 중얼거릴 수도 있다. "내가 얼마나 잘해 줬는데, 그것 하나……."

그러한 상황에서 아이는 당신의 기대에 대한 압박감을 느낄 뿐만 아니라 동시에 돌봄의 느낌을 덜 받는다. 이중적인 공격은 아마도 그를 화나게 하고 좌절하게 만들 것이다. 만약 아이가 자신의 딜레마를 분명히 설명할 수 있다면 "뭐라구요? 내 장난감을 치우라고요? 날 안아 주지도 않는데도요?"라고 말할 수 있었을 것이다. 일반적으로 아이는 당신의 기대에 더 열정적으로 반응할 것이다. 장난감을 치우거나 학교 친구에게 공격적인 경향을 억제하거나 자기 것을 나누는 등 아이가 충분한 돌봄과 정서적 지지와 확고하지만 부드러운 제한과 지도를 받는다고 느낀다면 말이다.

이 책의 앞부분에서 말한 것처럼 우리가 처방하는 돌봄의 종류는 과잉보호 또는 관대한 것과 관련이 없다. 당신이 아이에게 줄 수 있는 가장 영양가 있는 관심은 아이가 주도권을 잡고, 상호작용하고, 공상의 비행을 추구하고, 새로운 광경과 소리를 경험하는 기쁨을 발견하고, 당신과 함께 얼굴을 맞대고 토론을 하도록 격려하는 많은 플로어타임 상호작용이다. 그러한 상호작용은 자녀가 발달 단계의 6단계 모두 또는 자신이 습득한 만큼 발달 단계를 활용할 수 있게 도와준다. 각 이정표는 아이에게 나눠 주는 것, 기대를 거는 것 모두를 포함한다. 만약 아이에게 '더 많이' 주고 있지만 자녀에 대한 기대치를 높여 아이에게 도전을 주는 것을 무시한다면, 당신의 기대치를 높이는 것으로 둘의 균형을 잡는 것이 중요하다. 예를 들어, 자녀의 욕구와 소망에 자주 따뜻하게 반응하는 경우 "친구의 새 장난감을 가져가면 친구는 어떤 기분일까?"와 같은 질문을 하는 것으로 다른 사람의 필요와 소망도 이해하도록 격려할 수 있다.

더 많은 것을 주고 더 많은 것을 기대하는 기본적인 태도를 유지하는 것은 또한 당신의 자녀가 충동적이고 많은 것을 요구하고 기분 나쁜 행동으로 퇴보하지 않고 예상되는 도전을 충족시킬 수 있는 능력을 길러 준다. 예를 들어, 엄마나 아빠가 지난 한 주 동안 늦게까지 일해서 온 가족이 신경이 곤두서 있다면, 아이는 많은 부정으로 좌절감을 나타낼 수 있다. 이러한 위기 상황에서 따뜻한 관심과 플로어타임을 의식적으로 늘리면 서로를 기쁘게 하려는 사람의 의지를 뒷받침하는 분위기를 조성할 수 있다.

당연하겠지만, 그럼에도 불구하고 언급해야 할 부분은 오늘날 세계에서 당신이 경제적으로 제한이 있을 때 더 많은 것을 하고 더 많은 것을 기대하는 것은 거의 불가능하다는 것이다. 가족의 부모가 매일 밤 7시 30분에 집에 도착할 때 '주는 것과 기대하는 것'이 일어나기 위해서는 개인 시간이 없어지고 취침 시간이 1~2시간밖에 남지 않게 된다. 이러한 일정에 대처하기 위해 고군분투하는 부모는 최선을 다해 주말이나 휴가 동안 잃어버린 시간을 만회하려고 노력할 수 있다. 그러나 사실은 아이들이 매일의 과정에서 부모나 헌신적인 양육자에게 많은 것을 주고 기대하며 번성할 가능성이 더 높다는 것이다.

앞서 살펴본 바와 같이 유용한 육아 법칙은 자녀가 깨어 있는 시간의 반 동안 부모나 다른 애정을 주는 어른을 함께하게 해 주는 것이다. 부모가 모두 일하는 가정의 경우 한 가지 가능한 육아 플랜 중 '3/4 솔루션'은 부모 양쪽이 풀타임이 아니라 삼분의 이 정도만 일을 하거나 한 부모가 파트타임으로 일하고 다른 부모가 풀타임으로 일하는 것이다. 다른 가정의 경우 애정 어린 유모 또는 할머니가 이 중요한 상호작용과 관심을 제공할 수 있다.

물론 우리의 '3/4 솔루션'은 경제적 문제를 혼자 해결해야 하는 독신 부모 또는 자녀에게 기본적인 필요사항을 제공하기 위해 풀타임으로 일해야 하는 두 부모에게는 옵션이 아니다. 이런 상황에서 부모는 할 수 있는 한 많은 시간을 제공하기 위해 노력해야 하며, 아이들이 함께 보낼 수 있는 소중한 시간 동안 아이들을 즐겁게 하기 위해 TV에 의지하지 않아야 한다. 우리가 할 수 있는 한 따뜻한 상호작용을 많이 할 때 아이들은 우리의 보살핌과 좋은 의도를 감지하는 경향이 있다. 마찬가지로 재정적 자원과 자녀와 교류하고 상호작용할 수 있는 시간이 있지만, 다른 옵션을 선택하는 양육자는 진정으로 자녀를 양육하고 지도하는 데 얼마나 많은 시간이 걸리는지 생각해야 한다.

'더 많이 주고 더 많이 기대하기' 위해서는 부모나 양육자가 아동과 상호작용하는 전반적인 방식을 고려하는 것이 도움이 된다. 우리는 사회의 많은 어린이가 겪는 학대 및 방치 사례가 너무 자주 보고되고 있음을 알고 있다. 우리는 이러한 심각한 상황을 예방하기 위해 가족과 부모를 위한 더 나은 경제적·사회적 지원과 프로그램이 필요하다. 우리는 이 복잡한 문제와 지원의 종류 그리고 프로그램에 대해 저자의 서적『마음의 성장(The Growth of the Mind)』『영아 및 유아기(Infancy and Early Childhood)』그리고『다중 위험 가정의 유아(Infants in Multi-Risk Families)』에서 다루고 있다.

그러나 부모와 자녀 사이의 보다 일반적인 상호작용에서 발생하는 패턴은 약간의 면밀한 조사가 도움이 될 수 있다. 이러한 패턴은 부모의 기분과 감정적 어조를 통해 전달된다. 아이는 표정, 목소리 톤, 자세를 통해 우리가 상황에 대해 어떻게 느끼는지 감지할 수 있다. 우리가 긍정적인 태도를 유지한다고 "넌 정말 착한 아이야!"라는 말을 이를 악물고 아주 절제된 목소리로 말한다면 대부분의 아이들은 우리의 말에 숨어 있는 진정한 감정을 느낄 것이다. 제3장에서 처음 논의한 바와 같이, 아이는 단어를 사용하기 훨씬 전에 우리의 얼굴, 자세, 음성 제스처를 읽는 법을 배운다. 아이가 듣는 말과 우리 몸짓에서 보이는 것과 갈등이 있을 때 아이는 몸짓을 대체로 믿을 것이다. 마치 우리가 어두운 골목에서 손짓하는 낯선 사람이 "나 나쁜 사람 아니야. 이리 와 봐."라고 말할 때의 위협적인 자세와 목소리를 정확하게 읽는 것처럼 말이다.

그럼 이것이 우리가 화가 났을 때 아이에게 소리를 지르고 겁을 줘도 된다는 뜻일까? 당연히 아니다! 다만, 그저 아이를 칭찬하기에 가장 좋은 시기는 우리가 화가 났을 때 또는 우리의 좌절을 통제하려 할 때는 아니라는 것이다. 그 대신 의도적인 칭찬은 아이가 한 일에 대해 진정 감동하고 긴장을 풀었을 때 가장 잘 전달된다. 더 중요한 것은 가능한 한 우리는 말을 하지 않고 지속적이고 지지적인 대화에 참여하도록 노력해야 한다는 것이다. 아이들이 우리와 상호작용할 때 따뜻한 지지, 배려, 사랑을 느낀다면 일

시적인 실망, 짜증, 분노를 용서해 줄 것이다

많은 유형의 양육 또는 돌봄의 정서적 상호작용은 더 많이 주고 더 많이 기대하는 것을 방해할 수 있다. 다음은 두 가지 중요한 예시이다. 가장 문제가 되는 것은 부모나 양육자가 감정적으로 존재하지 않는 '여기에 있긴 하지만, 함께 있는 것 같지는 않은(here-but-not-here)' 패턴이다. 그것은 부모가 상호작용에서 물러나거나 간헐적으로만 마음을 줄 때 발생한다. 예를 들어, 갈등이 일어난 직후 또는 분명한 이유 없이 양육자는 감정적으로 물러나고 조용해지거나 다른 것에 몰두하는 것이다. 아마 그 부모는 오늘 직장에서 일어난 일에 대해 생각하고 있을 수 있다. 아이는 혼란스러워하며 따뜻하고, 돌봄받는 느낌 대신에 속이 텅 빈 느낌을 갖게 된다. 어른으로서 우리는 살면서 한 번 정도는 친밀감의 상실을 겪어 보았기 때문에 이 기분을 잘 알고 있다. 우리가 필요할 때 배우자나 친구들이 일, 우울증이나 불안에 빠지거나 단순히 그 미묘한 정서적인 느낌으로 우리와 함께하지 않는 것 같다고 느껴 보았을 것이다. 그 사람이 물리적으로는 옆에 있고 듣고 싶은 말을 해 줄지라도, 우리는 함께하고 있는 것 같지 않는 공허한 느낌을 알고 있다.

우리 아이들은 우리가 필요한 것보다 더 많은 돌봄과 지원이 필요하며, 일반적으로 우리의 감정적인 음색의 변화에 더 민감하다. 나이가 조금 더 많은 아이나 어른은 정서적 지원이 철회될 때 자신의 감정을 분석할 수 있지만, 어린아이들은 양육자의 기분 전환에 혼란스러워하며 종종 자신을 비난하는 경향이 있다. 그들은 어떤 이유에서인지 이 상황이 자신 때문이라고 생각하고 자신이 '나쁜 아이'라고 생각한다. 때로는 그들의 죄책감이 보호자를 향한 분노와 결합된다. 그러므로 우리가 함께 있는 순간에 집중하여 우리가 할 수 있는 최선의 방법으로 우리 아이들과 계속해서 관계를 맺으려는 의식적인 노력을 하는 것이 중요하다. 모든 사람은 어느 정도의 불확실성에 대처하는 방법을 배울 필요가 있지만, 아이들은 지지하는 부모의 개입의 전반적인 감정적인 음색에 대한 확신이 필요하다. 물론, 우리는 휴식 시간도 필요하다. 배우자나 베이비시터가 자녀를 돌보는 동안 재충전을 위한 간단한 시간을 마련하거나 오후 또는 저녁에 혼자만의 시간을 가져 보라. 자녀로서의 관계의 불변성에 대한 불확실한 감정이 많았던 성인, 특히 이러한 패턴이 지속된다면, 분노의 감각을 간신히 억제하는 것이다. 그들은 다양한 대처 전략이나 방위로 이러한 불편한 감정을 다루려고 노력할 수 있다. 그들은 단순히 친밀감을 피하거나 쉽게 굴욕감을 느끼거나 자신은 잘못되었거나 '나쁜' 것이 아니라고 정당화하기도 한다. 그러나 성인기의 돌봄과 이해관계는 그러한 감정을 다루는 데 매우 도움이 될 수 있다.

'더 주고 더 기대하는' 것에 방해가 되는 또 하나의 정서적 패턴은 부모나 양육자가 물러서기보다는 격렬한 분노와 강한 감정으로 아이에게 겁을 주는 것이다. 이 무서운 패턴에는 폭발적인 특성이 있다. 부모는 짜증을 내는 것처럼 보일 수 있다. 부모나 양육자가 대부분의 경우 감정을 잘 통제하고 있더라도 아이는 계속해서 불안함을 느낀다.

우리 중 누구도 우리의 아이들을 무섭게 하거나 정서적 부재를 느끼지 않기를 바라기 때문에 우리 자신의 행동을 책임지고 이런 문제에 패턴이 있는지 살펴보아야 한다. 종종 우리의 가장 좋은 도우미는 우리보다 정서적인 음색과 리듬에 더 민감한 배우자나 좋은 친구가 될 수 있다. 이렇게 깊숙이 배어 든 패턴을 바꾸기란 쉽지 않지만, 그에 대해 인지하고 있는 것만으로도 큰 차이가 생긴다. 본능적인 방어기제를 내려놓고 아이에게 우리의 행동이 어떤 영향을 끼쳤는지 물어볼 수 있을 여유를 준다. 예를 들어, 당신이 특히나 거리를 두거나 공격적인 기분에 빠지게 되면, 나중에 아이에게 그것 때문에 어떤 기분이었는지 물어본다면 아이는 주장을 강하게 하며 고개를 저을 것이다. "정말 싫었어."라고 말이다. 그러한 질문은 자녀에게 엄청난 도움이 될 수 있다. 왜냐하면 두 사람이 더 따뜻하고 감정적인 연결을 다시 설정할 수 있기 때문이다.

육아 조언마저 유행을 탄다. 어떤 시기에는 이런 종류의 서적은 한동안 더 많은 제한과 구조 및 권한을 권장하는 반면, 어떤 시기에는 자유방임의 접근법을 이야기한 경우도 있다. 우리는 30년마다 이러한 논쟁을 순환하는 경향이 있다. 그러나 그러한 대략적인 조언 대신에 우리는 우리가 각 어린이의 독특한 욕구를 충족시키는 데 가장 도움이 되는 감정적인 말투와 돌봄 태도를 취하게 할 수 있는 접근 방식이 필요하다. 부모는 육아와 같이 복잡한 것을 지나치게 단순화시키는 '모두에게 맞는 사이즈' 접근 방식에 주의해야 한다. 어떤 어린이들은 더 견고한 제약을 주어야 하고, 어떤 아이들은 더 달래 주고 협동해야 한다. 대부분은 여러 요소의 균형이 필요하다.

우리 모두가 빠질 수 있는 양육의 함정은 다음과 같다.

- **과보호 또는 과하게 도전을 많이 주는 것,** 이것은 자기주장을 하기 위해서는 더 달래 주고 지지가 필요한 민감한 아이에게는 특히 문제이다. 우리는 아이가 먼저 상호작용을 개시하여 우리에게 빵을 달라고 하거나 손을 뻗게 할 기회는 주는 대신 아이 앞에 바로 빵을 놓아 주는 것으로 과보호한다. 혹은 수영과 같이 새로운 활동을 한 번에 조금씩 맛보며 알아 가는 것이 아니라 빨리 많이 하기를 바란다.

- 융통성 있고 완강한 아이들과 함께 융통성 있거나 결연한 행동을 하기보다는 고지식하며 권력 투쟁에 갇혀 있다.
- 능동적인/적극적인/충동적인 아이에게 구조적인 활동, 조절, 상상력과 돌봄을 주는 대신 지나치게 가혹하게 대하거나 무력해한다.
- 무관심한 아이가 점점 더 긴 대화를 만들게 하는 것이 아니라 체계 없이 즉흥적이다.
- 자기 세계에만 빠져 있는 아이에게 관계에 참여하도록 더 유도하기보다는 자기 일에만 몰두하는 자유방임주의를 고집한다.

우리가 최선을 다해 노력했음에도 불구하고 이런 행동에 다시 빠지면 스스로에게 너무 가혹하지 않아야 한다. 아이들은 몇 년에 걸쳐 나중에는 우리의 전반적인 패턴을 이해하고 그에 반응하게 된다. 우리가 아이에게 주는 어려움이 스스로 해결할 수 있는 범위 안이라면 그리고 따뜻하고 지지적인 분위기로 그에 대해 대화하고 놀이로 풀어 볼 수 있게 해 주기만 한다면 말이다.

많은 책과 기사는 또한 우리가 아이에게 하는 말에 대해 대부분의 관심을 집중하는 경향이 있다. 우리가 아이에게 하는 말은 당연히 중요하지만, 아이가 펼쳐 가는 심리적 성장물은 우리가 아이를 대하는 태도에 달려 있다. 예를 들면, 우리가 아이들에게 바라는 공감과 같은 자질은 아이에게 남에게 잘하고 남들이 하는 말을 잘 들으라고 지시하는 것으로 배우게 되는 것이 아니다. 이런 '지침'은 아이를 의무적인 방식으로 행동하게 하여 아이는 잘해 주는 태도는 유지할 수 있으나 타인의 감정을 이해하는 공감 능력을 만들어 주지는 않는다. 진정한 공감은 한꺼번에 일어나는 두 개의 경험에서 비롯된다. 이해를 받고, 지나친 자기에 대한 관심을 넘어서는 것이다.

부드럽고 연민 가득한 방식으로 공감을 받는 아이는 깊은 정서적 단계에서 공감이란 것이 무엇인지 이해할 것이다. 아이가 나이가 들면서 이런 따뜻한 감정에 언어적으로 이름을 붙일 수 있게 될 것이고 타인의 감정을 이해하게 해 주는 아이의 긍정적인 경험은 본인이 경험한 방식으로 타인과 관계를 맺기를 바라게 한다. 그와 동시에 만약 적절하게 확고하지만 부드러운 제약을 받았고, 아이가 장난감을 나누거나 간단한 집안일을 하는 것으로 당신의 욕구, 또래나 형제의 욕구를 이해했다는 것을 보여 주면 아이는 온전히 자신에게만 쏠린 관심 그 너머를 볼 수 있게 되는 것이다. 아이의 이기심에 당신이 둔 제한을 더 잘 받아들이게 될 것이고, 그 순간 아이가 가진 욕구를 충족해 줄 수 있는 당신의 역량에 보다 현실적인 기대를 할 수 있게 된다. 제한도 함께 오는 당신의 공감은 아이가 공감과 연민을 경험하게 해 준다.

간단히 말해서 더 많이 주고 더 많이 기대할수록 여러분의 전반적인 정서와 자세는 당신이 말하는, 혹은 말하지 않는 구체적인 말보다 더 중요하다. 우리들 중 많은 이가 이 원칙을 간과하고 크게 의미 없는 문제에 몰입해 버린다. 특정 순간에 아이를 칭찬했는가 혹은 꾸짖어야 할 때 기를 눌러 버린 것은 아닌가 하는 사항에 말이다. 전반적인 분위기가 따뜻하고 지지적이라면 그리고 적절한 기대와 제한을 두며 아이의 발달적 역량과 고유의 특징에 맞춰 행동해 준다면, 당신은 아이에게 필요한 건강한 정서적 그리고 지적 성장을 위한 기회를 만들어 주고 있으니 매 순간마다 완벽한 부모가 되려고 할 필요는 없다. 때때로 건강한 나무가 가뭄이나 폭우에 견딜 수 있듯이, 당신의 자녀는 당신과 함께 지지적인 정서적 · 지적 상호작용에 참여하는 한 적당한 어려움에서 성장할 수 있다.

우리가 본 바와 같이, 지성과 정서적 건강의 토대는 놀랍게도 우리가 살면서 모두가 필요한 직관적인 상호작용과 경험에서 직접적으로 연관된다. 이상적으로 우리는 어린 시절 그런 경험을 아이에게 주기 위해 노력하지만 언제나 이런 필수 요소를 개선할 기회는 많다. 우리 아이(청소년이든 청년이든)가 따뜻하고 수용적이며 공감적인 분위기에서 집중하고 참여하고 다양한 범위의 감정을 느끼고 아이디어와 의견을 만들고 나누며 성찰하는 법을 배우고 문제 해결을 하는 상호작용을 하기에 늦은 때라는 건 없다.

부록

부록 I

기능적 발달 성장 차트와 질문지

1. 기능적 발달 성장 차트

소아과 의사 사무실에서 검진을 받는 동안 아동의 신체적 성장을 차트로 만드는 것처럼 우리는 우리의 아이의 발달 진전을 지켜봐야 한다. 이 기능적 발달 성장 차트와 첨부된 설문지는 자녀의 발달과정을 평가하는 데 도움이 될 수 있다. 이는 당신의 아이가 정서적으로 성장할 수 있는지 아니면 아이가 특정 영역에서 추가 지원이 필요한지를 보여 주는 것인지 그래픽으로 보여 주는 유용한 시각적 도구이다. 이 기능적 발달 성장 차트는 임상인, 교육자, 어린이집, 기타 아동 보호 시설에서 사용될 수 있다.

역사적으로 우리는 아동 발달, 감각 기능, 언어, 인지, 공간 문제 해결, 사회적 기술 등과 같은 능력 측면에서 아동의 발달을 바라보는 경향이 있다. 이러한 각각의 발달 영역을 살펴볼 때, 이러한 개별 발달 영역을 살펴보면 일반적으로 아동이 한 영역에서는 상대적으로 발전된 수준에서 작동하는 반면, 다른 영역에서는 상당한 어려움을 겪을 수 있다. 예를 들어, 일찍 걷는 사람이 늦게 말하는 사람이 될 수도 있다.

발달의 특정 측면을 확인하고 평가하는 것이 중요하지만, 지켜보는 목적이라면 아동의 전반적인 '기능적' 역량을 보는 것이 더 도움이 된다. 즉, 아동이 자신의 구체적인 역량을 모아 둔 전체 '정신기능 시스템'을 어떻게 동시에 사용하여 욕구, 소통과 사고를 하는가? 아이가 목표를 이루기 위해 이런 '시스템'을 어떻게 협응이 잘되는 방식으로 활용하고 있는지 보는 것은 발달에 대한 새롭고 유용한 관점이다. 우리가 이 책에서 논의했던 초기의 기능적 역량은 차분한 상태에서 집중하고 주의를 기울이는 것, 타인과의 관계에 참여하는 것, 의도적으로 욕구를 소통하는 것, 복잡한 문제 해결에 참여하는 것, 아이디어와 단어를 사용하는 것 그리고 아이디어를 결합해 논리적인 연결을 통해 추론적 사고의 기반을 잡는 것을 말한다.

만약 여섯 가지 핵심 경험 중 하나 또는 그 이상을 습득하지 못한다는 것을 발견하면 발달의 특정 구성 요소를 검토하여 아이가 겪고 있는 어려움에 기여하고 있는 구체적인 사항을 파악할 수 있다. 예를 들어, 가벼운 운동 지연은 타인과 관계를 맺고 소통하고 사고하는 것에 큰 영향을 끼치지 않겠지만, 아주 심한 운동 지연 혹은 가벼운 운동 지연과 심각한 가정 환경이 결합했다면 아이의 기능적 이정표에 하나 혹은 그 이상에 문제가 생길 수 있다.

발달 성장 차트에서 발달의 여섯 가지 핵심적인 발달 경험(단계 또는 기능적 이정표라고도 함)은 차트의 왼쪽, 아래에서부터 위로 연대순으로 나열되어 있다. 아이의 연령대는 차트의 아래에 표시되어 있다. 굵은 대각선은 각 기능적 이정표를 숙달하는 예상 연령대를 표시한다. 아이가 성장하고 발달해 가면서 예상 나이대와 비교하여 아이가 각 이정표를 언제 확실히 숙달하는지 기록할 수 있다.

아이가 각 발달적 이정표를 숙달하게 된 나이를 기록하되, '정상 속도'인지, 빠른지, 지연되었는지 여부를 생각하지 말자. 아이가 특정 이정표를 적절한 시기에 숙달하지 않는다면, 아이가 그 시점에서 이전의 이정표를 언제 숙달했는지 기록하자. 일반적으로 아이는 각 이정표와 연관 있는 행동을 개시하고 참여할 수 있을 때 그 이정표를 숙달한 것으로 본다. 아이가 그런 모습을 종종 보이는 정도에서 그친다면, 아니면 그런 행동을 보이기 위해 당신의 도움이 많이 필요하다면, 아이는 그 단계를 숙달했다고 보기 어렵다.

정상적인 발달은 도표의 굵은 대각선보다 위로 혹은 아래로 떨어질 수 있지만 그 선과 대략적으로 유사할 것이다. 만약 당신의 아이가 발달이 빠른 편이라면(예를 들어, 예상 연령보다 3개월 빠름), 예상 선은 평행하되 굵은 대각선 조금 위에 위치할 것이다. 마찬가지로 아이가 조금 지연되고 있다면(예를 들어, 기능적 발달이정표보다 3개월가량 늦음), 선은 평행하되 굵은 대각선 바로 아래에 위치할 것이다. 이와 같은 경우 소아과 의사 혹은 발달 전문가와 상의를 하여 어떤 것이 지연에 영향을 주고 있는지 확인하고 이를 돕기 위해 무엇을 해야 하는지 찾아보는 것이 좋을 것이다.

390쪽의 질문지는 아이가 아이의 발달 패턴을 파악하도록 도와주는데, 그에 더해 아이가 각 단계를 마스터할 만한 시기에 큰 범위의 연령대를 내포하고 있다. 예를 들어, 아기들은 보통 생후 첫 4개월즈음에 양육자와의 관계에 처음으로 참여하게 된다. 이 중요한 기능적 역량이 예상 시기에 나타나지 않았다면 이유를 찾는 것이 중요하다. 아이는 어쩌면 조금 더 연습이 필요한 것일 수도 있거나 특정 중재가 필요할 수도 있다.

아이의 성장선이 굵은 대각선과 평행하지 않고 그 선에서부터 자꾸 멀어져 간다면 하락세를 발견하는 즉시 즉각적인 평가를 받아 보는 것이 좋다. 그러한 곡선은 어린이가 나이가 들면서 더더욱 지연될 것이라는 적신호이며 전체 평가와 개입 프로그램이 필요할 수도 있다. 전문적인 상담에 더해, 다음과 같은 책들이 도움이 될 것이다. 두 권의 책은 스탠리 그린스펀(Stanley I. Greenspan)과 재클리 살몬(Jacqueline Salmond)의 『도전적인 아이: 다섯 가지 어려운 아이 유형을 이해하고, 키우고, 즐기기(The Challenging

기능적 발달 성장 차트

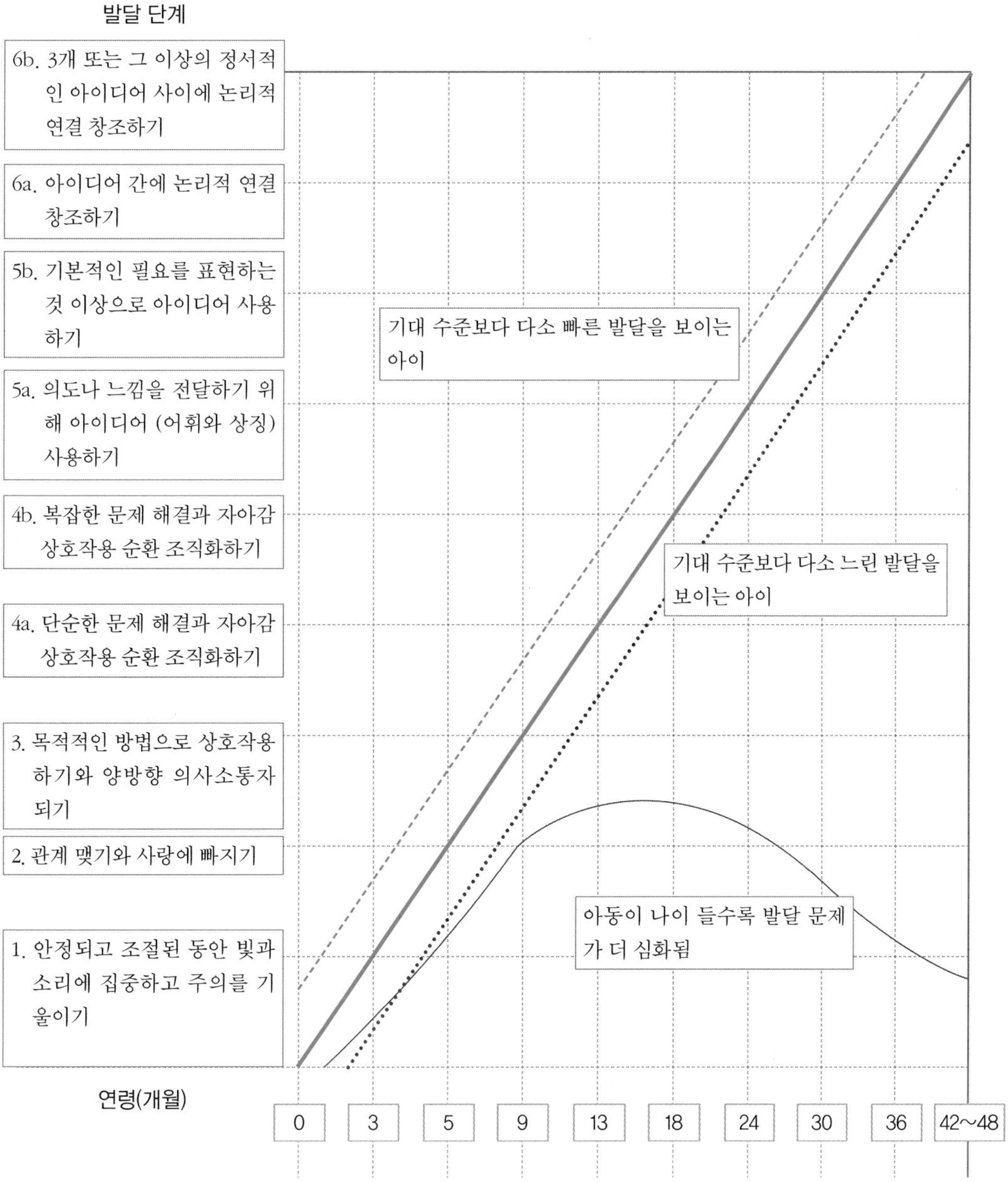

Child: Understanding, Raising, and Enjoying the Five 'Difficult' Types of Children)』(Addison-Wesley, 1995)와 스탠리 그린스펀과 세레나 위더(Serena Wieder)의 『특별한 아동을 위한 플로어타임 임상교육과정(The Child with Special Needs: Encouraging Intellectual and Emotional Growth)』(Addison-Wesley Longman, 1998)이다.

역량	현재 점수	성취한 연령
1단계 발달 이정표: 자기 조절과 세상을 향한 관심		
1. 다양한 감각에 3초 이상 관심을 보인다.		
2. 2분 이상 침착하게 집중한다.		
3. 당신의 도움을 받아 20분 이내 괴로움에서 회복 가능하다.		
4. 당신에게 관심을 보인다(즉, 물체에만 관심을 보이는 것이 아님).		
2단계 발달 이정표: 친밀감		
1. 당신의 접근에 반응한다(예: 미소, 얼굴 찡그림, 팔 뻗기, 음성 및 다른 의도적 행동).		
2. 당신의 접근에 명백한 즐거움으로 반응한다.		
3. 당신의 접근에 호기심과 강한 흥미로 반응한다(예: 당신의 얼굴을 관찰함).		
4. 보여 준 뒤 숨긴 물체를 기대한다(예: 흥미를 보이기 위한 미소나 옹알이).		
5. 당신이 30초 이상 놀이에 참여하지 않으면 속상해한다.		
6. 답답하거나 좌절할 때 항의하고 화를 낸다.		
7. 당신의 도움을 받아 15분 이내로 괴로움을 회복한다.		
3단계 발달 이정표: 양방향 소통		
1. 당신의 제스처에 의도적인 제스처로 반응한다(예: 당신의 이 손을 뻗을 때 마찬가지로 손을 뻗거나 당신의 음성이나 눈빛에 화답한다).		
2. 당신과의 상호작용을 개시한다(예: 당신의 코나 머리나 장난감을 향해 혹은 안아 올려 달라 손을 뻗음).		
3. 다음의 감정을 보인다.		
• 친밀감(예: 안아 줄 때 마주 안아 줌, 안아 올려 달라고 손을 뻗음)		
• 즐거움과 흥분(예: 손가락을 당신의 입에 넣으며 혹은 당신의 입에 있던 장난감을 가져가 자기 입에 넣으며 행복하게 웃음)		
• 강한 호기심(예: 당신의 머리를 만지고 탐색함)		
• 항의나 분노(예: 식탁의 음식을 밀어 내거나 원하는 장난감을 가져다주지 않을 때 소리 지름)		

• 두려움(예: 모르는 사람이 빠르게 다가올 때 시선을 돌리거나 무서워하는 표정을 짓거나 욺)		
4. 사회적인 상호작용에 참여하는 것으로 10분 이내 괴로움을 회복한다.		
4단계 발달 이정표: 복잡한 상호작용		
1. 연달아 10개 이상의 소통 순환을 닫는다(예: 당신의 손을 잡아 냉장고 앞까지 데려간 뒤 손으로 가리키며 음성을 내고 당신의 질문에 더 많은 음성과 제스처로 답한 뒤 당신이 냉장고 문을 열고 원하는 것을 줄 때까지 제스처 교환을 유지함).		
2. 당신의 행동을 의도적인 방식으로 모방한다(예: 아빠 모자를 쓰고 반응해 줄 때까지 집 안 곳곳을 돌아다님).		
3. 다음을 사용하여 10개 이상의 순환을 닫는다.		
• 음성이나 단어		
• 얼굴 표정		
• 주고받는 식의 접촉이나 포옹		
• 공간 내에서의 움직임(예: 거친 놀이)		
• 대근육 운동 활동(예: 술래잡기, 높은 곳 오르기 놀이)		
• 공간을 가로지르는 소통(예: 방 안에서 거리를 둔 당신과 10개의 순환을 닫을 수 있음)		
4. 다음의 감정을 느끼는 동시에 연달아 3개 이상의 순환을 닫는다.		
• 친밀감(예: 얼굴 표정, 제스처 그리고 음성을 이용해 포옹이나 뽀뽀를 하려 하거나 당신이 통화 중일 때 장난감 전화기에 말을 하며 모방함)		
• 즐거움과 흥분(예: 눈빛과 음성을 이용해 다른 사람과 흥분의 상태를 나누려고 함. 다른 아이나 성인과 함께 어느 순간 웃는 것으로 '농담'을 나눔)		
• 강한 호기심(예: 독립적으로 탐색함. 혼자 놀거나 탐색 중에 당신과 가까이 있다는 것을 느끼기 위해 소통 능력을 사용함)		
• 두려움(예: "안 돼!"라고 말하고 당신 뒤에 숨는 식으로 자신을 보호하는 법을 알려 줌)		
• 분노(예: 화를 표현하기 위해 의도적으로 때리고 꼬집고 소리 지르며 바닥 등을 손으로 치고 바닥에 누움, 때때로 냉담하거나 화난 눈빛을 보임)		
• 제한 설정(당신이 "안 돼, 그만해."와 같은 언어나 제스처, 즉 손가락을 흔들거나 화난 얼굴로 설정하는 제한을 이해하고 그에 반응함)		
5. 괴로움을 대처하고 회복하기 위해 모방한다(예: 아이에게 소리치면 아이도 바닥을 치며 마찬가지로 소리침).		

5단계 발달 이정표: 정서적 아이디어		
1. 2개 이상의 아이디어로 가상 드라마를 만든다(예: 트럭이 충돌한 뒤 돌을 주움, 인형들이 서로 안아 주고 다과회를 함. 아이디어는 연관성이 없어도 괜찮음).		
2. 언어, 그림, 제스처를 사용해 동시에 2개 이상의 아이디어를 전달한다(예: "안 자. 놀래." 아이디어는 연관성이 없어도 괜찮음).		
3. 다음을 사용하여 소망, 의도와 감정을 소통한다.		
• 단어		
• 연달아 여러 제스처		
• 접촉(예: 많이 껴안거나 거친 놀이)		
4. 규칙이 있는 단순한 운동 놀이를 한다(예: 순서를 바꿔 가며 공 던지기).		
5. 가상놀이나 단어를 사용해 2개 이상의 아이디어를 표현하며 다음의 감정을 소통한다.		
• 친밀감(예: 인형이 "안아 줘."라고 말하게 한 뒤 아이가 "뽀뽀해 줄게."라고 함)		
• 즐거움과 흥분(예: 웃긴 단어를 만든 뒤 웃음)		
• 강한 호기심(예: 가상 비행기가 방 안을 날아다닌다고 하며 달에 갈 거라고 함)		
• 두려움(예: 인형이 큰 소리를 무서워해 엄마를 부르는 드라마를 연출함)		
• 제한 설정(예: 인형은 다과회에서 규칙이나 예의를 지켜야 함)		
6. 괴로움을 대처하고 회복하기 위해 가상놀이를 사용한다(예: 못 먹은 쿠키를 먹는 가상놀이를 함).		
6단계 발달 이정표: 정서적 사고		
1. 가상놀이에서 2개 이상의 아이디어가 논리적으로 연결된다. 아이디어는 비현실적일 수 있다(예: 자동차가 달에 갈 예정이고 아주 빠르게 날아서 감).		
2. 부모의 가상놀이 아이디어를 기반으로 새로 쌓아 간다(예: 아이가 국을 끓이고 있는데 부모가 그 안에 무엇이 들었냐고 물어봄. 아이는 "돌과 흙."이라고 대답함).		
3. 말을 할 때 아이디어를 논리적으로 연결하며, 아이디어는 현실에 기반한다(예: "잠 안 자. TV 볼래.").		
4. 소통의 순환을 언어적으로 2개 이상 닫는다(예: "나가서 놀래." 어른이 "왜?"라고 물음. "놀러."라고 대답함).		
5. 논리적으로 소통하고 2개 이상의 아이디어를 다음을 사용해 의도, 소망, 욕구나 감정을 나타낸다.		
• 단어		

• 연달아 보이는 여러 제스처(예: 화난 강아지인 척함)		
• 접촉(예: 아이가 아빠 역할을 하는 놀이에서 여러 번 껴안음)		
6. 규칙이 있는 공간과 운동 놀이를 한다(예: 차례를 지켜 미끄럼틀을 타고 내려감).		
7. 가상놀이나 단어로 다음의 감정을 다루며 2개 이상의 논리적으로 연결된 아이디어를 소통한다.		
• 친밀감(예: 인형이 다쳐 엄마가 치료해 줌)		
• 즐거움과 흥분(예: '똥'과 같은 화장실 용어를 사용하고 웃음)		
• 강한 호기심(예: 착한 군인들이 실종된 공주를 찾음)		
• 두려움(예: 괴물이 아기 인형을 무섭게 함)		
• 분노(예: 착한 군인들이 나쁜 군인과 싸움)		
• 제한 설정(예: 규칙 때문에 착한 군인은 악당만 때릴 수 있음)		
8. 괴로움을 회복하기 위해 아이디어는 논리적으로 순서를 갖는 가상놀이를 이용하며, 그 놀이는 종종 괴로움에 대처하는 법을 제시한다(예: 아이는 놀이에서 선생님이 되어 학급 아이들에게 마음대로 지시함).		

2. 기능적 발달 성장 차트 질문지

당신의 자녀가 새로운 기능적인 이정표를 달성했는지 여부를 평가하기 위해서는 다음의 질문에 답하면 된다. 단, 하나의 '아니요'도 당신의 아이가 아직 단계를 숙달하지 않았음을 의미한다. 기억하라. 질문지와 차트는 당신의 아이가 예상한 대로 발달되고 있는지 확인하기 위한 도구이다.

• 1단계: 조절과 주의(3개월즈음)

현재 카테고리의 질문을 보십시오.

– 당신의 아이는 보통 주변 사물을 구경하고 소리를 향해 고개를 돌리며 관심을 보입니까?

• 2단계: 관계에 참여하기(5개월즈음)

이전 카테고리의 질문에 더해서 현재 카테고리의 새로운 질문을 보십시오.

– 아기가 좋아하는 사람을 볼 때 쳐다보고 웃고, 소리를 내거나 팔과 다리를 움직이는 것처럼 다른 몸짓으로 즐거움을 보입니까?

• 3단계: 의도적인 방식으로 상호작용하며 양방향 의사소통하기(9개월즈음)

이전 카테고리의 질문에 더해서 현재 카테고리의 새로운 질문을 보십시오.

– 아기가 무엇인가를 가리키거나, 안아 달라고 팔을 뻗거나, 의도가 있는 특별한 소리를 내는 것으로 자신이 원하는 것이 무엇인지 나타낼 수 있습니까?
– 아기는 소리와 표정을 만들고, 팔을 뻗는 등 몸짓을 개시하는 것으로 본인에게 말을 걸거나 함께 노는 사람에게 반응합니까?

• 4단계: 단순하고 복잡한 문제 해결을 위해 일련의 상호작용 구성하기와 자아 형성하기 (14~18개월즈음)

이전 카테고리의 질문에 더해서 현재 카테고리의 새로운 질문을 보십시오.

– 14개월즈음 되었을 때 아이는 유아가 행동을 통해 원하는 것을 보여 줄 수 있습니까(예: 문을 열고 장난감을 찾으라고 지시하나요?)?
– 18개월즈음 되었을 때 유아가 문제를 해결할 때 보다 복잡한 상호작용을 조율할 수 있으며, 음식과 같이 본인이 원하는 것이 무엇인지 보여 줍니까(예: 아이는 당신의 손을 잡고 냉장고를 향해 가고, 손잡이를 당기고 특정 음식이나 음료를 가리키나요?)?
– 18개월즈음 된 유아는 당신의 소리, 말 또는 몸짓을 장난스럽고 끊임없는 상호작용의 일부로 모방합니까?

• 5단계: 의도 또는 감정을 전달하기 위해 아이디어(단어와 상징) 사용하기(24~30개월즈음)

이전 카테고리의 질문에 더해서 현재 카테고리의 새로운 질문을 보십시오.

– 24개월 된 유아는 자기에게 말을 걸거나 놀아 주는 사람에게 말이나 단어를 말하려고 하는 시도로 명백히 보이는 일련의 소리를 사용하여 반응합니까?
– 24개월 된 아이는 인형에게 밥을 주거나 안아 주는 것과 같이 익숙한 가상의 행동을 할 수 있습니까?

- 24개월 된 아이는 기본 욕구를 채우기 위해 한 개 혹은 두 개의 단어(부모님이 먼저 말을 해야 할 수 있음)를 말할 수 있습니까(예: '주스' '열어' '뽀뽀')?
- 24개월 된 아이는 기본 욕구를 채우기 위해 한 단계로 이루어진 단순한 지시를 따를 수 있습니까(예: '장난감 저기 있어.' '엄마 뽀뽀해 줘.')?
- 30개월이 된 아이는 성인이나 다른 어린이와 상호적인 가상놀이에 참여할 수 있습니까(예: 인형, 다과회 등)?
- 30개월 된 아이는 아이디어, 즉 단어나 기호를 사용하여 기쁨이나 관심사를 공유할 수 있었습니다(예: 트럭 봐!).
- 30개월 된 아이는 한 명 이상의 친구와 상호작용하며 상징을 사용할 수 있습니까(예: 단어, 그림, 구조적 놀이)?

• 6단계: 아이디어 사이를 논리적으로 연결하기(36~48개월즈음)

이전 카테고리의 질문에 더해서 현재 카테고리의 새로운 질문을 보십시오.

- 36개월즈음 된 유아는 단어 또는 다른 기호(예: 그림)를 사용하여 '원함' 또는 '원하지 않음'과 같이 자신이 좋아하거나 싫어하는 것을 표현할 수 있습니까?
- 36개월즈음 된 당신의 유아는 말이 되는 이야기를 펼치는 가상놀이에 다른 사람들과 참여할 수 있습니까(예: 할머니를 찾아가서 점심을 먹는다.)?
- 36개월즈음 된 유아는 바람이나 욕구를 설명하기 시작했습니까? 예를 들어, "엄마, 밖으로 나가요." "밖에서 무엇을 할 거니?" "놀아요." 당신의 아이는 선택지를 줘야 할 수도 있다(예: "놀 거야, 잘 거야?").
- 48개월즈음 된 미취학 아동이 무언가를 원하거나 하고 싶은 것이 있을 때 이유를 말할 수 있습니까(예: "주스를 원하는 이유가 뭐니?" "목이 말라서요.")?
- 48개월즈음 된 미취학 아동은 때때로 소망이나 행동에 대한 이유로 감정을 사용할 수 있습니다(예: "내가 행복하기/신나기/슬프기 때문에").
- 48개월즈음 된 미취학 아동은 논리적으로 어울리는 여러 요소가 있는 가상놀이를 또래와 성인들과 함께 참여할 수 있습니까(예: 아이들은 학교에 가서 공부하고 점심을 먹고 돌아오는 길에 코끼리를 만난다.)?
- 48개월즈음 된 미취학 아동은 음식이나 잠자리 협상부터 친구나 학교 이야기에 이르기까지 다양한 주제에 대해 세 번 이상 주고받는 논리적인 대화를 나눌 수 있습니까?

부록 II

여섯 가지 핵심 발달 단계와 뇌의 성장

아이의 발달 목표	당신이 도울 수 있는 법	각 발달 단계에 반응하여 뇌가 성장하는 법
1단계 침착하며 세상의 모든 감각에 관심을 기울이기	아이가 보고 듣고 움직이기 시작하고 진정할 수 있게 돕는다.	뉴런의 연결은 삶의 직후부터 감각 정보를 처리하는 뇌의 영역에서 나타나며 아이가 움직임을 개시하고(즉, 원초적 감각-운동 피질, 시상, 뇌간 그리고 소뇌충부), 세상을 향한 관심을 지원하는 영역에서도 마찬가지이다(즉, 편도체, 해마와 대상피질).
2단계 사랑에 빠지기	아이가 즐거움과 기쁨으로 당신과의 관계에 참여할 수 있게 구애한다.	감정, 시각 감각과 운동 영역의 통합 그리고 우뇌쪽의 뉴런 연결을 지원하는 영역의 활동은 패턴 인식을 도우며(시야, 움직임) 정서적 연관 짓기, 표현력과 신호 주기를 장려한다(즉, 정수리의, 측두엽의 주된 시각피질 영역, 전두안운동야, 기저핵, 소뇌반구, 대뇌피질의 시작점뿐 아니라 변연계까지).
3단계 의도적 양방향 소통하기	아이의 리드를 따르고 자신의 관심사에 대해 당신과 함께 제스처와 정서적 신호를 주고받도록 도전을 준다.	아이가 패턴을 인지 처리하고 환경적 신호에 더 선택적인 반응을 하게 된다면 제스처와 정서를 순서화하고 읽고 표현하는 영역(양방향 소통)의 성장은 더 활발해질 것이다(즉, 배측 전전두엽 피질을 포함한 전두엽의 활동 증가).
4단계 문제 해결을 하기 위해 상호작용하는 법을 배우고 자아에 대한 감각 발견하기	아이가 지속적인 제스처의 흐름을 사용하는 법을 당신과 배워 갈 때 아이가 자신의 관심을 좇거나 욕구를 채우도록 상호적인 파트너가 되어 준다.	대뇌피질은 점차 활발해지고 그 활발함을 유지한다. 아이가 문제를 해결하기 위해 소리와 가끔씩 단어를 순서화하면서 좌뇌 뉴런의 가지들이 회로를 만든다. 우뇌의 성장으로 세상의 더 큰 패턴을 이해하고 더 넓은 감정의 범위로 상호작용하면서 커진다.

5단계 아이디어 생성하기	아이의 상상 세계에 들어가 아이의 드라마의 캐릭터가 되어 준다. 아이의 관심, 욕망과 심지어 불평에 대해서도 긴 대화를 나눌 수 있게 해 본다.	좌뇌 뉴런의 회로 확장은 아이가 더 많은 단어를 이해하고 사용하고 순서화해 가며 문법의 기본을 숙달해 갈 때 더 탄탄해진다. 아이가 가상놀이에 더 참여할수록 뇌의 시각화 영역이 성장한다. 뇌의 양측은 언어가 빠르게 습득하면서 더 특화된다.
6단계 아이디어 사이에 연결다리 짓기	아이의 의견을 찾고 아이의 논점을 즐기며 가상 드라마를 확대하는 것으로 아이가 여러 아이디어를 연결할 수 있도록 도전을 준다.	뇌는 급성장을 하며 성인의 2배 속도로 포도당(당) 대사활동이 일어난다. 더 증가한 활동량이 단어 생성과 이해 그리고 단어를 연결하는 영역에서 나타난다. 아동기에 전반적으로 증가한 활동량이 유지되며 점차 성인의 정도로 전환한다.

부록 III

가정환경에서 아이를 보호하는 열 가지 방법

아직 발달 중인 신경계를 가진 어린아이들은 독소의 영향에 특히 민감하다. 어린이 건강 환경연합(Children's Health Environmental Coalition: CHEC)은 일반적으로 가정집 환경 독소에서 아이를 보호하기 위한 10가지 방법을 제공한다. 어린이 건강 환경연합의 웹사이트(www.CHECnet.org)에는 가정탐정(household detective)의 '셜록 홈즈'가 있어 다음의 10가지 방법에 대한 추가 정보와 많은 심층 리소스를 제공한다.

1. 집에 납 페인트가 있는지 확인하자.

어린아이들의 납 노출은 신체적 · 정신적 발달을 늦출 수 있다. 집이 1980년 이전에 지어진 경우 샌딩, 긁기 또는 페인트 제거 전에 페인트에서 납 분석을 받자.

2. 집에서 담배를 피우지 않는다.

흡연은 암을 유발하는 것 외에도 어린이의 호흡기 문제(천식 포함) 및 귀 감염의 위험을 증가시킨다. 담배를 피우고 싶은 사람은 밖으로 나가도록 지시한다. 집 안의 공기 흐름 패턴 때문에 실내 흡연 구역에서 아이들을 멀리하는 것만으로는 효과적이지 않다.

3. 집, 정원이나 집 근처에 둔 살충제를 제거한다.

살충제는 신경학적 손상부터 암까지 아이의 다양한 건강 문제의 한 요소일 수 있다. 천연이며 독성이 덜한 제품을 찾아보자. 독성이 덜한 제품도 사용하기 전에 전문가와 확인해 보자.

4. 페인트 냄새에 노출되지 않게 하자.

페인트는 아이의 발달에 영향을 끼칠 수 있는 수많은 화학물질로 만들어졌다(비교적 최근에서야 페인트의 성분 중 납과 수은이 빠졌다). 페인트칠이 꼭 필요하다면 창문을 열고 환풍기도 틀자. 만약 페인트가 아이의 방에서 진행된다면 아이가 그 방을 사용하기 전 한 달간 통풍을 시키자.

5. 우물이 있다면 매년 수질을 검사한다.

땅에 버려지는 많은 화학물질이 우물의 물로 돌아온다. 환경 전문가를 불러 납, 잔류 농약, 박테리아 오염물질 그리고 농사용 화학물질과 같은 독소 요인이 있는지 확인한다. 매년 검사를 시행한다.

6. 독소를 가진 청소용품은 사용을 자제한다.

특히 유해한 청소용품 재료를 들이쉬는 건 아이들의 신경체계에 영향을 줄 수 있다. 공기청정기, 러그 청소기, 욕조와 타일 그리고 오븐용 세척제와 같은 가정용 제품에 대해서는 독성이 없는 대안을 찾자.

7. 가스, 기름, 나무 또는 석탄으로 가열되는 모든 장비와 기구를 완전히 환기한다.

연소 부산물은 호흡기 문제의 원인이 될 수 있다. 이러한 연기가 실내에 축적되지 않도록 하려면 가스에서 요리할 때 환풍 팬을 켠다. 그리고 환기 시스템을 점검하고 유지 관리하자.

8. 식품에 남아 있는 농약에 주의한다.

과일과 채소는 항상 아이들에게 최고의 식단이다. 그러나 이러한 식품에는 살충제나 농약이 들어 있을 수 있다. 노출을 최소화하려면 과일과 채소를 철저히 씻고 껍질을 벗기고 유기농 식품의 선택을 고려하라. 특히 자녀가 많이 섭취하는 식품의 경우에는 더욱 그렇다. 식품의 살충제는 성인보다 어린이에게 더 큰 영향을 미친다.

9. 축축한 곳이나 곰팡이가 있는지 집 안을 살핀다.

축축함으로 인한 곰팡이균은 알러지와 호흡 문제를 일으킬 수 있다. 제습기로 공간을 건조하게 만들고 식초와 분사를 같은 비율로 물에 희석해 물품 표면을 닦자.

10. 극도의 열을 피한다.

오염도가 높은 날에는 아이를 데리고 나가지 말자. 더 상태가 괜찮은 날에도 태양 노출을 피하자. 아기들은 최소 6개월이 될 때까지 선크림을 사용해서는 안 된다.

찾아보기

인명

내용

저자 소개

Stanley I. Greenspan, M.D.는 미국 조지워싱턴대학교 의과대학의 정신의학, 행동과학 및 소아과 임상 교수이자 아동 정신과 의사이다. 워싱턴 D.C.에 위치한 워싱턴 정신분석기관 아동 정신분석 슈퍼바이저이며, 동시에 발달과 학습장애에 대한 학제 간 의회의 임원인 그는 이전에는 정신건강 연구센터의 소장이자 정신건강 국립연구소에서 임상 유아 발달 프로그램을 담당한 기획자였다. 그가 받은 수많은 명예 중에서도 아동 정신의학 연구에 있어 미국 정신의학 협회의 상을 최고로 꼽는다. 그의 작업은 방송사 PBS의 Nova 다큐멘터리인 〈Life's First Feelings〉에서 방송했을 뿐만 아니라 ABC, NBC, CBS 뉴스와 ABC의 〈Nightline〉, PBS의 〈News Hour〉에서도 방송되었고, 『Time』, 『Newsweek』, 『New York Times』와 『Washington Post』에도 실렸다. 영아, 유아와 가족을 위한 Zero to Three라는 국립센터의 설립자와 전 회장이었던 그는 100여개가 넘는 논문과 학술지 아티클의 작가이자 각 학문적인 독자와 일반 독자를 위한 책 28권의 작가이다. 그의 서적으로는 『The Growth of the Mind』, 『The Child with Special Needs: Encouraging Intellectual and Emotional Growth』, 『Infancy and Early Childhood, Developmentally Based Psychotherapy, Intelligence and Adaptation: An Integration of Psychoanalytic and Piagetian Developmental Psychology, The Development of the Ego, First Feelings』, 『Playground Politics: Understanding The Emotional Life of The School-age Child』 그리고 『The Challenging Child: Understanding, Raising, and Enjoying the Five 'Difficult' Types of Children』 등이 있다.

Nancy Breslau Lewis는 건강국립기관의 전 의학 기자이자 프리랜서 뉴스 칼럼리스트이며, 특별기사전문 기고작가이다. 그는 심리학부터 정치적 행동주의까지 넓은 영역의 책과 논문을 편집했으며, 세 아이의 엄마이다.

역자 소개

정희승(Jung Hee Seung)

연세대학교 작업치료학과 박사

전 광주여자대학교 작업치료학과 교수

현 백석대학교 작업치료학과 교수

한국 최초 플로어타임 국제공인 트레이너 및 전문가

(주)한국기능적정서발달연구소 대표

플로어타임클래시스 대표

어펙트쎄라피 대표

한국디아이알플로어타임치료 학회장

한국플로어타임치료협회 협회장

〈주요 역서〉

플로어타임: Floortime Strategies(공역, 학지사, 2018)

놀이활동분석: 임상 현장에 딱 들어맞는 놀이 만들기(공역, 정문각, 2017)

〈주요 논문〉

DIRFloortime® 치료가 고기능 자폐스펙트럼 장애 아동의 자기조절기능, 기능적정서발달수준, 회복 탄력성에 미치는 효과(한국신경인지재활치료학회지, 2019)

DIR/Floortime® therapy가 자폐스펙트럼 장애 아동의 놀이성과 자기조절에 미치는 효과(영유아아동정신건강연구, 2019)

국내 자폐스펙트럼장애 영유아의 조기선별 및 지원 체계 고찰(공동, 자폐성장애연구, 2015)

플로어타임 부모교육과정으로

자녀의 건강한 마음 만들기

Building Healthy Minds:

The Six Experiences That Create Intelligence and Emotional Growth in Babies and Young Children

2023년 3월 1일 1판 1쇄 발행
2023년 9월 20일 1판 2쇄 발행

지은이 • Stanley I. Greenspan · Nancy Lewis
옮긴이 • 정 희 승
펴낸이 • 김 진 환
펴낸곳 • (주) 학지사
04031 서울특별시 마포구 양화로 15길 20 마인드월드빌딩 5층
대표전화 • 02) 330-5114 팩스 • 02) 324-2345
등록번호 • 제313-2006-000265호

홈페이지 • http://www.hakjisa.co.kr
인스타그램 • https://www.instagram.com/hakjisabook

ISBN 978-89-997-2586-9 93180

정가 23,000원

역자와의 협약으로 인지는 생략합니다.
파본은 구입처에서 교환하여 드립니다.